LA
SCIENCE USUELLE,

ÉCONOMIE GÉNÉRALE ET POPULAIRE

DU BIEN-ÊTRE.

COURTE ENCYCLOPÉDIE

Résumant sous une forme simple, didactique
et à la portée des gens du monde,
les notions raisonnées des sciences physiques et naturelles,
d'hygiène, de médecine et pharmacologie;
d'économie domestique,
d'agriculture et de zootechnie,

QUI CONCOURENT LE PLUS EFFICACEMENT

A la santé, à la longévité, à la satisfaction honnête et durable des besoins de l'homme,
et à la prospérité des populations rurales et urbaines,

PAR

AUG. GAFFARD, D'AURILLAC,

*Gradué en médecine et en pharmacie-Paris; ancien inspecteur des pharmacies;
membre correspondant de l'Académie des sciences, belles-lettres et arts, de Clermont-Ferrand,
de la Société nationale de médecine, chirurgie et pharmacie de Toulouse;
quatorze fois couronné déjà pour ses travaux, etc.;*

Chef de fabrique et d'usine à vapeur
pour l'obtention de produits chimiques, pharmaceutiques,
et d'économie domestique spéciaux.

TROISIÈME ÉDITION,
considérablement augmentée.

TOME PREMIER.

PARIS & LIMOGES.

CHAPOULAUD FRÈRES, LIBRAIRES-ÉDITEURS,

A PARIS,   A LIMOGES,
4, rue Honoré-Chevalier.   7, rue Montant-Manigne.

1873.

LA SCIENCE USUELLE,

ÉCONOMIE GÉNÉRALE ET POPULAIRE

DU BIEN-ÊTRE.

I.

Tout exemplaire non revêtu de la griffe de l'auteur, M. Aug. Gaffard, d'Aurillac, et de celle des éditeurs, MM. Chapoulaud Frères (Paris et Limoges), serait réputé contrefait. Les contre-facteurs seraient rigoureusement poursuivis.

Aug. Gaffard,

D'AURILLAC.

Chapoulaud frères

P. S. — Le prix de l'ouvrage en librairie n'est que de 6 fr. les deux volumes; mais, pour le recevoir *franco*, par la poste, à tout domicile en France et en Algérie, il faudra adresser, *franco*, 7 fr. à MM. Chapoulaud frères, libraires-éditeurs, à Paris, rue Honoré-Chevalier, n° 4, ou à Limoges, rue Montant-Manigne, n° 7. — En ajoutant 1 fr., en tout 8 fr., on recevrait l'ouvrage *élégamment relié à l'anglaise*, en *un très-gros volume*; et en portant la somme à 8 fr. 50 c., on le recevrait relié en *deux volumes*, et toujours *franco*, par le retour du courrier.

LIMOGES. — IMP. DE CHAPOULAUD FRÈRES
Rue Montant-Manigne, 7
PARIS, RUE HONORÉ-CHEVALIER, 4

LA
SCIENCE USUELLE,

ÉCONOMIE GÉNÉRALE ET POPULAIRE

DU BIEN-ÊTRE.

COURTE ENCYCLOPÉDIE

Résumant sous une forme simple, didactique
et à la portée des gens du monde,
les notions raisonnées des sciences physiques et naturelles,
d'hygiène, de médecine et pharmacologie;
d'économie domestique,
d'agriculture et de zootechnie,

QUI CONCOURENT LE PLUS EFFICACEMENT

A la santé, à la longévité, à la satisfaction honnête et durable des besoins de l'homme,
et à la prospérité des populations rurales et urbaines,

PAR

AUG. GAFFARD, D'AURILLAC,

*Gradué en médecine et en pharmacie–Paris ; ancien inspecteur des pharmacies ;
membre correspondant de l'Académie des sciences, belles-lettres et arts, de Clermont-Ferrand ;
de la Société nationale de médecine, chirurgie et pharmacie de Toulouse ;
onze fois couronné déjà pour ses travaux, etc.;*

Chef de fabrique et d'usine à vapeur
pour l'obtention de produits chimiques, pharmaceutiques,
et d'économie domestique spéciaux.

TROISIÈME ÉDITION,
considérablement augmentée.

TOME PREMIER.

PARIS & LIMOGES.

CHAPOULAUD FRÈRES, LIBRAIRES–ÉDITEURS,

A PARIS,   A LIMOGES,
4, rue Honoré-Chevalier.   7, rue Montant-Manigne

1873.

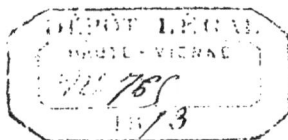

LA SCIENCE USUELLE,

ÉCONOMIE GÉNÉRALE ET POPULAIRE

DU BIEN-ÊTRE.

AVERTISSEMENT ESSENTIEL.

En raison du but spécial que nous nous sommes proposé : 1° *instruire en peu de mots*, d'une part ; 2° d'autre part, arriver à cette instruction *par la voie la plus courte* ; 3° *moraliser et toujours moraliser* en instruisant, nous avons dû donner à *la Science usuelle* une forme qui s'éloigne un peu de la forme consacrée, en France du moins, aux livres en général. Et d'abord tout l'ouvrage est *disposé par articles* avec un numéro d'ordre que suit un *titre en caractères gras*. L'ouvrage *commence en outre par une introduction* qui fait partie du corps de l'œuvre. Enfin la table ou répertoire, qui a ici une importance capitale, ne renvoie point à la pagination, mais bien aux numéros d'ordre des articles.

Les numéros d'ordre nous permettent, dans le cours de l'ouvrage, de renvoyer, comme complément de lecture, à tel ou tel article, avant ou après celui qu'on parcourt. Quant au titre de chaque article, exposition sommaire de son objet, énoncé d'une proposition qu'on va démontrer ou résoudre, aucune forme, ce nous semble, ne saurait mieux disposer l'esprit à surmonter l'effort qu'il aura à faire pour bien saisir.

Le tableau synoptique placé en tête du corps du livre en donne immédiatement une idée juste, en fait ressortir l'économie, et, en en montrant les ressources comme l'utilité, dispose le lecteur à cette attention soutenue d'étude qu'exige tout ouvrage de science didactique. Quant à l'*introduction*, cette partie de notre travail, présentant des considérations morales tout aussi utiles au bien-être que l'enseignement plus spécialement scientifique que renferme la partie subséquente de l'œuvre, devait nécessairement faire partie du corps même de l'ouvrage.

LIVRE PREMIER.

—

INTRODUCTION.

—

PRÉAMBULE.

ART. 1er. — **Enchaînement.** — Ce livre premier présente au lecteur, sous le titre *Introduction* : 1° le *tableau de la division de l'ouvrage*, qui, avec l'avant-propos qui le suit, indique la voie par laquelle nous avons conçu l'idée d'une grande et immédiate utilité ; 2° sous le chef *Considérations morales*, l'exposition succincte des grands principes qui sont la base du pacte tacite qui, liant la société des hommes, tendent à la sécurité, à une indépendance relative et à la fraternité, conditions indispensables de ce *bien-être*, but de notre œuvre.

A une époque de relâchement de mœurs auquel nous devons attribuer, pour être juste, les désastres qui viennent de porter la désolation et presque la ruine dans notre malheureux pays, on ne saurait trop faire, ce semble, pour le relever de cet abaissement, d'autant plus enraciné que la contagion en est venue de plus haut : aussi, sans vouloir nous ériger en moraliste, croyons-nous à propos de consigner, dans le premier chapitre de ce livre sur l'économie en général, quelques considérations et réflexions sur une des plus importantes conditions du bien-être et, à plus forte raison, du bonheur possible ici-bas.

ART. 2. — **Tableau synoptique de la SCIENCE USUELLE**, indiquant la voie par laquelle on arrive rapidement, dans ce livre, au but d'utilité conçue par l'auteur.

PARTIES de l'ouvrage.	DIVISION PAR LIVRES.	SECTIONS.
1re PARTIE. Connaissances initiatrices.	LIVRE Ier. Introduction.	Avant-propos. Considérations morales.
	LIVRE II. Sciences physiqes.	Physique et météorologie. Chimie.
	LIVRE III. Histoire naturelle	Géologie. Botanique. Zoologie.
2e PARTIE. Économie sanitaire.	LIVRE IV. Hygiène.	Généralités. Alimentation. Agents extérieurs. Habitudes.
	LIVRE V. Médecine.	Médecine générale. Médecine spéciale.
	LIVRE VI. Pharmacologie.	Pharmacologie générale. Pharmacologie spéciale.
3e PARTIE. Économie domestique.	LIVRE VII. Subsistances.	Aliments protéiques. Aliments non protéiques. Boissons.
	LIVRE VIII. Entretien de l'homme.	Habitations. Tissus. Métaux, marb^{res} et céra^{mes}. Enduits et collage. Calorique et lumière. Assainissement.
4e PARTIE. Économie rurale.	LIVRE IX. Agriculture.	Agronomie. Végétaux et procédés div^{ers}.
	LIVRE X. Zootechnie.	Animaux de la fer^{me} en gén^l. Solipèdes. Ruminants. Cochon et lapin. Oiseaux de la ferme. Animaux inférieurs. Documents divers.
		Répertoire alphabétique.

LA SCIENCE USUELLE, économie générale et populaire du BIEN-ÊTRE.

AVANT-PROPOS.

ART. 3. — **Nature de ce traité.** — *La Science usuelle* est un manuel d'économie générale appropriée à la satisfaction des besoins permanents ou les plus fréquents de l'homme. Destiné aux personnes éclairées, amies du progrès et bienfaisantes de la ville, mais surtout de la campagne, en tête desquelles nous plaçons les ministres du culte, les instituteurs, les dignitaires et membres des corps municipaux, il sera pour elles d'une continuelle utilité, et les mettra à même de rendre de grands services à la partie la moins instruite et la moins riche de la commune qu'elles sont appelées à protéger et à diriger, en l'initiant aux connaissances scientifiques et techniques qui contribuent le plus au bien—être.

Il est divisé en dix livres, chacun ayant pour objet une des sciences ou un des arts dont l'application est la plus fréquente, constituant autant de petits traités raisonnés, qui s'enchaînent entre eux, et toujours écrits en vue de l'utilité pratique de l'homme des champs et du travailleur des villes.

Résumé succinct de toutes les sciences d'observation et de tous les arts utiles à l'homme, ce livre sera, pour un grand nombre, l'agent complémentaire de l'instruction scientifique si négligée jusqu'à nos jours; il sera, pour tous, le conseiller sur mainte chose.

Les premiers livres de *la Science usuelle*, présentant les élé-ments de *physique*, de *chimie* et d'*histoire naturelle*, donnent ainsi les notions indispensables pour bien saisir et retenir ce que nous exposons, dans le restant de ce traité, sur *l'hygiène*, la *médecine* et la *pharmacologie;* sur *l'économie domestique;* sur *l'agriculture;* sur *l'élève*, *l'hygiène* et la *médecine des animaux domestiques.*

La *physique* et la *chimie* y sont traitées d'une manière simple et à la portée des personnes peu versées dans la connaissance des mathématiques. La *météorologie* et l'*histoire naturelle* y sont envi-sagées au point de vue de leurs relations avec l'hygiène, la mé-decine, l'économie domestique et l'agriculture.

L'*hygiène*, cette science qui a pour objet de prévenir les mala-dies et les infirmités, et dont les notions si précieuses, les préceptes trop peu connus, sont mal observés ou mal appliqués, y occupe une large place. Les bonnes habitudes y sont indiquées et conseillées; les mauvaises y sont signalées, et une guerre à outrance leur est déclarée. Nous y flétrissons le vice sous toutes les formes, et nous ne cessons de préconiser les pratiques qui, à la fois, élèvent l'âme et maintiennent haut le niveau de la santé : deux précieuses conditions qui, fort heureusement, marchent toujours de pair.

La *médecine* et la *pharmacologie* y sont très-développées, en vue de répondre aux besoins de certaines positions, où l'éloignement du médecin et du pharmacien impose le devoir de porter des secours prompts et éclairés avant l'arrivée de l'homme de l'art. Nous nous sommes appesanti sur la description, comme sur le traitement des maladies les plus répandues parmi les travailleurs. Les questions d'empoisonnement, d'asphyxie, de morsure de mammifères enragés, de morsures ou piqûres d'animaux vénimeux, les accidents divers, y ont une extension appropriée à leur importance. Les maladies chroniques, si communes, et, parmi ces affections, celles qui, dans le début, peuvent être facilement guéries par le malade, aidé de conseils charitables, mais rationnels, y sont décrites, ainsi que leur traitement le plus simple et le plus économique, avec un soin tout particulier, et ce sera là, nous l'espérons, un des plus grands résultats d'utilité de notre travail.

Que de personnes, habituellement souffreteuses ou valétudinaires, trouveront dans notre livre un soulagement facile à leurs douleurs ! Combien d'autres, par l'effet d'une hygiène bien entendue, préviendront des maux irréparables !

La partie consacrée à l'*économie domestique* embrasse tout ce qui se rattache à l'entretien de l'homme, au point de vue de ses satisfactions honnêtes et durables, ainsi qu'au moyen de se les procurer à moindres frais. Les meilleures méthodes de se chauffer et de s'éclairer convenablement, d'une manière salubre et à bas prix, y sont exposées avec soin. L'importante question des subsistances, embrassant l'étude de tous les aliments, de toutes les boissons, le tout examiné sous le quadruple rapport de la nutrition, de la salubrité, de l'agrément et des prix respectifs, y est soigneusement élucidée. La conservation des aliments des deux règnes organiques y est traitée avec de longs et minutieux détails. Un chapitre spécial est consacré aux champignons comestibles; à l'exposition des caractères spécifiques au moyen desquels on distinguera les bons des mauvais, en vue de prévenir tout empoisonnement ; à la reproduction et à la conservation de ces délicieux cryptogames, etc. La fabrication des vins, des cidres et poirés, des bières et boissons économiques diverses, des eaux-de-vie ; la préparation des liqueurs alcooliques de table, des limonades, des sirops, des diverses conserves et produits sucrés, y est traitée avec tout le développement qu'exige

1*

leur importance dans la nutrition ou dans l'entretien des forces. Une foule de procédés se rattachant à l'art du constructeur, à l'entretien, à l'embellissement de nos habitations, tels qu'enduits, mortiers, ciments, couleurs de tout genre, colles diverses, vernis de toute sorte, les nombreuses méthodes de conservation et d'entretien des bois, y sont consignés avec les détails pratiques pouvant faciliter leur emploi par les hommes étrangers à ces arts. L'étude théorique et pratique des matières textiles, soit végétales, soit animales, et des tissus qui en proviennent ; leur préparation, leur blanchîment, leur conservation, leur nettoiement, etc., forment encore un des intéressants chapitres de notre *économie domestique.* La désinfection des fosses d'aisance ; l'assainissement des habitations ; la destruction des animaux nuisibles ; les questions de chimie organique pratique, se rattachant, comme le caoutchouc, la gutta-percha, l'éther, le chloroforme, la benzine, à mille procédés usuels ; les divers moyens de dorure, d'argenture, de polissage des métaux, etc., présentent autant d'articles substantiels de cette partie de l'ouvrage.

Le neuvième livre, consacré à la *culture,* expose les récentes théories de la végétation, des amendements et des fumiers. Il renferme divers procédés touchant l'importante fabrication de ces puissants agents et excitants de la nutrition des plantes. Le dixième livre, renfermant tout ce qui a trait à l'*élève,* à l'*hygiène* et à la *médecine* des mammifères de la ferme, des oiseaux de basse-cour, de l'abeille, du ver à soie, etc., complète ainsi l'enseignement des notions les plus utiles, concourant le plus efficacement à la *santé,* au *bien-être* et à la *prospérité* des populations laborieuses.

Le tout se termine par une *table alphabétique* très-étendue, conçue de manière à servir à la fois de répertoire pour la recherche des sujets qui sont traités dans le livre, et de glossaire pour les mots peu usités employés dans le cours de l'ouvrage.

Nous avons évité, du reste, le plus possible, dans tout le cours de l'œuvre, l'emploi de termes scientifiques peu usuels, mais surtout toute expression de nature à choquer de chastes oreilles, de manière à ce qu'elle puisse être lue ou consultée, sans inconvénient et avec profit, par tous les membres de la famille.

ART. 4. — **But de l'auteur.** — Personne peut-être n'a conçu et réalisé, avant nous, l'idée de faire un traité dans lequel fussent groupées, parmi les diverses parties de l'immense domaine des sciences physiques et naturelles et des arts qui s'y rattachent, celles *et seulement celles* dont l'homme tire le plus de profit pour la satisfaction de ses besoins : aussi devons-nous, ce nous semble, à nos lecteurs, en raison de la nouveauté de cette publication, un mot des considérations dans lesquelles nous avons puisé la conviction de son opportunité.

Nous sommes arrivés à cette période de la vie des peuples où, pour leur bonheur, l'esprit humain a, de conquête en conquête, étendu ses limites et les étend tous les jours au-delà de tout ce qui paraissait possible. Le vaste horizon de la science s'abaisse et s'élargit à vue d'œil. Pour qui veut en connaître les extrêmes parages, il n'est aujourd'hui qu'un moyen, tout le monde le sent, celui de ne convoiter qu'un point de cette vaste circonférence et d'y aller droit, sans entraînement au dehors : nous faisons, on le voit, l'apologie de la spécialité en matière de science, seul moyen d'en atteindre les limites, et surtout de les faire reculer. Mais, outre que peu d'hommes ont à la fois l'aptitude, le goût et la position de fortune capables de les pousser dans cette voie d'études, la science spéculative offre immédiatement peu de ressources au bien-être. Elle en est l'âme cependant, mais à une condition : c'est d'en connaître et d'en signaler les applications aux arts industriels et économiques. Pour qu'une grande voie ferrée soit utile à la contrée qu'elle parcourt, il ne suffit pas qu'elle la traverse, desservant avec vitesse et précision deux centres en dehors de cette contrée : il faut essentiellement qu'elle y communique par des stations, et que celles-ci la relient à la contrée entière par des routes nombreuses, la sillonnant en tout sens. Il faut encore que la publicité fasse connaître les ressources qu'offre aux échanges cette nouvelle voie. Il faut enfin, et avant tout, que le nouveau mode de transport présente économie de temps et d'argent, condition sans laquelle il ne saurait y avoir de vrai progrès. Nous sommes, on le sent, pour la culture de la science théorique ou spéculative de la part d'hommes spéciaux chargés de la faire progresser ; mais nous n'en comprenons l'utilité qu'à la condition précitée de l'application, et d'une application complétée par une grande vulgarisation. Cette vulgarisation, dans notre état social actuel, a échappé et échappe encore au plus grand nombre, et c'est pour y arriver, c'est pour que tout le monde profite, sans exception, des bienfaits de ces continuelles dotations du Créateur, que nous avons conçu ce travail. Il convenait non-seulement de réunir, sous un petit volume, les résultats ultimes de la science en général dans son application à la satisfaction des besoins de l'homme, mais il était nécessaire, pour les rendre accessibles aux intelligences médiocres, pour les retenir facilement, qu'ils fussent fixés méthodiquement dans la mémoire, et que, étayés de la théorie, en ce qu'elle a de saisissable à l'esprit de ceux qui n'ont reçu que l'instruction primaire, ils fussent présentés dans un ordre naturel et rationnel de classement, en les faisant découler en quelque sorte des propriétés de la matière inerte ou vivante.

Cet ensemble de propriétés, de faits et de renseignements dont l'exposition est l'objet de notre livre est si utile au bien-être; sa connaissance importe à tel point à la classe la plus nombreuse de notre société surtout, qu'il ne peut manquer de faire, en un temps plus ou moins prochain de notre ère d'émancipation intellectuelle, l'objet d'un enseignement officiel et obligatoire, dans le programme de l'instruction primaire, ou tout au moins dans celui de l'instruction secondaire.

Loin de nous la prétention d'avoir, dans le présent essai, atteint à la perfection et d'emblée le but philanthropique qui l'inspire! Il aura à recevoir ultérieurement, nous le sentons, des modifications et additions qu'indiqueront l'expérience et les progrès nouveaux de la science, toutes choses qui ne peuvent être que le résultat du temps; mais, en attendant que de plus autorisés, après nous, apportent à cette œuvre des matériaux précieux et nombreux, persuadé d'ailleurs qu'il n'est pas seulement donné au plus capable de faire le bien, mais très-souvent aussi au mieux intentionné, nous avons pensé qu'il importait de la mettre au jour, quelque imparfaite qu'elle fût. Elle donnera des résultats immédiats de grande utilité, nous en avons la conviction; mais, n'aurait-elle d'autre effet que de servir de jalon dans une voie nouvelle ou peu fréquentée, dans le parcours de laquelle il y a une moisson à recueillir en faveur des classes les moins heureuses de notre société, que ce serait encore méritoire à notre point de vue, passionné comme nous le sommes pour ce progrès que doit favoriser l'affermissement de l'ordre social, comme l'élévation du travailleur, par l'extension de l'instruction et la conservation des libertés publiques.

ART. 5. — **Utilité et diffusion de la Science usuelle.** — Quiconque a observé la sollicitude et le dévoûment des ministres du culte pour tout ce qui touche à l'intérêt des familles pauvres, dont ils sont la providence; quiconque sait avec quel zèle, avec quel courage, ils remplissent la belle mais rude mission d'éclairer, de moraliser, de ramener ceux qui s'égarent, et cela aux dépens de peines infinies, de leur santé quelquefois et souvent de leur bourse, comprendra que notre travail, qui se propose d'amoindrir les souffrances de l'humanité, leur soit particulièrement destiné. Le prêtre est, dit-on, le médecin de l'âme : pourquoi, dans nos campagnes, où le rôle des spécialités n'est pas toujours possible, où la même personne est souvent obligée d'exercer en même temps plusieurs fonctions, pourquoi ne serait-il pas aussi, dans des circonstances pressantes surtout, le médecin provisoire et improvisé du corps? Pourquoi celui qui est le chef toujours écouté de la paroisse s'abstiendrait-il de donner des avis sur les moyens de conserver ou de rétablir la santé, des avertissements sur les causes qui peuvent la détruire, lorsque d'ailleurs ses connaissances littéraires et scientifiques le rendent si apte à acquérir tout ce qu'il faut à cet effet? Et c'est une des pensées qui nous ont guidé dans la disposition de notre œuvre.

A côté des chefs spirituels, toujours sur la brèche en fait de charité, nous trouvons le maire, chef de l'administration communale, mû, sans doute, par le désir de faire le bien ; mais sa position, en dehors de ses fonctions municipales, sa profession et souvent ses nombreuses occupations, le mettent peut-être moins à même de se mêler fructueusement des intérêts dont il s'agit. Aussi, dans notre idée et dans l'ordre des moyens que nous avons conçus pour nous venir en aide, avons-nous placé, après le clergé des communes rurales, non plus ce magistrat, qui, le plus souvent, se tient aussi au seuil du progrès, mais un fonctionnaire ordinairement aussi instruit que modeste, qui marche sous le patronage du maire et du curé, avec lesquels il rivalise de zèle dans les actes de bienfaisance : nous voulons parler de l'instituteur, de l'instituteur, qui, dans ces circonstance où chacun embrasse des fonctions d'un ordre bien différent, se trouve à la fois le précepteur de la commune, le secrétaire de la mairie, le comptable de la fabrique, le scribe des familles, le conseiller sur mille choses. C'est encore et beaucoup à ces honorables fonctionnaires que s'adresse notre ouvrage, et c'est à eux aussi que nous faisons un appel spécial.

Leur concours ne nous fera point défaut, nous le savons, et n'en voulons d'autre garantie que celle que nous trouvons dans l'empressement qu'ils ont déjà mis, de concert avec MM. les ecclésiastiques et les maires, à répandre dans les campagnes les opuscules que nous avons publiés en vue de ce bien-être. Si nous ne saisissons pas cette occasion pour les en remercier collectivement, c'est parce qu'ils doivent trouver, comme leurs honorables émules précités, comme nous-même, dans les résultats de l'œuvre, la récompense dont ils se rendent dignes, en y coopérant.

Disons-le bien haut, on peut s'estimer heureux de vivre dans un pays et à une époque où les choses bonnes trouvent de si nombreux, de si zélés et de si influents patronages : aussi est-ce dans ce concours spontané, se manifestant de toutes parts, que nous avons trouvé un encouragement pour mettre au jour une production qui sera, nous l'espérons, très-efficace pour la diffusion du bien-être.

Nous devons ajouter que les pharmaciens, qui, par leur genre d'instruction et leur position à la portée du public, sont si souvent consultés sur des questions de science appliquée, trouveront dans cette encyclopédie des matériaux nombreux et variés qui répondront à leurs besoins dans une infinité de cas. Le succès, d'ailleurs, qu'ont obtenu parmi les hommes des deux professions médicales, nos confrères, les deux premières éditions de l'œuvre que nous mettons au jour, nous fait penser que, jusqu'à présent, aucune publication n'aurait, autant que la nôtre, été conçue dans un sens d'utilité pratique devant s'appliquer à d'aussi fréquents besoins, non-seulement des hommes du monde et des travailleurs de la ville comme de la campagne, mais encore du médecin et du pharmacien. H. Lecoq, de l'Institut, le savant professeur de la faculté des sciences et de l'école de médecine de Clermont-Ferrand, nous faisait l'honneur de nous écrire à ce sujet :

« Vous avez résolu un problème très-difficile, celui de faire un travail clair, commode, précis et exempt d'erreurs au point de vue de nos connaissances actuelles. Je suis très-persuadé que ce traité se répandra beaucoup et qu'il sera réellement utile. »

Et un vénérable prélat, Mgr de Viviers, le considérant à un autre point de vue, nous transmettait ce qui suit :

« J'ai été touché des sentiments éminemment chrétiens, comme des principes moralisateurs, qui le caractérisent. Il me paraît appelé à rendre de grands services à la classe si intéressante à laquelle il s'adresse, etc. » Depuis lors, de nouvelles et nombreuses adhésions nous semblent démontrer de plus en plus que nos présomptions d'utilité étaient parfaitement fondées.

ART. 6. — **Origine de ce traité.** — Qu'il nous soit permis, dans cette introduction, de payer un juste tribut d'hommages et de regrets à l'auteur de nos jours, qui, du séjour de ceux qui ont quitté la terre, nous a vu mettre à exécution, dans la publication du présent ouvrage, un des projets que nous avions formés ensemble. Observateur judicieux et persévérant, il nous a laissé de précieuses notes de médecine, de pharmacologie et de chimie appliquée ; quelques-unes remontant à la création de l'internat des hôpitaux, époque à laquelle il fut chargé, comme élève, d'un service, d'abord à l'Hôtel-Dieu de Paris, puis à la Salpétrière ; les autres se continuant jusqu'à sa mort, et pendant une période de cinquante ans, durant laquelle, après avoir été un instant attaché à l'armée comme chirurgien, il fit alternativement de la médecine et de la pharmacie civiles ; exercice auquel lui donnaient droit les études multiples qu'il avait faites, que consacraient, du reste, deux diplômes. On nous pardonnera, nous l'espérons, de le citer quelquefois comme de nous citer nousmême, puisque le plus grand nombre de documents utiles consignés dans *la Science usuelle* sont le résultat de ses recherches ou des nôtres, et le plus souvent des deux. Sans doute, nous n'avons pas, pour cela, la prétention d'être un savant chercheur ; mais ceux qui nous connaissent nous accorderont facilement le mérite d'être un des plus intrépides et un des plus passionnés travailleurs dans la recherche de tout ce qui peut conduire au bien-être de l'homme. Quelques personnes prévenues, d'autres aimant peu la diffusion des lumières et malveillantes pour cela, pourront encore trouver singulière la simplicité et la nature même de notre matière médicale ; mais combien nous en avons vues déjà qui, après en avoir ri d'abord, en sont devenues ensuite les plus chauds partisans !

Nous voudrions aussi, pour la satisfaction de nos sentiments de reconnaissance, pouvoir signaler ici, avec leurs travaux, les savants dans les cours ou les écrits desquels nous avons puisé, parmi les documents utiles que renferme notre travail ; mais, outre que cette tâche serait presque impossible, il en résulterait des longueurs regrettables pour le lecteur. Aussi, tout ce que nous ferons, en songeant d'ailleurs que nous indiquons religieusement, en leur lieu, l'origine des formules ou procédés que nous publions, lorsqu'ils ne proviennent pas de nous, ou qu'ils ne sont pas depuis longtemps du domaine public, sera de rappeler sommairement le nom de ces savants.

Nous citerons, pour les sciences médicales, comprenant la physiologie, l'hygiène, la pathologie et la thérapeutique : Magendie, Richerand, Broussais, Roche, Sanson, Chomel, Cloquet, Soubeiran, Velpeau, Guibourt, Foy, Trousseau ; MM. Andral, Bouillaud, Tardieu, Bouchardat, Pidoux ; pour ce qui est de l'application des sciences physiques et naturelles aux besoins de l'homme en l'état de santé : Berthollet, Monge, Guyton-Morveau, Fourcroy, Vauquelin, Parmentier, Deyeux, Proust, Braconnot, Biot, Appert, Chaptal, Gay-Lussac, Berzelius, Darcet, Thénard, Ebelmen, Robiquet, Pelletier, Pelouze, Payen ; MM. Bussy, Milne-Edwards, Dumas, Balard, Girardin,

Boussingault, Bouchardat, Richard, Kuhlmann, Isidore Pierre, Pasteur, Littré, Coste, Poggiale, Frémy, Robin, Joigneaux, Berthelot, Malagutti, Riche, Girard et Troost; mais aucuns ne nous ont été aussi utiles, disons-le bien haut, que A. Becquerel et M. Bouchardat, pour l'hygiène; que Roche, Sanson et M. Tardieu, pour la pathologie; que MM. Bouchardat, Trousseau et Pidoux, pour la matière médicale; et, pour l'application des sciences à l'économie domestique et agricole, Pelouze, MM. Malagutti, Fremy, Kuhlmann, Boussingault, et, par-dessus tout, l'auteur des inappréciables *Éléments de chimie appliquée aux arts industriels*, M. J. Girardin, le savant recteur de l'académie de Clermont.

ART. 7. — **Sciences d'observation : leur progrès.** — Les sciences physiques et naturelles remontent à la plus haute antiquité. Sciences d'observation, elles ont commencé dès le jour où l'homme a paru sur la terre. Il ne put, dès le principe, sans doute, saisir l'ensemble, les rapports et les effets des grands phénomènes qui se produisaient autour de lui; mais, à mesure qu'il observa, pénétré d'admiration et de ravissement à la vue de tant de merveilles, il dut chercher à en pénétrer le principe ou les causes, et lorsque, doté par le Créateur de la faculté de consigner par écrit ses observations, il put transmettre à ses descendants la relation des faits observés, il en résulta le premier traité de sciences d'observation ou sciences physiques et naturelles.

L'Égypte, qui fut à peu près le berceau de l'homme, est la contrée où nous trouvons les plus anciens vestiges de matériaux scientifiques, et c'est naturellement l'astronomie, intéressant à un haut degré l'agriculture, qui présente l'ensemble le plus complet, quoique très-erroné, de notions scientifiques. De cette contrée, le centre d'observations et d'études semble passer en Grèce : c'est Aristote et Théophraste, dont quelques écrits sont parvenus jusqu'à nous, qui y personnifient l'état du progrès scientifique. La période romaine, tout absorbée par l'esprit de conquête, par la guerre et par des luttes de la tribune, fut peu féconde en progrès scientifiques, et c'est à peine si on peut citer deux savants, Pline et Galien, qui aient enrichi la science d'observations nouvelles. Le moyen âge a été moins fécond encore en progrès dans les sciences, dont l'étude, pendant dix siècles, semble abandonnée ou uniquement entretenue, comme le feu sacré, par les Arabes d'Espagne : c'est dans les écoles de Séville ou de Cordoue que Gerbert, le moine d'Aurillac qui fut plus tard le précepteur d'Othon, et plus tard encore le pape Sylvestre II, reçoit l'étincelle, bientôt convertie en flambeau par la chaleur de son génie, qui répand dans l'Europe entière, par l'intermédiaire des cloîtres, la lumière scientifique appelée à devenir, avec le temps, le foyer de tous les rayonnements du progrès moderne.

Roger–Bacon en Angleterre, Albert le Grand en Allemagne, Arnault de Villeneuve en France, signalèrent le treizième siècle par des travaux immenses dans les sciences. Apparaît, au seizième siècle, Descartes, le précurseur du grand mouvement scientifique du dix-septième siècle ; et, dans celui-ci, Galilée, qui reconnut, le premier, que la terre tournait sur son axe; Kepler, qui dévoila les immuables lois en vertu desquelles les planètes gravitent dans l'espace; Salomon de Caus, qui avait pressenti le rôle de la vapeur comme moteur; Torricelli, qui expliqua la théorie de l'horreur du vide; Paracelse, l'alchimiste; les physiciens Huyghens et Mariotte; l'agronome Olivier de Serres. L'immortel Newton, en Angleterre, et Leibnitz, qui fut la gloire de l'Allemagne, sont les plus remarquables représentants de la science au dix-huitième siècle, auxquels, pour ne citer que quelques noms, nous ajouterons ceux de Halley, Stahl, Boerhaave, Réaumur, la Condamine, Franklin, Euler, Linnée, Buffon, Lalande, Cavendish, Priestley, Lagrange, Coulomb, Herschell, Scheele, Laplace, Volta, Delambre et Lavoisier.

Quant aux savants qui ont surgi depuis la révolution française, et avec les découvertes de tout ordre qui datent de cette mémorable époque de rénovation universelle, ils sont trop nombreux pour que nous puissions les nommer dans cet opuscule. Nous nous bornerons à en rappeler quelques-uns parmi les plus illustres : Berthollet, Monge, Guyton–Morveau, Fourcroy, Vauquelin, Wollaston, Humboldt, Cuvier, Biot, Ampère, Thénard, Gay-Lussac, Berzélius, Pelletier, Liébig, Ebelmen, Arago, Pelouze, Chevreul, Payen, Dumas, Flourens, Leverrier, Regnault, Sainte-Claire-Deville, Berthelot, etc.

Que de progrès s'accomplissent depuis que la science n'est plus renfermée dans le cabinet de quelques savants, depuis que la fortune ou le cloître n'ont plus le monopole du savoir! Elle descend des hautes régions spéculatives pour éclairer et féconder les plus humbles opérations du travailleur. Grâce à Dieu, le signal en est donné sur toute l'étendue du monde civilisé, et bientôt, tant les savants et les découvertes qui surgissent de toutes parts seront nombreuses, on ne pourra citer ni travaux ni auteurs, car l'homme de science se fait industriel : mineur, fondeur, meunier, tanneur, chaufournier, potier de terre, etc.

Que ne se fait–il plus souvent cultivateur, là où la vieille routine semble être expugnable et où la science a tant à faire! Espérons que ce sera une des prochaines étapes du progrès matériel, et en attendant aussi le progrès moral, se réalisant incontestablement, mais trop lentement pour nos désirs.

CONSIDÉRATIONS DE L'ORDRE MORAL.

ART. 8. — **Nature de l'homme.** — L'homme, que Dieu envoie sur la terre avec la faculté du libre arbitre, et comme pour y subir un temps d'épreuve, l'y laissant plus ou moins, suivant ses décisions impénétrables, l'homme vient au monde en manifestant de la douleur par le vagissement et des larmes. Destiné à bien des souffrances, il est avide et insatiable du plaisir. Lié par le corps à la planète terrestre, se rattachant à la divinité par l'esprit qui anime son être matériel, il participe plus ou moins de chacune de ces deux natures par ses jouissances, qu'il dépend souvent de lui d'accroître. Les unes, plus ou moins corporelles, se rapportent à la conservation de la vie et de l'espèce; les autres, d'un ordre plus élevé, et qu'on devrait qualifier *animiques,* n'ont presque rien de commun avec le corps, si ce n'est que, par ses organes les plus délicats, les sens, il présente une sorte de solution de continuité qui ouvre comme un passage à notre âme pour la perception des impressions qui lui viennent du dehors.

La contemplation des œuvres de la création, source de pures sensations parmi lesquelles nous devons placer tout ce qui est du domaine de l'esthétique; la satisfaction que nous éprouvons à régler notre volonté suivant notre conscience, émanation de l'esprit divin; le plaisir que nous ressentons à la vue ou au témoignage d'un trait de justice, de générosité, de reconnaissance, ou d'un acte ayant pour effet l'utilité de nos semblables, sont, pour l'homme, autant de jouissances animiques. Ajoutons-y la satisfaction que nous goûtons à aimer comme à servir nos ascendants, ou ceux mêmes dont nous avons reçu des bienfaits; le bonheur que nous trouvons à chérir, nous pourrions dire à idolâtrer nos enfants; enfin l'amour de Dieu, pour quelques âmes d'élite. Joignons-y encore les impressions que produisent sur nous certains tableaux et certaines œuvres littéraires, en retraçant à notre esprit des faits de nature à l'émouvoir; enfin, pour compléter la liste de ces jouissances, l'état de bien-être qu'éprouve notre âme à l'audition d'une mélodie ou d'un accord musical, ou mieux à la perception simultanée d'un chant mélodique auquel s'adaptent les accords respectifs des diverses parties qui la composent.

Les jouissances musicales ne sauraient être d'un ordre inférieur, et, ce qui le démontre, c'est qu'elles vont directement à l'âme ; c'est que, ne se rattachant ni aux lois matérielles de conservation ou de propagation, elles semblent ne fatiguer aucun organe et n'user aucun fibre. Celui qui a reçu le privilége d'une organisation vraiment musicale est infatigable de bonne musique, comme est infatigable le vrai amateur de tableaux à la contemplation des chefs-d'œuvre de peinture, comme l'homme sensible et lettré à entendre les Talma ou les Rachel interprétant les admirables productions de Corneille et de Racine.

Le bonheur ne peut se trouver ni dans une perfection morale que l'homme ne saurait atteindre sur la terre, ni dans la possession des biens inférieurs, tels que le plaisir, la santé, la richesse et la puissance. Si les stoïciens sont tombés dans une exagération en cherchant dans l'obéissance aux lois morales un bonheur sans mélange que ne sauraient troubler la pauvreté, la maladie ou l'ignominie, les épicuriens ont commis une erreur grossière en le faisant résider dans les seules jouissances physiques. Le bonheur relatif doit se trouver à la fois dans l'état de santé et dans la possession innocente et simultanée des biens matériels et des jouissances animiques précitées, qui veulent, comme conditions indispensables, des pratiques dont le principal élément est la vertu, seule source du contentement de soi-même, sans lequel il ne saurait y avoir, en ce monde, de vraie félicité.

L'instruction et le travail pour l'acquérir ou pour en appliquer les résultats à la production du bien-être, enfin la sagesse pour régler convenablement l'exercice de notre conscience, comme de nos facultés corporelles et animiques, tels sont les éléments du bonheur sur la terre.

ART. 9. — **Loi du progrès.** — La création du monde semble être moins récente que ne l'ont pensé les premiers traducteurs de la Genèse. Les vestiges des diverses formations géologiques qui se sont succédé sur le globe, témoignant aux yeux des savants d'une ancienneté tout autre, ont fait dire aux géologues anglais, qui tiennent avec raison à ne professer aucune opinion contraire aux Écritures, et ont accrédité parmi les nations soit d'outre-Manche, soit transatlantiques, que le mot chaldéen qu'on a traduit en latin par *dies* (jour) avait dans les langues orientales, toujours vagues ou allégoriques, une acception plus étendue et telle que *période, laps de temps.* En appliquant désormais à ce mot une signification très-étendue, qui ne sera pas plus la période de la révolution annuelle que diurne du soleil, mais bien une série de siècles, comme le veut la science, tout semble s'expliquer.

Pour ne remonter qu'aux époques les plus récentes qu'admet la *géogénie*, à l'âge de *pierre* a succédé l'âge de *bronze*; à l'âge de *bronze* a succédé l'âge de *fer*, etc.

Comme on le voit, tout est perfectible et se perfectionne dans le règne organique, d'après une loi immuable de la création qui veut qu'une partie des facultés acquises se transmette par voie de génération. Il n'y a donc pas de doute que l'homme de nos jours ne soit et plus intelligent et plus moral que l'homme d'autrefois. Il vaut mieux, quoi qu'on dise, quand il vient au monde, que son congénère d'il y a mille ans par exemple; et, si nous ajoutons à l'homme-nature les bienfaits de la civilisation moderne, l'instruction et la sagesse qu'il puise par l'effet de l'éducation, nous l'élevons, dans l'ordre de la création, de toute la hauteur qui sépare le sauvage du savant et du sage. On conçoit, dès-lors, que, par l'effet combiné des lois naturelles et de la civilisation dont le progrès, semble être conduit par le doigt de Dieu, il viendra un temps où la condition de l'homme sur la terre sera notablement améliorée. Il dépend de l'homme de hâter sa marche vers ce progrès, qui doit être à la fois matériel et moral. Chacun peut y courir pour une plus ou moins grande part, à sa manière, suivant ses aptitudes ou sa position sociale; mais, quels que soient la nature ou le nombre des matériaux qu'on apportera à l'œuvre, il ne saurait y avoir, pour l'homme, de tâche plus noble, puisqu'elle a pour objet l'amélioration et le bonheur de ses semblables. Pour nous, persuadé qu'il ne saurait exister de bonheur sans bien-être matériel, et convaincu que de toutes les connaissances humaines celles qui y contribuent le plus efficacement sont les sciences physiques et naturelles appliquées aux besoins de la vie et aux arts, nous avons, depuis longtemps, conçu le livre que nous publions aujourd'hui.

Ce bien-être suffit à rendre l'homme heureux dans bien des cas, toutefois avec le concours des pratiques qui ont la vertu pour base; car, si des hommes privilégiés trouvent dans la culture des lettres, de la peinture ou de la musique, une source de nombreuses et longues jouissances, celles-ci ne sont qu'une cause complémentaire de ce bonheur, n'ayant de valeur sensible qu'autant que le bien-être est déjà une condition acquise.

ART. 10. — **Lois primordiales.** — Les lois qui régissent

la morale sont bien simples, car elles découlent toutes d'un principe unique, qu'a formulé et proclamé le divin précurseur de tout progrès : « Ne fais à autrui que ce que tu voudrais qui te fût fait ».

Au point de vue du rôle passif de l'homme, cette simple maxime résumerait tout son code de morale. Mais l'homme vit en société, condition normale de son existence, et alors commencent de nouveaux devoirs pour lui qu'implique sa qualité de père, de fils, de membre à un titre quelconque de la famille et du corps social, comme de nouveaux droits attachés à sa personne relatifs à ses divers titres vis-à-vis de la société. Mais, quoi qu'il en soit de ces devoirs ou de ces droits, ils reposent sur l'intérêt général, et tout homme de bon sens pourra les déduire du raisonnement, en se pénétrant d'un autre axiome passé à l'état de maxime, à savoir que « ce qui est utile à l'essaim est utile à l'abeille », et réciproquement que « ce qui profite à l'abeille profite à l'essaim ». C'est en en faisant constamment l'application, de l'homme à la famille ; du citoyen à l'égard de la commune, à l'égard de l'État ou du corps social, ou, réciproquement, soit de la société, soit de l'État, soit de la famille vis-à-vis de l'individu, que notre esprit sentira facilement nos droits, de même que notre conscience, émanation divine, nous dictera rigoureusement nos devoirs.

Le vrai bonheur n'est pas de ce monde, comme on l'a si souvent dit, et, si parfois l'homme éprouve de ces moments de félicité suprême comparable à l'état qu'on assigne, dans une autre vie, aux âmes qui ont mérité la béatitude céleste, ils ne sont que momentanés ou toujours fort courts.

Mais, si le bonheur durable n'est point de notre existence terrestre, le bien-être relatif, à divers degrés, est du moins conciliable avec cette existence, et il dépend de l'homme, soit comme individu, soit comme corps social, de l'acquérir dans une certaine mesure. Pour atteindre ce but, notre premier soin devra être d'en étudier les antagonismes. Le soin de les combattre fera l'objet de considérations subséquentes.

Parmi les causes antagonistes au bien-être, nous trouvons essentiellement : l'état de *dépendance*, l'état de *misère*, l'état d'*ignorance* et l'état de *maladie* ; d'où il résulte que nous considèrerons comme indispensables au bien-être les conditions diverses qui sont en opposition avec ces états, et, à savoir : la *liberté*, l'*aisance*, l'*instruction* et la *santé*.

ART. 11. — **Liberté.** — Le premier roi fut un soldat heureux, a dit un de nos philosophes. Il n'y a pas d'homme qui, étant parvenu au faîte du pouvoir, n'ait cherché à s'y maintenir par des lois oppressives. Autour de lui se sont toujours groupés des séides voulant recevoir, en échange de leur dévoûment au monarque, pouvoir et honneurs. De là la division des hommes en oppresseurs et en opprimés. De temps en temps la barbarie, la cupidité et les exactions diverses des privilégiés à l'égard du peuple ont porté celui-ci à des révoltes locales ou restreintes; mais l'ignorance des uns, le savoir, la ruse et souvent le prestige d'un grand nom chez les autres, enfin un appui aux privilégiés venant de pays limitrophes, ont suffi pour rétablir l'inégalité comme la domination, et ont donné une sorte de raison à des lois plus répressives, plus absolues, au profit des uns sur les autres.

Le Christianisme, dont le Code sublime est de nature à réaliser l'émancipation du peuple et le bonheur possible en ce monde, n'a produit, dans le principe, que de faibles résultats moralisateurs : peut-être parce que ses ministres, violentés ou séduits par les monarques, et devenant privilégiés à leur tour, ont parfois fait cause commune avec eux. Disons bien vite, pour rendre hommage à la vérité, qu'il n'en a pas toujours été ainsi, et que, martyrs bien souvent de leur foi comme de leur conscience, ils ont donné l'exemple d'une lutte dans laquelle ils n'ont trouvé que persécution, et où leur immolation n'a eu d'autre mobile que l'amour de Dieu et du prochain.

En jetant un regard rétrospectif sur les tablettes historiques de l'humanité, se retrouve toujours cette lutte entre le privilégié et l'opprimé, entre l'intérêt privé des grands et les intérêts généraux de la société. Mais avec le temps cependant se modifient leurs rapports respectifs. C'est ainsi qu'au meurtre, porté d'abord à l'excès par les uns à l'égard des autres, succèdent des sévices moins cruels; à l'esclavage se substitue le servage; au servage, le prolétariat. C'est-à-dire qu'à l'arbitraire succède une législation confuse d'abord, devenant ensuite plus précise, plus humaine, plus douce enfin; et nous arrivons insensiblement, trop lentement au gré de ceux qui souffrent, à une époque heureuse, l'époque contemporaine, la nôtre enfin, où les révolutions n'ont plus aucune raison d'être pour conquérir la jouissance des droits sacrés de l'humanité; où le peuple, émancipé, peut arriver à tout ce qui est juste, sans révolte, sans secousse, par le jeu naturel et régulier de nos institutions. Plus donc de guerres civiles, plus de ces luttes fratricides qui ébranlent tout, qui remettent tout en question, qui ont eu leur raison d'être, qui ont été même une nécessité en d'autres temps, mais qui seraient aujourd'hui un anachronisme et un crime !

La *guerre* est, comme on sait, un différend entre hommes, se terminant par l'emploi de la *force* au lieu de la *raison*, qui seule devrait intervenir dans les querelles entre membres d'une société civilisée. Dans ces luttes, les parties en jeu n'ont d'autre but que de se nuire, lorsque Dieu recommande aux hommes de s'aimer et de s'entr'aider. Il en résulte des pertes innombrables, incommensurables, quand l'intérêt de l'humanité veut la production et la conservation. Si les pertes matérielles sont préjudiciables à l'homme, combien est contraire au vœu du Créateur le meurtre de ses enfants par ses enfants !

L'*amour*, dans l'acception la plus étendue, est la plus sublime loi de la création. C'est par l'amour que l'âme élevée conçoit quelque bonheur sur notre terre : amour entre époux, amour filial, amour paternel, amour de Dieu, amour général de l'humanité, que nous l'appelions charité, philanthropie ou amour du bien ; sentiment noble entre tous, nous sollicitant à sacrifier nos intérêts personnels à l'intérêt général. Eh bien ! la guerre, sous toutes les formes, n'est-elle pas une antithèse à cette loi d'amour ? Comment concevoir pour l'humanité une ère de bien-être sans l'intronisation de la paix ? Oui, la guerre est en opposition avec les lois du Créateur, parce qu'elle porte la désolation dans la famille, parce qu'elle tue au lieu de vivifier. C'est le meurtre avec son hideux cortége, d'une part ; c'est la destruction, d'autre part : tout ce qu'il y a de plus contraire à la création.

Si l'hygiène importe au bien-être en nous préservant le plus possible des maladies qui affligent l'humanité, combien importent à un plus haut degré la paix et la tranquillité publiques ! Tout s'enchaîne en économie sociale, et c'est ainsi que l'instruction et la morale répandues à flots, nous démontreront la nocuité des guerres internationales comme civiles, et que la paix favorisera l'avancement des peuples, leur épanouissement intellectuel et matériel.

La paix est la source de découvertes de tout ordre. Elle est l'aliment fécond de l'industrie et du commerce, et les beaux-arts, comme les sciences morales, physiques et naturelles, n'ont jamais brillé d'un plus vif éclat que pendant les plus longs interrègnes de guerre.

ART. 12. — **Aisance au foyer.** — Un gouvernement à bon marché, dont les charges seront réduites aux extrêmes limites, dans lequel le nombre des fonctionnaires rétribués sera aussi minime que possible, et dont l'impôt aura pour principe et pour base essentielle de répartition de peser peu sur la classe laborieuse, réussira nécessairement à augmenter l'aisance générale. Cette aisance sera encore augmentée d'une manière sensible du moment où les emplois publics seront donnés au plus méritant, par l'effet de l'élection ou du concours. Que si nous considérons, par exemple, tel maire qui, s'inquiétant peu des intérêts de la commune et négligeant tel soin, telle mesure, tel arrêté, parce qu'il y a de la peine à prendre, n'en reste pas moins le premier magistrat de la commune de par le Gouvernement, nous sommes fondé à dire que, du jour où ce maire émanerait du suffrage populaire, ayant pour conséquence sa réélection ou son rejet aux élections subséquentes, suivant qu'il aurait bien ou mal rempli son mandat, de ce jour il serait par cela même sollicité à bien faire.

Mais cette aisance, qui peut dépendre dans une certaine mesure de la forme de nos institutions, ainsi que nous venons de l'exposer, se lie d'une manière plus étroite à la sagesse du citoyen considéré comme père, comme époux, comme fils, comme membre à un titre quelconque de la famille, ou même comme simple citoyen. En effet, le travail, l'ordre et l'épargne, en sont les conditions essentielles dans l'ordre physique, de même que l'honorabilité ou la moralité dans l'ordre métaphysique. Ces vertus impliquent naturellement la simplicité, soit dans les vêtements, soit dans l'habitation, et la sobriété, toutes qualités qui, bien entendues, concourent à la conservation de la santé, bien si précieux et sans lequel l'homme est impropre à tout.

Il est rare, disons-le bien haut, que l'homme qui travaille et qui pratique une morale sévère, ne faisant à autrui que ce qu'il voudrait qu'on fît à son égard, ce qui implique honorabilité, simplicité et sobriété, ne prospère point. Il arrive en outre ainsi à la satisfaction et à l'estime de lui-même, ce qui est l'état de l'âme opposé aux remords, et on sent ce que les remords, premier châtiment du Créateur dans notre existence terrestre, ont de pénible pour ceux qui n'ont point eu l'énergie de s'y soustraire par une conduite selon leur conscience, laquelle, nous le répétons, est bien la voix intérieure de Dieu.

La gratuité de l'enseignement et les diverses institutions de prévoyance, qui tendent à se généraliser chez les nations modernes, exercent de plus en plus une heureuse influence sur la morale et l'aisance publiques. On ne saurait trop recommander, dans cet ordre d'idées, les sociétés de secours mutuels, les caisses d'épargne, et les compagnies d'assurance, lorsqu'elles fonctionnent sur des bases honnêtes.

Nous ne saurions encore trop insister sur l'exactitude des devoirs à remplir : devoirs de culte, devoirs de père, de mère, de fils, d'époux, d'épouse et de citoyen, conditions essentielles de prospérité en ce monde.

L'homme a besoin de repos après un long travail, et, comme tel, le dimanche serait une nécessité alors même que les lois du culte ne nous l'imposeraient point déjà. Qu'on l'observe donc, et qu'on l'emploie à des œuvres ou à des exercices essentiellement moraux ou intellectuels ! Combien sont préjudiciables l'auberge, le cabaret et le café, « où l'on perd, comme le dit le moraliste Franklin, son argent, sa santé et son temps » !

L'abus des alcooliques et l'usage du tabac constituent deux de nos grandes plaies sociales.

De l'usage modéré du vin et des boissons spiritueuses à leur abus il n'y a qu'un pas. Sans doute, prises avec modération, elles sont, jusqu'à un certain point, utiles à l'homme et au manouvrier surtout ; mais la pente est douce et rapide, d'où il suit que peu d'hommes savent y résister (voir « Abus des boissons », art. 517). Et combien cet abus est déplorable aux deux points de vue de la santé et de la morale publiques ! que de malheurs en découlent ! Les affaires déférées à la police judiciaire et correctionnelle, ou celles qui sont du ressort des cours d'assises, seraient numériquement réduites à moins de la moitié du jour où, pour une cause quelconque, l'usage du vin et de tout spiritueux serait supprimé. C'est encore par l'effet de l'*instruction* et d'une *moralisation* plus étendue que cessera cet abus. Un jour viendra encore où, par l'effet de ces deux grands leviers, qui rendent possible la solution des plus difficiles et des plus importants problèmes sociaux, les guerres internationales et civiles, cette monstruosité tout au plus excusable aux temps barbares, disparaîtra de la liste des fléaux qui désolent l'humanité. En attendant que les sciences physiques et d'observation aient trouvé le préservatif ou l'antidote des épidémies qui déciment de temps en temps l'humanité, rappelons-nous que de nos jours il a été donné à l'homme de trouver des anesthésiques puissants, comme le chloroforme, l'éther et le protoxyde d'azote, pouvant supprimer ou atténuer singulièrement la douleur dans les opérations chirurgicales. Que ne doit-on pas déjà à la vaccine et au quinquina, et combien n'est-on pas autorisé à espérer de découvertes ultérieures pouvant augmenter le bien-être ?

Le *tabac*, sans utilité quelconque, est constamment plus ou moins nuisible (voir « Abus du tabac », art. 523). Les fumeurs, les chiqueurs et les priseurs sont désagréables, comme on le

2

sait : les deux premiers, par l'odeur infecte qui s'exhale de la bouche, comme par le besoin de cracher; les derniers, par l'écoulement muqueux des fosses nasales et le besoin fréquent de se moucher.

L'usage du tabac à fumer, comme à chiquer, congestionne le cerveau. Par suite, il abrutit l'homme, et le prédispose à l'apoplexie, à l'hébétude et à la folie. Il est l'unique cause du cancroïde à la lèvre, maladie grave qui nécessite l'excision du siége de l'affection. Il semble encore occasionner l'angine de poitrine et diverses affections graves des voies respiratoires.

Qui ne sait que le tabac, plante de la famille des solanées vireuses, est considéré par les toxicologistes comme un poison stupéfiant?

Ajoutons que l'impôt du tabac, représenté par les chiffres officiels de sa vente, égale 260 millions, qui, avec les accessoires, tels que pipes, papier à cigarette, tabatières, blagues, etc., dépasse le chiffre de 600 millions. Cette somme, reportée sur les familles pauvres, privées par la mort ou la maladie de leur chef gagne-pain, serait capable d'entretenir cinq cent mille de ces familles dans l'aisance. Que d'hôpitaux, que d'asiles pour la vieillesse, ne pourrait-on pas créer avec une somme semblable! Combien serait facile la solution du grand problème de l'extinction de la misère, du jour où chaque consommateur de cette drogue infecte voudrait en faire le sacrifice au profit de ceux qui souffrent.

Sans doute l'homme est égoïste, et il est généralement mal disposé à partager ses jouissances avec tout autre que les siens; mais accusons moins son cœur que l'ignorance. L'époque d'une meilleure entente de ses intérêts viendra un jour par l'effet de l'instruction. Accoutumé à vivre, à agir et à contracter des habitudes sans réfléchir, il ignore généralement combien son superflu nuisible pourrait tourner au profit du nécessaire de tant d'autres. Du jour où les notions d'un bien-être sagement conçu, combinées avec celles d'une morale pure, seront convenablement répandues, de ce jour on se fera un point d'honneur de ne rien faire de contraire aux grands intérêts de l'humanité, et de cette date commencera une ère nouvelle de bien-être général équivalant à celui de chacun ou de tous.

ART. 13. — **Instruction.** — Tout le monde comprend l'influence heureuse que doit exercer la diffusion de l'instruction sur le bien-être; ajoutons que, si l'instruction, consacrée à la recherche des moyens qui satisfont le mieux les besoins honnêtes de l'homme, doit être une des conditions primordiales de ce

bien-être, c'est aussi en la dirigeant vers l'étude des destinées
de l'âme qu'on trouvera le plus puissant levier de moralisation,
devant produire finalement une des phases les plus précieuses de
progrès dans le bien-être, et c'est de là que peut naître, par la
culture du bien, du beau dans toute son acception, du vrai enfin,
une satisfaction morale pouvant rapprocher l'état de bien-être
du bonheur idéal.

Nous sommes né catholique, de père et mère catholiques, et
nos enfants, comme les petits-enfants que nous avons déjà, sont
élevés dans le même culte; mais nous croyons essentiellement à
la bonté, à la justice, comme à la souveraineté du Créateur, et,
par cela même, nous pensons, avec quelques prélats des plus
autorisés, qu'on peut, à la rigueur, par la pratique des diverses
religions, arriver aux immenses biens dont il dispose en faveur
des élus. Loin de se déchirer entre elles, comme elles l'ont fait
à une époque déjà éloignée de nos jours, il viendra un temps où
toutes les religions se fondront en une seule, celle du Christ,
n'ayant d'autre objet que de glorifier la toute-puissance et la
perfection du Créateur par la pratique des vertus dont il est la
personnification. Ce sera sans doute dans une de ses étapes éloignées que l'humanité verra s'accomplir cet immense progrès ;
mais tous les progrès sont solidaires ou s'enchaînent, et nous
concevons une époque, peut-être assez rapprochée, où tous les
hommes ne formeront qu'une seule famille de frères, régie par
des lois simples et uniformes, dont l'origine, comme les effets,
au lieu d'émaner du principe autoritaire, si souvent despotique,
résulteront du vœu dominant parmi les membres de cette
immense famille, exprimée équitablement en toute chose par
l'élection et le concours.

Nous n'avons ni l'autorité ni l'intention d'indiquer tous les
préceptes de sagesse qui concourent, avec le bien-être, au bonheur de l'homme : nous devons nous borner à en proclamer bien
haut l'importance, laissant le soin spécial de cet enseignement
au chef de la famille, au précepteur, et surtout aux ministres
du culte, à qui incombe essentiellement ce grand rôle, auquel
ils font rarement défaut. Mais nous profiterons de toutes les
occasions que nous en donneront les divers sujets que nous traiterons, pour *moraliser* et *toujours moraliser*. Faisons beaucoup
pour la société, si nous voulons qu'elle nous donne à son tour.
Du jour où chacun lui consacrerait, en abnégation, ce que veut
la justice ; du jour où l'homme serait assez moral pour qu'il n'y
eût ni mensonge, ni vol, ni tromperie aucune, de ce jour-là la
société rendrait le centuple de ce qu'on ferait pour elle ; car les

douleurs morales seraient considérablement réduites de leur
valeur actuelle, et, si peu que les sciences médicales et économiques eussent progressé, ce qui est dans la nature, la condition
de l'homme sur la terre s'élèverait presque au niveau de celle
qu'on assigne aux anges. Ne désespérons point : ayons une foi
ardente dans cet avenir, qui dépend de nous ou de nos enfants, et
ne cessons, en vue d'un tel résultat plus ou moins éloigné, de
MORALISER et d'INSTRUIRE. Soyons généreux envers les générations futures, et songeons qu'entre le terme convoité et celui
que nous occupons il y a d'innombrables moyennes, heureuses
relativement, devant donner d'autant plus de résultats et des
résultats d'autant plus prochains que nous le voudrons plus
fermement.

ART. 14. — **La santé.** — La santé faisant l'objet de la
deuxième partie de l'ouvrage, nous renvoyons nos lecteurs aux
4e, 5e et 6e livres, traitant de l'hygiène, de la médecine et de
la pharmacologie. Nous dirons seulement, en passant, que cette
santé dépend, dans une certaine mesure, de la bonne conduite
ou sagesse de l'homme. Aussi l'hygiène, cette science qui a pour
objet de la conserver, est-elle en tout point concordante, dans
ses préceptes, avec les règles de la morale et de la sagesse.

LIVRE DEUXIÈME.

SCIENCES PHYSIQUES.

PRÉAMBULE.

ART. 15. — **Enchaînement.** — Dans ce livre nous traiterons,
sous le titre *Sciences physiques*, des connaissances de physique,
de météorologie et de chimie qui s'appliquent aux besoins permanents de l'homme, ou de celles dont la possession est indispensable pour bien saisir les articles subséquents d'économie
générale ou science du bien-être.

PHYSIQUE ET MÉTÉOROLOGIE.

ART. 16. — **Définitions.** — La physique est la science qui a
pour objet l'étude des propriétés générales des corps, en tant
qu'ils ne changent pas de nature.

La météorologie est, comme son nom l'indique, la science

des météores. Presque synonyme de *physique du globe* et de *climatologie*, elle s'occupe, concurremment avec ces sciences, d'un grand nombre de phénomènes qui se produisent à la surface de notre planète, se rapportant à l'attraction, à l'électricité, à la lumière, au calorique, à l'atmosphère et à l'eau. Nous ne présenterons ici de ces sciences, d'ailleurs très-complexes, dont le domaine est immense, que ce qu'il y a de plus important à connaître au point de vue d'utilité où nous nous plaçons.

PHYSIQUE.

PROLÉGOMÈNES.

ART. 17. — **Corps ou matière.** — On appelle corps ou matière tout ce qui peut impressionner nos sens.

La matière se divise en corps pondérables et en fluides impondérables.

ART. 18. — **Corps pondérables.** — Les corps pondérables constituent la matière proprement dite. Ils sont susceptibles d'affecter trois formes ou états d'agrégation différents : 1o *état solide*, 2o *état liquide*, 3o *état gazeux*. Le même corps peut présenter ces divers états, suivant la compression qu'il reçoit ou la température qu'il possède : c'est ainsi que l'eau à la température au-dessous de zéro est solide (la glace); au-dessus de zéro elle est liquide, et au-dessus de cent degrés elle prend l'état gazeux (vapeur d'eau). L'acide carbonique, gazeux à toutes les températures sous la pression ordinaire de l'atmosphère, se maintient à l'état liquide sous une pression égale à 36 atmosphères, à la température 0.

ART. 19. — **Molécules.** — La matière est constituée par l'agglomération de parties extrêmement ténues qu'on appelle *molécules*. Elles ne se touchent point, étant toujours séparées par des espaces appelés *pores*. C'est au plus ou moins grand écartement des molécules, par l'action qu'exerce sur elles le fluide impondérable connu sous le nom de *calorique*, qu'on doit attribuer les divers états d'agrégation de la matière.

ART. 20. — **Gaz, vapeurs.** — Les gaz diffèrent des vapeurs en ce que le calorique n'a, à la température ordinaire, qu'une adhérence passagère avec celles-ci ; de telle sorte que, à mesure qu'il se dissipe, elles repassent à l'état de corps liquide ou solide, comme la vapeur d'eau, de mercure, de soufre. Les gaz, au contraire, sont unis à tel point à ce fluide impondérable qu'ils ne prennent la forme liquide ou solide que par l'effet d'une pression considérable. Depuis que Davy et Faraday sont parvenus à liquéfier le chlore, que Thilorier, de son côté, est

2*

arrivé, au moyen de la compression, à liquéfier et à solidifier même l'acide carbonique; depuis enfin que tous les gaz, excepté six, ont été solidifiés, ou tout au moins liquéfiés, ce qui est de nature à faire espérer qu'un plus grand nombre pourront l'être encore, la désignation de *gaz permanent* est de moins en moins employée dans la science, et le mot *gaz,* employé seul, est devenu presque synonyme de *vapeur.*

ART. 21. — **Fluides impondérables.** — Les fluides impondérables sont aujourd'hui au nombre de trois, bien que tout porte à croire qu'un seul fluide produit tous les phénomènes que la science rapporte encore à trois : ce sont la *lumière,* le *calorique* et l'*électricité.* Il y a quinze ans à peine que, pour expliquer les phénomènes de l'aimant, on avait recours à l'existence d'un autre fluide, le *fluide magnétique :* les travaux d'Ampère, d'Œrsted, de Faraday, de Becquerel, de Delarive, etc., ont eu pour effet de ramener l'explication de ces phénomènes à l'existence d'un fluide unique. Quel est le physicien qui ne pressent que, le calorique devenant lumineux ou lumière à 300 degrés environ, les phénomènes des deux ordres doivent se rapporter à une même cause, que les progrès rapides qui s'accomplissent dans la science nous font espérer connaître prochainement?

ART. 22. — **Cohésion.** — Les physiciens considèrent les corps de la nature comme constitués, nous l'avons déjà dit, par des molécules. Ces molécules sont réciproquement attirées et retenues entre elles par une force qu'on appelle *attraction de cohésion,* ou simplement *cohésion :* telle est, par exemple, la puissance qui réunit les molécules d'un bloc de fer, ou bien encore la force qui rapproche les molécules du silex. Quelque effort qu'aient fait les chimistes pour décomposer le fer, ils n'ont pu obtenir autre chose que du fer, toujours identique, et ce corps, avec une soixantaine d'autres également indécomposables, ont reçu le nom de *corps simples.*

ART. 23. — **Place dans l'espace.** — L'espace qu'occupe un corps dans la nature est dit *sa place.* Le corps est en repos lorsqu'il occupe constamment la même place. Il est, au contraire, en mouvement lorsqu'il change de place. Il n'y a pas de repos absolu sur la terre, puisque la terre est elle-même en mouvement. Il ne peut y avoir, pour nous, qu'un repos relatif.

ART. 24. — **Mouvement.** — Les corps n'ont pas de mouvement par eux-mêmes : ils le reçoivent toujours d'une force étrangère, telle que l'attraction, la gravitation ou pesanteur, le calorique, l'électricité et les forces vitales.

Tout corps qui reçoit un mouvement le conserve avec la même vitesse et dans la même direction, jusqu'à ce qu'une cause étrangère le lui enlève. Une balle ou un projectile quelconque irait constamment dans le même sens, dans l'espace, si, d'une part, l'atmosphère n'y apportait un certain obstacle, et si, d'autre part, l'attraction de la terre, ou pesanteur, n'exerçait sur ce projectile une force antagoniste au mouvement d'impulsion. La toupie ou pirouette a à vaincre le frottement de l'air atmosphérique et celui qu'exerce le bouton sur le sol.

Art. 25. — **Équilibre.** — Un corps est en équilibre lorsqu'il est sollicité par deux forces égales diamétralement opposées, et qu'il en résulte l'état de repos. Entre deux forces agissant en sens contraire sur un corps, la plus grande l'emportera, et la force qui aura le dessus sera amoindrie de toute la valeur de la force antagoniste. Lorsque deux forces, au contraire, agissent dans le même sens sur un corps, elles s'additionnent, et la force qui en résulte est égale à la somme des forces *composantes*.

Art. 26. — **Leviers.** — On a un exemple saisissant du levier dans l'instrument que les maçons appellent la *pince*. « Avec un levier assez puissant, je voudrais soulever le monde », disait Archimède. Tout levier présente trois points principaux : la *puissance*, le *point d'appui* et la *résistance*. Selon la position respective de ces trois points, le levier est dit d'un genre différent : dans le *premier genre*, le point d'appui est au milieu des deux autres ; dans le *deuxième genre*, c'est la résistance qui est au milieu ; et c'est la puissance qui est au milieu dans le *troisième genre*. Les instruments connus sous le nom de pince plate et de tenailles sont constitués par la réunion de deux leviers du premier genre. Le point d'appui y est représenté par l'articulation ; la partie où s'applique la main est la puissance ; la partie dite *mâchoire* est la résistance. La brouette est, abstraction faite de la roue, une application du levier de deuxième genre, dans lequel, comme on le voit, l'objet qu'on transporte, ou *résistance*, se trouve entre l'essieu, qui est le point d'appui, et les poignées où s'applique la main de l'homme, qui en sont la *puissance*. Les pincettes, instrument avec lequel on attise le feu, sont un exemple de deux leviers de troisième genre dans lesquels le point d'appui est dans le ressort ; la puissance est au milieu, où s'applique la main, et la résistance, dans les *pattes* qui saisissent le combustible. La poulie, la balance à peser et la manivelle sont des applications du levier de premier genre.

PROPRIÉTÉS DE LA MATIÈRE.

ART. 27. — **Divisibilité.** — Tous les corps de la nature sont composés, avons-nous dit, de molécules qui sont d'une ténuité extrême, qu'on ne peut saisir que par la pensée. On conçoit aisément cette propriété de la matière en songeant que l'odeur des corps tient uniquement à ce que l'atmosphère est imprégnée de molécules de ces corps, se divisant par le frottement, comme l'odeur de l'étain, du soufre; ou volatiles, comme celles de l'arsenic, des essences, etc., affectant l'organe olfactif, dans le passage de l'air qui en renferme. D'après Réaumur, le fil de l'araignée est composé de six mille fils environ, sortant chacun par un mamelon spécial. Les infusoires qu'on ne peut apercevoir qu'au moyen de forts microscopes dans de l'eau, par exemple, et dont des myriades peuvent vivre dans une seule goutte de liquide, sont des exemples de la divisibilité de la matière : car chacun de ces infusoires est pourvu d'organes constituant souvent des appareils très-complexes, comme nageoires, panaches articulés et mouvants, et même des appareils de circulation que la transparence de l'animal permet de constater.

ART. 28. — **Répulsion et pores.** — Il ne paraît pas que l'existence des *pores* ou intervalles des molécules tienne à une force spéciale (*répulsion*), comme on l'admettait dans le temps. Elle semble devoir être rapportée au *calorique*, fluide impondérable dont nous avons déjà parlé. On a une preuve de l'existence des pores, soit en comprimant de l'eau dans des vases de fonte de fer, au travers les parois desquels on la voit sortir, soit en plongeant de l'or dans du mercure. L'or est bientôt pénétré par ce métal liquide, qui le blanchit, mais sans augmentation de volume : il a seulement augmenté de poids, et exactement de celui du mercure qui l'a pénétré.

ART. 29. — **Sphère d'attraction.** — On entend par *sphère d'attraction* la distance à laquelle, autour d'une molécule, commence à s'exercer l'attraction. Cette sphère d'attraction est plus grande dans les liquides que dans les solides, et c'est ce qui explique pourquoi il est facile de réunir deux gouttes de mercure ou d'eau, par exemple, lorsqu'il est presque impossible de rapprocher avec adhérence les fragments d'un corps solide. Deux glaces, parfaitement dressées, contractent une certaine adhérence, pourvu qu'on ait soin de chasser l'air qui s'interpose entre les deux surfaces, en les faisant glisser l'une sur l'autre.

ART. 30. — **Densité.** — Densité est synonyme d'*état de rapprochement des molécules.* Un corps est dit d'autant plus dense qu'il est plus pesant; ce qui n'est rigoureusement vrai qu'en supposant de même poids toutes les molécules de la matière, et n'est pas démontré.

Art. 31. — **Élasticité des gaz.** — Les gaz sont compressibles et élastiques. Le fusil à vent, dans lequel la projection de la balle est simplement due à un piston sollicité par de l'air comprimé qu'on a réduit au millième environ de son volume, en est une démonstration saisissante.

FIRMAMENT.

Art. 32. — **Astres, étoiles.** — Lorsque, par une nuit sereine, levant nos yeux vers le ciel, nous cherchons à nous rendre compte du lumineux et imposant tableau qui s'offre à nos regards, nous le voyons constitué par des myriades de globes en feu, qu'une même force semble entraîner, par un mouvement régulier, du levant au couchant, conservant presque tous, entre eux, les mêmes rapports de distance; de telle sorte que, le lendemain, à la même heure, toutes ou presque toutes les parties de la voûte céleste occupent relativement, dans le ciel, les mêmes positions que la veille. Ces astres, d'une fixité réciproque, sont ce qu'on appelle les *étoiles fixes* ou *soleils*. Douées d'une lumière qui leur est propre, et qu'elles lancent dans tous les sens, ainsi que le soleil à nous, centre de notre système planétaire, ces étoiles, maintenues dans l'espace par les lois de l'attraction, sont d'un volume prodigieux, comme est prodigieuse aussi leur distance à notre soleil. Pour nous en donner une idée, disons qu'on admet généralement que les étoiles sont constituées, quant à leur nature et à leur dimension, à la manière du soleil, dont le volume est environ un million et demi de fois celui de la terre. Quant à leur distance, la plus brillante, une des plus rapprochées de nous, *Sirius*, serait, en moyenne, à 896 millions de fois la distance de la terre au soleil. Leur nombre en est incommensurable, car, l'organe de la vision étant imparfait, comme tout ce qui touche à l'humanité, nous ne pouvons percevoir que celles qui se trouvent à un rayon déterminé par la distance ou par l'intensité de lumière qui en émane. Nous dirons avec Jean Reynaud : « Au-delà des derniers soleils qu'il nous est permis d'apercevoir, il y a encore des soleils et des soleils! Notre force visuelle ne peut éprouver un peu d'accroissement que le nombre des astres nouveaux qui s'offrent à nous ne l'emporte sur le nombre des astres que nous découvrions avant; les millions s'accumulent sur les millions, et l'induction nous entraîne à conclure que la multitude deviendrait infinie si notre vue était capable d'aller à l'infini. Ce n'est pas dans l'univers que sont les bornes, c'est en nous : notre imperfection seule les cause. »

ART. 33. — **Planètes.** — Un examen plus soutenu, aidé, du reste, des moyens dont dispose la science, nous amène à reconnaître, dans le ciel, des globes lumineux qui possèdent, relativement aux étoiles, un mouvement de circonvolution dont le centre est le soleil, et qui ne sont lumineux que par réflexion de la lumière du soleil, centre du système : ces astres, dont la terre elle-même est du nombre, sont les planètes. Nous ne connaissons que celles qui font partie de notre système, au nombre, grandes ou petites, de près de cent, et dont les principales, outre la Terre, sont Mercure, Vénus ou l'étoile du Berger, Mars, Jupiter, Saturne, Uranus et Neptune.

ART. 34. — **Satellites.** — Une troisième division des astres est constituée par les satellites, lumineux aussi par réflexion comme les planètes, mais dont le centre de révolution n'est point le soleil, mais bien une planète. Telle est la Lune, qui se meut autour de la Terre. Les planètes autour desquelles on a pu constater des satellites sont, outre la Terre, Jupiter, Saturne, Uranus et Neptune. Elles présentent toujours le même hémisphère à leur planète, ce qui fait qu'elles accomplissent sur elles-mêmes un mouvement de rotation dans le même temps qu'elles mettent à exécuter leur mouvement de translation.

ART. 35. — **Comètes.** — Si enfin nous continuons nos investigations dans le domaine du ciel, nous pouvons y constater, à certaines périodes, la présence de globes lumineux entourés d'une atmosphère plus ou moins lumineuse, qui subit diverses déformations par l'influence de l'attraction solaire, et dont le mouvement se produit non plus selon une circonférence de cercle ou à peu près, et telles que s'exécutent les révolutions des planètes et des satellites, mais comme une ellipse à long axe, dont le soleil occupe l'un des foyers. Ces astres, connus sous le nom de *comètes,* passent quelquefois assez près de la terre, et deviennent si visibles, si éclatants même pour ses habitants, qu'ils ont été maintes fois, aux siècles barbares, les sujets des plus grandes terreurs.

ART. 36. — **Nébuleuses.** — On observe encore, dans diverses régions du ciel, une foule de tâches diffuses et blanchâtres, sorte de nuage lumineux, comme la voie lactée, qu'on désigne sous le nom d'étoiles nébuleuses ou matière nébuleuse, selon que la forme est plus ou moins tranchée ou vague. Ces nébuleuses sont douées de si peu de permanence que plusieurs astronomes ont cru y constater des changements de forme dans un intervalle de quelques années. Cette masse plus ou moins dense, et dont on ignore parfaitement la nature, serait pour quelques astronomes un amas de matière cosmique qui, régie par les lois impénétrables du Créateur, constituerait les premiers éléments des étoiles, des planètes, etc.

SYSTÈME SOLAIRE.

Art. 37. — **Soleil.** — Le soleil, autour duquel se meuvent les planètes, est le centre de ce que nous appelons notre système ou notre monde, et qui n'est qu'une fraction imperceptible de l'univers où sont répandues, dans toutes les directions et à des distances inconcevables, des étoiles sans nombre que toutes les probabilités nous font considérer comme autant de soleils ou centres cosmiques, autour desquels doit se mouvoir, comme autour de notre soleil, tout un cortége de planètes, de satellites, de comètes, etc., pour constituer autant de systèmes planétaires.

Les planètes décrivent autour du soleil des orbes elliptiques dont cet astre occupe un des foyers. Chacune d'elles est animée, en outre, d'un mouvement de rotation autour d'un axe dont la direction est susceptible de varier. Les planètes sont situées à des distances du soleil qui vont sensiblement en doublant.

Le soleil a la forme d'un sphéroïde dont le diamètre a plus de 320,000 lieues. Lumineux par lui-même, on ignore la cause première de cette prodigieuse émission de calorique et de lumière.

La lumière, dont la vitesse est de 70,000 lieues par seconde, emploie, pour aller du soleil à la terre, 8 minutes et 13 secondes.

La densité des planètes, à l'exception de Jupiter et d'Uranus, est en raison de leur rapprochement moyen du soleil.

Art. 38. — **Terre.** — La terre, dont le diamètre est le 112e de celui du soleil, a un volume qui est quatorze cent mille fois moindre que le soleil. Elle accomplit son tour sur elle-même en vingt-quatre heures. Sa révolution autour du soleil constitue notre année. Elle est de 365 jours un quart environ. Ce mouvement autour du soleil se produit dans un plan qu'on nomme l'écliptique. Son axe de rotation diurne n'est pas parfaitement perpendiculaire à ce plan, avec lequel il forme un angle de 66 degrés environ.

La densité moyenne de la terre est d'environ 5, comparée à celle de l'eau.

La chaîne de l'Himalaya, dans le Thibet, dont le point culminant est le plus élevé du globe (8,500 mètres au-dessus du niveau de la mer), ne fait point une saillie plus élevée sur le globe que ne produirait une tête d'épingle sur un globe de 7 mètres de diamètre. Les plus grandes profondeurs connues paraissent être de 10,000 mètres environ au-dessous du niveau de la mer.

ATTRACTION GÉNÉRALE.

ART. 39. — **Loi de Newton.** — La matière est douée d'une force que nous avons appelée *attraction* ou *cohésion*, s'exerçant entre ses molécules comme entre les différents corps qu'elle tend à rapprocher. L'attraction s'exerce suivant une loi que Newton, le premier, a formulée en disant qu'*elle est en raison directe des masses et en raison inverse du carré de la distance qui les sépare.* C'est à cette loi que l'illustre physicien rapporte la force qui relie entre eux les divers astres de la création. Nous devons rapporter à cette même loi les effets de la pesanteur ou *gravitation*, s'exerçant entre la terre et les corps de la nature.

Les corps, dans leur chute vers la terre, suivent une ligne droite dans la direction du centre du globe. Cette direction, dite *verticale*, est perpendiculaire à la surface des liquides abandonnés à eux-mêmes, constituant, comme on le sait, un plan horizontal.

La lune est le corps céleste le plus rapproché de la terre. Il existe, d'après la loi précitée de Newton, une attraction réciproque entre les deux astres; en sorte qu'un corps qu'on éloignerait de la terre dans le sens de la lune diminuerait d'autant plus de poids qu'il se rappocherait davantage de celle-ci. On conçoit un point intermédiaire où, sollicité par deux forces égales, le corps devrait rester en équilibre entre la planète et le satellite. Cette distance de la terre, quelle que soit la position de la planète tournant sur son axe, a reçu, comme en matière d'attraction atomique, le nom de *sphère d'attraction*.

PESANTEUR.

ART. 40. — **Chute des corps.** — La terre exerce, en raison de sa masse, une grande force attractive sur tous les corps, et cette action est connue, nous l'avons dit, sous le nom de *pesanteur* ou *gravitation*. Tout corps abandonné dans l'espace est sollicité dans la direction du centre du globe par cette force constante. Elle agit avec une intensité proportionnelle à la masse. Le mouvement des corps, dans leur chute au sein de l'espace, augmente avec le temps qui s'écoule. Les espaces parcourus sont en raison directe du carré du temps écoulé, en supposant la chute dans le vide; mais, la résistance de l'air étant un obstacle au libre mouvement des corps, il y a dès lors un ralentissement d'autant plus grand, que ce corps est relativement plus léger. Dans le vide, on le sait, une plume de duvet tombe avec la même vitesse qu'une balle de plomb.

ART. 41. — **Oscillations du pendule.** — On entend par pendule (au masculin), en physique, un corps solide suspendu à un point fixe autour duquel il peut osciller librement. Les oscillations se produisent dès qu'on déplace le pendule de la verticale, l'abandonnant à lui même. Ces oscillations décroissent progressivement en étendue, jusqu'à ce que le pendule ait cessé de se mouvoir ; mais les oscillations en sont toujours presque isochrones, c'est-à-dire que le même temps s'écoule entre chacune. Cette propriété n'est à peu près rigoureuse, il faut le dire, que dans le vide ; mais, hâtons-nous d'ajouter, en donnant au pendule une forme lenticulaire, comme dans le balancier des horloges, ou, simplement, en employant pour poids de ce pendule un corps relativement très-lourd, comme du platine, de l'or ou même du plomb, *les effets perturbateurs de l'atmosphère sont presque nuls.*

On se sert ordinairement du pendule pour mesurer l'intensité de la pesanteur. En effet, on comprend que les oscillations en seront d'autant plus fréquentes que sera plus grande la force qui le sollicite à se rapprocher de la verticale. La pesanteur étant, ainsi que nous l'avons dit, en raison directe des masses et en raison inverse du carré de la distance, on prévoit, qu'au bord de la mer, point très-rapproché de la masse terrestre, ces oscillations soient plus nombreuses, dans la période d'une heure, par exemple, que sur le Chimborazo ou l'Himalaya, qui ont, l'un 6,500 mètres, et l'autre 8,600 mètres d'altitude ou hauteur au-dessus du niveau de la mer.

Plus le fil de suspension du pendule est long, et plus il y a de lenteur dans les oscillations. C'est sur ce principe qu'est basé le moyen de régler les horloges. C'est en allongeant ou en raccourcissant le balancier des instruments à mesurer le temps, qu'on en ralentit ou qu'on en accélère la marche.

ART. 42. — **Force centrifuge.** — Les physiciens appellent force *centrifuge* celle qui, dans le mouvement de rotation d'un corps, tend à en éloigner les diverses parties du centre de révolution. Cette force est une conséquence de la loi du mouvement, *devant toujours s'effectuer en ligne droite, lorsque rien ne s'y oppose.*

ART. 43. — **Pesanteur spécifique.** — On entend par pesanteur spécifique d'un corps le poids de ce corps relativement à son volume. Un décimètre cube d'eau pure, à 4 degrés au-dessus de zéro, pesant mille grammes ou un kilogr., c'est au poids de ce corps, pris comme unité, qu'on compare, en physique, tous les autres corps liquides ou solides. Ainsi, un décimètre cube de fer forgé pesant 7 kil. 5 hectogr., on exprime son poids spécifique, ou densité, en disant qu'il est de 7,5. Les métaux, si ce n'est le potassium et le sodium, sont tous plus lourds que l'eau; l'aluminium ne pèse guère que 2,5, c'est-à-dire comme deux fois et demie l'eau : or, ce métal étant peu oxydable, ductile, tenace et assez dur, on conçoit que, par cette propriété importante d'avoir un poids spécifique très-faible, il puisse recevoir un grand nombre d'applications dans les arts, surtout lorsque, par les progrès ultérieurs de la chimie, son prix, très-élevé encore, aura baissé sensiblement. Une cuirasse de fer, métal dont la pesanteur spécifique est approximativement de 7, 5, pèsera, à égale épaisseur, trois fois autant qu'une d'aluminium. Quel allégement il y aurait pour nos militaires cuirassiers, carabiniers, etc., du jour où l'Etat pourrait substituer des cuirasses d'aluminium à celles de fer, etc. Cette faible digression, à laquelle nous ne pouvons résister, démontre une fois de plus combien le bien-être se lie au progrès des sciences.

Le platine est le plus lourd des métaux. Il pèse, lorsqu'il a été écroui au marteau ou au laminoir, 23, c'est-à-dire 23 fois comme l'eau, et il pèse encore 21 quand il a été passé à la filière. L'or pèse approximativement 19; le mercure, 13,5; le plomb, 11,4; l'argent, 10,5; le cuivre, près de 9; le fer, 7,5, et le zinc, près de 7.

ART. 44. — **Principe d'Archimède.** — Archimède, l'immortel savant de Syracuse, un des plus grands génies qui aient paru sur la terre, et qu'un soldat romain transperça impitoyablement de son épée, lors du siége de cette ville, bien que Marcellus, son général, eût recommandé de l'épargner, Archimède trouva le premier qu'*un corps plongé dans l'eau y éprouve une perte de poids égale au poids de l'eau qu'il y déplace.* Un exemple rendra l'énoncé de cette proposition plus claire. Un décimètre cube d'eau pèse mille grammes, avons-nous dit : le même volume de zinc pèse 7. Si nous prenons un vase renfermant de l'eau, d'une part; si, d'autre part, nous suspendons un décimètre cube de zinc, au moyen d'un fil de soie attaché au plateau d'une balance, et que nous établissions l'équilibre des plateaux, ce qui nécessitera de placer sur le plateau opposé au zinc un poids de 7 kilogrammes; si, cet équilibre établi, nous faisons plonger le cube de zinc dans l'eau, sans déranger les balances et, simplement, en plaçant, comme il convient, le vase d'eau sous le zinc, nous observerons dès lors que le poids nécessaire à produire l'équilibre des plateaux ne sera plus que de 6 kil. au lieu de 7. Le zinc, par son immersion dans l'eau, aura donc perdu le poids d'un kilogr., et ce poids, on le voit, est celui de l'eau déplacée. La révélation de cette loi, immuable comme toutes les lois physiques, a été la source d'un grand nombre d'applications, dont la plupart ne sauraient trouver place dans notre opuscule.

ART. 45. — **Pesanteur et équilibre des fluides.** — Le mot fluide est souvent employé comme opposition à solide, et comprend par conséquent les liquides et les gaz. Il faut considérer les fluides pondérables comme des masses de molécules qui se meuvent les unes sur les autres, par le plus léger effort, et obéissent à la force d'attraction qui les porte vers la terre. On les considère encore comme constitués par des couches parallèles à l'horizon, ou par des colonnes, ou même par des prismes. Chaque couche pèse l'une sur l'autre, de la plus haute à la plus basse qui pèse sur les solides qui les supportent. Dans un tube recourbé à deux branches (niveau d'eau), le liquide se fait équilibre, et la ligne droite tirée d'un niveau à l'autre est connue sous le nom d'horizontale. Si on avait un niveau à trois branches, l'affleurement du liquide dans chacune des branches passerait par un même plan horizontal.

Dans un mélange de divers fluides n'exerçant pas entre eux d'action chimique, et différant de poids spécifique, ces fluides prennent bientôt une position respective, en rapport avec ce poids, produisant des couches parallèles à l'horizon, et dont la plus basse est constituée par le fluide le plus lourd. Qu'on mêle, par exemple, dans un flacon, du mercure, de l'eau, de l'huile, du gaz acide carbonique et de l'hydrogène, et que, après avoir agité, on laisse un moment en repos, on constatera bientôt cinq couches, qui seront, en allant de haut en bas : hydrogène, acide carbonique, huile, eau et mercure.

Tout corps plongé dans l'air, à la surface de la terre, y supporte le poids d'une colonne d'air égale à sa propre surface. Les animaux ne vivraient point sous la pression d'un tel poids, si cette charge n'était pas balancée par un ensemble de poids qui se font équilibre les uns aux autres, et par la résistance des solides et surtout des liquides de l'économie, incompressibles, comme nous l'avons déjà énoncé.

Le mercure pèse treize fois et demie (13,5) comme l'eau. Si, introduisant ces deux liquides dans un tube recourbé à deux branches, nous les disposons de manière à ce que chacun occupe une branche différente du même tube, se joignant dans sa partie horizontale, il faudra, pour faire équilibre au mercure, une hauteur d'eau treize fois et demie celle de ce métal.

ART. 46. — **Théorie du baromètre.** — L'air exerce sur tous les corps de l'atmosphère un poids égal à 1,032 grammes par centimètre carré de surface, au niveau de la mer, point le plus bas. Lorsque, à ce point, on remplit un tube de verre (fermé d'un bout) de mercure, et qu'on le renverse dans une cuve à mercure, de manière à ce que l'air atmosphérique ne puisse s'y introduire, on remarque qu'il se produit un vide entre l'extrémité fermée de ce tube et le mercure que l'air sollicite, par son poids, à rester dans le tube, et que le niveau supérieur du mercure, dans ce tube, se tient approximativement à 76 centimètres au-dessus du niveau du mercure dans la cuve. Ce tube et cette cuve, ainsi disposés, constituent l'instrument de physique connu sous le nom de *baromètre*. Si, dans un baromètre qu'on ferait assez grand, on substituait l'eau au mercure, on remarquerait que la distance entre les deux surfaces horizontales du liquide, dans le tube et dans la cuve, est treize fois et demie celle qui sépare les surfaces correspondantes du mercure, ou de 10 mètres 60 centimètres, en raison inverse des densités des deux liquides, dont, nous l'avons dit, l'une est treize fois et demie celle de l'autre.

L'eau pesant 770 fois comme l'air, la colonne atmosphérique qui fait équilibre à 10 mètres 60 centimètres d'eau devrait être de moins de deux lieues; mais, comme l'air est compressible, ainsi que nous l'avons fait connaître, et que sa densité diminue à mesure qu'on s'élève, sa couche, sur la surface terrestre, se trouve beaucoup plus grande. Les physiciens l'évaluent à 15 lieues environ.

ART. 47. — **Pompes.** — La propriété que possèdent les pompes d'élever l'eau réside dans le poids de l'atmosphère qui tend à maintenir les liquides dans le vide, à une hauteur proportionnellement inverse à leur densité. A mesure donc que, au moyen du piston, on produira le vide dans le corps de l'instrument, l'eau devra s'y élever jusqu'à 10 mètres 60 centimètres (au niveau de la mer), hauteur qui fait équilibre, comme on sait, à la couche d'air atmosphérique. Le mercure ne saurait dépasser 76 centimètres dans son ascension au moyen de la pompe. Nous n'entendons parler ici que de la pompe *aspirante*, dans laquelle le piston n'a d'autre effet que de produire le vide dans le corps de pompe. Lorsque, dans les pompes destinées à cet effet, le piston agit en foulant le liquide ou en le poussant (telles sont les pompes à incendie), il ne saurait y avoir d'autre limite à l'ascension de l'eau que celle de la force dont on dispose pour mouvoir le piston. Ainsi disposées, ces pompes portent le nom de *foulantes*.

ART. 48. — **Siphon.** — L'instrument connu sous le nom de *siphon* fonctionne en vertu de la pression que l'atmosphère exerce sur les liquides. Le siphon est, comme on sait, un tube fléchi sur lui-même, de manière à présenter deux branches, d'inégale longueur. On le remplit entièrement d'eau, par exemple, et on le renverse dans un vase qu'on se propose de vider, en ayant soin que la longue branche soit hors de l'eau et que son extrémité descende plus bas que la couche du liquide qu'on veut transvaser : le liquide tendra dès lors à s'écouler du côté où la colonne d'eau sera la plus longue, et, sa descente produisant un vide en arrière, c'est à la pression atmosphérique que nous devrons l'ascension qui viendra combler ce vide, à mesure qu'il se produira. On sent, d'après ce qu'on sait déjà, qu'un siphon ne saurait fonctionner avec de l'eau, si la hauteur du tube au-dessus du liquide à transvaser avait plus de 10 mètres 60 centimètres, au niveau de la mer; comme on sent que, s'il s'agissait d'opérer sur le mercure, on ne pourrait, dans les mêmes circonstances, lui donner plus de 76 centimètres de hauteur.

ART. 49. — **Loi des capillaires.** — La grande loi d'attraction se traduit, en physique, sous bien des formes. Celle dite des *capillaires* est du nombre : elle consiste simplement dans l'attraction que les surfaces exercent sur les liquides, et qui semble faire dévier ceux-ci des lois de l'hydrostatique. Par exemple, si nous plongeons verticalement un tube de verre effilé dans un vase qui renferme de l'eau, nous verrons que ce liquide s'élève, dans ce tube, à une hauteur qui dépasse le niveau du vase. Ce phénomène s'observe encore dans la mèche de coton qu'on plonge dans de l'huile, et dans laquelle mèche ce liquide peut s'élever très-haut au-dessus de son niveau.

ART. 50. — **Corps hygrométriques, hygromètre.** — C'est encore à l'attraction des liquides pour les surfaces qu'on rapporte la propriété hygrométrique du bois, des cordes ou câbles, des cheveux, du crin, etc. L'eau, dissoute dans l'atmosphère, à la manière dont les solides tels que le sucre et la gomme se dissolvent dans l'eau, se trouve attirée par les espaces intermoléculaires que présentent certains tissus naturels ; les dilate, suivant que sa proportion est plus grande à l'état de dissolution dans l'air atmosphérique, et produit ainsi des changements de volume, soit en largeur, soit en longueur, etc. Le bois, comme on sait, se dilate dans le sens perpendiculaire à sa fibre. Les cordes de chanvre ou de lin constituées par des faisceaux, tordus entre eux, de fibre végétale, grossissent par l'effet de l'humidité, et, pour cette raison, se raccourcissent. Les crins ou cheveux, loin de diminuer de longueur, augmentent par l'effet de l'humidité, et c'est une conséquence de leur constitution : étant formés par une série de cônes creux, emboîtés les uns dans les autres, et s'éloignant ou se rapprochant en raison de l'humidité interposée dans l'espace qui les sépare. Une corde composée d'un certain nombre de fils tordus ensemble, se détord, on le comprend, par l'effet du grossissement des fils. C'est sur cette propriété qu'a été établi l'*hygromètre à corde*, connu vulgairement sous le nom de la forme qu'on lui donne, celle d'un capucin dont la tête se couvre ou se découvre par l'effet d'une corde tordue, à l'extrémité de laquelle est fixé le capuchon.

L'*hygromètre de Saussure*, le plus usité en physique, mais non le plus parfait, se compose simplement d'un cheveu à l'extrémité duquel est attaché un poids.

Vers l'extrémité du cheveu s'enroule une poulie : cette poulie, on le comprend, tournera sur elle-même, suivant les diverses longueurs que prendra un cheveu, par l'effet de l'atmosphère dans laquelle il est plongé ; et si, à l'axe de la poulie, est fixée une aiguille se mouvant sur un cadran, elle indiquera exactement les mouvements de la partie influencée par les variations de longueur du cheveu, et partant le degré d'humidité de l'atmosphère.

PHYSIQUE DU GLOBE.

ART. 51. — **Aérolithes, bolides, étoiles filantes.** — *Aérolithe* est synonyme de pierre tombée du ciel. D'après la loi de Newton que nous venons de formuler, la sphère d'attraction de la lune est si faible relativement à celle de la terre, qu'une force quintuple de celle de nos pièces d'artillerie serait capable de lancer un boulet de la lune au-delà de sa sphère d'attraction ; ce qui, ayant pour effet de l'amener dans la sphère d'attraction de la terre, l'enverrait infailliblement sur notre planète. Laplace qui s'était livré à ce calcul, pensait, en conséquence, que les aérolithes étaient le résultat de déjections volcaniques du satellite de la terre. Cette théorie des aérolithes, qui a joui pendant quelque temps d'une certaine faveur, est généralement abandonnée aujourd'hui. On considère les *bolides*, les *étoiles filantes* et les *aérolithes*, comme des astéroïdes, c'est-à-dire de petits corps qui se meuvent autour du soleil en décrivant des sections coniques, et obéissent, comme les planètes, aux lois de la gravitation. S'ils viennent à s'approcher de la terre et à pénétrer dans son atmosphère, ils s'échauffent suffisamment, par l'effet de leur frottement contre les molécules d'air, pour devenir incandescents. Ce phénomène, qui varie d'intensité avec ses rapprochements de la terre, prend le nom d'étoile filante lorsque le point en ignition est fort éloigné de nous et, pour cela, presque imperceptible. Il reçoit celui de *bolide* quand son disque est appréciable. Enfin, lorsque les débris de l'astéroïde, se désagrégeant entièrement ou partiellement par les effets de frottement et de combustion, formés qu'ils sont de métaux oxydables, arrivent jusqu'à nous, constituant des chutes de matière solide, ce sont les *aérolithes* ou pierres tombées du ciel.

ART. 52. — **Progrès de la physique du globe.** — Pour faire entrer dans notre cadre un article sur les *étoiles filantes* et *aérolithes*, nous avons cru devoir consacrer un chapitre au firmament pris dans le sens d'univers, dont la constitution appartient d'ailleurs à la physique du globe. Cette partie de la science a fait, comme l'astronomie, d'immenses progrès dans les trois siècles qui ont précédé la génération actuelle, grâce au concours de quelques-uns de ces puissants génies que Dieu semble envoyer de temps en temps sur la terre pour initier les hommes aux grandes lois qui régissent la création, et dont chaque passage parmi nous laisse une trace impérissable des étapes que fait l'esprit humain dans sa marche ascendante, dont ils sont les éclaireurs. Les noms de Galilée, de Kepler, de Newton, de Laplace, pour ne citer que les plus remarquables, se pressent sous notre plume, et, dans l'enthousiasme qu'excite en nous l'immense bien qu'ils ont fait à l'humanité, nous ne pouvons résister à les signaler à la reconnaissance publique, en leur consacrant un souvenir.

ART. 53. — **Galilée.** — Galilée, l'illustre martyr de la science, celui qui, persécuté pendant toute son existence, faillit payer de sa vie le courage d'avoir enseigné que *la terre tournait*, naquit à Pise en 1564. Il mourut aveugle en 1642, année de la naissance de Newton. Il démontra, le premier, que la chute des corps, dans l'atmosphère, est en raison de leur densité et non point de leur poids, erreur qu'avait accréditée Aristote. Il a inventé le pendule, que Huygens appliqua plus tard aux instruments à mesurer le temps. Il créa la lunette qui porte son nom, et avec laquelle il découvrit les montagnes et les vallées de la lune ; les quatre satellites de *Jupiter* ; les phases de *Vénus*, devinées par Copernic ; etc.

ART. 54. — Kepler. — Kepler, qui a donné son nom aux lois universelles qui régissent les corps célestes, naquit à Magstatt, dans le duché de Wurtemberg, en 1571, sept ans après Galilée. Il servit jusqu'à l'âge de douze ans dans le cabaret que tenait son père, puis fut employé aux travaux des champs, qu'il dut abandonner pour cause de faiblesse de constitution. Placé d'abord au séminaire, aux frais de la charité publique, il se livra ensuite à l'étude des mathématiques. Nommé astronome à Prague, puis à Lintz, postes dont les appointements lui furent toujours mal payés, il vécut toute sa vie, qui fut de soixante ans, dans un état voisin de la misère. Il eut pour implacable ennemi le clergé protestant, dont la haine s'étendit jusqu'à sa mère, accusée de sorcellerie, et qu'il parvint cependant à sauver du bûcher. C'est après dix-neuf ans de recherches et de calculs qu'il découvrit les admirables lois qui sont aujourd'hui la base de l'astronomie, et qui s'expriment ainsi qu'il suit : 1o *les rayons vecteurs décrivent des aires proportionnelles aux temps ;* 2o *les orbites sont des ellipses dont le soleil occupe l'un des foyers ;* 3o *les carrés des temps des révolutions sont entre eux comme les cubes des grands axes des orbites.*

La loi dite de Bode, du nom de célèbre observateur berlinois qui la formula le premier, et selon laquelle *les intervalles des orbites des planètes vont à peu près en doublant à mesure qu'on s'éloigne du soleil,* avait été entrevue par Kepler.

ART. 55. — Newton. — Newton (Isaac), le plus grand génie de son siècle, naquit à Wolstrop (Lincolnshire), le 25 décembre 1642. Il mourut le 20 mars 1727, après avoir vécu quatre-vingt-cinq ans, et dans un état de faiblesse tel qu'on craignait toujours de le perdre. Il se fit remarquer de bonne heure par un goût très-vif pour les inventions mécaniques. La chute d'une pomme attire son attention sur la pesanteur : il se demande si c'est la même cause qui retient la lune dans l'orbite qu'elle décrit autour de la terre, et les planètes autour du soleil. Une des lois de Kepler lui fit découvrir que, pour les planètes, *la force centrifuge varie en raison inverse* du carré de leur distance au soleil : il en conclut qu'il en est de même de la pesanteur solaire. Il a consigné ses immenses travaux dans ses *Principes de philosophie naturelle,* dans les *Transactions philosophiques* et dans un grand nombre de mémoires distincts. Il a la gloire d'avoir trouvé, comme Leibnitz, et sans s'être consultés, le calcul différentiel et intégral, une des plus grandes découvertes scientifiques.

Mais de tous ses immenses travaux le plus remarquable est sans contredit cette loi fameuse qui régit tous les corps de la nature. Après sept années d'études et de combinaisons diverses, elle faillit lui échapper, par suite d'une donnée admise et erronée sur la mesure du diamètre terrestre. Cette loi, qui porte naturellement son nom, se formule ainsi :

Chaque corps attire les autres avec une force proportionnelle à la quantité de matière réunie dans chacun, et décroissante comme les carrés des distances qui les séparent.

Sa connaissance immense des mathématiques conduisit ce puissant génie à déterminer la courbe que décrit un corps dans sa révolution autour d'un point vers lequel il est attiré par une force *proportionnelle* à la masse du corps central et *décroissante* selon les lois de la gravitation. Ainsi s'expliquent, sans qu'on puisse néanmoins en reconnaître la cause, la position et les mouvements respectifs des divers astres dans l'univers.

ART. 56. — **Laplace.** — Laplace (marquis de), né à Beaumont-en-Auge (Calvados), le 23 mars 1749, mort le 5 mars 1827, était fils d'un pauvre cultivateur. Il s'éleva successivement, par les seuls efforts de sa vaste intelligence, aux plus hautes positions sociales. Astronome dont les travaux ont le plus illustré la France, Laplace parvint à démontrer, par les plus savants calculs, *la fixité moyenne des orbes planétaires*, et partant la stabilité des éléments de notre système. A une époque où de lointains voyages furent entrepris pour aller observer aux lieux favorables le passage de *Vénus* sur le soleil, afin d'en obtenir la parallaxe, Laplace résolut le problème, sans sortir de son cabinet, par la simple observation des inégalités lunaires. Ses ouvrages sur la *Mécanique céleste* et son *Exposition du système du monde* suffiraient à immortaliser sa mémoire.

ÉLECTRICITÉ.

ART. 57. — **Phénomènes généraux.** — L'électricité étant une des parties de la physique dont la connaissance se rattache le plus directement aux besoins de l'homme des champs, nous lui donnerons un développement proportionnellement assez grand dans notre livre. Tout s'enchaînera du reste dans ce chapitre, de manière non-seulement à rappeler à ceux qui ont su, mais encore à enseigner ceux qui ignoreraient ce beau chapitre de la science.

Lorsqu'on frotte un cylindre de verre, un flacon, par exemple, avec de l'étoffe de laine, il acquiert momentanément la propriété d'attirer de petits corps légers, tels que des barbes de plumes,

3*

des débris de papier, de moelle de sureau, etc. Le soufre, l'ambre jaune ou succin, en grec *ἤλεκτρον*, d'où vient le mot électricité, jouissent de la même propriété, ainsi que la colophane et toutes les résines, telles que la laque, le copal, le mastic, l'encens, la sandaraque, etc. La cire d'Espagne, qui résulte du mélange de la colophane et de la laque, possède la même propriété. Les physiciens rapportent ces phénomènes et beaucoup d'autres à un agent particulier qu'ils étudient sous le nom d'*électricité*.

Il est facile, comme on le voit, de constater l'électrisation par frottement chez les corps que nous venons de désigner, surtout quand on peut les disposer sous un volume et une forme appropriés. Lorsque les corps jouissent de cette même propriété à un degré moindre, on a inventé, pour la constater, divers appareils nommés *électroscopes*. Le plus simple est celui qui est constitué par une petite balle de moelle de sureau, bien sèche, suspendue à un fil très-mince. Après avoir frotté le corps à expérimenter, on l'approche de la sphère suspendue, et, selon qu'il l'attire, on en déduit sa plus ou moins grande facilité à s'électriser. Cet électroscope porte le nom spécial de *pendule électrique*. On constate avec ce petit appareil que les attractions électriques diminuent avec la distance. Son énergie croît avec la surface frottée et le temps consacré au frottement. Lorsque, exerçant un frottement assez vif sur un bâton de cire à cacheter, on vient à en approcher le doigt, il en résulte une étincelle qui se manifeste par un petit bruit et par une production de lumière, sensible surtout dans l'obscurité, et dont la couleur est de teinte blanchâtre. C'est ce phénomène qui se produit d'une manière plus marquée au moyen de diverses machines dites *électriques*.

ART. 58. — **Conductibilité.** — Les corps de la nature, selon qu'ils laissent facilement passer l'électricité ou qu'ils la retiennent, ont été classés en *bons conducteurs* et en *mauvais conducteurs* de l'électricité. Cette propriété n'est pas absolue, mais simplement relative. On considère comme essentiellement bons conducteurs tous les métaux, le charbon de bois calciné, l'eau, les liquides en général, les fils de lin et généralement les substances hygrométriques ou qui se laissent facilement pénétrer par l'eau, l'air humide, etc. Le corps de l'homme est, par sa constitution chimique, assez bon conducteur de l'électricité. Parmi les mauvais conducteurs, les substances que nous avons citées, telles que le verre, les résines, etc., sont en première ligne. Il faut y ajouter la soie, la terre sèche, les pierres, les briques, le charbon de bois non calciné, les oxydes, les huiles et les gaz secs dont l'air fait partie. Le verre est si mauvais conducteur de l'électricité qu'il est presque exclusivement employé, avec les résines, pour s'opposer au passage de l'électricité dans les divers appareils employés pour l'étude et la démonstration de cette partie de la physique.

THÉORIE DE L'ÉLECTRICITÉ.

ART. 59. — **Préambule.** — Dans la définition des corps, nous avons été amené à dire un mot des fluides incoërcibles dont fait partie l'électricité, de l'insuffisance de la science pour expliquer les phénomènes relatifs à la lumière, au calorique et à l'électricité, que tout porte à croire dériver d'une même cause, encore à trouver. En attendant cette prochaine étape du progrès scientifique, nous allons exposer la théorie généralement admise pour expliquer les phénomènes dits *électriques;* théorie qui, si elle n'est point l'expression du vrai, dans la rigoureuse acception du mot, a l'immense avantage, du moins pour l'homme, de classer les faits dans son cerveau, et le met mieux à même d'étendre ses conquêtes dans le vaste champ des découvertes qui tournent au profit de son bien-être.

Tous les corps solides et liquides de la nature sont recouverts d'une couche d'un fluide particulier : *fluide électrique neutre.* Dans les gaz, dont les molécules sont mobiles et très-distantes entre elles relativement aux solides et aux liquides, le fluide électrique réside dans les espaces intermoléculaires, ou pores. Les surfaces des corps précités, sur lesquelles réside le fluide électrique neutre, considérées dans leur ensemble, portent le nom de *réservoir commun* de l'électricité. L'électricité neutre ou fluide électrique neutre se compose de la réunion de deux fluides : fluide électrique *positif* et fluide électrique *négatif.* On dit souvent *fluide électrique vitré* pour *fluide électrique positif,* et *fluide électrique résineux* comme synonyme de *fluide électrique négatif.*

ART. 60. — **Propriétés électriques des corps.** — Les corps participent des propriétés attachées au fluide qui en recouvre la surface. Le fluide neutre est bien neutre, comme l'indique son nom ; mais les particules d'un même fluide se repoussent, lorsque, au contraire, les particules du fluide positif sont attirées par celles du fluide négatif, et réciproquement ; d'après cela, deux corps isolés du réservoir commun, chargés tous deux d'un même fluide (positif ou négatif), se repousseront, lorsque, au contraire, étant chacun chargés d'électricité de nature différente, ils s'attireront. Par leur contact, les deux électricités se réuniront pour constituer du fluide électrique neutre, surtout si ces corps sont bons conducteurs de l'électricité, et dès-lors ils perdront la faculté de s'attirer. On démontre cette propriété au moyen du *pendule isolé* précité, c'est-à-dire d'une balle de moelle de sureau suspendue au moyen d'un fil de *soie*, substance *isolante*. Si on approche de cette balle un corps *électrisé*, c'est-à-dire dont l'électricité qui le recouvre n'est point neutre, la balle se porte sur le corps; puis, quand elle l'a touché, elle en est vivement repoussée. Cette répulsion ne saurait provenir que de l'électricité que la balle a enlevée au corps, et elle persiste tant que la balle conserve la même électricité; mais, si on la neutralise, en la touchant avec un corps qui la mette en rapport avec le réservoir commun, elle se porte de nouveau sur le corps électrisé, lui enlève une nouvelle quantité d'électricité, et s'en trouve de nouveau repoussée. On voit par là que deux corps se repoussent quand ils renferment du même fluide en même quantité approximative. La répulsion de la balle n'eût pas eu lieu si elle n'eût été isolée, ou si l'atmosphère eût été très-humide, cas auquel l'air, devenant bon conducteur de l'électricité, servirait de communication entre la balle et le réservoir commun.

ART. 61. — **Fluide neutre.** — Le fluide électrique neutre est décomposé par le frottement : l'un des fluides reste sur le corps frotté, et l'autre dans le corps frottant. Il serait plus exact de dire que le fluide neutre des deux surfaces en contact est décomposé : l'un des fluides composants passant sur l'un des corps, l'autre fluide se réunissant sur l'autre corps. Lorsque le verre est frotté avec de la laine, par exemple, l'électricité positive ou vitrée s'accumule sur le verre, et l'électricité résineuse sur la laine.

La répulsion des corps chargés de la même électricité devient surtout évidente au moyen d'un pendule double, formé par deux balles de liége, et qu'on suspend à un corps chargé d'électricité unique, ou sur lequel domine un des deux fluides électriques : les balles prennent dès-lors cet excès d'électricité, et on les voit se repousser aussitôt. Si, au contraire, deux pendules isolés sont chargés de fluides différents, par le contact avec un bloc de verre frotté, d'une part, et, d'autre part, par le contact d'un bâton de cire à cacheter également frotté, on verra ces deux balles se rapprocher jusqu'à se toucher, et dès-lors reprendre la position normale que leur assigne la loi de la pesanteur, dès que les deux fluides se seront neutralisés.

Le contact immédiat des surfaces n'est pas nécessaire pour qu'il y ait réunion des deux fluides : cette réunion se fait à distance, suivant que l'air est plus ou moins humide, humidité qui, nous le répétons, le rend meilleur conducteur de l'électricité.

L'espèce d'électricité qui se développe sur un corps par l'action de frottement n'est pas absolument la même pour le même corps : elle peut dépendre de la nature du corps frottant. C'est ainsi que le verre, frotté par de la laine ou de la soie, prend l'électricité vitrée, et qu'il reçoit, au contraire, l'électricité résineuse lorsque le frottement est produit par une fourrure de peau de chat.

On fait, dans les cours de physique, une expérience assez curieuse, fondée sur le développement des deux électricités. Deux personnes montent sur deux tabourets, isolés du réservoir commun au moyen de leurs pieds constitués par des cylindres de verre, et dits *tabourets électriques*. L'une, munie d'une fourrure de chat bien sèche, frappe l'autre pendant un moment : chacune d'elles se trouve dès-lors électrisée différemment, et cette électrisation est assez intense pour que, à l'approche d'un corps faisant partie du réservoir commun, il en résulte des étincelles. Les décharges électriques sont encore plus manifestes par l'approche des deux personnes isolées.

ART. 62. — **Lumière électrique.** — La cause de la lumière électrique a singulièrement exercé la sagacité des physiciens. Quelques-uns ont pensé que le fluide électrique était lumineux par lui-même ; d'autres l'ont attribué au choc subit que l'air éprouve par le passage du fluide électrique. Ce choc a-t-il lieu ? C'est ce que l'expérience a démontré. Cependant il ne faut pas attribuer au choc seul toute la lumière produite, car une partie de cette dernière est due aussi à la combinaison des deux électricités.

La lumière électrique n'est pas constamment la même : elle varie dans son aspect et dans son intensité. C'est ainsi qu'elle apparaît sous forme d'aigrette quand le conducteur est chargé d'électricité positive et armé d'une pointe ; qu'elle est représentée par un point lumineux seulement quand l'électricité, dans le même cas, est négative ; enfin elle est à peine sensible quand l'air est très-rare.

ART. 63. — **Machines électriques.** — L'électricité se développe, avons-nous dit, soit en frappant, soit en frottant les corps avec une peau de chat (1) ou bien avec un morceau de

---

(1) De toutes les substances employées pour développer l'électricité, la peau de chat offre le plus d'avantages. Chacun a pu voir que, si, par un temps sec et froid, on passe la main sur le dos d'un chat, on voit son poil se hérisser et se diriger sur la main qui le touche.

laine parfaitement sec; mais, ce mode d'émission n'étant pas le seul employé, surtout quand on agit en grand, et que l'on veut augmenter les effets électriques, nous allons faire connaître la machine au moyen de laquelle on produit les mêmes phénomènes dans les laboratoires et les cours publics.

On appelle *machines électriques* les appareils au moyen desquels on parvient à développer l'électricité par le frottement, et à l'accumuler ensuite par des conducteurs isolés. La machine la plus ordinairement employée, inventée par Ramsden, consiste en un large plateau de verre placé verticalement entre plusieurs coussins remplis de crins, et fixé à un axe que l'on fait tourner à l'aide d'une manivelle. Chaque coussin, attaché à un montant en bois qui communique avec le sol, et qui presse fortement le plateau, est d'abord enduit d'une matière grasse, puis saupoudré de bisulfure d'étain. Aussitôt que la machine est mise en jeu, que le plateau de verre a exécuté quelques mouvements de rotation entre les coussins, de l'électricité se développe, négative dans les coussins, positive dans le plateau. Celle-ci est attirée par des pointes métalliques qui font partie d'un cylindre de cuivre appelé *conducteur*, placées à peu de distance, et perpendiculairement aux surfaces du plateau. Ce conducteur, étant *isolé du réservoir commun* au moyen d'un ou de plusieurs cylindres de verre qui le supportent, se charge ainsi d'autant plus d'électricité positive que l'on aura fait faire un plus grand nombre de tours au plateau de verre. Par un temps sec, quelques tours du plateau suffisent pour que le développement de l'électricité soit porté au maximum.

L'électricité ainsi obtenue est positive. Elle serait négative si l'on faisait communiquer le plateau avec le sol, et les coussins avec le conducteur.

ART. 64. — **Condensateurs.** — On entend par *condensateurs* ou *collecteurs* d'électricité des instruments de physique dans lesquels on accumule l'électricité : tels sont la *bouteille de Leyde,* les *batteries électriques* et le *condensateur* proprement dit.

La découverte de la *bouteille de Leyde*, qui date de 1746, et qui est due à Muschembroek et Cuneus, fit beaucoup de bruit en Europe, et surtout en France, où, dans tous les temps, on a été avide de choses nouvelles. Sa forme ordinaire est celle d'un flacon à col renversé. Elle contient des feuilles minces de métal à son intérieur, et est recouverte, à l'extérieur et jusqu'à une certaine hauteur, d'une feuille d'étain. Le flacon est fermé par un bouchon de liége, traversé par une tige métallique, qui plonge dans le flacon et est en contact avec les feuilles métalliques, ordinairement de cuivre, et la partie extérieure de cette tige se termine par une boule.

Quand on veut charger la bouteille de Leyde, on la tient dans une main, et on touche en même temps le conducteur de la machine électrique, en mouvement, avec la boule qui en termine la tige. Dès lors, les feuilles de cuivre, qui représentent une grande surface, se chargent d'électricité positive, et si, après avoir cessé le contact entre la boule et le conducteur de la machine, on porte un doigt de la main libre sur cette boule, on se sent subitement frappé avec violence, dans les bras et surtout aux articulations. La même commotion peut être sentie, avec la même force et dans le même temps, par un très-grand nombre de personnes ; mais il faut que celles-ci se tiennent par la main, formant ainsi la *chaîne*, et que, la bouteille étant tenue à la main d'une personne qui constitue une des extrémités de cette *chaîne*, ce soit la personne formant l'autre extrémité qui touche la boule. Que se passe-t-il dans cette expérience? Nous allons faire en sorte de l'expliquer. L'électricité positive, se trouvant accumulée avec une grande tension à la surface des feuilles de cuivre, à l'intérieur du flacon, et ne pouvant passer dans le réservoir commun à cause de la propriété isolante du verre, agit par influence sur la surface de l'étain et sur la main de l'opérateur, en contact avec cette couche extérieure métallique où s'accumule une grande quantité de fluide résineux ou négatif, l'un et l'autre ayant une grande tendance à se réunir, comme on le sait; et lorsque l'opérateur porte un doigt de la main libre sur la boule de la bouteille, il se produit dès lors une subite réunion des deux fluides passant dans le corps de l'opérateur. Ce que nous disons d'un opérateur s'applique naturellement à un nombre quelconque de personnes composant la *chaîne*, et par lesquelles doivent passer les fluides pour se réunir.

ART. 65. — **Batteries électriques.** — On entend par *batteries électriques* la collection d'un plus ou moins grand nombre de bouteilles de Leyde, ce qui augmente considérablement la décharge. Réunies et placées dans une boîte en bois dont l'intérieur est recouvert d'une feuille d'étain, les bouteilles de Leyde prennent dès lors le nom de *jarres*. Leurs crochets, que terminent les boules, sont mis en contact au moyen d'une chaîne métallique.

Quand on veut charger une batterie, il suffit de faire communiquer sa surface intérieure avec le conducteur de la machine électrique, et sa surface extérieure avec le sol. Il est imprudent de toucher avec la main une batterie composée seulement de six jarres : les accidents les plus graves peuvent en résulter.

Les effets mécaniques de l'électricité sont très-curieux et très-importants à noter. La chimie en fait la plus heureuse application dans ses recherches analytiques. Par la décharge d'une forte batterie électrique, on fond et on volatilise des métaux ; on brise des cylindres en bois ou en verre ; on enflamme la poudre, l'alcool, l'éther, le phosphore, etc.; on brûle le fer ; on décompose l'eau, quelques oxydes métalliques ; on tue des animaux de petite taille, tels que chiens, chats, etc.

ART. 66. — **Électroscope.** — On appelle ainsi des appareils destinés soit à rendre sensibles de petites quantités d'électricité, soit à en indiquer la nature. L'*électroscope à balles de sureau* est formé par deux petites sphères de moelle de sureau suspendues par deux fils métalliques à une boule métallique isolée par un flacon, dans l'espace vide duquel sont suspendues les deux sphères. Pour reconnaître la présence de l'électricité dans un corps frotté, on l'approche à une petite distance de la boule extérieure. Si le corps est électrisé, c'est-à-dire que l'une des deux électricités y prédomine, les boules de sureau s'écartent l'une de l'autre. L'écartement des balles croît avec la quantité d'électricité.

Dans cette opération, l'électricité de la boule métallique, des boules de sureau et de leur suspension, est décomposée par influence. En approchant, par exemple, de l'électroscope un corps électrisé positivement, le fluide neutre de l'appareil se divise en fluide négatif qui se porte avec excès dans la boule de métal, pour se rapprocher du corps précité électrisé positivement, tandis que son fluide positif se précipite du côté opposé, et partant dans les boules de liége et leur suspension, ce qui explique leur répulsion. Veut-on reconnaître la nature de l'électricité à l'aide de l'électroscope, il faut d'abord lui communiquer un excès d'une électricité connue. Pour lui donner de l'électricité positive, on approche de la boule extérieure un bâton de cire à cacheter préalablement frotté, et l'on touche la boule avec le doigt ; on retire ensuite le doigt, et l'électroscope renferme dès lors de l'électricité positive en excès. Si alors on approche peu à peu un corps de la boule et qu'il en résulte constamment la divergence des balles, il possède indubitablement la même électricité que l'électroscope ; il possède, au contraire, une électricité différente si elles se rapprochent de plus en plus.

ART. 67. — **Électricité des nuages.** — C'est avec raison qu'on assimile la matière de la foudre à l'électricité : car ses effets, de même nature, à l'intensité près, que ceux que nous produisons artificiellement avec nos machines électriques, ont une même cause. Franklin le démontra le premier, à l'aide d'un cerf-volant qu'il lança au travers des nuages. L'extrémité inférieure de la corde, entourée d'un fil métallique, donnait tous les signes d'une énorme accumulation de fluide électrique. Maintenue au moyen de manches isolants, l'extrémité de ce conducteur produisait, avec le réservoir commun, des décharges effrayantes, s'exerçant à plusieurs mètres du sol et produisant des étincelles de plusieurs centimètres de diamètre. Les expériences de cette nature, qu'on le sache bien, présentent de grands dangers.

L'atmosphère contient presque toujours de l'électricité libre ou en excès. Cette électricité est tantôt vitrée, tantôt résineuse. On attribue généralement la cause de cette électricité à l'évaporation des grandes masses d'eau répandues dans le sol. On sait en effet que l'évaporation des dissolutions salines est une source d'électricité. Or, comme l'eau de tous nos réservoirs ou cours d'eau renferme plus ou moins de sels en dissolution, elle doit produire de l'électricité dans son évaporation spontanée. Telle serait, d'après M. Pouillet notamment, la cause de l'électricité positive de l'atmosphère et de l'électricité négative de la terre. Quant à la cause de l'électricité des nuages, tantôt positive, tantôt négative, elle s'expliquerait, suivant quelques physiciens, par la manière dont ils se sont formés : quand le nuage provient de la condensation des vapeurs primitivement dissoutes dans l'air, il aurait de l'électricité positive, et lorsqu'il serait le résultat de la transformation immédiate de l'eau de la mer ou de la surface du sol, il aurait une réaction négative, comme celle de la terre.

Les nuages chargés d'une électricité exercent sur la terre la même action que tous les corps électrisés : ils repoussent au loin le fluide de même nature, et attirent le fluide de nature contraire.

ART. 68. — **Foudre.** — Lorsque la décharge se produit entre un nuage et un corps qui fait partie du réservoir commun, une maison, un arbre, un rocher, on dit de cette maison, de cet arbre, de ce rocher, qu'ils sont foudroyés. La décharge est en raison de la quantité de fluide renfermée dans un nuage, et on conçoit dès lors les effets les plus imposants. La vive lumière qui en résulte constitue l'*éclair*, et le bruit qui l'accompagne prend le nom de *tonnerre*. L'homme peut recevoir directement ou indirectement une de ces décharges, et la commotion qui en

est le résultat varie depuis la simple secousse jusqu'à la perte
subite de la vie. Les corps de la surface de la terre qui, lors de
l'approche d'un nuage chargé d'électricité, se trouvent dans la
sphère d'action électrique, éprouvent une tension électrique qui
dépend de l'éloignement du nuage électrisé et de la quantité
accumulée dans celui-ci. Lorsque la décharge se produit, le
fluide électrique reprend au même instant son état neutre
primitif ; toute tension cesse. Ce retour brusque peut produire
des commotions très-fortes sur les êtres vivants, et même
occasionner leur mort. Ces effets sont connus en physique sous le
nom de *choc en retour.* Pour bien exposer ce phénomène, supposons deux collines l'une à côté de l'autre : sur l'une se trouve un
homme, sur l'autre une maison ; un nuage chargé d'électricité
positive, avec une grande tension, se trouve placé au-dessus
des deux collines : il s'en approche, sollicité qu'il est par l'effet
attractif de l'électricité résineuse de la terre, qui se porte avec
intensité vers l'homme et vers la maison, tandis que l'électricité
positive est repoussée à une grande distance. A mesure que le
nuage se rapproche de l'homme et de la maison, et qu'augmente
la tension de l'électricité négative vers ce point, la tension positive dans un certain rayon augmentera, et lorsque, enfin, se
produira la décharge électrique entre le nuage et la maison,
capable, par exemple, de l'endommager notablement, l'électricité résineuse ou négative, qui s'était accumulée sur l'homme,
reviendra avec une telle violence dans le réservoir commun d'une
part, comme l'électricité positive, qui s'en était éloignée, y
reviendra avec une telle intensité, d'autre part, que cet homme
pourra en être foudroyé.

Ce qui se passe entre un nuage et les corps à la surface de la
terre s'applique exactement entre deux nuages, l'un chargé
d'électricité unique, et l'autre chargé d'électricité de nom contraire, ou même d'électricité neutre. Les nuages s'attirent ou
se repoussent, suivant qu'ils contiennent des électricités contraires ou de même nature. De leurs décharges résultent l'éclair
et la foudre.

La foudre peut mettre le feu aux corps combustibles terrestres,
fondre les métaux, etc.

A la saison de l'été, on voit assez souvent des éclairs briller à
l'horizon, sans qu'on y aperçoive des nuages, et même sans
entendre aucun bruit. On croit généralement que ces éclairs
nous viennent d'une distance assez grande pour que le son ne
puisse nous parvenir.

ART. 69. — **Orages.** — Les décharges électriques entre les nuages ont toujours pour effet la résolution de ces nuages en pluie, ce qui est le complément des orages. L'eau dans les nuages n'est point à l'état de gaz, ainsi que nous le redirons : elle y est dans l'état intermédiaire aux états liquide et gazeux, l'état vésiculaire, qui serait le résultat, à ce qu'il paraît, de la tension électrique, lorsque l'eau, par l'effet du froid des hautes régions de l'atmosphère, passe de l'état de vapeur à l'état liquide ; en sorte que, la tension électrique cessant, doit cesser avec elle l'état vésiculaire, et il doit se produire, dès lors, la résolution des nuages en eau.

ART. 70. — **Tonnerre.** — Le tonnerre est le bruit de la foudre : il résulte de l'ébranlement que les électricités produisent, dans l'air, en se précipitant l'une vers l'autre. La production de ce bruit est instantanée avec celle de l'éclair ; et, si l'observateur ne reçoit pas les deux sensations à la fois, cela tient à ce que le passage de la lumière dans l'atmosphère est instantané, lorsque celui du son met une seconde à parcourir 340 mètres.

Le roulement du tonnerre peut être rattaché à deux causes : 1° effet de l'écho ; 2° résolution, par fractions, de la masse vésiculeuse à l'état liquide, produisant ainsi, de proche en proche, de subites diminutions de volume, dont chacune correspond à un ébranlement partiel, constituant autant de coups de ce roulement.

ART. 71. — **Paratonnerre.** — Ces instruments, destinés à garantir nos habitations de la foudre, reposent sur la propriété que possèdent les pointes d'attirer l'électricité et de la faire s'écouler entre les nuages et les réservoirs communs, sans produire ni lumière, ni bruit. Ils se composent essentiellement d'une tige métallique pointue qui s'élève au-dessus de l'édifice, et d'un conducteur qui fait communiquer le bas de la tige avec le réservoir commun. La pointe de la tige, pour éviter qu'elle ne fonde par l'effet d'un passage abondant de fluide électrique, est en platine, métal infusible. Le conducteur est constitué par un chaînon en gros fil de fer, qui, longeant les toits et les murs, et recouvert d'une couche isolante de goudron, va plonger dans un puits. Lorsqu'un nuage chargé d'électricité est à proximité de l'édifice, et avant qu'il puisse être cause d'une décharge électrique, son électricité se trouve neutralisée par le fluide de nom contraire qui s'écoule de la pointe du paratonnerre, et ainsi se recombinent les deux électricités, sans lumière et sans bruit.

Lorsque le bâtiment que l'on surmonte d'un paratonnerre renferme des pièces métalliques d'une grande étendue, comme des lames de plomb, des chenaux de zinc ou de fer blanc, il est prudent de les faire communiquer avec le paratonnerre, afin d'éviter que la foudre n'abandonne le paratonnerre pour se porter sur ces corps.

La distance à laquelle, autour du paratonnerre, se produit la préservation de l'édifice n'est pas encore bien établie : elle semble être proportionnelle à la longueur de la tige métallique, et l'expérience a démontré que, dans bien des cas, cette distance ne dépassait pas trois ou quatre fois la longueur de cette tige.

D'après les instructions de l'Académie des sciences, un paratonnerre doit se composer d'une tige métallique, ayant de 5 à 10 mètres de longueur, de 5 à 6 centimètres de diamètre à sa base. Sur sa plus grande longueur, cette tige est en fer ; elle se continue à sa partie supérieure par un cône en cuivre rouge adapté à vis et soudé avec elle. La partie inférieure de cette tige est engagée dans les pièces de la charpente du bâtiment que l'on veut protéger ; elle porte, du reste, une embase qui sert à rejeter les eaux pluviales. D'un collier fixé au bas de la tige part une barre de fer carrée de 2 centimètres de côté, qui descend le long du toit et des murs du bâtiment pour se rendre dans le sol. Ce conducteur doit être en communication parfaite avec les pièces métalliques un peu importantes de l'édifice. Il doit aboutir sous terre au milieu de substances conductrices d'une étendue aussi grande que possible. Le rapporteur de l'Académie, M. Pouillet, dit qu'il est indispensable que le conducteur se rende dans une nappe d'eau, puits, etc. : la braise de boulanger, souvent employée pour remplir les conduits dans lesquels aboutit le conducteur, est insuffisante pour un écoulement régulier de l'électricité. Il est bon, pour augmenter la surface par laquelle l'eau exerce son action conductrice, que le conducteur soit contourné au milieu d'elle en spirale. Nous ajouterons que, les angles favorisant l'écoulement de l'électricité, il faut, pour éviter des décharges latérales, se garder d'infléchir trop brusquement le conducteur dans les parties où, par suite des contours de l'édifice, il change brusquement de direction. Il faut vérifier de temps en temps si la pointe n'est pas émoussée, et s'il n'y a pas de rupture, de solution de continuité dans le conducteur. L'expérience démontre que l'action préservatrice du paratonnerre s'étend horizontalement dans tous les sens à une distance double de la tige. Si un édifice porte plusieurs paratonnerres, on doit réunir tous les conducteurs par des tiges métalliques. (POIRÉ.)

GALVANISME.

ART. 72. — **Description.** — Le galvanisme est l'origine de l'électricité dynamique, branche la plus riche, la plus féconde en applications que renferme la science, et dont l'étendue s'agrandit tous les jours, ne laissant à la partie statique, son aînée dans l'ensemble des phénomènes électriques, qu'une place relativement très-modeste. Son nom vient de Galvani, savant de Bologne, qui le premier en constata les effets sur les cuisses d'une grenouille morte.

Toutes les fois qu'une action chimique se manifeste entre deux corps, il y a production d'électricité. Qu'on prenne, par exemple, du zinc et un acide : dans cette action, le fluide électrique négatif se porte sur le zinc, et l'électricité positive dans l'acide. C'est sur ce principe, qui n'a été bien connu et bien formulé que dans ces derniers temps, que sont établies toutes les piles connues.

Nous ne dirons rien des premières piles qui ont été employées, telles que celle de Volta, à colonne et à anses ; de Vollaston, de Zamboni, parce qu'elles ne reçoivent aucune application utile : nous ferons connaître uniquement une des piles dites chimiques, ou à courant constant, et celle de Bunsen de préférence, soit parce que c'est celle qui est la plus employée comme agent d'électricité dans les arts, soit par ce qu'on aura avec cette description une idée assez exacte de toutes les autres piles en usage. Ce que nous dirons d'un élément devra suffire, puisque les diverses batteries qui ont pour but d'augmenter les effets de cet instruments résultent de la réunion de plusieurs de ces éléments. La pile de Becquerel, la pile de Daniell, diffèrent très-peu de la pile de Bunsen.

ART. 73. — **Pile de Bunsen.** — Un élément de Bunsen se compose d'un vase cylindrique en verre, corps, comme on sait, inattaquable par les acides, et isolant, ou mauvais conducteur de l'électricité, dans lequel on place un cylindre de zinc creux et ouvert par ses deux extrémités. Dans ce cylindre on met un vase poreux en terre de pipe, et, dans ce vase, on place un cylindre de charbon. Deux pattes de cuivre rouge sont adaptées, l'une au cylindre de charbon, l'autre au cylindre de zinc. On charge l'élément en mettant de l'acide azotique dans le vase poreux de terre de pipe. On met de l'eau, renfermant un dixième d'acide sulfurique, dans le vase de verre qui est le plus extérieur. Une fente, pratiquée sur l'un des côtés du cylindre de zinc, permet à l'eau acidulée de monter au même niveau, en dedans et en dehors de ce cylindre, c'est-à-dire du côté du vase de verre et du côté du vase poreux de terre de pipe. On fait communiquer au moyen d'un conducteur métallique le zinc et le charbon, et dès ce moment commence l'action chimique productrice de l'électricité : l'eau est décomposée ; son oxygène s'unit au zinc pour donner de l'oxyde de zinc, qui se combine lui-même à l'acide sulfurique pour donner naissance à du sulfate de zinc. L'hydrogène de l'eau se porte sur le charbon en traversant le vase poreux, et va se combiner à l'acide azotique que renferme ce vase, qu'il ramène à l'état d'acide hypoazotique, en reconstituant de l'eau avec un excès de l'oxygène de l'acide. Le courant qui résulte de l'action chimique va du charbon au zinc par le conducteur métallique précité ; de sorte que le zinc est l'élément négatif, tandis que le charbon est l'élément positif.

Le charbon employé dans les piles de Bunsen, inattaquable par l'acide azotique, sert uniquement de conducteur au fluide électrique positif.

Lorsqu'on dispose les mains, une sur chaque pôle d'une pile, de manière à établir le courant électrique passant par notre corps, on éprouve une commotion électrique plus ou moins violente, suivant l'intensité du courant, et il y a cette différence entre la sensation éprouvée et celle que fait ressentir la bouteille de Leyde, c'est que celle-ci est instantanée et cesse subitement, tandis que celle-là est continue, bien que le premier effet soit beaucoup plus vif. On éprouve le maximum d'effet physiologique d'une pile en mouillant les mains qui en saisissent les pôles ou *rhéophores*, et même en employant à cet effet une eau acidulée qui sert d'intermédiaire entre la peau et les cylindres métalliques fixés à ces rhéophores.

Les courants voltaïques ont reçu diverses applications en médecine : par exemple, dans les cas d'asphyxie, où on a pu ranimer des personnes qui semblaient déjà privées de vie. On les emploie encore dans le traitement des paralysies, des névralgies, de la goutte, des rhumatismes. Malheureusement cette application de la science à l'art médical est encore peu avancée, et ne peut encore, dans son état actuel, rendre de fréquents services. On ne doit en faire l'application qu'avec grande prudence dans la thérapeutique, attendu que, si on peut citer un certain nombre de cures obtenues par l'emploi de ce moyen, on a eu à enregistrer plusieurs cas d'aggravation. Il faut, dans tous les cas, procéder du petit au grand, et ne débuter jamais que par l'application d'un faible courant, employé par courtes périodes.

ART. 74. — **Lumière électrique.** — Les courants de la pile produisent un chaleur intense quand ils traversent des fils de métal. Ces fils, s'ils n'ont ni une grande longueur, ni un grand diamètre, s'échauffent, rougissent, et peuvent non-seulement se fondre, mais même se volatiliser. Ces mêmes courants, lorsque les rhéophores sont en pointe, convenablement rapprochés et sans se toucher, produisent des effets lumineux, dont les plus remarquables sont obtenus au moyen du charbon. On fait, avec du charbon qu'on retire des cornues dans lesquelles on prépare le gaz de l'éclairage, de petites baguettes qu'on fixe dans deux porte-crayons, maintenus à une distance de plusieurs millimètres et même de plusieurs centimètres, suivant l'intensité du courant, et il se produit dès lors un arc lumineux, dit *arc voltaïque*, d'un éclat extraordinaire. Lorsque ce courant se produit à l'air libre, il y a combustion et usure du charbon ; mais, en procédant dans une cloche où on a fait le vide, les effets de lumière sont encore les mêmes, et le charbon n'éprouve dès lors aucune altération, si ce n'est pourtant une volatilisation insensible et le transport de quelques particules de charbon du pôle positif au pôle négatif.

Le défaut de régularité dans les courants voltaïques, par les moyens jusqu'à présent connus, a été le grand obstacle à une application économique de ce mode d'éclairage, que nous sommes certainement à la veille de voir employer en grand. Nous sommes dans la voie, car, dans la récente construction des Docks-Napoléon, on a pu, avec deux piles de Bunsen, chacune composée de 50 éléments, éclairer 800 ouvriers, et la dépense ne s'est élevée, par soirée, qu'à trente francs.

ART. 75. — **Action chimique de la pile.** — Lorsqu'on fait plonger les électrodes en platine d'une pile dans de l'eau acidulée, on voit une multitude de bulles de gaz se produire sur les deux fils conducteurs ; et si, au moyen de deux cloches, on recueille chacun des gaz, on reconnaîtra, dans l'une, de l'hydrogène et, dans l'autre, de l'oxygène. On observera, en outre, si ces cloches sont graduées, que la quantité du premier est justement le double de celle du dernier ; en un mot, les éléments de l'eau dans leur rapport exact de volume, à tel point que, si on introduit ces deux gaz dans une cloche unique, dans laquelle on fera passer l'étincelle électrique, on verra leur combinaison se produire de nouveau, et en résulter de l'eau pure. Si les courants voltaïques résultent, comme nous l'avons déjà dit, des réactions chimiques, ils ont réciproquement le pouvoir d'en produire, et surtout de séparer entre eux des corps unis par une affinité très-grande.

Avec le concours de courants voltaïques convenablement appliqués, on arrive à la décomposition non-seulement de l'eau, mais de tous les oxydes, de tous les acides et de tous les sels quelconques. L'art tout moderne de la *galvanoplastie*, si prodigieusement fécond déjà dans ses applications, repose uniquement sur l'action des courants voltaïques.

ART. 76. — **Électromagnétisme.** — Lorsque, au-dessus d'une aiguille aimantée fixée en équilibre sur un pivot, on dispose parallèlement un fil métallique traversé par un courant voltaïque ou d'une pile, on voit cette aiguille dévier de sa première position et faire de nombreuses oscillations autour d'une nouvelle position d'équilibre. Ces effets ont évidemment pour cause le courant voltaïque; car, dès que celui-ci est interrompu, on voit l'aiguille aimantée reprendre sa première position d'équilibre. En plaçant le conducteur électrique près de l'aiguille, dans diverses positions, on reconnaît que le pôle austral de l'aiguille se porte toujours à la gauche de l'observateur placé dans la direction du courant, la face tournée vers l'aiguille, les pieds correspondant au pôle positif, et la tête au pôle négatif. C'est sur cette propriété exercée sur l'aiguille aimantée par les courants électriques qu'est fondé le *rhéomètre*, *galvanomètre* ou *voltaïmètre*, mots synonymes, et qui s'appliquent à un instrument destiné à mesurer l'intensité de ces derniers.

ART. 77. — **Télégraphe électrique.** — Si les courants électriques ont une influence sur l'aiguille aimantée ou aimant artificiel, réciproquement les aimants exercent une influence sur les courants. Nous ne pouvons, dans notre cadre trop étroit, développer cette proposition, et nous allons passer immédiatement à l'action qu'exerce sur un morceau de fer doux un rhéophore, ou courant électrique, qu'on roule autour de ce fer. Ce fer prend, sous l'influence du courant, les qualités attractives de l'aimant. Qu'on courbe un cylindre de fer sur lui-même, en lui donnant la forme d'un fer à cheval ; qu'on enroule autour de ce fer un fil de cuivre, recouvert de soie comme corps isolant, et qu'on établisse un courant voltaïque sur ce fil de cuivre, le fer deviendra dès lors un *électro-aimant* capable d'attirer (par ses deux extrémités ramenées sur un même plan) le fer, l'acier, etc., avec une intensité qui croîtra avec celle du courant. Si cet électro-aimant est disposé par exemple verticalement, de manière à ce que le plan de ces deux extrémités, au-dessous, soit parallèle à l'horizon, on verra que des blocs de fer considérables pourront y être retenus pendant le temps que durera le courant. Et si un bloc de fer, qui sera abandonné par l'électro-aimant dès l'instant qu'on interrompra le courant, repose alors sur un plan peu éloigné de celui qui l'attirait naguère, on verra un mouvement de va-et-vient se produire par ce bloc, qui s'élèvera vers l'électro-aimant ou s'en éloignera par le rétablissement ou l'interruption du courant. C'est sur ce principe qu'est fondé le *télégraphe électrique*.

MAGNÉTISME.

ART. 78. — **Magnétisme.** — On connaît depuis longtemps un minerai de fer que le Grecs appelaient μάγνης (d'où le mot magnétisme), qu'on désigne en France sous le nom d'aimant, et qui a la singulière propriété d'attirer le fer, et même quelques autres métaux, mais à un moindre degré : tels sont le nickel, le cobalt, le chrome et l'aluminium, classés dans l'ordre de leur faculté magnétique.

La pierre d'aimant est un oxyde particulier de fer, fer oxydulé des minéralogistes, très-répandu dans la nature, et qui est exploité comme riche minerai.

Le fer ductile, ou fer forgé, est susceptible d'acquérir facilement le pouvoir de l'aimant, mais il perd facilement cette propriété. L'acier, qui est le résultat de la combinaison du fer avec le carbone, acquiert aussi la même faculté que le fer, et de plus il la conserve lorsqu'il a reçu ce qu'on appelle la trempe, c'est-à-dire que, ayant été porté au rouge naissant, on l'a plongé dans un liquide froid. Divers moyens sont employés pour donner à l'acier trempé la vertu magnétique, qu'il prend bien plus difficilement que le fer, mais qu'il conserve ensuite indéfiniment. Un des plus usuels consiste à le mettre en contact, pendant longtemps, avec un aimant naturel, ou bien encore à le frotter avec ce dernier, etc.

Lorsqu'un barreau d'acier trempé, monté sur un axe et *en équilibre sur son pied*, vient à être aimanté, on remarque, outre la propriété qu'il a acquise d'attirer les métaux dits magnétiques, tels que le fer, le cobalt, le nickel, etc., deux autres nouvelles facultés, l'une qui réside dans une disposition qu'il a, à l'état de repos, à se diriger constamment suivant une ligne presque parallèle à la longitude des lieux d'observation ; l'autre qui consiste dans un défaut d'équilibre et dans une tendance de la part du barreau, suivant que l'observation se fait au delà ou en deçà de l'équateur, à s'abaisser ou à s'élever du côté nord.

ART. 79. — **Boussole.** — Le barreau aimanté destiné aux observations qui ont pour objet sa disposition à se diriger dans

4

le sens approximativement parallèle à la longitude, prend le nom de *boussole*, et, lorsqu'on y considère l'angle qu'elle forme avec le plan de la longitude du lieu, elle prend le nom de boussole *de déclinaison*. Lorsque la boussole, montée sur un axe horizontal, se mouvant parallèlement à un cadran vertical, a pour objet la mesure de l'angle que forme cette aiguille avec l'horizon, elle prend le nom de boussole *d'inclinaison*.

L'extrémité du barreau aimanté ou de l'aimant naturel qui se maintient du côté nord reçoit le nom de *pôle boréal;* le côté opposé prend réciproquement le nom de *pôle austral*.

L'angle de déclinaison, celui qui résulte de l'intersection de l'axe de l'aiguille aimantée avec le plan de la longitude, n'est pas toujours le même, non-seulement sur tous les divers points du globe, mais encore pour le même lieu : il est sujet à varier. En 1850, il était de 11 degrés environ vers l'est, à Paris ; aujourd'hui il est de 18 degrés environ vers l'ouest.

L'inclinaison, à peu près nulle vers l'équateur, augmente à mesure qu'on s'en éloigne. Elle est approximativement, en ce moment, à Paris, de 66 degrés.

LUMIÈRE.

ART. 80. — **Divers systèmes.** — Deux systèmes sont en présence pour expliquer les phénomènes qui se rattachent à la lumière : l'un repose sur l'hypothèse d'un fluide occupant l'espace, sous le nom d'éther, transmettant à l'organe de la vue les vibrations qu'il reçoit soit du soleil, soit des corps terrestres, et produisant sur l'organe de la vision une sensation que nous appelons lumière. C'est la théorie de l'ondulation ou des vibrations, due d'abord à Descartes, reprise dans ces derniers temps par deux savants, Young et Fresnel. Elle a beaucoup d'analogie avec la théorie de l'acoustique.

La deuxième hypothèse, due à Newton, connue sous le nom de *théorie de l'émission,* considère la lumière comme un fluide matériel impondérable, extrêmement subtil, que les corps lumineux émettent et envoient autour d'eux. Ce fluide traverse le vide et les milieux transparents avec une vitesse prodigieuse. Il nous arrive à l'organe de la vue directement ou par réflexion, s'introduit par l'espace intrapupillaire, traverse le cristallin, et, pénétrant jusqu'au fond de l'organe où vient s'épanouir le nerf optique, l'impressionne diversement, suivant la forme ou l'éloignement des corps qui le réfléchissent. Il donne ainsi au cerveau, qui en perçoit la sensation ultime, l'intuition de forme, de couleur et de dimension de ces corps.

L'hypothèse des ondulations, au moyen de laquelle on explique d'une manière satisfaisante tous les phénomènes d'optique, devrait être la seule adoptée et enseignée ; mais, comme elle suppose quelques connaissances de trigonométrie dont manquent un grand nombre de lecteurs auxquels doit s'adresser notre opuscule, nous nous bornerons à l'exposition succincte de la théorie de l'émission, enseignée d'ailleurs dans tous les cours de physique, la seule adoptée dans l'enseignement jusqu'à ces derniers temps.

ART. 81. — **Théorie de Newton.** — Les corps lumineux sont, comme on le sait, le soleil et les astres en général, les corps en combustion, etc. Le choc de certains corps entre eux et les phénomènes électriques produisent aussi de la lumière.

La lumière est lancée en tous sens, et en ligne droite, par les corps lumineux. La rapidité de son parcours est approximativement de 75,000 lieues par seconde.

La lumière n'est perçue que par le sens de la vue. Nous verrons au chapitre *Calorique* que, si nous sentons de la chaleur quand nous sommes exposés au soleil, c'est parce qu'une partie de cette lumière se transforme en calorique.

La lumière est blanche lorsqu'elle est pure. Elle pénètre en d'autant plus grande quantité dans l'œil que le corps lumineux est plus rapproché de l'organe de la vision, et celui-ci nous paraît d'autant plus blanc et plus brillant qu'il émet plus de lumière. La lumière lancée par les corps lumineux peut être assez forte pour que l'œil ne puisse la supporter : telle est celle qui nous vient directement du soleil ; telle est aussi celle qui est produite par la combustion du fer dans l'oxygène.

En quittant l'obscurité pour un milieu moyennement éclairé, nous éprouvons un sentiment pénible occasionné par un trop grand faisceau de lumière pénétrant à la fois dans l'organe de la vision, et qui tient à ce que la pupille, qui s'est dilatée pendant notre séjour à l'obscurité, ne se contracte pas assez rapidement pour constituer l'ouverture intrapupillaire dans un rapport de grandeur proportionnellement inverse à la quantité de lumière qui nous arrive.

ART. 82. — **Angle visuel, plans.** — Les corps nous paraissent d'autant plus petits qu'ils sont plus éloignés. L'angle sous lequel leurs limites sont perçues par l'œil nous fait juger de leur grandeur. A ce compte, un corps grand, éloigné, nous paraîtrait l'égal en volume d'un petit corps rapproché ; mais il y a cette différence entre les deux, pour l'organe de la vue, que le plus rapproché est plus éclairé que le plus éloigné. C'est dans ces deux caractères réunis que nous puisons les éléments de la grandeur des corps, ainsi que de leur distance. Ajoutons à cela que notre œil, aidé du jugement, se sert de points de comparaison qui l'aident beaucoup dans son appréciation. Ainsi, par exemple, nous voyons à l'horizon une personne qui nous semble, au premier aspect, être un enfant; mais tout à coup, derrière elle, nous apparaît, sur ce même plan, un être organisé de même forme, mais n'ayant que la moitié de la hauteur du premier. Cette nouvelle perception vient naturellement rectifier la première, en nous indiquant que le premier objet d'observation était au contraire un homme, puisque le deuxième ne saurait être qu'un enfant. Un aveugle de naissance auquel, par des moyens chirurgicaux, on donne la jouissance de la vue, et qui, par conséquent, n'a pas l'habitude d'en user, voit tous les objets sur un même plan : aussi bien l'oiseau qui voltige au loin dans l'espace, qu'une mèche de sa chevelure qui vient, par défaut de soins, s'interposer devant son œil ; et, de même qu'avec les doigts il détourne ce faible obstacle, il croit aussi saisir, avec la main, l'oiseau éloigné qui se présente dans son vaste champ visuel. Ce n'est que peu à peu qu'il s'habitue à juger de la distance des divers plans, soit par le degré d'intensité de lumière des objets qui en font partie, soit, nous le répétons, par la grandeur de l'angle sous lequel la lumière qui en émane arrive à notre œil. L'enfant qui vient au monde, bien que pourvu de l'organe de la vue, n'en fait pendant longtemps aucun usage : ce n'est qu'à la longue qu'il se développe, qu'il devient un vrai sens, et lorsque l'intelligence elle-même a pris un certain essor.

ART. 83. — **Rayons colorés.** — La lumière qui, partant du soleil, qui en est à peu près la source unique pendant le jour, tombe sur les corps, y subit des modifications extrêmement remarquable : ou elle est absorbée par le corps qui la reçoit, ou elle est réfléchie dans l'espace. Tout corps qui absorbe la lumière nous paraît noir. Lorsque la lumière est réfléchie, elle peut être plus ou moins décomposée par le corps réflecteur, ou être réfléchie sans éprouver d'altération dans sa nature. La réflexion se produit suivant une loi que nous ferons connaître. Revenons à la décomposition de la lumière par l'effet des corps qui la reçoivent, et disons d'abord que la lumière est composée de trois rayons : rouge, jaune et bleu, qui, en se combinant ensemble, produisent les sept couleurs qui font partie du spectre solaire.

ART. 84. — **Couleurs.** — Lorsqu'une surface reçoit la lumière d'un centre lumineux, tel que le soleil, les corps en combustion, un courant voltaïque, etc., cette lumière en est ou absorbée en partie, ou réfléchie en totalité. Nous avons dit que, dans le premier cas, cette surface nous paraissait noire, et que, dans le dernier cas, elle était blanche. Voyons actuellement quelle impression elle nous produira lorsque la lumière n'est ni entièrement absorbée, ni totalement réfléchie. La lumière, avons-nous dit, est composée de trois rayons, qui sont : le rouge, le jaune et le bleu. Selon que l'absorption portera sur tel ou tel rayon, le corps sera pour nous de la couleur des rayons réfléchis. Exemple : le bleu et le rouge sont-ils absorbés, le corps nous paraît jaune ; réciproquement, le jaune seul est-il absorbé, les rayons bleu et rouge seront réfléchis, et, comme ces deux couleurs réunies forment le violet, le corps sera pour nous de cette couleur. Hâtons-nous de dire que le vert naît de la réunion des rayons bleu et jaune, et que l'orangé résulte de celle du rouge et du jaune. Les corps solides ou les fluides transparents colorés décomposent une partie de la lumière, et transmettent l'autre sans altération.

ART. 85. — **Optique.** — La partie de l'optique qui traite de la lumière réfléchie porte le nom de *catoptrique*, du grec κάτοπτρον, qui veut dire miroir. Nous n'en dirons pas davantage que ce que renferme, de cette branche de la science, le chapitre qui précède. La partie de l'optique consacrée à l'étude de la lumière qui traverse les corps transparents, et aux modifications de direction et de couleur qu'elle en éprouve, reçoit le nom de *dioptrique*, qui dérive des mots grecs διά, à travers, et ὄπτομαι, je vois. Nous allons exposer ce qu'il y a de plus important à en connaître.

CATOPTRIQUE.

ART. 86. — **Loi de réflexion.** — Lorsque la lumière est réfléchie, l'angle de réflexion est égal à l'angle d'incidence. Les corps nous paraissent d'autant plus blancs qu'ils sont mieux éclairés, et, dans le même corps, les parties saillantes sont celles qui nous renvoient le plus de lumière.

Une surface polie nous renvoie plus de lumière qu'une surface raboteuse. Lorsqu'un corps à texture compacte présente une surface plane polie, celle-ci acquiert la faculté de renvoyer les rayons lumineux dans le même ordre qu'elle les reçoit, d'après la loi de réflexion, par angles égaux à ceux d'incidence ; de telle sorte que l'organe de la vue peut dès lors y percevoir la forme des corps qui s'y réfléchissent, avec les caractères presque identiques à ceux d'une perception directe. On dit de ces surfaces qu'elles forment miroir ou glace : telles sont les surfaces des métaux laminés et polis.

ART. 87. — **Convergence, divergence.** — En faisant l'application de la loi précitée, qui régit la réflexion de la lumière, aux surfaces concaves et convexes polies, nous reconnaîtrons que les premières auront pour effet de grossir, et les dernières de rapetisser la forme des objets qu'elles réfléchissent. Dans l'art d'éclairer artificiellement, pendant la nuit, les rues, les routes, les salles, etc., on a tiré un grand parti de la forme parabolique donnée à des miroirs de cuivre argenté, qui possèdent ainsi la faculté de ramener les rayons qui émanent en tous sens de la combustion d'une lampe ou d'un bec de gaz, à une direction unique qui les rend parallèles entre eux, ce qui triple ou quadruple, pour les objets éclairés, le pouvoir éclairant de ces sources de lumière.

DIOPTRIQUE.

ART. 88. — **Réfraction.** — Lorsqu'un rayon lumineux passe obliquement d'un milieu dans un autre de densité différente, il éprouve dans ce passage une modification dans sa direction. Cette modification s'exprime d'une manière exacte, sans être rigoureusement mathématique, en disant que *la lumière qui passe d'un milieu rare dans un milieu dense se rapproche de la perpendiculaire à la face du milieu ou du corps par laquelle elle pénètre.* Si cette face est curviligne, la perpendiculaire est censée élevée sur la tangente, se confondant avec le rayon qui a décrit la courbe.

La réciproque a lieu lorsque la lumière passe d'un milieu dense dans un milieu rare : *elle s'écarte* dès lors de la perpendiculaire. On dirait, dans l'examen de cette loi, que la lumière a de l'affinité pour la matière, et qu'elle tend toujours à s'en rapprocher.

Le lecteur qui se sera donné la peine de vouloir saisir les deux paragraphes qui précèdent pourra encore nous suivre dans ce que nous allons exposer, qui en est la conséquence.

Lorsque la lumière passe d'un milieu dans un autre, *perpendiculairement à la face ou au côté par où elle y pénètre*, elle suit sa direction primitive, sans subir de déviation. Un exemple rendra notre proposition plus claire. Qu'un rayon de lumière tombe au milieu d'un verre lenticulaire, dans la direction de son axe, et coïncidant avec cet axe, il traversera ce milieu dense, relativement à l'air, sans altération aucune dans sa direction. Que ce rayon lumineux tombe, au contraire, en un point quelconque hors de l'axe, et il se rapprochera de cet axe, dans son passage dans le verre, par l'effet seul de la loi de réfraction précitée. A sa sortie du verre, repassant dans l'air, c'est-à-dire pénétrant d'un milieu dense dans un milieu rare, il s'éloignera de la perpendiculaire à la face du nouveau milieu, ce qui aura encore pour effet de le rapprocher davantage de l'axe. On comprend dès lors qu'un verre de forme lenticulaire aura pour effet de faire conver- ger, c'est-à-dire de rapprocher de l'axe, les rayons de lumière qui arriveraient presque parallèlement entre eux sur son aire. Or, si notre œil se trouve dans l'axe de ce cette lentille, il recevra, venant du côté opposé, une masse de lumière qui aurait été perdue pour cet organe ; mais, en même temps, l'angle visuel dont nous avons parlé, sous lequel la lumière d'un objet nous fait juger de sa grandeur, étant, dans la circonstance, très-ouvert relativement, nous croyons voir cet objet plus grand qu'il ne l'est réellement, car il y aura tout ce qui, à notre organe, y produirait un objet de grande dimension : angle visuel ouvert et grande somme de lumière.

Réciproquement, le verre concave aura pour effet de rapetisser, en apparence, les objets que notre œil percevra au travers de ce verre.

ART. 89. — **Organe de la vision.** — L'œil est un sphé- roïde presque entièrement préservé de l'action des agents exté- rieurs, en arrière et sur les côtés, par l'orbite cranienne, et, en avant, par les paupières, sorte de rideau transversal qui s'ouvre et se ferme, selon nos besoins de percevoir des objets ou de procurer un repos à cet organe, un des plus délicats de l'écono- mie. Les membranes ou téguments qui composent son enveloppe externe sont opaques, si ce n'est sur le devant et sur une minime surface où elles sont transparentes. Ce globe est maintenu par des ligaments divers, lâches, qui lui permettent, comme on sait, d'affecter, relativement à la tête, une foule de positions : il peut rouler, comme on dit, dans son orbite. Des muscles, soumis à la volonté, lui impriment les mouvements. En arrière, le globe de l'œil reçoit le nerf optique, prolongement du cerveau, et ce nerf, dès qu'il a pénétré dans le *globe,* se divise à l'infini, tapissant la paroi intérieure et postérieure de l'organe, sous le nom de *rétine,* sur laquelle vient se produire, comme dans la *chambre noire* du photographe, l'image de l'objet qu'on regarde. En avant, les paupières étant ouvertes, nous voyons de cet organe : 1º sur les côtés, la *cornée opaque* ou blanc de l'œil ; 2º au milieu de l'espace fourni par l'ouverture des paupières, la *cornée transparente.* Au travers de la cornée transparente, nous apercevons l'*iris,* cette partie de l'œil qui sert vulgairement à désigner la couleur des yeux d'un sujet, et, au milieu de l'iris, la *pupille,* ouverture qui s'agrandit dans l'obscurité, se rape- tisse à la clarté, et par laquelle pénètre la lumière qui doit impressionner l'organe. Derrière l'iris, qui, par sa contraction ou sa dilatation, diminue ou augmente la pupille, se trouve le *cristallin*, sorte de loupe de forme et de propriétés d'un verre lenticulaire, qui reçoit les rayons lumineux, les fait converger assez fortement pour qu'ils se croisent dans son axe, et les projette, ainsi croisés, sur la surface précitée, où la rétine doit en être impressionnée.

ART. 90. — **Myopie, presbytie.** — Les rayons lumineux, en passant de l'atmosphère dans l'œil, par la cornée transparente, reçoivent une première convergence d'autant plus grande que la protubérance de cette partie de l'œil est plus prononcée; en sorte qu'ils sont déjà sensiblement convergés quand ils pénètrent dans l'œil. Lorsque les parties de l'œil, chargées de converger les rayons lumineux (la *cornée transparente* et la *cristallin*) produisent une convergence trop forte, ce qui tient à leur forme trop *renflée*, le sujet est dit *myope*. Les rayons arrivant sur la rétine *trop croisés*, il convient de les ramener à un moindre croisement, et cet effet s'obtient tout naturellement, en plaçant devant l'organe un verre de lunette divergent, dit *de myope*, c'est-à-dire un verre concave des deux côtés. Réciproquement, lorsque, par l'effet de l'âge, la moindre abondance des humeurs de l'œil a pour effet d'aplatir ou rendre moins protubérant, d'une part, le segment de la sphère qui constitue la cornée transparente, et, d'autre part, les deux faces du cristallin, ce qui diminue leur pouvoir convergent, nous devenons *presbytes,* et nous avons dès lors besoin de verres de lunette convergents, pour que les rayons arrivent à la rétine sous l'angle nécessaire à une bonne vision. On le voit, *presbytie* et *myopie* sont deux états opposés. Il est donc naturel que, par l'effet de l'âge, qui occasionne la presbytie, la myopie ait une tendance à diminuer et même à cesser. Cet effet, qui se produit assez souvent, se produirait presque toujours si, chez les myopes, dont, il faut le reconnaître, le sens de la vue est déjà dans une sorte d'état pathologique, il n'y avait une tendance plus grande que chez les autres sujets aux maladies en général de l'organe, et si, trop souvent, un affaiblissement prématuré dans les facultés de la rétine n'atténuait le pouvoir de la vision au moment où une meilleure harmonie tendrait à s'établir dans l'ensemble des fonctions de l'organe.

ART. 91. — **Microscope simple.** — Le microscope simple est uniquement produit par une lentille de verre dit *cristal* qu'on interpose entre l'œil et l'objet à regarder. Cette lentille porte le nom de *loupe* lorsqu'elle est montée dans un anneau ou virole de corne, d'os, d'ivoire, d'écaille ou de métal, etc., et prend déjà le nom de *microscope* lorsque, étant fixée par un support, le champ de la lentille du côté de l'œil est borné par l'apposition d'une rondelle, ordinairement noircie, pour mettre l'œil à l'abri de l'impression d'une foule de rayons venant d'ailleurs que des corps à observer, ou du champ d'observation rigoureusement nécessaire.

ART. 92. — **Microscope complexe.** — Cet instrument se compose au moins de deux verres, dont l'un porte le nom d'*objectif*, placé du côté de l'objet à observer ; et l'autre, du côté de l'œil, qui reçoit le nom d'*oculaire*. L'objectif est de forme lenticulaire, ordinairement très-renflé, se rapprochant de la sphère, et convergeant les rayons sous un angle tel qu'ils ne pourraient être reçus à la profondeur où se trouve la rétine dans l'œil. L'oculaire est, aussi, convergent, mais à un moindre degré. Prenant les rayons trop convergés par l'objectif, et après leur croisement, il les converge de nouveau sous un angle tel qu'ils puissent être dirigés par le cristallin sur la rétine, en rapport avec la conformation de l'organe. Dans certains microscopes, on emploie plusieurs verres lenticulaires, au lieu d'un seul, comme agent de convergence, et chacun est, dès lors, moins renflé. Ils sont placés rigoureusement dans le même axe. Chaque microscope est muni d'un *porte objet*, disposé de manière à éclairer fortement l'objet, lorsque celui-ci est transparent, au moyen d'un miroir convergent placé au-dessous, et qui y accumule la lumière ; lorsqu'il est opaque, au moyen d'une lentille qui y amène, par-dessus, dès lors, un gros faisceau de lumière convergée.

Il existe encore un grand nombre de microscopes fonctionnant différemment : tels sont ceux dans lesquels la lumière, venant de l'objet observé, y est convergée une première fois au moyen des miroirs ; convergée de nouveau par une lentille, et finalement ramenée à un angle moindre par un oculaire, etc.

ART. 93. — **Lunettes d'approche.** — Les *lunettes d'approche* ressemblent beaucoup, par la disposition de leurs verres, à celle du microscope, avec cette différence essentielle que l'oculaire est un verre divergent, à faces concaves, ramenant les rayons lumineux sous un angle aigu, égal à celui que produirait l'objet vu de près. Il résulte de cette disposition que nous ramenons à notre œil tous les rayons qui arrivent dans le champ de l'oculaire, et qui représentent à peu près la somme de ceux que notre œil percevrait de près sans le secours de la lunette : aussi l'illusion est frappante : on se croirait tout près de l'objet qu'on regarde.

ART. 94. — **Télescopes.** — Les *télescopes catoptriques, télescopes* proprement dits, diffèrent des lunettes d'approche en ce que l'objectif est remplacé par un miroir de métal ou de verre concave, qui réfléchit une première fois sur un miroir de moindre dimension, qui, à son tour, réfléchit sur l'oculaire.

ART. 95. — **Prismes.** — La lumière blanche est composée, ainsi que nous l'avons déjà dit, de trois rayons dits primitifs : rouge, jaune et bleu. Lorsque cette lumière passe de l'air dans un milieu plus dense, comme du verre, par exemple, et que, par la forme de celui-ci, il est fortement réfracté, comme une lentille à faces très-bombées, les corps que l'on perçoit au travers, et dont l'apparence en est grossie, se terminent par une coloration irisée, en même temps que la netteté en est singulièrement altérée. Cela tient à ce que les rayons colorés rouge, jaune et bleu qui composent la lumière blanche se trouvent chacun réfractés à un degré différent par la lentille. De là la décomposition de cette lumière et le phénomène du *chromatisme,* connu depuis longtemps sous le nom d'*effet du prisme,* parce qu'il a été observé pour la première fois sur la lumière qui traversait un prisme trièdre (à trois faces) en verre.

ART. 96. — **Arc-en-ciel ou spectre solaire.** — Le prisme, on le voit, a une double action sur la lumière :

1º Action de déviation ;

2º Action de décomposition.

L'action déviatrice a pour objet de relever les objets vus à travers le prisme vers le sommet de ce dernier, c'est-à-dire vers l'arête formant l'intersection de ses deux faces principales.

L'action de décomposition a essentiellement pour résultat d'étaler le faisceau de lumière blanche reçu sur un écran, après son passage à travers le prisme, en un faisceau oblong formé de *trois* couleurs *principales : rouge, jaune* et *vert,* mais que la plupart des physiciens admettent au nombre de *sept,* qui sont, par ordre croissant de réfrangibilité : *rouge, orange, jaune, vert, bleu, indigo, violet.*

Ce sont là les couleurs dites du *spectre solaire* ou de l'*arc-en-ciel,* parce qu'elles existent toujours, en pareil nombre et dans le même ordre, dans ce phénomène météorique, qui consiste essentiellement en une décomposition de la lumière solaire par les goutelettes d'eau résultant de la condensation des nuages à l'état de pluie. Chaque goutelette sphérique agit sur la lumière à la façon du prisme de nos cabinets de physique.

ART. 97. — **Lumière spectrale.** — Toutes les lumières artificielles, et principalement la lumière électrique, peuvent,

comme celle du soleil, quand elles sont produites dans des conditions convenables, donner lieu à des spectres identiques, *en
apparence*, à celui de la lumière solaire. Quand les flammes de
ces lumières ne contiennent aucune vapeur métallique en suspension, comme cela a lieu dans la lumière électrique produite
entre deux baguettes de charbon chimiquement pur, on observe,
dans le spectre, une netteté de couleurs irréprochable.

Fraunhofer, dans les premières années de ce siècle, observa
le premier dans le spectre solaire, convenablement étalé, des
raies noires transversales inégalement réparties dans les diverses
couleurs, lesquelles sont connues sous le nom de *raies de
Fraunhofer*. Dans ces dernières années, on a remarqué qu'elles
n'existaient point, comme nous venons de le dire, dans la
lumière électrique produite entre deux cônes de charbon chimiquement pur; mais qu'au contraire, dès qu'on faisait intervenir un métal en fusion dans l'arc voltaïque, ses vapeurs
coloraient la flamme d'une *teinte spéciale*, de manière à donner
des raies tout-à-fait *caractéristiques*.

MM. Kirchoff et Bunsen, se fondant sur cette particularité, en
ont fait un procédé d'analyse chimique dépassant de beaucoup
en sensibilité tous ceux antérieurement connus. Cette méthode,
désignée maintenant dans la science sous le nom d'*analyse spectrale*, a permis à ces deux habiles expérimentateurs d'abord, et
ensuite à d'autres qui n'ont pas tardé à suivre leurs traces, de
découvrir tout récemment, dans la *lépidolithe* et autres minerais, divers métaux nouveaux, tels que le *Cæsium*, le *Rubidium*,
le *Thallium* et l'*Indium*.

A l'heure où nous écrivons ces lignes, les savants s'ingénient
pour appliquer cette merveilleuse découverte, qui est loin d'avoir
dit son dernier mot, à la recherche de la composition intime
des *corps célestes* et de leur atmosphère.

ART. 98. — **Achromatisme.** — Pendant longtemps les
loupes, les microscopes et les lunettes d'approche, tous les
instruments d'optique où les verres très-grossissants étaient
employés, ont eu l'inconvénient de représenter ainsi colorés
tous les objets qui y étaient vus, lorsqu'une découverte, due en
partie au hasard, a fait trouver, en Angleterre, le moyen d'y
remédier. Ce moyen (achromatique), disons-le, sans vouloir
donner une explication complète que ne comporte pas notre
cadre, consiste à employer deux verres grossissants, au lieu
d'un, partout où il en faut un; à les rapprocher, et à remplir
l'espace qui les sépare par un autre verre qui a exactement la
forme du vide qui en résulterait. Les verres grossissants sont

faits en flint–glass, et le verre intermédiaire, dit *achromatique*, en crown–glass : deux natures de verre qui diffèrent essentiellement, en ce que ce dernier est un silicate de potasse ou de soude presque pur, tandis que le premier renferme, outre le silicate alcalin, du silicate de plomb ; verres ayant la propriété de décomposer la lumière blanche à des degrés différents, de telle sorte que l'un ramène à la normale le rayon écarté par l'autre.

ART. 99. — **Chambre noire.** — Lorsqu'un espace, comme une petite chambre , par exemple, est limité du grand espace, au moyen de parois opaques, de telle sorte que cette chambre soit dans une obscurité complète; si on vient, par un point très-limité d'une de ses parois, à laisser pénétrer la lumière, et que cette lumière, au lieu d'y arriver directement du soleil, s'y introduise par réflexion des corps extérieurs, l'image comportant la forme et la couleur des objets réflecteurs se peindra, de grandeur naturelle, sur la paroi interne qui recevra le jour.

Nous avons déjà dit que les trois rayons primitifs de la lumière réunis formaient la lumière blanche. Une preuve saisissante qu'on peut en donner consiste à peindre sur un cylindre et en égales proportions, parallèlement à son axe, des bandes représentant alternativement les couleurs du spectre solaire, arc-en-ciel, ou simplement dans l'ordre suivant : *rouge, jaune* et *bleu :* en faisant tourner rapidement ce cylindre sur son axe, les couleurs se confondront dans notre perception, et il nous paraîtra blanc. Si donc, dans les autres circonstances que la *chambre noire*, les objets ne reflètent pas constamment autour d'eux leur coloration propre, c'est parce que leur éclairage résulte de la réflexion à la fois, dans tous les sens, de la lumière provenant de divers corps, par conséquent des couleurs les plus variées, et que de ce mélange résulte le blanc, se projetant faiblement sur la coloration des parois de la chambre. Dès lors chaque point de ces parois conserve sa couleur propre. Lorsque, dans la *chambre noire*, on veut obtenir une image rapetissée des objets extérieurs, formant ainsi un tableau complet, on adapte à l'ouverture qui seule doit fournir de la lumière une loupe ou verre lenticulaire qui, convergeant le faisceau lumineux, le ramasse en quelque sorte sur un point de l'espace où ils se croisent, et vont produire sur un plan qui leur est perpendiculaire, et de couleur blanche, un tableau d'autant plus grand ou d'autant plus petit qu'on s'éloigne ou qu'on se rapproche du point d'intersection des rayons. Dans ce cas, les objets paraissent renversés, par suite de ce croisement; mais on parvient à en redresser l'image soit par l'emploi d'un miroir, soit au moyen d'un second verre lenticulaire.

ART. 100. — **Daguerréotype et photographie.** — Jusque vers 1839, la chambre noire, disposée comme nous venons de le dire, ne pouvait servir qu'à recevoir l'image des objets sur un écran convenablement placé. Là un dessinateur, même peu habile, pouvait facilement en suivre le contour, et les reproduire avec une exactitude d'autant plus grande qu'il copiait la nature. C'était déjà une remarquable application de la modeste invention du Napolitain J.-B. Porta. Mais il était réservé à deux Français, Niepce et Daguerre, de fixer, avec un simple rayon de lumière pour pinceau, cette image fugace sur un écran chimiquement sensibilisé.

Le procédé que Niepce et Daguerre publièrent en 1839, et qui ne leur avait pas coûté moins de douze années de recherches patientes et laborieuses, repose essentiellement sur l'altérabilité des *sels d'argent*, sous l'influence de la lumière solaire.

Les deux inventeurs employaient pour écran une plaque d'argent recouverte d'un mélange d'*iodure, bromure* et *chlorure* du même métal. Ces sels une fois partiellement décomposés par la lumière, la plaque était portée dans un bain ayant le pouvoir de dissoudre les parties non altérées; l'image était fixée. Ce procédé, appelé proprement *daguerréotype*, donne des images miroitantes; et, malgré les perfectionnements ultérieurs de M. Fizeau, il est aujourd'hui fort peu suivi.

La photographie, opération dont le principe est toujours à peu près le même que celui du daguerréotype, consiste à exposer au foyer de la chambre noire une feuille de papier, préalablement sensibilisée avec un mélange de *bromure* et d'*iodure* d'argent.

La lumière, agissant avec plus ou moins d'énergie suivant son intensité, altère à divers degrés cette plaque revêtue d'une couche de sel d'argent peu stable. Les ombres y sont représentées à l'inverse de la nature par les parties non altérées, et par conséquent claires, tandis que les clairs y sont réciproquement représentés par des ombres plus ou moins intenses; mais cette épreuve, dite *négative*, rendue stable ou fixe en la lavant avec une solution d'hyposulfite de soude, servira à produire, à son tour, des épreuves à l'inverse, en la disposant sur une nouvelle feuille recouverte du même sel d'argent, et sur laquelle la lumière ne parviendra qu'en traversant l'épreuve négative; opérations dont résultera cette fois l'épreuve *positive*.

ART. 101. — **Lumière directe, lumière diffuse.** — Lorsque le temps est clair, sans nuages, sans brouillards, sans pluie, et que le soleil est au-dessus de l'horizon, nous recevons la lumière directe du soleil : *il fait soleil*, pour employer la locution ordinaire. Chaque corps visible à notre œil, et qui se trouve ainsi éclairé directement, renvoie, dans tous les sens, une grande somme de lumière. Chaque partie de ce corps produit autour de lui un rayonnement qu'on peut considérer, par la pensée, comme constituant un ensemble de cônes dont le sommet touche ce corps, et dont la base est dans l'espace, d'autant plus large que l'éloignement du corps est plus grand. Or notre œil, ne pouvant saisir, de la base de ces cônes, que ce que peut embrasser l'espace pupillaire (art. 89), recevra, on le conçoit, d'autant plus de lumière de ce corps qu'il en sera moins éloigné. Si la lumière qui vient directement du soleil nous transmettait seule, par réflexion immédiate, la forme des corps qui la reçoivent, il en résulterait que nous ne verrions des corps que la partie la plus éclairée, que les faces tournées vers l'astre du jour ; mais il n'en est pas ainsi, et tous les corps de l'espace, ceux surtout à proximité, lui renvoient de la lumière, et dès lors les parties de ce corps à l'opposé même du soleil reçoivent une certaine proportion de lumière, assez pour qu'elles soient visibles, seulement à un moindre degré, et c'est ce qui constitue les ombres, ordinairement d'autant plus intenses qu'elles sont plus opposées à la direction solaire ; ombres qui jouent un grand rôle, pour l'organe de la vision, dans la perception de la forme des corps. Il n'est pas jusqu'à *l'ombre portée*, celle qui résulte d'un corps posé comme écran entre un autre corps et le soleil, qui n'ait une importance pour notre œil dans l'acte de la vision. Par opposition à *la lumière directe*, ou celle qui émane directement du soleil, on dit *lumière diffuse* celle qui éclaire un corps par réflexion d'un autre corps. On appelle encore, et tout naturellement, *lumière diffuse* celle qui nous éclaire, viendrait-elle dans la direction même du soleil, lorsqu'elle nous parvient en temps couvert, ou au moment du *crépuscule*, quand le soleil est au-dessous de l'horizon.

ART. 102. — **Crépuscule.** — On entend par *crépuscule* ou *aurore* le moment où, surtout par un temps clair, débarrassé de nuages ou de brouillards, *il fait jour*, bien que le soleil soit plus bas que l'horizon. Le crépuscule se produit soit le matin, un moment avant que l'astre se montre à nous, soit le soir, dès et après son coucher. La *lumière diffuse*, avons-nous dit, nous arrive par réflexion des corps; telle est encore celle qui nous éclaire imparfaitement la nuit, par réflexion de la lune, quand il fait *clair de lune*, c'est-à-dire quand ce satellite est situé, relativement au soleil et à la terre, de manière à être éclairé par une surface visible aux habitants de la planète. Or il n'y a pas seulement que les corps solides qui puissent nous renvoyer ou réfléchir la lumière qu'ils reçoivent soit directement, soit même indirectement : les gaz et vapeurs sont doués aussi de cette faculté. La lumière qui les traverse est en partie réfractée, en partie absorbée, et en partie réfléchie. Elle éprouve, dans son passage, diverses perturbations, et la lumière diffuse qui nous parvient le matin ou le soir, constituant le crépuscule, en est un des résultats, produit par l'atmosphère, dès le moment où, avant que la partie solide de la planète ne soit directement éclairée, la couche d'air, qui forme sur la terre une épaisseur de quinze lieues, reçoit déjà les rayons directs du soleil.

CALORIQUE.

ART. 103. — **Propriétés.** — Les mots *calorique* et *chaleur* ayant reçu, dans ces derniers temps, une même acception, il en résulte souvent une confusion qui serait regrettable dans un ouvrage où nous nous proposons essentiellement d'être intelligible : aussi n'adopterons-nous point cette synonymie. Il y a cette différence dans la valeur de ces deux mots, que *chaleur* indique une sensation, et que *calorique* est l'agent qui, pénétrant dans les pores de nos organes, y produit cette sensation. Nous rétablirons donc à chacun de ces mots la valeur rigoureuse qu'ils ont eue à une autre époque.

Le *calorique* est un fluide impondérable, extrêmement subtil, et dont les molécules se repoussent mutuellement. Il est attiré par les molécules des corps, en remplit les pores, produisant ainsi, par une action mécanique, l'écartement moléculaire connu sous le nom de *répulsion*.

En vertu de la force répulsive de ses particules, le calorique tend sans cesse à s'échapper des corps qui le renferment, d'où résulte, dans un même corps ou dans deux corps qui se touchent, une sorte d'équilibre. Lorsque le calorique pénètre les corps, il a pour effet, tout au moins, d'en écarter les molécules, et de produire ainsi leur dilatation. Lorsqu'il pénètre nos tissus, qu'il dilate, il occasionne la sensation de *chaleur* ; de même que sa sortie, par le fait d'un équilibre entre les milieux où nous nous trouvons, ou les corps avec lesquels nous sommes en contact, produit la sensation de *froid*.

ART. 104. — **Thermomètre.** — Le *thermomètre*, instrument destiné, comme l'indique son nom, à mesurer la chaleur (1),

_____

(1) Vient de deux mots grecs : θερμός, chaleur, et μέτρον, mesure.

est fondé sur la propriété précitée que possède le calorique en pénétrant les corps par leurs pores, d'en produire l'augmentation de volume, de les *dilater*. Parmi les corps, les uns sont plus dilatables que d'autres : tels sont les liquides, qui le sont plus que les solides et à un moindre degré que les gaz. On emploie divers thermomètres en physique et dans les applications aux arts. Il ne peut convenir à notre plan que de décrire les plus usuels : thermomètre à mercure, thermomètre à alcool, l'un et l'autre dits centigrades, ayant une échelle dont la construction repose sur le même principe. Un tube de verre, renflé d'un bout à la manière d'un petit flacon, ou se terminant par une ampoule sphérique, est rempli, à moitié de sa longueur, par une température moyenne, d'alcool coloré ou de mercure. On chauffe, afin de dilater le liquide, jusqu'à près de l'ébullition pour l'alcool, et jusqu'à la température de l'ébullition de l'eau pour le mercure. On ferme l'extrémité restée ouverte du tube à l'aide de la lampe de l'émailleur. Il s'agit dès lors de les graduer.

ART. 105. — **Graduation du thermomètre.** — Le zéro du thermomètre s'obtient en plongeant l'instrument dans de l'eau qui contient un excès de glace ou de neige : on en marque l'affleurement à l'aide d'un peu de cire à cacheter ou de vernis. On plonge ensuite le thermomètre dans l'eau distillée bouillante, et on marque le point où s'arrête le mercure dans sa dilatation, qui désignera le 100e degré ; on divise en cent l'espace compris entre ce 100e degré et le zéro précité, et l'on continue cette même graduation au-dessous de zéro, en reportant, suivant que l'espace le permet, autant de degrés égaux à ceux disposés au-dessus.

Pour le thermomètre à alcool, qui ne peut donner la température de l'eau bouillante, puisqu'il bout à une température inférieure (80 degrés environ), on le plonge dans l'eau chaude à côté d'un thermomètre à mercure, et, après avoir déterminé un point de température égal à 60, par exemple, 70 ou même 75, on marque, on laisse refroidir, et on divise au moyen des éléments précités, de telle sorte que les divisions de l'instrument à alcool coïncident avec celles de l'instrument à mercure.

Tous les corps de la nature étant susceptibles d'augmenter de volume, ainsi que nous venons de le dire, par l'effet du calorique, phénomène que nous avons désigné sous le nom de *dilatation*, et les liquides étant plus dilatables que les solides, que le verre, par exemple, qui renferme celui du thermomètre, ces liquides doivent, on le comprend, disposés de la façon ingénieuse que nous venons d'exposer, témoigner de la quantité de calorique existant dans les milieux où l'on plonge le thermomètre. L'alcool n'ayant, à aucune température connue, de tendance à se congeler, doit entrer dans la construction des thermomètres disposés spécialement à constater les températures basses. Le mercure, au contraire, qui, à quelques degrés sous zéro, a une disposition à se solidifier, et qui, pour cela, ne diminue point de volume dans un rapport constant, est impropre à faire partie d'un thermomètre à destination des températures très-froides. Mais, contrairement à l'alcool, qui se vaporise à 80 degrés environ, le mercure ne bout que vers 360 degrés, ce qui le rend précieux pour déterminer les températures élevées.

ART. 106. — **Échelle thermométrique.** — L'échelle que nous venons de faire connaître porte le nom d'*échelle centésimale, centigrade* ou de *Celsius*, et est la seule presque en usage, en France du moins. Une autre graduation, celle qui porte le nom de Réaumur, et qui a joui pendant longtemps d'une préférence exclusive parmi les savants, ne diffère de la centigrade qu'en ce que l'espace entre la glace fondante et l'ébullition de l'eau est divisé en 80 degrés, au lieu de 100. Comme dans l'échelle centigrade, on continue à reporter au-dessous de zéro autant de degrés de même longueur que peut en recevoir l'espace compris entre zéro et le renflement de l'instrument. Dans le thermomètre de Fahrenheit, on marque 32 au point de la glace fondante et 212 au point de l'eau bouillante. On divise l'intervalle en 212—32, c'est-à-dire en 180 parties égales.

ART. 107. — **Pyromètre.** — On a souvent besoin, dans les laboratoires de chimie, comme dans les arts, de constater des températures supérieures à 400 ou 500 degrés, et l'instrument qu'on emploie à cet effet porte le nom de *pyromètre*. Le pyromètre de Wedgwood se compose : 1° de deux règles de laiton fixées invariablement sur une platine de même métal, l'une à côté de l'autre, presque parallèlement, mais formant cependant un espace angulaire tel que les deux règles présentent, d'un côté, un écartement d'un centimètre, et, de l'autre, d'un demi-centimètre seulement ; d'une extrémité à l'autre, ces règles sont divisées en 240 degrés, le zéro étant placé à la plus grande ouverture ; 2° d'un cylindre d'argile desséchée, qui entre juste dans l'espace le plus large laissé par les règles précitées, c'est-à-dire à zéro de l'instrument. S'agit-il d'apprécier le degré de chaleur d'un four à chaux, par exemple, d'un four à porcelaine, etc., on introduit par une ouverture, ménagée à cet effet, dans ce four, le cylindre du pyromètre, que l'on y maintient pendant un temps convenable et que l'expérience indique ; on retire, on laisse refroidir, et on présente, dans l'intervalle laissé par les règles, sur la platine. On fait glisser dans cet espace jusqu'à ce que le cylindre, qui a diminué de volume par la cuisson, se trouve arrêté, et le degré qui correspond au point de contact du cylindre avec les règles indique la température du four. Ce pyromètre, on le voit, est fondé sur la propriété que possède l'argile de subir, par le feu, un retrait en rapport avec la température.

Le pyromètre de Brogniard ou à levier fonctionne en vertu de la dilatation des solides : une barre de métal traverse le four dont on veut connaître la température : fixée d'un bout, sa dilatation linéaire se produira à l'autre bout en poussant le talon d'une aiguille qui se meut sur un cadran.

ART. 108. — **Calorique rayonnant.** — L'équilibre de calorique ne se produit pas seulement par le contact immédiat des corps : il s'exerce encore entre les corps, *à distance*. C'est ainsi que nous éprouvons une sensation de chaleur quand nous nous plaçons près d'un foyer, et qu'un thermomètre, dans les mêmes circonstances, accuse une élévation de température. Cette transmission de calorique n'a pas besoin de l'atmosphère pour se produire : elle a lieu même dans le vide. Elle constitue un phénomène connu sous le nom de *rayonnement*, de *calorique rayonnant*. La faculté des corps chauds d'émettre ainsi le calorique se nomme *pouvoir émissif*.

Comme la lumière, le calorique se propage en ligne droite. Sa vitesse est aussi très-grande : on croit qu'elle est la même que celle de la lumière. Le rayonnement est toujours relatif à la température des corps et conforme aux lois précitées de l'équilibre. C'est sur ce principe qu'est fondé le refroidissement d'un corps isolé dans l'espace. Le refroidissement d'un corps chaud est d'autant plus long à se produire que sa température est plus élevée.

ART. 109. — **Réflexion et réfraction du calorique.** — Le calorique est réfléchi et réfracté selon les lois de réflexion et de réfraction de la lumière, ce qui constitue la plus grande ressemblance, on le voit, avec cet autre fluide incoërcible. Mais ce qui semblerait en démontrer l'identité, c'est que les corps portés à une température voisine de 500 degrés deviennent lumineux. La lumière solaire, on le sait, n'est pas seule réfractée par les lentilles de verre, puisque, avec un de ces petits instruments, il est facile, au soleil, d'allumer de l'amadou, du soufre, etc. Quant au pouvoir qu'ont les corps polis de réfléchir le calorique, qu'on se rappelle que le grand Archimède se servit de miroirs concaves pour incendier à distance les vaisseaux des Grecs. Nous citerons comme un exemple vulgaire de la réflexion du calorique par les métaux polis l'ustensile de cuisine nommé *cuisinière* ou *rôtissoire*, dans laquelle on dispose les pièces à faire cuire, et qu'on place ainsi devant le feu. Elle a pour effet, on le sait, de produire une économie de combustible égale à plus de 50 pour 100. Dans cette opération, le calorique qui, passant dans le périmètre de l'ustensile, à côté de la pièce à rôtir, serait perdu pour sa cuisson, se trouve réfléchi sur cette pièce, et, dès lors, contribue à l'élévation de sa température.

ART. 110. — **Pouvoir émissif.** — Tous les corps ne jouissent pas au même degré du *pouvoir émissif* précité. On peut dire généralement qu'un corps jouit d'autant plus de cette propriété que sa surface est moins polie et plus noire. Le noir de fumée est le corps qui jouit au plus haut degré de cette faculté, et les métaux polis et brillants sont ceux qui le possèdent au moindre degré.

ART. 111. — **Pouvoir absorbant.** — La propriété dont jouissent les corps d'absorber facilement le calorique porte le nom de *pouvoir absorbant*. Ils en absorbent d'autant plus qu'ils en réfléchissent moins, et ce pouvoir est toujours inverse du poli de leur surface et en raison directe de la proportion de noir qui entre dans la couleur de cette surface. Qui n'a remarqué qu'entre deux cailloux exposés au soleil, l'été, et de différente couleur, le noir, par exemple, sera brûlant lorsque le blanc possèdera une température très-supportable? On observe encore qu'entre deux cailloux de même teinte, dont l'un sera poli par l'effet de l'usure et l'autre dépoli, et tel qu'une pierre sort de la carrière, il y aura entre eux, après avoir été maintenus au soleil, une différence de température très-appréciable par le seul contact de la main. Nos cuisinières savent très-bien qu'une casserole ou marmite déjà recouverte de suie par son usage demande moins de chaleur pour la cuisson des aliments qu'un ustensile tout neuf, c'est-à-dire à surface unie, brillante et de couleur claire. Réciproquement, on a remarqué que le café se maintenait chaud d'autant plus longtemps dans les cafetières que leur surface était plus brillante.

ART. 112. — **Conductibilité.** — On dit d'un corps qui laisse facilement passer la calorique, qu'il est *bon conducteur* de ce fluide. Réciproquement, tout corps qui transmet mal le calorique est dit *mauvais conducteur*. Tous les corps laissent plus ou moins passer le calorique ; mais, parmi eux, les métaux sont les meilleurs conducteurs. Le carbone est un des plus mauvais ; et le bois, le fil, le coton, la laine, la soie, qui renferment une grande proportion de ce corps simple, sont aussi de très-mauvais conducteurs du calorique. Tout le monde a pu remarquer, à l'appui de cette propriété, qu'un morceau de charbon de bois ou de bois sec peut être tenu dans la main sans qu'on se brûle, bien que, à 2 ou 3 centimètres, ce combustible soit incandescent ou allumé. Qui ne sait, au contraire, qu'une barre de fer, rouge de chaleur par un bout, ne saurait être supportée de l'autre bout, s'il n'y a entre ces deux extrémités une longueur souvent très-grande ? Un tonneau de bois rempli d'eau bouillante peut impunément être maintenu par le tonnelier qui le nettoie, tandis qu'une bouilloire ne peut être supportée entre les mains, lors même que l'eau qu'elle renferme n'aurait qu'une température de 80 degrés, et même moins. On le voit, le calorique se fait d'autant plus facilement équilibre entre deux corps que ces corps ou les parois qui les renferment sont d'autant meilleurs conducteurs de ce fluide. On peut, réciproquement, déduire le degré de conductibilité des corps de la facilité ou de la rapidité avec laquelle se produit cet équilibre.

ART. 113. — **Dilatabilité.** — Tous les corps de la nature sont dilatables, mais à divers degrés. Les solides le sont moins que les liquides, et ceux-ci moins que les gaz. Les corps solides se dilatent en tous sens quand on les chauffe ; mais nous considèrerons, dans certains cas, la dilatation dans un sens seulement, ce qu'on appelle *dilatation linéaire*. On entend par *coefficient de dilatation* le chiffre qui exprime l'augmentation de volume que prend ce corps par chaque degré thermométrique. Pour les solides, ce coefficient est à peu près uniforme par chaque degré du thermomètre à mercure, de 0 à 100. Mais, s'il est uniforme, il est loin d'être le même pour chacun de ces corps.

ART. 114. — *Tableau des coefficients de dilatation linéaire de quelques métaux :*

Zinc.	0 000 029 4	Or.	0 000 014 7
Plomb.	0 000 028 5	Fer.	0 000 012 2
Argent.	0 000 019 1	Acier.	0 000 011 5
Laiton.	0 000 019 3	Platine.	0 000 009 9
Cuivre.	0 000 017 2	Verre.	0 000 008 7

ART. 115. — **Application de la dilatation.** — La dilatation des corps, et des métaux surtout, se manifeste fréquem-

ment, et de telle sorte, dans la vie pratique, qu'il est nécessaire d'en tenir compte dans une infinité de cas. Nous citerons, entre autres cas, la dilatation du zinc des toitures, qui force le zingueur à constituer ce genre de couvertures par une infinité de fractions qui doivent jouer les unes dans les autres, rentrant sur elles-mêmes en été, par suite de la dilatation, et ressortant dans l'hiver, par suite du retrait ou contraction du métal; les tuyaux de plomb, qui, sous peine de se plisser en été et de se déchirer en hiver, doivent être maintenus dans le sol, à un mètre au moins de profondeur; les grilles d'un parc, qui, si elles ne sont pas constituées par des traverses jouant parallèlement entre elles, peuvent butter contre les cadres de porte, et les déformer à tel point, en les resserrant en été, qu'ils ne permettent plus l'entrée de leurs battants, etc. Nous pourrions citer encore la variation des horloges, produite par l'allongement, en été, de leur *balancier* ou *pendule*, et les moyens de compensation que les horlogers emploient pour parer à cette cause de retard. Ce résultat s'obtient avec le pendule compensateur, dans lequel la tige de suspension du balancier, maintenue par des jumelles en zinc, métal très-dilatable, élève le balancier par l'effet de la dilatation de ce métal, ce qui permet à la lentille qui le termine de se trouver constamment maintenue à égale distance du point de suspension. Nous avons déjà dit, on se le rappelle, que la lenteur des oscillations du pendule croissait avec sa longueur. De cette propriété résulte la nécessité, pour obtenir l'isochronisme (1) d'un pendule ou d'un balancier d'horloge, de conserver une longueur invariable.

ART. 116. — **Dilatation des liquides.** — Les liquides se dilatent, à peu de chose près, suivant la loi des solides, c'est-à-dire que ce coefficient de la dilatation varie peu pour chaque degré du thermomètre à mercure. Il faut noter pour l'eau, exceptionnellement, que son maximum de densité est à 4 degrés au-dessus de zéro, à cause de la tendance qu'éprouve dès lors ce liquide à se solidifier et à se constituer à l'état des cristaux, qui, buttant les uns contre les autres, produisent des vides dans le liquide, et le forcent ainsi à occuper un plus grand volume, à être moins dense, en un mot.

ART. 117. — **Dilatation des gaz.** — Le coefficient de dilatation d'un gaz est, à très-peu de chose près, le même pour chaque degré de température. De plus, il semble être le même pour tous

(1) Isochronisme, de ἴσος, égal, et de χρόνος, temps; ce qui veut dire, pour des oscillations, qu'elles sont d'une longueur de temps égale.

les gaz. Cette circonstance a ouvert la voie à une hypothèse qui a eu les plus grands résultats dans l'étude de la chimie, au point de vue de la constitution intime des corps et des lois qui président d'une manière constante aux rapports de volume, et de poids même, dans leurs combinaisons entre eux.

On entend par *densité*, on le sait déjà, le rapport qui existe entre le poids des corps et leur volume. Pour indiquer la densité d'un gaz, on compare le poids d'un volume de ce gaz au poids d'un même volume d'air, à la même température.

ART. 118. — **Chauffage.** — Le chauffage des habitations ayant, dans les contrées froides surtout, une importance capitale pour le bien-être et la conservation de l'homme, il a dû, depuis son apparition sur la terre, en faire l'objet de constantes études. Lorsque le règne végétal, occupant sur le globe une plus grande surface que nos jours, et que, la population étant relativement bien moindre, le combustible abondait de toutes parts, sa valeur vénale représentait simpliment la peine de le couper. Dès lors, la question économique de chauffage avait peu d'importance : on se contentait du chauffage dans d'énormes cheminées, dont le foyer spacieux, formant une sorte de niche dans l'un des murs, recevait des siéges où se plaçaient simplement les membres de la famille. De simples ouvertures d'abord, puis de vastes conduits, tels qu'on les voit encore dans de vieux manoirs, amenaient les produits gazeux de la combustion hors le toit de la maison ; et, si un rapide et volumineux courant d'air, nécessaire à l'ascension de la fumée, avait pour effet désagréable de refroidir l'assemblée, réunie dans l'âtre du foyer, une masse de bois, constamment en combustion, réparait sans cesse, par son rayonnement bienfaisant, le calorique qu'un air froid tendait aussi sans cesse à lui enlever. Malheur à ceux qui, dans le cercle, se trouvaient du côté du courant, car ils avaient ainsi une moitié du corps (la partie dorsale) presque congelée, lorsque l'autre moitié (le devant) était en position de rôtir !

L'art de chauffer les maisons dans les pays boisés et dans la campagne a fait encore peu de progrès. On retrouve l'ancienne cheminée un peu modifiée par des dimensions moindres quant au foyer, et surmontée d'un conduit plus élevé, pour en augmenter le tirage.

ART. 119. — **Théorie du tirage.** — Examinons un peu le phénomène qui se produit dans le fonctionnement de la cheminée en général. Il est naturel de penser que l'hydrogène carboné, l'oxyde de carbone, l'acide carbonique et la vapeur d'eau, plus légers que l'air, du moins à la température sous laquelle ils sont

produits par la combustion, s'élèvent dans le tuyau de la cheminée, et vont se mêler extérieurement au gaz de l'atmosphère ;
mais l'air renfermé dans la cheminée, raréfié par l'effet de la
chaleur, s'élève aussi en même temps que les gaz précités, d'où
résulte un courant d'air, non-seulement dans la cheminée, mais
encore dans la pièce où elle est située ; car la colonne d'air de
la cheminée, que la pression atmosphérique tend à faire monter
à mesure qu'elle devient plus légère, attire en quelque sorte
l'air extérieur dans la pièce ; mais l'air de la pièce, sollicité
d'abord, par la pression extérieure, à passer dans la cheminée,
par le foyer, s'échauffe à son tour, dans son passage au-dessus
du foyer, et agit comme cause d'ascension. Cet effet, qu'on
désigne sous le nom de *tirage*, varie, on le comprend, *suivant
la quantité de combustible, suivant la hauteur de la cheminée*,
puisque la colonne de gaz légers est d'autant plus grande et,
par conséquent, d'autant plus puissante à rompre l'équilibre,
que la cheminée est plus élevée ; enfin, suivant que la hotte ou
manteau de la cheminée est plus bas, forçant ainsi la colonne
d'air froid qui arrive dans la cheminée à passer plus près du
foyer, et, par conséquent, à s'échauffer davantage. On peut dire
que ce tirage dépend de la différence qui existe entre la densité
des gaz de l'intérieur de la cheminée et celle de l'atmosphère ; il
croît avec la légèreté de la colonne gazeuze que renferme la
cheminée et avec sa longueur.

De là vient que les cheminées qui ont le plus grand tirage,
toutes choses égales d'ailleurs, sont celles dont le tube de tirage
est le plus élevé, et dont l'ouverture inférieure est la plus
étroite, condition favorable pour que s'opère le mieux possible
l'échauffement de l'air par le foyer, à mesure de son introduction dans l'appareil. Il faut éviter surtout, dans toute cheminée,
qu'il ne se produise deux courants, l'un ascendant et l'autre
descendant : c'est ce qui arrive ordinairement dans les cheminées à large ou grande section de tuyau, quand on ferme les
issues extérieures de la pièce. Elles fument ou tirent mal dès
lors. On évitera cet inconvénient en tenant le tuyau assez étroit
dans son ensemble, et en adoptant une section qui se rapproche
du cercle ou du carré. Les sections à parallélogramme allongé
présentent un grand frottement, outre qu'elles sont plus favorables à l'établissement des doubles courants.

ART. 120. — **Poêle.** — Le poêle est dans les conditions voulues du meilleur tirage, à cause de l'échauffement facile et forcé
de l'air qui y pénètre pour activer la combustion, et produit
dès lors ce tirage par sa grande raréfaction. Les poêles de métal,

surtout lorsque le tuyau, avant de pénétrer dans la cheminée, parcourt un grand espace dans la pièce, constituent le plus économique des moyens de chauffage, car ils utilisent ainsi presque toute la chaleur dégagée par le combustible qu'ils consument. Il est, malheureusement, et peu salubre, par suite d'une moindre circulation d'air de la pièce, et peu agréable, par le défaut de cacher aux yeux le phénomène de la combustion, spectacle toujours agréable à la vue. (Voir art. 272.)

ART. 121. — **Calorifères.** — Si on place un tuyau de métal ouvert par ses deux bouts dans un poêle, de telle sorte que l'air puisse y circuler, et qu'on allume le poêle, il s'y produira dès lors un courant, dû, on le conçoit, à l'élévation de la température de l'air. Si le tube, partant par exemple de la cave, va déboucher dans une pièce du premier étage, l'atmosphère de cette pièce s'échauffera bientôt par suite de l'air chaud qui y arrivera par l'effet de la bouche de chaleur précitée. C'est là le principe du calorifère. Le poêle générateur de la chaleur est ordinairement placé dans le sous-sol de la maison, et le tube dans lequel circule l'air chaud va déboucher dans diverses pièces de la maison, versant dans chacune, par des bouches dites de chaleur, de l'air chaud dans une proportion qui varie suivant la grandeur de l'ouverture de ces bouches, selon le temps qu'elles restent ouvertes et le combustible qui se consume au sous-sol. Ces tuyaux, qu'on pourra éloigner de la verticale, pourvu qu'une certaine longueur ait cette direction, pourront traverser l'espace compris entre les plafonds et les parquets, et s'ouvrir autant de fois qu'on le voudra au niveau de ceux-ci, etc.

ART. 122. — **Cheminée de Rumfort; cheminée à la prussienne.** — La cheminée de Rumfort est caractérisée par un foyer dont les côtés sont en diagonale, pour réfléchir dans la pièce le calorique qui en émane, et qui est surmonté d'un manteau à pan coupé qui, fixe, ou s'abaissant obliquement sur ces côtés, peut avoir pour effet de diminuer l'ouverture de la cheminée, et de réfléchir en bas les rayons calorifiques du foyer. La cheminée de Rumfort est la mieux conçue; car, en même temps qu'elle produit un bon tirage, elle réfléchit le mieux le calorique du foyer dans la pièce. Ce genre de cheminée prend le nom de prussienne lorsque les côtés sont resserrés presque parallèlement, et que le manteau, s'abaissant sur les côtés, de manière à former une sorte d'encadrement entre les jambages et la tablette du chambranle, est muni d'un store ou rideau de métal, ordinairement de la tôle, qui, par son abaissement jusqu'au niveau de l'âtre, en ferme l'ouverture. Ce store, pouvant, à volonté, fermer complétement cette ouverture, sert aussi à favoriser, par un abaissement incomplet, la combustion des matières qui y entretiennent le feu. Ce genre de cheminée est bien approprié à la combustion de la houille, surtout lorsque la grille du foyer est constituée par une sorte de corbeille qui fait saillie hors du cadre dans lequel coulisse le store ; mais, pour la combustion du bois, nous pensons que les côtés intérieurs du foyer doivent, comme dans la cheminée à la Rumfort proprement dite, s'éloigner du parallélisme pour mieux réfléchir le calorique dans la pièce, sauf à y adapter un store dont la forme doit être dès lors plus large, sans être plus haute.

Art. 122. — **Ventouses.** — Il est rare que les cheminées à la Rumfort ou à la prussienne ne tirent point convenablement ; mais cela se produit cependant lorsque l'ouverture du foyer est trop grande, relativement à la section du tuyau. On y remédiera donc, soit en agrandissant le tuyau, soit en rapetissant le cadre d'ouverture. Il faut encore que son tuyau soit assez élevé pour augmenter le tirage qui doit forcer l'air extérieur à s'introduire dans la pièce, et de là dans la cheminée. Lorsqu'on voudra éviter dans cette pièce le courant d'air qu'entraîne le tirage, on le pourra au moyen de ventouses, ouvertures communiquant directement de l'extérieur au foyer, sans que l'air soit obligé de passer dans la pièce.

Art. 124. — **Conditions pour un bon tirage.** — Les tuyaux de la cheminée doivent s'élever au-dessus du niveau de faîte du toit et même des constructions voisines, pour éviter les effets du refoulement ; c'est important. Lorsque les murs qui les dominent en sont à une certaine distance, de manière à ce que le refoulement du vent soit peu intense, on peut y obvier en surmontant le tuyau d'un appareil connu sous le nom de *tête de loup*, consistant en un tube recourbé presque à angle droit, mobile sur un axe vertical, que fait mouvoir le vent, de telle manière que la sortie de la fumée s'y produise toujours dans la direction même du vent qui règne.

Deux cheminées ayant un tuyau commun ont toujours mal tiré. Il faut considérer ce défaut comme irrémédiable, et songer à doter chacune d'un tube propre conduisant indépendamment la fumée jusqu'au-dessus du toit. Lorsque le tuyau représente une section parallélogrammique assez grande pour recevoir un homme, le mieux consiste à le diviser en deux par une languette de briques de champ, formant dès lors deux tubes parallèles indépendants communiquant chacun à une des cheminées respectives. Dans ce cas, le tube réduit de moitié est encore assez vaste pour le tirage de deux cheminées de chambre, même de salon; mais il n'en saurait être ainsi pour une cheminée de cuisine, dont la section doit être en rapport avec l'ouverture du foyer, toujours grande dans les cuisines. On peut admettre, règle générale, qu'une cheminée ne fonctionne pas bien si la section moyenne de son tuyau est moindre que le sixième de l'ouverture du foyer dans la pièce. L'application de cette règle à la construction préviendra un grand nombre de mécomptes, nous ne saurions trop insister sur ce point. On comprend dès lors comment il se fait qu'une cheminée à la prussienne et un poêle surtout fonctionnent bien avec des tuyaux à petite section, et comment il faut rigoureusement un vaste tuyau aux cheminées de cuisine.

ART. 125. — **Cheminées dans la même pièce.** — Lorsque deux cheminées se trouvent dans la même pièce ou même dans un même appartement dont les portes de communication restent ouvertes, il arrive assez souvent, quoique elles soient bien construites, qu'elles fument dans la pièce, à moins toutefois qu'on ne laisse les croisées ou portes extérieures ouvertes, ou qu'on ne ferme les portes de communication : cela tient à ce que l'air d'alimentation du courant et de la combustion est insuffisant, et que l'aspiration extérieure se produit par l'une des cheminées, d'après les lois de la pesanteur. Des deux cheminées ce sera naturellement celle qui sera la moins élevée ou celle dont la combustion sera la moindre où se produira le refoulement. On ne peut parer à ce grave inconvénient que par l'établissement de ventouses allant s'ouvrir, du dehors, dans les foyers ou près des foyers.

ART. 126. — **Calorique spécifique.** — Les corps de la nature n'absorbent pas tous la même quantité de calorique pour arriver d'un degré connu de température à un autre degré de température au-dessus. On appelle *capacité calorifique* d'un corps la quantité de calorique nécessaire pour élever d'un degré la température de l'unité de poids de ce corps. Dans cette appréciation, la comparaison, pour les solides comme pour les liquides, se rapporte à l'eau, et on appelle calorique spécifique le rapport de la capacité calorique du corps à celle de l'eau.

ART. 127. — **Changement d'état d'agrégation.** — Nous avons déjà dit qu'un corps pouvait affecter trois états différents d'agrégation, suivant la quantité de calorique qu'il possède, et nous avons cité à l'appui l'eau à l'état de glace, que le calorique liquéfie d'abord, et qu'une plus grande proportion vaporise. *Fusion* est synonyme de *liquéfaction*.

La température de fusion varie à l'infini chez les différents corps : c'est ainsi que la glace fond au-dessus de zéro, que le soufre fond à 110 degrés, l'étain à 228, le plomb à 325, le zinc à 450, etc. Le fer, le nikel, ne fondent qu'à un feu de forge qui dépasse 1,500 degrés. Le platine enfin, dont on n'a pu pendant longtemps produire la fusion qu'au moyen des gaz hydrogène et oxygène, vient d'être liquéfié par un procédé dû à M. Deville, qui consiste à employer comme combustible une variété de coke très-compacte et très-dur, dont la combustion est alimentée au moyen d'une tuyère dite à couronne, embrassant toute la surface en combustion.

ART. 128. — **Calorique latent.** — La pression exercée par les corps sur l'atmosphère influe un peu sur le degré de la fusion des corps ; mais un fait capital à retenir est l'*invariabilité de la température pendant le temps que s'opère la fusion*. La glace, par exemple, conserve la température de zéro pendant toute la durée de sa fusion. Ce fait est applicable à tous les corps. Le calorique qu'on communique à un solide, pour le fondre, n'échauffe ni ce solide qui n'est pas encore fondu, ni le liquide qui provient de la fusion ; car solide et liquide conservent la même température pendant toute la durée de la fusion, l'effet unique du calorique étant de produire le changement d'état. Le calorique, lorsqu'il a simplement pour effet de produire sur les corps un changement d'état, cessant d'être appréciable au thermomètre, a reçu le nom de *calorique latent*, de *calorique combiné*, par analogie avec la *combinaison des corps entre eux*, dans laquelle il y a toujours naissance d'un corps ayant des propriétés nouvelles, et par opposition à *mélange*, dans lequel le produit qui en résulte participe des propriétés des composants, dans le rapport de leur proportion. Le calorique latent existe dans une proportion plus grande qu'on ne le croirait d'abord : ainsi celui qui sert à faire passer la glace ayant la température zéro à l'état liquide de même température, est représenté par 79 unités de calorique ; en d'autres termes, 1 kilogramme de glace à zéro degré exige, pour se transformer en 1 kilogramme d'eau liquide à la même température, c'est-à-dire à zéro, soixante-dix-neuf fois autant de calorique qu'il en faut pour élever d'un degré 1 kilogramme d'eau. Qu'on prenne, par exemple, 1 kilogramme de glace à la température de zéro ; qu'on la plonge dans un vase qui renfermera 1 kilogramme d'eau à 79 degrés, et lorsque la glace se sera liquéfiée, le mélange liquide sera à la température de zéro.

On peut encore obtenir la fusion de la glace par le contact de

certains sels très-solubles dans l'eau, comme le sel marin (chlorure de sodium) : cette liquéfaction doit être rapportée à l'affinité réciproque qui existe entre l'eau et le sel. Il y a naturellement production, dans ce phénomène, d'un abaissement de
température résultant de ce que le calorique libre, sensible au
thermomètre, est employé à convertir la glace en eau liquide. Ce
calorique devient dès lors calorique *latent ou combiné à la matière,*
et c'est comme s'il disparaissait du corps pour le thermomètre,
comme pour nos organes, qui, plongés dans ce liquide, y éprouvent un froid excessif.

ART. 129. — **Chaleur et froid.** — Le sentiment de froid
qu'éprouve notre corps est toujours dû à la sortie du calorique,
à l'inverse de la chaleur, qui est pour nous la sensation de
pénétration de ce calorique dans nos tissus. Du reste, froid et
chaleur sont toujours relatifs, et les caves, qui conservent,
hiver comme été, la même température, quand elles sont situées
assez bas dans le sol et voûtées, produisent ce singulier effet
sur nous, qu'elles paraissent fraîches en été et chaudes en hiver.
Les fontaines qui viennent d'un point assez profond du sous-sol
fournissent également une eau qui semble chaude en hiver et
froide en été. C'est qu'en effet, notre corps renfermant plus de
calorique en été qu'en hiver, en perd l'été, par l'effet de l'équilibre, quand nous entrons dans une de ces caves, et en gagne,
au contraire, en hiver, dans la même circonstance.

Nous avons déjà dit que l'eau à la température de 3 à 4 degrés
au-dessus de zéro avait une tendance à se congeler, et que la
cristallisation qui commence dès lors à s'y produire expliquait
l'augmentation de volume qui se manifestait. Cette loi est applicable à tous les liquides à peu près. Ils ont une tendance dès
lors à augmenter de volume, contrairement à ce qui se produit
aux températures supérieures, auxquelles ils éprouvent une diminution de volume en raison de leur refroidissement; loi commune, du reste, à tous les corps.

ART. 130. — **Passage des liquides à l'état de gaz.** —
Tous les liquides, sauf ceux qui se décomposent par l'effet du
calorique, sont susceptibles de prendre l'état gazeux, par l'effet
d'une température élevée. Ces gaz, avons-nous dit, portent le
nom de *vapeurs.* Les vapeurs jouissent en tous points des propriétés des gaz. La température de l'ébullition des liquides, c'est-
à-dire de leur passage à l'état de vapeur, varie, pour chacun
d'eux, sous la même pression atmosphérique. Celle de l'eau,
sous la pression de 76 centimètres, ou au niveau de la mer, est
de 100 degrés; celle de l'alcool pur est de 78 degrés; celle de

l'éther sulfurique, de 30 degrés; celle du mercure, de 360 degrés. Les vapeurs sont incolores et invisibles, comme celles de l'eau, de l'alcool, de l'éther, etc.; ou elles sont colorées, comme celles de l'iode, du brôme, du soufre.

Un fait important à noter dans l'ébullition des liquides est l'invariabilité de la température du liquide. C'est l'analogue de ce qui se produit dans la fusion des solides. Tant que cette fusion n'est pas complète, liquide et solide conservent la même température, car tout le calorique qu'on peut faire arriver à ces corps, dans cet état, devient *latent*, et sert à la transformation du solide en liquide ; mais, dès que cette transformation est complète, le calorique qui arrive ultérieurement devient perceptible au thermomètre comme à nos organes. Dès lors seulement, la température peut s'élever.

Lorsqu'un liquide est arrivé à son point d'ébullition, sa température reste stationnaire, et tout le calorique qui lui parvient ultérieurement y passe à l'état *latent*, et sert à constituer le liquide à l'état de vapeurs qui ont exactement la température du liquide. Le calorique de vaporisation ou latent de l'eau est égal à 537 unités; de telle sorte qu'un kilogramme d'eau, pour se vaporiser, absorbe une quantité de calorique capable de faire élever la température de 537 kilogrammes d'eau d'un degré. Par la même raison, 1 kilogramme de vapeur d'eau à 100 degrés, mêlé à 5,370 grammes d'eau à zéro, produirait un mélange de 6,370 grammes de liquide ayant la température de l'eau bouillante.

De même que l'ébullition des liquides est plus avancée, ou se produit avec un moindre degré de chaleur sur les points élevés, où la pression atmosphérique est moindre, de même elle se trouve retardée par les effets de la pression. Sous une pression de deux atmosphères, l'eau bout seulement à une température de 121 degrés : elle bout, au contraire, à 82 degrés lorsque la pression est réduite de moitié. D'après cet effet, la température de l'ébullition de l'eau doit être moindre sur les lieux élevés du globe, où la pression atmosphérique est plus faible, qu'au bord de la mer, où est son maximum. On a même calculé qu'elle variait d'un degré par 28 millimètres de pression. A Quitto, par exemple, la moyenne du point d'ébullition de l'eau est de 90 degrés seulement; elle serait moindre au sommet du Chimborazo, et encore moindre sur l'Himalaya. Le point d'ébullition des liquides pourrait, à la rigueur, servir à déterminer la hauteur des montagnes.

ART. 131. — **Vaporisation, évaporation.** — Vaporisation

et évaporation ne sont pas aujourd'hui synonymes en physique. On donne le nom de *vaporisation* au passage à l'état de gaz d'un liquide, lorsque, contenu dans un vase, on en chauffe les parois, qui, transmettant leur calorique, produisent des bulles qui s'élèvent au travers du liquide, etc.; phénomène connu sous le nom d'ébullition. On désigne sous le nom d'*évaporation* le passage à l'état de vapeurs, se produisant seulement à la surface du liquide. La *vaporisation* se manifeste constamment, à la même température, sous une même pression atmosphérique. L'*évaporation*, au contraire, peut se produire à des températures assez basses très-inférieures à celles de l'ébullition. Dans ces cas, le calorique *latent* employé au changement d'état du corps, à son passage de l'état liquide à l'état de gaz, est emprunté au calorique non latent du liquide; d'où résulte un abaissement notable de température dans le liquide restant. Cet abaissement de température peut aller, dans ce cas, jusqu'à produire la congélation du liquide. Le vide est favorable à la production de l'évaporation, à tel point que, si, en été, sous la cloche d'une machine pneumatique dans laquelle on fait le vide, on a préalablement disposé un godet renfermant de l'éther, dans lequel on a plongé un flacon renfermant de l'eau, l'évaporation de l'éther s'y produit rapidement, et l'eau du flacon se congèle. Ce phénomène remarquable, dans lequel le calorique de l'eau est employé à l'état latent, à faire évaporer l'éther, se produit sous diverses formes et à divers degrés d'intensité dans un grand nombre de cas. L'*alcarazas* des Espagnols, cruche de terre poreuse dans laquelle on met de l'eau, l'été, pour la rafraîchir, fonctionne en vertu du principe précité. L'alcarazas, suspendu ordinairement entre deux arbres, doit osciller continuellement pour produire le maximum de son effet. Dans ces oscillations, qui ont pour résultat de produire l'évaporation de l'eau qui s'écoule constamment au travers des parois poreuses du vase, le liquide intérieur fournit sans cesse, comme dans l'expérience précitée, du calorique latent, pour produire l'évaporation de l'eau extérieure, mais sans qu'il y ait pourtant solidification ou congélation de cette eau.

Le mouvement rapide des corps dans l'air non-seulement a pour effet de diminuer la pression qu'exerce l'atmosphère sur ces corps, du côté opposé au sens de sa direction, et d'y produire une sorte de vide plus ou moins complet, suivant la rapidité du mouvement, mais encore de faciliter la dissolution de l'eau dans l'air, dissolution qui comporte l'évaporation du liquide; en sorte qu'on trouve dans ce double effet l'explication de la rapidité avec laquelle se produit l'évaporation de l'eau sur les corps qu'on agite dans l'air ou qu'on expose à un air agité, tel que celui qui provient du vent, d'un ventilateur, d'un soufflet, etc.

ART. 132. — **Tension de la vapeur.** — C'est à la *tension* que l'on doit rapporter, lors de l'ébullition d'un liquide, l'effort exercé sur celui-ci par la vapeur, pour se constituer à l'état de bulles qui doivent traverser le liquide. La vapeur ne peut se former dans les couches en contact avec les parois inférieures du vase, qu'autant que sa tension est égale à l'ensemble des pressions exercées sur cette paroi par le liquide et par l'atmosphère ; et le *bruissement* qui précède l'ébullition de l'eau dans un vase provient de ce que, l'eau étant mauvais conducteur du calorique, les premières bulles qui se produisent se condensent dans le liquide avant leur sortie à la surface de l'eau. L'eau à l'état de gaz ayant un volume dix-sept cents fois plus grand qu'à l'état liquide, on conçoit que la condensation des bulles produise des vides subits qui impriment à ce même liquide autant de chocs rapprochés, constituant ce bruissement.

ART. 133. — **Distillation.** — Lorsque des vapeurs sont en conctact avec des corps assez froids pour leur enlever tout leur calorique latent, elles repassent à l'état liquide, elles *se condensent,* pour employer le langage technique. C'est ce phénomène qui se produit dans une opération de laboratoire connue sous le nom de distillation. C'est encore ce même phénomène qui se manifeste lors de la résolution des nuages en pluie, lorsqu'elle a lieu sans orage, et sur lequel nous reviendrons avant de terminer.

La *distillation* s'exécute au moyen d'un appareil nommé *alambic.* On se propose, dans la distillation, soit de séparer, dans un mélange de deux liquides, celui des deux qui est le plus volatil, soit, étant donné un solide imprégné d'un liquide volatil, de recueillir ce dernier. L'alambic le plus simple se compose : 1o de la *cucurbite;* 2o du *chapiteau;* 3o du *réfrigérent.* La *cucurbite,* sorte de chaudière sous laquelle on applique le feu, est ordinairement en cuivre étamé, et reçoit le liquide ou le solide à traiter. Il est surmonté par le *chapiteau,* sorte de couvercle s'emboîtant exactement sur la cucurbite, muni d'un tube qui doit amener les vapeurs dans le *réfrigérent.* Le *réfrigérent* est ordinairement constitué par un tube recourbé en spirale, dit *serpentin,* qui traverse une cuve remplie d'eau froide, dans laquelle il est fixé. L'appareil ainsi disposé, la substance à distiller étant dans la cucurbite, et le feu sous celle-ci, examinons ce qui se passe. Supposons qu'on ait placé dans la cucurbite du vin, essentiellement composé d'eau, d'alcool, de matière colorante, de tartre (bitartrate de potasse) et de tannin : toutes ces substances étant

fixes, ou moins volatiles que l'alcool, comme l'eau, les vapeurs
qui se formeront seront constituées par un mélange de vapeur
d'alcool et de vapeur d'eau, dans lequel la proportion d'eau sera
d'autant moindre que le vin sera plus alcoolique. Les vapeurs,
par leur tension, occuperont bientôt la surface du liquide,
chassant devant elles l'air qui occupait l'espace laissé au-dessus
par la cucurbite et le chapiteau, et, pénétrant dans le *serpentin*,
à une température maintenue basse par l'eau froide qui l'enveloppe, se condenseront à l'état liquide, constituant ici un mélange
d'alcool et d'eau qu'on connaît sous le nom d'*eau-de-vie*.

ART. 134. — **Bain-marie.** — Lorsqu'on veut distiller des
liquides très-volatils, comme des teintures alcooliques, qui
résultent de la macération d'une plante dans l'alcool, et qu'on
veut éviter que le produit ne sente l'empyreume, odeur particulière qui se développe par l'effet d'une température trop élevée
des liquides organiques dans la cucurbite, on ajoute à l'alambic
une quatrième pièce, qui porte le nom de *bain-marie*. On entend
par *bain-marie* un vase, de forme cylindrique, qui s'ajuste dans
la cucurbite, plongeant dans celle-ci, où on met simplement de
l'eau par l'intermédiaire de laquelle chauffera le liquide à distiller, que reçoit dès lors le *bain-marie*, et c'est à ce *bain-marie*
que s'adaptera le chapiteau, etc. Depuis longtemps déjà les
menuisiers se servent de pots à colle dans lesquels la gélatine,
dissoute dans l'eau, est chauffée au bain-marie, pour éviter son
altération par l'effet d'une température trop élevée. Le bain-marie
de l'alambic est fondé sur le même principe et fonctionne de la
même manière, quant à ce qui est de la caléfaction des matières
qu'il renferme.

ART. 135. — **Autoclaves.** — La *marmite de Papin* et les divers
autoclaves sont des vases à fortes parois, dont le couvercle est
fixé invariablement, et dans lesquels on soumet, à une température élevée, des substances qu'on veut ramollir dans l'eau : telle
est la corne. L'eau peut s'élever à 300 degrés et plus, et, à cette
température, la corne y subit un tel ramollissement, sans s'altérer, qu'on peut ensuite la couler dans des moules, etc. Ces
appareils sont surmontés d'une soupape de sureté chargée d'un
poids, qui s'ouvre avant que la tension de la vapeur soit capable
d'occasionner la rupture de l'appareil.

Les vapeurs sont, comme les gaz, constituées par des molécules
mobiles, fort éloignées entre elles par l'effet d'une *répulsion* que
semble expliquer la grande proportion de calorique latent
qu'elles renferment. Cette force de répulsion, qui tend à en
éloigner les molécules, et qui croît avec la température sensible

au thermomètre ainsi qu'à nos organes, reçoit en physique le nom de *force élastique* ou *tension*. C'est sur cette *force élastique* qu'est basé le fonctionnement des machines à vapeur.

MACHINES A VAPEUR.

ART. 136. — Description. — La machine à vapeur constituant un des appareils les plus intéressants du domaine de la physique, par les résultats immenses qu'elle produit dans ses applications à l'industrie, nous allons en donner une idée théorique qui satisfera, nous l'espérons, sans que nous entrions dans aucun des nombreux détails qui intéresseraient, sans doute, mais que nous devons laisser à l'enseignement de notions plus étendues que ne comporte notre cadre.

Toute machine à vapeur, soit fixe, soit mobile, est essentiellement composée d'un *générateur* ou *chaudière* et d'un *corps de pompe* ou *cylindre*. La *chaudière*, générateur de la vapeur, affecte diverses formes; mais elle est assez souvent constituée par un ou plusieurs cylindres de tôle très-forte. Le *corps de pompe* est ordinairement en fonte de fer, cylindrique intérieurement. Il est fermé d'un bout par un plateau fixe, et, de l'autre, par un plateau percé ou rondelle, au travers de laquelle passe une tige à laquelle est adapté le piston. Celui-ci peut parcourir, à frottement doux, toute la longueur du piston. Quant à la tige du piston, qui transmettra son mouvement à l'extérieur, elle coulisse aussi dans l'ouverture du fond percé, à frottement doux, au moyen d'une *boîte à étoupes*.

ART. 137. — Distribution de la vapeur. — Au moyen d'un système spécial de robinets ou de tiroirs, la vapeur produite dans la chaudière avec une tension qu'explique son défaut de communication au-dehors, maintenue par de fortes parois, à une température très-élevée, pénètre dans le cylindre, d'abord sous le piston, qu'elle repousse par l'effet de sa force élastique; puis, à la fin de la course du piston, au-dessus de celui-ci, qu'il sollicite avec la même force, en sens inverse; puis enfin dans le premier sens, et alternativement dans les deux sens, de manière à produire sur ce piston un mouvement de va-et-vient. La tige du piston communiquant au-dehors à une manivelle qui commande un volant, on obtient un mouvement circulaire qu'on applique suivant les besoins. Tout cela paraît fort simple, et le serait en effet si ces diverses pièces, dont nous venons de parler, n'exigeaient une perfection de construction qu'il est difficile d'atteindre. Ajoutons, pour compléter notre description, que le robinet qui préside à l'entrée de la vapeur, d'un côté du corps de pompe ou cylindre, fonctionne concurremment avec un autre robinet, qui, du côté opposé du cylindre, donne une libre sortie à la vapeur qui a produit son effet utile; de telle sorte que la vapeur entre d'un côté, et y sollicite le piston, qui, dans son mouvement, expulse sans effort, du côté opposé, la vapeur qui, devenue inutile actuellement, avait été d'abord l'agent du mouvement inverse. Il faut, on le voit, quatre robinets ou leur équivalent, fonctionnant seuls, du reste, par l'effet du mouvement de la machine; de telle sorte que, d'un même côté du piston, un robinet s'ouvre pour laisser pénétrer la vapeur en même temps que se ferme celui qui lui donnerait issue au-dehors. De l'autre côté du piston, l'inverse se produit au même instant : le robinet qui communique avec la chaudière se ferme en même temps que s'ouvre le tube d'échappement de la vapeur dans l'atmosphère.

Nous ne parlerons ni du *condenseur*, employé seulement dans les machines à basse pression, peu usitées aujourd'hui, ni des appareils connus sous le nom de *détente*, qui ont pour effet d'économiser un tiers environ de la vapeur ; car cela nous demanderait trop d'espace et ne saurait intéresser nos lecteurs. Nous devons ajouter seulement que l'eau, pour arriver dans la chaudière, à mesure de sa sortie par l'effet de la vaporisation, y est sollicitée au moyen d'une pompe foulante que fait fonctionner le mouvement de la machine.

CALORIQUE DU GLOBE.

ART. 138. — Des sources du calorique. — Les principales sources de chaleur sont, en première ligne, le soleil et la chaleur centrale du globe. Nous mettrons en deuxième ligne la combustion des corps, le frottement et les phénomènes électriques. M. Pouillet a évalué la quantité de calorique que le soleil envoie dans une année sur la terre à celle qui serait nécessaire pour liquéfier une couche de glace de 31 mètres d'épaisseur qui couvrirait entièrement le globe.

A mesure qu'on descend dans les diverses ouvertures qu'on a pratiquées dans la croûte du globe, on constate : 1º que les variations de température y sont d'autant moindres qu'on est plus bas; 2º qu'à une certaine profondeur il y a constamment la même température; 3º et enfin que la température croît à mesure qu'on descend. Cet accroissement de température semble être approximativement de 1 degré de chaleur par 20 mètres de profondeur.

On explique généralement la chaleur dégagée par le frottement ou par la compression des gaz, et, par conséquent, de l'air, en supposant que le calorique est contenu dans les gaz à la manière dont une éponge retient l'eau dont elle est imprégnée. La compression qui s'exerce sur l'air, par l'effet du frottement du briquet à silex ou du briquet pneumatique, a donc pour effet de l'en faire sortir avec intensité sur un point, et en assez grande quantité pour y produire l'inflammation des corps très-combustibles qui y sont en contact.

Les températures se mesurent non-seulement avec le thermomètre, mais encore, les plus élevées, avec le *pyromètre*, instruments que nous avons décrits art. 104, 107, 1952.

ART. 139. — **Distribution du calorique.** — Le calorique qui nous vient du soleil est inégalement versé sur le globe par cet astre, et les contrées les plus rapprochées de l'équateur sont, à peu de chose près, celles qui en reçoivent le plus. La latitude n'est pas la seule cause qui influe sur la température moyenne d'un lieu : son altitude, c'est-à-dire sa hauteur au-dessus du niveau de la mer, la proximité de la mer et la direction moyenne des vents, ont aussi une influence. L'angle que forment les rayons solaires avec l'horizontale du lieu a une grande importance sur sa température, car les rayons caloriques sont d'autant mieux absorbés qu'ils se rapprochent davantage de la perpendiculaire.

ART. 140. — **Lignes isothermes.** — On entend par lignes *isothermes* des lignes, autour du globe, qui sont presque dans le sens de la latitude, faisant le tour de la terre en passant par des lieux qui jouissent de la même température moyenne. La plus chaude de ces lignes porte naturellement le nom d'équateur thermal ; les unes et les autres de ces lignes ne sont complètement parallèles ni à l'équateur proprement dit, ni même à l'équateur thermal ; de même que les pôles glacials, c'est-à-dire les points les plus froids des deux hémisphères, ne coïncident pas parfaitement avec les pôles du globe. Le pôle glacial nord est situé au nord et tout près du détroit de Behring. On appelle zones isothermes les espaces compris entre deux lignes isothermes.

La température varie dans les mêmes lieux avec l'heure du jour : elle croît à partir du lever du soleil jusqu'à deux heures environ ; dès lors, elle décroît jusqu'au lendemain, à l'apparition de l'astre sur l'horizon.

La différence de température entre le jour et la nuit est plus grande en été qu'en hiver : elle est en raison de la température moyenne de la saison. Ces variations sont moins grandes au voisinage de la mer. (DEGUIN.)

des couches inférieures, plus dense que celui des couches supérieures, est du poids de 1 gramme 30 centigrammes le litre au niveau de la mer, où l'épaisseur ou hauteur totale de l'atmosphère est de seize à dix-sept lieues. Elle exerce une pression sur tous les corps terrestres. L'air est élastique. Comprimé, son volume diminue, et l'espace qu'il occupe est en raison inverse de la pression, loi connue sous le nom du savant Mariotte.

ART. 145. — **Propriétés de l'air.** — L'air pur est mauvais conducteur du calorique et de l'électricité : il jouit de la propriété de *dissoudre* la vapeur d'eau, et cette propriété augmente avec la température. Lorsque l'atmosphère est mise en mouvement par masses considérables et avec une certaine vitesse, il en résulte le vent.

C'est à l'oxygène qu'il renferme que l'air doit sa propriété d'activer la combustion, phénomène chimique des plus intéressants, dans lequel, en se combinant avec le carbone et l'hydrogène des matières organiques, ce gaz forme de l'acide carbonique et de l'eau. Le phénomène physiologique et chimique qui s'accomplit dans l'acte de la respiration est une sorte de combustion dans laquelle une partie du carbone du sang, changée en acide carbonique par l'oxygène de l'atmosphère, est, à chaque instant, éliminée, et d'où résulte la transformation du sang veineux en sang artériel. Comme dans la combustion ordinaire des matières organiques, il y a aussi formation d'un peu de vapeur d'eau, et surtout production de calorique que nous connaissons sous le nom de chaleur animale. C'est à ces deux phénomènes de même ordre qu'on doit rapporter l'origine de l'acide carbonique que renferme l'atmosphère en proportion presque constante, quoique incessamment absorbé par les plantes pendant la nuit. C'est à cette absorption de l'acide carbonique de la part du règne végétal qu'on doit attribuer la grande quantité de carbone que renferment les végétaux, et principalement leur accroissement. L'acide carbonique, décomposé dans l'acte respiratoire des plantes, abandonne son oxygène pendant le jour, sous l'influence de la lumière, ce qui a pour effet la fixation de ce carbone qui forme l'élément principal de ce règne. Si donc l'homme, comme tous les animaux, produit et rejette, à chaque instant, de l'acide carbonique impropre à la respiration, les plantes en font l'objet d'une importante assimilation, et ce qui serait nuisible à l'un des règnes devient utile à l'autre. Tout est admirable dans la création, comme dans les lois qui président soit à la production, soit au développement des êtres organisés : on trouve, dans cet échange permanent et réciproque d'éléments entre les animaux et les végétaux, une des causes du salutaire effet que les uns et les autres ressentent mutuellement de leur proximité.

ART. 146. — **Pression atmosphérique.** — Le poids de la colonne d'air au niveau de la mer est l'équivalent de celui d'une colonne d'eau de 10 mètres 33 centimètres, ou d'une colonne de mercure de 76 centimètres. C'est ce qui explique pourquoi, en formant le vide dans un tube dont le bout plonge dans l'eau, ce liquide s'y élève à 10 mètres 33 centimètres, au bord de la mer. Le poids de la colonne d'air, diminuant à mesure qu'on s'éloigne en altitude de ce niveau, doit être moindre, et, par conséquent, faire équilibre à des colonnes d'eau ou de mercure plus courtes. Aussi, quel que soit l'effort d'aspiration qu'on fasse pour solliciter l'eau à s'élever dans une pompe, elle ne dépassera guère la hauteur de 9 mètres à Aurillac, par exemple, qui est à 620 mètres d'altitude, de 8 mètres 50 centimètres au tunnel du Cantal, qui est à 1,200 mètres du niveau de la mer. Elle s'élèverait à peine à 8 mètres au Plomb du Cantal, qui a près de 1,900 mètres d'altitude, etc.

C'est à Blaise Pascal, l'un des plus grands génies du dix-septième siècle, qu'appartient la gloire d'avoir confirmé, par des expériences qu'il fit d'abord sur le Puy-de-Dôme, puis à Paris, sur la tour Saint-Jacques-la-Boucherie, la théorie qui résultait des travaux de Galilée, de Descartes et de Torricelli, et qu'il érigea en vérité désormais incontestable, en renversant l'absurde théorie de l'*horreur du vide*. Cette idée féconde le conduisit d'abord à l'emploi du baromètre comme instrument de nivellement, etc.

ART. 147. — **Baromètre.** — Le baromètre de Torricelli, ou à colonne mercurielle, dont ceux de Gay-Lussac et de Fortin ne sont que le perfectionnement, se compose d'un tube de verre fermé d'un bout, et dont l'autre bout reste ouvert et devra plonger dans une cuvette à moitié pleine de mercure. Ce tube, de 85 à 90 centimètres de longueur, après avoir été privé d'humidité et avoir été rempli de mercure, est renversé dans la cuvette précitée, de telle sorte qu'il ne s'y introduise point d'air, et que le vide parfait se produise dans la partie la plus élevée du tube retourné. Si, à partir du niveau du mercure dans la cuvette, on trace une graduation jusqu'à 80 centimètres, on aura un baromètre complet. Sa théorie est la même que celle de l'ascension de l'eau dans le corps de pompe; seulement que le mercure, treize fois et demie plus lourd que l'eau, ne saurait s'élever au-dessus du point que lui assigne sa pesanteur spécifique : de telle sorte que dans deux colonnes barométriques, dont l'une serait aqueuse et l'autre mercurielle, celle de l'eau aura toujours une longueur égale à treize fois et demie celle du mercure, quelles que soient l'altitude du lieu d'observation et les autres causes qui influent sur la pesanteur de l'atmosphère.

Comme l'eau, le mercure s'élèvera, dans son tube respectif, en raison directe de la pression atmosphérique, ou, ce qui revient au même, en raison inverse de son altitude ou hauteur au-dessus du niveau de la mer. Le baromètre, ou, pour mieux dire, la hauteur de la colonne mercurielle du baromètre, baissera avec l'élévation du lieu d'observation, en donnant, pour chaque lieu, la pression de la couche atmosphérique qui le recouvre. C'est pourquoi, au bord de la mer, où cette couche est la plus épaisse du globe, le baromètre se maintient plus haut que partout ailleurs, et, nous l'avons déjà dit, à 76 centimètres en moyenne. Nous disons en moyenne, parce que d'autres causes, comme le vent, faisant varier le poids de la couche atmosphérique, le mercure subit nécessairement les fluctuations de ce poids.

ART. 148. — **Pesanteur atmosphérique.** — Au niveau de la mer, et sous la pression représentée par 76 centimètres, l'atmosphère exerce une charge réelle de 1,032 grammes par centimètre carré de surface, ou 10,325 kilogrammes par mètre carré, mais diminuant de 13 kilogrammes et demi par chaque millimètre de pression barométrique. Un homme de moyenne taille présentant approximativement un mètre et demi de superficie, la charge atmosphérique qu'il supporte est donc de plus de 15,000 kilogrammes. Le baromètre marquant environ 60 centimètres au Plomb du Cantal, un voyageur de moyenne taille, partant des bords de la mer pour s'élever au point culminant de ce mont, doit être soulagé de 3,950 kilogrammes. Mais cette charge toute réelle n'est cependant point sensible à l'homme, par suite de l'équilibre de pression qui s'exerce par toutes ses ouvertures naturelles, de telle sorte que les tissus et les liquides de l'économie ont seuls à la subir, sans que notre sentiment la perçoive. C'est cependant à cette différence de pression qu'il faut rapporter la cause des hémorrhagies dont la fréquence augmente à mesure qu'on s'éloigne, en s'élevant, du niveau de la mer. Ajoutons que, l'eau étant incompressible, et nos tissus en renfermant les 5 sixièmes environ, leur volume doit peu se ressentir de la plus ou moins grande pression atmosphérique qu'ils supportent. L'expérience nous apprend que, loin de nous trouver plus mal par l'effet d'une plus grande pression de la part de l'atmosphère, notre corps en éprouve du bien-être, ce qui semble, au premier abord, être tout au moins paradoxal, mais qui s'explique aisément. Ce n'est point, en effet, qu'une pression exercée sur nos organes puisse être, par son action immédiate, une cause de bien-être pour nous, mais pour les raisons qui suivent : la première se trouve dans la densité même de l'air, qui, croissant avec la pression, nous amène une plus grande quantité d'oxygène dans les poumons, par chaque inspiration, ce qui rend plus facile et plus complet le phénomène de l'hématose ; la seconde se trouve dans la pesanteur de notre corps, qui décroît avec la densité du milieu dans lequel il est plongé. Archimède trouva, le premier, qu'un corps quelconque plongé dans un liquide y perd juste le poids du liquide déplacé, ou le poids d'un volume de ce liquide égal à ce corps : or ce qu'on dit des liquides est également vrai pour les gaz ; en sorte que plus l'atmosphère sera dense, plus sera allégé le corps qui en est enveloppé.

Art. 149. — **Effets sur le baromètre.** — Quant aux causes qui influent sur le poids de l'atmosphère, à une altitude donnée, les principales sont le vent et la présence, dans l'air, de brouillards ou de nuages. Le vent, en neutralisant, jusqu'à un certain point, l'effet de la pression atmosphérique, doit nécessairement faire baisser la colonne barométrique, comme la fera baisser aussi l'existence, dans l'atmosphère, de brouillards ou de nuages, plus légers que l'air, et y formant un mélange plus léger que l'air pur. — Cet abaissement, on le comprend, sera toujours en raison de l'intensité du vent ou de la plus grande proportion des nuages dans l'air, et, le plus souvent, en raison de l'ensemble de ces deux causes, s'additionnant entre elles, et produisant alors de grands résultats dans l'abaissement de la colonne barométrique.

La moyenne de pression barométrique s'obtiendra en observant le baromètre, tous les jours à la même heure ou aux mêmes heures, pendant une ou plusieurs années *complètes;* notant chaque observation; additionnant et divisant la somme de ces hauteurs par le nombre d'observations.

L'expérience a démontré que l'abaissement de la colonne mercurielle dans le baromètre est, à peu de chose près, de 1 millimètre par ascension de 10 mètres, et on a profité de cette propriété du baromètre pour mesurer la hauteur des montagnes. Bien que ce moyen ne soit pas d'une exactitude extrêmement rigoureuse, il a cependant rendu des services à la science pratique. On a soin, dans ce cas, et pour tenir compte des oscillations qui peuvent se produire par les effets du vent ou des nuages, de se servir de deux baromètres qu'on observe simultanément : l'un placé à un point connu, le plus bas, et dont on connaît déjà la hauteur, et l'autre à la hauteur à déterminer. De la différence de longueur des colonnes barométriques on déduit la hauteur relative des lieux. Le célèbre abbé Haüy se livra, un des premiers, à ce genre d'opération, et les résultats qu'il obtint en vue de connaître la hauteur du mont Blanc, au-dessus du lac de Genève, coïncidèrent, à peu de chose près, avec ceux que donnèrent ultérieurement des travaux trigonométriques entrepris dans le même but. La couche d'air qui nous entoure diminuant de densité à mesure que l'on s'élève, son influence sur la colonne barométrique décroît avec l'altitude, ce qui nécessite des corrections.

Le baromètre, pour être un instrument de grande précision, devrait être à niveau constant, comme celui de Fortin, ou bien il devrait, comme celui de Gay-Lussac, à syphon, avoir une graduation spéciale à chaque colonne, qui permît de rectifier; mais on peut très-bien se contenter, pour les observations météorologiques, du baromètre à cuvette, gradué rationnellement, bien entendu. Nous ne dirons rien du baromètre à cadran, très-peu exact; nous mentionnerons, seulement en passant, le baromètre métallique de Bourdon, inférieur, selon nous, au baromètre de Torricelli ou à colonne mercurielle, mais qui a, sur celui-ci, de grands avantages pour l'usage dans les navires, sur mer, où l'oscillation continuelle du mercure est un obstacle, surtout par un temps d'orage, aux observations précises. Ce baromètre, dont les indications sont fournies par une aiguille sur un cadran, fonctionne en vertu de ce principe que, dans un tube élastique circulaire et à section elliptique fermé par les deux bouts et dans lequel on a fait le vide, le circuit qu'il forme tend à se fermer si la pression extérieure diminue, et tend, au contraire, à s'ouvrir dans le cas opposé. Ce tube, fixé par son milieu, se courbe donc sur lui-même en raison de la pesanteur atmosphérique, et ses bouts, dans leur flexion, entraînent un double levier, qui, muni d'un râteau, fait tourner un pignon placé à l'axe de l'aiguille.

ART. 150. — **Du baromètre comme instrument météorognomique.** — Le baromètre, que le vulgaire considère comme un instrument uniquement destiné à prédire l'état du temps dans une période prochaine, est loin de fournir, par ses indications seules, des pronostics d'une grande précision; mais si, avec les données qu'il fournit, nous en combinons d'autres tirées de la direction et de l'intensité des vents, de la chaleur et de l'état hygrométrique de l'atmosphère, etc., nous pourrons certainement arriver, dans bien des cas, à prédire, pour un temps toujours trop court, ce qui doit se produire touchant ces phénomènes.

D'après ce que nous avons dit de l'influence qu'exerce sur le baromètre l'épaisseur de la couche atmosphérique, au-dessus du point qu'il occupe dans l'espace, chaque hauteur, dans le lieu d'observation, nécessitera une graduation spéciale. En effet, la moyenne de hauteur atmosphérique devant fournir l'indication *variable*, et cette moyenne changeant avec l'altitude de l'observation, cette indication devra se trouver plus ou moins élevée, sur la monture de l'instrument, selon que cette altitude sera moindre. L'indication *variable*, au Hâvre, qui est au bord de la mer, sera de 76. A Paris, qui est à 30 mètres environ au-dessus du niveau de la mer, le variable se placera à 3 millimètres au-dessous de 76 ou 73, en le descendant d'autant de millimètres que de décamètres renfermera le chiffre de l'altitude du lieu. A Aurillac, par exemple, qui est à 600 mètres d'altitude, le *variable* devra se placer, d'après ce calcul, à 70. Mais les fluctuations ou oscillations barométriques, devant, toutes circonstances étant les mêmes, occuper un espace proportionnel à la hauteur totale de cette colonne, seront moindres à Aurillac, à Gap, à Rodez, etc., points élevés, qu'à Paris et qu'au Hâvre surtout. Après avoir fixé l'indication *variable*, on disposera au-dessus, espacées entre elles par un intervalle que l'expérience a appris être du centième de la longueur de la colonne barométrique, les indications *beau, beau fixe, très-sec;* et au-dessous, espacées aussi d'un même intervalle, celles-ci : *pluie ou vent, grande pluie, tempête.*

ACOUSTIQUE.

ART. 151. ━ **Bruit.** ━ Le bruit et le son musical sont le résultat d'un choc transmis d'un point de l'atmosphère à l'organe de l'ouïe, par l'intermédiaire de l'air que ce choc ébranle. Le *tympan*, membrane tendue dans la partie la plus profonde de l'oreille dite externe, reçoit d'abord l'impression de cet ébranlement, et la transmet à son tour, au moyen d'osselets et de muscles, constituant un appareil spécial, à l'oreille interne, dans laquelle s'épanouit le nerf dit *acoustique*. La transmission du bruit se produit par les molécules de l'air, de proche en proche, ce qui constitue les *ondes sonores*.

ART. 152. ━ **Vitesse du son.** ━ Le son parcourt, par un temps calme et à 6 degrés au-dessus de zéro, 337 à 345 mètres par seconde. Sa vitesse augmente ou retarde sous l'influence du vent, et selon que celui-ci s'exerce dans le sens du mouvement des ondes sonores ou en sens inverse. Le son va en diminuant d'intensité avec la distance qu'il parcourt, en plein air toutefois ; car, dans les tuyaux, elle est à peine décroissante. Dans les aqueducs de Paris, où des expériences ont été faites sur une longueur d'un kilomètre, la voix la plus basse était perçue à cette distance, de manière à pouvoir y faire la conversation.

Les solides transmettent encore mieux le son que les liquides. Combien de fois une solive qui porte le plancher d'une pièce habitée, frappée par un bout qui ressortait de la maison, a fait croire à une cause surnaturelle ! Les mineurs, pour se rencontrer dans un tunnel qu'ils percent par les deux bouts, appliquent, souvent très-loin, l'oreille sur le sol pour s'entendre.

ART. 153. — **Réflexion du son, écho.** — Lorsque ces ondes, par l'effet de l'élasticité de l'air, sont renvoyées à notre oreille par un corps dur résistant et volumineux, comme un édifice, une montagne, etc., il en résulte deux sons distincts, bien qu'il n'y ait eu d'abord qu'un bruit ou son unique. Ce phénomène, qui peut exister en une ou plusieurs répétitions d'un même bruit, est connu sous le nom d'*écho*.

L'écho est un phénomène de réflexion du bruit ou du son, et cette réflexion se produit suivant un *angle égal à celui d'incidence*, c'est-à-dire suivant la loi de réflexion des corps élastiques et de la lumière même.

Lorsque deux bruits se produisent successivement, ils cessent d'être distincts s'il ne s'écoule pas entre eux un dixième de seconde au moins. Il y a, dans ce cas, confusion. L'écho ne sera donc sensible à l'observation qu'autant que le son réfléchi sera au moins distant, de cet intervalle, du son produit. Différemment il y a *résonnance*.

Lorsqu'un son est le résultat d'un choc visible à l'œil, il est possible, on le conçoit, de mesurer la distance qui sépare le point où se produit le choc de celui où se trouve l'observateur, par le temps qui s'écoule pour que le bruit lui parvienne. C'est ainsi que l'intervalle qui s'écoule entre la production de l'éclair et celle du bruit du tonnerre peut assez rigoureusement donner la mesure de la distance à laquelle a eu lieu la décharge électrique. Il s'agit, pour cela, de multiplier le nombre de secondes écoulées par 340, le produit devant être l'expression de cette distance en mètres.

Les corps durs réfléchissent mieux le son que les parois de nature molle, et c'est ce qui explique la moindre résonnance d'une pièce, à mesure qu'elle est plus meublée ; les rideaux, les tentures, ayant pour effet de diminuer le pouvoir réfléchissant. Pour cette raison, une salle de concert est d'autant plus résonnante ou sonore qu'il y a moins d'auditeurs.

D'après la loi de réflexion du son précitée, on conçoit que les salles seront d'autant plus sonores encore que leur forme se rapprochera d'avantage de la sphère.

ART. 154. — **Son musical.** — Le son musical est constitué par une série de coups égaux, rapprochés, que l'oreille confond dans sa perception, produisant ainsi un son soutenu. Le nombre de ces coups ou vibrations doit être d'au moins 32 par seconde, pour que notre oreille en puisse distinguer les éléments, et qu'il en résulte ainsi un *son musical*. Au-dessous de 32, chacune des vibrations est sensible à l'oreille, qui perçoit, dès lors, une série de chocs qu'elle peut pour ainsi dire compter. La note produite par 32 vibrations, la plus grave qu'il y ait dans l'orgue, est un *ut*. Le son produit par un nombre de vibrations double de 32, à la seconde, porte aussi le nom d'*ut*, mais cet *ut* est ce qu'on appelle l'*octave* du premier. En doublant encore le nombre de vibrations dans un temps donné, on obtient un autre *ut* qui est l'octave du dernier, et ainsi de suite, jusqu'à ce que l'octave obtenue soit si aiguë qu'elle cesse d'être agréable à l'oreille, limite qu'on atteint en doublant successivement onze fois le produit obtenu, et qui égale 65,536 vibrations dans la seconde. Entre ces diverses octaves existe, pour notre oreille, une série insensible de notes, dont les plus agréables à l'organe musical ont reçu des noms divers : *ré, mi, fa, sol, la, si*. Notre cadre ne nous permet pas d'aller plus avant dans cette partie de la physique du nom d'*Acoustique*. Nous devons ajouter, comme très-essentiel cependant, que la voix humaine, capable de rendre des sons musicaux de la plus rare perfection, est produite dans le *larynx*, ouverture naturelle qui fait communiquer l'arrière-bouche avec la trachée-artère, les bronches et les poumons.

L'air sortant des poumons, dans son passage au travers du larynx, y met en vibration un des deux rangs de membranes connues sous le nom de *cordes vocales*, et constituées par des replis de la muqueuse de l'organe, vibration produisant le son vocal, qu'un appareil musculaire spécial rend plus ou moins aigu, plus ou moins grave, selon la tension ou le relâchement qu'il exerce sur les *cordes vocales*.

DU VENT.

ART. 155. — **Du vent en général.** — Le vent est, comme on sait, le résultat du mouvement de l'air atmosphérique. Nous

ne pouvons, dans un ouvrage aussi concis que le nôtre, rechercher quelles sont les causes très-complexes et trop peu connues
ou mal analysées des vents : nous devons nous borner aux
observations touchant les effets de leur direction, de leur intensité, de leur fréquence, et l'ordre dans lequel ils se succèdent
dans la contrée du globe que nous habitons. Disons cependant
que les savants, sans pouvoir classer encore dans quel ordre
d'intensité agissent sur l'atmosphère les causes occasionnelles
des vents, admettent comme devant être essentiellement au
nombre de ces causes : 1º l'action directe du soleil sur les régions
du globe qui en reçoivent successivement les rayons calorifiques,
dans les mouvements diurne et annuel de la terre ; 2º les actions
attractives combinées du soleil et de la lune, s'exerçant sur la
masse atmosphérique, à la manière dont ces astres agissent sur
les eaux de l'Océan, pour en produire le flux et reflux, ou marées ; 3º et enfin les vides qui s'opèrent dans l'atmosphère, par
des circonstances où, comme dans la résolution des nuages en
pluie, il se produit une grande condensation de vapeur d'eau ou
de vésicule aqueuse ; condensation dans laquelle le volume de
l'eau ne serait guère que les deux millièmes de celui du nuage
qui lui aurait donné naissance. Les vents ont des vitesses variables et plus grandes qu'ils ne paraissent avoir ; car ils sont
à peine sensibles quand ils n'ont que la vitesse de 1 mètre par
seconde ; ils sont modérés à une vitesse de 3 mètres par seconde,
et ce n'est qu'à 5 mètres qu'ils sont dits forts. Ils sont très-forts
entre 10 et 20 mètres ; il en est qui parcourent 45 mètres par
seconde, vitesse à laquelle ils renversent les constructions, déra-
cinent les arbres.

La vitesse du vent se mesure au moyen de l'*anémomètre*, sorte
de moulinet à ailes que le vent fait tourner. Du nombre de tours
accomplis en un temps donné on déduit la vitesse du vent qui
en est le moteur.

Le vent, agissant mécaniquement sur l'atmosphère, de manière à l'alléger, doit nécessairement, et comme le font les
nuages, impressionner le baromètre à des distances très-grandes ;
et, comme il se propage le plus souvent, par approche, assez
lentement, on comprend que cet instrument puisse nous l'annoncer de la veille, par exemple. On se rappelle que l'indication
pluie ou vent du baromètre se place immédiatement au-dessous
de celle *variable*, dont l'intervalle a été indiqué.

ART. 156. — **Direction des vents.** — Le vent, suivant le
côté d'où il nous vient, a une grande influence sur l'état du
temps. On comprend, en effet, que, selon que ce vent nous arrive

du côté de la mer ou du continent, il doit nous amener plus ou moins de nuages, dont la formation a principalement lieu au-dessus de l'Océan et par l'évaporation de son eau ; vapeur qui, à une certaine élévation, sous l'influence d'une tension électrique considérable et par l'action du froid des régions élevées de l'atmosphère, se transforme à l'état *vésiculaire*. On comprend encore que la mer nous fournira d'autant plus de nuages qu'elle occupera, sur le globe, une position plus rapprochée de l'équateur ; sous la zone torride, par exemple, où l'insolation produit le plus de chaleur, et que les vents qui nous arriveront de cette région nous amèneront des nuages en toute autre quantité que ceux qui viendraient d'une contrée aqueuse, mais éloignée de la zone intertropicale. Le vent du sud vrai ne nous donne pas ordinairement beaucoup de pluie, encore moins le vent sud-est, parce que les continents de l'Afrique et de l'Inde reçoivent les pluies des nuages que ces vents peuvent entraîner ; à plus forte raison les vents d'est et de nord-est devront-ils ne point l'occasionner. Quant au vent du nord, il ne pourra presque jamais nous amener la pluie, parce que l'évaporation, première condition de la formation des nuages, ne se produit que lentement et en faible proportion dans les régions polaires, et que le peu de nuages qui y prend naissance trouve un grand nombre de causes à sa résolution en pluie, ou à l'état de neige, dans son trajet, et avant qu'il soit parvenu jusqu'à nous. Ajoutons, ce qui est important, que la capacité de saturation de l'air par la vapeur d'eau en dissolution augmente, ainsi que nous l'avons dit, avec sa température ; que l'air qui nous vient des régions boréales doit, pour cela, renfermer très-peu d'eau en dissolution, et que les nuages qui nous en arrivent trouvent dans l'air qui les renferme et qui les transporte, à mesure qu'ils avancent davantage dans la zone tempérée, un véhicule d'autant plus propre à les dissoudre que la température en est plus élevée, ce qui explique l'intéressant phénomène de la dissolution des nuages par l'atmosphère, sans leur résolution en pluie, à mesure qu'ils nous viennent de ces régions.

Les considérations qui précèdent sur l'importance des vents, comme pronostic du temps, n'ont rien de tout-à-fait absolu ; car, de même que les vents du sud et sud-est peuvent nous donner quelquefois de la pluie, quoique rarement, par des nuages qui, formés au sud du cap de Bonne-Espérance ou du cap Comorin, auraient franchi longitudinalement ou diagonalement toute l'Afrique, sans se résoudre ; de même, et aussi rarement, le vent du nord pourra nous amener la pluie ou la neige, en entraînant dans notre région des nuages qui auront pris naissance, non point dans les régions polaires, mais cependant septentrionales, relativement au sud de la France; ou bien encore qui, s'étant formés sous la zone torride, auront d'abord reflué vers le nord, et, avant de se condenser, auront été ramenés vers le sud par un changement brusque du vent.

Un fait extrêmement remarquable dans nos contrées, c'est que la succession des vents s'y produit toujours ou presque toujours dans le même ordre, qu'un savant d'Allemagne, Dove, a comparé au mouvement des aiguilles d'une montre, et ainsi qu'il suit : 1o vent du nord; 2o nord-est; 3o est; 4o sud-est; 5o sud; 6o sud-ouest; 7o ouest, 8o nord-ouest.

ART. 157. — **Constatation de la direction des vents.** — C'est généralement à tort que, pour constater la direction du vent, on consulte la girouette ou la fumée des toits. Dans les pays montagneux surtout, le vent général, celui qui exerce une grande influence sur les temps, n'est perceptible qu'à de grandes hauteurs, et précisément à celles jusqu'où se tiennent les nuages; en sorte que c'est sur la direction même de ces nuages que doit, autant que possible, porter l'observation. L'atmosphère, dans les contrées accidentées, est sujette à des effets de refoulement qui tendent à en changer complètement la direction dans ses couches les plus basses, ce dont on peut souvent et facilement se convaincre en comparant la direction des nuages à celle de la fumée qui s'échappe des cheminées.

Pour constater rigoureusement la direction des vents, on a créé divers appareils d'une grande précision, mais auxquels il est inutile de recourir pour nos observations; il suffira, en effet, après nous être orientés, de nous placer de manière à interposer un point élevé et fixe d'une construction quelconque entre notre œil et le nuage, pour en déduire aisément la direction de celui-ci dans le ciel. Brard, le savant auteur de *Maître Pierre*, qui s'est surtout illustré en vulgarisant les sciences d'application, nous disait qu'un moyen rigoureux de constater la direction des vents serait de se placer, muni d'une boussole, au fond d'un puits, d'où l'on examinerait les nuages dans leur passage au champ visuel de l'observateur. Ce ne sera donc qu'à défaut de nuages que nous recourrons à la direction de la fumée, mais tout autant que la maison d'où elle émanera sera située sur une hauteur. A défaut de ce moyen, on s'en rapporterait à la direction d'une girouette, mais qui, par la hauteur de l'édifice qu'elle surmonte, se trouverait, autant que possible, au-dessus des courants inférieurs de l'atmosphère.

ART. 158. — **Vent solaire.** — Il est un vent qui règne fréquemment en France et dont chaque période de durée est, de
tous les vents, ordinairement la plus longue : nous voulons
parler du vent dit *solaire*, dans une grande partie de la France.
Ce vent, que certains météorologues considèrent comme un vent
d'est, accompagné de *brises* qui en altèrent la direction essentielle, a pour caractère de venir du nord, à partir du crépuscule
du soir jusqu'à l'aurore, et de changer ensuite de direction, à
partir du lever du soleil jusqu'à son coucher, période dans
laquelle il semble, volontiers, régner parallèlement aux
rayons solaires, d'où lui vient son nom ; quoique après avoir,
pendant quelques heures, suivi la direction des rayons de l'astre
du jour, il change assez souvent et subitement, pour régner
dans le sens approximatif du sud au nord, et à la manière du
vent du sud, avec lequel on le confond souvent, pour ne pas
observer avec soin. Le vent solaire débute fréquemment d'une
manière intense ; et, quelque longue qu'en doive être la durée, il
exerce une grande influence sur le baromètre dont la colonne se
tient constamment baissée vers *variable*, quelquefois au-dessous,
mais rarement, jusqu'à un ou deux millimètres environ de la
moyenne de pression atmosphérique.

ART. 159. — **Caractères du vent solaire.** — C'est à la
hauteur de la colonne barométrique qu'on peut, après le coucher
du soleil, distinguer le vent solaire du vent du nord ; car,
lorsque celui-ci sollicite la colonne mercurielle à se maintenir
bien au-dessus de la moyenne de pression ou de *variable*, celui-là
détermine constamment l'abaissement vers ce point ou au-dessous.
Nous n'avons jamais ou presque jamais vu le vent du nord, dans
son influence sur le baromètre, maintenir celui-ci à une hauteur
moindre de 6 millimètres au-dessus de la moyenne ou *variable*.
Il est donc toujours facile, après le coucher du soleil et lorsque
le vent nous vient du nord, de connaître, avec le baromètre, si
c'est le vrai nord ou le vent solaire qui règne. Il n'en saurait
être tout-à-fait ainsi du jour, entre les deux crépuscules, lorsque,
le vent ayant l'apparence du vent du sud, on veut s'assurer que
c'est bien le vent solaire et non le vent du sud, et surtout
du sud-est, ou *vent autan*, avec lesquels il est facile de les
confondre.

Voici cependant quelques moyens à employer pour ne s'y point
tromper. Et d'abord, c'est encore dans l'observation barométrique que nous puiserons nos principales données ; car, lorsque
le vent du sud ou l'*autan* sollicite la colonne barométrique à
descendre jusqu'à *pluie* ou *vent*, et très-souvent au-dessous, le

7

vent solaire, nous l'avons déjà dit, le maintient entre cette
indication et celle de *variable*. Il est encore un point capital, et
sur lequel l'observateur ne se trompe jamais : c'est que par le
vent solaire les nuits sont toujours relativement froides, lorsque
au contraire elles sont chaudes par le vent du sud. Enfin, si ce
n'est au début du vent solaire, qui possède alors un caractère
d'intensité qui le ferait confondre avec le vent sud-est, le vent
solaire est bien moins violent que son congénère diurne. Le vent
solaire amène dans la température des variations brusques,
extrêmement nuisibles à la végétation. Celles du jour et de la
nuit forment un contraste qui devient souvent fatal aux végétaux. Les fleurs, les jeunes fruits, en reçoivent surtout l'atteinte.
Venant des régions équatoriales, le jour, il favorise chez les
plantes, au printemps, le développement des organes fructifères, qui, se produisant trop hâtivement, et très-tendres pour
cela, sont ensuite emportés par l'effet du froid des nuits toujours sereines sous l'influence de ce vent, et partant très-froides.
Remarquons, en passant, que la fraîcheur des nuits en toute
saison, et abstraction faite de la direction du vent, est en
raison directe de la pureté ou transparence de l'atmosphère;
transparence qui favorise singulièrement le rayonnement du
calorique et, partant, l'équilibre de température entre la terre
et les astres. C'est à ces deux causes réunies : un vent venant
des contrées hyperboréennes et qui refroidit tout, d'une part,
et, d'autre part, la transparence de l'atmosphère pendant la nuit,
qu'on doit rapporter les ravages, en agriculture, attribués à ce
qu'on appelle la *lune rousse*, se produisant avec le plus d'intensité entre l'équinoxe du printemps et le solstice d'été. Ce vent
ayant, comme nous l'avons dit, une durée assez souvent très-
longue, c'est encore sous son influence que se produisent ces
sécheresses qui, en trompant toutes nos espérances, sont trop
souvent une calamité pour la contrée. Répétons que la pluie ne
survient jamais immédiatement après le vent solaire, sans que
ce vent ne passe d'abord par le sud-est ou *autan* dont la durée
est relativement moins longue, mais dont les effets nuisibles
sur la végétation viennent s'ajouter à ceux de son congénère, et
mettre le comble aux causes précitées de désolation pour notre
agriculture. Au point de vue de la succession des vents, le vent
solaire occupe le rang du vent de l'est, avec lequel on peut le
confondre le matin, car il est toujours suivi, dès qu'il cesse
de régner, par le vent du sud-est, ou *autan*.

ART. 160. — **Vent du nord et nord-est.** — Comme l'indique la théorie, le vent du nord nous donne constamment le

froid et le beau temps. Il est rarement d'une longue durée. Le baromètre l'annonce, assez ordinairement, 25 et même 36 heures d'avance. C'est sous son influence que le baromètre s'élève jusqu'à la désignation *beau fixe*. Dès son début, et lorsque la pluie ou la neige l'ont précédé, le mauvais temps peut se continuer pendant quelque temps encore, ce qui s'explique par l'existence, dans l'atmosphère, de grandes quantités de nuages, d'abord sollicités vers le nord, et que ce vent nous ramène avant que leur condensation ait pu se produire. C'est dans ce cas, sous l'influence du vent du nord, que se manifeste l'intéressant phénomène de la dissolution des nuages dans l'air, phénomène considéré, à juste titre, par les observateurs, comme signe de beau temps. Dès que l'eau passe de l'état vésiculaire à l'état de vapeur simple, dissoute dans l'atmosphère, elle cesse d'impressionner le baromètre. Le vent du nord-est diffère peu, par ses effets, du vent du nord, auquel il succède toujours.

ART. 161. — **Vent de l'est.** — Le vent de l'est vrai est d'une durée toujours courte. Ainsi que nous l'avons déjà fait connaître, on le confond souvent avec le *vent solaire*. (Voir art. 158.) Il nous donne ordinairement le beau temps. Le vent nord-est, dans l'ordre précité de succession, est toujours remplacé par le vent de l'est, lequel, ne tardant pas à suivre la direction des rayons lumineux de notre centre planétaire, se confond dès lors bientôt avec le vent solaire.

ART. 162. — **Vent sud-ouest ou autan.** — Le vent sud-est ou autan de notre contrée, du latin *altus*, parce que ses effets se produisent sur les couches élevées de l'atmosphère, est souvent désigné, et à tort, sous le nom de vent du midi.

Il règne souvent avec une extrême violence. On le connaît, dans le Midi, sous le nom impropre de *vent du sud* ; en Espagne et dans la Barbarie, on l'appelle *sirocco* ; enfin, en Egypte et en Ethiopie, on le désigne sous les noms de *simoun* et *kamsin*, malheureusement trop connu des Français, lors de notre campagne d'Egypte. Dans les plaines tropicales de l'Afrique, il produit les plus grands désastres sur les êtres animés, qu'il frappe d'une sorte d'apoplexie, en desséchant presque subitement leurs organes ; et le sable brûlant de ces contrées, soulevé par la violence de ce vent, à la manière des vagues de l'Océan, engloutit sans pitié, sur son passage, toutes les créatures qui, ayant le malheur de s'y risquer, auraient résisté à l'effet de dessication et de destruction précité. Dans nos régions tempérées et montagneuses, il perd heureusement de ces propriétés destructrices ; mais nous le voyons trop souvent abattre des cheminées, arracher des arbres, renverser des voitures, des maisons même, etc. Succédant presque toujours au vent solaire, dont l'influence sur nos récoltes est déjà si nuisible, ses effets s'ajoutent à ceux de son précurseur et compromettent trop souvent, pour nous, des récoltes que tout, jusque-là, avait concouru à favoriser. Précurseur, à son tour, des vents du sud, sud-ouest et ouest, qui nous donnent constamment la pluie, il est toujours ainsi le pronostic certain du mauvais temps.

ART. 163. — **Vents du sud, du sud-ouest et de l'ouest.** — Le vent du sud vrai est un vent transitoire qui a rarement une grande durée, et qui forme le passage du vent autan aux vents sud-ouest et ouest, en un mot aux deux vents de la pluie; vents qui règnent trop longtemps dans notre contrée, et qui nous donnent presque toujours de l'eau à ses divers états d'agrégation, suivant la saison.

ART. 164. — **Vent nord-ouest.** — Le vent du nord-ouest est essentiellement, pour nous, le vent de la neige, en hiver, et le vent des pluies froides, au printemps. Il dure ordinairement assez peu, à moins qu'il n'alterne, comme cela arrive parfois, avec le vent de l'ouest : produisant alors, selon que prédomine l'ouest ou le nord, dont il est le précurseur, de l'eau à ses divers états, ou le froid et le beau temps. C'est le *mistral* des Provençaux.

EAU.

EAU A SES DIVERS ÉTATS.

ART. 165. — **Nature de l'eau.** — L'eau est le produit de la combinaison des deux corps les plus répandus de la nature : l'hydrogène et l'oxygène. L'eau, en raison de son importance dans la production des phénomènes naturels, de son abondance sur la terre, de ses nombreuses applications à tous les arts, du rôle immense qu'elle joue dans la nutrition de tous les êtres organisés, a dû fixer de tous temps l'attention du philosophe, du savant et de tout observateur.

Considéré pendant longtemps comme un élément, cet oxyde d'hydrogène est un corps ordinairement à l'état liquide, mais qui se trouve, dans la nature, sous les trois divers états d'agrégation que peut affecter la matière. Si, liquide, elle occupe la croûte du globe, sous les noms de *cours d'eau*, de *lacs*, de *mers*, plus des deux tiers de la surface terrestre solide, elle constitue, à elle seule, ces immenses glaciers polaires dont le voyageur ne parle qu'avec effroi. C'est encore à l'eau congelée que nous devons la neige qui blanchit si souvent le toit de nos maisons, qui couvre la verdure hivernale de nos champs, constituant

tantôt une couche préservatrice du froid pour nos récoltes de
céréales, tantôt portant la désolation et le froid de la mort au
voyageur imprudent ou malheureux ; et c'est encore à l'eau
solidifiée dans sa chute que nous devons rapporter cette grêle
qui accompagne trop souvent les orages, détruisant sur leur
passage les céréales, les productions végétales de toutes sortes
sur pied, et bien des fois le pied lui-même. Enfin les nuages
se jouant dans l'espace au gré du vent, le brouillard, plus ou
moins intense, comme la douce pluie et la bienfaisante rosée
aux mille perles, qui rafraîchissent nos jardins, nos vergers,
nos prés et nos champs, représentent encore un des états sous
lesquels l'eau peut exister dans la nature. (Voir art. 259).

ART. 166. — **Impureté des eaux en général.** — L'eau
exerce sur les corps une action dissolvante, telle qu'il n'y a dans
la nature d'eau pure que celle qui résulte de la condensation
immédiate des nuages ou brouillards, soit à l'état liquide, soit
à l'état solide (pluie, neige, grêle, etc). Il n'y a même de rigoureusement pure que l'eau résultant de la synthèse, ou l'eau
distillée que le chimiste obtient dans son laboratoire ; car l'eau
de pluie renferme assez souvent en dissolution, outre de l'air
avec excès d'oxygène ou d'acide carbonique, de minimes quantités d'acide azotique. Humboldt et M. Boussingault y ont même
rencontré de l'ammoniaque et de l'azotate de cette base. Ajoutons que les premières pluies qui tombent entraînent avec elles
des myriades d'êtres organisés, ou des détritus de matières
inorganiques et organiques.

C'est surtout l'eau d'orage, en été, qui renferme de l'acide
azotique, et il provient, selon toute apparence, de l'oxygène et
de l'azote de l'atmosphère. En effet, l'air, avons-nous dit, est
un *mélange* de ces deux gaz. Or, l'oxygène et l'azote étant les
éléments de l'acide azotique, composé des plus délétères, qui,
dissous dans l'eau, est connu dans les arts sous le nom d'*eau
forte, acide nitrique,* on conçoit que, si, par un événement
improbable sans doute, les gaz qui, à l'état de mélange,
constituent cette atmosphère, venaient jamais à *se combiner,* il
en résulterait dès lors un gaz qui non-seulement serait impropre à entretenir la respiration et la combustion, mais qui serait
une cause d'asphyxie subite pour tous les êtres organisés qui
vivent sur la terre. Eh bien! cette combinaison, qui par les
affinités normales respectives de ces deux corps simples ne
saurait se produire, devient manifeste sous l'influence de l'électricité, et c'est tout naturellement aux décharges électriques
fréquentes, lors des orages, dans l'atmosphère, qu'il faut

en rapporter la cause. La quantité d'acide azotique qu'on trouve dans les pluies d'orage est heureusement à peine sensible aux réactifs chimiques, qui n'en ont encore décélé que des traces.

EAU A L'ÉTAT LIQUIDE.

ART. 167. — **Eau condensée naturellement.** — Lorsque l'eau, par suite de la condensation des nuages, du brouillard, etc., s'écoule sur la terre à l'état de pluie ou de rosée, ou qu'elle y arrive sous forme de neige, de grêle, de grésil ou de gelée blanche, se résolvant ultérieurement en liquide, une partie est absorbée par le terrain sur lequel elle coule, une minime portion s'évapore de nouveau, et le restant va alimenter les cours d'eau qui, de proche en proche, l'amènent aux divers réservoirs, connus, suivant leur étendue, sous les noms d'étang, de lac ou de mer.

Le sol, outre les matières organiques qu'il renferme, se compose, comme on sait, de divers terrains que nous considérerons, abstraction faite de connaissances chimiques et géologiques, comme pouvant être, pour le sujet qui nous occupe, de trois natures différentes : 1o roche ; 2o terre essentiellement argileuse ; 3e terre essentiellement sablonneuse. La roche ne laisse passer l'eau qu'autant qu'elle est fendillée, par suite du retrait qui s'est opéré, soit dans son refroidissement, quand elle est d'origine ignée, soit par son desséchement ou durcissement, quand elle est d'origine aqueuse. L'argile est à peu près impénétrable par l'action de l'eau ; en sorte que les terrains qui en renferment sont d'autant moins perméables que la proportion en est plus grande. Le sable, au contraire, laisse passer l'eau avec une grande facilité. Les roches en décomposition produisent, suivant leur nature, des terrains plus ou moins argileux, plus ou moins sablonneux. Lorsque l'action délayante des eaux s'exerce sur la croûte du globe, elle a pour effet d'entraîner de bas en haut tout ce qui n'est pas adhérent à la roche. Cette eau dépose ensuite, par une moindre vitesse, sable et argile, dans leur ordre de pesanteur spécifique, et par conséquent le gros sable, puis le sable fin, puis enfin l'argile. C'est là la cause de formation des terrains d'alluvion, constitués par une série de couches alternatives de galets, de sable et d'argile, présentant ainsi, dans leur ensemble, des séries de strates parallèles entre elles, dont les unes, comme celles de galets et de sable, sont non-seulement perméables à l'eau, mais pouvant, dans les vides qu'elles renferment, contenir de l'eau à la manière d'une éponge, tandis que les autres, agissant comme des feuillets impénétrables, produisent une séparation complète entre ces diverses couches arénacées, perméables, qui constituent l'épaisseur des terrains précités ; couches variant à l'infini en nombre, en épaisseur, et par la propriété d'arrêter ou de laisser passer plus ou moins l'eau.

ART. 167 *A.* — **Sources.** — Ces couches d'alluvion, approximativement parallèles entre elles, peuvent encore varier sous le rapport de leurs sufaces respectives, qui seront plus ou moins planes, plus ou moins courbes, suivant la suface du terrain sur lequel se produira leur dépôt. On conçoit même qu'à une époque où, comme nous le dirons dans un autre chapitre, les pluies étaient plus abondantes et plus fréquentes, et où la surface du globe offrait des amas d'eau ou lacs en grand nombre, l'eau devait, à chaque grande averse, leur amener les matériaux précités, présentant alternativement des couches de galets, de sable et d'argile, et que ces couches, presque parallèles, devaient se mouler en quelque sorte sur la surface intérieure et conchoïde de ce lac, ayant quelquefois cinquante et même cent lieues de diamètre ; constituant ultérieurement, par suite de l'érosion du terrain d'un côté, d'où résulte le desséchement de ce lac, ou par son comblement ultérieur ayant le même résultat, ou enfin par le concours de ces deux phénomènes, ce qui est le plus fréquent, un terrain où ont pu se bâtir des cités populeuses, et dont le sous-sol est composé d'une série de couches conchoïdes à bords relevés, recevant, par suite de leur porosité et de leur forme, des masses incalculables d'eau, sorte de nappe liquide qui ne demande qu'une issue pour se faire jour.

Lorsque l'eau est absorbée par la couche meuble des montagnes ou des collines, elle s'enfonce dans le sol jusqu'à ce qu'elle trouve un obstacle à sa descente ; de là elle gagne les parties les plus déclives, et y produit des *sources* qui peuvent jaillir ou sourdre naturellement. Lorsqu'on les capte assez haut, on peut, en les amenant plus bas au moyen de tuyaux, produire des *jets d'eau* jaillissant d'autant mieux que la prise d'eau est plus élevée relativement à sa sortie. Lorsque le captage de l'eau ne peut se produire à un point au-dessus ou au niveau du sol, on y parvient au moyen de trous qu'on y pratique, et qui reçoivent le nom de *puits.*

ART. 168. — **Puits artésiens.** — C'est dans le terrain d'alluvion, dont la constitution est telle que nous venons de la décrire, que le forage réussit à produire des sources jaillissantes dites puits *artésiens,* de l'Artois, où on les a pratiqués pour la première fois en France. Les bancs stratifiés de sable et d'argile étant, nous le répétons, de forme conchoïde, et allant s'épanouir sur un ou plusieurs versants de montagnes ou de collines, ou même de plateaux un peu élevés, donnent accès à l'infiltration des eaux, qui occupent dès lors les interstices ou vides nombreux que présentent les couches arénacées (galets ou sable) ; et lorsque, au moyen de tarières spéciales, on perce ces diverses strates, arrivant jusques aux plus profondes, on conçoit que la pression du liquide, s'exerçant du bord de ces couches très-élevées relativement au point extérieur où s'opère le forage, produise la sortie du liquide, des couches inférieures, avec un jaillissement d'autant plus fort que ce point sera plus bas comparativement aux bords de la nappe aqueuse.

Le nombre des puits artésiens est aujourd'hui très-grand, comme on sait. L'art de forer ces puits, que M. Degousée avait porté si loin, à Padoue, à Venise, et M. Mulot, dans l'enclos de l'abattoir de Grenelle-Paris, à Venise, à Parme, etc., vient de faire de nouveaux progrès par les procédés dus à l'ouvrier-ingénieur Kind, qui ont reçu une application en grand dans l'exécution du puits de Passy-Paris. Le puits de Grenelle a une profondeur de 548 mètres ; celui de Passy, de 586. La température de leur eau est de 28 degrés.

ART. 169. — **Eaux minérales.** — A peine l'eau qui tombe du ciel a-t-elle pris son cours qu'elle lessive le sol, nous l'avons dit, se chargeant des matières solubles minérales ou organiques avec lesquelles elle se trouve en contact, et cette dissolution sera d'autant plus grande que son parcours sur des matières solubles salines ou organiques sera plus long, ou que, pénétrant plus bas dans la croûte terrestre, la température du point jusqu'où elle parviendra sera plus élevée ; car la capacité de dissolution de l'eau pour les solides, augmente généralement avec la température. De là, on le comprend, des eaux plus ou moins sapides, qui porteront le nom d'eaux minérales ou d'eaux potables, suivant la quantité des matières qu'elles auront dissoutes, et leur classification, si elles sont dites minérales, en *alcalines, carboniques, ferrugineuses, sulfureuses,* suivant que, dans leur passage au travers des couches minérales du globe, elles auront dissous des sels alcalins, de l'acide carbonique, des sels de fer, de l'hydrogène sulfuré, etc.

ART. 170. — **Eaux diverses, leur valeur.** — Les eaux les plus pures qu'on rencontre à la surface du globe sont celles qui, dans leur parcours, n'ont été en contact qu'avec des roches siliceuses qu'elles ne sauraient dissoudre. Elles ont une saveur et une limpidité qui les rapprochent de l'eau distillée ; elles sont potables par excellence, sans pourtant qu'elles soient les plus agréables et les plus digestives des eaux. Les eaux qui ont traversé des terrains *primitifs*, tels que granite, gneiss, etc., dans lesquels le feldspath en décomposition abandonne à cette eau de minimes proportions de potasse ou de soude, sont, par cela, moins pures, mais elles sont plus agréables à boire et surtout plus digestives. En outre, elles cuisent mieux les légumes, s'assimilent mieux les principes azotés et aromatiques des matières organiques employées à la nutrition de l'homme, et lavent mieux le linge.

Les *eaux de source* sont plus recherchées du consommateur, à cause de leur limpidité et de leur fraîcheur ; mais elles sont généralement moins saines que les eaux courantes ou de rivière plus aérées et plus digestives pour cela.

Les *eaux des puits forés* sont généralement limpides et assez pures. Elles ont une température toujours constante, à raison d'un degré centigrade par 25 ou 30 mètres de profondeur, qui les empêche de se congeler pendant les hivers les plus rigoureux. Celle du puits de Grenelle marque toujours 28 degrés centésimaux. Malheureusement cette eau est mal aérée.

Les *neiges rouges*, qui tombent si souvent dans les régions polaires et sur les Alpes, doivent leur coloration, d'après M. Bauer, à un petit champignon microscopique du genre *Uredo*. C'est que le vent, dans son action puissante sur la surface de la terre, emporte quelquefois à de prodigieuses hauteurs des masses de substances diverses, de petits végétaux, qui retombent ensuite avec les eaux du ciel. On cite une pluie de manne ou de grains tombée en avril 1827 dans la province de Romoë, non loin du mont Ararath, qui avait, dans quelques endroits, couvert la terre d'une couche de 16 centimètres d'épaisseur. Les moutons en mangeaient, et les hommes en firent du pain très-passable. Cette prétendue manne n'était qu'un lichen, suivant Thénard et Desfontaines, de l'Institut, à qui l'ambassadeur de France en Russie en avait envoyé. (GIRARDIN.)

ART. 171. — **Eaux diverses.** — Les *eaux douces* et *stagnantes* sont surtout caractérisées, d'après les analyses de M. Marchand et de M. Fauré, par la présence de notables proportions d'*albumine*, substance qui constitue le blanc de l'œuf des oiseaux, et d'*humus*. Ces deux matières sont le produit de la décomposition incessante de myriades d'êtres microscopiques de nature animale et végétale qui se développent et se succèdent avec une incroyable rapidité dans les eaux dormantes, et dont les débris réunis donnent à ces eaux la propriété de se putréfier et d'ac-

7*

quérir des qualités nuisibles. C'est surtout lorsque ces eaux sont recouvertes d'espèces végétales, lorsqu'elles baignent et portent en même temps à leur surface des végétaux en grand nombre, que les eaux de marais et d'étangs, exposées à l'air et à la lumière, deviennent plus malsaines et acquièrent une odeur fétide.

Les êtres organisés ne peuvent vivre dans l'eau, nous l'avons déjà dit, sans que celle-ci ne renferme de l'air; la présence des végétaux dans l'eau, où ils ne tardent pas à s'altérer, a pour effet d'absorber l'oxygène de cet air et de rendre cette eau impropre à la vie. Ceci doit expliquer la mortalité des poissons dans les réservoirs ou croupissent des débris de bois ou des détritus organiques quelconques.

Les *eaux pluviales,* qu'on recueille des toits, et qu'on conserve dans des citernes où l'air ne peut circuler, ont constamment un goût de croupi, et ces eaux contiennent, en place d'air dissous, de l'acide carbonique, de l'hydrogène carboné et de l'hydrogène sulfuré. Cet inconvénient serait évité si, avant d'arriver dans la citerne, ces eaux subissaient une filtration au travers d'une couche épaisse de charbon et de sable, et si, tenues à l'abri de la lumière qui favorise la décomposition organique dans l'eau, on avait soin de les aérer convenablement en y établissant un courant d'air. Il paraîtrait que, à l'abri de la lumière, de l'eau pluviale, convenablement recueillie, pourrait se conserver presque indéfiniment sans s'altérer. C'est ce qui semble résulter de la découverte récemment faite en Afrique de citernes dans lesquelles on a trouvé parfaitement bonne de l'eau dont la date du captage remonterait à deux cents ans de nos jours. Quand il s'agit de conserver longtemps de l'eau de pluie, ce n'est jamais, nous le répétons, la première qui tombe, souillée par les matières organiques, qu'il faut recueillir.

ART. 172. — **Densité de l'eau.** — A la température de quatre degrés au-dessus de zéro du thermomètre centigrade, l'eau possède son maximum de densité, nous l'avons dit; en sorte que, lorsque sa température baisse au-dessous de ce point, ce liquide occupe un plus grand volume, augmentant jusqu'à la température zéro, qui est celle de la congélation, à laquelle l'expansion est dès-lors très-grande. On l'évalue approximativement à un dixième du volume qu'elle occupe à 4 degrés ou à son maximum de densité. Nous savons déjà que cette augmentation de volume tient à la cristallisation qui commence déjà à se produire, et qu'on observe sur de l'eau tranquille à 0 degré. On y voit se former de petites aiguilles triangulaires qui se

réunissent sous des angles de 60 à 120 degrés. (GIRARDIN.)
D'autres aiguilles beaucoup plus petites s'accolent aux premières, de manière à y produire souvent des ramifications qu'on
a comparées aux feuilles de fougère. La neige et surtout le givre
nous présentent souvent des étoiles à six rayons fort réguliers,
dont les variétés sont innombrables, et leur régularité est d'autant plus admirable qu'elles se sont formées dans un milieu
plus calme. L'effort que peut produire l'eau en passant de l'état
liquide à l'état solide a été évalué à plus de mille atmosphères.
Rappelons-nous ce qu'on entend, en physique, par atmosphère,
exerçant un poids de 1033 grammes par surface d'un centimètre
carré, au bord de la mer ; équivalant, comme on sait, au poids
exercé sur la même surface par une colonne de mercure ayant
76 centimètres de hauteur.

ART. 173. — **Effets de la congélation.** — Le proverbe *Il
gèle à pierres fendre* énonce, comme on le voit, un phénomène
bien réel. Des bombes et même des canons de fer très-épais,
remplis d'eau, hermétiquement bouchés et exposés au froid,
éclatent par l'effet de la gelée. Qui ne sait combien les pompes
à eau, les tuyaux de conduite, sont exposés à cet accident, si on
n'a soin de les préserver de l'action du froid, soit en les maintenant assez bas dans la terre, soit en les recouvrant d'une
couche de matière mauvais conducteur du calorique, telle que
charbon de bois, couvertures, débris de laine ou bourre, crottin
de cheval, etc.? C'est à cette même propriété de l'eau qu'on doit
rapporter la désagrégation, dans l'hiver, des pierres, des
ciments. Lorsque l'eau, infiltrée dans les fissures du roc, vient
à s'y congeler, elle en agrandit l'espace, et telle fente, d'abord
invisible à l'œil, devient, avec le temps, une solution de continuité qui explique le détachement, de la roche-mère, de blocs
énormes qui roulent quelquefois du sommet de la montagne à
sa partie la plus déclive ; détruisant parfois, sur leur passage,
arbres, récoltes, habitations, et jusqu'aux paisibles habitants
de ces contrées. C'est, comme on sait, à l'époque du dégel que
sont fréquents ces éboulements.

NUAGES.

ART. 174. — **Leur formation.** — Bien des théories ont été
établies pour expliquer la formation des nuages et des brouillards ; bien des suppositions ont été hasardées au sujet de l'état
de l'eau dans ces masses aqueuses mobiles. Nous allons exposer
le résumé de ce qui nous a semblé le plus rationnel, en prenant,
d'ailleurs, un grand nombre d'idées parmi celles des auteurs les
plus accrédités. Et d'abord nous adoptons l'hypothèse que Halley

proposa le premier pour expliquer leur suspension dans l'atmosphère, et qui consiste à considérer la matière des nuages et brouillards comme constituée par une infinité de vésicules extrêmement petites, creuses comme des bulles de savons. Cette théorie, soutenue d'abord par de Saussure, puis par Kratzenstein, et tout récemment par M. Bravais, enseignée universellement, a eu, à toutes les époques, cependant, quelques contradicteurs, voulant que, si l'eau des nuages diffère de la vapeur, les sphéroïdes en soient pleins et non creux, expliquant leur suspension dans l'atmosphère par des courants d'air, que sais-je? par des théories qui nous ont semblé plutôt spécieuses que satisfaisantes, lorsque, l'état vésiculaire une fois en hypothèse, tout semble s'expliquer de la manière la plus rationnelle. Halley, pour expliquer la suspension dans l'atmosphère des nuages, admettait que les vésicules creuses dont ils sont formés renferment de l'air chaud relativement à la température de l'atmosphère : pourquoi ne pas supposer simplement que, soit l'air, soit la vapeur que renferme la vésicule, est dans un état de densité moindre que l'atmosphère, sans lui attribuer une température différente? Cet état de raréfaction, qui s'explique tout naturellement par l'effet de l'électricité donnant à l'ensemble de la vésicule une pesanteur spécifique moindre que celle de l'air dans lequel elle est plongée, rend compte de la suspension, fondée ainsi sur les mêmes lois que l'élévation des aérostats à gaz hydrogène dans l'atmosphère. Notre théorie, ou plutôt notre complément de théorie en matière de constitution et de formation des nuages, découlant des propriétés bien admises de la matière, voulant que le globule aqueux des nuages soit creux, implique rigoureusement ce creux occupé par un gaz ou une vapeur dans un état de raréfaction, ainsi que nous allons l'exposer.

ART. 175. — **Notre théorie.** — Sous l'influence de la chaleur solaire, ou par l'effet des lois qui président à l'évaporation, il se dégage constamment, des eaux et de la terre, des vapeurs qui s'élèvent dans l'air, en vertu de leur moindre densité. Dans des circonstances que les physiciens n'ont pu encore analyser, cette vapeur d'eau, on le sait, est chargée d'un même fluide électrique, dans un état de tension plus ou moins grande, et qui a pour effet déjà de raréfier cette vapeur. Cette vapeur, en raison de sa faible densité, s'élève naturellement dans les hautes régions atmosphériques, et, lorsque, ayant atteint cette altitude où le froid tend à la condenser, capable même de produire la congélation de l'eau si sa tension n'était singulièrement accrue

par son état électrique, il arrive un moment où, par la prédominance d'une de ces deux forces antagonistes, le froid d'une
part, de l'autre l'état électrique, celle-ci est vaincue par celle-
là. Dès lors, l'eau passe de l'état de vapeur à l'état liquide ;
mais comment affecterait-elle la forme de sphéroïdes pleins
à laquelle la sollicitent les lois de l'attraction, lorsque, par son
changement d'état, occupant ainsi un espace deux mille fois
moindre, le fluide électrique exige impérieusement une surface
étendue pour *se loger,* qu'on nous passe le mot ? Une seule forme
peut se concilier avec les exigences de ces deux forces, et c'est
la forme vésiculaire présentant deux surfaces, l'une externe et
l'autre interne, occupées par de la vapeur à l'état de raréfaction.
Dans les mêmes circonstances, on le sent, les nuages seront
doués d'une légèreté spécifique d'autant plus grande que la
vapeur dont ils résultent renfermait une plus grande quantité
d'électricité.

ART. 176. — **Variations dans la pesanteur de l'atmosphère.** — Lorsque l'atmosphère renferme de l'eau en dissolution, ou de la vapeur d'eau non dissoute, cette humidité ne
change pas sensiblement la pesanteur spécifique de l'air, et le
baromètre ne peut être un moyen de constater cet état de l'atmosphère, surtout d'en faire connaître les divers degrés :
l'hygromètre seul en reçoit l'impression. Mais, si l'atmosphère
renferme du brouillard ou des nuages, constitués par de l'eau
dans un état particulier d'agrégation intermédiaire à l'eau
liquide et à la vapeur, que nous expliquons (art. 175) par la
tension électrique combinée à un froid capable de liquéfier la
vapeur d'eau, elle devient plus légère, et le baromètre l'accuse
aussitôt par un mouvement d'abaissement. En reportant notre
pensée sur les lois qui régissent la pression et la pesanteur des
gaz, nous devrons reconnaître que le baromètre doit recevoir son
impression, non point seulement, comme l'hygromètre, de la
partie de l'atmosphère qui l'entoure immédiatement, ou même
de la colonne atmosphérique qui exerce verticalement sa pression sur la cuvette de l'instrument, mais bien et surtout d'un
ensemble atmosphérique dont les bornes, latéralement, n'ont
point de limites ; dont les effets sur l'instrument diminuent en
raison de l'éloignement sans doute, mais sont tels qu'à cinquante et cent lieues à la ronde ils sont encore très-sensibles.
Il y a, théoriquement parlant, une telle *solidarité* de pression,
qu'on nous passe le mot, entre toutes les molécules qui constituent l'atmosphère du globe, que si, par un événement qui
paraît impossible, la centième partie de cette atmosphère, par

exemple, venait à disparaître subitement, à nos antipodes, cette soustraction d'air serait presque immédiatement sensible sur tous les baromètres du globe, quel que fût leur éloignement du lieu de pression, etc. On concevra, dès lors, comment il se fait que, dans bien des cas où le ciel est parfaitement serein autour du centre d'observations, où l'atmosphère est tranquille même, ou qu'il fait peu de vent, le baromètre annonce, par un mouvement notable d'abaissement, la présence de nuages dans l'atmosphère : c'est parce que, ainsi que nous le reconnaissons, le baromètre peut recevoir des impressions dont la cause est à un éloignement plus grand que les limites de l'horizon visible de l'observateur.

ART. 177. — **Pluie, neige, grêle, grésil.** — Suivant que les nuages se convertissent dans leur condensation immédiate à l'état liquide ou à l'état solide, il se produit de la pluie ou de la neige. Lorsque la pluie se forme à de grandes hauteurs, par gouttes d'un volume assez considérable, cette eau, dans sa chute, parcourant des espaces en raison directe du carré du temps qui s'écoule pendant cette chute, se transforme en grêle en été, et en grésil par un temps moins doux. On admet généralement comme explication de la grêle que, par suite du vide qui se produit derrière la goutte, dans sa chute, et de l'évaporation qui en est la conséquence, cette goutte se trouve solidifiée d'abord, et que son volume vient ensuite s'augmenter par son passage dans un milieu aqueux sur lequel le grêlon, très-froid, fait office de condensateur, s'assimilant ainsi d'autre eau, qui, se solidifiant autour du grêlon à peine formé, en augmente la masse ; phénomène qui s'accomplit quelquefois dans des circonstances assez favorables pour produire des sphéroïdes d'une grosseur à tuer un animal dans leur chute.

La résolution des nuages ou des brouillards à l'état de pluie ou de neige peut se produire, on le sent, en remontant à leur formation, par une cause capable de rompre l'équilibre de tension électrique et de froid, qui maintient l'état vésiculaire, à savoir : un contact qui produise la neutralisation de l'électricité et détruise sa tension, ou un froid intense relativement à la température de formation de la vésicule, ou les deux réunis. Lorsque des nuages, venant du sud-ouest, par exemple, dans nos contrées, se rapprocheront de nos montagnes, il s'y produira un phénomène complexe : les bords du nuage, en contact avec la suface de ces points culminants, se trouveront, dès lors, en rapport avec le réservoir commun d'électricité. La tension électrique du nuage, diminuant, par contiguïté, d'un côté de la périphérie au centre et au-delà, en même temps qu'agira le froid de la contrée, ordinairement moins chaude que les parages de leur formation, il en résultera une résolution à l'état de pluie, ou sous forme de neige, suivant la saison. Lorsque, au contraire, des nuages formés dans des conditions d'assez grand froid et sous l'influence d'une grande tension électrique, comme ceux que nous amène le vent du nord, seront poussés dans nos parages, l'inverse se produira : la tension moléculaire de la vésicule, augmentant par suite d'une température plus élevée de notre climat, prendra le dessus, et la rupture de cet équilibre aura pour effet la conversion de la vésicule à l'état de vapeur se mêlant ou se dissolvant même dans l'air, ayant pour conséquence visible la disparition du nuage, puisque la vapeur d'eau est transparente comme l'air.

ART. 178. — **Rosée, givre, gelée blanche.** — La rosée provient de la condensation de l'humidité de l'atmosphère sur les corps bons conducteurs du calorique qui se sont mis en équilibre de température avec le froid des nuits ; et la gelée blanche ou givre est le résultat de la congélation de cette rosée, sous l'influence du même froid. Ces phénomènes deviennent plus sensibles lorsqu'à l'humidité dissoute dans l'atmosphère se joint l'existence d'un brouillard.

ART. 179. — **Brouillard.** — Le brouillard est constitué par le passage de la vapeur d'eau à l'état vésiculaire ou de nuage (art. 175). Ce phénomène doit se manifester toutes les fois que la vapeur, en se produisant, renferme un des fluides électriques à une certaine tension, et que la température s'abaisse ensuite très-sensiblement. La tension électrique neutralisant dans cette circonstance la force de cohésion, il en résultera une vésicule aqueuse pleine de vapeur d'eau et d'air, d'autant plus légère que les gaz contenus seront dans un état de plus grande raréfaction, soit par l'effet de la tension précitée, soit par l'effet du calorique émanant du soleil, soit enfin, et le plus souvent, par les deux effets réunis. Il doit encore se produire des brouillards toutes les fois que l'air, saturé d'humidité pendant le jour, subit, par l'effet des nuits, un abaissement de température qui, diminuant la capacité de saturation, force la vapeur dissoute à prendre un état d'agrégation nouveau ; toutes circonstances qui expliquent la formation fréquente de brouillards, en hiver, dans nos bas-fonds humides : brouillards disparaissant ensuite par le premier effet du soleil, qui, en diminuant la pesanteur spécifique, en sollicite l'ascension à la hauteur de nuages, leurs congénères, avec lesquels ils vont se confondre.

ART. 180. — **Nielle.** — Lorsqu'un brouillard, en se condensant, ou qu'une pluie fine, peu abondante, ont pour effet de
recouvrir la surface des végétaux de gouttelettes aqueuses, et
que le soleil vient ensuite à darder sur cette eau, chaque goutte,
faisant office d'une lentille de verre, produit à son foyer lumineux, par son pouvoir convergent, une augmentation de chaleur
telle que le végétal en reçoit une brûlure sur tous les points de
la surface exposée à l'insolation. C'est le phénomène connu sous
le nom de *nielle*, dont la production, se renouvelant fréquemment, à certains printemps, occasionne des pertes immenses
dans nos récoltes. Tous les corps transparents que traverse la
lumière ont, on le sait, le pouvoir, lorsqu'ils ont la forme sphérique, de faire converger les rayons solaires ; et la goutte d'eau,
dans cette circonstance, remplit simplement le rôle de la loupe
de cristal qui, interposée au soleil, entre cet astre et de l'amadou, en produit l'inflammation. Il n'y a donc rien d'étonnant à
ce que, dans le phénomène de la nielle, la brûlure superficielle,
mais sur une grande étendue du végétal, l'altère profondément,
et qu'il en résulte la mortification, tantôt des organes fructifères,
tantôt du fruit, tantôt de la plante, suivant que cette brûlure
s'exerce sur la fleur, sur un tendre péricarpe, ou sur des jeunes
pousses.

ART. 181. — **Orages, tempêtes, ouragans, trombes.**
— Lorsque, dans l'été, sous l'équateur, par exemple, le soleil
lance, perpendiculairement à l'océan, ses rayons calorifères,
il s'y forme de prodigieuses quantités de vapeur chargée d'électricité à une tension qui explique sa transformation à l'état
vésiculaire, en parvenant à la hauteur de l'atmosphère où le
froid de ces régions devrait la condenser à l'état solide. Suivant
la longitude des lieux, suivant les heures de production, ces
nuages monstrueux renferment, sous une énorme tension, tel
ou tel des deux fluides ; de telle sorte que, se repoussant du
centre de formation, sollicités d'ailleurs par l'effet des vents,
ils arrivent dans notre région, chargés d'immenses et mena-
çantes quantités d'un même fluide. La rencontre, dans ces
régions, de colossales nuées de même origine, mais chargées
d'un fluide différent, ce qui les fait s'attirer à de grandes distances, amène des décharges électriques formidables qui, accompagnées de lumière et suivies de détonations, ayant pour
conséquence la résolution à l'état liquide, à de grandes hauteurs, d'immenses amas de nuages, nous expliquent la production de l'éclair, du tonnerre, de la pluie, de la grêle, du vent,
constituant dans leur ensemble un orage, et, suivant l'intensité

du vent, une tempête, un ouragan ; enfin, suivant la prédominance des phénomènes électriques, des trombes ou cyclones qui
arrachent, détruisent, exterminent tout sur leur passage.

MÉTÉOROGNOMIE.

PRÉAMBULE.

ART. 182. — **Prévision du temps.** — Il ne nous est pas
donné, sans doute, et il ne nous sera peut-être jamais donné
de prévenir, ou même de modifier sensiblement dans son essence
la production du froid, du vent, de la pluie, des orages, etc.;
mais l'homme fait tous les jours de nouvelles conquêtes dans
les moyens d'atténuer leurs effets sur son organisme et sur les
corps qui l'entourent, et c'est ainsi que les vêtements, les
habitations, les abris divers, le paratonnerre, les digues, etc.,
accroissent son bien-être, en le garantissant plus ou moins de
l'effet nuisible de ces agents. De même, tout ce qui peut
agrandir le cercle de ses prévisions doit concourir à ce bien-être,
en l'autorisant rationnellement à entreprendre tel ou tel travail,
en lui permettant de faire d'avance telle ou telle disposition
pour combattre ou éviter tel ou tel élément, avant que s'en
soient manifestés les premiers effets ; et c'est en quoi l'étude
des signes *météorognomiques* (1) doit lui être utile, dans leur
application à l'exécution des travaux agricoles.

Ce serait, en effet, dans une prévision exacte de l'état du
temps, permettant de disposer d'avance tel ou tel travail des
champs qui demande le beau, d'entreprendre telle ou telle opération qui réussit mieux avec la pluie ou le ciel couvert, telle
autre qui exige la chaleur, telle autre que favorise le froid, que
se trouverait un immense avantage pour le travailleur des
champs ; mais la météorologie n'est pas encore parvenue, dans
les indications qu'elle fournit, à ce degré de précision si désirable. Cependant, pour qui est initié aux ressources qu'elle
possède, il est ordinairement possible, huit fois sur dix, d'en
déduire le temps qu'il fera dans les vingt-quatre heures ou
dans un délai plus ou moins prochain, et pour une période plus
ou moins longue, suivant l'intensité avec laquelle se manifestent les signes *météorognomiques,* et c'est la connaissance de
ces indications et leur diffusion qui font l'objet du présent
chapitre.

(1) *Météorognomie,* substantif nouveau que nous proposons pour désigner *la
science qui s'occupe de la prévision du temps.* Il est fait de μετέωρος, mot grec qui,
ainsi qu'on le sait, veut dire élevé dans l'air, météore, et de γνώμη, sentence,
prévision.

Art. 183. ———— SCIENCES PHYSIQUES. ————

Les notions scientifiques nécessaires à une observation météorognomique rationnelle se trouvent disséminées dans des traités nombreux que, par le genre d'enseignement usité en France, peu d'hommes sont appelés à posséder, et d'où il résulte que ceux à qui elles profiteraient le plus en sont constamment privés. Cependant elles sont faciles à saisir, n'exigeant, pour être comprises et retenues, que les éléments des mathématiques qui font partie du programme de l'enseignement primaire. Quant aux instruments nécessaires à ces observations, ils ne demandent nullement la perfection attachée ordinairement aux appareils qu'emploient les savants, et leur coût ne doit point dépasser une somme de dix francs; toutes choses, on le voit, qu'il s'agit de vulgariser pour franchir une étape dans la voie du progrès.

GÉNÉRALITÉS.

ART. 183. — **Signes météorognomiques.** — L'observateur qui voudra déduire le temps qu'il fera par les signes météorognomiques devra tenir compte d'une manière générale : 1o de la saison ; 2o du moment du jour où il observera ; 3o de la hauteur barométrique ; 4o de la température ; 5o de la direction et de la vitesse du vent ; 6o de l'état du ciel, ou de celui des nuages quand le ciel est couvert ; 7o dans quelques cas, du degré d'humidité de l'atmosphère ; 8o et enfin de l'altitude et de la position géographique du lieu d'observation.

ART. 184. — **Saison.** — A égalité d'indications tirées du baromètre, du thermomètre, des vents, de l'état du ciel, etc., il est des périodes de l'année dans lesquelles l'observateur devra tirer des déductions variant entre elles par *le plus* ou par *le moins*. Ces périodes coïncident avec la division de l'année en saisons.

Pendant l'*automne* et l'*hiver,* on devra, règle générale, être pessimiste dans la signification à donner à tous les signes météorognomiques ; et cette signification devra porter, à la fois, sur de moindres probabilités du beau temps, comme sur sa moindre durée. Dans les deux saisons consécutives du *printemps* et de l'*été,* il faudra, au contraire, être optimiste. Toutefois on devra l'être peu encore pendant le premier mois de printemps, entre le 20 mars et le 20 avril, période dans laquelle se produisent les phénomènes météoriques connus sous le nom de *giboulées,* continuées par une alternance, à très-courtes périodes, de la pluie, de la grêle et du beau, etc.

ART. 185. — **Heures du jour.** — Lorsqu'il s'agira d'interpréter la valeur des indications thermométriques, on devra essentiellement tenir compte de l'influence qu'exerce sur cet instrument la position de l'astre du jour. C'est d'une à deux heures que se produit ordinairement le maximum de température; c'est à l'aurore ou crépuscule du matin, surtout au moment où le soleil paraît à l'horizon, que le froid est ordinairement le plus intense.

Dans l'appréciation de la nature des vents, il sera important encore de tenir compte de l'heure d'observation, car, ainsi que nous l'avons déjà fait connaître, on pourrait facilement confondre le vent solaire ou vent d'est, accompagné de brises très-variables, avec les autres vents.

ART. 186. — **Hauteur barométrique.** — Le baromètre, indiquant la pesanteur de l'atmosphère non-seulement du lieu où il est placé, mais encore à une distance considérable (voir art. 176), doit être d'un immense avantage comme indication du temps qu'il fera, mais en combinant toutefois ces indications avec celles qu'on puisera dans la direction des vents, dans l'état du ciel et dans la température.

L'atmosphère chargée de vésicules aqueuses, présentant une pesanteur spécifique moindre que l'air, a tout naturellement pour effet d'en diminuer la densité; et cette atmosphère, devenant dès lors plus légère, exerce une moindre pression sur la colonne barométrique, qui, en conséquence, s'affaisse dans la cuvette. (Voir art. 146 et suivants).

ART. 187. — **Température.** — La température peut être une indication dans l'art de prédire l'état du temps, en ce que, surtout en hiver et dans la période dite aqueuse ou pluvieuse, la température s'abaisse presque toujours avec le beau temps, et s'élève par l'effet des vents méridionaux qui nous amènent la pluie. Nous répèterons que c'est essentiellement le cas de tenir compte, dans ce genre d'observations, de la saison et de l'heure des observations.

ART. 188. — **Direction des vents.** — C'est particulièrement de la direction des vents qu'on pourra tirer des déductions utiles touchant l'état prochain du temps. En effet, le baromètre pourra annoncer, deux ou trois jours d'avance, le changement du temps; mais ce changement ne se réalisera que tout autant que le vent se conformera au genre de temps annoncé. Un exemple rendra notre proposition plus claire. Qu'il fasse mauvais en hiver, que le baromètre s'élève, ce qui est une indication de beau, ce beau ne se manifestera que tout autant que le vent passera au nord. Dans cette circonstance, la colonne barométrique étant déjà élevée, on peut être à peu près certain que, si le

vent du nord vient à régner, le beau temps sera immédiat.
Réciproquement, si, faisant beau et le baromètre baissant, on
voit se produire la cessation des vents septentrionaux, on pourra
en déduire la pluie prochaine, ou tout au moins le règne de
certains vents qui, s'ils n'amènent immédiatement la pluie,
comme le vent-autan, en sont ordinairement les précurseurs.

Art. 189. — **État du ciel, état des nuages.** — On devra
rigoureusement, et autant que possible, chercher dans le mouvement des nuages la nature du vent qui règne, nous l'avons déjà
dit ; mais c'est encore dans un phénomène se produisant dans la
constitution apparente des nuages qu'on pourra trouver le
complément des signes qui doivent annoncer le beau temps
(voir art. 160, 161) : nous voulons parler de la dissolution des
nuages dans l'atmosphère. Si, par les vents septentrionaux,
nous portons nos regards sur un nuage isolé, ou sur les bords
d'une nue de grande étendue, nous verrons clairement les bords
de l'un ou de l'autre diminuer et se réduire notablement par
l'effet de cette dissolution.

On trouve encore dans l'inspection des nuages, à la saison des
orages, un symptôme de production de ces météores, lorsqu'on
y observe (le baromètre étant d'ailleurs bas et le thermomètre
élevé) des mouvements désordonnés, en sens souvent opposés ;
toutes choses dénotant, dans l'atmosphère, le prélude de puis-
santes actions électriques.

Art. 190. — **Humidité de l'atmosphère.** — Il est un
caractère qui peut fournir, dans un cas spécial seulement, des
indications utiles : c'est l'état d'humidité atmosphérique. Lorsque le baromètre s'élève vers la graduation *beau* et *beau-fixe*, et
que règne le vent du nord, on est fondé à prédire le beau temps,
mais à une condition cependant : c'est que l'hygromètre déno-
tera aussi une atmosphère sèche. Il peut arriver exceptionnellement qu'il pleuve par le vent du nord, le thermomètre étant
très-haut ; mais ce ne sera jamais que lorsque l'atmosphère sera
saturée d'humidité, ce qu'indique dès lors l'hygromètre.

Art. 191. — **Altitude, position orographique du
lieu d'observation.** — La position du lieu d'observation,
relative soit à son altitude, soit à sa proximité des montagnes,
exerce une certaine influence sur la production des météores
aqueux. En effet, en nous reportant aux causes productrices
de la résolution des nuages (art. 175), nous reconnaîtrons qu'à
circonstances égales il doit pleuvoir ou neiger davantage dans
les contrées à grande altitude, puisque, les nuages se tenant,
dans leurs mouvements, à une hauteur moyenne qui, dans ces

lieux, les met en contact immédiat ou médiat avec le sol ou ses
points culminants, il doit en résulter leur condensation aux
divers états. Ces mêmes nuages, dans une contrée à basse altitude, se tenant relativement éloignés du sol, y passeront sans
se résoudre. Ils ne peuvent, au contraire, qu'être arrêtés, dans
leur cours, par les hauteurs près desquelles ils se meuvent, par
leurs points protubérants surtout, qui, par un effet d'équilibre
de calorique ou d'électricité, détruiront l'état vésiculaire de
leur eau, en les condensant sous forme de pluie ou de neige, sur
une étendue plus ou moins grande, autour des points en contact
immédiat.

Une trop grande altitude, et telle que celle des lieux se trouvant au-dessus de la hauteur moyenne des nuages, a, on le
sait, un résultat inverse : celui de les mettre à l'abri des
météores aqueux ; ces phénomènes se produisant le plus souvent,
dès lors, au-dessous de leur position.

Si les hautes montagnes ont l'inconvénient, dans certains cas,
et pour les raisons qui précèdent, d'occasionner de fréquentes
pluies ou de la neige dans leur voisinage, lorsque les nuages
suivent leur direction, elles présentent l'avantage d'en garantir
les mêmes parages, lorsque les nuages ont une direction inverse.
Dans ce cas, les montagnes peuvent, en quelque sorte, faire
office d'écran entre le phénomène météorique et la contrée.

Si à l'influence exercée par les montagnes sur ces nuages qui
peuvent donner de l'eau condensée à un lieu, influence qui varie
suivant l'éloignement des points les plus culminants et les positions relatives à l'orientation, nous joignons celle de l'altitude
relative et absolue du lieu, enfin celle de la configuration du
sol, sur une certaine étendue, donnant plus ou moins d'accès à
tel vent, etc., nous aurons, pour faire l'application des règles
générales posées dans notre livre, à faire entrer, pour chaque
lieu, de nouveaux éléments météorognomiques, mais toutes
choses qui, avec un peu de jugement, si on possède nos courtes
données météoriques, ne tarderont pas à se montrer pour leur
valeur réelle.

ART. 192. — **Valeur des signes précités.** — C'est à
Aurillac (Cantal), que nous habitons ; c'est à Aubin et à Ville-
franche (Aveyron), où nous avons eu des parents bons observateurs, et c'est à Cahors (Lot), où un de nos amis s'est mis à
notre service, que les observations qui font l'objet de notre
travail ont été faites. Nous en possédons aussi quelques-unes
faites à Agen et à Tulle, etc., qui nous fondent à penser que
tout ce que nous émettons serait au moins rigoureusement

applicable à une contrée bornée au nord par le Cantal ; à l'est
par les monts de la Margeride ; au sud-est par les Cévennes,
se prolongeant au sud jusqu'au mont Espinous ; par le Tarn et
la Garonne au sud ; au sud-ouest par une ligne qui, partant
d'Agen, passerait à Bergerac, Périgueux, et se terminerait, à
l'ouest et au nord-ouest, par le plateau du Limousin, au sud du
mont Jargeau et du mont Odouze, à l'ouest des monts d'Auvergne.

Un grand nombre d'autres points sur le territoire français
doivent être régis, sous le rapport climatologique, par un même
ensemble d'influences, mais que nous ne pouvons préciser encore. Nous pensons, du reste, que le fond de nos indications
conservera partout une assez grande valeur, et qu'il n'y aura que
de légères modifications à apporter dans leur application.

INSTRUMENTS NÉCESSAIRES A L'OBSERVATION DES SIGNES
MÉTÉOROGNOMIQUES.

ART. 193. — **Énumération.** — Les instruments nécessaires
à l'observation des signes météorognomiques sont seulement au
nombre de trois : le baromètre, le thermomètre et l'hygromètre,
et encore l'hygromètre n'est-il pas indispensable.

ART. 194. — **Hygromètre.** — Au point de vue de la science
spéculative, il n'existe qu'un hygromètre de véritablement bon :
c'est celui qui, tenant compte de la faculté dissolvante de
l'atmosphère, qui varie suivant la température, donne la mesure
exacte de l'humidité dissoute, et celui qui remplit le mieux ces
indications est incontestablement l'hygromètre de M. Regnault.
Mais, d'un prix vénal très-élevé (120 fr.), d'un fonctionnement
coûteux, puisque chaque observation demande l'emploi d'une
certaine quantité d'éther, et d'une observation minutieuse et
longue, il ne saurait faire partie d'un matériel qui, pour être
véritablement possible pour le but que nous nous proposons, ne
doit point dépasser une quinzaine de francs. Nous le mettons
donc de côté, malgré son mérite incontestable, pour nous
contenter du trivial hygromètre à corde ou hygroscope, dit
capucin, qui, dans le cas où il devra pleuvoir, malgré l'indication *beau* du baromètre, ne manquera pas de rester couvert ; de
même que l'hygromètre à cheveu de de Saussure désignera une
grande somme d'humidité dans l'atmosphère. Dans ce cas
spécial où l'hygromètre marche en désaccord avec le baromètre,
tous les hygromètres, plus ou moins imparfaits, seront assez
bons.

Les hygromètres devront être disposés dans une pièce, et à
l'abri du mauvais temps.

ART. 195. — **Thermomètre.** — Il nous faut (voir art. 104)
un thermomètre centigrade ou de Celsius, à alcool, dont le coût
moyen est de 1 fr. 50 c. à 2 fr. Nous donnons la préférence au
thermomètre à alcool sur celui au mercure, nous l'avons dit,
à cause de la tendance du liquide métallique à se solidifier et à
cristalliser par le froid, à quelques degrés sous zéro, ce qui porte
une perturbation dans la diminution régulière de son volume.

Le thermomètre devra êtré disposé extérieurement à l'habitation, pour servir à l'observation. Sa place la plus habituelle est
dans le cadre extérieur des fenêtres, et à l'ombre.

ART. 196. — **Baromètre, sa nature.** — Le baromètre,
déjà décrit (art. 135), est l'instrument le plus essentiel à la
météorognomie. Cet instrument n'aura pas besoin, pour nous
être utile, de présenter la précision des baromètres de Fortin et
de Gay-Lussac. Le baromètre à cadran ne saurait nous convenir
non plus. Le baromètre arénoïde, ou de Bourdon, devra être
réservé aux observations météorognomiques qu'on fera sur mer.
Il nous faudra simplement un baromètre à cuvette, sans aucun
luxe, d'un prix de 7 à 10 fr., et constitué par une planchette de
bois tendre, au bas de laquelle on aura fixé une cuvette de
moyenne largeur, renfermant du mercure dans lequel plongera
un tube de quatre-vingt-six à quatre-vingt-dix centimètres,
fermé d'un bout, d'abord rempli de mercure, qu'on renversera,
en évitant toute introduction d'air dans le flacon. Ce mercure
devra, sans doute, être pur autant que possible; mais il ne sera
pas nécessaire qu'il soit distillé; seulement le tube, comme la
cuvette, auront dû, préalablement, être desséchés, soit à l'é-
tuve, soit devant le feu, avant de recevoir le liquide métallique.

ART. 197. — **Graduation du baromètre.** — La graduation du baromètre a pour nous la plus grande importance, et
*elle doit être spéciale, nous ne saurions trop le dire, à l'altitude du
lieu d'observation.* Non-seulement le variable devra occuper, sur
la planchette, la moyenne des fluctuations barométriques, mais
l'échelle de ces fluctuations devra être rigoureusement proportionnelle à cette moyenne. Par exemple, la position du *variable*,
qui, au niveau de la mer, est à soixante-seize centimètres,
devra, à Aurillac, qui a six cents mètres d'altitude, être plus
bas d'autant de fois un millimètre que de décamètres entrent
dans le chiffre de cette altitude, ou soixante millimètres; mais
encore la distance qui séparera l'indication *variable* de celle
beau temps, et celle-ci de *beau-fixe*, etc., devra être proportionnelle à la distance qui sépare l'indication *variable* du niveau de
la cuvette. La proportion devra être rigoureusement *d'un centième.*

La première chose à faire, pour graduer un baromètre, doit être, on le sent, de fixer rationnellement son *variable*. Or, il existe deux moyens pour cela : le premier que nous abandonnerons, parce qu'il serait trop long à pratiquer, nécessitant de prendre tous les jours, pendant un ou deux ans, la hauteur barométrique du lieu, en vue d'obtenir la moyenne de cette hauteur ; le deuxième moyen consistant à déduire cette moyenne de l'altitude connue du lieu d'observation, ne comportant qu'une opération graphique des plus simples. Etant connue cette altitude, on mesure sur la planchette du baromètre soixante-seize centimètres à partir du niveau de la cuvette, et on marque cette distance le long du tube, au moyen d'un trait transversal sur le bois ; puis, en descendant, on mesure encore, au-dessous, autant de fois un millimètre que le chiffre de l'altitude du lieu renferme de décamètres (ce qui est le dixième de cette altitude exprimée en mètres), et l'opération qui a pour but de connaître le *variable* de notre instrument est exécutée.

Le *variable* ainsi trouvé, on prend la centième partie de cette distance au niveau de la cuvette, et on reporte cette mesure trois fois au-dessus et trois fois au-dessous de *variable*. Un exemple fera mieux comprendre notre pensée, en reprenant notre première hypothèse d'*Aurillac* comme lieu d'observation. Le *variable* devra, à cette altitude de six cents mètres, être au-dessus du niveau de la cuvette de soixante-seize centimètres moins soixante millimètres, soit à soixante-dix centimètres au-dessus du niveau du mercure dans la cuvette ; mais les divisions à reporter au-dessus et au-dessous de *variable* doivent être séparées entre elles par un espace cent fois moindre que celui du niveau supérieur du mercure dans le tube au niveau de la cuvette ; ce qui donne, pour le cas spécial, un intervalle de sept millimètres. Telles sont les données les plus essentielles pour graduer un baromètre destiné à de sérieuses observations météorognomiques.

Nous ajouterons, comme complément, que la graduation, une fois ces éléments trouvés, sera tracée sur un papier blanc qui sera collé à droite sur la planchette. Au milieu sera inscrit le mot *variable ;* à chacune des divisions, en montant, les mots *beau, beau fixe, très-sec ;* et, en descendant, *pluie ou vent, grande pluie, tempête.* Entre chacune sera tracé, en millimètres, l'intervalle qui les sépare. Enfin, avec une épingle de moyenne dimension et très-effilée, on imprimera, à chaque division de millimètres, dans le bois tendre de la planchette, un trou qui recevra cette même épingle, ou une tout autre, pour constater,

d'une observation à l'autre, le mouvement de la colonne mercurielle.

Le baromètre se suspend ordinairement à l'intérieur ; mais,
quelle que soit sa place, à l'intérieur comme à l'extérieur des
habitations, les effets qu'il reçoit de la pression atmosphérique
sont identiquement les mêmes.

SIGNES MÉTÉOROGNOMIQUES.

ART. 198. — **Baromètre, son observation.** — En examinant la légende du baromètre, nous y lisons, disposés dans
l'ordre qui suit, les mots :

Très-sec.
Beau fixe.
Beau.
Variable.
Pluie ou vent.
Grande pluie.
Tempête.

Or, si le baromètre avait à lui seul le don de prédiction, il
serait ordinairement assez simple de connaître *à priori* l'état du
temps, par la seule indication qu'il fournirait à l'observateur.
Il n'en est pas tout à fait ainsi, nous l'avons dit ; cependant,
lorsqu'on possède un baromètre gradué rationnellement, comme
nous l'avons indiqué, c'est-à-dire dont le *variable* est bien à la
hauteur que lui assigne l'altitude du lieu d'observation, et
lorsque les autres éléments de la légende au-dessus et au-dessous
de *variable* ont entre eux l'intervalle proportionnel précité, ou
le centième de la distance entre les points extrêmes de la
colonne barométrique, dans sa longueur moyenne ou à *variable*,
on peut, le plus souvent, obtenir, des indications fournies par
cet instrument, les données les plus précieuses ; et, si à ces
indications nous joignons celles que nous tirons de l'état des
vents, de l'époque de l'année, du thermomètre et, dans quelques
cas, de l'hygromètre, nous arriverons, huit fois sur dix au
moins, nous l'avons déjà exprimé, à porter un pronostic exact
sur l'état du temps, et même quelquefois sur la durée probable
de ce temps.

En principe, le baromètre annonce d'autant plus le beau qu'il
se tient plus haut (1) dans la légende. Il indique au contraire

_____

(1) Quand nous parlons de hauteur ou d'indication du baromètre, nous entendons
toujours l'indication fournie par le niveau supérieur de la colonne mercurielle dans le
tube de l'instrument. Par la pensée nous tirons une horizontale du haut de cette
colonne à légende.

8

d'autant plus le mauvais temps qu'il est plus bas. En aucune saison, on n'aura le beau temps quand cette indication atteindra la limite inférieure de la légende. En toute saison, il fera beau lorsque le *très-sec* sera désigné.

Le baromètre peut affecter, dans sa direction d'ascension ou de descension, un mouvement lent ou rapide. La lenteur de ces mouvements, dans une même direction, semble assurer davantage soit le résultat de l'indication, soit sa durée. Réciproquement, une grande rapidité dans les mouvements du baromètre s'accorde assez souvent avec une courte durée dans l'état du temps qu'il indique.

ART. 199. — **Fluctuations barométriques.** — Les fluctuations de la colonne mercurielle auront encore une grande valeur en météorognomie, abstraction faite de la hauteur barométrique, et c'est pour cela que nous prescrivons l'emploi d'une épingle qu'on placera et déplacera suivant ces fluctuations, enfoncée, dans l'aire de la légende, sur la ligne horizontale qui coïncide avec l'affleurement du sommet de la colonne mercurielle. Une hypothèse nous aidera à rendre notre pensée. Il fait mauvais, et tout à coup le baromètre s'élève au-dessus de *variable*, toutefois sans atteindre *beau temps ;* le vent passe de l'ouest au nord-ouest. Le lendemain, le temps est clair, il fait soleil, et le baromètre, qui cependant n'atteint pas encore le *beau temps* de la légende, *semble s'élever un peu toutes les heures:* quel indice tirer du baromètre dans cette circonstance ? Celui de la persistance dans le beau temps. Réciproquement, si le baromètre, s'étant subitement élevé à *beau temps* et *beau fixe*, signe qui isolément annonce le beau temps, manifeste une tendance à descendre avant que se soit réalisé le beau, il ne saurait, pour cela, avoir une signification aussi grande de beau temps.

ART. 200. — **Les vents.** — C'est à la direction et à l'intensité des vents qui règnent que nous devons rapporter essentiellement la cause de la pluie, du beau temps, de la chaleur, du froid, des orages, etc. En effet, ce ne pourra guère être les vents du *nord, nord-est, est, sud-est* et *sud*, pour la France, qui amèneront sensiblement la pluie, puisque c'est pour nous le côté du continent, ou celui des mers froides, produisant l'un et l'autre peu de vapeur et partant peu de nuages. Nous devrons envisager tous les autres vents, c'est-à-dire les vents *sud-ouest, ouest* et *nord-ouest*, comme pluvieux, ce dernier, en hiver, nous donnant fréquemment la neige. Et si, à ce caractère dans l'état des vents, se joint l'abaissement du baromètre au-dessous de *variable*, dénotant une plus grande légèreté de l'atmosphère par la présence de nuages non loin de nos parages ou dans nos parages, nous aurons tous les indices d'une pluie prochaine, dont les chances seront d'autant plus grandes que le baromètre descendra plus bas vers *pluie, grande pluie* et *tempête*.

Le baromètre descend sous l'influence du vent seul, qui a pour effet aussi d'alléger la pression atmosphérique, mais ne descend jamais ou presque jamais au-dessous de *pluie ou vent* par l'effet seul du vent. Lorsque le vent-autan ou sud-ouest règne avec violence, ce qui est assez habituel, on voit le baromètre descendre à *pluie ou vent*, mais sans le dépasser dans son mouvement de descension. Dès, au contraire, que ce vent passe au vent sud-ouest, qui lui succède presque toujours, le baromètre descend dès lors subitement, ce qui est le complément des signes météorognomiques de la pluie. Mais, heureusement pour l'observateur, l'indication barométrique précède, le plus souvent, pour nous, le changement du vent; de sorte qu'il devient extrêmement facile, dès lors, de prédire la pluie pour un moment prochain.

Le vent du sud, nous l'avons déjà dit au chapitre consacré aux vents (art. 163), règne peu, très-peu, passant presque subitement à l'ouest et, comme transition, entre le vent-autan ou vent sud-est et le vent d'ouest, lequel est essentiellement celui de la pluie.

ART. 201. — **Fluctuations générales des signes météorognomiques.** — On peut appliquer aux signes tirés de la nature de vent qui règne, et en général de tous les signes météorognomiques, la signification que nous avons donnée de la persistance du baromètre à s'élever ou à s'abaisser dans certains cas. Donnons un exemple. Nous obtenons un temps presque beau, après une série de mauvais temps, et cette apparence de beau survient avant que le baromètre ait atteint le *beau* de la légende, avant que le vent qui venait de l'ouest soit passé au nord plein; mais, depuis douze heures au moins, le baromètre s'élève un peu toutes les heures; mais le vent se rapproche toujours un peu plus de la direction nord; mais l'hygromètre à corde se découvre; mais les nuages montrent les premiers effets de leur dissolution dans l'atmosphère; mais la température moyenne de l'atmosphère s'abaisse, — tous symptômes, nous l'avons exposé, du beau temps, quoique peu manifeste par chacun des signes météorognomiques considéré isolément : eh bien! nous disons que le mouvement ascensionnel *général* des divers signes, quoique faible, a, par cette simultanéité, une grande valeur dans le sens de la prévision du beau.

Réciproquement, le temps étant beau par exemple, si le baromètre descend depuis vingt-quatre heures par un mouvement lent et assez régulier ; que le vent vienne, nuit et jour, de la direction sud-est, en cessant d'être le vent solaire (art. 159) ; que les nuages persistent, lorsqu'il y en a, c'est-à-dire que cesse le phénomène de la dissolution, nous voilà parvenus au règne de l'*autan*, toujours précurseur des vents de la pluie, mais pouvant régner pendant plusieurs jours, faisant ainsi persister, tant qu'il durera, le temps dans une sorte d'état de beau. Mais si à ces symptômes se joint un abaissement nouveau du baromètre, quoique lent, et un changement dans la direction du vent, venant, dès lors, du sud-ouest et surtout de l'ouest, attendez-vous, dans ce cas, à une pluie prochaine.

PRÉVISION DU TEMPS, DANS DES CAS DÉTERMINÉS, AU MOYEN DE DIVERS SIGNES MÉTÉOROGNOMIQUES.

ART. 202. — **Préambule.** — Lorsqu'il s'agit de consulter les divers signes météorognomiques en vue de la prévision du temps, on se trouve rigoureusement dans une des trois situations dont suit l'exposition : ou il fait *beau*, ou il fait *mauvais*, ou il fait un temps *indécis*. Et comme, à chacune des saisons, ces signes n'ont point la même valeur, on conçoit que l'observateur ait à porter des pronostics sur le temps dans un nombre de cas égal à celui de ces situations, multiplié par le chiffre des saisons, ce qui fait douze.

Pour faire une judicieuse et rigoureuse application des signes météorognomiques, et après avoir généralisé dans nos préceptes autant qu'il nous était possible, nous allons établir autant d'hypothèses (douze) que de cas dans lesquels l'observateur peut se trouver, lorsqu'il a à porter un de ces pronostics, et indiquer l'interprétation à leur donner dans chacun des cas, et seulement dans chacun d'eux. De cette manière, celui qui voudra se livrer aux observations météorognomiques, par le secours de nos indications, n'aura point à en faire une application générale qui exigerait une étude trop complète de ce qui précède, condition toujours difficile : il lui suffira de rechercher, dans les douze hypothèses dont suit l'exposition, celle qui se rapportera à l'état du temps qu'il fait et à la saison dans laquelle il sera quand il s'agira de pronostiquer.

Les articles se rapportant à chacune de ces douze hypothèses sont disposés méthodiquement et ainsi qu'il suit :

	Au printemps....	1ʳᵉ hypothèse.
TEMPS BEAU.............	En été..........	2ᵉ —
	En automne......	3ᵉ —
	En hiver........	4ᵉ —

TEMPS MAUVAIS..........	Au printemps....	5ᵉ	hypothèse.
	En été..........	6ᵉ	—
	En automne......	7ᵉ	—
	En hiver........	8ᵉ	—
TEMPS INDÉCIS.......	Au printemps....	9ᵉ	—
	En été..........	10ᵉ	—
	En automne.....	11ᵉ	—
	En hiver........	12ᵉ	—

ART. 203. — **Première hypothèse. — Temps beau, au printemps.** — Dans les premiers jours de printemps, jusqu'à la fin avril, le temps est généralement très-mobile, se ressentant de l'époque dite des *giboulées*. Il est beaucoup plus stable à partir du 1ᵉʳ mai jusqu'à la fin de cette première saison de l'année.

Tant que le baromètre se tiendra au-dessus de *beau*, que le thermomètre descendra dans la matinée près du zéro, et que les vents nord ou nord-est règneront, le beau temps durera.

Mais les vents nord et nord-est ont une assez courte durée en toute saison, le vent passant à l'est avec brises constituant, ainsi que nous l'avons fait connaître (art. 159), le vent dit solaire. Dès lors, le baromètre baissera, mais sans dépasser et même sans atteindre le plus souvent le *variable* de la légende. Les nuits seront froides, puisque le vent viendra, après le coucher du soleil, des contrées boréales, et, tant que ce vent durera, il fera beau. Nuits froides et journées chaudes : tenez-vous sur le qui-vive d'un changement de temps, mais sans que le mauvais temps puisse être immédiat, car le vent solaire, qui le plus souvent dure longtemps, nous conduira au vent *sud-est* ou *vent-autan*, lequel n'amène jamais la pluie par lui-même, ainsi que nous l'avons exposé. Le vent-autan ne se produit jamais sans un abaissement dans la colonne barométrique, qui se tient toujours, dès lors, tout au moins au-dessous de *variable*, vers *pluie ou vent*.

Une fois en possession du *vent-autan*, il faut s'attendre, d'un moment à l'autre, au vent *sud-ouest* et surtout au vent d'*ouest*, par le règne desquels nous avons presque toujours la pluie. Par ces vents, le baromètre descend subitement au-dessous de *pluie ou vent*.

Dans le dernier tiers du printemps, à partir du 20 mai jusqu'au 20 juin, on voit assez souvent les vents dits de la pluie (sud-ouest, ouest et nord-ouest) se produire sans nous amener de l'eau, soit que le temps soit clair, soit que les nuages passent sur nos têtes sans se résoudre. On doit, comme on le voit, être

8*

optimiste, dans cette saison, quand il s'agira de porter un pronostic.

Lune rousse. — C'est par le vent solaire, et à cette période de l'année, entre l'équinoxe du printemps et le solstice d'été, que se produit le phénomène que nous avons décrit (article 155), connu sous le nom de lune rousse, constitué par un refroidissement considérable des nuits, pouvant être extrêmement nuisible aux intérêts agricoles.

ART. 204. — **Deuxième hypothèse.** — **Temps beau, en été.** — Et d'abord tout ce que nous venons d'exposer, touchant le dernier tiers du printemps, s'appliquera à la saison d'été. Ce sera bien plus le cas qu'au printemps d'être optimiste.

C'est surtout l'époque des orages et celle de la sécheresse.

Les *orages* constituent un épisode pouvant survenir tout à coup, en été, par quelque vent qui règne. C'est un événement intercurrent au règne régulier d'un vent quelconque, mais que favorisent cependant les vents méridionaux. Les symptômes précurseurs des orages, dans l'atmosphère, sont la production simultanée de vents ayant des directions inconstantes, désordonnées. Les signes barométriques subissent les mêmes influences : le baromètre éprouve des mouvements rapides, désordonnés, et toujours dans la moitié inférieure de la légende ; le thermomètre est élevé, il fait chaud ; enfin les personnes douées d'un tempérament nerveux éprouvent un sentiment particulier et indéfinissable de malaise, qui peut, avec les signes précités, être un complément rationnel des prodromes de l'orage.

La *sécheresse* qu'occasionne toujours une longue série de beau temps se produit, comme les effets connus sous le nom de *lune rousse*, sous l'influence du vent solaire (vent d'est). Tant que le baromètre se tient un peu élevé, mais généralement seulement entre *beau temps* et *variable*, et que régnera ce vent, la sécheresse persistera. La rupture du beau temps se produira, comme nous l'avons exposé avant, par la substitution du vent-autan au vent solaire, qu'annonce toujours un léger abaissement du baromètre, mouvement dans lequel il dépassera toujours, de beaucoup, le *variable*, dans la moitié inférieure de la légende.

ART. 205. — **Troisème hypothèse.** — **Temps beau, en automne.** — L'automne est, pour les esprits positifs, sous notre latitude, la plus belle, la plus agréable des saisons de l'année. Elle a contre elle, pour les âmes sensibles, de venir trop tard, d'amener avec elle la chute des feuilles, et d'être le prélude des jours les plus courts et les plus rudes de l'année.

On peut appliquer à cette saison beaucoup de ce que nous

vons exposé au chapitre qui précède. Seulement, à signes
gaux, les orages et la sécheresse seront moins probables ; la
luie le sera davantage. Il est rare qu'à cette saison on ait à
redouter, sous l'influence du vent de l'est ou vent solaire, le
contraste dont nous avons parlé entre la température du jour et
celle de la nuit.

Vers la fin de l'automne, en novembre et surtout en décembre, la neige peut faire des apparitions plus ou moins subites ;
mais c'est presque toujours par le vent nord-ouest que précède
le vent d'ouest ou celui de la pluie. Sa durée, sa persistance sur
le sol, se produit presque toujours par l'effet du passage du vent
nord-ouest au vent nord.

A partir de novembre jusqu'à la fin de la saison, du 20 au
22 décembre, à signes égaux, la pluie sera plus probable qu'en
été.

ART. 206. — **Quatrième hypothèse. — Temps beau,
en hiver.** — L'hiver est non-seulement la saison du froid et
de la neige, mais aussi celle de la pluie ; non qu'il en tombe
autant que dans l'été, puisque, d'après de Saussure, il peut
tomber autant d'eau dans un seul orage, en été, que pendant
toute la saison d'hiver ; mais la chute de l'eau, dans ses divers
états, y est extrêmement fréquente.

Dans l'hypothèse où nous nous plaçons dans ce chapitre, celle
du beau temps en hiver, ce sera ou par un vent du nord qui
dure peu, passant à l'est, ou par le vent d'est ou vent solaire
qui peut durer longtemps, et sous le règne duquel se produisent
les plus grands froids, ou enfin par le vent–autan, qu'existera
le beau temps. La période de beau commençant sous le règne du
vent nord, on peut, presque à coup sûr, si, avec ce vent, le
baromètre est très-haut, prédire pour quelques jours la durée
du beau temps, puisque la pluie ou la neige ne se produisent
que par les vents sud-ouest, ouest et nord-ouest, qui ne règnent
jamais immédiatement après le vent du nord. Les vents, nous
l'avons dit (art. 156), se succèdent toujours dans un même
ordre, qui veut qu'après le vent du nord se produisent ceux de
nord–est, est, sud–est, pendant le règne desquels il ne pleut
pas, nous le répétons. Tant que le baromètre, dans ce cas, se
maintiendra haut, qu'il gèlera la nuit ou les matinées, cela
signifiera que règnent les vents nord, nord–est, ou tout au
moins l'*est* ou vent solaire : on ne sera pas encore parvenu à la
période du vent sud–est ou autan, toujours chaud ; vent *du
dégel,* qui est le prélude des vents de la pluie.

Il arrive parfois, en hiver, qu'avec le vent du nord, le baro-

mètre étant très-haut vers *beau fixe*, il fait une pluie fine qui
dure plus ou moins. Cette discordance ne trompera jamais
l'observateur, s'il veut bien noter ceci : que pour que le beau se
réalise ou dure *par le vent du nord*, en hiver, *le baromètre étant
élevé*, il faut un complément de signes météorognomiques :
1º que la température soit relativement assez basse, gelant au
moins tous les matins ; 2º que l'hygromètre indique un temps
sec. Si ces deux caractères manquent, on devra s'attendre à de
la pluie, malgré la nature favorable du vent et la hauteur de la
colonne barométrique.

ART. 207. — **Cinquième hypothèse. — Temps mauvais, au printemps.** — Le premier tiers du printemps, du
20 mars au 20 avril, est essentiellement l'époque des giboulées,
temps extrêmement mobile.

Nous supposons, dans notre hypothèse, qu'il pleut ou qu'il
neige, et nous recherchons, parmi les signes météorognomiques,
ceux qui peuvent nous annoncer le beau temps, si agréable à
cette époque de l'année. Ce sera essentiellement dans l'ascension de la colonne barométrique et dans le vent du nord que
nous puiserons les indices du beau temps ; mais, comme, en
hiver, le thermomètre et l'hygromètre devront marcher de pair,
l'un annonçant, le matin, une température approximative de
zéro, et l'hygromètre dénotant une atmosphère sèche, peu chargée d'humidité, le beau temps ne saurait arriver sans la production de ces symptômes. Si le mouvement ascensionnel du
baromètre se produit avec lenteur, mais d'une manière constante,
et qu'il s'élève vers *beau fixe*, le beau temps sera plus durable.
Assez souvent, au début du printemps, la neige est un intermédiaire entre la pluie et le beau temps. Dans ce cas, le baromètre,
dans son mouvement ascensionnel, ne dépasse guère le *variable* ;
le temps se refroidit, et le vent règne dans la direction nord-
ouest. Le vent n'a plus qu'un faible effort à faire pour passer au
nord et nous donner le beau temps ; mouvement qu'annonce
presque toujours le baromètre, en s'élevant vers *beau* ou au-
dessus. L'hygromètre à corde se découvre en même temps, et le
thermomètre dénote un refroidissement de l'atmosphère. Le
défaut de ce complément pourrait faire craindre, en mars et en
avril, quelques giboulées, si fréquentes à cette époque de
l'année.

ART. 208. — **Sixième hypothèse. — Temps mauvais,
en été.** — Le passage du mauvais temps au beau temps, en
été, implique absolument les mêmes signes météorognomiques
qu'à la fin du printemps, avec la seule différence que la neige

ne constitue qu'exceptionnellement, et encore dans les contrées élevées et montagneuses seules, un état transitoire entre la pluie et le beau temps.

Les orages, fréquents à cette époque, n'ont pas ordinairement une longue durée, et le retour au beau est toujours précédé par l'ascension du baromètre et par l'abaissement du thermomètre, enfin par de la régularité dans la direction des nuages.

ART. 209. — **Septième hypothèse. — Temps mauvais, en automne.** — Les signes précurseurs du beau temps, en automne, seront à peu près les mêmes que ceux que nous venons de faire connaître pour la saison d'été, avec cette différence que les orages, qui sont un des états météoriques constituant le mauvais temps, cessent à cette époque.

Nous devrons, en automne et en hiver, être moins optimistes que l'été dans la signification à donner aux signes météorognomiques. En automne, il ne suffira pas, par exemple, que le baromètre s'élève à *variable*, et que le vent nous vienne du nord-ouest, pour en déduire un beau temps presque immédiat, caractères à peu près suffisants, en été, pour devoir espérer la cessation de la pluie : il faudra une élévation barométrique jusqu'à *beau,* et le vent du nord plein.

ART. 210. — **Huitième hypothèse. — Temps mauvais, en hiver.** — Nous supposons qu'il pleut ou qu'il neige, et nous voulons connaître les prodromes du beau temps, qui suppose toujours le froid, à cette époque de l'année. Ces prodromes, en cette saison, veulent essentiellement quatre conditions : élévation du baromètre au-dessus de *beau ;* vent du nord ; abaissement de la température, et sécheresse de l'atmosphère, accusée soit par l'hygromètre, soit simplement par une diminution dans le volume du bois, des meubles, soit par l'humidité moindre du sel de cuisine, etc.

ART. 211. — **Neuvième hypothèse. — Temps indécis, au printemps.** — Nous entendons par temps indécis celui que caractérise un ciel couvert, mais sans qu'il pleuve. Notre hypothèse suppose donc que, étant donné ce temps au printemps, nous voulons savoir le temps qui se produira dans un délai assez court. Il peut arriver, dans ce cas, ou que le temps se continuera indécis, ou qu'il passera à la pluie ou à la neige, ou enfin que le beau temps prévaudra. Si les prodromes caractéristiques du beau, puisés dans la hauteur du baromètre, dans la direction des vents, dans l'abaissement de la température et dans l'état de l'hygromètre, se produisent avec une certaine intensité, l'avénement du beau a d'autant plus de chances et il sera d'autant plus prochain que la manifestation de ces prodromes sera plus intense. Réciproquement, le mauvais temps sera d'autant plus imminent que seront plus accentués les signes précurseurs de la pluie. Mais si à cette indécision du temps, caractérisée par un ciel couvert sans pluie, se joint une indécision dans la hauteur barométrique se maintenant entre les indications *beau* et *pluie* de la légende, sans les atteindre ; si la température des nuits n'est, pour l'époque de l'année, ni élevée ni basse, et que les nuages soient sollicités par un des vents sud, sud-ouest, ouest et même nord-ouest, attendez-vous à la durée de ce temps.

On doit classer comme indécis le temps par le lequel se produisent des giboulées, si fréquentes pendant la première moitié du printemps ; période dans laquelle la mobilité dans la production des météores aqueux ne permettra pas généralement à l'observateur de porter des pronostics d'égale valeur, ou promettant une longue durée dans les phénomènes annoncés.

ART. 212. — **Dixième hypothèse.** — **Temps indécis, en été.** — L'été est la saison dans laquelle la pluie a le moins de fréquence.

A signes égaux, par un temps indécis, on pourra espérer plutôt le beau que le mauvais, en été. Du reste, même application des préceptes que nous venons d'exposer dans le chapitre qui précède.

Saison des orages, on devra surveiller avec soin la production des signes qui en sont les précurseurs. (Voir art. 204.)

ART. 213. — **Onzième hypothèse.** — **Temps indécis, en automne.** — Nous n'avons rien à ajouter à ce que nous venons d'exposer dans le chapitre qui précède, si ce n'est qu'on devra être plus pessimiste, dans l'appréciation à porter à l'égard des signes météorognomiques, qu'en été, et cela d'autant plus qu'on se rapprochera davantage de l'hiver.

ART. 214. — **Douzième hypothèse.** — **Temps indécis, en hiver.** — Mêmes préceptes, mais en observant que le mauvais temps, en hiver, étant un état presque normal, il convient d'être encore plus pessimiste.

COMPLÉMENT DE RENSEIGNEMENTS.

ART. 215. — **Réflexions.** — Le chapitre qui précède, où nous établissons douze hypothèses différentes dans lesquelles peut se trouver l'observateur voulant prédire le temps qu'il fera, est une idée neuve, dans l'exécution de laquelle nous croyons avoir singulièrement simplifié l'étude pratique de la météorognomie. Nous la recommandons, en conséquence, d'une manière toute spéciale.

ART. 216. — **Dépense.** — Voici le détail de la dépense à faire pour obtenir les instruments nécessaires aux observations météorognomiques :

Un baromètre à cuvette sur une planchette de peuplier ou de sapin......................	7 fr.	50
Un thermomètre à alcool....................	1	50
Un hygromètre à corde, dit *capucin*..........	1	»
TOTAL..................	10 fr.	»

Dépense qui peut varier cependant, mais qui ne saurait dépasser ce chiffre, à moins qu'on ne voulût, dans ces appareils, un luxe ou une précision inutiles.

On trouve chez tous les fabricants d'instruments de physique, ou opticiens, des thermomètres à alcool et des hygromètres comme nous les conseillons et aux prix que nous indiquons. Quant au baromètre, à l'égard des personnes qui ne voudront pas le construire elles-mêmes, sur l'indication que nous donnons, *chaque lieu d'observation exigeant rigoureusement une graduation spéciale,* il faudra s'adresser directement à un constructeur de ces instruments (et ils sont nombreux à Paris), en lui demandant un baromètre à cuvette moyenne, sur tablette en bois blanc et sans aucun luxe, dont le *variable* de la légende soit placé à autant de millimètres au-dessous de soixante-seize centimètres du niveau de la cuvette que le chiffre de l'altitude du lieu d'observation renfermera de décamètres. Quant aux indications diverses de la légende, au nombre de trois au-dessus et au-dessous de *variable,* leur intervalle devra être exactement le centième de la distance du *variable* au niveau du mercure dans la cuvette.

APPENDICE.

APPLICATIONS DE PHYSIQUE.

ART. 217. — **Généralités.** — Dans les divers chapitres qui précèdent, nous n'avons pas eu la prétention de donner un traité de physique embrassant toutes les parties de la science : nous avons voulu simplement initier nos lecteurs aux connaissances de cette science qui reçoivent le plus grand nombre d'applications directes ou qui sont nécessaires à l'intelligence de certaines propositions qui suivent. La physique, sœur de la chimie, a été de beaucoup son aînée par la date de son apparition dans le vaste champ des sciences humaines. Néanmoins, à peu près ignorée des Égyptiens, à peine cultivée dans les périodes grecque et romaine, on peut dire que, si la vraie chimie est d'une naissance contemporaine de la Révolution, son aînée ne l'a guère précédée, comme science exacte, que de deux ou trois siècles ; ajoutons que ses plus beaux développements sont de date toute récente.

La boussole, le baromètre, le paratonnerre, la presse hydraulique, les lunettes d'approche, le microscope, et surtout la vapeur employée comme moteur, sont de remarquables applications de la physique moderne ; mais les plus récentes découvertes de la science appliquée sont à la fois des domaines de la physique et de la chimie. C'est par un appui réciproque que se prêtent ces deux sœurs qu'elles grandissent l'une et l'autre dans des proportions gigantesques. En citant comme de ce domaine collectif la télégraphie électrique, la photographie, la galvanoplastie, les courants voltaïques employés comme moteurs, l'éclairage électrique, nous ne faisons qu'effleurer quelques-uns des groupes les plus saillants de ces éclosions contemporaines de la science.

ART. 218. — **Moteurs divers.** — Les moteurs naturels, en dehors de la force musculaire des animaux, à laquelle se rattachent les machines mues par un ressort ou par un poids qu'il faut remonter, sont de quatre ordres différents : 1° moteurs à vent, dont les moulins à vent nous offrent le type ; 2° moteurs hydrauliques, consistant en divers appareils, ordinairement circulaires, qu'entretient l'eau dans son écoulement des points élevés du globe vers les mers ; 3° moteurs à vapeur ou à gaz, dont les machines à vapeur de Watt ou à gaz hydrogène de Lenoir sont des exemples ; 4° les moteurs électriques ou voltaïques dont le représentant le plus saillant paraît être encore l'appareil de M. Froment.

ART. 219. — **Moteurs électriques.** — Nous aurons peu à dire des *moteurs électriques,* constituant une des plus intéressantes questions de la physique moderne, et à la solution de laquelle travaillent en ce moment un grand nombre de savants ; car, si des appareils de ce genre fonctionnent déjà, dans certains ateliers, avec toute la précision désirable, leur entretien, trop dispendieux, ne permet pas de les classer encore au nombre des découvertes véritablement pratiques. Mais l'éveil en est donné dans le monde des inventeurs, et c'est d'un moment à l'autre que la science économique peut recueillir le fruit de ces importants travaux.

ART. 220. — **Moteurs à vent.** — Les moteurs à vent sont d'un emploi très-économique ; mais l'inconstance du vent, dans sa direction comme dans son intensité, la surveillance, les soins et les réparations fréquentes que nécessitent les diverses parties de ces appareils, font qu'on ne les emploie guère que dans les cas où on est privé de chutes d'eau et où les combustibles minéraux sont rares. Disons bien haut cependant que l'agriculture n'en fait pas généralement un usage aussi fréquent qu'elle devrait, quand il s'agit, sur des points élevés, d'établir des irrigations qui, entretenues au moyen de norias ou de pompes, rendraient féconds, en prairies naturelles, des terrains presque perdus pour les profits de la ferme. C'est au cultivateur à rechercher, dans cette application au sol dont il dispose, de nouveaux éléments de ressources agricoles.

ART. 221. — **Moteurs à feu.** — Ces moteurs, qui rendent journellement de si grands services à l'industrie, à l'agriculture, à la locomotion, à la navigation, etc., n'ont pas encore dit leur dernier mot, tout le monde le sent. Après l'emploi de la vapeur dans les admirables machines à haute pression de Watt, après l'emploi du gaz hydrogène dans les machines Lenoir, qu'on est voie d'améliorer, ne peut manquer de se produire bientôt l'application du gaz résultant de la déflagration lente des nitrates mêlés de matières combustibles, telles que le soufre et le charbon ; et. comme tout s'enchaîne dans la science, ce sera avec la machine d'induction de Ruhmkorff ou une de ses congénères, qu'on enflammera ces substances. Du jour où des machines nouvelles, fonctionnant sur ce principe ou sur celui de la production des éléments gazeux de l'eau par l'électricité, seront les moteurs de nos bâtiments à propulsion mécanique, les voyages de longs cours seront singulièrement simplifiés par la suppression des *relâches* forcées pour cause d'approvisionnement de combustible.

ART. 222. — **Moteurs hydrauliques.** — Parmi les moteurs hydrauliques employés, les turbines et les roues à augets sont les plus répandues. On entend par *turbines* en général toutes les roues hydrauliques dont l'axe est vertical : telles sont les *rouets*, les roues dites à *cuiller*, les *turbines* système Fourneyron, système Callon, système Fontaine, etc. On entend par *roues à aubes* les roues hydrauliques cylindriques, dont l'axe étant horizontal et les côtés verticaux sont munis de *palettes* disposées dans la direction du rayon ou du prolongement des rayons qui en ont décrit la circonférence. On appelle *roues à augets* des roues verticales, à axe horizontal, comme les roues à aubes, dont le pourtour est muni, et comme creusés à l'inté-

9

rieur, d'une série d'augets se remplissant de liquide d'abord, et se vidant à mesure que tourne la roue.

ART. 223. — **Roues à aubes.** — Dans les roues à aubes la rotation de l'appareil est le résultat du choc du liquide. Dans les roues à augets, au contraire, les révolutions sur leur axe se produisent par le poids de l'eau dans les augets.

Quelle que soit la disposition d'une *roue à aubes*, qu'elle soit prise au-dessus, en dessous, ou de côté ; qu'elle tourne librement, ou dans un coursier, c'est un système condamné : elle ne rendra jamais 50 pour 100, et produira le plus souvent moins de 25 pour 100. Les roues à augets, au contraire, peuvent rendre jusqu'à 75 pour 100 de la force de l'eau.

ART. 224. — **Roues à augets.** — Les roues à augets peuvent recevoir l'eau soit par-dessus, soit à hauteur approximative de l'axe. Les deux systèmes sont bons ; seulement, suivant la vitesse qu'on voudra obtenir, on fera choix entre le premier ou le dernier de ces moyens, afin d'éviter autant que possible des engrenages, dans lesquels les pertes de forces, par les effets du frottement, sont en rapport avec l'augmentation de vitesse obtenue. C'est pour éviter ces pertes de force, attachées à l'emploi des engrenages, qu'on emploie si souvent encore, comme moteur des meules, dans les moulins, le *rouet* ou *roue à cuiller*, le moins avantageux des moteurs, sous le rapport du rendement, mais uniquement parce que son mouvement rapide permet de l'appliquer directement aux meules, sans intermédiaire.

Lorsqu'on ne disposera que d'une chute d'eau dont on voudra utiliser toute la force, ou, pour parler plus exactement, le plus de force possible, il sera important de n'employer qu'un seul moteur, et dès lors une roue du système dit *à augets*, à laquelle s'adapteront, au moyen d'engrenages, ou, plus simplement, de courroies, les diverses machines à faire mouvoir. Il existe sans doute des turbines système Fourneyron et de systèmes divers, qui rendent autant ou presque autant que la roue à augets, ayant de plus l'avantage de produire immédiatement un mouvement rapide, et, en outre, celui de fonctionner également bien par une crue d'eau qui engorgerait la roue à aubes ; mais elles sont d'un établissement et d'un entretien coûteux, qui leur font préférer, dans la plupart des cas, la roue à augets.

ART. 225. — **Turbines.** — Malgré l'infériorité des turbines dites *roues à cuiller* ou *rouets*, il est certains cas où il est rationnel cependant de les employer : c'est lorsque, pouvant disposer d'un excès d'eau ou de chute, on n'a besoin que d'une force limitée qui doit se trouver et au-delà, quand même, dans une application irrationnelle de cette eau à un moteur vicieux, surtout lorsque l'adaptation du moteur à la machine à faire mouvoir peut être immédiate.

Des rouets ou *roues à cuiller* coûtent fort peu à établir. Elles rendent d'autant plus que la vitesse du liquide qui les fait mouvoir se rapproche de celle qu'aura la roue dans son mouvement normal de moteur. Avec la même chute d'eau on pourra augmenter la vitesse du rouet, en diminuant son diamètre, et réciproquement.

ART. 226. — **Roues Poncelet.** — M. Poncelet est l'auteur d'une roue hydraulique qui porte son nom et qu'on emploie avec avantage, dans quelques cas, pour recueillir une portion plus grande de la force motrice. Les aubes planes sont remplacées ici par des aubes courbes, se terminant toutes de manière à être sensiblement tangentes à la circonférence. Ces aubes, ordinairement au nombre de trente-six pour des roues de quatre à cinq mètres de diamètre, de quarante-huit pour celles de six à sept mètres de diamètre, sont le plus souvent en tôle.

« L'eau, qui arrive par un vannage fortement incliné, afin de diminuer les frottements dans le coursier, s'élève dans les aubes jusqu'à une hauteur qui dépend de sa vitesse, redescend ensuite, et s'échappe après avoir épuisé sur l'aube toute sa force motrice.

» Ces dispositions sont fort ingénieusement conçues pour faire disparaître en grande partie les inconvénients des anciennes roues en dessous. En effet, l'eau, ne rencontrant que la tranche des aubes, n'éprouve aucun choc à son entrée; premier avantage fort important. En second lieu, quand le liquide quitte l'aube, il a, par rapport à celle-ci, une vitesse égale et contraire à celle qu'il avait en y entrant; mais il possède aussi la vitesse de la roue : si ces deux vitesses sont égales, comme elles sont de sens opposé, il s'ensuit que la vitesse résultante que possèdera l'eau en quittant la roue sera nulle. »

ART. 226 *bis*. — **Distribution de l'eau.** — Les roues à augets doivent, pour produire beaucoup, marcher lentement et par le poids seul de l'eau; elles ne doivent, dans aucun cas, recevoir l'effet de la force vive du liquide : c'est très-important. A cet effet, on donnera au *radier* ou *coursier* le moins de pente possible (ce qui permettra d'augmenter le diamètre de la roue), de telle sorte que l'eau se déverse simplement dans les augets de la roue.

On entend par *coursier* le chenal qui, du bief supérieur, amène l'eau à la roue. C'est le *distributeur* de l'eau. Il est ordinairement muni d'une vanne ayant pour effet d'arrêter ou de livrer passage au liquide. Lorsque l'eau prend la roue hydraulique vers la hauteur de l'axe, il est important : 1° de l'appliquer assez bas pour éviter, lors des crues d'eau qui communiquent une impulsion au liquide, que celui-ci ne soit dès lors un obstacle à son libre mouvement, en butant contre l'appareil, en sens inverse du poids de l'eau; 2° que le coursier amène l'eau par une pente *insensible*, pour éviter le plus possible les effets précités de force vive, qui augmentent avec les crues d'eau. Dans ce genre d'application de l'eau à la roue hydraulique, il convient que le coursier se continue jusque vers la rencontre du diamètre vertical de la roue, en bas, de manière à ce que le liquide retenu dans les augets, extérieurement et sur les côtés, produise ainsi le maximum d'effet utile.

Lorsque la roue à augets est prise par-dessus, on se dispense assez ordinairement de prolonger le coursier, qui, dès lors, déverse simplement le liquide en haut, un peu au-delà de la rencontre du diamètre vertical de la roue.

CHIMIE.

PARTIE INORGANIQUE.

GÉNÉRALITÉS.

ART. 227. — **Préambule.** — Nous avons fait connaître dans la partie de notre livre consacrée à la physique (art. 17) ce qu'on entend par corps ; les divers états d'agrégation de la matière (art. 127); ce qu'on appelle les règnes (art. 386); ce qu'on doit entendre par corps simple et corps composé, etc. Tout s'enchaîne dans notre travail, essentiellement didactique : aussi recommandons-nous à ceux qui veulent apprendre, de ne passer à la lecture d'un article qu'après avoir bien compris celui qui le précède, au moins en ce qui touche l'étude de la physique et de la chimie.

Le mot chimie a été fait de *chim* ou *chem*, nom sous lequel fut désignée autrefois l'Egypte, où la science hermétique, synonyme de chimie, a pris naissance.

La chimie a pour objet l'étude des divers modes d'action que les corps exercent les uns sur les autres et celle de la nature intime des corps considérés comme composants ou comme composés. Tantôt, sous le nom d'analyse, elle décompose les corps pour en considérer la nature et la proportion des éléments; d'autres fois, sous le nom de synthèse, elle se propose de produire des corps nouveaux, par la réunion d'éléments séparés. Une étude qui conduit à de si grands résultats ne peut manquer d'occuper une place élevée dans le groupe des connaissances humaines, quand on songe surtout que toutes les sciences ou arts pratiques : hygiène, médecine, industrie, etc., lui demandent maints enseignements, en réclament de fréquents secours.

ART. 228. — **Historique.** — La chimie ne date guère que de soixante-dix ans. Ce qu'on en savait avant, comme science, semble n'être rien à côté des immenses proportions qu'a pris son développement depuis les découvertes de Schèele, de Priestley, de Cavendish, qui ont précédé de peu la révolution française. Viennent, à cette époque, les grands et immortels travaux de Lavoisier, de Fourcroy, de Berthollet, de Vauquelin, de Davy, pour ne citer que les plus saillants parmi les créateurs de cette science. Bornons-nous à dire que ses progrès ont marché d'une telle vitesse, que le champ qu'elle a conquis aujourd'hui est le plus vaste parmi ceux des sciences en général, comme ses applications à la satisfaction des besoins de l'homme sont les plus nombreuses.

La partie de la chimie qui a pour but la connaissance des affinités qui régissent la molécule morte et l'étude des composés dits *inorganiques* qui en résultent porte le nom de *chimie minérale* ou *inorganique*. La partie de cette science qui s'occupe spécialement des corps d'origine organique ou de ceux qui en dérivent et des affinités qui régissent leur constitution, leurs réactions entre eux, ou même entre eux et les corps d'origine inorganique, s'appelle *chimie organique*.

ART. 229. — **Éléments.** — Dans tous les efforts qu'on a tentés pour décomposer les corps de la nature, si nombreux et si divers, on n'a pu trouver que soixante-cinq corps indécomposables. La matière, quelle qu'elle soit, est donc toujours constituée par l'un ou par la réunion de plusieurs de ces corps. Ces corps, qu'on nomme *corps simples* ou *éléments*, se divisent en deux séries distinctes, dont l'une est dite *des corps simples non métalliques* ou *métalloïdes*, et l'autre *des métaux*.

PREMIÈRE SÉRIE.

ART. 230. — **Métalloïdes.** — Chacun des groupes formés par une accolade réunit des métalloïdes qui ont entre eux diverses analogies.

Les *métalloïdes* n'ont pas de propriétés physiques bien tranchées. Ils diffèrent beaucoup entre eux. Ils possèdent, à la température ordinaire, les trois divers états d'agrégation. Cinq sont gazeux ; un seul est liquide ; les autres sont solides.

1	Oxygène.		9	Azote.
2	Soufre		10	Phosphore.
3	Sélénium.		11	Arsenic.
4	Tellure.			
			12	Carbone.
5	Fluor.		13	Bore.
6	Chlore.		14	Silicium.
7	Brome.			
8	Iode.		15	Hydrogène.

DEUXIÈME SÉRIE.

ART. 231. — **Métaux.** — Les *métaux* ont pour caractères physiques d'être généralement doués d'une grande pesanteur spécifique, de jouir d'un éclat vif, brillant, dit *métallique*, d'être bons conducteurs du calorique et de l'électricité. Tous sont solides, excepté le mercure. Nous réunissons dans chaque accolade les métaux qui ont entre eux une certaine analogie par leurs propriétés :

1	Thallium.		22	Fer.
2	Cæsium.		23	Nickel.
3	Rubinium.		24	Cobalt.
4	Potassium.		25	Chrome.
5	Sodium.		26	Zinc.
6	Lithium.		27	Vanadium.
7	Calcium.		28	Cadmium.
8	Strontium.		29	Uranium.
9	Baryum.			
			30	Tungstène.
			31	Molybdène.
10	Magnésium.		32	Osmium.
11	Aluminium.		33	Tantale.
12	Glucinium.		34	Titane.
13	Zirconium.		35	Étain.
14	Yttrium.		36	Antimoine.
15	Thorium.		37	Niobium.
16	Cerium.		38	Pelopium.
17	Lantane.		39	Ilménium.
18	Didyme.			
19	Erbium.			
20	Terbium.			
21	Manganèse.			

40	Cuivre.
41	Plomb.
42	Bismuth.

43	Mercure.
44	Palladium.
45	Rhodium.
46	Rhuthénium.
47	Argent.
48	Platine.
49	Iridium
50	Or.

PROPRIÉTÉS GÉNÉRALES.

ART. 232. — **Affinité, combinaison.** — Nous avons déjà
dit que la force qui réunit entre elles les molécules porte le nom
de *cohésion*, lorsqu'elle s'exerce entre des molécules de même
nature. Elle prend le nom d'*affinité* quand, au contraire, elle
porte son effet sur des molécules dissemblables. On nomme
combinaison les résultats de l'affinité. En chimie, *atome* se dit
pour molécule, mot plus spécialement employé en physique. Le
mot *particule* est aussi employé quelquefois comme synonyme de
molécule ou d'*atome*, mais il est plus spécialement employé dans
la science, aujourd'hui, pour exprimer les dernières divisions
mécaniques d'un corps, ce qui est loin d'atteindre la petitesse
de la molécule ou de l'atome.

ART. 233. — **Molécules intégrantes.** — Le silex est constitué par la réunion du corps simple *silicium* et du corps
simple (à l'état gazeux lorsqu'il est isolé) *oxygène*. En sorte que
la cohésion qui s'exerce entre les molécules du silex a pour effet
de rapprocher entre elles des molécules d'un ordre composé,
bien différentes de celles du fer, qui, ainsi que nous l'avons dit,
est un corps simple. Que les molécules sur lesquelles s'exerce
la cohésion soient de nature simple ou composée, elles sont
appelées par les savants *molécules intégrantes*.

ART. 234. — **Molécules constituantes, affinité.** — La
force qui réunit entre elles les molécules dissemblables pour en
constituer les molécules intégrantes est connue, nous l'avons
dit, sous le nom d'*affinité*, et l'étude de cette force, de son
intensité relative, entre les divers corps simples, comme des
produits qui en résultent, forme à elle seule une des sciences
modernes, la plus vaste et la plus importante peut-être, par ses
applications aux besoins de l'homme sur la terre, la *Chimie*
en un mot (art. 229). Hâtons-nous de dire que la chimie se
borne à l'étude des affinités dans le règne inorganique ou dans le

règne organique privé de vie. Car dès que nous passons dans le
domaine de la vie, nous voyons s'accomplir, dans les tissus ou
dans les liquides des êtres organisés, entre leurs éléments, des
combinaisons et dissolutions qui sont en dehors de toutes les
lois de la chimie. Cette étude est dès lors du domaine de la
physiologie ou biologie.

ART. 235. — **Théorie des proportions définies.** — La
combinaison est soumise à des lois invariables fort remarquables.
Ainsi un corps simple ne se combine pas en toute proportion
avec un autre corps simple : il forme avec lui un certain nombre de composés dont les éléments sont en quantité invariable
les uns relativement aux autres. Il y a dans leurs quantités
respectives des limites de *maximum* et de *minimum* qui ne sont
jamais franchies. 175 parties en poids de gaz azote ne se combinent jamais à moins de 100 parties en poids de gaz oxygène, et
elles ne peuvent en prendre plus de 500 parties ; mais entre ces
deux quantités extrêmes il se fait d'autres composés dont les
proportions sont (le gaz azote étant toujours 175) 200, 300, 400 et
500 parties d'oxygène. Il n'y a jamais de combinaison avec des
quantités d'oxygène intermédiaires à ces nombres. *La différence
dans la constitution des corps formés des mêmes éléments est caractérisée par des proportions en chiffres ronds*, présentant entre elles
des sauts brusques , jamais par un accroissement ou un décrois-
sement insensible.

Cette loi de *combinaison chimique* ne souffre pas d'exception.
Découverte assez récente et qui a influé beaucoup sur les progrès
de la science, elle est connue sous le nom de *théorie des proportions définies*. Elle est confirmée aujourd'hui par un très-grand
nombre d'analyses. Elle est fortement appuyée par une découverte due à Gay-Lussac : à savoir que, lorsque des matières
gazeuses se combinent chimiquement entre elles, c'est toujours
par volumes constituant entre eux des rapports très-simples,
tels que, l'un de ces gaz étant 1, l'autre est 1/2, 1, 2, 3, 4, 5,
rarement d'autres.

ART. 236. — **Combinaison, mélange.** — La *combinaison*
a toujours pour effet de constituer un corps nouveau qui jouit
de propriétés nouvelles autres que ne possédaient les composants. Elle diffère donc essentiellement du *mélange*, dont le
résultat possède simplement les propriétés des composants, et
dans le rapport de la proportion de ces derniers. Un exemple
éclairera cette proposition : un volume de gaz oxygène et deux
volumes de gaz hydrogène se combinent pour produire de l'eau,
qui est un liquide à une température à laquelle les composants

sont gazeux. Faisant abstraction de toutes autres propriétés,
ne voit-on pas dans cet état normal d'agrégation du nouveau
corps une propriété nouvelle sur celle des composants? Prenons, d'autre part, un volume d'alcool absolu ou pur et un
volume d'eau, qu'on mêlera : il en résultera deux volumes de
produit, qui sera de l'eau-de-vie, liquide dont les propriétés
n'auront rien de nouveau, participant de celles de l'alcool et
de l'eau, dans le rapport de leur *mélange*.

ART. 237. — **Nombres proportionnels; équivalents
chimiques.** — Un corps simple qui se combine à un autre
corps simple prend des quantités différentes de chacun d'eux :
ainsi 395 grammes de cuivre se combinent à 100 grammes
d'oxygène, à 443 grammes de chlore, à 200 grammes de soufre,
à 400 grammes de phosphore, à 937 d'arsenic, et tous ces corps :
oxygène, chlore, soufre, phosphore et arsenic, en se combinant
entre eux, s'unissent encore dans le rapport exact de ces
nombres. C'est ainsi, par exemple, que 100 grammes d'oxygène
se combinent à 400 grammes de phosphore pour former l'acide
hypophosphoreux, que 200 grammes de soufre s'unissent à 400
grammes de phosphore pour constituer le sulfure de phosphore,
etc. L'*équivalent chimique* ou *nombre proportionnel* d'un corps en
chimie est la représentation en poids, en grammes, si on veut,
de ce corps comparé à 100 grammes d'oxygène ou à un gramme
d'hydrogène, pris pour terme de comparaison. D'après cela, un
métal qui prend 100 grammes d'oxygène pour se transformer en
oxyde recevra juste 443 de chlore pour se transformer en chlorure, 200 de soufre pour se transformer en sulfure, etc.

ART. 238. — **Unité chimique.** — Les travaux de Proust d'abord, puis de M. Dumas, sur la recherche des équivalents
chimiques, ont amené une curieuse observation : à savoir, que
*les nombres proportionnels des corps simples les plus usuels sont des
multiples de l'hydrogène*, et cette singularité, sauf pour le chlore
et le cuivre, a fait adopter, non plus l'oxygène, mais bien
l'hydrogène, comme terme de comparaison ou comme unité,
dans les récents tableaux de nombres proportionnels ou équivalents chimiques, tels, du reste, que nous en donnons un :

Hydrogène	1		Silicium	21
Carbone	6		Phosphore	32
Oxygène	8		Chlore	35,5
Bore	11		Arsenic	75
Azote	14		Brome	80
Soufre	16		Iode	127
Fluor	19		Magnésium	12

Aluminium	13	Strontium	44
Calcium	20	Paladium	53
Sodium	23	Etain	59
Manganèse	26	Baryum	68
Chrome	26	Platine	98
Fer	28	Or	99
Nickel	29	Mercure	100
Cobalt	29	Plomb	104
Cuivre	31,5	Argent	108
Zinc	33	Antimoine	119
Potassium	39	Bismuth	207

C'est donc toujours dans ce rapport pondéral que ces éléments se combinent entre eux pour donner naissance à des composés définis. Mais ce qu'il y a de très-remarquable encore, c'est que, dans les combinaisons entre les composés binaires de ces corps simples, *leur équivalent est juste la somme de l'équivalent de leurs éléments.*

ART. 239. — **Atomes.** — La théorie des *proportions* (art. 235), basée sur l'expérience, nous amène à connaître la quantité pondérale de chacun des corps pour former, par leur combinaison, un corps nouveau, mais elle ne nous dit rien sur le nombre des atomes qui constituent les composés chimiques. On y est cependant arrivé, en partant de ce principe : 1º que les gaz ont un même coefficient de dilatation, ce qui a fait supposer que, sous un même volume, ils renfermaient un même nombre d'atomes ; 2º que les gaz se combinent toujours entre eux dans des rapports très-simples : 1/2, 1, 2, 3, 4, rarement 5. Il serait trop long d'exposer ici les travaux qui ont été faits en vue de cette recherche.

ART. 240. — **Rôle de l'électricité.** — Comme, dans toute composition et décomposition chimique, on a remarqué des phénomènes électriques ; que, lors de la décomposition des corps binaires par la pile, un des corps se porte à un pôle et l'autre corps à l'autre pôle, on est ainsi disposé à considérer les corps comme doués de propriétés électriques qui expliqueraient leurs affinités, et ils ont été, dès lors, classés suivant leur rôle électrique.

Au moment où deux corps seraient mis en contact, l'un se chargerait d'électricité positive et l'autre d'électricité négative. Leur charge électrique croît, suivant la température, jusqu'au moment où les deux électricités se réunissent pour constituer le fluide neutre, produisant, avec un corps nouveau, les phénomènes de chaleur et de lumière propres aux décharges électriques. On dit d'un corps qui prend l'électricité vitrée, avant la combinaison, qu'il est électro-positif ; de celui qui a l'électricité résineuse, qu'il est électro-négatif. Réciproquement on dit d'un corps simple qui, lors de sa décomposition par la pile, se porte au pôle positif, qu'il est électro-négatif, et de celui qui se porte au pôle négatif, qu'il est électro-positif.

Les corps, dans leurs affinités réciproques, peuvent être divisés en deux classes, les électro-négatifs et les électro-positifs, observant toutefois que cette propriété n'est pas absolue, mais relative, et qu'un corps électro-positif, par rapport à un autre, peut être électro-négatif relativement à un troisième.

Le tableau suivant indique l'ordre que doivent occuper les corps les plus communs, relativement à cette propriété, de telle sorte que le premier est le plus électro-négatif, et le dernier le plus électro-positif. De plus, ils ont d'autant plus d'affinité entre eux qu'ils sont plus éloignés dans leur position à ce tableau.

ART. 241. — **Tableau des corps simples les plus connus classés par ordre de leurs propriétés électriques, avec leur symbole et leur nombre proportionnel rapporté à celui de l'hydrogène comme UN.**

O...............	Oxygène.....................	8.
Br ...:.........	Brôme.......................	80.
Cl...............	Chlore......................	35, 5.
I...............	Iode........................	127.
S...............	Soufre......................	16.
Az..............	Azote.......................	14.
P...............	Phosphore...................	32
As..............	Arsenic.....................	75.
B...............	Bore........................	11
C...............	Carbone	6
Sb.............	Antimoine...................	119.
H...............	Hydrogène	1
Au.............	Or..........................	99.
Hg.............	Mercure.....................	100
Ag.............	Argent	108
Cu.............	Cuivre......................	31, 5.
Bi	Bismuth.....................	207.
Sn.............	Etain.	59
Pb.............	Plomb.......................	104.
Fe.............	Fer.........................	28
Zn.............	Zinc........................	33

D'après ce tableau, l'oxygène est électro-négatif par rapport à tous les corps. Le potassium est, au contraire, électro-positif; mais, en prenant un autre corps quelconque dans la série, on le verra alternativement être électro-positif par rapport à tous ceux qui le précèdent, et électro-négatif par rapport à ceux qui le suivent. C'est ainsi que l'or est électro-positif, comparé à l'oxygène, au chlore, à l'iode, etc., tandis qu'il est électro-négatif, comparé au mercure, à l'argent, au potassium, etc., etc.

La faculté d'être électro-positif ou électro-négatif n'appartient pas seulement aux corps simples : les composés binaires, c'est-à-dire formés par la réunion de deux corps simples, l'ont aussi ; et on appelle *acides* les composés de ce genre qui sont électro-négatifs, et composés *basiques* ceux qui sont essentiellement électro-positifs. Les acides ont de l'affinité pour les bases, d'où résulte *un sel.*

Les *acides*, outre la propriété d'être électro-négatifs par rapport aux bases, jouissent de celle de rougir la teinture bleue de tournesol et le sirop de violettes. Ils ont généralement un goût aigre, acide, comme on dit.

Les *bases* ou *composés binaires basiques* ont, outre la propriété électro-positive, celle de ramener au bleu, quand elles sont solubles, la couleur du tournesol. Les plus fortes verdissent le sirop de violettes et brunissent la couleur jaune de curcuma. Elles saturent les acides, et, en formant, avec ces composés, divers sels, elles neutralisent leur âcreté.

Les corps simples, avons-nous dit, peuvent s'unir en proportions définies, diverses, pour constituer des acides ou des bases. De même, ces composés se combinent entre eux, dans deux et même trois proportions, pour former des sels, qui, suivant la prédominance de l'acide, portent le nom de *sur-sel* ou sel acide, et de *sous-sel* ou sel basique quand c'est la base qui y domine.

NOMENCLATURE CHIMIQUE.

ART. 242. — Composés binaires. — Lorsque deux corps

simples se combinent entre eux, le composé prend la désinence *ure*, qui s'ajoute à la fin du nom du corps électro-négatif, avec contraction de la dernière syllabe, exemple : *phosphure, carbure, séléniure* de cuivre, de fer, de zinc, de potassium, etc. Quand les deux corps peuvent se combiner en diverses proportions, produisant ainsi divers composés de mêmes éléments, différant entre eux par la quantité respective de leurs éléments et par leurs propriétés, on les distingue par les augmentatifs *proto, sesqui, bi, tri,* ajoutés avant le nom ; ainsi, on dit *proto*-iodure de mercure, pour indiquer qu'il est formé d'*un* atome d'iode et d'*un* atome de mercure ; *sesqui*-bromure de fer, pour indiquer qu'il est formé d'*un atome et demi* de brôme et d'*un* de fer ; *bi*-chlorure d'étain, pour faire connaître qu'il renferme deux atomes de chlore et un d'étain ; *tri*-sulfure de phosphore, voulant dire que sont réunis *trois* atomes de soufre et *un* de phosphore.

L'oxygène, qui joue un si grand rôle dans la nature et dans la science qui nous occupe, produit, avec les autres corps simples, des composés dont la *nomenclature* leur est propre, et diffère de ce que nous venons d'exposer. Lorsque le produit a la propriété *basique* ou *électro-positive*, il porte le nom d'*oxyde* ; exemple : *oxyde* de sodium, *oxyde* de fer. Lorsque ce produit est *électro-négatif*, pouvant se combiner ainsi avec les bases pour former des sels, il reçoit le nom d'*acide* ; exemple : *acide* borique, *acide* phosphoreux.

L'oxygène forme-t-il avec le même corps plus d'un oxyde, l'addition de *mono, sesqui, bi, tri,* indique la proportion d'oxygène qui entre dans la composition de l'oxyde ; exemple : *proto*-oxyde de fer, *sesqui*-oxyde de fer, *bi*-oxyde de mercure.

Lorsque l'oxygène ne forme avec un même corps que deux acides, le moins oxygéné prend la terminaison *eux*, et la terminaison *ique* appartient à celui qui renferme le plus d'oxygène ; exemple : acide sulfur*eux*, acide sulfur*ique* ; enfin, avec les additifs *hypo* et *hyper* on désigne des degrés inférieurs ou supérieurs aux acides en *eux* et en *ique* ; exemple : acide *hypo*chloreux, acide *hypo*chlorique, acide *hyper*chlorique.

ART. 243. — *Composés ternaires.* — En combinant les bases ou oxydes avec les acides, on obtient des corps ternaires, c'est-à-dire renfermant trois éléments, et qui portent, nous l'avons déjà dit, le nom générique de sels. Qu'on combine, par exemple, l'oxyde de potassium (qui a une réaction basique très-prononcée) avec l'acide sulfurique (qui a la propriété électro-négative très-marquée), on obtiendra *un sel* dans lequel *base et acide se neutralisent réciproquement.* Ce sel, connu sous le nom de *sel de Duobus*, est solide, blanc, cristallisé, et, chose singulière! il est presque insipide, c'est-à-dire sans goût, lorsque ses composants (oxyde de potassium et acide sulfurique) corrodent, détruisent tous les tissus organiques avec lesquels on les met en contact; produisant sur les tissus vivants, tels que la langue ou la membrane muqueuse de la bouche, un sentiment de brûlure très-prononcé. Ces sels, dans la nomenclature chimique, s'expriment par le nom de l'acide et de la base, en donnant la terminaison *ate* ou *ite*, suivant que la terminaison de l'acide est *ique* ou *eux*; exemple : *sulfate* d'oxyde de fer ou simplement *sulfate* de fer, pour indiquer la combinaison de l'*acide sulfurique* avec l'*oxyde* de fer ; *sulfite* d'oxyde de calcium ou simplement de *chaux* (qui est l'oxyde de calcium), pour désigner le produit de la combinaison de l'acide sulfureux avec l'oxyde de calcium.

Nous avons dit déjà que les acides pouvaient se combiner aux bases en diverses proportions, d'où l'existence de sels *acides*, *neutres* ou *basiques*. La nomenclature chimique parvient encore à faire connaître le rapport de l'acide avec la base, en plaçant les additifs *mono, bi, tri,* etc., devant l'acide ou la base, suivant que l'un ou l'autre de celui qui domine ; celui-ci étant considéré comme un : ainsi on dit *bi-*sulfate de potasse, pour indiquer un sel dans lequel il entre *deux* atomes d'acide sulfurique pour *un* atome de potasse ou oxyde de potassium ; on dit acétate *triplombique*, pour un sel dans lequel la base ou l'oxyde de plomb entre pour *trois* lorsque l'acide n'y est que pour *un*, etc.

L'eau, jouant ordinairement le rôle d'acide faible, peut se combiner en rapports définis avec les bases, et former ainsi des sels qu'on nomme *hydrates.* La faiblesse de l'eau, considérée comme acide, fait que les hydrates sont facilement décomposables par des acides, même assez faibles, qui s'emparent de la base et mettent l'eau en liberté.

ART. 244. — **Hydracides.** — Parmi les corps binaires dépourvus d'oxygène, il en est qui possèdent des propriétés acides très-remarquables, et qui sont susceptibles de se combiner aux bases, en formant des sels. Ces acides étant, la plupart, formés du radical hydrogène auquel est combiné un des corps simples très-électro-négatifs, tels que le *brome*, le *fluor*, l'*iode*, le *chlore,* etc., ont reçu, peut-être à tort, le nom générique d'*hydracides ;* on les désigne en faisant passer le premier l'élément électro-négatif, et sous les noms de : *bromhydrique, chlorhydrique, iodhydrique, sulfhydrique,* etc. Les sels qui en résultent ont porté le nom de *bromhydrates,* de *chlorhydrates,* d'*iodhydrates*, etc., jusqu'à une époque où l'on s'est aperçu que, dans ces sels, l'hydrogène de l'acide et l'oxygène de la base y étant dans le rapport voulu pour former de l'eau, conformément à la loi des nombres proportionnels, on pouvait considérer ces composés, non point comme des composés quaternaires, mais simplement comme des composés binaires, avec de l'eau de cristallisation. Plus tard, on s'aperçut que, dans la production de certains de ces composés, il y avait production d'eau qui ne restait même point agencée entre les molécules, à l'état d'eau de cristallisation : tel est le chlorure de sodium (sel marin), qu'on produit à volonté par l'action qu'exerce l'acide chlorhydrique sur l'oxyde de sodium. Dans ce phénomène, il y a production à la fois de chlorure de sodium et d'eau ; mais l'eau ne reste en aucune manière unie au chlorure de sodium, qui ne représente rigoureusement que du *chlore* et du *sodium*. Les corps simples qui, en se combinant ainsi aux métaux, forment des composés binaires ayant toutes les propriétés des sels, ont reçu le nom de *corps halogènes* : tels sont le *brome*, le *chlore*, le *fluor*, l'*iode*, le *soufre*, le *tellure*, le *sélénium*.

ART. 245. — **Combinaisons résultant de l'union des composés binaires non oxygénés.** — Lorsque des bromures, des chlorures, des iodures, des sulfures se combinent entre eux, l'un jouant le rôle d'acide et l'autre celui d'oxyde, on suit à peu de chose près la règle affectée aux sels oxygénés ; ainsi : *chloroplatinate de chlorure de potassium*, etc. Mais, hâtons-nous de dire que ces combinaisons sont très-peu nombreuses et peu connues.

ART. 246. — **Alliages.** — Les métaux produisent aussi entre eux des combinaisons à proportions définies ; mais, comme on n'observe pas toujours des règles fixes dans la quantité relative des métaux qu'on fond ensemble pour constituer des alliages, il en résulte que ces composés sont représentés par une combinaison véritable, renfermant, à l'état de mélange, un excès de l'un ou de l'autre des composants. Chacun des alliages reçoit, dans les arts, des noms spéciaux, en dehors de toute règle de nomenclature : ainsi on dit *cuivre jaune, laiton,* pour indiquer l'alliage de cuivre (cuivre rouge) et de zinc ; *cuivre blanc,* pour désigner un alliage de cuivre et de nickel ; *bronze* exprime l'alliage du cuivre avec de l'étain ; *maillechort,* celui de cuivre, zinc et nickel ; *or blanc,* celui de platine et d'or, etc. Dans les arts, on appelle *acier* le résultat de la combinaison du carbone au fer.

ART. 247. — **Observation.** — Nous insistons particulièrement sur l'étude de la nomenclature chimique, avant d'aller plus loin dans l'étude de notre livre. Cette nomenclature, très-simple, facile à saisir pour qui voudra y consacrer seulement deux heures d'attention, est la clef sans laquelle on tenterait vainement de pénétrer plus avant dans les connaissances que nous allons exposer. C'est la langue de la science, avec cette supériorité sur les langues en général, qu'elle est *l'expression concise, mais vraie, de la philosophie de la science chimique.* La création de ce langage suffirait, à elle seule, à immortaliser les noms de Lavoisier, de Fourcroy, de Guyton—Morveau et de Berthollet, si ces hommes de génie n'étaient déjà illustres à tant de titres.

ART. 248. — **Symboles.** — Pour désigner brièvement, par l'écriture, les corps simples, on a créé des symboles ou abréviations que nous avons déjà fait connaître dans le tableau, qui précède, des corps simples les plus connus. Avec ces symboles groupés, auxquels on ajoute quelques coefficients, on représente tous les composés, quels qu'ils soient. Nous devons nous borner à signaler ces moyens synoptiques dont dispose la science, sans vouloir nous en servir, ce qui s'éloignerait trop du caractère pratique que nous devons donner à notre enseignement.

OXYGÈNE.

ART. 249. — **Caractères.** — L'oxygène, découvert en 1774 par Priestley, et peu de temps après par Schèele, chimiste suédois, qui, dans un simple laboratoire de pharmacie, avec des fioles à médecine et quelques tubes, fit plus de découvertes que tous les chimistes de son temps, est un gaz incolore, inodore, insipide, peu soluble dans l'eau. Sa pesanteur spécifique, comparée à celle de l'air, est de 1,1025. Il est de tous les gaz celui qui réfracte le moins la lumière ; il est permanent, c'est-à-dire que, quelques efforts qu'on ait fait en vue de le liquéfier, il est resté à l'état de gaz. C'est le seul des gaz qui puisse entretenir la vie et la combustion. Sans lui, l'air atmosphérique, dont il forme le cinquième, serait impropre à la respiration.

ART. 250. — **Propriétés.** — L'oxygène peut se combiner avec tous les corps simples, et il fait partie de presque toutes les matières organiques, soit d'origine végétale, soit d'origine animale : aussi est-ce le corps le plus répandu dans la nature. Il est facile de le reconnaître, entre tous les gaz, à la propriété qu'il a de rallumer les corps qui présentent un point en ignition. Un volume de gaz oxygène et deux volumes de gaz hydrogène mêlés, et au travers desquels on fait passer l'étincelle électrique, se combinent instantanément, et il en résulte de l'eau, et rien que de l'eau pure.

Art. 251. — **Préparation.** — On obtient l'oxygène, dans les laboratoires, par divers procédés, mais dont le plus simple consiste à chauffer, sur un fourneau ou une lampe à alcool, dans une cornue (sorte de bouteille à parois minces, dont le col est tordu), trois parties de bichromate de potasse avec quatre parties d'acide sulfurique ; on adapte un tube recourbé qui conduit le gaz dans une cuve d'eau, et là on dispose, dans cette cuve, une éprouvette ou un flacon rempli d'eau, et renversé de telle sorte que ce vase recueille les bulles de gaz à mesure qu'elles s'échappent du tube. Ce gaz pénètre dès lors dans la bouteille, en chasse l'eau, au-dessus de laquelle il s'élève par sa légèreté relative, se tenant ainsi entre l'eau et le fond de la bouteille renversée. On juge que la bouteille en est pleine lorsque toute l'eau en a été expulsée, et surtout lorsque les bulles débordant, dès lors, sortent de l'eau de la cuve, entre la bouteille et un des côtés de la cuve.

Art. 252. — **Théorie du procédé.** — Dans cette opération, une partie de l'acide sulfurique, qui a une grande affinité pour la potasse, se porte, d'une part, sur cette base pour constituer du sulfate de potasse, et met l'acide chromique à nu ; d'autre part, le restant de l'acide sulfurique, qui a de l'affinité pour l'oxyde de chrome, décompose l'acide chromique, qui abandonne une partie d'oxygène pour se convertir en oxyde de chrome. Il y a, dès lors, formation de sulfate de chrome et production d'oxygène, qui, étant gazeux et occupant un espace deux mille fois plus grand environ qu'à l'état solide, s'échappe, par sa force élastique ou sa tension, par le col de la cornue, puis dans le tube qui y est adapté, puis enfin dans l'eau, d'où il s'élève en produisant des bulles comme celles de la vapeur d'eau dans le phénomène de l'ébullition. Les premières portions de gaz oxygène qui se dégagent entraînent naturellement l'air que renfermait la cornue, ce qui nécessite, pour recueillir ce corps simple pur, de les rejeter d'abord. On peut conserver assez longtemps de l'oxygène, ainsi recueilli, dans des flacons, soit que ces vases soient disposés pour être bouchés à l'émeri, soit que, bouchés avec du liége, on en lutte ou goudronne le bouchon.

Art. 253. — **Importance de l'oxygène.** — L'oxygène joue, parmi tous les corps, le plus grand rôle dans la nature. Comment en serait-il autrement, puisqu'il fait partie de l'atmosphère, et qu'il entre dans la composition de l'eau ? Il n'est presque pas un corps, à la surface du globe, qui ne renferme de l'oxygène. Ajoutons, en nous répétant, qu'il est l'agent chimique qui entretient la vie de tous les êtres organisés, comme il est celui de la combustion, phénomènes des plus intéressants, dont nous avons parlé à la partie de l'ouvrage consacrée à la mééorologie, et sur lesquels nous aurons occasion de revenir plusieurs fois encore, en en développant l'exposition et l'explication.

ART. 254. — **Corps simples non métalliques.** — Quoique les corps simples non métalliques ou métalloïdes, autres que l'oxygène, n'aient pas un grand nombre de propriétés qui leur soient communes, nous devons dire cependant qu'ils jouissent à peu près tous de la propriété de se combiner avec l'oxygène, et de former des composés qui sont *neutres* ou *acides, jamais basiques*, tandis que les métaux peuvent toujours former par leur combinaison avec l'oxygène des produits *constamment basiques* et *qui ne sont jamais neutres*. Nous verrons plus tard que l'azote et le carbone combinés donnent naissance au *cyanogène,* produit complexe qui joue en tout point le rôle de corps simple non métallique ; que ce même azote, en se combinant à l'hydrogène, constitue l'*ammonium,* composé binaire qui jouit de la remarquable faculté de se conduire comme un corps simple *métallique,* ayant la plus grande similitude avec les métaux les plus électro-positifs, tels que le potassium et le sodium.

HYDROGÈNE.

ART. 255. — **Historique.** — L'hydrogène, découvert par Cavendish en 1777, désigné autrefois sous le nom d'*air inflammable,* est un gaz permanent, le plus léger des gaz connus. Son poids, comparé à celui de l'air considéré comme 1000, est de 0,0692. Un litre de ce gaz, à la température moyenne de l'atmosphère et sous la pression de 75 centimètres, pèse 0 gramme 0896, c'est-à-dire qu'il est quatorze fois et demi plus léger que l'air. L'hydrogène est impropre à la respiration. Combustible lui-même, il ne saurait activer la combustion des autres corps : il éteint même cette combustion.

ART. 256. — **Propriétés.** — Comme tous les gaz, il se dilate par l'effet du calorique. Au contact de l'air, il s'enflamme à la température de 550 degrés environ. Il en résulte de l'eau. L'étincelle électrique ou un corps enflammé produisent l'inflammation du gaz hydrogène en contact avec le gaz oxygène ou l'air. Deux volumes de gaz hydrogène absorbant un volume de gaz oxygène, il en résulte deux volumes de vapeur d'eau.

L'hydrogène et l'oxygène peuvent encore s'unir à volumes

égaux pour former l'*eau oxygénée*, produit à peu près sans usage. L'hydrogène se combine au carbone en diverses proportions, donnant, entre autres produits, l'hydrogène protocarboné et l'hydrogène percarboné, dont nous parlerons à l'article *carbone*. Il forme avec le phosphore deux autres combinaisons; il se combine encore avec l'arsenic, l'antimoine, etc.

ART. 257. — **État naturel de l'hydrogène.** — On ne rencontre jamais l'hydrogène pur dans la nature : il est toujours combiné avec d'autres corps, et presque toujours avec l'oxygène, le carbone et l'azote. Il est uni à l'oxygène, pour constituer l'eau; enfin, il entre dans la composition de toutes les matières végétales et animales, ce qui suppose qu'il est un des corps les plus répandus dans la nature.

ART. 258. — **Manière de l'obtenir.** — Les procédés les plus usités pour obtenir le gaz hydrogène reposent sur la décomposition de l'eau (formée, comme on sait, de deux atomes d'hydrogène et d'un atome d'oxygène), au moyen d'un corps simple avide d'oxygène. Qu'on prenne, par exemple, du potassium, métal très-avide d'oxygène (qu'on conserve, à l'abri de l'oxygène de l'air, dans de l'huile de naphte), et qu'on le projette dans une cuve d'eau : aussitôt il se produira un dégagement de gaz hydrogène qu'on pourra recueillir avec une bouteille à large goulot, préalablement remplie d'eau, et qu'on renversera dans la cuve, le goulot en bas, pour recevoir les bulles de gaz qui s'en dégageront. Le potassium étant un métal assez rare, on a cherché à lui substituer, pour la production de l'hydrogène, un métal moins cher : c'est le zinc. Le zinc n'exercerait pas à froid une affinité assez grande sur l'oxygène pour décomposer l'eau; mais on arrive, par un moyen indirect, à augmenter cette affinité : c'est en ajoutant, à l'eau dont on veut produire la décomposition, de l'acide sulfurique. L'acide sulfurique a une très-grande affinité, non pour le zinc, mais bien pour l'oxyde de zinc, avec lequel il forme un sel (le sulfate de zinc) : c'est, comme on le voit, une force de plus qui sollicite le zinc à se transformer en oxyde de zinc pour se combiner à l'acide et, par conséquent, à s'emparer de l'oxygène de l'eau, à la décomposer : aussi cette nouvelle force triomphe-t-elle de l'affinité qui réunit les éléments de l'eau, et, dès lors, il y a, à la fois, production de sulfate de zinc, dans le liquide, et dégagement d'hydrogène. Une disposition spéciale a été donnée à l'appareil générateur de l'hydrogène. Ce ne sera plus dans un baquet que se produira la réaction chimique, mais dans une bouteille ou flacon. C'est dans ce vase qu'on mettra l'eau à décomposer, ainsi que le zinc métallique et l'acide sulfurique qui doivent la décomposer. A ce flacon sera adapté un tube recourbé qui ira plonger dans la cuve précitée, où on recueillera, dans des flacons ou récipients quelconques, le gaz hydrogène, à mesure qu'il se dégagera.

Le gaz hydrogène, étant le plus léger des gaz, sert, mieux que tout autre, à élever, dans l'atmosphère, les appareils aérostatiques. Il faut, à cet effet, que le poids des enveloppes de l'aérostat ou ballon, ajouté à celui du gaz dont il est rempli, soit moindre qu'un égal volume d'air atmosphérique, et le ballon doit s'y élever jusqu'à une hauteur où, par la raréfaction de l'air atmosphérique, il aura une pesanteur spécifique égale à celle des couches atmosphériques dans lesquelles il arrivera.

DE L'EAU.

ART. 259. — **Importance de l'eau.** — L'eau est, comme nous le savons déjà, le produit de la combinaison des deux corps les plus répandus dans la nature : l'hydrogène et l'oxy-ène. L'eau, en raison de son importance dans la production des phénomènes naturels, de son abondance sur la terre, de ses nombreuses applications à tous les arts, du rôle immense qu'elle joue dans la nutrition de tous les êtres organisés, a dû fixer de tout temps l'attention du philosophe, du savant et de tout observateur. (Voir art. 165).

ART. 260 à 263. — **Hygrométrie.** — L'eau, dans son contact avec les corps, se comporte différemment, suivant leur nature : tel corps est soluble, tel autre insoluble dans l'eau. La capacité de dissolution varie à l'infini. L'eau pourra dissoudre plus du double en poids de tel corps ; de tel autre, elle ne pourra en dissoudre que le vingtième, que le cinquantième, ou moins. L'eau pénètre la plupart des corps poreux, solubles ou non solubles ; elle en écarte les particules et les gonfle. C'est ainsi qu'elle est absorbée par la terre, les pierres poreuses, par les tissus organiques. Ces derniers sont ce qu'on appelle hygrométriques : il suffit que l'atmosphère renferme de l'humidité, qui est de l'eau dissoute dans l'air, pour que le bois, le parchemin, les cordes, la corne, etc., s'en imprègnent. De là, des changements de volume et de forme dans ces tissus, qui se développent plus particulièrement dans le sens transversal à la fibre.

ART. 264. — **Son action comme agent de dissolution.** — L'eau est le véhicule par excellence des combinaisons chimiques : aussi le chimiste et l'industriel ont sans cesse recours à ce menstrue pour dissoudre les composés et les mettre en présence, afin que s'exercent leurs actions chimiques. Non-seulement, dans ces circonstances, l'eau a pour effet de détruire la cohésion, qui serait un obstacle au jeu des affinités respectives entre deux solides, par exemple; mais, en diminuant la pesanteur spécifique du corps qui y est plongé, d'une part, d'après la loi d'Archimède que nous connaissons, et, d'autre part, par la mobilité de ses molécules, elle facilite le transport nécessaire des atomes dans les échanges réciproques qui doivent s'effectuer. Tout le monde connaît aujourd'hui ces petits appareils dans lesquels on produit des eaux gazeuzes pour l'usage de la table. Ne sait-on pas que, les poudres gazogènes mêlées entre elles, il n'y a de réaction que du moment où l'eau intervient. Ces poudres sont constituées par de l'acide tartrique et par du bicarbonate de soude. L'acide tartrique a plus d'affinité pour la soude ou oxyde de sodium que n'en a l'acide carbonique ; mais, à l'état solide et même à l'état pulvérulent, et mêlés intimement, ces deux corps n'ont absolument aucune action réciproque. Dans l'eau, au contraire, qui dissout et l'acide et le bicarbonate de soude, l'acide tartrique se porte sur la soude du bicarbonate, pour produire un tartrate de soude, et l'acide carbonique, qui est gazeux, est mis à nu.

C'est encore l'eau qui joue un grand rôle dans l'art de teindre les tissus, et d'y fixer une couleur qui, interposée à l'état insoluble dans les insterstices de la fibre, ne saurait s'en séparer ensuite par des lavages. Un exemple seul peut en donner une idée exacte. L'acide tannique, composé organique que renferment un grand nombre de végétaux, et plus particulièrement une excroissance qui se produit sur le chêne par la piqûre d'un insecte, connue sous le nom de *noix-de-galle*, a la propriété, comme tous les acides, de produire, par sa combinaison avec des bases, des sels qui sont, suivant la base, solubles ou insolubles. Celui qui résulte de sa combinaison avec le sesquioxyde de fer est insoluble et de couleur noir intense. Veut-on teindre en noir un tissu, de la laine, du coton, du bois même, on commence, dans une première opération, par imprégner ces tissus d'une solution d'acide tannique, ou simplement d'une décoction de noix de galle qui renferme de cet acide. Puis, dans une deuxième opération, on plonge ces tissus, préalablement égouttés ou même desséchés, dans une solution de sesquisulfate de fer. Au moyen de l'eau dans laquelle il est dissous, ce sulfate de fer pénètre à son tour dans les interstices de ces tissus, et là, en contact avec l'acide tannique, il y a décomposition de ce sel : il se produit du tannate de fer, noir, insoluble, qui sera retenu désormais dans les mailles naturelles de ces tissus; l'acide sulfurique sera mis à nu, et complètement enlevé au moyen de simples lavages. L'art du teinturier repose sur des opérations chimiques ayant souvent pour but final de produire, dans la masse du tissu à teindre, un corps coloré insoluble; d'autres fois, ce qui nous entraînerait trop loin à développer, c'est une véritable combinaison qui se produit entre le tissu lui-même et la matière colorante, mais l'eau servant toujours, ou presque toujours, d'excipient, ou véhicule, pour l'exercice des affinités qui président aux combinaisons.

ART. 265. — **Saturation, cristallisation.** — Lorsque l'eau, comme un liquide quelconque, tient en dissolution la quantité la plus grande qu'elle puisse dissoudre d'un composé binaire ou d'un sel, on dit qu'elle en est *saturée*. La capacité de saturation diminuant presque toujours avec la température, il en résulte qu'un liquide saturé à chaud, qu'on vient à refroidir, abandonne, par l'effet du refroidissement, une partie du composé dissous. Ce composé éprouve, dès lors, une tendance à se cristalliser, surtout si le liquide est en repos. Ses molécules, dans leur agencement pour constituer un corps solide, affectent des formes régulières et symétriques qu'on appelle *cristaux*. Notre cadre ne nous permettra point de nous étendre beaucoup au sujet de la cristallisation des corps, partie de la science qui est à la fois du domaine de la physique et de la chimie, et nous le regrettons, parce que la forme |qu'affectent les corps dans leur cristallisation a une relation intime avec leur composition. L'*isomorphisme*, qualité des corps d'affecter la même forme de cristallisation, joue un rôle immense en minéralogie comme en chimie; elle a été le point de départ de considérations philosophiques d'un ordre élevé, qui ont puissamment contribué aux progrès de la science.

ART. 266. — **Eau de cristallisation.** — La plupart des composés binaires et des sels solubles obtenus par la voie aqueuse, c'est-à-dire par l'intermédiaire de l'eau dans laquelle ils ont été dissous, conservent dans leur constitution intime une partie de cette eau, qui prend dès lors le nom d'*eau de cristallisation*. Cette eau peut, dans certains cas, en être chassée : telle est celle que renferme le sulfate d'alumine et de potasse, sel connu sous le nom vulgaire d'*alun*. Il suffit de soumettre ce sel à une température élevée, par l'effet de laquelle l'eau s'évapore, laissant un résidu amorphe boursouflé, qui est le sel pur, privé de cette eau. D'autrefois, comme dans un grand nombre de composés organiques, cette eau de cristallisation est nécessaire à l'existence du corps, et on ne peut le lui enlever sans le modifier profondément dans sa constitution ; il en résulte néanmoins un composé nouveau, ayant des propriétés nouvelles. De ce nombre sont les acides tartrique, citrique, les tartrates, les citrates, etc. Nous reviendrons plus tard sur ce sujet intéressant.

ART. 267. — **Altération des matières organiques.** — L'eau est un agent puissant d'altération des matières organiques, par le seul fait qu'il est indispensable à la production de tout ferment, à la formation de tout être organisé, condition de toute altération organique spontanée. Aussi la dessiccation comme la congélation des substances les plus altérables a-t-elle pour effet de prévenir ou de retarder cette altération. Qui ne sait, par exemple, que le poisson congelé se conserve intact de toute putréfaction jusqu'au moment où l'eau qui entre dans la constitution de sa chair musculaire redevient liquide ? N'est-ce point à la dessiccation qu'on a recours pour conserver les denrées alimentaires, les céréales, les légumes, les fruits, etc., substances hygrométriques, qui prennent, par une immersion convenable dans l'eau, sans l'aide ou à l'aide du calorique, constituant alors la cuisson, l'état le plus agréable et le plus convenable pour l'alimentation de l'homme.

Corpora non agunt nisi soluta (1), a dit l'immortel Linnée, ce grand philosophe suédois auquel la science est redevable de tant de découvertes, et qui, de l'humble position d'apprenti cordonnier, s'éleva par son génie au rang de président de l'Académie de Stockholm, et fut le plus grand naturaliste du XVIIIe siècle. Cette remarquable loi, que Linnée a le premier formulée, qui explique l'efficacité de la dessiccation et de la congélation comme moyen de conservation des matières organiques altérables, reçoit encore une application dans leur conservation par l'emploi du sel marin (chlorure de sodium du chimiste). En effet, il est une autre loi chimique, remarquable à plus d'un titre : c'est que, lorsque l'eau est saturée d'un sel, très-soluble surtout, elle ne saurait dissoudre sensiblement aucun autre sel ou une substance quelconque moins soluble, et cette eau, ainsi absorbée par le sel, d'où résulte une sorte de combinaison, ne saurait servir dès lors de véhicule au transport des atomes organiques dans leurs affinités respectives. Ces atomes sont relativement inertes ; ils ne peuvent se réunir pour la production

_____

(1) Ce qui veut dire, dans la langue universelle, que *les corps ne sauraient exercer entre eux d'action réciproque qu'autant qu'ils sont dissous.*

de composés nouveaux, à laquelle les sollicitent leurs affinités naturelles, et il y a dès lors conservation des composés organiques qui s'étaient produits par les forces vitales du sujet d'où elles proviennent.

Les produits organiques divers, composés qui sont le résultat des forces physiologiques : nutrition, respiration, absorption, sous l'influence de la vie, diffèrent essentiellement de ceux que la nature morte tend à former par les effets des affinités qui régissent la matière morte. Aussi, dès que la mort vient porter un terme aux affinités physiologiques, chez le végétal comme chez l'animal, ces composés : tissus variés, humeurs diverses, éprouvent dès lors une tendance à se décomposer, tendance plus grande chez l'animal que chez le végétal, et presque en raison directe de la quantité d'eau qui entre dans la constitution de la matière. Nous reviendrons sur ce sujet si intéressant.

LOI DE BERTHOLLET OU DE DOUBLE DÉCOMPOSITION.

ART. 268. — **Exposition de la loi.** — Toutes les fois que deux sels solubles renferment les éléments d'un sel insoluble, si on les dissout et qu'on mêle les deux dissolutions, il y a *toujours* décomposition mutuelle : l'acide de l'un se combine à la base de l'autre, et réciproquement. Cette loi, constatée d'abord par l'illustre Berthollet, et qui portera à jamais son nom, ne souffre point d'exception. Nous allons prendre un exemple pour la mieux saisir :

Sulfate de soude
Azotate de baryte } sont deux sels solubles.

Mais, si nous intervertissions l'ordre des bases, c'est-à-dire si nous appliquions l'acide azotique à la soude, et l'acide sulfurique à la baryte, nous obtiendrions un sel (le *sulfate de baryte*) qui est insoluble. De cette insolubilité nous pouvons prédire qu'il y aura décomposition : le sulfate de baryte se déposera au fond du vase, et l'azotate de soude restera dissous dans la liqueur.

Si nous voulons recueillir les deux nouveaux sels séparément, nous filtrerons au travers d'un papier non collé, dit *papier à filtre*, qui retiendra le précipité, et laissera passer la dissolution de sulfate de soude; nous passerons de l'eau pure sur ce précipité pour le laver et en enlever les parcelles d'azotate de soude qu'il pourrait retenir; enfin nous ferons dessécher le filtre renfermant le précipité, pour recueillir celui-ci. Quant à l'azotate de soude dissous dans l'eau, nous emploierons, pour le recueillir, la dessiccation ou la cristallisation. La dessiccation se fait sur le feu d'abord et à l'étuve ensuite. Quant à la cristallisation des sels, elle se produit facilement en laissant refroidir le liquide lorsque celui-ci en est saturé à chaud. On retire le liquide refroidi, par décantation, pour recueillir les premiers cristaux, et on le soumet à une nouvelle évaporation jusqu'à saturation, pour obtenir encore, au moyen du refroidissement, une nouvelle cristallisation. On continue ainsi jusqu'à épuisement des liqueurs.

AZOTE.

ART. 269. — **Propriétés.** — L'*azote*, uni à l'état de mélange avec l'oxygène, constitue l'air atmosphérique, dont il forme les quatre cinquièmes en volume. Il se distingue de l'oxygène en ce qu'il n'entretient point la combustion : ainsi un corps combustible dont une partie est incadescente ne s'enflamme point dans ce gaz. Il se distingue de l'hydrogène en ce qu'il n'est point inflammable comme ce dernier. A la température ordinaire, l'*azote* ne se combine à aucun corps. S'il s'unit directement à l'oxygène et à l'hydrogène, c'est sous l'influence d'étincelles électriques.

Obtention. — On le retire ordinairement de l'air. A cet effet, on introduit dans une cloche remplie d'air, dont les bords plongent dans l'eau, une coupelle placée sur un disque de liége qui surnage, et dans laquelle on place un morceau de phosphore qu'on allume. Le phosphore brûle aux dépens de l'oxygène de l'air. Il en résulte de l'acide phosphoreux qui se condense et se dissout dans l'eau. L'eau s'élève, dans la cloche. d'une hauteur égale à la proportion d'oxygène que renfermait l'air, et il y reste seulement de l'azote.

DE L'AIR.

ART. 270. — **Propriétés.** — Nous avons déjà dit, dans le livre consacré à la physique, ce qu'était l'air, et le rôle que jouait l'atmosphère dans les phénomènes qui sont du domaine de cette science : nous allons l'envisager ici à un point de vue plus spécialement chimique.

L'air n'a ni odeur ni saveur, tant sont habitués à son impression les organes de l'odorat et du goût. Nous avons déjà fait connaître son rôle dans l'acte de la respiration des mammifères et des végétaux. Ajoutons que les animaux qui vivent dans l'eau, tels que les poissons, certains batraciens, les mollusques, etc., sont munis d'organes spéciaux pour absorber, de l'eau, la partie qu'elle dissout d'air, nécessaire à l'entretien de la vie.

ART. 271. — **Composition.** — Composé de quatre volumes
d'azote et d'un volume d'oxygène, l'air renferme encore un peu
d'acide carbonique, que les animaux produisent sans cesse dans
l'acte de la respiration, et de la vapeur d'eau à l'état de dissolution.

COMBUSTION.

ART. 272. — **Théorie de la combustion.** — Le phénomène de la combustion, qui fut le sujet d'un si grand nombre
d'hypothèses, n'a reçu d'explication vraie que depuis la
découverte de l'oxygène, et c'est à l'illustre et infortuné Lavoisier que nous la devons. Il démontra, le premier, que tout
corps qui brûle s'assimile de l'oxygène, et il expliquait l'élévation de température et la production de lumière, l'incandescence
en un mot, par la condensation ou rapprochement des molécules
de la matière. On a, en effet, observé que le charbon qui brûle
dans le gaz oxygène ne change point le volume de ce gaz en le
convertissant en acide carbonique; que, deux volumes d'hydrogène brûlant et absorbant ainsi un volume d'oxygène, il se
produisait deux volumes seulement de vapeur d'eau; d'où on
concluait qu'il y avait condensation de la matière, et que dès lors
devait être mise en liberté une partie du calorique latent de ces
corps. Mais on a malheureusement reconnu aujourd'hui que le
contraire a souvent lieu dans la combustion, auquel cas il
devrait même se produire du froid; en sorte que tombe cette
théorie si attrayante de la combustion. Mais, comme nous avons
déjà vu que les actions chimiques sont toujours accompagnées
de phénomènes électriques, nous serons amenés à considérer la
production de calorique et de lumière qui caractérisent essentiellement la combustion, comme provenant d'un courant
voltaïque dont l'énergie est en rapport avec l'intensité manifeste
de la combinaison chimique qui se produit. Cette explication,
qui semblait d'abord un peu vague, est devenue satisfaisante
depuis que Liebig a démontré l'incandescence du charbon dans le
vide, au moyen d'un de ces courants. (Voir le chapitre *Électricité*
de la partie de notre livre consacrée à la physique.)

La combustion est un des résultats de la combinaison d'un
corps ou de plusieurs corps avec l'oxygène, lorsque cette combinaison est assez intense pour qu'il en résulte une température
de 500 degrés, à laquelle le calorique devient lumineux.

ART. 273. — **Conditions essentielles.** — Pour que la
combustion se produise, soit dans l'oxygène, soit dans l'air,
qui est, comme on sait, de l'oxygène auquel est simplement
mélangé, et non combiné, de l'azote, il faut que ce corps présente

déjà un point en ignition ; il faut *l'allumer*, comme on dit. Sous l'influence d'un corps déjà en ignition dont on approche le corps à brûler, le calorique de celui-là exerce sur celui-ci une action dissolvante, *désagrégeante*, de ses molécules réunies par la cohésion qui serait un obstacle au jeu naturel des affinités, et dès lors la combinaison d'où résulte la combustion se produit sur un point, et gagne de proche en proche tout le corps combustible, pourvu que ses parties à brûler soient favorablement disposées pour recevoir le contact de l'oxygène. Telle est l'explication de la combustion du charbon de bois, de la houille, du bois, des corps gras ou résineux, chandelles, bougies, huile. Tous ces corps combustibles sont essentiellement composés de carbone et d'hydrogène, et il résulte à la fois de leur oxydation, produisant le phénomène de la combustion, de l'acide carbonique et de l'eau.

ART. 274. — **Absorption de l'oxygène.** — Quand on fait brûler du phosphore dans du gaz oxygène renfermé dans un ballon (bouteille en verre mince de forme sphérique, munie d'un col) hermétiquement fermé, si on débouche le ballon dans l'eau, le goulot en bas, le liquide entrera subitement dans le ballon et en occupera toute la capacité. D'où on voit que l'oxygène du ballon a été complétement absorbé par le phosphore. Cet oxygène, en se fixant sur une partie de phosphore en excès, l'a converti en acide phosphorique. Si on fait brûler du phosphore dans de l'air, tout l'oxygène de l'air se fixe sur le phosphore, et les gaz qui étaient mélangés à l'oxygène pour constituer l'air sont laissés intacts ; il ne reste après cela, dans le ballon, que de l'azote mêlé d'une minime proportion d'acide carbonique.

ART. 275. — **De la flamme.** — « La flamme est toujours le résultat de la combustion d'un gaz ou d'une vapeur. Le charbon bien calciné, le fer, le cuivre et les métaux difficilement volatils brûlent sans flamme ; au contraire, l'hydrogène, le soufre et les métaux volatils, comme le zinc, brûlent avec flamme.

» L'éclat de la flamme dépend des matières qui s'y trouvent. Quand elle ne contient pas de corps solide, la flamme est pâle, comme celle de l'hydrogène, du soufre, de l'oxyde de carbone. Au contraire, la présence des corps solides incandescents, au milieu de la flamme, lui donne de l'éclat : ainsi le phosphore, le zinc, donnent des flammes brillantes, parce que l'acide phosphorique ou l'oxyde de zinc, solides, sont portés à l'incandescence. Si l'huile, la bougie, le gaz de l'éclairage brûlent avec éclat, c'est que, par suite de la combustion incomplète qui s'effectue au milieu de la flamme, il y a du carbone qui, mis en liberté, devient incandescent avant de brûler dans les parties extérieures. On peut démontrer l'existence du carbone libre dans la flamme en mettant au milieu d'elle une soucoupe froide : il se forme immédiatement un dépôt de noir de fumée. La flamme pâle de l'hydrogène devient très-brillante dès qu'on y introduit un corps solide, comme de la chaux vive, un fil de platine ou des brins d'amiante. D'un autre côté, cette flamme pâle, de l'hydrogène, donne beaucoup plus de chaleur que la flamme brillante du phosphore. » (Troost.)

ART. 276. — **Chalumeau.** — Lorsqu'on insuffle de l'air des poumons ou d'un soufflet, par l'intermédiaire d'un chalumeau, sur la flamme d'une bougie ou d'une lampe à mèche pleine, cet air, arrivant sous une certaine pression qui le rend plus dense, augmente non-seulement par cela même la combustion, dont l'énergie est en raison du rapprochement des molécules de l'oxygène de l'air, mais encore, en pénétrant au milieu d'une colonne de gaz combustible, dont le pourtour seul, en contact avec l'oxygène de l'air, peut convenablement brûler, il étend dès lors la surface de ce contact, et, partant, il en active la combustion. C'est un effet semblable qui se produit dans les lampes à mèche cylindrique creuse, dont l'invention moderne, connue d'abord sous les noms d'Argand ou de Quinquet, rappelant celui des inventeurs, a constitué un grand progrès dans l'art de l'éclairage. Une grande partie de l'hydrogène carboné, résultant de la décomposition de l'huile par la chaleur, est incomburée dans les mèches pleines, et ne produit point de lumière; mais ce gaz a le double inconvénient de noircir, et de répandre une odeur mauvaise, impropre d'ailleurs à la respiration, et nuisible, par l'oxyde de carbone qu'il renferme. De nombreux et grands avantages ont résulté de cette découverte. Le verre, dans ces lampes, y fait office de cheminée, et détermine un courant d'air rapide extérieur et intérieur à la mèche, qui, facilitant le contact de l'oxygène de l'air avec toutes les parties de la colonne creuse gazeuze, en *combustionne* toutes les molécules. Les lampes de Quinquet ont été notablement améliorées de nos jours par Carcel, puis par l'inventeur des lampes modérateurs, qui, sans rien changer dans la disposition apparente des *becs* de lampe, ont eu l'idée d'élever le point de combustion par un excès d'huile retombant dans un réservoir. Cette modification éloigne la combustion des viroles métalliques dont le contact, par la température qu'elles acquéraient, avait pour effet fâcheux de carboniser la mèche sur une grande surface, d'y détruire la perméabilité ou capillarité, obstacle à une combustion régulière comme à celui d'un contact plus immédiat avec le double courant d'air.

Art. 277. — **Effets des toiles métalliques.** — Le gaz hydrogène carbonisé, connu sous le nom de *grisou,* qui se dégage dans les carrières de houille, se mêlant à l'air de ces conduits souterrains, et produisant dès lors un mélange combustible et même explosible si on y introduit un corps enflammé, était autrefois une cause continuelle d'accidents dans l'exploitation des mines houillères. L'illustre et savant anglais Davy, se fondant sur la propriété qu'ont les métaux d'être bons conducteurs du calorique, eut l'heureuse idée de l'appliquer à la production de lampes qui, tout en éclairant comme une lampe ordinaire de mineur, jouiraient de la propriété de brûler dans le milieu combustible précité, sans y déterminer d'explosion. La pratique vint confirmer ce que la théorie avait suggéré à cet homme de génie. Dans ces lampes, la combustion s'y produit dans un espace limité par un cylindre de toile métallique, et, si l'atmosphère qui alimente la combustion vient à prendre feu contre la flamme éclairante, cet effet se borne à l'intérieur du cylindre de métal, car, la flamme n'étant, ainsi que nous l'avons dit, que du gaz en combustion, la toile métallique lui enlève assez de calorique pour en faire baisser la température au-dessous de 500 degrés, aux points où elle est en contact avec cette toile, et empêche par là sa contiguïté avec l'atmosphère extérieure qui l'entoure, par conséquent l'inflammation de celle-ci.

COMBINAISONS DE L'AZOTE AVEC L'OXYGÈNE.

Art. 278. — **Acide azotique.** — L'azote forme avec l'oxygène cinq composés, dont un seul doit nous occuper : c'est l'acide azotique, eau forte, esprit de nitre des anciens. L'*acide azotique* du commerce renferme de l'eau ; c'est un liquide incolore quand il est pur, et ordinairement légèrement coloré en jaune par une petite proportion d'acide hypoazotique. Il corrode la peau en la colorant en jaune. Presque tous les corps combustibles en contact avec l'acide azotique le décomposent en lui enlevant une partie de son oxygène, ce qui le fait passer à l'état de bioxyde d'azote. Il se combine avec la plupart des oxydes pour former des azotates, dont certains jouent un grand rôle en agriculture. L'azotate de potasse, entrant dans la composition de la poudre de chasse, de mine et de guerre, nous intéresse à bien des titres. On obtient l'acide azotique ou nitrique du nitrate de soude, sel qui est très-abondant dans la nature, qui nous vient ordinairement du Pérou, et qu'on traite dans des cornues par l'acide sulfurique : il se forme du

10*

sulfate de soude, et l'acide azotique est recueilli dans des bonbonnes de grès.

ART. 279. — **Poudre à tirer.** — La poudre à tirer est le résultat d'un mélange intime de nitrate ou azotate de potasse (sel de nitre, salpêtre) avec du soufre et du charbon, dans des proportions qui varient selon la destination qu'on veut lui donner : la chasse, la guerre ou la mine. Les propriétés explosives de la *poudre* s'expliquent par la formation subite de divers gaz résultant de l'action réciproque des composants, gaz dont la tension, à la température qui se produit en même temps, est capable de vaincre les plus grandes résistances. Ces réactions, pour ne parler que des plus importantes, sont les suivantes : l'acide azotique, composé d'oxygène et d'azote, éléments qui ont peu d'affinité entre eux, est décomposé : son azote est mis à nu, à l'état de gaz permanent, et l'oxygène se combine soit avec le carbone, soit avec le soufre, pour former de l'acide carbonique, des acides sulfureux et sulfurique, enfin du soufre réuni encore à du carbone pour constituer du sulfure de carbone à l'état de vapeur ; ajoutons encore à ces gaz de l'eau de cristallisation du nitrate de potasse, passant subitement aussi à l'état de vapeur.

AMMONIAQUE.

ART. 280. — **Propriétés.** — L'*ammoniaque* est un composé d'azote et d'hydrogène, *gaz ammoniac*, dissous dans l'eau. Connu de temps immémorial sous le nom d'alcali volatil, ce composé joue en tout point, avec les acides, le rôle de base alcaline, à tel point que les sels qui en résultent ont une très-grande ressemblance avec les sels de potasse et de soude. Certains chimistes considèrent l'ammoniaque comme un oxyde dont le radical, l'*ammonium*, serait un composé d'azote et d'hydrogène renfermant une plus grande proportion d'hydrogène que l'ammoniaque.

On obtient l'ammoniaque dite *liquide* en faisant passer du gaz ammoniac dans de l'eau. On place à cet effet un sel d'ammoniaque, le sulfate d'ammoniaque par exemple, dans une cornue, avec de la chaux (oxyde de calcium), préalablement mêlés ; on chauffe : il se forme du sulfate de chaux qui reste dans la cornue, et le gaz ammoniac se dégage. Conduit, au moyen d'un tube, dans un flacon qui renferme de l'eau, cette eau dissout ce gaz, et se transforme ainsi en ammoniaque liquide.

PHOSPHORE.

ART. 281. — **Propriétés.** — Nous vivons à une époque où presque tout le monde connaît ce corps simple, par l'effet de la grande consommation qu'en font les fabricants d'allumettes. Solide, mais assez mou pour recevoir l'impression des ongles ; il est translucide comme de la corne, dont il a la consistance, et possède une odeur qui rappelle celle du lait. Il est lumineux dans l'obscurité, volatil, inflammable à la température ordinaire, quand il est sec.

Le phosphore est susceptible d'une modification dite *allotro-pique*, état dans lequel il possède des propriétés spéciales, telles que celles d'être de couleur rouge violacé, d'être presque inal-térable à l'air, enfin d'être non délétère, lorsque, dans l'autre état, le phosphore constitue un des poisons les plus violents que la nature produise.

C'est sur la propriété que possède le phosphore de brûler faci-lement, en produisant des acides phosphorique ou phosphoreux, qu'est fondée l'inflammation des allumettes dites phosphori-ques. Des brins de bois sec, préalablement soufrés d'un bout, sont plongés dans une pâte qui est un mélange, et non une combinaison, de phosphore et de chlorate ou d'azotate de potasse enveloppés dans un mucilage de gomme, cette pâte étant desséchée. Telles sont la plupart des allumettes que nous consommons en quantité prodigieuse, comme on sait, et dont le prix a baissé en raison de cette consommation. Dans la friction au moyen de laquelle l'inflammation se produit, du calorique se dégage, et dès lors s'exercent les affinités aux-quelles la cohésion était un obstacle : l'oxygène des acides azotique ou chlorique, ayant peu d'affinité pour l'azote ou le chlore, se porte sur le phosphore, qui en est avide, d'où naît la combustion de ce métalloïde ; mais le soufre, par contiguïté, s'enflamme à son tour en se combinant à l'oxygène dégagé ou à celui de l'atmosphère, et produit assez de calorique pour échauffer les éléments du bois, occasionnant la combustion de l'hydrogène et du carbone de ce bois; le bois dès lors s'enflamme à son tour, et le but est atteint.

ART. 282. — **Préparation.** — On le retire du phosphate de chaux que renferment les os des mammifères. A cet effet, après avoir enlevé à des os de mouton toute la matière organique qu'ils renferment, en les calcinant au feu jusqu'à ce qu'ils deviennent blancs, on les pulvérise; on les additionne d'une certaine quantité d'acide sulfurique, qui, se portant sur la chaux du phosphate, met à nu l'acide phosphorique. Cet acide est dès lors mêlé avec du charbon en poudre, ou carbone impur, dans une cornue de grès ou de métal qu'on porte sur le feu. Cette cornue est surmontée d'un tube qui plonge sous de l'eau, dans un baquet. On chauffe : l'oxygène de l'acide phosphorique se porte sur le charbon pour former de l'acide carbonique qui se dissout en partie dans l'eau du baquet, tandis que le phosphore, mis à nu, et passant à l'état de gaz, se dégage dans l'eau dont le froid le condense au fond du vase, où il ne s'agit plus que de le recueillir. On a soin de tenir constamment ce métalloïde dans l'eau pour éviter son inflammation.

ART. 283. — **Phosphures d'hydrogène.** — Le phosphore peut se combiner en diverses proportions avec l'hydrogène, d'où résultent des phosphures qui présentent quelque intérêt à cause de la curieuse propriété qu'ils ont d'être inflammables à une faible température, ou même spontanément quand ils renferment une proportion quoique très-minime de phosphore libre. Le phosphure d'hydrogène, plus connu sous le nom d'hydrogène perphosphoré, se dégage lorsqu'on projette du phosphure de calcium dans de l'eau : l'oxygène de l'eau se porte sur le calcium, pour l'oxyder et produire de l'oxyde de calcium ou chaux, et l'hydrogène mis à nu s'unit au phosphore, formant ainsi un phosphure gazeux spontanément inflammable. On voit dès lors se produire dans l'eau et s'élever, du sein de ce liquide, des bulles qui, au contact de l'air, s'allument, en produisant une faible détonnation. Il résulte de cette combustion, de l'eau et de l'acide phosphorique.

C'est à ce gaz, se produisant lors de la décomposition des matières animales par l'effet de la putréfaction, dans des terrains humides tels que marais ou cimetières, qu'on rapporte la cause de ces feux subits et vacillants, connus sous le nom de *feux follets,* qui ont le privilége d'impressionner si vivement, portant trop souvent l'inquiétude et la terreur dans nos campagnes. Ces vapeurs lumineuses, sans chaleur, dit M. de Girardin, apparaissent bien plus fréquemment en été qu'en hiver, parce que la décomposition spontanée des matières animales est plus active dans la première que dans la dernière des saisons. Elles se montrent particulièrement dans les endroits où le sol, sillonné de crevasses, recouvre des débris organiques enfouis depuis longtemps. Dans les vastes marais des Etats-Unis, notamment dans la vallée où coule le Connecticut, ces lueurs passagères sont bien plus fréquentes que dans aucune partie de l'ancien continent, et, en Amérique aussi bien qu'en Europe, ces feux follets sont une source de superstitions populaires, une cause de déceptions et de périls pour les voyageurs égarés pendant la nuit dans ces contrées marécageuses. Non loin de l'Achéron, ou fleuve Noir, dans l'Épire, se trouve le marais

Achérusien, où l'on voit voltiger continuellement des flammes phosphorescentes. C'est ce phénomène naturel, dont ils ne pouvaient connaître la cause, qui avait donné aux anciens l'idée d'entourer les enfers d'un fleuve de feu qu'ils nommaient le Periphlégéton.

La phosphorescence des poissons morts, bien connue de tout le monde, dit encore M. Girardin, n'est pas plus un prodige que l'apparition des feux follets : elle est due à l'émission lente d'hydrogène phosphoré qui provient de la putréfaction de leur laite, matière très-riche en phosphore.

ARSENIC.

ART. 284. — **Propriétés.** — Ce nom, qui est à juste titre un sujet de terreur, s'applique en chimie à un métalloïde ayant presque l'éclat des métaux : gris, cassant, cristallisant en rhomboèdres et d'une densité de 5,63 comparée à l'eau. Il se volatilise vers 300 degrés ou au rouge sombre, sans entrer en fusion, et cette vapeur possède une odeur alliacée caractéristique. Ses vapeurs se combinent rapidement avec l'oxygène, d'où résulte de l'acide arsénieux, ce composé d'arsenic devenu si tristement célèbre dans les annales du crime.

L'*acide arsénieux*, arsenic blanc, est un corps solide, blanc, très-vénéneux ; il perfore parfois l'estomac, ressemblant trop, quand il est pulvérisé, à du sucre, substance avec laquelle il y a eu de nombreuses et fatales méprises. Il est presque sans saveur, et, comme cinq centigrammes ingérés au corps de l'homme suffisent à produire la mort, on comprend qu'il ait servi si souvent d'agent toxique involontaire ou volontaire ; cinq centigrammes, c'est-à-dire un volume dix fois moindre que celui d'une prise de tabac ! Aussi a-t-il été de tout temps l'agent de prédilection des empoisonneurs, jusqu'à ce que les progrès de la chimie moderne aient pu en déceler des traces infinitésimales dans le corps des sujets qui succombent à son action délétère.

Avant d'exposer la méthode sur laquelle reposent les recherches de l'acide arsénieux dans les cas d'empoisonnement ou de mort violente, hâtons-nous de dire que, grâce aux progrès de cette chimie et aux applications qu'en fait la thérapeutique, les effets de ce terrible poison, quand on peut supposer en avoir avalé, sont victorieusement combattus par l'ingestion d'une grande quantité d'hydrate de peroxyde de fer en gelée, ou, à défaut, par le sesqui-oxyde de fer, et même par la magnésie calcinée, comme nous l'indiquerons à l'article général *Empoisonnements.*

ART. 285. — **Recherches de l'arsénic dans les cas d'empoisonnement.** — Elles reposent particulièrement sur la propriété que possède l'hydrogène, à l'état naissant, de se combiner directement avec ce métalloïde et même de décomposer les acides de ce corps simple, soit l'acide arsénieux, soit l'acide arsénique, pour former de l'arséniure d'hydrogène ou hydrogène arsénié. On reconnaît que cet hydrogène est arsénié (*appareil de Marsh*) en le faisant brûler par l'extrémité d'un tube effilé par lequel on le fait dégager, et en approchant du jet de flamme un corps froid, tel que de la porcelaine blanche sur la surface de laquelle l'arsenic se dépose soit à l'état métalloïdique, soit à l'état d'acide arsénieux, suivant la distance à laquelle on approche la porcelaine ; taches qui donnent, par l'emploi subséquent des réactifs, les réactions propres à ces corps. Le foie est le viscère dans lequel se trouvent les plus grandes traces de ce poison : aussi est-ce l'organe qu'on traite de préférence. On prend donc une assez minime portion de foie, qu'on traite d'abord par l'acide sulfurique pour détruire la matière organique ; il ne s'agit plus que d'ajouter de la grenaille de zinc et de l'eau, dans un flacon surmonté d'un tube effilé, pour qu'il s'y dégage de l'hydrogène (voir l'obtention de l'hydrogène, art. 255), et si peu que le foie contienne de la matière vénéneuse supposée, pour que cet hydrogène soit arsénié et qu'il donne les résultats précités.

ART. 286. — **Autres composés.** — Les autres composés d'arsenic importent peu, depuis surtout qu'on a trouvé le moyen de détruire les rats, souris, etc., en substituant le phosphore à l'acide arsénieux ; les mouches, comme autres insectes, avec le pyrèthre du Caucase.

Bien que la loi défende la vente de l'acide arsénieux et autres composés d'arsenic à d'autres qu'aux pharmaciens, disons que bien des droguistes ou marchands divers, ignorant sans doute cette défense, trouvent encore le moyen de débiter, sous le nom de cobolt ou cobalt aux mouches, un produit qui, ressemblant à de la mine de plomb, n'est autre que de l'arsenic métalloïdique impur, ayant par conséquent des propriétés délétères les plus manifestes, et qu'il est extrêmement dangereux d'employer à la destruction des mouches. Il devrait suffire de signaler cet abus pour prévenir les empoisonnements qui se sont fréquemment produits, chez des enfants surtout.

SOUFRE.

ART. 287. — **Propriétés.** — Tout le monde connaît le

soufre, qui, à l'état solide, est jaune, insipide, inodore, à moins qu'on ne le frotte, car il acquiert par le frottement l'odeur des corps électrisés. Il est mauvais conducteur de la chaleur et de l'électricité. Quand on le chauffe dans la main, on entend, à proximité de l'oreille, des craquements divers qui s'expliquent par l'action du calorique, qui, dilatant la surface, produit des ruptures avec ses parties les moins chaudes. Sa densité est de 2,03. Il est insoluble dans l'eau, peu soluble dans l'alcool et dans l'éther, assez soluble dans les carbures d'hydrogène liquides et surtout dans le carbure de soufre.

Il fond à 44 degrés et se volatilise à 440. Il cristallise, suivant les cas, en octaèdres ou en prismes, et il jouit de propriétés différentes, suivant sa cristallisation. Il peut même affecter un état allotropique spécial (soufre amorphe) dans lequel il perd la faculté de se dissoudre dans le sulfure de carbone.

Le soufre, chauffé à l'air, s'enflamme en produisant de l'acide sulfureux dont l'odeur est caractéristique (odeur d'allumettes soufrées).

ART. 288. — **Obtention.** — On le trouve tout formé dans la nature et dans le voisinage d'anciens volcans (solfatares), en Sicile surtout. Dans cet état impur, il est connu sous le nom de soufre gris, soufre brut. On le purifie au moyen de la *sublimation*, sorte de distillation dans laquelle les vapeurs, arrivant dans une pièce froide, s'y solidifient en produisant une poudre de soufre connue sous le nom de *fleur de soufre*. Le soufre du commerce, dit soufre en canon, s'obtient en faisant fondre cette *fleur de soufre* dans un creuset, et en la coulant dans des moules cylindro-coniques de bois humide.

ART. 289. — **Sulfure de carbone.** — Le soufre se combine au carbone, et donne naissance à un liquide (sulfure de carbone) des plus intéressants en ce qu'il est le dissolvant par excellence de certains corps, tels que le caoutchouc et la gutta-percha, substances qui, par leurs propriétés élastiques et hydrofuges, sont extrêmement précieuses pour une foule d'usages auxquels il eût fallu renoncer sans un dissolvant. Ce liquide est incolore, très-volatil. Il bout à 48 degrés centigrades. Il a une saveur âcre et brûlante, et une odeur qui rappelle celle des choux pourris. Sa densité est de 1,270. Insoluble dans l'eau, il est soluble dans l'alcool, dans l'éther et dans tous les corps gras. Il a porté d'abord le nom de liquide de *Lampadius,* du chimiste qui l'a découvert en 1796.

Le sulfure de carbone s'obtient en faisant passer des vapeurs de soufre dans un tube de porcelaine ou de grès dans lequel on dispose des fragments de charbon, le tout maintenu à une température élevée.

Art. 290. — **Acide sulfhydrique.** — Cet acide, connu généralement sous le nom d'hydrogène sulfuré, de gaz-plomb, est un gaz incolore, d'une odeur caractéristique d'œufs pourris. L'eau en dissout environ trois fois son volume. C'est un des gaz qu'on est parvenu à liquéfier. Dans sa combustion, à l'air, il se forme de l'eau et de l'acide sulfureux. C'est le gaz qui caractérise les eaux dites sulfureuses. C'est encore ce gaz qui se dégage des fosses d'aisances, et produit si souvent des accidents, connus sous le nom de *plomb* parmi les vidangeurs. C'est un réactif précieux en chimie, en ce qu'il donne naissance à des sulfures insolubles par sa combinaison avec tous les oxydes métalliques, si ce n'est avec les oxydes alcalins. Comme réactif, on l'emploie ordinairement, combiné à l'ammoniaque à l'état de sulfhydrate d'ammoniaque, ayant la propriété de décomposer presque tous les sels solubles pour former un sulfure avec le radical de l'oxyde. Dans cette réaction, prenons par exemple l'azotate de fer : l'hydrogène de l'acide sulfhydrique et l'oxygène du fer se combinent pour former de l'eau ; le soufre se porte sur le fer, d'où résulte un sulfure de fer noir, insoluble ; enfin l'acide azotique, abandonnant l'oxyde de fer, se porte sur l'ammoniaque pour produire de l'azotate d'ammoniaque soluble dans l'eau. C'est le cas de rappeler ici la loi de Berthollet (art. 268), si féconde en résultats, permettant de préjuger des actions réciproques qui doivent se produire entre les solutions de deux sels qu'on vient à mêler, suivant que de leur échange de base, entre les acides, pourra ou non en résulter un sel insoluble.

L'*acide sulfhydrique* s'obtient ordinairement par l'action d'un acide fort, le sulfurique, par exemple, sur un sulfure métallique, celui de fer de préférence. L'acide sulfurique, dans son affinité pour l'oxyde de fer, décompose l'eau : il se forme un sulfate d'oxyde de fer, et l'hydrogène de l'eau s'unit au soufre pour produire de l'acide sulfhydrique.

COMPOSÉS DE SOUFRE ET D'OXYGÈNE.

Nous ne parlerons que de trois composés de soufre avec l'oxygène, ceux qui présentent naturellement le plus d'intérêt dans leurs applications aux besoins de la vie.

Art. 291. — **Acide sulfurique.** — L'acide sulfurique du commerce renferme un équivalent d'eau. C'est un liquide incolore, inodore, ayant la consistance d'une huile, d'où le nom d'*huile de vitriol* sous lequel il a été longtemps désigné. Il pèse près de deux fois comme l'eau. C'est l'acide le plus énergique. Etendu de mille fois son poids d'eau, il rougit encore la teinture de tournesol. Il forme des sulfates avec les bases, dont il est très-avide, et ces sulfates sont très-répandus dans la nature. L'acide sulfurique est de tous les agents chimiques le p¹ employé dans les arts. Il altère rapidement les matières o aniques. Répandu sur du ligneux sec et facilement inflamm ble, tel que la paille, il peut l'allumer. Dans cette circonstance, il semble n'exercer d'autre action que celle de s'emparer de l'eau ou des éléments de l'eau, d'où de l'hydrogène est mis à nu et s'enflamme par l'élévation de température résultant de l'union de l'eau avec l'acide.

On trouve l'acide sulfurique à l'état libre, dans les eaux qui avoisinent certains volcans; mais celui qu'on emploie dans l'industrie est toujours le produit des arts.

La préparation de l'acide sulfurique repose sur la facilité avec laquelle l'acide sulfureux qui se produit par la combustion du soufre, au contact de l'air, passe à l'état d'acide sulfurique, lorsqu'il est en contact, à la fois, avec de la vapeur d'eau et avec un acide gazeux qui a peu d'affinité pour l'oxygène, comme le gaz acide azotique. L'acide azotique lui cède son oxygène, et le fait passer dès lors à l'état d'acide sulfurique hydraté. Cette préparation se fait en grand dans des chambres doublées de plomb, que les acides attaquent peu. On y fait arriver, et en même temps, de l'acide sulfureux, de la vapeur d'eau et de l'acide azotique gazeux. Dès lors, se produit la réaction, et l'acide sulfurique qui en résulte s'écoule dans la partie la plus déclive de la chambre. Dans cette première réaction, l'acide azotique est ramené d'abord à l'état de gaz bioxyde d'azote qui, au contact de l'air, se transforme en acide hypoazotique, et, au contact de l'eau, en acide azotique servant de nouveau à la suroxydation de l'acide sulfureux pour sa transformation en acide sulfurique, etc. L'acide azotique est produit, dans ce cas, par l'action de l'acide sulfurique sur du nitrate de soude : il y a formation de sulfate de soude, qui a son emploi soit en médecine, soit dans la fabrication du carbonate de soude, comme nous l'indiquerons ultérieurement, art. 325. L'acide sulfurique, ainsi produit, est trop faible, trop dilué. On est dans l'habitude, avant de le livrer au commerce, de le concentrer, ce qui se fait simplement en le soumettant à la vaporisation, sur le feu, et dans des chaudières de platine, inattaquables par l'acide.

ART. 292. — **Acide sulfureux.** — Cet acide se produit par la simple combustion du soufre à l'air. Il est soluble dans l'eau.

11

Il n'a pas de nombreux emplois dans les arts ; cependant il est employé en grand pour le blanchîment des laines, des pailles, etc. Il agit, dans ce cas, en s'emparant de l'oxygène des matières colorantes, et en se convertissant en acide sulfurique. Il y a lieu de laver les tissus ainsi décolorés ou blanchis, pour en enlever l'acide sulfurique dont ils sont imprégnés. Outre que c'est à l'acide sulfureux qu'on doit la fabrication en grand de l'acide sulfurique, il est encore employé dans les arts comme antiputride et antifermentescible. C'est ainsi que, à l'état de sulfite de chaux, il est employé, dans la fabrication du sucre, à prévenir la fermentation des sucs sucrés, à borner la fermentation des vins mousseux, etc.

ART. 293. — **Mutage.** — Le mutage, ou soufrage, est une opération de chimie vulgaire, qui a pour effet la conservation des matières organiques au moyen de l'acide sulfureux qui se produit dans la combustion du soufre. Des lanières de toile sont d'abord trempées dans du soufre fondu, puis retirées et mises à refroidir, pour que, en se refroidissant, la toile en reste recouverte sur toutes ses surfaces. Ces lanières, qui portent le nom de mèches soufrées, sont employées ensuite à brûler, introduites par la bonde, dans les tonneaux renfermant les sucs de fruits ou autres à conserver.

MM. Braconnot et de Dombasle avaient déjà proposé pour la conservation intacte, pendant tout l'hiver, des pulpes et sucs de betteraves, des légumes, des asperges, etc., le gaz acide sulfureux ; mais M. Lamy, de Clermont-Ferrand, a, dans ces derniers temps, perfectionné l'emploi de cet agent conservateur, et l'a même appliqué à la conservation des viandes. Son procédé consiste à maintenir ces matières organiques dans une atmosphère d'acide sulfureux, le tout renfermé dans des boîtes à cet effet ; et, afin que l'air, qui y pénètre à la longue, ne transforme l'acide sulfureux en acide sulfurique, on introduit, dans le double fond des boîtes, une dissolution de protoxyde de fer alcalin ou saturée de bioxyde d'azote, chargée d'en absorber l'oxygène. Nous avons vu, aux expositions de Clermont et de Paris, un gigot et diverses pièces de gibier ainsi préparées, d'une conservation parfaite.

L'acide sulfureux se prépare, dans les laboratoires, en faisant agir de l'acide sulfurique concentré à 66 degrés, sur du cuivre métallique. Dans cette opération, une partie de l'oxygène de l'acide se porte sur le cuivre pour le constituer à l'état d'oxyde qui se combine dès lors avec l'acide non décomposé. L'acide sulfurique est ramené à l'état d'acide sulfureux, qu'on recueille gazeux, ou qu'on fait passer dans l'eau pour le dissoudre, selon les besoins.

CHLORE.

ART. 294. — **Propriétés.** — Le chlore est un gaz de couleur jaune-verdâtre, d'une odeur forte, pénétrante, produisant des suffocations quand on le respire pur. Il est soluble dans le tiers de son volume d'eau. C'est un des gaz dits, autrefois, permanents, qui ont pu être liquéfiés par la simple pression. C'est, avec le brôme, le corps le plus électro-négatif après l'oxygène : aussi ne forme-t-il, avec cet élément, aucun composé stable. Il jouit d'une grande affinité pour l'hydrogène. Quand on réunit parties égales, en volume, de chlore et d'hydrogène, à l'ombre, ils se mélangent d'abord, sans se combiner, puis la combinaison s'effectue lentement ; mais la lumière directe arrive-t-elle sur ce mélange, qu'il y a dès lors combinaison subite, instantanée, et explosion, faisant voler le verre en éclats, s'il n'est constitué par des parois extrêmement résistantes.

ART. 295. — **Emploi.** — Le chlore est employé, dans les arts, à deux usages bien précieux : à la décoloration ou blanchîment d'une foule de substances, de la pâte à faire le papier, par exemple ; et à la désinfection de certains milieux, tels que les abattoirs, les fosses d'aisance, les hôpitaux. Il agit, dans l'un et l'autre cas, en s'emparant de l'hydrogène des matières colorantes ou des miasmes, pour se constituer à l'état d'acide chlorhydrique (1508, 1703, 1494).

ART. 296. — **Acide chlorhydrique.** — Résultat de la combinaison du chlore avec l'hydrogène, cet acide, à l'état gazeux, se dissout dans l'eau, dans la proportion de 480 volumes de gaz pour un d'eau, et constitue *l'acide muriatique* ou *esprit de sel* du commerce. Lorsque cet acide hydraté est pur, il est incolore, d'une odeur pénétrante, répandant, dans l'air humide surtout, d'abondantes vapeurs, et ne pèse guère plus que l'eau.

L'acide chlorhydrique est employé en chimie pour produire, avec les oxydes, des chlorures. Dans ces combinaisons, on le sait déjà, l'oxygène de l'oxyde s'unit à l'hydrogène de l'acide pour former de l'eau. Le chlore se combine directement avec le radical de l'oxyde, d'où résulte un chlorure. L'acide chlorhydrique est encore employé à décaper le cuivre et autres métaux, pour les disposer à recevoir l'étamage. Il est encore employé à obtenir le chlore, par la simple addition du bioxyde de manganèse : il se forme un chlorure de manganèse, ainsi que de l'eau, et du chlore est mis à nu. L'art du teinturier en emploie de notables quantités, spécialement pour obtenir le chlorure d'étain. Enfin l'art de frayer les routes à travers les roches calcaires en fait un usage considérable, depuis que M. l'ingénieur Courbebaisse a eu l'heureuse idée, pour y pratiquer des trous de mine en forme de bouteille, d'employer à cet usage l'acide chlorhydrique. Ces trous de mine ont sur la roche des effets décuples des trous cylindriques, en n'employant cependant que des quantités de poudre sensiblement les mêmes.

On prépare l'acide chlorhydrique par un procédé des plus simples, qui consiste à traiter le chlorure de sodium, sel marin, par l'acide sulfurique : il se produit du sulfate de soude, et l'acide chlorhydrique gazeux qui se dégage est amené à traverser de l'eau, dans laquelle il se dissout.

L'*eau régale* des orfèvres, cette liqueur acide qui a la propriété de dissoudre l'or en le transformant en chlorure, est un mélange d'acide chlorhydrique et d'acide azotique. Dans cette action chimique, l'acide azotique abandonne une partie de son oxygène en passant lui-même à l'état d'acide hypoazotique. Cet oxygène s'unit à l'hydrogène de l'acide chlorhydrique, et le chlore, mis à nu, se combine avec l'or.

ART. 297. — **Chlorures d'oxydes.** — Le chlore a la singulière propriété de pouvoir se combiner aux oxydes des métaux les plus électro-positifs, tels que potasse, soude et chaux, et de former du chlorure de potasse ou *eau de javelle*, du chlorure de soude ou *liqueur de Labarraque*, et du chlorure de chaux. Comme ces bases et le chlore ont entre eux une faible affinité, les chlorures d'oxyde sont employés à fixer et à dégager le chlore gazeux, pour les besoins de la vie ou des arts. On rend le dégagement du chlore très-manifeste en attaquant ces chlorures par un acide, quelque faible qu'il soit, qui forme dès lors un vrai sel avec la base. L'industrie du papier, l'art du teinturier, la fabrication des toiles, emploient une grande quantité de ces chlorures pour le blanchîment des tissus (art. 1494).

ART. 298. — **Combinaisons du chlore avec l'oxygène.** — Le chlore, qui a une faible affinité pour l'oxygène, peut néanmoins former avec ce corps simple une série de sept produits différents, tous acides. Aucun de ces acides n'ayant encore, que nous sachions, aucun emploi, nous nous bornerons à mentionner l'acide chlorique, qui fait partie du chlorate de potasse, sel fort employé soit dans la fabrication des allumettes dites *chimiques*, soit dans la pyrotechnie. Le chlorate de potasse est la base d'une foule de poudres qui ont un effet détonnant et une force expansive supérieurs à ceux que produisent les poudres à base d'azotate de potasse. Le chlorate de potasse entre même dans la composition de certaines poudres dites fulminantes, qui prennent simplement feu au choc, entre deux corps durs. Les propriétés fulminantes ou simplement explosives de ces poudres, reposent sur l'existence, dans leur composition, de corps avides d'oxygène, avec un chlorate qui leur abandonne ce corps simple, le comburant par excellence.

BROME ET IODE.

ART. 299. — **Leur origine.** — Ces deux corps simples n'ont encore guère d'usage qu'en médecine et en photographie. Ils ont entre eux la plus grande analogie, quoique l'un soit solide, et l'autre liquide, à leur état normal. On les retire des eaux mères des soudes de varechs. L'iode dissous dans l'alcool, liquide qui porte le nom de teinture d'iode, est le réactif de l'amidon. Ce principe organique immédiat se colore en bleu par le contact de l'iode ainsi dissous.

FLUOR OU PHTORE.

ART. 300. — **Propriétés.** — Le fluor est un corps simple qui n'a pas encore été obtenu à l'état de pureté, mais qui forme, avec l'hydrogène, un composé, l'acide fluorhydrique, qui a la curieuse et précieuse propriété d'attaquer le verre, ainsi que tous les composés de silice. Aussi est-il utilisé pour la gravure du verre, du cristal, etc. Dans cette action, l'hydrogène de l'acide fluorhydrique se porte sur l'oxygène de la silice, ou acide silicique, et le fluor se combine au silicium, constituant du fluorure de silicium, qui est un gaz.

ART. 301. — **Préparation de l'acide fluorhydrique.** — La nature fournit du fluorure de calcium, minéral qu'on trouve sous forme de cristaux cubiques d'une rare beauté, de couleur ambrée, transparents, se laissant facilement rayer avec la lame d'un couteau. On le pulvérise, et on le traite, dans une cornue de plomb, avec de l'acide sulfurique. Il se produit du sulfate de chaux et de l'acide fluorhydrique qui se dégage et va se condenser dans un récipient de métal, sous forme d'un liquide incolore, fumant à l'air, et d'une odeur piquante rappelant celle de l'acide chlorhydrique (art. 296).

CARBONE:

ART. 302. — **Propriétés.** — Le carbone existe sous divers états, dans lesquels il possède des propriétés physiques et même chimiques spéciales à chacun d'eux; mais, dans tous ces états, il est solide, infusible, fixe aux températures de nos fourneaux, se ramollissant et même se volatilisant sous l'influence de courants électriques intenses. Il est insoluble, sauf cependant dans la fonte de fer en fusion.

ART. 303. — **Le diamant.** — Le diamant est du carbone à l'état de pureté. Dans cet état, le carbone constitue le corps le plus dur de la nature, car il les raye tous sans pouvoir être rayé par aucun. On le rencontre dans la nature, aux environs de Golconde et de Visapour, à Borneo, au Bengale, au Brésil, etc. Si le diamant n'avait pour nous d'autre mérite que son pouvoir dispersif qui lui procure ces effets, ces jeux de lumière, le faisant rechercher comme parure de premier ordre, nous ne nous en occuperions pas ; mais il constitue un corps éminemment précieux à cause de sa dureté, soit qu'on l'emploie à la construction, dans les chronomètres, des pièces qui doivent en quelque sorte être inusables, pour la perfection de ces intruments ; soit qu'on l'emploie comme agent de division et pour travailler le verre, les silicates naturels, les pierres dites précieuses ou fines, etc. C'est sous forme de cristaux incolores ou légèrement colorés qu'on le recueille. On profite ordinairement de la propriété qu'il possède, *par le clivage* (1), d'être ramené à la forme octaédrique. Enfin, aucun autre corps n'étant assez dur pour le travailler, c'est avec sa poussière propre qu'on peut l'user pour augmenter le nombre de ses facettes.

ART. 304. — **Graphite.** — Le *graphite* ou *plombagine*, minéral qu'on trouve sous forme de paillettes brillantes d'un gris d'acier, onctueuses, avec lesquels ont fait les crayons dits *mine de plomb*, est encore du carbone presque à l'état de pureté. On le rencontre en France, en Espagne, en Angleterre et en Allemagne, dans les terrains primitifs. On en fait des creusets réfractaires ; il est employé comme drogue de peinture, à l'eau, pour recouvrir la fonte et les fers d'une couche qui leur donne un aspect agréable, en même temps qu'elle les préserve de la rouille. Il jouit, comme le talc, de la propriété de rendre les surfaces glissantes, en mécanique.

ART. 305. — **Anthracite, houille, lignite.** — L'*anthracite*, le *charbon de bois*, le *lignite*, la *houille* même, constituent autant de variétés de carbone, plus ou moins impur.

ART. 306. — **Coke.** — La houille est du carbone renfermant une assez grande proportion d'hydrogène ; carbone provenant des plantes, auxquelles on rapporte la formation de ce combustible naturel (art. 413). Lorsqu'on calcine la houille dans des cornues

(1) On entend par *clivage* l'action brusque qu'on exerce sur un cristal, au moyen d'un ciseau, ayant pour but de l'amener à la forme régulière et symétrique que suppose son système cristallin.

de grès pour en obtenir l'hydrogène carboné destiné à l'éclairage, il reste dans ces cornues un produit fixe qu'on connaît sous le nom de coke, qui est poreux, bon conducteur du calorique et de l'électricité. Comme ce carbone fait peu de fumée en brûlant, qu'il laisse aussi peu de cendres, et qu'il attaque peu les creusets, c'est un combustible précieux à plus d'un titre, qui reçoit une application sur une grande échelle dans notre industrie métallurgique et pour le chauffage des machines à vapeur.

ART. 307. — **Charbon de bois.** — De quelque végétal que provienne le charbon, il renferme de l'hydrogène que la carbonisation ne lui a pas complétement enlevé, ainsi que divers composés inorganiques, tels que : silice ou acide silicique, carbonates de potasse, de soude, etc. Le charbon de bois, qui représente du carbone à peu près pur, est celui qui provient de la combustion du sucre. Le noir de fumée, qui est du carbone entraîné mécaniquement par la décomposition des résines ou des huiles, est encore du carbone divisé, à peu près pur.

Le charbon de bois conduit mal le calorique, quand il est incomplétement calciné, comme celui que nous employons aux usages ordinaires; mais, fortement calciné, il devient bon conducteur du calorique et de l'électricité. C'est dans des trous qu'on pratique dans la terre, et qu'on remplit de charbon de bois, qu'on fait arriver l'extrémité du fer conducteur de l'électricité chargé d'amener le fluide des paratonnerres au *réservoir commun* (art. 71).

Le charbon de bois récemment préparé jouit de la singulière propriété d'absorber les gaz, et cette absorption est proportionnelle à leur solubilité dans l'eau.

Un volume de charbon absorbe, en volume de gaz :

1,75 d'hydrogène;
7,50 d'azote;
9,25 d'oxygène;
9,50 d'oxyde de carbone;
35, » de bicarbure d'hydrogène;
35, » d'acide carbonique;
40, » de protoxyde d'azote;
55, » d'acide sulfhydrique;
65, » d'acide sulfureux;
85, » d'acide chlorhydrique;
90, » d'ammoniaque gazeuse ou gaz ammoniac.

L'absorption du gaz par le charbon est en raison inverse de la température. A 100 degrés, elle cesse de se produire. Elle augmente avec la pression atmosphérique, et est nulle dans le vide.

C'est à la propriété que possède le charbon d'absorber les gaz qu'on rapporte le pouvoir dont il jouit de désinfecter les eaux de mare, de citerne, etc., dans les contrées privées d'eau de source. Pour rendre potables des eaux souvent infectes, il suffit de les faire filtrer au travers d'un lit de charbon en poudre disposé comme il suit, constituant un appareil connu généralement sous le nom de *filtres Ducommun*, de celui qui, le premier en France, se livra à leur fabrication.

ART. 308. — **Filtres au charbon.** — Sur une grille grossière de fer ou de poterie, dans un vase muni d'un robinet au bas, on dispose une couche de galets de rivière de la grosseur d'une noix environ. Sur ces galets on dispose une couche de sable grossier, et sur celle-ci une couche de sable fin. On tasse et on verse du charbon de bois pulvérisé et mouillé, de manière à en constituer une couche d'un ou plusieurs décimètres. On tasse, on recouvre d'une couche de sable fin, puis d'une couche de sable grossier, puis enfin d'une couche de galets. On superpose à tout cela une grille semblable à celle qui supporte l'ensemble des diverses couches, et le filtre est prêt à fonctionner. Lorsque son pouvoir désinfectant est épuisé, on renouvelle la couche de charbon ; mais sa durée est plus grande, à ce qu'il paraît, qu'on ne saurait croire, surtout lorsque les eaux qu'on traite sont presque potables, et qu'il n'y a, par conséquent, à en éliminer que de faibles quantités de gaz ammoniac, sulfhydrique, etc. (Voir art. 1394.)

ART. 309. — **Noir animal.** — Le *noir animal*, qui jouit à un haut degré de la propriété de décolorer les liquides, et dont l'industrie sucrière fait un si grand emploi, provient de la calcination des os, dans des cornues ou des marmites de fonte. La propriété qu'il a d'absorber la matière colorante semble résider dans sa porosité. Cette propriété est si grande que quelques grammes de cette substance ajoutés à un litre de vin, avec lequel on les laisse en contact pendant deux heures, suffisent pour le rendre aussi incolore que de l'eau. Il ne s'agit dès lors que de passer au travers d'un filtre au papier qui retient le charbon pulvérisé avec la matière colorante, qu'il s'est assimilée, et laisse écouler le vin décoloré.

ART. 310. — **Composés de carbone.** — Chauffé au contact de l'oxygène ou de l'air en excès, le charbon se transforme en acide carbonique. Lorsqu'il y a excès de charbon, il se produit seulement de l'oxyde de carbone. Nous avons déjà dit (art. 289) qu'en faisant passer un courant de soufre gazeux au travers du charbon porté au rouge, dans un tube de porcelaine, il se transformait en sulfure de carbone.

L'azote n'a pas d'action sur le carbone; mais, en présence d'un alcali tel que la potasse, par exemple, il y a production de cyanogène, composé très-intéressant d'azote et de carbone, qui joue le rôle de corps simple, se combinant dès lors avec le radical de l'alcali.

Le carbone a une affinité telle pour l'oxygène, qu'il décompose l'eau à la chaleur rouge, en produisant de l'hydrogène et du gaz oxyde de carbone.

ART. 311. — **Acide carbonique.** — L'acide carbonique est un gaz incolore, d'une odeur faible, un peu piquante, d'une saveur à peine aigrelette. C'est le plus lourd des gaz. Son poids spécifique ou densité, comparé à l'air, est de 1,529, approximativement une fois et demie le poids de l'air. Le litre de ce gaz pèse deux grammes. En raison de sa pesanteur spécifique, il a une tendance à se maintenir plus bas que l'air, lorsqu'on le mêle à ce dernier. Il est impropre à la combustion, ainsi qu'à la respiration. De même qu'une bougie s'éteint dans ce gaz, un animal ne saurait y vivre : c'est ce qui explique les asphyxies si fréquentes auxquelles il donne lieu, soit dans les cuves vinaires, soit dans des pièces où l'air ne se renouvelle pas, lorsqu'on y a fait brûler du charbon. Tout le monde sait aujourd'hui combien il est dangereux d'allumer du charbon de bois dans une pièce privée de cheminée et de tout courant d'air. On sait aussi tout le danger attaché à la respiration de l'air qui entoure les cuves dans lesquelles on met fermenter de la vendange ou des fruits: aussi doit-on recommander, avant de s'y exposer, de n'y pénétrer qu'avec un corps enflammé à la main, une bougie ou une lampe, qu'on a soin de maintenir très-bas, à cause de l'étage inférieur qu'occupe, dans l'atmosphère, l'acide carbonique, et qui, suivant qu'elle brûle ou qu'elle a une tendance à s'éteindre, indique la pureté ou l'impureté de l'air.

C'est au poids spécifique de ce gaz et à sa propriété d'être impropre à la combustion qu'on doit attribuer le curieux phénomène qui se produit dans la grotte de Pozzuolo, dite *la grotte du Chien*. Dans cette caverne où, par l'effet de fissures du sol qui donnent issue à de l'acide carbonique, il y a constamment une couche de quarante à cinquante centimètres de ce gaz, les chiens qu'on y amène, fixés par une corde, y meurent dans quelques minutes, tandis que l'homme, dont la respiration s'effectue dans la couche d'air qui domine l'acide carbonique,

11*

en éprouve à peine un peu de malaise. Cette couche de gaz carbonique se maintient à un niveau presque constant, dans la grotte, par suite de son entrée plus haute que son aire, et au-dessus du niveau de laquelle se produit seulement le courant d'air.

L'eau dissout environ un volume de gaz acide carbonique, à la pression et à la température ordinaires; mais la quantité qu'elle peut en dissoudre augmente avec la pression. Les vins mousseux et limonades gazeuses, qui en renferment de deux à quatre volumes, lui doivent leur goût aigrelet, leur propriété pétillante et leurs qualités digestives.

Dans la fabrication des boissons gazeuses artificielles, l'acide carbonique provient soit du carbonate de chaux ou craie, abondant dans la nature, soit du bicarbonate de soude, sels qu'on traite par un acide plus fort que le carbonique, ayant plus d'affinité pour la chaux ou la soude : il en résulte du sulfate de chaux ou de soude qui reste dans la liqueur, et l'acide carbonique gazeux se dégage. On l'amène, sous une pression suffisamment grande, à traverser le liquide dans lequel on veut le dissoudre, et on en favorise la dissolution au moyen de l'agitation.

Dans la fermentation des sucs de fruits, le sucre qu'ils renferment est converti en alcool par l'effet d'une perte de carbone et d'oxygène qui se réunissent pour constituer de l'acide carbonique qui s'échappe de la cuve à l'état de gaz, en produisant une sorte d'ébullition (art. 1431).

Le *gaz acide carbonique* est extrêmement répandu dans la nature. L'atmosphère en renferme des quantités variables. Les volcans en rejettent continuellement par les cratères ou par des fissures du sol, et la combustion de toutes les matières qu'on fait brûler sur le globe, comme la respiration pulmonaire de tous les animaux, ont pour effet d'en produire de notables quantités. N'allons pas croire cependant que la proportion d'acide carbonique répandue dans l'air aille toujours en croissant, par suite des sources permanentes précitées : nous tomberions dans une erreur d'autant plus grande que c'est l'inverse qui se produit. En effet, si des quantités très-grandes en sont versées à chaque instant dans l'atmosphère, celle-ci, pour subvenir au développement du règne végétal, qui, absorbant l'acide carbonique, s'assimile le carbone en en rejetant l'oxygène, en perd ainsi une quantité telle qu'il se produit une sorte d'équilibre, se traduisant même, mais fort à la longue, par une diminution réelle. De la sorte, cette atmosphère devient de jour en jour plus pure et plus propre à la vie du règne animal, en même temps qu'elle est moins favorable au développement du règne végétal.

Les carbonates sont nombreux à la surface du globe : tel est le carbonate de chaux, ou calcaire, qui constitue à lui seul les trois quarts des terrains de sédiment ; le carbonate de magnésie, qui fait partie de la *dolomie*, carbonate double de chaux et de magnésie ; le carbonate de fer, fer carbonaté, lithoïde, limoneux, cloisonné, etc.

L'acide carbonique peut, au moyen d'une forte compression, être amené à l'état liquide. On a pu même le solidifier par le concours simultané de la pression et du froid. Nous devons à M. Thilorier le premier appareil au moyen duquel on a pu liquéfier ce gaz; appareil qui, malheureusement, éclata à l'école de pharmacie de Paris et tua l'opérateur, M. Hervy, jeune chimiste de grande espérance. L'acide carbonique, aux états liquide et solide, jouit de propriétés extrêmement intéressantes que notre cadre, trop étroit, ne nous permet pas de décrire. Il en est cependant que nous ne pouvons passer sous silence : ainsi, l'acide carbonique, qui, à l'état de gaz, est très-soluble dans l'eau, ne se mêle pas à ce liquide dès qu'il est lui-même dans le même état d'agrégation. A l'état liquide, il est, au contraire, soluble dans l'éther, dans l'alcool, et dans les huiles essentielles, comme le sont les corps gras. En passant subitement de l'état liquide à l'état gazeux, il produit un froid des plus intenses évalué à 100 degrés au moins au-dessous de zéro du thermomètre centésimal. En faisant arriver un jet d'acide carbonique liquide dans un flacon, on voit le vase se remplir presque entièrement d'une substance blanche, floconneuse comme de la neige, et qui est de l'acide solide. Dans cette expérience, une partie de l'acide carbonique passe à l'état de gaz aux dépens du calorique du liquide restant, qui perd dès lors assez de calorique pour passer à l'état solide. L'acide carbonique solidifié peut se conserver pendant un certain temps dans cet état sans qu'il soit nécessaire de le soumettre à une forte pression, et cependant il se maintient à une température approximativement de 90 degrés. Cela s'explique, soit parce qu'il est mauvais conducteur du calorique, soit par l'évaporation qui se produit à la surface, aux dépens du calorique latent de la partie solide. Quand on mêle l'acide carbonique solide avec de l'éther, il en résulte un froid tel qu'il peut, à la température ordinaire, congeler quatre fois son poids de mercure. L'effet produit sur nos organes ressemble à la douleur qu'occasionnerait une brûlure. C'est avec ce mélange, placé dans le vide d'une machine pneumatique, que Faraday a obtenu la liquéfaction de plusieurs gaz dits permanents.

ART. 312. — **Oxyde de carbone.** — C'est un gaz incolore, inodore et insipide. Sa pesanteur spécifique, comparée à l'air, est de 0,97. On n'est pas encore parvenu à le liquéfier. Il est très-peu soluble dans l'eau. Il n'a pas d'emploi direct connu ; mais il joue un grand rôle dans le traitement des minerais métalliques. On sait aujourd'hui que c'est à ce gaz, qui a une tendance très-grande à passer à l'état d'acide carbonique en absorbant l'oxygène de l'oxyde de fer, qu'est due la réduction de l'oxyde de ce métal dans les hauts-fourneaux.

M. Leblanc a montré que l'asphyxie par le charbon, qu'on a longtemps attribuée à l'acide carbonique, est plus spécialement due à l'action délétère de l'oxyde de carbone, d'autant plus redoutable que son existence, dans un milieu, n'est décélée ni par l'odorat, ni par l'organe du goût, ni même par une action spéciale sur la flamme des corps en ignition, du moins quand la proportion qu'en renferme l'air est minime. Son mélange à l'air atmosphérique, dans le rapport de moins d'un trentième, est capable de déterminer la mort. Il en faut une très-minime proportion dans le milieu que nous respirons, pour qu'il détermine la céphalalgie.

ART. 313. — **Carbures d'hydrogène.** — Le *proto-carbure d'hydrogène*, ou hydrogène proto-carburé, *gaz des marais*, se produit lors de la décomposition des végétaux, sous l'influence de l'eau. Il est incolore, inodore et insipide. C'est un composé fort peu intéressant. Le *bi-carbure d'hydrogène*, gaz oléfiant, qu'on obtient en chauffant de l'alcool avec de l'acide sulfurique, n'ayant non plus aucun emploi dans les arts, nous le passerons sous silence.

ART. 314. — **Gaz de l'éclairage.** — Ce produit complexe, qu'on obtient par la décomposition de la houille dans les cornues, à une température élevée, renferme essentiellement du proto-carbure et des percarbures d'hydrogène, de l'oxyde de carbone, de l'acide sulfhydrique, du sulfure de carbone et du sulfhydrate d'ammoniaque. Avant de livrer ce gaz à la combustion, on lui fait traverser de l'eau et un lait de chaux, liquides dans lesquels les proto-carbure et percarbure d'hydrogène abandonnent à peu près tout ce qui, étant gazeux, n'est pas combustible, et où se déposent encore quelques carbures liquides, tels que le coaltar, qui s'y condensent.

ART. 315. — **Le grisou.** — On entend par ce nom, dans

l'art d'exploiter les mines, un gaz combustible qui se dégage
des carrières de houille, se mêle à l'air que renferment ces
conduits souterrains, peut dès lors s'enflammer et même faire
explosion par l'approche d'un corps en ignition, et déterminer,
outre la mort des hommes employés à l'exploitation, des éboulements et la combustion même des couches du combustible
minéral avec lesquelles il est en contact, comme à Fontaynes,
au Montet et à La Salle (Aveyron). Ce gaz est un carbure d'hydrogène souvent mêlé d'azote et d'acide carbonique. Nous en
avons déjà parlé au chapitre consacré à la combustion et à la
lampe de Davy (art. 272, 277). Ajoutons que sa combustion est
souvent spontanée. On attribue sa formation à l'action réciproque entre les pyrites ferrugineuses (sulfure de fer) et l'eau :
l'eau serait décomposée ; son oxygène se porterait sur le fer et
sur le soufre, d'où naîtrait un sulfite ou un sulfate de fer ; et
l'hydrogène, mis à nu, s'enflammerait dans un milieu où
l'exercice des affinités produit une chaleur suffisante à cet effet.

CYANOGÈNE.

ART. 316. — **Propriétés.** — Le cyanogène, que nous avons
dit (art. 310) se produire chaque fois que le carbone et l'azote
libres se trouvent, à une température convenable, en présence
d'un alcali, a la plus grande analogie de propriétés avec le
chlore, le brome, l'iode et le fluor. Il forme, avec la plupart des
métaux, des cyanures, et, avec l'hydrogène, de l'acide cyanhydrique, acide qui préexiste dans plusieurs végétaux, constituant
le poison le plus violent.

Le cyanogène est un gaz incolore, d'une odeur vive et pénétrante, difficile à définir. Il pèse 1,8 comme l'air. Il est susceptible de se liquéfier. L'eau en dissout quatre fois son volume. Il
brûle en donnant de l'azote et de l'acide carbonique. On l'obtient
par la décomposition du cyanure de mercure, à une température
élevée.

ART. 317. — **Acide cyanhydrique.** — L'*acide cyanhydrique*,
connu encore sous le nom d'acide prussique, est un liquide
incolore, d'une odeur de noyaux ou d'amandes amères. Sa
densité, comparée à celle de l'eau, est de 0,7. Il bout à 26 degrés
centigrades, et passe à l'état solide à 15 degrés sous zéro. Nous
l'avons déjà dit, c'est le plus violent des poisons connus, et son
action est extrêmement prompte. Une goutte instillée entre la
conjonctive de l'œil d'un lapin en détermine la mort en quelques secondes. La même quantité, portée dans la gueule du
chien le plus vigoureux, le fait tomber roide mort après deux
ou trois grandes inspirations précipitées (GIRARDIN). Schariger,

chimiste de Vienne, est mort dans l'espace de deux heures pour
en avoir laissé tomber, par hasard, un peu sur son bras. En
1848, un marchand de Londres, du nom de Deffel, répand par
mégarde de l'acide cyanhydrique, même étendu d'eau, sur la
manche de son habit, et en reçoit quelques gouttes au visage :
il expirait au bout de quelques instants.

Cette puissante action délétère, dit M. Girardin, le savant
recteur de l'académie de Clermont, rend moins incroyable l'activité prodigieuse des breuvages composés par Locuste, cette
matrone gauloise que Néron associait à ses crimes, et qui pré-
parait, avec des plantes de la Phrygie et de la Thessalie, des
poisons aussi prompts que le fer. Tous ces empoisonnements
subits, dont le souvenir est conservé dans l'histoire, s'expliquent maintenant. Paulonius tua le père d'Hamlet en lui introduisant un poison dans l'oreille. Clément VII fut empoisonné
par la flamme d'une bougie. Toffana, célèbre empoisonneuse
napolitaine, se servait d'un couteau, dont un seul côté de la
lame était empoisonné, pour couper le fruit dont la moitié
devait faire périr sa victime, pendant qu'elle-même mangeait
impunément l'autre moitié. Eh bien ! tous ces faits étranges, et
qui semblaient fabuleux, n'offrent rien que l'acide prussique ne
puisse renouveler.

L'eau distillée de laurier-cerise, l'huile essentielle d'amandes
amères, toutes les amandes de nos fruits à noyaux, les pepins
de pommes et de poires, et en général toutes les substances qui
renferment de l'acide cyanhydrique, sont également des poisons
redoutables à des doses assez faibles. En 1837, continue
M. Girardin, le *Journal de chimie médicale* racontait l'empoisonnement d'un cultivateur des environs d'Ancenis qui, pour
faire disparaître la fièvre qui le tourmentait, fit usage, d'après
le conseil d'un ami, d'une décoction de feuilles fraîches de
pêcher. Le même journal nous apprenait, en 1852, la mort
presque subite d'un enfant d'Arles, pour avoir mangé les amandes
de deux abricots–pêches.

On obtient l'acide cyanhydrique en attaquant le cyanure de
potassium par l'acide sulfurique : il se forme du sulfate de
potasse aux dépens de l'oxygène de l'eau et du potassium, et
l'hydrogène, mis à nu, se porte sur le cyanogène pour constituer l'acide cyanhydrique.

BORE.

ART. 318. — **Propriétés.** — Le bore est un métalloïde qui a
beaucoup d'analogie avec le carbone. Il est peu répandu à la
surface de la terre, et ne présente un peu d'intérêt, pour nous,

que par l'acide borique, qui résulte, comme le dit son nom, de sa combinaison avec l'oxygène. Cet acide existe tout formé dans les *lagoni* de la Toscane. On fait évaporer l'eau qui le renferme, et on l'obtient dès lors, sous forme de cristaux blancs, nacrés, doux au toucher. Il est peu soluble dans l'eau, et il forme, avec la soude, le borate de soude, sel dont on fait un assez grand usage dans les arts, sous le nom de *borax*, pour braser le fer avec la *soudure forte*, alliage de cuivre et de zinc. En recouvrant la surface à souder, il la préserve de l'oxydation, à la température élevée à laquelle fond cette soudure. Il en maintient ainsi la surface métallique brillante, condition essentielle à la brasure qu'on se propose d'effectuer. On doit encore rapporter à la faculté que possède le borate de soude de dissoudre les oxydes métalliques à une température élevée, cette propriété qu'il a de favoriser les soudures. Il agit donc à la fois en empêchant l'oxydation et en décapant le métal.

L'acide borique est aussi du domaine de la pharmacologie, qui n'en consomme que de minimes quantités. Son principal emploi a lieu pour la fabrication des glaces, dans la composition desquelles il en entre de notables quantités.

SILICIUM.

ART. 319. — **Propriétés.** — M. Sainte-Claire-Deville a obtenu le silicium sous deux états : graphitoïde et cristallin ; présentant ainsi une très-grande analogie avec le carbone. C'est un corps simple, peu intéressant par lui-même, mais qui a une grande importance comme radical de la *silice* ou *acide silicique*.

ART. 320. — **Acide silicique.** — L'*acide silicique* est très-répandu dans la nature, et c'est, à l'état de pureté, le quartz hyalin ou cristal de roche. A l'état de moindre pureté, il constitue les autres variétés de quartz et de silex ; enfin, à l'état de silicate de potasse, de soude, de magnésie, de chaux, de fer, d'alumine, etc., il fait partie de toutes les roches primitives. L'acide silicique se trouve encore en proportions considérables dans l'eau chaude des *geisers* de l'Islande.

L'acide silicique est blanc ou incolore, selon qu'il est divisé ou cristallisé. Il est très-dur, et raye le verre. Il cristallise en prismes hexaèdres ou à six pans, terminés par des pyramides. En Italie, de splendides cristaux incolores qu'on recueille aux environs de Civita-Vecchia sont connus dans le commerce sous le nom de *diamants de la Tolfa*, du lieu même de leur gisement.

« Quand le cristal de roche est coloré par des oxydes métalliques, il forme un grand nombre de pierres précieuses naturelles assez estimées, comme la *topaze du Brésil*, le *rubis de Bohème*, l'*améthyste*, l'*agate*, la *cornaline*, la *calcédoine*, l'*héliotrope*, l'*aventurine*, etc., dont les couleurs pures sont dues à des oxydes de fer ou de manganèse. Les *agates* sont utilisées, à cause de leur dureté, à la confection de mortiers, de molettes et de brunissoirs.

» L'*opale*, si recherchée dans la bijouterie, est de l'acide silicique hydraté.

» Les *pierres meulières* entre lesquelles on écrase le blé, et qui servent souvent dans les constructions ; les *cailloux* ou *silex*, avec lesquels on fait les pierres à fusil et à briquet ; les *grès*, si utiles pour le pavage des routes et pour aiguiser les instruments en acier ; les sables qui entrent dans la composition des mortiers, de toutes les poteries et de tous les verres, depuis le verre à bouteille jusqu'au cristal ; les jaspes employées dans la décoration ; les tripolis, nécessaires pour le polissage de certains corps durs ; tout cela n'est encore que de l'acide silicique simplement mélangé de quelques substances étrangères, notamment d'alumine et d'oxyde de fer. (GIRARDIN.) »

ART. 321. — **Verres.** — Si l'acide silicique pur est infusible aux plus hautes températures de nos fourneaux, les produits de sa combinaison avec les oxydes sont extrêmement fusibles, le plus souvent transparents, et constituent les *verres*, les *cristaux*, etc.

Le *verre vert à bouteille* est simplement un silicate de soude, de chaux et de fer, obtenu en fondant ensemble, à une haute température, du sable (formé d'acide silicique et d'oxyde de fer) et du sel de soude (mélange de carbonate de soude et de carbonate de chaux).

Le *verre noir à bouteille* ne diffère guère du verre vert qu'en ce que les matières qu'on emploie sont moins pures ; que la proportion du sable en est plus grande et de qualité inférieure, souillé ordinairement par des matières minérales généralement ferrugineuses, et qu'on y ajoute de l'argile (alumine impure). C'est un silicate de soude, de fer et d'alumine.

Le *verre blanc* a la même composition que le verre vert, si ce n'est qu'il est exempt de fer, ou qu'on y ajoute du peroxyde de manganèse, qui, faisant passer le protoxyde de fer à l'état de sesqui-oxyde, le décolore.

Le *verre à vitre* renferme en outre de la craie.

Le *verre à gobeleterie*, le *verre de Bohème*, le *verre à glaces* et le *crown-glass* des Anglais, sont un verre dans lequel la soude est remplacée par de la potasse et de la chaux. C'est un silicate de potasse et de chaux.

Le *cristal à bouteilles*, *à flacons* ou *verres taillés*, et le *flint-glass*, sont un silicate et borate de potasse et de plomb.

Le *strass* enfin, avec lequel on imite si parfaitement le diamant et les pierres précieuses, est un sel double composé de silicate et de borate de potasse et de plomb, plus riche en oxyde de plomb que le cristal.

L'acide silicique, uni à l'oxyde de plomb, constitue le vernis des poteries communes; et, si à ce silicate de plomb on ajoute une certaine proportion d'acide stannique, on obtient l'*émail blanc* de la faïence et des cadrans de pendule, de montre, etc. L'émail de la terre de pipe et de la porcelaine n'est qu'un verre. Les *émaux* avec lesquels on fait les vitraux ne sont encore que des verres très-fusibles, renfermant de l'oxyde de plomb ou du borate de soude, etc., colorés avec des oxydes métalliques de fer, de cuivre, de cobalt et d'alumine, de chrôme, etc.

MÉTAUX.

POTASSIUM ET SODIUM.

ART. 322. — **Propriétés, obtention.** — Le *potassium* et le *sodium*, qui ont entre eux beaucoup d'analogie, sont des métaux plus légers que l'eau. Ils sont, de tous les métaux, les plus avides pour l'oxygène : aussi décomposent-ils l'eau à toutes les températures. Ils forment de la potasse ou de la soude qui sont les oxydes de ces radicaux, et l'hydrogène est mis à nu. On ne peut les conserver à l'état métallique que dans le vide ou dans un liquide, comme certains carbures d'hydrogène, l'huile de pétrole ou de naphte, qui ne renferment point d'oxygène dans leur composition.

Ces deux métaux sont très-répandus dans la nature sous divers états salins, tels que chlorures, azotates, silicates, de leurs oxydes. Leur obtention à l'état de pureté est difficile, et repose sur une plus grande affinité du carbone ou du fer pour l'oxygène, à une température élevée. Ces deux métaux servent, à leur tour, à la préparation d'autres métaux moins avides d'oxygène, tels que le bore, le silicium, le magnésium, et surtout de l'aluminium.

ART. 323. — **Potasse et soude.** — On entend sous ces noms soit le protoxyde de ces deux métaux, soit l'hydrate de leur protoxyde. Ces oxydes ou leurs hydrates constituent les deux bases solifiables les plus énergiques qui existent. Très-solubles dans l'eau, elles sont *déliquescentes*, c'est-à-dire que, desséchées, elles attirent assez rapidement l'humidité de l'atmosphère. Elles ont, en outre, la propriété d'attirer l'acide carbonique de l'air, et de se constituer à l'état de carbonates. Mais l'eau, en produisant un hydrate, exerce une si faible affinité sur ces bases qu'elles semblent être entièrement en liberté, ayant ainsi la faculté d'agir sur les acides, même les plus faibles, et d'abandonner l'eau. L'acide carbonique, au contraire, quoique retenu en combinaison avec ces bases par une affinité assez faible, ne saurait être déplacé par des acides moins énergiques, ainsi que nous le verrons en traitant de la saponification des corps gras (art. 382).

La préparation de la potasse et de la soude repose sur la propriété que possède la chaux ou l'hydrate de chaux d'avoir plus d'affinité pour l'acide carbonique que n'en ont ces bases. On fait dissoudre du carbonate de potasse ou de soude dans de l'eau; on ajoute un lait de chaux hydratée, et on chauffe. L'acide carbonique des carbonates de potasse ou de soude se porte sur la chaux : il se forme du carbonate de chaux, insoluble, et la liqueur filtrée renferme de l'hydrate de potasse ou de soude. On concentre les liqueurs, et on obtient ainsi un produit impur connu sous le nom de *potasse* ou *soude à la chaux*, qui renferme, outre un peu de chlorure de potassium ou de sodium et de sulfate de potasse ou de soude, du carbonate de potasse qui s'est formé, pendant l'évaporation, par l'action de l'acide carbonique de l'air. Mais on les débarrasse de ces impuretés en les traitant par l'alcool, qui dissout seulement la potasse. On laisse reposer; on décante la portion transparente du liquide, qui ne contient que la potasse ou la soude, et on distille dans un alambic, à l'abri de l'air. Puis on achève la concentration et l'évaporation, dans une bassine ou capsule d'argent, où on chauffe jusqu'à la température de la fusion, pour couler sur une plaque d'argent. Après refroidissement, on enlève le produit ainsi purifié, pour le renfermer dans des vases, à l'abri du contact de l'air. Ils sont connus sous les noms de *potasse* ou *soude à l'alcool*, suivant leur radical.

La potasse et la soude, étant les bases les plus énergiques ou les plus électro-positives, décomposent tous les sels solubles, en donnant naissance le plus souvent à des précipités. Ce sont, par conséquent, des réactifs fréquemment employés dans l'analyse. Sous le nom de *pierre à cautère*, on les emploie en médecine pour l'établissement d'exutoires. Elles agissent sur la chair musculaire, qu'elles désorganisent par la grande affinité qu'elles ont pour l'eau.

ART. 324. — **Potasses et soudes du commerce.** — Ces produits, qui sont des carbonates de potasse ou de soude impurs, s'obtiennent le plus souvent par l'incinération des plantes. La cendre de tous les végétaux renferme plus ou moins de ces carbonates. Ceux qui naissent au bord de la mer, sur un terrain imprégné de chlorure de sodium, tels que les diverses espèces du genre *salsola*, les *fucus*, etc., donnent plus spécialement de la soude. Les arbres, les arbrisseaux, les plantes herbacées qui vivent dans les terres éloignées du littoral, présentent des cendres dans lesquelles la soude manque complètement. C'est dans les pays où les forêts abondent, comme la Russie et l'Amérique, qu'on prépare en grand les potasses : telles sont celles qui portent le nom de ces contrées. Les soudes sont exploitées, au contraire, au bord de la mer : telles sont les soudes dites d'Alicante, de Cherbourg, etc.

Les cendres renferment, outre les carbonates alcalins, des sulfates et phosphates de ces bases; des chlorures, des silicates de potasse et de soude, *sels solubles;* et divers produits insolubles : carbonates et phosphates de chaux et de magnésie, chaux et magnésie, silice, oxydes de fer et de manganèse, enfin du charbon divisé. En les traitant par l'eau, les matières insolubles restent indissoutes ; l'eau dissout les solubles ; et, en concentrant cette dissolution sur le feu, on obtient les potasses ou les soudes du commerce.

Le carbonate de potasse, le plus pur que fournit le commerce, est obtenu par l'incinération des tartres bruts qui se ramassent au fond des tonneaux renfermant du vin. Ces tartres sont essentiellement formés par du tartrate acide de potasse. Dans cette opération, le feu détruit l'acide tartrique, et il ne reste que de la potasse, qui se transforme en carbonate. On traite les cendres par l'eau; on filtre; on concentre sur le feu; on fait cristalliser; on dessèche à l'étuve, et on enferme dans des vases ou tonneaux, à l'abri de l'humidité de l'air.

ART. 325. — **Soude factice.** — On entend sous cette désignation un produit assez complexe, dans lequel domine le carbonate de soude, obtenu par un traitement spécial du sel marin (chlorure de sodium). Ce procédé, dû à Leblanc, élève de Darcet père, a produit une révolution dans la fabrication des soudes, et permet de livrer aujourd'hui des soudes, si employées dans l'industrie ou dans nos ménages sous le nom de *potasse à lessive,* à des prix extrêmement bas. Le sel marin est d'abord traité par l'acide sulfurique, qui le convertit en sulfate de soude, en produisant de l'acide chlorhydrique (art. 296). Le sulfate de soude desséché, est mêlé avec une proportion déterminée de craie (carbonate de chaux) et de charbon de bois ou de houille pulvérisés. Le tout, mêlé assez intimement, est projeté dans un four à réverbère, chauffé au rouge vif. On remue avec un ringard; on retire; on laisse refroidir; et, après l'avoir laissé se déliter à l'air, on lessive; on concentre sur le feu jusqu'à siccité. Ce produit est livré au commerce sous le nom de *sel de soude*. La solution concentrée et mise à cristalliser fournit des cristaux qui sont connus sous le nom de *cristaux de soude*.

Dans cette opération, le sulfate de soude est d'abord converti en sulfure de sodium par l'action désoxydante du charbon; puis ensuite il y a double décomposition entre ce sulfure et le carbonate de chaux, et formation de sulfure de calcium et de carbonate de soude. Ces réactions sont loin d'être complètes : aussi le produit, ultérieurement dissous par l'eau, renferme-t-il du sulfate non décomposé, des sulfite et hyposulfite de soude.

ART. 326. — **Alcalimétrie.** — L'emploi fréquent des potasses et des soudes, pour les besoins de l'industrie ou en économie domestique, a fait chercher des moyens faciles et exacts de constater leur véritable valeur alcaline, et les opérations chimiques au moyens desquelles on parvient à ce résultat sont dites *alcalimétriques*. Elles reposent sur la quantité d'acide sulfurique qu'elles peuvent saturer. Les acides, rappelons-le, ont la propriété de rougir la couleur bleue du *tournesol*, sorte de pâte bleue desséchée que livre le commerce, et qui provient d'un lichen de ce nom. Les alcalis, au contraire, ont le pouvoir de ramener cette couleur au bleu. En outre, ils verdissent le sirop de violettes et brunissent la couleur du *curcuma*. Pour connaître donc la valeur basique d'un carbonate alcalin impur du commerce, on en dissout une quantité déterminée dans l'eau; on traite cette dissolution par de l'acide sulfurique, en y versant de cet acide jusqu'à ce que le liquide soit neutre, c'est-à-dire sans action sur les couleurs précitées, et, de la quantité d'acide qu'on aura employée pour obtenir ce résultat, on en déduira la force alcaline du sel à l'essai.

La potasse et la soude ont le pouvoir de s'unir à l'acide carbonique en trois proportions, représentées par le carbonate simple précité, le sesqui-carbonate et le bicarbonate. Le *natron*, qui nous vient de l'Orient, est un sesqui-carbonate de soude naturel. Il présente fort peu d'intérêt depuis l'invention des procédés d'obtention des soudes dites *factices* ou *artificielles*; mais nous devons parler du bicarbonate de soude obtenu aujourd'hui manufacturièrement, et dont l'emploi semble aller en croissant. Le *bicarbonate de soude* s'obtient en soumettant les cristaux de soude dont nous avons déjà parlé à l'action d'une atmosphère d'acide carbonique fortement comprimée. Ces cristaux, disposés sur un point élevé, ou mieux sur une claie ou diaphragme percé de trous, se transforment directement en masses amorphes de bicarbonate de soude : l'eau de cristallisation en est ainsi expulsée ; et, ce qu'il y a de vraiment curieux, c'est que cette eau, en s'écoulant, entraîne avec elle, et en dissolution, tous les sels autres que le carbonate de soude ; en sorte que le bi-carbonate qui en résulte se trouve pur et tel qu'il peut servir de base à la préparation de tous les sels de soude purs, comme à celle du carbonate simple, de la soude caustique pure, etc. Le bi-carbonate de soude entre dans la composition des pastilles de Vichy (art. 1098), dont il est la partie active. On peut aussi les préparer avec les sels naturels de Vichy, qui renferment un excès de bicarbonate de soude ; mais elles sont assez généralement préparées, même à Vichy, avec le bi-carbonate de soude obtenu par l'art.

Le gaz acide carbonique que dégage l'acide sulfurique, par son action directe sur le bicarbonate de soude, est le gaz le plus pur qu'on produise dans les arts, ainsi que l'a démontré implicitement M. Thilorier dans ses belles expériences sur la condensation de ce gaz : aussi a-t-on profité de l'acquisition de ce fait à la science pour produire des boissons gazeuses d'une qualité supérieure à celles qui résultent de l'emploi de l'acide carbonique provenant de l'action des acides chlorhydrique ou sulfurique sur la craie ; gaz qui, dans ce cas, conserve, malgré divers lavages auxquels on le soumet, un goût terreux désagréable. Nous avons été le premier à concevoir un appareil fondé sur ce principe, qui, admis à l'Exposition universelle de 1855, nous valut un rapport favorable de la part du jury international et une médaille de 2ᵉ classe.

ART. 327. — **Azotate de potasse, azotate de soude.** — L'azotate de potasse, *nitre* ou *salpêtre*, existe tout formé dans la nature, et il s'en produit même tous les jours des quantités immenses, par la combinaison entre l'azote et l'oxygène de l'atmosphère, constituant de l'acide azotique qui se fixe, à l'état d'azotate, sur diverses bases que contient le sol : potasse, ammoniaque, chaux, magnésie. La fabrication du nitre ne consiste pas seulement à retirer le nitre ou azotate de potasse des terres, mais à convertir d'abord les divers azotates de ces terres en azotate de potasse, pour l'en retirer ensuite. A cet effet, on traite ces terres, dites *plâtras*, par une dissolution de carbonate de potasse ou par le liquide provenant du lessivage des cendres végétales. On fait bouillir, et les azotates de chaux, de magnésie, d'ammoniaque mêmes, se transforment en azotate de potasse. On filtre, on concentre, et on fait cristalliser.

La nature fournit des masses considérables de nitrate de soude. Au Pérou, par exemple, près du port d'Yquique, dans les districts d'Atacama et de Tarapaca, il existe une couche de ce sel, recouverte d'argile, qui a une étendue de plus de 20 myriamètres. Exploitée d'une manière régulière, depuis une trentaine d'années, ce sel nous arrive par sacs sous le nom de salpêtre de Lima, d'Yquique, et ne renferme que 3 à 6 p. ⁰/₀ d'impuretés. Il est employé soit à la production de l'acide azotique, comme nous l'avons déjà dit à l'article relatif à la fabrication de cet acide (art. 281), soit à la préparation de l'azotate de potasse, par double décomposition avec le chlorure de potassium.

La poudre à tirer, dont nous avons déjà expliqué le pouvoir balistique ou explosif, est, comme on sait, composée d'azotate de potasse, de soufre et de charbon de bois, le tout intimement mêlé et très-divisé (art. 279). La poudre de chasse renferme ces trois substances dans le rapport suivant :

Salpêtre (azotate de potasse)...............	76,9	parties,
Soufre en canon.........................	9,6	—
Charbon léger, de saule ou de peuplier......	13,5	—

Le salpêtre employé doit être assez pur, exempt de chlorures qui le rendraient déliquescent. Le soufre en canon est préféré à la fleur de soufre, qui renferme souvent des acides sulfureux et sulfurique. Le charbon doit être léger, sec, et, si on ne l'obtient par la calcination, dans des cornues à cet effet, on doit avoir le soin de l'éteindre à l'*étouffoir*, c'est-à-dire dans un vase à l'abri du contact de l'air. Pour éviter des accidents, nous recommandons aux personnes qui voudraient en produire en petite quantité, comme sujet d'expérience ou d'étude, de pulvériser à part chaque substance, et de n'employer ensuite, pour faire le mélange, que des pilons de bois, en ayant soin d'humecter les poudres. Ce n'est que par un mélange intime et une ténuité très-grande des substances, qu'on pourra obtenir une *poudre* dont la déflagration soit vive comme le comporte sa destination ; différemment on n'aurait qu'un produit qui *fuse*, c'est-à-dire à combustion lente, et telle qu'on le recherche dans la confection des feux d'artifice : *fusées*, *soleils*, etc. Lorsque la matière a été battue pendant quatorze heures environ par des pilons de bois, dans des mortiers métalliques, en ayant soin de

l'humecter, pour éviter tout accident, on en forme une galette
qu'on fait sécher; puis que l'on réduit en poudre grossière ; que
l'on granule avec deux tamis, dont l'un rejette la poudre trop
fine et l'autre les grains trop grossiers : les résidus devant
servir à une opération de granulation ultérieure. C'est en maintenant cette poudre, pendant longtemps, dans des tonneaux
tournants, qu'on lui fait ensuite acquérir le lustre ou *lissé* que
possède celle que débite l'État, ce qui n'est pas absolument
nécessaire à son emploi.

ART. 328. — **Chlorure de sodium**, sel marin. — Ce composé binaire, qui joue un grand rôle dans la nutrition de
l'homme et de quelques ruminants, qui n'a pas moins d'importance comme agent conservateur des viandes, existe en quantité
immense à l'état de dissolution dans les eaux de la mer, d'un
grand nombre de lacs et de sources. Sous le nom de *sel gemme*,
on en trouve des masses considérables à l'intérieur du globe :
telles sont celles qui constituent les mines exploitées de la
Pologne, de l'Espagne, etc. Pour retirer le chlorure de sodium
de la mer, ses eaux sont simplement soumises à une évaporation
spontanée à l'air libre, pendant la saison de l'été, dans de
grands réservoirs creusés et disposés à cet effet sur ses bords
et dans lesquels il se produit une cristallisation, dès que la
densité du liquide dépasse sa saturation (art. 265.) Le sel marin
est toujours impur, et ne renferme guère que 88 à 95 pour cent
de chlorure de sodium.

Le sel marin s'obtient à si bas prix dans nos *salines*, qu'il ne
revient guère qu'à un franc les 100 kilogrammes ; mais il est
frappé sur place, à sa sortie, d'un droit de 10 centimes par
kilogramme.

Le chlorure de sodium, amené à l'état de pureté, a une
saveur salée, franche et agréable, que ne possède aucun autre sel.
Dans cet état, il est blanc, il cristallise en cubes. C'est à tort
qu'on croit assez généralement que le sel gris sale mieux que le
blanc, car celui-là renferme des matières terreuses qui occupent
le volume d'une quantité égale de sel pur.

SELS AMMONIACAUX.

ART. 329. — **Ammoniaque.** — Nous avons déjà dit (art.
280) ce qu'on entendait par ammoniaque, ou oxyde de l'ammonium, radical composé d'azote et d'hydrogène, l'analogie que
présentait cette base avec la potasse et la soude, etc. Ajoutons,
avant de passer à l'histoire de ses sels, que, lorsque les hydracides se combinent à cette base, l'acide sulfhydrique par
exemple, on peut considérer le produit qui en résulte à deux

points de vue : ou comme un sulfhydrate d'ammoniaque, ou comme un sulfure d'ammonium, selon que l'on n'admet point ou qu'on admet l'existence de l'*ammonium*.

ART. 330. — **Sulfate d'ammoniaque.** — Incolore et d'une saveur piquante, ce sel ne nous intéresse que parce qu'il est employé à l'obtention du carbonate et du chlorhydrate de la même base, ainsi qu'à la préparation de l'ammoniaque. On l'obtient de diverses manières, mais, de la façon la plus simple, en traitant de l'urine putréfiée, qui renferme du carbonate d'ammoniaque, par du plâtre (sulfate de chaux) : il se forme du carbonate de chaux et du sulfate d'ammoniaque.

ART. 331. — **Carbonate d'ammoniaque.** — Autrefois *sel volatil d'Angleterre,* le carbonate d'ammoniaque est un sel blanc, de saveur caustique et d'une odeur ammoniacale prononcée. Il est volatil. A l'air il abandonne une partie de son ammoniaque pour se constituer à l'état de bicarbonate. On le prépare en chauffant parties égales de sulfate d'ammoniaque et de craie (carbonate de chaux), dans un alambic de fonte dont le chapiteau est de plomb. Il se forme du sulfate de chaux et du carbonate d'ammoniaque qui va se condenser dans un récipient maintenu constamment à une température assez basse par un jet continuel d'eau froide.

Le carbonate d'ammoniaque est un peu employé en médecine. Son plus grand usage, quoique assez borné, est celui qu'en font nos pâtissiers et boulangers pour faire lever, au four, leurs pâtes les plus poreuses.

ART. 332. — **Phosphate d'ammoniaque.** — Incolore, insipide, ce sel a été proposé pour rendre les tissus incombustibles. Une étoffe qui est imprégnée de ce sel peut bien se carboniser, mais elle ne saurait s'enflammer, grâce à un enduit vitreux que forme l'acide phosphorique, et qui s'oppose au contact immédiat de l'étoffe avec l'oxygène de l'air.

ART. 333. — **Chlorhydrate d'ammoniaque.** — Ce sel, connu encore dans le commerce sous son ancien nom de *sel ammoniac,* est inodore, incolore quand il est pur, d'un goût salé prononcé. Soluble dans l'eau, surtout à chaud, il cristallise en prismes allongés se groupant entre eux de manière à imiter les feuilles de fougère ou les barbes d'une plume. Il est volatil, et il passe directement de l'état solide à l'état de vapeur. Il est employé en médecine, comme dépuratif, à la manière de l'iodure de potassium, auquel il devrait souvent être préféré. Les arts en font un grand emploi. Il sert à décaper le cuivre, disposant ainsi ce métal à recevoir l'étamage.

Ce sel nous est venu pendant longtemps d'Égypte, où on l'extrait, comme autrefois, des excréments du chameau. On fait brûler la fiente desséchée de ce ruminant, et le chlorhydrate d'ammoniaque qui y existe tout formé se condense avec la suie des cheminées dans lesquelles se fait la combustion ; on recueille le produit complexe, et on distille dans de grands ballons à cet effet. On le prépare de nos jours, en Europe, par un procédé différent, qui consiste à mêler du sulfate d'ammoniaque avec du chlorure de sodium (sel marin), et à soumettre à une chaleur élevée, dans un appareil distillatoire : il se forme du sulfate de soude, fixe, qui reste dans la cucurbite, et du chlorhydrate d'ammoniaque qui pénètre dans des vases de grès ou de verre qu'on tient refroidis, où la vapeur de ce sel se condense. On casse ensuite, à l'effet de recueillir le produit solidifié.

BARYUM.

ART. 334. — **Propriétés**. — Le baryum est un métal qui nous intéresse peu, si ce n'est parce que ses sels solubles sont le réactif de l'acide sulfurique et des sulfates solubles. Il en résulte un sulfate de baryte très-insoluble. On trouve le baryum dans la nature, à l'état de carbonate et de sulfate. Le carbonate sert, par l'action directe des acides, à la préparation des divers sels de baryte. Le sulfate, connu des minéralogistes sous le nom de *spath pesant* ou baryte sulfatée, est employé, mêlé avec le carbonate de plomb ou l'oxyde de zinc, pour allonger et quelquefois pour sophistiquer les drogues de peinture.

CALCIUM.

ART. 335. — **Propriétés**. — Radical de la chaux, ce métal est extrêmement répandu dans la nature. A l'état de sulfate, il constitue le plâtre, gypse, ou albâtre gypseux. A l'état de carbonate, il compose environ la moitié des terrains qui se montrent à la surface du globe. Les roches secondaires et tertiaires sont presque entièrement formées de carbonate de chaux. Les diverses variétés de carbonate de chaux, calcinées dans des fours dits *fours à chaux*, laissent échapper l'acide carbonique, et il reste la chaux ou oxyde de calcium, pure quand on a calciné du marbre blanc ; mais impure et renfermant plus ou moins d'alumine, de silice, de magnésie, de fer, de manganèse, etc., quand elle résulte de la décarbonatisation des divers calcaires secondaires ou tertiaires.

ART. 336. — **Chaux**. — La chaux, oxyde de calcium, est une substance blanche, amorphe, sans odeur, dont la densité est de 2,3. Elle est extrêmement caustique. Elle est infusible et indécomposable par l'effet d'une température élevée. La chaux a une grande tendance à passer à l'état d'hydrate. Aussi, à l'air, se délite-t-elle lentement, en absorbant l'humidité ou l'eau dissoute dans l'atmosphère. En passant à l'état d'hydrate, elle répand du calorique. C'est ce phénomène qui se produit, dans nos chantiers de construction, quand on se livre à l'opération connue sous le nom d'*extinction de la chaux*. Une fois à l'état d'hydrate, elle a une tendance très-grande à repasser à l'état de carbonate de chaux, en absorbant l'acide carbonique de l'air. L'hydrate de chaux est soluble, mais peu dans l'eau. On appelle, en chimie et en pharmacie, eau de chaux, de l'eau distillée saturée par de l'hydrate de chaux. Cette solution verdit le sirop de violettes, à la manière des alcalis. (Voyez, pour la suite, art. 1474, 1605, *Constructions*.)

Le *gypse* ou *pierre à plâtre* est un sulfate de chaux qu'on trouve abondamment dans la nature. On le transforme en plâtre en lui enlevant l'eau de cristallisation, à la température d'un four à cuire le pain, et en le pulvérisant par l'action d'une meule verticale ou de meules horizontales. (Voir art. 1604, 1608.)

A l'état cristallin, le gypse se présente soit sous forme de lames transparentes, pouvant remplacer le verre à vitre, sans en avoir ni la transparence ni surtout la dureté; soit sous forme de masses ayant l'apparence du marbre ou de l'albâtre, mais sans la dureté. Aussi est-il connu sous les noms de *faux albâtre, albâtre gypsoïde*, dont l'emploi se borne à la confection de quelques montures de pendules de cheminée communes ou de quelques coupes et urnes de salon.

MAGNÉSIUM.

ART. 337. — Propriétés. — Le magnésium nous importe peu comme métal; mais son oxyde (la magnésie), répandu dans la nature à l'état de carbonate et surtout de silicate de magnésie, présente le plus grand intérêt au point de vue de l'agriculture surtout. Les roches primitives, telles que le granite, le gneiss, le phyllade, en renferment d'autant plus que la proportion du mica qui entre dans leur composition est plus grande. Mais c'est parmi les roches talciques et douces au toucher, comme le *chlorite*, le *stéatite*, la *serpentine*, le *diallage*, l'*euphotide*, l'*asbeste*, que domine la magnésie. La dolomie, qui est une roche de formation secondaire, est un carbonate double de chaux et de magnésie. On trouve encore la magnésie, dans la nature, à l'état de sulfate, dans les eaux d'Epsom, de Sedlitz, de Seidschutz, de Pulna; à l'état de phosphate, etc.

La pharmacie fait une consommation très-grande de sulfate

de magnésie, qui est la base des eaux de Sedlitz (art. 337) ; de carbonate de magnésie, employé comme absorbant ; et de magnésie calcinée (oxyde de magnésium), comme purgatif (art. 1184).

ALUMINIUM.

ART. 338. — **Propriétés.** — Cet intéressant métal, que M. Wolher avait déjà obtenu, mais impur, en 1827, et que M. Sainte-Claire-Deville a pu produire à l'état de parfaite pureté, en 1854, est le radical de l'argile pure (alumine). C'est dire qu'il abonde dans la nature. Blanc, légèrement bleuâtre, il fond à 700 degrés. Sa densité n'est que de 2,55. Sonore, ductile, malléable, il s'oxyde peu à l'air, quoique très-avide d'oxygène, parce que la couche d'oxyde d'aluminium qui se forme à la surface, étant insoluble, est un obstacle à son oxydation ultérieure. Sa légèreté spécifique et sa minime altérabilité le rendront précieux pour une foule d'usages, lorsque sa préparation sera devenue plus facile. Cette préparation, reposant jusqu'à présent sur la décomposition de son chlorure ou de son fluorure par le sodium, semble devoir le tenir à un prix élevé, à cause des difficultés attachées à la préparation du sodium lui-même. Tout s'enchaîne dans les procédés industriels, en sorte que le mode de production de l'aluminium restera peut-être stationnaire tant que celui du sodium ne progressera point.

ART. 339. — **Alumine.** — L'alumine amorphe, telle qu'on l'obtient en calcinant l'alun ammoniacal, qui est un sulfate double d'ammoniaque et d'alumine, est blanche, pulvérulente. Insoluble dans l'eau, elle est sans odeur ni saveur. Les acides l'attaquent peu. Elle joue deux rôles différents, suivant qu'elle est en présence d'oxydes ou d'acides forts ou faibles : avec les acides forts, elle se conduit comme une base ; elle se comporte comme un acide avec les alcalis. Elle joue un grand rôle dans l'art du teinturier par la facilité avec laquelle elle se combine avec plusieurs matières colorantes, formant ainsi ce qu'on appelle des *laques*.

Précipitée de ses combinaisons solubles, elle se dépose sous forme de gelée transparente.

Anhydre et cristallisée, elle constitue diverses pierres précieuses connues sous les noms de *corindon*, de *rubis*, de *saphir*, suivant qu'elle est pure ou légèrement colorée par des oxydes métalliques. Souillée par de l'oxyde de fer et de la silice, elle est exploitée sous le nom d'*émeri*, substance très-dure, comme on sait, et dont les arts industriels tirent un grand parti pour l'usure et le polissage des métaux, du verre, des glaces, etc.

ART. 340. — **Argile.** — La composition des argiles est variable. La base en est l'alumine et la silice hydratées ; mais à ce mélange s'ajoutent du sable ou silice granulée, des carbonates de potasse, de soude, de chaux, de magnésie, des oxydes de fer, de manganèse, etc. L'argile qui ne renferme que de l'alumine, de la silice et du sable de quartz, est susceptible de supporter une très-haute température sans éprouver de fusion ignée, et constitue dans cet état les terres réfractaires. Une faible quantité de potasse, de soude, de lithine, de chaux, etc., suffit pour lui communiquer la fusibilité. Le *kaolin*, ou argile à porcelaine, qui provient de la décomposition du feldspath, renferme ordinairement de 3 à 4 p. °/₀ de potasse ou de soude, à laquelle cette argile doit sa faculté de se ramollir à une haute température pour se constituer à l'état de *porcelaine*, sorte de verre translucide, blanc, que recouvre un vernis transparent, présentant la matière la plus belle, comme la plus propre par sa légèreté, sa dureté, son inaltérabilité, à l'action des agents chimiques, et sa résistance, à façonner nos divers vases et ustensiles de ménage, de laboratoire, etc. Le feldspath, qui renferme une plus grande proportion de potasse ou de soude que le kaolin, broyé et appliqué à l'état de couche très-mince sur la porcelaine brute, non vernie, se transforme, par l'effet de la température, en un verre transparent qui adhère à la porcelaine et constitue le vernis brillant que nous lui connaissons.

Les argiles plastiques avec lesquelles on fait les vases dits de grès, sont essentiellement composées de silice et d'alumine. Elles ne renferment guère de potasse ni de soude, mais ordinairement, en place, une petite quantité de chaux qui les rend fusibles sans transparence.

Les *terres figulines*, constituant la variété la plus commune des argiles, renferment, avec les hydrates de silice et d'alumine, beaucoup de sable, du carbonate de chaux, des oxydes de fer, de manganèse, etc.

Les *argiles à faïence* sont caractérisées par un excès de carbonate de chaux.·

Les vernis dont on recouvre les diverses poteries varient : c'est une sorte de verre pour la porcelaine et la terre de pipe ; celui des poteries communes est un silicate de plomb qu'on colore avec divers oxydes ; celui de la faïence est un silicate et stannate de plomb. Pour vernisser les grès cérames, on se borne à projeter, dans les fours à les cuire, une certaine quantité de chlorure de sodium qui se vaporise, et qui, au contact de l'eau des parois argileuses, se décompose en acide chlorhydrique et en soude, formant, avec la silice, un silicate de soude.

La *terre à foulon* est une variété d'argile qui, par sa propriété absorbante, s'empare du corps gras des laines avec lesquelles on la met en contact.

Nous avons déjà fait connaître, en parlant du pyromètre, la propriété que possède l'argile de diminuer de volume par l'effet de la cuisson. On admet généralement que, à mesure que l'eau s'évapore, les éléments de l'argile se rapprochent pour se combiner, et que le retrait est la conséquence de ce rapprochement moléculaire.

ART. 341. — **Aluns.** — On entend par *aluns* des sels doubles d'alumine et d'une base alcaline. Tels sont le sulfate d'alumine et de potasse, le sulfate d'alumine et de soude, et le sulfate d'alumine et d'ammoniaque. Les aluns sont fréquemment employés, dans l'art du teinturier, comme *mordants*. A cet effet, dans une première opération, on en imprègne les tissus, et, dans une ou plusieurs opérations subséquentes qui ont pour effet de faire intervenir les matières colorantes, celles-ci forment, dans le tissu même, avec l'alumine de l'alun, des composés particuliers connus sous le nom de *laques*, insolubles, et qui, dès lors, ne sauraient en être enlevés par des lavages.

L'alun de potasse, celui qui a été le premier connu, et qui est considéré pour cela comme le *vrai alun*, dans les arts industriels, est presque le seul usité. Il renferme une grande quantité d'eau de cristallisation dont on peut le priver par la chaleur. Il est, dans cet état, désigné sous le nom d'*alun calciné*. L'alun est décomposé à une température plus élevée : il reste dans le creuset un mélange d'alumine et de sulfate de potasse.

Le *pyrophore de Homberg*, produit qui s'enflamme spontanément à l'air humide, s'obtient en calcinant de l'alun avec du noir de fumée, carbone très-divisé : il se forme du sulfure de potassium, et il reste du carbone. Dans cette inflammation spontanée, il y a, d'une part, régénération du sulfate de potasse par la combinaison de l'oxygène de l'air avec le soufre et le potassium et, d'autre part, formation d'acide carbonique.

ZINC.

ART. 342. — **Propriétés, obtention, emplois.** — Le zinc est un métal de couleur blanche, légèrement bleuâtre, d'une densité de près de 7. Cassant à la température ordinaire, il devient assez ductile et malléable à une température de 100 à 150 degrés, passé laquelle il redevient aigre et cassant, à tel point qu'à 200 degrés il peut être pulvérisé dans un mortier.

Peu oxydable à l'air sec, il se recouvre facilement d'une couche blanche d'oxyde et d'hydrocarbonate de zinc, sous l'influence de l'air humide. Lorsqu'on le chauffe à la température de son ébullition, au contact de l'air, il brûle en produisant une flamme blanche, éclatante d'où s'échappent des flocons légers, imitant de la laine, d'oxyde de zinc. Le zinc ne peut décomposer l'eau qu'à une température élevée; mais, sous l'influence des acides, il s'empare de son oxygène à la température ordinaire. Il se fait dès lors une combinaison entre l'acide et l'oxyde formé. L'hydrogène est mis à nu (voir art. 255).

Le zinc métallique est extrêmement employé aujourd'hui, dans l'art du constructeur, pour couvrir les édifices; faire des chenaux; couvrir des hangars, des balcons, etc. Mais son extrême dilatabilité sera toujours un grand obstacle à l'extension de son emploi. Augmentant sensiblement de volume par l'effet de la température, en été; se contractant, dans le même rapport, en hiver, le zingueur ne doit jamais perdre de vue cette propriété, et disposer les diverses parties d'une couverture, d'un chenal, etc., de telle manière qu'elles puissent jouer les unes sur les autres. Le zinc fait partie d'alliages très-répandus, tels que le *cuivre jaune* ou *laiton*, le *maillechort*, le *billon* (alliage employé à la fabrication de notre monnaie inférieure), etc.

On retire ordinairement le zinc d'un minerai connu sous le nom de *calamine*, qui est un silicate ou un carbonate de ce métal. On chauffe le minerai divisé, avec du charbon qui le réduit; et le métal, volatil, va se condenser dans des appareils qui font l'office d'alambic.

L'*oxyde de zinc* est le succédané le plus rationnel de la céruse, pour la peinture en bâtiments. L'oxyde de zinc, comme le carbonate de plomb, durcit avec les huiles siccatives, et il a, sur les sels et oxydes de plomb, l'avantage de n'être point vénéneux et de ne point déterminer, par son emploi, la maladie saturnine ou coliques de plomb. Aussi son usage en peinture a-t-il une tendance à s'accroître.

Tous les sels de zinc sont incolores. Ils ont une saveur métallique prononcée. Les alcalis en précipitent, de leur dissolution, de l'oxyde, qui se redissout dans un excès de l'alcali. La pharmacie emploie divers sels de zinc, tels que le sulfate, l'acétate et le valérianate.

FER.

ART. 343. — **Propriétés.** — Le fer, considéré comme le plus important de tous les métaux, est d'un blanc grisâtre. Il est ductile et malléable. Sa densité est de 7,7. Il est le plus tenace de tous les corps. Il fond à 1,500 degrés environ; mais, avant

d'éprouver la fusion, il se ramollit, et peut prendre à la forge,
par l'effet du marteau, du laminoir, de la presse, etc., les
formes les plus variées; propriétés qui ont donné naissance à
l'art du forgeur, un des plus intéressants de l'industrie humaine.
Sa texture grenue devient fibreuse par l'effet du marteau, de
la filière ou du laminoir, ce qui modifie ses propriétés physiques,
surtout sa ténacité; mais elle peut à la longue, et par des
vibrations telles que celles qu'imprime une charrette à son
essieu, par exemple, reprendre la texture cristalline, perdre
dès lors sa ténacité, et redevenir cassant. C'est le métal qui possède au plus haut degré la propriété magnétique.

Le fer ductile, du commerce, est toujours impur : il contient
des traces de carbone, de silicium, de soufre et, parfois même,
de phosphore et d'arsenic.

Le fer se combine avec tous les métalloïdes, moins l'azote.
Comme le zinc, il ne décompose l'eau qu'à la chaleur rouge, si
ce n'est sous l'influence d'un acide qui s'unit à l'oxyde de fer
produit : il se dégage dès lors de l'hydrogène. Chauffé au rouge,
il absorbe l'oxygène de l'air, et se convertit en oxyde dit magnétique. C'est le même oxyde qui se produit lorsque, par l'effet du
briquet sur le silex, il se détache des particules incandescentes
de métal.

ART. 341. — **Fabrication.** — Le fer est extrêmement
répandu dans la nature à des états divers. Les principales
sortes de ces minerais sont le fer natif, ses divers oxydes et le
carbonate. Son exploitation consiste à le soumettre à une
température élevée qui puisse fondre sa gangue, ordinairement
siliceuse, en contact avec du charbon qui, se convertissant en
oxyde de carbone, agit en ce nouvel état sur le minerai en le
réduisant, et en passant lui-même à l'état d'acide carbonique.

Le minerai de fer se convertit d'abord ainsi en une combinaison de fer, de carbone et de silicium, plus fusible que le fer,
et que nous connaissons sous le nom de *fonte de fer*. Elle s'écoule
dans un creuset placé à la partie la plus déclive du fourneau, ou
on la recueille dans des rigoles pratiquées dans du sable, où elle
se solidifie. Cette fonte, pour être ramenée à l'état de fer ductile, est de nouveau portée à une température élevée, dans des
fours spéciaux, où elle est maintenue à une température élevée
et exposée au courant d'air. Dans cette opération, connue sous
le nom de *puddlage*, le carbone se transforme en oxyde ou en
acide carbonique qui se dégagent, et le silicium, en acide silicique, qui, en se combinant avec de l'oxyde de fer qui se produit,
constitue un silicate de fer (scories) surnageant, et qu'achève

de détacher du fer, rendu ainsi plus pur, l'effort exercé sur la masse par la *presse* ou le *marteau*. Après cette opération, le fer est soumis à l'action du *laminoir*, qui lui communique la forme cylindrique ou prismatique, de diverses dimensions, pour l'usage des arts.

Les fers qui proviennent du traitement des pyrites (sulfure de fer), ou qui sont traités par la houille, renferment, presque toujours, une certaine proportion de soufre, qui les rend aigres ou cassants.

ART. 345. — **Acier.** — L'acier est une combinaison de fer et de carbone, ne renfermant jamais plus de 1 p. °/₀ de métalloïde. On a remarqué qu'une petite proportion de manganèse augmentait la qualité des aciers. L'acier contient encore des quantités extrêmement minimes de silicium et de phosphore.

L'acier a toutes les apparences du fer, si ce n'est pourtant la cassure, qui en est plus grenue, se rapprochant un peu de celle de la fonte. Il jouit de la remarquable propriété de durcir par l'effet de la *trempe*. On entend par *trempe* une opération dans laquelle le métal, étant porté au rouge, est tout à coup plongé dans un liquide froid, presque toujours de l'eau froide. Les arts ont tiré le plus grand parti de la trempe. L'acier de bonne qualité, trempé, raye facilement le verre; mais cet acier, ainsi modifié, qui sert si avantageusement à travailler le fer et les autres métaux, avec lequel on attaque les roches les plus dures, serait trop friable, après l'opération de la *trempe,* si on ne le soumettait à une autre opération, le *recuit,* qui consiste à le réchauffer plus ou moins, et qui a pour effet de détruire sa friabilité sans diminuer par trop sa dureté. A cet effet, on décape la surface de l'acier à recuire, soit au moyen d'un grès, de la pierre-ponce ou d'un acide faible, et, lorsque l'éclat métallique qu'avait détruit l'oxydation par l'effet du feu est reproduit, on chauffe de nouveau par l'intermédiaire d'un métal chaud, ou dans un bain de sable, jusqu'à production de diverses colorations : jaune, pourpre, bleu, etc., qui indiquent la température à laquelle s'élève l'acier. On s'arrête à celle qu'on sait devoir produire la modification moléculaire qu'on désire.

On appelle *cémentation* l'opération dans laquelle on acière le fer en le chauffant, pendant plus ou moins longtemps, au contact du carbone ou de substances qui renferment de ce métalloïde. La trempe *au paquet*, comme celle au ferrocyanure de potassium, est une cémentation dans laquelle la surface seule de la pièce traitée est transformée en acier. Elle suffit toutes les fois qu'il s'agit de durcir une surface, tout en laissant au métal plus profond, comme dans les essieux, la ductilité nécessaire pour éviter la *casse*, ou fracture, de l'ensemble. Dans la trempe dite au *paquet*, c'est de la suie qui fournit au métal le carbone nécessaire à sa transformation en acier; dans la trempe au cyanure, c'est le cyanogène qui fait l'effet de carbone. (Voir art. 1562.)

ART. 346. — **Oxydes de fer.** — Le protoxyde de fer est une base énergique, qui se combine, à peu près sans exception, avec tous les acides. On l'obtient à l'état d'hydrate en le précipitant de ses sels par un alcali. D'abord gris, cet hydrate passe rapidement au vert. Il absorbe facilement l'oxygène de l'air et se transforme en hydrate de sesqui-oxyde.

Le sesqui-oxyde de fer existe abondamment dans la nature, soit anhydre (sans eau), soit à l'état d'hydrate. Hydraté, il est de couleur jaune ou brune, et forme des masses connues sous le nom d'hématite brune, de limonite, de fer oolithique, etc. Anhydre, il est de couleur brune ou rouge, selon qu'il est en masses ou divisé. Cristallisé, il constitue le *fer oligiste*, minerai très-riche de l'île d'Elbe. En masses, amorphe, on le connaît sous le nom d'hématite rouge ou sanguine.

La *rouille* est du sesqui-oxyde de fer hydraté, de même nature que le précipité qu'on obtient par l'action des alcalis sur les sesqui-sels de fer.

L'*oxyde de fer magnétique* se produit toutes les fois que le fer s'oxyde à une température élevée. Il existe dans la nature, et est connu des minéralogistes sous le nom d'*aimant naturel*. On en trouve des masses considérables en Suède, constituant un minerai riche en fer, dont le traitement fournit du fer d'excellente qualité. L'oxyde de fer magnétique est connu en médecine sous le nom d'*éthiops martial*. Sa poussière est noire. On le considère non pas comme un oxyde intermédiaire au protoxyde et au sesqui-oxyde, mais comme un sel dans lequel le sesqui-oxyde joue le rôle d'acide.

ART. 347. — **Sulfate de fer.** — Ce sel, connu autrefois sous le nom de *vitriol vert*, de couperose verte, cristallise ordinairement en prismes obliques à base rhombe, de couleur verte. Il a une saveur styptique et astringente. Il est efflorescent (*). A l'humidité, il absorbe de l'oxygène de l'air, et se convertit, à la surface, en carbonate de sesqui-oxyde. C'est à son affinité

(*) Efflorescent veut dire qu'il se dessèche à l'air, en perdant de l'eau de cristallisation.

pour l'oxygène qu'il faut rapporter la propriété qu'il possède, en présence des sels d'or, de les décomposer et de précipiter ce métal à l'état pulvérulent. A une température élevée, il se décompose en acide sulfureux, en acide sulfurique, et il reste, dans le creuset, du sesqui-oxyde de fer.

On obtient le sulfate de fer pur en faisant agir l'acide sulfurique étendu d'eau sur du fer divisé (voir art. 255). On emploie un excès de fer. La liqueur est filtrée, concentrée sur le feu, et mise à cristalliser.

Le sulfate de fer a un emploi fréquent dans la teinture en noir. Il forme, avec l'acide tannique d'une foule de végétaux et avec l'hématoxyline du campêche, un composé vert foncé qui noircit au contact de l'air, en passant à l'état de sel de sesquioxyde.

ART. 348. — **Pyrites.** — Les pyrites de fer, en cristaux cubiques, de couleur jaune, avec éclat métallique, que le vulgaire est disposé à considérer comme du minerai d'or, sont simplement un bi-sulfure de fer. Les pyrites peuvent être exploitées comme source de production du soufre, d'acide sulfurique ou de sulfate de fer.

ART. 349. — **Prussiates de potasse.** — Le prussiate jaune et le prussiate rouge de potasse sont deux produits extrêmement intéressants pour le chimiste, à cause des ressources qu'ils lui présentent dans l'analyse. Ces composés ternaires produisent, avec presque tous les sels solubles, des précipités caractéristiques. Le prussiate jaune de potasse est un cyano-ferrure de potassium, et, comme son nom l'indique, il est composé de cyanogène, de fer et de potassium. Le prussiate rouge est un composé des mêmes éléments avec excès de fer et de cyanogène.

ÉTAIN.

ART. 350. — **Propriétés.** — L'étain est un métal blanc dont la teinte ressemble beaucoup, quand il est pur, à celle de l'argent. Il répand une odeur par le frottement. Il est flexible, et, quand on le ploie, il produit un léger bruit particulier qu'on appelle *le cri de l'étain*. Sa densité est de 7,29.

Il est mou, et se laisse presque rayer par l'ongle. Il fond à 228 degrés. C'est le plus fusible des métaux usuels. Il n'est pas volatil. Comme le plomb, il n'est point susceptible d'être écroui. Sa densité n'augmente ni par l'effet du martelage ni par celui du laminage.

Il s'oxyde peu quand il est pur, et constitue, dans cet état, le métal dit *anglais*, avec lequel on fait de magnifiques théières qui rivalisent de beauté avec l'argent. Malheureusement il est presque toujours mêlé avec d'autres métaux : le plomb surtout, le zinc, l'antimoine, etc.

L'étain possède une propriété qui le rend extrêmement précieux dans certains cas : des tubes d'étain *pur* peuvent être pliés sur eux-mêmes, dépliés et repliés un nombre quelconque de fois sans se rompre et même sans se gercer. Cette curieuse propriété, qui disparaît dès qu'il y a un alliage quelconque, permet de faire avec ce métal des ajustages entre des vases qui changent respectivement de position, ce qui est extrêmement avantageux dans les arts chimiques ou dans leurs applications, en bien des circonstances. Ces tubes sont encore très-utiles quand il s'agit d'alimenter des becs de gaz d'éclairage, destinés à changer de place. Malheureusement cette propriété de l'étain est encore trop peu connue, et ne reçoit pas les applications dont elle est susceptible.

Le plus pur, parmi les divers étains du commerce, nous vient des îles Banca et Java et de la presqu'île de Malaca. Le restant de la consommation est presque tout fourni par les mines de Cornouailles, en Angleterre.

PLOMB.

ART. 351. — **Propriétés.** — Le plomb est un métal assez mou pour se laisser rayer par l'ongle, d'un gris bleuâtre. Sa densité est de 11,35. Il fond à 335 degrés. Il est volatil à la température rouge. Il n'est pas susceptible d'augmenter de densité par les effets du marteau, de la filière ou du laminoir.

Le plomb s'oxyde rapidement au contact de l'air, à la température ordinaire : il se forme un sous-oxyde du métal. Lorsqu'il est échauffé au-dessus de la température de la fusion, il absorbe l'oxygène de l'air avec une grande énergie. La surface du plomb en fusion prend une teinte irisée, se ride, et se constitue à l'état d'oxyde de plomb de couleur jaune (*massicot*). Lorsque cet oxyde est fondu, il prend le nom de *litharge*. Il existe encore deux autres oxydes de plomb : le *minium*, qui contient une fois et demie d'oxygène comme la litharge, et l'oxyde puce qui en renferme deux fois autant, considéré par quelques chimistes comme un acide : acide plombique. Dans cette hypothèse, le minium serait un plombate de protoxyde de plomb.

La litharge, le massicot et le minium sont employés fréquemment dans les arts : la litharge, dans la peinture à l'huile, comme siccatif. Le massicot et la litharge entrent dans la composition des cristaux, des flint-glass, des strass, ainsi que nous l'avons déjà dit (art. 321), dans celle des vernis et émaux. Le minium est employé aux mêmes usages ; ayant de plus une teinte rouge qui le fait rechercher, en peinture, comme base de la couleur rouge-orangé. Tous les oxydes de plomb forment, avec les corps gras, des savons insolubles qui résistent aux agents extérieurs, et sont la base d'une foule de vernis, de mastics, d'enduits divers.

ART. 352. — **Céruse.** — La céruse, qui est un carbonate de plomb, jouit aussi des propriétés conservatrices des bois et des métaux, en saponifiant les huiles siccatives de lin, de noix, etc. Elle entre, pour cela, dans la composition d'une foule de couleurs qu'emploie la peinture en bâtiments. Pure ou mêlée à du minium, elle fait partie, comme la litharge et le minium, de beaucoup d'enduits hydrofuges, de mastics divers pour les ajustages ou joints de tuyaux, de chaudières, etc.

ART. 353. — **Extrait de Saturne.** — L'extrait de Saturne des pharmacies, qui est si souvent employé comme base de collyres, de pommades siccatives, de l'eau *blanche* ou de Goulard, est un sous-acétate de plomb obtenu ordinairement en mettant en contact de l'acide acétique (c'est l'acide du vinaigre) avec la litharge. Le *sel de saturne* est l'acétate de plomb neutre.

Le plomb existe abondamment dans la nature, principalement à l'état de sulfure (galène ou alquifoux), de carbonate, de phosphate, d'arsenite et de sulfate. La galène fournit, suivant M. Girardin, les 999 millièmes du plomb livré au commerce. Le traitement de la galène consiste ordinairement à griller d'abord ce minerai pour le transformer, à l'air, en oxyde et en sulfate ; puis à le porter, à une température élevée, en contact avec le charbon, pour réduire le métal.

ART. 354. — **Propriétés des sels de plomb.** — Les sels de plomb sont presque tous insolubles, si ce n'est l'azotate et l'acétate. Ils font, avec le sulfhydrate d'ammoniaque, un précipité noir de sulfure de plomb. Les sulfates solubles les précipitent à l'état de sulfate de plomb blanc. Le zinc en précipite le plomb à l'état de lamelles brillantes.

CUIVRE.

ART. 355. — **Propriétés, extraction.** — Le cuivre est, après le fer, le plus employé et le plus intéressant des métaux pour l'homme. Il est rouge, d'un goût et d'une odeur caractéristiques. Susceptible de s'écrouir par le martellage, à la filière ou au laminoir, sa densité varie de 8,80 à 8,95. Il entre en fusion à 1,100 degrés et passe lentement à l'état de vapeur, à un degré plus élevé. C'est à la vaporisation du cuivre qu'on attribue la coloration en vert de la flamme quand elle est en contact, à une température élevée, avec ce métal.

Ductile, malléable et doué d'une grande ténacité, bon conducteur du calorique, le cuivre réunit une foule de qualités précieuses pour la construction des chaudières. Malheureusement il s'oxyde facilement à l'air humide, ou sous l'influence de l'acide acétique (vinaigre) qui se produit si fréquemment par l'altération des matières organiques ; se convertit en carbonate ou en acétate de cuivre, sels extrêmement vénéneux, ce qui tend à l'éloigner de son emploi, autrefois presque exclusif, à la confection des ustensiles de ménage. Il est attaquable par tous les acides, même les plus faibles.

On le rencontre dans la nature à l'état de carbonate (malachite, azurite), à celui de sulfure (pyrite cuivreuse). On l'y trouve même à l'état natif. Son exploitation consiste, quand il s'agit du carbonate, à porter le minerai à une température élevée, en contact avec le charbon : l'acide carbonique se dégage par le seul effet de la chaleur, et l'oxygène de l'oxyde se trouve absorbé par le charbon, qui le transforme en gaz oxyde de carbone ou en acide carbonique.

ART. 356. — **Sulfate de cuivre.** — Ce sel, qu'on obtient le plus souvent directement par le grillage à l'air des pyrites cuivreuses, est le seul sel de cuivre dont nous parlerons. Il est encore connu, dans le commerce, sous son ancien nom de *vitriol bleu, couperose bleue.* Il cristallise en prismes obliques de couleur bleu intense. Il est employé en médecine, comme détersif et comme caustique ; dans l'art du teinturier, pour les couleurs noires et violettes. Il constitue encore un des meilleurs, si ce n'est le meilleur moyen de *chauler* le blé. La galvanoplastie l'emploie, en dissolution dans l'eau, comme véhicule pour la réduction du métal et sa fixation sur des métaux plus oxydables qu'on veut préserver, ou dans des moules, pour la reproduction de bas-reliefs, etc.

ART. 357. — **Alliages de cuivre.** — De tous les emplois du cuivre, le plus important est celui qu'on en fait pour la composition de ses nombreux alliages avec les autres métaux. Nous donnons, dans le tableau ci-joint, la composition des plus usuels :

	CUIVRE.	ZINC.	PLOMB.	ÉTAIN.
Laiton de Stohlberg , pour ustensiles divers...............................	65,80	31,80	2,20	»,20
Laiton des doreurs , pour bronzes dorés	63,70	33,55	0,25	2,50
Chrysocale , pour faux bijoux.........	90,40	8,·»	1,60	»
Tombac ou cuivre blanc.............	86, »	14, »	»	»
Bronze des frères Keller , pour statues	91,40	5,53	1,37	1,70
Alliage de Fenton , pour coussinets de machines........................	5,50	80, »	»	14,50
Bronze pour statues , le plus répandu..	90,10	»	»	9,90
Canons de petit calibre..............	93, »	»	»	7, »
Cloches.............................	78, »	»	»	22, »
Médailles..........................	95, »	»	»	5, »
Monnaie de l'ancienne république.....	95, »	1, »	»	4, »
Id. de cuivre du 2ᵉ empire.......	86, »	»	»	14, »

L'alliage qui porte en Chine le nom de *toutenague* ou cuivre blanc , en Allemagne celui de *pakfung* et *argentan*, que nous connaissons en France sous la désignation de *maillechort*, est un alliage dans lequel entrent le cuivre , le nickel et le zinc dans diverses proportions, mais dont les meilleures , pour obtenir un métal qui se rapproche le plus de l'argent, sont, en poids, suivant les nombres 5, 2 et 3.

Les sels de cuivre sont tous ou bleus ou verts. Le *verdet*, fort employé en peinture , et les *cristaux de Vénus*, sont des acétates de cuivre. Le *vert de Scheele*, qui fait la base d'une foule de matières vendues dans le commerce comme drogues de peinture , est un arsénite de cuivre.

MERCURE.

ART. 358. — **Propriétés.** — Le mercure ou hydrargyre, argent vif des anciens, est le seul métal liquide, à la température ordinaire. Il est blanc, et jouit de l'éclat de l'argent, d'où son ancien nom d'argent vif. Il pèse treize fois et demie comme l'eau, se solidifie à 40 degrés sous zéro, et se volatilise, entrant en ébullition, à 350 degrés. On le trouve dans la nature à l'état dit natif, liquide et à peu près pur ; mais on le retire ordinairement de son sulfure, exploité à Almaden , en Espagne, et à Iddria , en Carniole.

Les usages du mercure sont fréquents dans les laboratoires de chimie (cuve à mercure, etc.) et pour la construction de divers instruments de physique (baromètres, thermomètres, manomètres, etc.). La médecine le met au rang des agents thérapeutiques les plus utiles, et les arts industriels en font une grande consommation. C'est ainsi que le mercure est employé, avec l'étain, pour l'étamage des glaces. L'exploitation des métaux les plus rares en consomme des quantités considérables. Il forme, avec divers métaux, des alliages qu'on désigne sous le nom générique d'*amalgames*. C'est avec l'amalgame d'argent, d'or ou de platine que se pratique le *plombage* des dents.

ART. 359. — **Composés divers.** — Le *précipité rouge* des pharmacies est l'oxyde de mercure. Le *vermillon*, qui constitue une des plus belles couleurs employées en peinture, est un sulfure de mercure. Le *calomel*, qui a été pendant longtemps le vermifuge par excellence, est le protochlorure de mercure. Le *sublimé corrosif* est le bichlorure du même métal. C'est un poison actif, employé, en médecine, pour combattre certain virus et pour détruire plusieurs animaux parasites de l'homme, tels que les poux, l'acarus de la gale, les dartres, etc. Dans les cabinets d'histoire naturelle, il est employé à la conservation des fourrures, des peaux et dépouilles de divers animaux (art. 1515).

ARGENT.

ART. 360. — **Propriétés.** — L'argent est le plus blanc des métaux. Peu oxydable, très-ductile, très-malléable, susceptible de prendre un beau poli, sans odeur ni saveur, manquant seulement d'un peu de dureté, que lui communique une faible proportion de cuivre. C'est un des métaux qui présentent le plus de ressources pour les besoins de l'homme. Sa pesanteur est de 10 environ avant d'être écroui. Il atteint, par l'écrouissage, la densité de 10 1/2. Il entre en fusion à 1000 degrés environ. Il est volatil.

L'acide azotique le dissout facilement, et donne naissance, à la fois, à du bioxyde d'azote et à de l'azotate d'argent. L'acide sulfurique ne l'attaque que lorsqu'il est bouillant. Les alcalis sont sans action sur l'argent. Le soufre et l'acide sulfhydrique le noircissent en le transformant en sulfure. On le rencontre dans la nature à l'état natif, à celui de sulfure surtout.

Les oxydes d'argent sont sans emploi. L'azotate de protoxyde reçoit aujourd'hui un emploi fréquent dans la photographie et dans la galvanoplastie. Privé d'une partie de son eau de cristallisation, c'est la *pierre infernale* des pharmacies, caustique des plus employés en médecine. L'azotate d'argent dissous dans l'eau, sert encore à marquer le linge, à teindre le poil, les cheveux, etc., d'une manière indissoluble (art. 1623). Il doit cette propriété à l'oxyde d'argent qu'il renferme, et que la lumière réduit facilement. Or l'argent, comme la plupart des métaux très-divisés, est noir.

ART. 361. — **Alliages.** — Les alliages d'argent sont très-employés, et le plus important par ses usages est celui qui renferme du cuivre.

Les pièces de 5 francs renferment 90 100ᵉˢ d'argent pur.

Les médailles...................... 95 —   —
La vaisselle....................... 95 —   —
Les bijoux......................... 80 —   —
Les nouvelles pièces de 50 c. à 2 fr. 85 —   —

Les essais d'argent se font par deux modes différents, dont l'un reçoit le nom de *voie humide,* l'autre de *voie sèche.* La voie humide consiste à traiter l'argent à essayer par de l'acide azotique, qui dissout l'argent ainsi que le cuivre, et à précipiter l'argent à l'état de chlorure insoluble, au moyen d'une dissolution de sel marin. Les essais par la voie sèche reposent sur la propriété que possède le cuivre de s'oxyder par l'action du feu et de l'air, de fondre et de traverser, à l'état de fusion, de petits creusets qu'on nomme *coupelles,* faits avec des os calcinés, lorsque l'argent pur reste à l'état de globule qu'on peut peser, dans la *coupelle.*

OR.

ART. 362. — **Propriétés.** — L'or, qui, à toutes les époques de l'humanité, a occupé le premier rang parmi les métaux ; le soleil, le roi des métaux, des alchimistes, et dont la recherche a amené tant de découvertes précieuses de la chimie moderne, possède, avec une couleur et un éclat ravissants, la faculté d'être inaltérable à l'air. Le plus ductile et le plus malléable des métaux, il est propre à une infinité d'usages auxquels le haut prix du métal est un obstacle.

Sa densité est de 19,5. Fusible à 1200 degrés, il se volatilise à une température très-élevée, et donne des vapeurs vertes.

Il est inaltérable à toutes les températures. Le chlore et le brome l'attaquent à froid. Les acides azotique, sulfurique et chlorhydrique sont sans action sur l'or ; mais l'eau régale (art. 296) le dissout, et forme un sesqui-chlorure d'or. Le mercure a une très-grande affinité pour l'or. Il s'amalgame à lui, à la température ordinaire ; mais il suffit de chauffer jusqu'au rouge pour que le mercure se vaporise et que l'or en soit débarrassé. C'est sur cette propriété du mercure de s'amalgamer à l'or que reposent divers procédés d'exploitation des mines d'or. Dans la plupart de ces mines, l'or est à l'état natif.

Le *chlorure d'or* est soluble. Il est très-employé pour divers procédés de dorure, dans la photographie, etc.

Les oxydes d'or, peu stables, n'ont pas d'usage.

ART. 363. — **Alliages d'or.** — L'or n'est jamais, ou presque jamais, employé pur : il renferme ordinairement d'autres métaux, le plus souvent du cuivre, qui, sans ternir sensiblement son éclat, lui communique une plus grande dureté et une plus grande ténacité.

La monnaie d'or française renferme cent parties de cuivre pour mille d'alliage.

Les médailles ne contiennent que 840 de cuivre pour mille.

Quant aux ustensiles, vaisselle et divers objets en or, la proportion des deux métaux diffère suivant les titres.

$$1^{er} \text{ titre : or, 920 ; cuivre, 80.}$$
$$2^{e} \quad — \quad 840 \quad — \quad 160.$$
$$3^{e} \quad — \quad 750 \quad — \quad 250.$$

Les objets en or ou en argent que livre le commerce sont assujettis à un contrôle de la part de la *garantie*, qui n'accepte que des alliages dans les proportions reconnues par l'État, et imprime à ces objets, avec un poinçon, une marque spéciale à chacun de leur titre respectif. Des essayeurs, attachés aux bureaux de garantie, sont chargés de constater, par des moyens chimiques, le titre de ces alliages.

Lorsqu'on frotte un alliage d'or sur une pierre siliceuse noire, dite *pierre de touche,* inattaquable par l'acide azotique, il y laisse une trace ayant le brillant et la couleur du métal, et si, sur cette couche de métal, on passe de l'acide azotique, cet acide, en dissolvant le cuivre sans atteindre l'or, altèrera d'autant plus l'empreinte métallique que la proportion de cuivre sera plus grande. Les hommes exercés à ce genre d'essai arrivent à déterminer assez exactement ainsi le titre de l'alliage. Pour juger avec plus de certitude, d'ailleurs, on compare l'altération de l'alliage dont on veut apprécier la nature, dans cette opération, avec celle de l'or déjà titré. On visse à cet effet une collection d'alliages à divers titres, et au nombre de cinq, réunis sur un même manche sous le nom de *touchaux,* qui facilite singulièrement le jugement de l'essayeur.

Quand on veut procéder plus rigoureusement aux essais de l'or, on a recours, comme pour l'argent (art. 361), à la coupellation ou à d'autres procédés chimiques qui ne sauraient trouver place dans nos éléments.

PLATINE.

ART. 364. — **Propriétés.** — Le platine, dont le nom vient de *plata*, en espagnol, argent, est un métal blanc-grisâtre, d'une densité qui varie, selon l'écrouissage, entre 21 et 22. Il n'est connu, en Europe, que depuis 1740. Il est très-malléable, très-ductile et très-tenace. Sa propriété la plus remarquable est d'être infusible, si ce n'est à des feux de forge les plus violents, ou au chalumeau alimenté par un mélange de gaz oxygène et hydrogène.

Lorsque le platine est à l'état poreux, et tel qu'on le connaît sous le nom de *mousse de platine*, il absorbe et condense les gaz, et peut enflammer ceux qui sont combustibles. C'est sur cette propriété qu'est fondé le *briquet hydroplatinique*, petit appareil qui donne issue à de l'hydrogène, qui, en s'échappant dans l'air, est projeté sur de *l'éponge* ou *noir de platine*, où il s'enflamme.

Le platine forgé, laminé ou passé à la filière, possède encore une porosité qui lui permet, à une haute température, de condenser les gaz, et de déterminer l'oxydation, au contact de l'air, de ceux qui sont combustibles. Si, au-dessus d'une lampe à alcool, et touchant presque à la mèche, on dispose une spirale de fil de platine, qu'on allume d'abord la mèche et qu'on éteigne ensuite, la spirale, d'abord rougie par la flamme, continue néanmoins de se maintenir à la température rouge. Cette incandescence s'explique par la combustion, sans flamme, des vapeurs alcooliques en contact avec la platine.

ART. 365. — **Emplois divers.** — Pendant longtemps les objets de platine ont été obtenus par le martelage de la mousse de platine. On formait un arséniure de platine fusible ; on le coulait ; puis, au moyen de la chaleur, on vaporisait l'arsenic, et le platine restait sous forme de mousse. On le forgeait, en le portant d'abord à une température élevée, puis on lui donnait, au moyen du marteau, même à froid, mille formes diverses. Les travaux de deux savants, chercheurs infatigables, MM. Sainte-Claire-Deville et Debray, ont abouti à un procédé qui permet de fondre directement le platine. Dans ce nouvel état, le platine est plus blanc, plus malléable, et surtout moins attaquable par les agents chimiques. Il consiste à disposer le métal dans une coupelle de chaux vive, munie d'un couvercle, et à y souffler, par une ouverture, au moyen d'un chalumeau, un mélange de gaz de l'éclairage et d'oxygène. On coule dans des lingotières de fer recouvertes d'une couche de plombagine.

Le platine, à cause de son infusibilité aux feux de forge,

d'une part ; d'autre part, à cause de son inaltérabilité à l'action d'un grand nombre d'agents chimiques, est très-employé en chimie technique et appliquée. On en fait des creusets et des capsules pour le traitement, au feu, d'une foule de produits. Les fabricants d'acide sulfurique le concentrent, de nos jours, dans des chaudières de platine, et ce n'est pas un de leurs appareils les moins coûteux, car il est de ces industriels qui possèdent de ces vases évaporatoires qui leur coûtent jusqu'à 60 et 80 mille francs.

CHIMIE ORGANIQUE.

PROLÉGOMÈNES

ART. 366. — **Préambule.** — Nous savons déjà ce qu'on veut dire par matière inorganique et matière organique ; nous ajouterons qu'on entend plus spécialement, sous la désignation de *substances organiques*, des corps composés, d'origine organique, qui présentent des caractères fixes, bien définis : acides, basiques ou neutres, et qui ont la propriété de se combiner avec d'autres corps, en proportions définies, comme le feraient des composés de la chimie inorganique : tels sont les acides oxalique, tartrique, citrique ; la quinine, la morphine, le sucre, l'alcool, etc.

ART. 367. — **Éléments du règne organique.** — Le règne organique tout entier n'est formé, à quelques exceptions près, que de quatre éléments, le plus souvent de trois, quelquefois de deux seulement qui, par leurs proportions différentes, ou seulement par un agencement différent de leurs molécules, constituent les diverses substances, les diverses matières organiques ou organisées, végétales ou animales. sauf quelques exceptions, l'oxygène, l'hydrogène, et le carbone entrent seuls dans la composition des végétaux. L'azote s'ajoute ordinairement à ces trois corps simples, dans la composition du règne animal.

ART. 368. — **Allotropie.** — Certains corps combustibles, comme les huiles essentielles par exemple, ne renferment que de l'hydrogène et du carbone, et ce qu'il y a de remarquable, c'est que ces deux corps, dans la même proportion, peuvent, sous l'influence des forces vitales, produire des substances très-dissemblables. Telles sont, par exemple, l'essence de térébenthine ; le stéaroptène ou partie solide de l'essence de roses ; les essences de girofle, de thym, de persil, etc. Cette propriété que possèdent deux corps, en s'unissant dans le même rapport, de constituer des produits très-différents par leurs propriétés physiques, serait plus étonnant si on ne connaissait déjà des corps simples pouvant posséder des états tout à fait dissemblables : tels sont l'oxygène se transformant en ozone, et réciproquement ; le phosphore passant à l'état de phosphore rouge ; le soufre, à l'état de soufre *mou*. La science ne peut encore expliquer ce changement dans les propriétés d'un même corps : elle se borne à désigner cette propriété sous le nom d'*allotropie*.

ART. 369. — **État de la science.** — La chimie organique est loin d'avoir atteint la perfection théorique et la simplicité qui distinguent la chimie minérale ou inorganique. Nous devons aux travaux de Berzélius, de M. Dumas, de Liebig, et surtout de deux jeunes et infatigables chimistes, Gherard et Chancel, à ceux plus récents d'un plus jeune encore, M. Berthelot, des théories plus ou moins ingénieuses, qui tendent à ramener à quelques lois les réactions qui se produisent entre les substances organiques ; mais, quelques progrès qui se soient produits dans cette partie de la science, nous avons encore tant à faire qu'on ne saurait la considérer autrement qu'à son berceau. Nous aurons deux raisons pour être concis dans l'exposition de ce qui s'y rattache : la première, c'est que cette partie de la science est d'une application moins fréquente aux besoins de la vie ; la seconde, parce que tout y est hypothèse.

SUCRE, ALCOOL.

ART. 370. — **Sucre, ses propriétés.** — Le sucre, qui préexiste dans un grand nombre de végétaux, et qu'on retire de la canne à sucre ou de la betterave, est un principe immédiat composé d'oxygène, d'hydrogène et de carbone. Très-soluble dans l'eau et plus soluble dans l'eau chaude que froide, sa solution concentrée, qu'on appelle sirop simple, dépose, par le refroidissement, des cristaux rhomboédriques connus sous le nom de *sucre candi*. Le sucre blanc des boutiques est du sucre abandonné d'une solution saturée, mais dont on a troublé la cristallisation par l'agitation.

ART. 371. — **Transformations du sucre.** — Le sucre dissous dans l'eau est susceptible de se transformer, par la chaleur, en sucre incristallisable. Il absorbe, dans ce changement, deux proportions d'eau. Par la chaleur et sans eau, le sucre se transforme en une substance noire, amère, soluble dans l'eau, connue sous le nom de *caramel* (art. 1381). Dans cette transformation le sucre perd quatre atomes d'eau.

ART. 372. — **Variétés de sucre.** — Il existe d'autres variétés de sucre, telles que le *sucre de fruits*, le *sucre de lait* ou *lactine*, enfin le *glucose* qui provient d'une modification qu'on fait subir à l'amidon ou fécule amylacée, par l'action des céréales germées, ou par celle de l'acide sulfurique. Ces trois variétés ont entre elles une grande analogie de composition, et ne diffèrent du sucre de canne ou de betterave que par une plus grande proportion d'eau de combinaison qu'ils renferment. (art. 1354, 1410).

Tous ces sucres sont susceptibles, en solution dans l'eau, à une température douce, mais assez élevée, surtout en contact avec du ferment, de se transformer en alcool. Les ferments, d'après les travaux de M. Pasteur, sont des mycodermes, sorte de végétaux microscopiques qui se produisent dans les solutions sucrées, et ont la propriété, en se développant, de former de l'acide carbonique et de l'alcool. D'après cela, l'alcool, et c'est exact, ne diffère, par sa composition chimique, du sucre, qu'en ce qu'il a perdu du carbone et de l'oxygène ; il reste dans le vase où s'est produite la fermentation, un corps dans lequel l'hydrogène domine et où l'oxygène est en minime proportion, ce qui explique sa propriété inflammable quand il est pur ou qu'il renferme peu d'eau.

ART. 373. — **Alcool, ses propriétés.** — L'alcool est la base de l'eau-de-vie. Celle-ci est représentée par alcool plus eau. On la rend plus alcoolique par la distillation. En effet, l'alcool étant plus volatil que l'eau, on parvient, au moyen d'appareils distillatoires spéciaux, ayant pour effet d'abord de volatiliser la partie la plus alcoolique du mélange, puis de condenser à part ce qui, de ces vapeurs, est encore le plus alcoolique, à obtenir des produits qui représentent de l'alcool presque pur ; et la faible proportion d'eau qu'il renferme lui est ensuite enlevée, dans une nouvelle distillation qu'on opère sur un corps avide d'eau, tel que le chlorure de sodium, la chaux vive, etc. L'alcool passe alors à l'état pur, dit alcool absolu.

Quelques chimistes considèrent l'alcool comme composé d'un radical que Liebig a obtenu, le premier, isolé, l'*éthyle*, composé de quatre proportions de carbone et d'une d'hydrogène. L'alcool absolu serait un hydrate d'éthyle, et l'*éther hydrique* un oxyde de ce même radical. L'éther chlorhydrique en serait le chlorure ; l'éther iodhydrique, l'iodure. Quant aux éthers acétique, oxalique, etc., ceux-ci représenteraient la combinaison de ces acides avec l'oxyde d'éthyle ou éther hydrique simple.

ART. 374. — **Analogues de l'alcool.** — D'autres radicaux existent ayant une grande analogie avec l'*éthyle ;* tel est le *formyle* composé de deux proportions de carbone et d'une d'hydrogène. Le *formyle* se combine avec le chlore, et produit le chloroforme, qui est dès lors un chlorure de formyle, similaire de l'éther dit chlorhydrique. Le chloroforme est, comme on sait, l'agent·anesthésique par excellence, et c'est avec ce produit appliqué à produire l'insensibilité organique, qu'on peut pratiquer, sans douleur, les opérations chirurgicales les plus douloureuses, et d'autant plus dangereuses que le malade peut mourir, comme on sait, de douleur. Malheureusement, à côté de cette vertu si précieuse pour l'humanité, se trouve un écueil redoutable. Malgré les soins apportés à son administration, en inhalation, des sujets ont succombé à son usage. Bien que ces cas soient peu nombreux, espérons que la science, qui semble n'avoir point de limite, trouvera dans peu les moyens certains à opposer à ce danger (art. 1003, 1641).

ACIDES ORGANIQUES.

ART. 375. — **Acide acétique.** — L'alcool est susceptible d'absorber l'oxygène de l'air et de se transformer en *acide acétique* et en eau. Cette transformation peut s'opérer de plusieurs manières : par l'effet de l'éponge de platine et par celui du développement de mycodermes ; ce qui rapproche l'acétification de l'alcool, de la fermentation alcoolique.

L'*acide acétique* est un solide ou liquide, suivant la température et son état de concentration, volatil et d'une odeur caractéristique. C'est cet acide qui, se développant dans l'acétification du vin, le convertit à l'état de vinaigre. Il forme, avec les bases, des acétates. C'est en décomposant l'acétate de potasse ou de soude par l'acide sulfurique, qu'on obtient de l'acide acétique concentré, connu sous le nom de *vinaigre radical*. Nous décrirons, au livre consacré à l'économie domestique, les diverses manières de l'obtenir (art. 971, 1469).

ART. 376. — **Acide oxalique.** — L'*acide oxalique* est composé simplement de carbone et d'oxygène, dans un rapport intermédiaire à la composition de l'oxyde de carbone et de l'acide carbonique. On le trouve tout formé dans la nature, à l'état de bioxalates, dans l'oseille, dans l'oxalide, etc. L'art en produit de grandes quantités, par l'action de l'acide azotique sur le sucre. Tout l'hydrogène du sucre est comburé, et il ne reste que le carbone et de l'oxygène, dans le rapport nécessaire à constituer l'acide oxalique.

ART. 377. — **Autres acides.** — Les acides *tartrique, citrique, malique*, préexistent l'un dans le raisin, l'autre dans les citrons, l'autre dans les pommes. C'est à ces acides que les fruits doivent leur goût aigrelet. L'acide *lactique* existe dans le petit-lait et dans le jus aigri de betteraves.

L'acide *tannique*, connu longtemps sous le nom de *tannin*, est extrêmement répandu dans la nature. Il a la propriété de former avec les persels de fer, un sel noir insoluble : le tannate de sesqui-oxyde de fer.

ALCALIS ORGANIQUES DITS ALCALOÏDES.

Art. 378. — **Leur origine.** — La nature produit une foule de substances qui jouent le rôle d'oxydes, en se combinant aux acides; d'où résulte des sels qui ont la plus grande analogie avec ceux du règne inorganique. Tels sont la *quinine* et la *cinchonine*, qui proviennent des quinquinas; la *morphine*, qu'on retire de l'opium; la *strychnine*, de la noix vomique; l'*atropine*, de la belladone. La plupart, représentant les propriétés les plus essentielles du végétal qui les a fournis, sont insolubles. On les combine dès lors avec divers acides des deux règnes, pour obtenir des sels solubles jouissant des mêmes propriétés, mais à un plus haut degré, par suite de leur solubilité. Tels sont les sulfate, chlorhydrate, acétate de *quinine;* le sulfate, le chlorhydrate, l'acétate de *morphine;* le sulfate de *strychnine*. Nous devons à Sertuerner, à Pelletier et à M. Caventou, les premiers travaux qui ont eu pour effet d'extraire des végétaux actifs, très-employés en médecine, leurs alcaloïdes, ou des sels de ces alcaloïdes représentant leur principe actif sous un petit volume, ce qui en a rendu l'administration plus facile en même temps qu'on a pu mieux les doser.

CELLULOSE.

Art. 379. — **Propriétés.** — La cellulose est la substance qui forme la charpente de la cellule et des vaisseaux des végétaux. Le coton, le vieux linge, le papier, nous représentent assez exactement cette substance. Elle se compose de carbone, d'hydrogène et d'oxygène. Cette substance est neutre, et ne saurait se combiner ni aux acides, ni aux alcalis faibles; mais l'acide sulfurique concentré la transforme en un corps isomère, c'est-à-dire de semblable composition, mais possédant des propriétés nouvelles, soluble dans l'eau, appelé *dextrine*. Une action plus prolongée la transforme en *glucose*, variété de sucre dont nous avons déjà parlé (art. 372).

Art. 380. — **Fécule amylacée, amidon.** — La fécule amylacée, qui, par sa composition chimique, se rapproche beaucoup de la cellulose, se transforme encore plus facilement que cette dernière en *dextrine*, sous l'influence de l'acide sulfurique. La fécule est constituée par une matière à l'état de petits granules, insolubles dans l'eau froide, qui ont la propriété de gonfler et de crever dans l'eau bouillante, en produisant de l'*empois*. L'iode est le réactif de la fécule. La réaction fournit une coloration bleue caractéristique. La *fécule amylacée* porte le nom de fécule ou d'amidon, suivant qu'on l'extrait de la pomme de terre ou des graminées.

CORPS GRAS EN GÉNÉRAL.

ART. 381. — **Propriétés.** — Les graisses et corps gras d'origine animale ou végétale peuvent être considérés comme des sels constitués par la combinaison d'un acide avec une base qu'on nomme *glycérine*. Ces acides les plus répandus sont : l'acide *oléique*, qui domine dans les huiles ou dans les graisses fluides ; l'acide *stéarique*, que l'on trouve essentiellement dans le suif du mouton et autres ruminants, et l'acide *margarique*, qui, par sa consistance, tient le milieu entre les acides *oléique* et *stéarique* (art. 1691).

ART. 382. — **Savons, bougie stéarique.** — Lorsqu'on fait réagir , à chaud , les alcalis sur les corps gras, ces bases, plus énergiques que la glycérine , se combinent avec les acides *oléique, margarique* et *stéarique*. Il en résulte des *oléates, margarates* et *stéarates* de potasse, de soude , etc., qui sont des savons. Si la base employée est la chaux hydratée, il se forme des *oléate, margarate* et *stéarate* de chaux, insolubles, et la *glycérine,* soluble , reste dans l'eau qui a servi de véhicule à la saponification. Maintenant, si on décompose ce savon , ou sel de chaux, au moyen de l'acide sulfurique, il se formera un sulfate de chaux insoluble , qui se précipitera au fond du vase , et il surnagera des acides *oléique, margarique* et *stéarique*.

Dans la fabrication des bougies stéariques, dont l'usage est si répandu , les acides stéarique et margarique sont séparés de l'acide oléique au moyen d'une opération mécanique qui consiste à comprimer le mélange des acides gras obtenus, dans des tissus de crin, au travers desquels passe l'acide oléique, tandis qu'il reste, dans le tissu, les acides stéarique et margarique (art. 1691).

L'acide oléique qui coule au travers les mailles du tissu est employé à la fabrication du savon. Il suffit de le mettre en contact, à 100 degrés environ, avec de la *lessive des savonniers,* et la combinaison se produit. L'oléate de soude obtenu, concentré par évaporation, est du savon qu'on coule dans des moules, et qu'on met ensuite dessécher jusqu'à consistance voulue.

On entend par *lessive des savonniers* une solution concentrée d'hydrate de soude , qui s'obtient en traitant une solution de carbonate de soude par de la chaux hydratée. Il se forme du carbonate de chaux, insoluble, et la liqueur (filtrée ou décantée) est cette solution.

Les savons sont des oléate, margarate, stéarate de soude ou de potasse, dans lesquels la base n'est pas entièrement saturée, conservant ainsi une réaction alcaline. S'ils ont la propriété de nettoyer, d'enlever les corps gras, c'est par la faculté de les saponifier et de les rendre ainsi solubles. Les savons de soude et de potasse sont solubles dans l'eau pure. Une minime quantité y produit facilement une mousse que tout le monde connaît. Il n'en est pas ainsi lorsque l'eau renferme des sels de chaux qui précipitent le savon : il y a dès lors échange de base et d'acide. L'oléate de soude, par exemple, en présence du carbonate de chaux, se transforme en carbonate de soude, et celui-ci en oléate de chaux insoluble. Même réaction se produirait par des eaux séléniteuses ou renfermant du sulfate de chaux; seulement il se formerait du sulfate de soude au lieu de carbonate sodique, mais il y aura toujours production d'un sel insoluble : *l'oléate de chaux.*

HUILES.

ART. 383. — **Huiles fixes.** — On entend par huiles végétales, des corps gras fixes, c'est-à-dire non volatils, qu'on retire ordinairement, par expression, de certaines parties, et le plus souvent des fruits, des végétaux. Liquides à la température ordinaire, comme celle qui provient de l'olive, de l'amande, de la noix, etc.; solides comme celle qu'on retire du cacao, de la muscade, etc., ces corps gras ont la grande analogie de composition avec ceux que fournit le règne animal. Cette ressemblance est encore plus grande quand on les compare aux graisses fluides, telles que celles que fournissent les cétacés et les poissons, et qu'on désigne, pour cela, sous le nom générique d'*huiles animales.* Parmi les huiles végétales, les unes sont non siccatives, comme l'huile d'olives, et d'autres très-siccatives, comme celles de lin ou de noix. Dans cette prétendue dessiccation, qui n'est qu'un durcissement, sans évaporation, il y a oxydation du corps gras (art. 1579).

ART. 384. — **Huiles essentielles.** — Les *huiles* essentielles ou *essences* diffèrent surtout des huiles fixes, en ce qu'elles sont volatiles et, partant, très-odorantes. Elles sont susceptibles de se vaporiser ou volatiliser *sans altération*, de manière à reprendre, par la condensation que produit le froid, leur état liquide primitif. Aussi leur obtention, des végétaux qui les renferment, se produit-elle au moyen de l'alambic. Les parties du végétal chargées d'huiles essentielles sont mises , avec de l'eau , dans la cucurbite d'un alambic , et les vapeurs d'eau et d'huile essentielle , mêlées , vont se condenser dans un réfrigérent. L'essence surnage , et , par décantation du vase qui recueille le produit complexe , on sépare l'une de l'autre.

Le *camphre* est une huile essentielle qui, au lieu d'être liquide, est solide.

Les huiles essentielles que l'industrie consomme en plus grande quantité sont les huiles de térébenthine , de thym , de romarin , d'aspic. Toutes ces essences , sauf le camphre et un petit nombre d'autres , sont des carbures d'hydrogène. La parfumerie n'emploie que des essences agréables , telles que celles d'orange , de bergamotte , de citron , de rose , de girofle , de menthe , de noyau , etc.

Les bitumes et schistes bitumeux renferment souvent des huiles dites de schiste , de pétrole , d'asphalte , qui ont une grande analogie de composition et de propriétés avec les huiles essentielles. Comme les essences , ces huiles sont très-volatiles , très-inflammables , et sont employées souvent aux mêmes usages. On les obtient par distillation.

RÉSINES.

ART. 385. — **Propriétés.** — Les résines ont une composition chimique qui les rapproche beaucoup de celle des essences. Généralement les résines qui proviennent d'un même végétal qu'une essence n'en diffèrent, quant à leur composition chimique, qu'en ce que la résine contient en plus de l'oxygène.

Les résines, comme les graisses , comme les huiles , sont solubles dans les essences, dans l'éther , la plupart même dans l'alcool absolu, et leur dissolution dans les rapports convenables constitue des vernis. Dans les vernis les plus solides, la résine qui en fait le fond est douée d'une grande résistance : tels sont les vernis au copal, à la résine laque, improprement appelée *gomme laque*. Lorsqu'on étend ces vernis, au moyen d'un pinceau ou d'un tampon , sur des meubles ou objets divers , le véhicule volatil s'évapore , et il reste sur l'objet verni , une couche de la résine qu'il renfermait en dissolution. On peut polir ces vernis et leur donner le plus beau lustre , et c'est ainsi qu'est obtenu le brillant de nos meubles en acajou, en palissandre, en ébène , etc. ; celui plus beau encore des meubles d'origine chinoise ou japonaise dits en *laque* (art. 1625).

Les résines, quoique renfermant un peu d'oxygène, sont néanmoins au nombre des substances très-combustibles et inflammables. Aussi ont-elles servi et servent-elles, de nos jours encore, de moyen d'éclairage. Dans les départements méridionaux, voisins des Landes, d'où nous tirons les huit dixièmes de la résine de pin qui se consomme en France, le paysan, le pauvre, y font usage de chandelles de pure résine.

———

Pour éviter des redites, nous renvoyons à la partie de notre livre consacrée à l'économie domestique ou à la pharmacologie ce que nous aurions à dire pour compléter ce que la chimie organique renferme de plus utile ou de plus applicable aux besoins de la vie.

LIVRE TROISIÈME.

—

HISTOIRE NATURELLE.

—

PRÉAMBULE.

ART. 386. — **Enchaînement.** — Les corps, suivant qu'ils ont ou ont eu vie, suivant qu'ils en sont privés, se divisent en deux règnes : *règne organique*, *règne inorganique*. Ce dernier est l'équivalent de *règne minéral*. Le règne organique renferme les deux anciennes divisions de *règne animal* et *règne végétal*. Linné, ce grand observateur de la nature, a défini ainsi chacun de ces deux règnes : « L'animal vit et change de place; le végétal vit et reste stationnaire ». Cette définition, exacte à l'époque où vivait Linné, est devenue défectueuse depuis la connaissance des animaux rayonnés, qui, étant dépourvus d'organes locomoteurs, ne sauraient être qu'un végétal, d'après la définition de l'immortel Suédois. Contentons-nous de la grande division des corps en règne *inorganique* et règne *organique*.

L'*histoire naturelle* est la science qui embrasse l'étude des corps qui composent la croûte du globe ou qui vivent à sa surface, envisagés au point de vue physique. Elle en examine la forme, la constitution et le mode d'existence. Elle se divise en trois branches, qui, suivant qu'elles ont pour objet le règne minéral, le règne végétal et le règne animal, prennent les noms de *géologie* ou *minéralogie*, de *botanique* et de *zoologie*.

Nous ne ferons que les effleurer, mais en nous appesantissant sur les parties de ces sciences dont l'application se rattache directement au bien-être, ou qui doivent servir d'initiation aux articles subséquents d'économie générale ou science du bien-être.

Nous commencerons par l'étude de la géologie, qui, par sa nature plus particulièrement inorganique, se lie plus rationnellement avec les sciences physiques dont l'exposition précède. Nous passerons ensuite à la botanique. Puis enfin nous traiterons, en dernier lieu, de la zoologie, qui formera une sorte d'introduction aux sciences médicales : hygiène et médecine, pour l'intelligence desquelles quelques notions d'anatomie et de physiologie sont indispensables.

GÉOLOGIE.

CONSIDÉRATIONS GÉNÉRALES.

ART. 387. — **Définitions.** — La géologie est, avons-nous dit, cette branche de l'histoire naturelle qui embrasse le règne minéral ou inorganique. Nous la diviserons en deux parties, dans l'exposition des notions que nous croyons devoir en donner : 1º en *géognosie*, chapitre dans lequel nous étudierons la composition, la structure, la forme et l'étendue des diverses masses minérales dont l'ensemble constitue la croûte du globe ; 2º en *géogénie*, qui a pour objet essentiel de rechercher la manière dont ces diverses masses ont pu se former.

La géognosie comprend implicitement dans son domaine la *minéralogie* proprement dite, qui s'occupe d'une manière spéciale de la composition chimique des roches, comme celle-ci embrasse, à son tour, la *métallurgie*, qui est l'art d'exploiter les mines au point de vue de la production des métaux qu'elles renferment. *Minéralogie*, suivant quelques savants, est, au contraire, le mot générique qui s'applique à l'ensemble de l'étude générale du règne minéral ou inorganique.

GÉOGNOSIE.

ART. 388. — **Notions générales.** — La terre a la forme d'une sphère déprimée dans le sens d'un pôle à l'autre. On dit, pour rendre la même idée, qu'elle est aplatie vers les pôles, ou même qu'elle est renflée vers l'équateur. La différence entre les deux diamètres est de 42 kilomètres, ce qui est peu comparativement à la masse totale, car ce n'est guère qu'un six-centième du diamètre moyen. Une bille de billard qui n'aurait que cette imperfection de sphéricité nous paraîtrait parfaitement ronde.

Deux causes concourent à ce que la pesanteur des corps, à la surface de la terre, s'exerce plus fortement aux pôles que sous l'équateur : 1° parce que la force centrifuge, résultant du mouvement diurne de notre globe, est nulle aux pôles, et que, à l'équateur, elle agit en sens inverse de la gravitation ou pesanteur ; 2° par suite de l'aplatissement des pôles, ce qui a pour effet de rapprocher les corps de la masse terrestre. Pour ces raisons, un pendule produira, dans le même temps, un plus grand nombre d'oscillations aux pôles terrestres que sous la zone torride (art. 41, 115).

Newton, nous l'avons déjà dit, a été conduit, par l'ensemble des phénomènes célestes, à considérer l'attraction comme une propriété générale de la matière, s'exerçant entre tous les corps en raison directe de leur masse et en raison inverse du carré de leur distance. Cette idée, vaste comme le génie qui l'a conçue, a été depuis confirmée, soit par la déviation du fil à plomb près des grandes montagnes, soit par les expériences de Cavendish et de Coulomb sur la balance de torsion. Cavendish a même fait une application de cet instrument à la densité moyenne de la terre, qu'il évalue à cinq et demi, comparée à celle de l'eau. Comme la densité des roches primitives et celle du calcaire qui composent la croûte du globe, dont nous connaissons la nature, n'est guère que deux et demi, c'est-à-dire moins de la moitié de la moyenne, il s'ensuivrait que la masse terrestre augmenterait de densité en allant de la surface au centre.

La température de cette masse terrestre, croissant d'un degré par trente ou trente-trois mètres de profondeur, le calcul nous amène à considérer qu'à trois quarts de lieue cette température est déjà égale à celle de l'eau bouillante. A cinq lieues elle serait capable de fondre toutes les roches que nous connaissons. Cette croûte solide, de cinq lieues, ou vingt kilomètres, d'épaisseur, est approximativement à la masse totale ce que seraient trois millimètres à une sphère d'un mètre de diamètre ; ce qu'est l'épaisseur d'une feuille de papier à lettre à un de ces globes en verre dépoli de lampe ; mais rien ne prouve que la partie centrale du globe soit en pleine fusion, et que cette température, comme on l'a si souvent dit, aille constamment en croissant jusqu'au centre.

La surface de la terre a une superficie de cinq millions d'hectares environ, dont les trois quarts sont occupés par les mers, du sein desquelles s'élèvent, ça et là, des parties solides (terres) qui prennent le nom de continents ou d'îles, suivant l'importance de leur surface. C'est autour du pôle nord que se trouve groupée la plus grande surface de continents.

ART. 389. — **Relief des montagnes, profondeur des**

mers. — L'Himalaya, dont un des pics a 8,600 mètres au-dessus du niveau de la mer, est le point le plus élevé qu'on connaisse sur la surface du globe. Les parties les plus déprimées de la couche solide se trouvant au sein des mers, et la sonde, pour mesurer cet espace, ne pouvant descendre au-delà de 2,000 mètres, on est réduit à savoir que leur profondeur dépasse cette mesure.

ART. 390. — **Tremblements de terre.** — « Chacun, dit M. Beudant, a entendu parler du terrible fléau qui, en un instant, fait un monceau de ruines des plus florissantes cités, et bouleverse parfois tout le sol environnant. Son apparition est souvent précédée par des bruits sourds, des roulements souter-rains, qui fréquemment se font entendre longtemps avant la catastrophe à laquelle ils préludent. Des trépidations plus ou moins violentes se font ensuite sentir, pendant quelques secondes ou quelques minutes seulement, et souvent se succè-dent un certain nombre de fois avec plus ou moins de rapidité ou plus ou moins de force ; dans certains cas même elles se continuent à divers intervalles pendant plusieurs jours, plusieurs mois, et même pendant des années entières. Ces mouvements du terrain sont de diverses sortes : tantôt ce sont des oscillations horizontales saccadées, plus ou moins rapprochées ; tantôt des secousses verticales, c'est-à-dire des soulèvements rapides et des affaissements successifs du sol ; ailleurs ce sont des tour-noiements divers. Quelquefois toutes les espèces d'ébranlements se réunissent à peu près dans le même temps, et rien alors ne peut échapper à la dévastation.

» Quelquefois un tremblement de terre se trouve circonscrit dans un espace parfois même assez réservé ; par exemple celui qui eut lieu à l'île d'Ischia, le 2 février 1828, et qu'on ne ressentit en aucune manière, ni dans les îles voisines, ni sur le continent. Fréquemment aussi il agite à la fois une surface immense : témoin celui de la Nouvelle-Grenade, du 17 juin 1826, qui exerça son action sur plusieurs millions de myriamètres carrés. Ailleurs il se propage à des distances énormes, comme le fameux trem-blement de Lisbonne, en 1775, qui se manifesta jusqu'en Laponie d'une part, et jusqu'à la Martinique de l'autre. En travers de cette direction, il se fit sentir du Groenland en Afrique, où Maroc, Fez, Méquinez, furent détruites. L'Europe entière en éprouva les effets au même moment. Généralement on peut reconnaître, dans les narrations diverses, beaucoup d'exemples de propaga-tion de même nature sur des longueurs plus ou moins considé-rables et des largeurs diverses, et conclure même des faits que

l'ébranlement s'est souvent étendu suivant un grand cercle de la
sphère plus ou moins inclinée sous l'équateur. Non-seulement
les tremblements de terre, lorsqu'ils sont violents, renversent
des cités entières, avec les édifices les plus solidement établis,
comme nous en avons des exemples mémorables, mais encore
ils font subir au sol même d'importantes modifications. Ceux de
la Calabre, en 1783, nous en fournissent des exemples d'autant
plus précieux que les faits ont été décrits par les hommes les
plus distingués du temps, puis par une commission de l'Académie royale de Naples. Tout fut détruit dans ce malheureux
pays; le cours des rivières fut interrompu et changé; des
maisons furent soulevées au-dessus du niveau de la contrée,
tandis que d'autres, souvent à peu de distance, s'enfoncèrent
plus ou moins; des édifices d'une grande solidité furent lézardés
de haut en bas; certaines parties en furent élevées au-dessus du
sol des autres, et toutes les fondations furent poussées hors de
terre. Le sol s'ouvrit de toutes parts, souvent en longues crevasses, dont quelques-unes avaient jusqu'à 150 mètres de large;
il y en avait d'isolées, quelquefois bifurquées et montrant fréquemment d'autres fissures perpendiculaires à leur direction.
D'autres étaient réunies en rayons divergeant autour d'un
centre, comme une vitre brisée. Les unes, ouvertes au moment
de la secousse, se refermaient subitement, en broyant entre
leurs parois les habitations qu'elles venaient d'engloutir; d'autres
restaient invariablement béantes après la commotion. ou, com-
mencées par un premier ébranlement, s'élargissaient par les
suivants. Dans un cas comme dans l'autre, on observa tantôt
que les deux bords de la fente se trouvaient sensiblement sur le
même plan, tantôt qu'une des parties était beaucoup plus
haute, de manière à montrer nécessairement que l'une s'était
soulevée ou l'autre abaissée. Ailleurs, des étendues plus ou
moins considérables de terrain s'enfoncèrent tout à coup, entraînant plantations et habitations, et laissant des gouffres à
parois verticales de 80 à 100 mètres de profondeur. Dans certains,
il surgit immédiatement du fond de ces cavités une immense
quantité d'eau, et il en résulta des lacs plus ou moins considérables, quelquefois sans écoulement apparent, et fournissant
ailleurs d'énormes torrents. Dans d'autres cas, au contraire,
des ruisseaux furent absorbés par les crevasses du sol, où ils
s'engouffrèrent soit pour un temps, soit pour toujours.

» Mais, outre les fentes nombreuses, les gouffres divers qui
interceptèrent les eaux en fournirent de nouvelles, leur donnèrent un nouveau cours; il arriva aussi que des masses de

roches, tombant au travers des vallées, en arrêtèrent les eaux qui bientôt formèrent des lacs dans la partie supérieure. Or ces eaux accumulées se frayèrent de nouveaux passages, soit en rompant le flanc de la vallée dans d'autres points, soit en élargissant quelques fissures des montagnes, ou bien, corrodant le nouvel obstacle, le renversèrent en tout ou en partie. De là des débacles épouvantables, des torrents impétueux roulant des quartiers de rocs énormes, dont le ravage devint aussi désastreux que les commotions elles-mêmes, et qui, creusant de nouveaux lits, élargissant ou approfondissant ceux que les eaux suivaient auparavant, marquèrent leur passage par des débris qu'ils roulaient et déposaient successivement.

» Enfin, si la principale action des tremblements de terre eut lieu à Oppido et Soriano, les phénomènes se manifestèrent jusqu'à Messine, à travers le détroit; plus de la moitié de la ville fut détruite, et vingt-neuf bourgs ou villages furent engloutis. Le fond de la mer s'abaissa et fut bouleversé en diverses places; le rivage fut déchiré par des fentes, et tout le sol, le long du pont de Messine, s'inclina vers la mer en s'abaissant subitement de plusieurs décimètres; tout le promontoire qui en formait l'entrée fut englouti. »

Nous devions cette courte et intéressante description à nos lecteurs pour leur donner une idée des dévastations et des changements divers que les tremblements de terre peuvent produire sur la croûte du globe. Nous ajouterons seulement que des phénomènes semblables, ou plus imposants encore, se sont produits, de nos jours, sur divers autres points du globe, notamment sur les côtes occidentales de l'Amérique du Sud.

ART. 391. — **Niveau des mers.** — L'idée de la diminution de l'eau de mer, après avoir été longtemps admise, semble être rejetée aujourd'hui par les naturalistes. C'est en Suède surtout que les observations paraissaient l'indiquer d'une manière incontestable, lorsqu'on s'est aperçu que ce n'était point la Baltique qui se modifiait, mais bien le sol d'une partie de la Suède et de la Finlande, qui s'élevait graduellement et sans secousse, tandis que le sud de la presqu'île s'affaissait dans le même rapport.

Maintenant que nous connaissons les effets des tremblements de terre, quelle qu'en soit la cause, que trouverons-nous d'étonnant à ce que, par cette même cause, des contrées d'une étendue considérable soient modifiées en hauteur, et à ce que des montagnes surgissent tout-à-coup au milieu d'une plaine; que des îles sortent comme par enchantement du sein des eaux, quand on songe que la croûte de notre globe est relativement si mince et si fragile ?

ART. 392. — **Volcans.** — Les phénomènes qui se produisent lors des éruptions volcaniques, ceux qui les précèdent ou les suivent, se lient étroitement, on le comprend, avec les tremblements de terre. Ils varient à l'infini ; « cependant les signes avant-coureurs d'une éruption volcanique, dit M. Becquerel, sont en général un bruit souterrain semblable à celui du canon ou à un fracas de voitures roulant sur le pavé, des tremblements de terre, et assez fréquemment des changements dans l'état de la température. L'éruption commence ordinairement par une colonne épaisse de fumée qui s'élève à une hauteur prodigieuse, et qui finit, lorsqu'elle n'a plus de vitesse de production, par se refouler sur elle-même, de manière à former une série de sphères de vapeurs aqueuses. Ces espèces de *cumulus*, en se condensant par le froid des régions supérieures, retombent en pluies abondantes, accompagnées de violentes décharges électriques. Bientôt après il sort du cratère, avec une vitesse excessive, des pierres incandescentes et une énorme quantité de cendres d'une telle ténuité qu'elles peuvent être transportées à des distances considérables par les vents. Les cendres ne retombent pas toujours sèches sur le sol : elles sont fréquemment pénétrées de vapeurs aqueuses. Des laves en ignition arrivent ensuite. Ces laves proviennent de substances liquéfiées dans les foyers volcaniques, et sont lancées en dehors par la force expansive des fluides élastiques qui se dégagent dans les mêmes foyers. Leur surface est agitée par de forts bouillonnements, d'où s'échappent du gaz et de la fumée bleuâtre, due à la volatilisation du sel marin et d'autres substances. Les laves, en sortant par les bords du cratère, suivent les directions les plus favorables que le terrain leur présente. Au contact de l'air, leur surface, en se volatilisant, se solidifie, et la matière continue à couler en dessous jusqu'à ce qu'un obstacle se présente : alors elle s'y arrête, s'amoncelle, et finit par monter sur la partie solidifiée, puis continue son cours, comme auparavant, jusqu'à ce qu'elle soit arrêtée par un nouvel obstacle. Il arrive souvent que la matière, s'accumulant dans certains endroits, conserve de la chaleur pendant si longtemps, en raison de sa mauvaise conductibilité, que Dolomieu assure l'avoir trouvée sensible, au Vésuve, dans un amas formé depuis dix ans. La surface des laves est ordinairement scorifiée et criblée de petites ouvertures par lesquelles se sont échappés les gaz renfermés dans l'intérieur.

» Outre les phénomènes précédents, il existe encore, dans certains volcans, des éruptions boueuses annonçant l'existence de vastes lacs souterrains, et auxquelles sont dus les courants de même nature qui suivent diverses directions sur les flancs des montagnes, comme les laves incandescentes. L'existence de ces éruptions a été constatée par M. de Humboldt dans les volcans en activité du Nouveau-Monde. La présence d'une innombrable quantité de petits poissons rejetés dans l'éruption d'un volcan du Mexique ne laisse aucun doute à cet égard ; car, si la lave eût été primitivement à l'état d'incandescence, il ne serait resté aucun vestige de la matière animale. Ces poissons étaient en si grand nombre que leur putréfaction répandit dans l'air une odeur infecte, qui produisit des maladies épidémiques. La lave qui renfermait les détritus des poissons s'est changée en une espèce de porphyre, que les naturels du pays exploitent pour s'en servir comme de combustible. »

Parmi les volcans, les uns ont la forme conique, comme la plupart de ceux de l'Ancien-Monde, et la matière en est rejetée de manière à l'augmenter, surtout en hauteur. D'autres se manifestent en soulevant le sol sur une assez grande étendue, d'où naît, par le déchirement du sol, au centre, une ouverture très-grande dans laquelle les matières ignivomes retombent, et qu'elles semblent destinées à combler.

On a remarqué que les éruptions d'un même volcan sont d'autant moins fréquentes que son cratère est plus élevé.

Tout ce que nous avons dit en parlant des tremblements de terre, touchant les changements qui se produisent dans la configuration du sol, est applicable aux volcans que nous rattachons à une cause commune, comme on ne saurait en douter.

Les matières vomies par les volcans varient depuis la cendre divisée jusqu'à des blocs énormes de masses vitrifiées, et parfois des roches primitives provenant du terrain à travers lequel se font les déjections.

Le nombre de volcans en activité serait de 300 environ, d'après le relevé qu'en a fait M. Girardin.

CONSTITUTION DE L'ÉCORCE DU GLOBE.

ART. 393. — Description. — Lorsque, à l'aide de nos organes, de certains instruments de physique et des réactifs chimiques, nous examinons la composition de l'écorce du globe aux profondeurs que nous avons pu atteindre et dans les divers pays explorés, nous la trouvons constituée par des amas ou par des

couches de matières de nature particulière qu'on désigne sous
le nom de roches, de terrains ou formations, dont le nombre
est limité, et qui sont toujours disposés dans le même ordre.

Ces terrains peuvent être divisés en deux groupes généraux :
1° terrains qui ont le feu pour origine, roches primitives et
volcaniques ; 2° terrains sédimentaires, provenant de débris
divers transportés par les eaux : silice, alumine, sels alcalins
et terreux, détritus de matière organique.

Les roches d'origine ignée se divisent encore en deux branches : d'abord les terrains cristallisés qui ont sur toute la
surface du globe une même date de formation, constituant le
plus ancien des terrains, tels que granite, porphyre, etc.;
ensuite les terrains éruptifs, formés, à toutes les époques géologiques, par les éruptions volcaniques. La silice ou acide silicique, l'alumine ou oxyde d'aluminium, isolés ou jouant le
rôle d'acide et combinés à la potasse, à la soude, à la chaux, à
la magnésie et à quelques oxydes métalliques, constituent chimiquement toutes les roches cristallisées ou éruptives. Quant
aux terrains de sédiment, les plus anciens renferment une assez
grande proportion de détritus de roches cristallines ; mais, à
mesure que nous nous éloignons de la formation primitive , ces
terrains, essentiellement constitués par des débris d'êtres organisés, de mollusques surtout, renferment une plus grande
proportion de carbonate de chaux.

Excepté les roches volcaniques dont la formation, peu postérieure à celle du granite (terrains cristallisés), s'est constamment produite et se continue même de nos jours, on trouve tous
les autres terrains dans le même ordre de superposition qui
indique naturellement leur âge relatif. A la structure et à la
constitution chimique de ces roches s'ajoutent les débris organiques qu'ils renferment, pour caractériser chacune d'elles.

ART. 394. — Tableau des divers terrains, dans
l'ordre de leur superposition dans la nature.

Formation ou période quaternaire...	Terrain quaternaire ou moderne.
Formation ou période tertiaire.....	Terrain pliocène.
	Terrain miocène.
	Terrain éocène.

	Terrain crétacé.
Formation ou période secondaire...	Terrain jurassique.
	Terrain triasique.
	Terrain permien.
Formation ou période de transition.	Terrain carbonifère ou houiller.
	Terrain dévonien.
	Terrain silurien.
Formation ou période primitive....	Terrain primitif.

Il n'est pas de contrée du globe, qu'on sache, où la croûte terrestre soit constituée par la réunion de tous ces terrains. Nous voulons seulement indiquer dans quel ordre ils sont placés, quand on en rencontre plus ou moins, et surtout indiquer leur âge respectif. Disons encore qu'assez souvent on rencontre des déjections de roches cristallines, telles que granite ou porphyre, qui ont traversé des formations plus récentes, et que très-souvent l'ordre indiqué dans le tableau se trouve interverti par des bouleversements ultérieurs, d'autant plus fréquents que la croûte solide du globe était moins épaisse.

GÉOGÉNIE.

ART. 395. — **Considérations générales.** — Sous le nom de *géogénie*, fait de deux mots grecs, γῆ terre, et γεννάω, j'engendre, nous nous sommes proposé de donner l'exposition succincte des grands phénomènes probables qui se sont produits dans la formation du globe ; phénomènes les plus intéressants qu'il y ait peut-être pour l'homme dans le vaste champ des connaissances naturelles, et qui constitueraient la science par excellence si les données qu'on possède n'étaient encore de simples hypothèses. Hâtons-nous de dire cependant qu'elles sont loin d'être purement gratuites, et qu'elles reposent le plus souvent ou sur des faits patents reconnus, ou sur des idées généralement admises, résultant, la plupart, des progrès qui se sont accomplis dans les sciences modernes, dont l'horizon s'étend incontestablement tous les jours.

ART. 396. — **Ancienneté du globe.** — Plus on avance dans l'étude de la géologie, plus on reconnaît l'ancienneté de notre globe. Les changements qui s'y opèrent pendant la vie d'un observateur, ceux même qui se sont produits depuis que l'homme observe et consigne ses observations, sont si minimes, qu'on est forcé de reconnaître qu'un siècle n'est rien à côté de la période de formation d'un terrain quelconque. On conçoit que, si on venait jamais à pouvoir assigner à chacune des formations un temps, non plus relatif, mais absolu, on pourrait prendre comme unité, non point le siècle, mais au moins la myriade d'années ou cent siècles réunis. Dès lors, que devient le mot *dies* traduit de la Genèse comme synonyme de jour ? N'est-il pas évident, comme le veulent du reste des hommes les plus autorisés dans la science théologique, que ce mot *dies* a été employé comme expression d'époque, de période, et non point comme du temps que met la terre à accomplir son mouvement diurne sur son axe ? Avec cette interprétation toute naturelle, logique avec les faits comme avec la nature des premières langues, toutes mystiques, dont les symboles présentent si souvent deux sens, un réel, un autre figuré, tout s'explique, et on ne trouve dès lors aucune contradiction entre un texte respectable à tant de titres et les faits que tout semble démontrer aujourd'hui, et sur lesquels repose une des sciences les plus intéressantes dont le Créateur ait doté l'humanité ; science d'autant plus respectable elle-même qu'aucune autant qu'elle ne fournit un si grand nombre d'éléments et de preuves de la grandeur de Dieu.

ART. 397. — **Notre système planétaire à son origine.** — Si, comme le font penser les analogies qu'on rencontre dans l'étude des astres, le soleil, centre de notre système, a pendant longtemps constitué ce qu'on appelle une nébuleuse, ce soleil devait présenter l'aspect d'un de ces corps célestes dont les limites d'atmosphère lumineuse embrassait au moins *Neptune*, qui est la plus éloignée des planètes, distante de 1,150 millions de lieues du soleil. Par suite d'un refroidissement graduel, la matière cosmique, de l'état de vapeur, se condensa vers chaque planète ou satellite dans la sphère d'attraction desquelles elle dut constituer des couches différentes, selon la pesanteur de la matière qui la composait, et disposées dans l'ordre de cette pesanteur, suivant la loi qui, de nos jours, préside à l'équilibre.

ART. 398. — **Premier état d'agrégation de la**

matière terrestre. — Si la matière d'alors était la même que celle qui compose de nos jours les diverses couches du globe que l'homme a pu explorer, son atmosphère comprise, nous avons déjà appris en chimie le nom, ainsi qu'un grand nombre de propriétés de ces corps (voir art. 127). Or, si tous ces métalloïdes et métaux ont existé dans les premiers temps à l'état de vapeur, on conçoit, à plus forte raison, une époque à laquelle, par suite du refroidissement, une partie s'est liquéfiée, et où la masse principale de la terre a été liquide.

Les premiers corps liquéfiés ont dû être ceux dont la température de la fusion, comme celle du platine, de l'osmium, de l'iridium, du ruthénium et du palladium, est la plus élevée, et, comme ils sont des plus lourds parmi les corps simples, ils doivent occuper le centre du globe (1).

La condensation de ces corps, qui ont du reste peu d'affinités relatives avec les métalloïdes, si ce n'est pourtant avec le groupe des chlorides : chlore, iode, brome, fluor, a été suivie de celle des métaux moins fusibles.

ART. 399. — **Rôle du calorique; autre période.** — Mais le calorique, qui favorise les combinaisons chimiques lorsqu'il s'agit de détruire la cohésion, est au contraire un agent séparateur, qui s'oppose au jeu des affinités chez les gaz ; en sorte que les affinités inhérentes aux molécules de ces divers corps ne pouvaient se manifester dans les premiers temps où cette température était capable de maintenir la plupart des métaux à l'état de vapeur ; mais, à mesure que, la température diminuant, le globe central liquide augmentait par les condensations diverses, durent se manifester les premiers symptômes d'affinités chimiques. C'est à cette époque que les métalloïdes gazeux, tels que l'oxygène et l'hydrogène, durent se combiner pour produire de l'eau à l'état de vapeur, occupant, par leur légèreté spécifique, avec l'azote, la périphérie de l'atmosphère, tandis que les vapeurs des autres corps simples, plus denses par leur nature, occupaient la partie la plus rapprochée de la masse fluide. On conçoit un moment où tous les métaux, condensés à l'état liquide, si ce n'est le mercure, plus volatil, et les métalloïdes peu fusibles, comme le bore, le silicium, le tellure, le carbone, etc., ont dû composer cette surface sphérique, dont les pôles étaient d'autant moins aplatis que sa

---

(1) Hypothèse appuyée par les travaux de Cavendish, qui a trouvé la densité moyenne de l'écorce du globe bien moindre que celle de la masse sous-jacente non explorée.

densité augmentait. Dès lors, se trouvant en contact avec la couche liquide, les vapeurs des métalloïdes, tels que le chlore, le brome, l'iode, le fluor, l'arsenic, le soufre, le phosphore, ont dû s'exercer les affinités entre ces divers corps et les métaux qui en sont avides; d'où la production d'une foule de composés, dont les uns, plus volatils que les composants, ont pu revenir dans l'atmosphère, tandis que les autres, liquides à la température de la partie déjà condensée, se seront plus ou moins mêlés à cette masse, se maintenant avec les corps simples, liquides, autour du centre du globe, à la distance commandée par leur pesanteur spécifique propre.

ART. 400. — **Action des astres sur la masse fluide.** — Les attractions planétaires qui produisent de nos jours le flux et le reflux de la mer, essentiellement plus fortes lors des syzygies, c'est-à-dire lorsque le soleil et la lune se trouvent sur un des prolongements d'un des rayons de la terre, devaient, sur cette énorme masse liquide incandescente, produire des mouvements, une agitation, qu'augmentait celle de l'atmosphère sollicitée par les mêmes causes. Les diverses couches auxquelles la pesanteur spécifique assignait une position invariable se trouvaient interverties dans leur ordre; et de là, pour reprendre leur attitude relative normale, ou cédant à l'agitation permanente de la masse, produite par le changement incessant de position du soleil et de la lune, en résultait un mouvement lent dans certaines parties, tumultueux dans d'autres, par l'effet de rencontre des courants, d'où les profondes étaient ramenées parfois à la surface. Et ces diverses substances liquides, incandescentes, en contact à la surface avec des métalloïdes gazeux, il se produisait nécessairement des combinaisons telles que chlorures, sulfures, phosphures, etc., d'où résultait une nouvelle source de calorique et de lumière.

ART. 401. — **Rôles de l'azote, de l'oxygène et de l'hydrogène.** — L'azote est, nous le savons, un corps simple, non métallique, à l'état de gaz, plus léger que l'air, composant aujourd'hui les quatre cinquièmes de l'air. L'azote, qui est sans action sensible sur tous les corps simples, du moins dans les conditions ordinaires de la molécule morte, devait établir une séparation toute naturelle entre la vapeur d'eau dilatée qui occupait dès lors les grandes hauteurs atmosphériques, et le mélange des métaux, métalloïdes et composés binaires qui formaient la sphère liquide de la terre. Quant à l'oxygène, que n'absorba pas tout l'hydrogène que le Créateur avait dévolu à la terre, il dut en partie s'unir, à mesure de l'abaissement général de température, aux corps simples et surtout aux métaux en fusion, dont les plus légers, se tenant à sa surface, tels que potassium, sodium, lithium, calcium, silicium, carbone, bore, étaient plus immédiatement en contact avec cette atmosphère; d'où résulta, outre des oxydes métalliques, comme la potasse, la soude, la chaux, des acides silicique, borique, fixes, de l'acide carbonique qui fit partie de l'atmosphère, de l'alumine jouant le rôle d'acide ou de base, suivant qu'il est en contact avec des bases fortes ou des acides forts.

Nous arrivons à une époque de formation où les corps simples liquéfiés ont dû absorber une partie de l'oxygène de l'atmosphère que l'hydrogène, dans sa combinaison pour former de l'eau, ne s'était pas déjà approprié, et où les autres métalloïdes ont été à peu près absorbés par leur combinaison avec les métaux, produisant des sulfures, des séléniures, des phosphures, des chlorures métalliques, etc. Ajoutons que, si l'hydrogène a pu, dans sa rencontre avec les corps simples haloïdes : chlore, iode, fluor, brôme, etc., former des acides chlorhydriques, iodhydriques, fluorhydriques, etc., ces acides se seront élevés dans l'atmosphère avec la vapeur d'eau. L'atmosphère donc devait dès lors être composée d'oxygène, d'azote, des hydracides précités, et d'une grande proportion d'acide carbonique.

ART. 402. — Refroidissement, ses premiers effets. — C'est dans cette période que, la croûte du globe se refroidissant de plus en plus, nous arrivons à une époque où elle est déjà solidifiée en partie sur quelques points. L'atmosphère se refroidit, et se maintient toujours à une température relativement moindre, comme de nos jours; mais la croûte solide qui tend à se produire à la surface se trouve à chaque instant disloquée, brisée, soit par l'effet du mouvement de la masse liquide sous-jacente, sujette, comme nous l'avons déjà dit, aux effets variés de l'attraction des astres, soit par l'effet des vents que mettait en mouvement cette même force, mais encore par l'effet de la combustion de la masse liquide, avec des radicaux de laquelle l'oxygène de l'atmosphère se combinait en formant des composés, dont les gazeux, comme l'acide carbonique, font bouillonner ce liquide, et soulèvent par leur expansion, les agitant dans tous les sens, ces masses déjà solidifiées à la surface, et qui y flottent comme les énormes glaçons dans les mers polaires.

Ces masses solidifiées ne pouvaient être, on le comprend, de nature simple : elles étaient constituées essentiellement de scories, c'est-à-dire par des produits résultant de la combinaison de l'oxygène avec les autres corps simples ou de ces corps simple entre eux, ou de la combinaison de composés binaires ou sels, le tout à l'état de fusion ignée. Ce fut l'origine du *granite*, roche composée essentiellement de silice ou oxyde de silicium (quartz) et de silicates de potasse, de soude, de chaux, de magnésie, mêlés quelquefois d'alumine pure (oxyde d'aluminium), et le plus souvent d'aluminates des mêmes bases.

Arrive une période où ces granites, que le vent et les vagues de scories en fusion ont poussés, sont agglomérés vers tels points, où la croûte est ainsi sensiblement plus épaisse qu'ailleurs. Ces amas sont disséminés irrégulièrement sur toute la surface liquide, sur laquelle l'oxygène de l'air est dès lors sans effet, car les intervalles en sont occupés par une croûte de lave, mince il est vrai, mais suffisante pour que, en s'interposant entre l'atmosphère et les corps simples liquides sous-jacents, elle soit un obstacle à la combustion de ceux-ci. Un instant, tout semble tranquille sur cette croûte brûlante qui a été la scène des plus effrayants phénomène ; mais les vents se lèvent par le changement de position du soleil et de la lune, dont les attractions se neutralisent ou s'additionnent comme nous l'avons déjà dit, et, la forme de la masse fluide intérieure se modifiant de nouveau par les causes qui produisent le vent et les marées, la croûte extérieure craque encore, se disloque, produisant des effets dont l'intensité est en raison de la solidification. Et d'un côté se produira encore une accumulation de matières solides, lorsque, de l'autre, une solution de continuité sera la source de nouveaux phénomènes de combustion, jusqu'à ce qu'une nouvelle croûte vienne mettre un terme à ce phénomène, en reliant entre elles les masses déjà brûlées et solidifiées.

Cette croûte de roches, dites aujourd'hui *primitives*, dut prendre à la longue une telle épaisseur, une telle résistance, qu'elle put résister un jour aux effets exercés sur elle par la mobilité de la matière sous-jacente en fusion. Laissons-là un moment le refroidissement de cette masse déjà pâteuse, se produisant d'après la loi d'équilibre et de rayonnement du calorique, et reportons-nous à l'énorme quantité d'eau suspendue, à l'état de vapeur ou de nuage, dans l'espace, au-dessus de l'azote, de l'oxygène et de l'acide carbonique, qui constituaient l'atmosphère, renfermant probablement aussi en dissolution des acides chlorhydrique, iodhydrique, bromhydrique, etc.

ART. 403. — **Effets physiques et chimiques de l'eau sur les roches.** — Tant que la température de l'atmosphère se soutiendra à 100 degrés, capable de vaporiser l'eau, ces épaisses vapeurs se maintiendront dans les hautes régions de l'atmosphère ; mais, dès qu'aux pôles cette température aura, dans sa décroissance, atteint, puis dépassé cette limite, on comprend que la vapeur d'eau s'y condense sous forme de pluie, et tombe à l'état liquide sur la croûte solide, mais encore brûlante, des zones boréales et australes. Celle qui, dans sa chute, atteindra la surface protubérante des blocs des roches cristallines, telles que le granite déjà cité, repassera soudainement à l'état de vapeur, emportant dans les régions les plus élevées de l'atmosphère une partie du calorique de la roche qui, par l'effet de l'équilibre, ne tardera pas à se réchauffer ; mais celle qui, tombant directement soit dans les nombreuses fentes résultant du retrait de la roche dans sa solidification, ou qui y sera ultérieurement amenée lorsque cette fente se trouve dans une des portions déclives de la roche, pourra y exercer une double action des plus intéressantes : d'abord, action physique, mécanique, en agrandissant la fente par l'expansion de la vapeur ; ensuite action chimique, consistant en la décomposition de l'eau par l'action des métaux qui, à une haute ou basse température, s'emparent de son oxygène, produisant des oxydes ou des acides : potassium, sodium, calcium, silicium, aluminium, etc., et, par suite, mise à nu de l'hydrogène, qui détermine par son expansion tous les effets mécaniques de la vapeur d'eau retenue dans des parois résistantes.

ART. 404. — **Production d'hydrogène.** — Arrivé à cette période de refroidissement, un nouvel agent qui, cette fois, pénètrera sous la lave solidifiée, par sa pesanteur spécifique d'abord, ensuite par le pouvoir expansif de sa vapeur, va jouer un grand rôle dans l'oxydation ou combustion de la masse métallique liquide sous-jacente, produisant, suivant les positions de la croûte solide sous laquelle elle exercera son action, outre les produits de la combustion, qui, à l'état de lave liquide, se solidifiera plus tard, une énorme quantité de gaz hydrogène qui, ici, s'échappera par une fissure, s'enflammera au contact de l'oxygène de l'air en produisant de nouveau de l'eau ; là, en s'interposant entre un creux de la roche solide et la masse fluide incandescente, occasionnera par son expansion des déjections de métaux, *origine du filon,* se convertissant, sur-le-champ ou postérieurement, en oxydes, par l'oxygène de l'air ou de l'eau, suivant leur affinité pour le corps comburant par excellence.

C'est à l'eau, considérée à la fois comme agent chimique et mécanique, que nous devons rapporter et l'effet de l'oxydation des couches profondes de l'écorce du globe, et les soulèvements et secousses de toute sorte que cette portion, dite primitive, a subis avant d'être stable comme elle semble l'être aujourd'hui.

ART. 405. — Période de condensation de l'eau. — A mesure que cette surface se refroidissait davantage, l'eau dut être retenue dans les creux qui résultaient d'exhaussements divers produits fortuitement autour d'un point donné. Elle s'y ramassa pour y séjourner peu d'abord, soit que la température de la roche la transformât subitement en vapeur, soit que, par les fissures de cette roche, qui s'agrandissaient avec son refroidissement, elle pénétrât dans les portions non encore comburées du sol; mais, par un refroidissement ultérieur, que l'eau, passant de l'état liquide à l'état de gaz, favorisait singulièrement, les vapeurs purent, en se condensant à la surface du sol, y produire tantôt des lacs, tantôt des cours d'eau, à mesure que ceux-ci étaient pleins et se déversaient les uns dans les autres, tantôt enfin des mers. Nous nous supposons déjà parvenus à une époque, on le voit, où, la température de l'eau étant généralement partout peu au-dessous de 100 degrés, elle est encore impropre par cela à recevoir des êtres organisés. Ajoutons qu'elle a dû, dans le principe, contenir en quatité des acides, tels que le chlorhydrique, le fluorhydrique, qui la rendaient incompatible avec la vie de ces êtres, et que, si sa température, en baissant, est devenue compatible, d'une part, avec les conditions d'existence de l'animal ou du végétal, ces acides tendaient aussi, tous les jours, à en disparaître, par leur combinaison avec des bases, constituant ainsi des composés binaires, tels que chlorures, fluorures, et de l'eau, etc., les uns insolubles comme le fluorure de calcium, les autres au contraire solubles, comme le chlorure de sodium ou sel marin, que l'eau de mer de nos jours renferme, comme on sait, en grande quantité.

ART. 406. — Soulèvement de la croûte du globe en voie de refroidissement. — Mais les effets oxydants de l'eau se sont-ils arrêtés à ce que nous avons déjà constaté? Non, sans doute, au contraire, et c'est lorsque l'eau, retenue à la surface du globe en quantité plus grande que de nos jours, plus étalée d'ailleurs, parce que les grandes chaînes de montagnes n'étaient point encore formées, que, pénétrant par les innombrables fissures de la roche primitive, d'où, par l'effet expansif de sa vapeur, elle arrivait à la partie non comburée de la terre, qu'elle y exerçait ce double rôle chimique et mécanique dont le résultat permanent sur la croûte, à l'état de refroidissement, était : ici de continuelles secousses, là des soulèvements et des boursouflements d'où sortaient sans cesse de prodigieuses masses

de gaz hydrogène, qui, s'enflammant au contact de l'air comme
le gaz de l'éclairage, constituaient autant de bouches ignivomes.
Puis, tout à coup, une masse granitique, se soulevant du sein
des eaux par l'effet expansif de l'hydrogène et de la vapeur,
comme ces îles qui, naguère encore, se sont formées au sein de
la Méditerranée, laissait échapper, en s'ouvrant vers le centre
de soulèvement, des masses de gaz enflammés et des déjections
de matières incadescentes, qui, au contact de l'air, dont elles
absorbaient l'oxygène en brûlant, produisaient à leur tour des
déflagrations diverses. Mais, lorsque les bords de l'ouverture
béante, en s'affaissant au-dessous du niveau de l'eau, vont
donner à ce liquide un vaste passage à sa pénétration souter-
raine, on sent que les phénomènes déjà décrits vont se produire
dans une échelle plus grande, en rapport avec la proportion
introduite de l'élément comburant. Or, comme les circonstances
dans lesquelles ils se manifestent leur sont également favorables,
partout où se trouve de l'eau sur toute la surface du globe, on
conçoit une période dans laquelle il n'y a eu, sur l'enveloppe
terrestre, que commotions, que soulèvements, que déjections,
que déflagrations, tout cela éclairé jour et nuit par d'innombrables jets de flamme. Joignez à cela les phénomènes électriques
qui accompagnent rigoureusement l'exercice des affinités chimiques, les vapeurs qui s'élèvent de nouveau dans l'atmosphère, se
convertissant par la tension électrique à l'état vésiculaire, où
l'électricité, condensée, repousse ou attire, suivant la nature
des fluides, produisant finalement des décharges permanentes et
formidables, et notre esprit aura peine à concevoir un tumulte
semblable, un bouleversement si complet, s'exécutant sur une
si prodigieuse échelle.

On le voit, l'oxygène gazeux de l'atmosphère ne pourrait seul
avoir une action superficielle. Uni à l'hydrogène, à l'état d'eau,
d'où résulte un changement d'agrégation à une température
donnée, cet oxygène acquiert dès lors le pouvoir de s'introduire
sous la croûte déjà comburée, et d'aller brûler, à des profondeurs immenses, les corps simples combustibles qui composent
notre planète.

ART. 407. — **Action chimique et mécanique de l'eau
considérée comme cause des volcans.** — Cette action
comburante de l'eau, ayant pour effet la production immédiate
d'oxydes ou d'acides et souvent celle de sels, tels que silicates,
borates, aluminates, et le dégagement de l'hydrogène, que
dilate outre mesure la prodigieuse quantité de calorique que
développe toujours le phénomène de la combustion, a-t-elle eu

ou peut-elle avoir un terme? Cette action se continue encore de nos jours, et ses effets apparents nous sont connus sous le nom de *tremblements de terre* et de *volcans*. Elle devra théoriquement se continuer jusqu'à une époque où il ne resterait dans le centre du globe que les métaux les plus lourds et les moins avides d'oxygène, tels que : or, platine, palladium, rhodium, iridium, ou même ceux qui, se combinant à l'oxygène, le perdent à une température élevée, tels que : cuivre, argent, mercure, antimoine, etc., métaux que nous devons supposer, à cause de leur densité, occuper plus particulièrement le centre du globe. Elle pourrait encore cesser du jour où le foyer de combustion serait trop profond pour que l'eau de la surface du globe pût y pénétrer, ou encore au moment où l'effort exercé sur la croûte par les gaz dilatés serait impuissant à vaincre les effets de pesanteur par cette croûte.

ART. 408. — **Centre du globe.** — Nous nous rangeons volontiers à l'avis d'Ampère et de Poisson sur l'état d'agrégation des couches profondes du globe, que nous croyons, comme eux, être à l'état solide, en adoptant et en commentant l'idée du célèbre Davy sur la production des roches primitives et sur la cause des volcans. Nous pensons donc, et en bonne compagnie, jusqu'à preuve contraire, que le centre du globe est parfaitement solidifié. D'ailleurs, l'hypothèse contraire devient gratuite dès le moment que l'accroissement de température du sol par 30 ou 33 mètres de rapprochement du centre s'explique par l'existence, non d'un feu central, mais bien d'un feu qui, d'après le calcul, ne serait peut-être pas à deux mille mètres de la surface à certains endroits du globe. C'est dans cette couche en combustion, lente aujourd'hui, mais plus ou moins permanente sur les uns ou autres points, que doit exister de la matière liquide se faisant jour de temps en temps par les trois cents cratères qui existent sur la surface du globe, produisant ainsi, entre la croûte solidifiée et le noyau solide, des vides qu'augmente d'ailleurs le retrait de la masse intérieure du globe dans son refroidissement lent; de telle sorte que ces vides, constamment remplis par une nappe de gaz divers, peuvent occuper des espaces qui correspondraient, sur la terre, à des nations, ou même à des parties du monde, et expliqueraient naturellement soit le soulèvement ayant dû s'exercer sous le sol de l'Amérique, et produisant ces Andes, ces immenses Cordillières qui s'étendent du sud au nord du Nouveau-Monde, et, après avoir fait refluer l'océan Atlantique vers l'Europe et l'Afrique, la Méditerranée sur l'Asie, origine du déluge, a occasionné ensuite la dépression de ce même Océan et l'augmentation apparente du continent européen. C'est encore à ces vides de grande étendue qu'on doit rapporter et l'abaissement de la Suède, de la Finlande, etc., et ces geysers de l'Islande vomissant par jets d'une hauteur de 50 mètres au moins des immenses quantités d'eau chargée de silice, dont la dissolution ne saurait s'expliquer que par le contact à l'état naissant de la silice avec l'eau de la mer à une température plutonienne.

ART. 409. — **Théories diverses.** — Gay-Lussac, M. Girardin et d'autres savants ont fait plusieurs objections à cette théorie, en disant, par exemple, que, si les actions volcaniques étaient le résultat de la décomposition de l'eau par les radicaux des alcalis ou des terres, il devrait y avoir un dégagement énorme de gaz hydrogène : or, dit Gay-Lussac, il semblerait qu'on n'aperçoit jamais aucune inflammation du gaz au-dessus du cratère. Nous y répondrons en reproduisant textuellement ici ce que dit M. Girardin lui-même dans son ouvrage : *Considérations sur les volcans :*

« Les fluides gazéiformes qui se dégagent du cratère des volcans, à toutes les époques de l'éruption, mais principalement avant et après le paroxysme, sont de diverse nature. La vapeur d'eau en fait la majeure partie. Les gaz sulfureux, *hydrochlorique,* carbonique, *hydrosulfurique* (plus rarement), s'y trouvent en plus ou moins grande quantité ; mais ils ne se rencontrent pas toujours ensemble dans les mêmes localités : ainsi, *l'acide hydrochlorique est très-abondant au Vésuve,* l'acide sulfureux à l'Etna, tandis que l'inverse n'a pas lieu. L'acide carbonique se dégage plutôt au pied des volcans que du sommet, et plutôt après que pendant les éruptions.

» Ces gaz, seuls ou réunis, mais surtout la vapeur aqueuse, entremêlés ordinairement de matières pulvérulentes, constituent donc ces nuages noirâtres qui s'élèvent par bouffées au-dessus des ouvertures cratériformes, et qui ressemblent assez à de la fumée. Quelquefois, sillonnés par les éclairs ou éclairés par la réverbération des matières incandescentes qui remplissent l'entonnoir, ces nuages paraissent être de loin *des masses de flammes* qui sortent de l'intérieur de la montagne. Quelques observateurs prétendent qu'il ne se dégage jamais de *véritables flammes* des cratères en travail ; *cependant cette opinion ne paraît pas fondée, car il n'est pas probable que tous les naturalistes qui ont vu des éruptions se soient trompés unanimement à l'égard d'un phénomène d'ailleurs si facile à constater.* Presque toutes les relations, en effet, *parlent de gerbes de flammes précédant habituellement*

la sortie des matières solides et pulvérulentes, ou l'accompagnant.
Plusieurs auteurs assurent même *avoir vu des flammes sortir de la
terre* là où ne se trouvait aucune bouche volcanique. *C'est ce qui
eut lieu à Cumana*, le 17 novembre 1797, sur les bords du *Rio
Manzanarès;* près de *Mariquita*, dans le golfe de *Cariaco; aux
environs de Naples*, pendant le tremblement de terre qui arriva
le 26 juillet 1805 ; *aux roches d'Alvedras*, pendant le fameux tremblement qui ruina *Lisbonne;* etc., etc. *C'est ce qui eut lieu également, en 1825, dans l'île de Lanzerote.* Voici ce que rapporte le
docteur Brandes à ce sujet :

« A la suite d'un tremblement de terre et de bruits souterrains
qui durèrent deux jours, le 31 juillet, à sept heures du matin,
la terre s'ouvrit à une lieue de la capitale à l'ouest, entre *Tao* et
Tia-Agua, et à une demi-lieue du mont *Francia*. De ce gouffre
sortirent *des flammes* et une si grande quantité de pierres, qu'en
vingt-quatre heures une montagne en fut formée. L'éruption
fut dans sa plus grande violence pendant la nuit, et toute l'île
en fut éclairée, etc. »

On ne saurait prétendre d'ailleurs que tous les gaz qui sortent des volcans soient de l'hydrogène : on conçoit qu'une
grande partie de l'eau qui s'y introduit ressorte à l'état de
vapeur sans avoir reçu l'action décomposante des métaux, et
produise tous les effets d'expansion dont la vapeur d'eau est
susceptible par l'effet d'une température élevée. En outre, l'hydrogène de l'eau en contact avec le chlore, le fluor, l'iode, le
brome, le soufre des chlorures, des fluorures, des iodures, des
bromures et des sulfures métalliques dont nous avons déjà parlé
comme résultats d'une formation antérieure, se combine naturellement avec ces corps halogènes au moment où son oxygène
se porte sur le métal, et ces composés produisent ainsi des acides
chlorhydrique, fluorhydrique, iodhydrique, bromhydrique et
sulfhydrique, qui s'échappent avec la vapeur d'eau et avec l'hydrogène, dès lors très-dilué dans sa constitution moléculaire et
impropre à se combiner avec l'oxygène de l'atmosphère, de
manière à produire une flamme toujours bien caractérisée, se
bornant ainsi à la formation d'une fumée incandescente, en
quelque sorte lumineuse.

N'est-ce pas d'ailleurs à l'acide sulfhydrique, qui, en brûlant
dans l'atmosphère, dépose le soufre qu'il renferme, qu'on doit
rapporter raisonnablement les quantités quelquefois très-grandes
de ce corps simple qui se dégagent des cratères? Le soufre, par son
affinité pour les métaux, ne peut être, dans la partie non
brûlée de la terre, qu'à l'état de sulfure, et il faut la double

affinité qu'exerce l'eau sur ces composés binaires pour expliquer leur décomposition. La mise à nu du soufre est donc le résultat d'un phénomène secondaire : la combustion de l'acide sulfhydrique qui en résulte.

ROCHES PRIMITIVES.

ART. 410. — **Granite et ses congénères.** — *Granite*, mot fait de *granito*, en italien grain, s'applique à une roche dure formée d'un assemblage de fragments, très-divisés, d'autres roches liées entre elles par une fusion incomplète, dont les trois essentielles sont : le *quartz*, ou acide silicique ; le *mica*, sorte de silico-aluminate de potasse, de fer et de magnésie, présentant des paillettes, écailles ou feuillets très-brillants, peu durs, flexibles, et que le vulgaire a pris souvent pour de l'argent natif ; et le *feld-spath*, substance moins dure que le quartz, se laissant rayer par le couteau, formée essentiellement d'acide silicique uni à l'alumine, à la potasse, à la soude, et même à la chaux. Le feld-spath, dont les éléments chimiques se dissocient facilement à l'air, produit l'argile à porcelaine ou kaolin. Le *porphyre* ne diffère guère des granites qu'en ce que la pâte en est plus fine ; les éléments en sont plus divisés. Il semble être le résultat d'une fusion plus longue que celle qu'aurait éprouvée le granite.

Les *serpentines* et les *euphotides* datent d'une époque qui semble postérieure à la formation des granites, et diffèrent notamment, dans leur composition chimique, en ce que ces roches renferment plus de magnésie que le granite. Elles résultent très-probablement de la combustion d'une couche plus profonde du globe, et se sont fait jour, par des failles, jusqu'à la surface. Les *trapps* et les *mélaphyres* sont encore d'une formation plus récente : on les rencontre dans le grès rouge et le terrain houiller. Les basaltes et les trachytes sont d'une formation plus récente encore, et contemporains tout au plus des terrains crétacés. Les laves, d'origine volcanique aussi, sont de formation toute récente ou contemporaine.

ROCHES MÉTAMORPHIQUES.

ART. 411. — **Gneiss et ses congénères.** — Les gneiss, les micaschistes, et toutes les roches stratifiées dites *métamorphiques*, qui occupent une immense surface sur la croûte du globe, et dont certaine ardoise est le plus beau type, ont une formation qu'on s'accorde généralement à considérer comme immédiatement postérieure à celle du granite. Ces roches semblent résulter de l'agglomération, par l'effet de l'eau, dans les

parties les plus déclives du sol, des détritus que les courants
continuels, à cette époque et sous l'influence d'une forte
chaleur, détachaient, sur une grande échelle, de la roche primitive. Ces détritus, déposés par strates, durcis d'abord par l'effet
du repos ou de la dessiccation, et ramenés, par le fait des bouleversements de la croûte, à une température voisine de la fusion,
contractaient, comme le fait de nos jours la brique dans les
fours à la cuire, la dureté de la pierre, sans altération des couches alternatives de silice, de feld-spath et de mica que l'eau
avait formées.

PÉRIODE DITE DE TRANSITION.

ART. 412. — **Terrains de cette formation.** — A la
période de transition appartiennent les terrains *silurien, dévonien,
carbonifère* et *permien.*

Le terrain le plus ancien de cette formation, le *silurien*, a été
formé dès l'époque où le refroidissement de la terre devint suffisant pour être compatible avec la vie d'êtres organisés, les
premiers qui vécurent sur notre planète. Il est composé de *schistes,*
dont la formation peut être considérée comme la suite de celle
du *gneiss;* de *grès,* matière due aussi à un durcissement des
détritus de la roche amenés par l'effet des eaux dans la mer qui
occupait presque toute la surface du globe, et dans laquelle
vivaient déjà un certain nombre de zoophytes, de rayonnés et de
mollusques. On y rencontre surtout des crustacés, animaux de
la classe à laquelle appartient de nos jours l'écrevisse, tels que
les trilobites, ordre qui a disparu, et dont les restes fossiles
caractérisent surtout le terrain silurien. Les trilobites ont une
forme qui les rapproche de celle d'un bouclier ovale, présentant
une série d'articulations dont la dernière porte les yeux. On ne
saurait mieux les comparer qu'à des cloportes de grande dimension.

Le *terrain silurien* est de tous le plus disloqué. Ses couches,
qui ont été dès le principe horizontales, sont relevées, plissées,
contournées, et souvent verticales, comme les ardoisières de
Maine-et-Loire. L'Europe, à cette époque, était presque toute
sous les eaux. En France, une partie de l'Auvergne et de la
Bretagne faisait seule exception.

Le *terrain dévonien,* qui correspond au vieux grès rouge des
anciens géologues, est caractérisé aussi par des fossiles :
zoophytes, mollusques, rayonnés et crustacés, mais de plus par
des poissons d'une forme élémentaire spéciale, enfin par des
végétaux acotylés et même monocotylés. Ajoutons que le carbonate de chaux ou calcaire fait pour la première fois partie d'un

15

terrain, ce qui a donné lieu à bien des hypothèses pour expliquer
son avenue à la surface du globe. Nous allons en hasarder une,
pour notre compte, qui repose sur les propriétés physiques et
chimiques du chlorure de calcium.

Dans la période dévonienne, où la terre était presque entièrement couverte d'eau, et où, par suite du mouvement tumultueux
de la croûte encore chaude du globe, il revenait sans cesse à sa
surface de l'eau qui avait déjà pénétré sous cette croûte, et en
avait dissous les principes les plus solubles, tels que soude et
chlorure de calcium, dont les radicaux, par leur pesanteur
spécifique relative, devaient occuper la portion la moins immédiatement profonde ; mais cette soude, en contact avec l'acide
carbonique que renfermait l'eau et l'air, ne tardait point à se
transformer en carbonate de soude. Ce carbonate de soude, par
la loi de double décomposition, produisait, avec le chlorure de
calcium, du chlorure de sodium soluble (sel marin) et du *carbonate de chaux, insoluble*, qui, dès lors, devait se déposer à la
surface du globe.

ART. 413. — **Terrain carbonifère.** — La *houille*, qui
caractérise le terrain carbonifère, doit son origine aux immenses
forêts qui, à cette époque, occupaient la surface du globe. La
grande humidité, la chaleur et la grande proportion d'acide
carbonique que renfermait l'atmosphère, donnèrent lieu à un
développement prodigieux de végétaux arborescents, et chaque
orage devait avoir pour effet d'entraîner du torrent dans la
rivière, de celle-ci dans le fleuve, une masse de végétaux caducs
qui, arrivant dans un golfe, s'écartaient de la rive en raison de
leur légèreté, tandis que le gros sable était d'abord déposé ; puis,
plus loin, un sable fin, entre le gros sable et ces végétaux qui,
en s'infiltrant d'eau et sous l'influence des agents extérieurs,
finissaient par immerger, et se déposaient sur le fond de ce
golfe. Les végétaux qui composaient la flore de cette époque
appartenaient tous aux acotylés ou aux monocotylés. Les fougères,
les *calamites*, les sigillaires, le genre prèle, dont les empreintes
caractérisent aujourd'hui le grès houiller, y abondaient. Plus
tard, ces sables, durcis par le temps, ont constitué le grès
houiller, comme ces plantes, ces arbres, qui variaient en grosseur, depuis la simple feuille de fougère jusqu'aux *lépidodendrons*,
de la dimension de nos plus grands arbres, ont dû, par leur
entassement, et recouverts par une couche liquide et arénacée
dont le poids explique la fixation de l'hydrogène de ces tissus,
former ces masses de houille disposées par couches de un à
plusieurs mètres, et qui, enfouies pendant des milliers de siècles

sans utilité pour l'homme, sont devenues, de nos jours, la source la plus féconde et le nerf de la grande industrie.

Le *calcaire carbonifère*, contemporain de la formation de la houille, est caractérisé par divers fossiles. Parmi les fossiles de cette période, on trouve quelques poissons, et déjà même un saurien, sorte de lézard amphibie dont le nom est *archegausaurus*.

ART. 414. — **Terrain permien.** — Ce terrain, autrefois grès rouge des Vosges, termine la formation dite de transition. Les fossiles des deux règnes sont presque les mêmes, auxquels il faut ajouter, comme caractère tranché, des *productus* et le genre *ostrea* (huître), qui paraît pour la première fois. Le terrain *permien* est fréquemment injecté de filons, ou plutôt de masses cylindriques ou arrondies de porphyres qui, soulevant, au travers du granite, la masse encore molle de grès dit *grès rouge*, caractéristique de cette formation, y a produit des dômes, des éminences diverses. Nous savons déjà que le porphyre est chimiquement composé des éléments du granite, si ce n'est qu'ils y sont plus divisés par une plus longue fusion.

FORMATION SECONDAIRE.

ART. 415. — **Composition, étendue.** — Cette période se divise en *triasique, jurassique* et *crétacée*. Formés par la mer et presque entièrement constitués par le carbonate de chaux, ces terrains, qui occupent les quatre cinquièmes de la France, donnent, par leurs détritus, un sol généralement fertile relativement à celui qui provient des roches primitives. La pierre calcaire est facile à reconnaître, comme on sait, en ce qu'elle est propre, par la calcination, à fournir de la chaux. Cette chaux est dite grasse quand elle renferme relativement beaucoup d'oxyde de calcium, peu de silice, peu de magnésie et peu d'alumine ; l'excès de silice et de magnésie caractérise les chaux maigres ; et l'excès d'alumine les rend hydrauliques, qualités précieuses pour les constructions que baigne l'eau.

ART. 416. — **Trias.** — Le terrain triasique ou salifère tire son nom de *trois* groupes d'assises qui le composent, et qui sont : le *grès bigarré*, le *calcaire conchylien* et les *marnes irisées*.

Les *grès bigarrés* sont, en effet, de couleurs vives, généralement variées et remarquables par la beauté et le brillant des paillettes de mica qu'ils renferment. Ces assises se rencontrent fréquemment, en France, dans les Vosges, l'Aveyron, les Cévennes et les Pyrénées.

Le *calcaire conchylien* est compacte, gris, vert ou jaunâtre, e renferme souvent du carbonate de magnésie. Il repose ordinairement sur le grès bigarré.

Les *marnes irisées* alternent le plus souvent avec des couches d'argiles de diverses couleurs, telles que : rouge, brun, bleu ou vert, qui rappellent le spectre solaire. C'est dans ces assises qu'on trouve fréquemment des dépôts de sel gemme (chlorure de sodium) : telles sont celles qu'on exploite dans le Jura; et très-souvent aussi des masses de sulfate de chaux ou plâtre.

A l'époque *triasique*, la végétation était puissante, occupant une large étendue sur la surface du globe. Parmi les animaux, on remarque, avec des sauriens, des batraciens, des oiseaux, et même un mammifère. Nous citerons, comme fossile caractéristique, les empreintes des pattes du *labyrinthodon*, batracien de très-grande dimension; parmi les mollusques, le *ceralites nodosus*; parmi les végétaux, le *pterophyllum*, qui dépend de la famille des cycadées; des conifères, etc.

ART. 417. — **Terrain jurassique.** — Au-dessus du trias, ou terrain salifère, se rencontre le terrain jurassique, du nom du département où il abonde, et où il a été observé et sérieusement étudié.

Le *lias*, qui se divise lui-même en trois étages, est caractérisé par divers fossiles, dont les plus répandus sont : la *gryphée*, coquillage dont la forme rappelle la griffe d'un carnassier; les *bélemnites*, dont la partie moyenne est cylindrique et l'extrémité conique dans certaines espèces, l'extrémité conique étant renflée à quelques centimètres de la pointe; les *ammonites*, ou cornes d'Ammon, qui rappellent les cornes en spirale du bélier; l'*ichthyosaure*, animal perdu de nos jours, et qui tient le milieu entre les poissons et les lézards; les *plessiosaures*, remarquables par la longueur de leur cou, ressemblant à un corps de serpent, à trente et quelques vertèbres, muni de nageoires; le *pterodactyle*, ayant des traits de forme avec les reptiles et la chauve-souris.

ART. 418. — **Terrain crétacé.** — Le terrain crétacé se divise en deux étages : inférieur et supérieur; il est caractérisé par la la présence d'*oursins fossiles*, par celle du genre *huître*, et par des *hippurites*, coquillage d'une forme conique, irrégulière, etc.

FORMATION TERTIAIRE.

ART. 419. — **Ses divisions.** — Cette formation se divise en trois terrains : l'*éocène* ou parisien, le *miocène* ou molasse, qui compose les buttes ou collines des environs de Paris, et le *pliocène*, qu'on trouve près de Nice, d'Antibes, de Perpignan, de

Montpellier. Ces calcaires diffèrent de ceux qui proviennent de la formation secondaire, en ce qu'ils sont, non d'origine marine, mais de divers bassins tantôt séparés, tantôt communiquant avec la mer. A cette époque, la terre était habitée par de prodigieux animaux, dont la plupart des espèces sont perdues de nos jours. C'est dans les terrains tertiaires qu'on rencontre le *dinotherium giganteum*, ces mastodontes d'une taille colossale.

FORMATION QUATERNAIRE.

ART. 420. — **Description.** — L'époque quaternaire commence naturellement après l'époque tertiaire. Elle se continue jusqu'à nos jours. Elle est caractérisée par divers déluges, par le transport des blocs erratiques, par l'avènement de l'homme sur la terre, et par le déluge asiatique.

De grands mouvements, de grands courants, ont profondément modifié le sol à cette époque, creusé des vallons ou des vallées, et constitué des terrains dits de transport ou de *diluvium*.

On connaît, sous le nom de *blocs erratiques*, dans le nord de l'Europe, en Allemagne, dans le nord et l'est de la France, d'énormes blocs de roche dont la nature diffère complètement des roches qui constituent le sol où on les rencontre. Elles paraissent avoir été détachées de leurs congénères qui ont leur gisement dans les contrées les plus boréales de notre hémisphère. Leurs bords, leurs arêtes, sont peu émoussées ; circonstance qui, avec leur grand volume, ne permet pas de supposer qu'elles ont roulé dans un cours d'eau. Tout porte à croire qu'elles y ont été transportées au moyen de glaces qui, les ayant détachées de la roche mère, les auraient transportées, à la manière d'un radeau, dans les contrées plus tempérées, vers lesquelles un prodigieux courant, venant des régions polaires, les aurait sollicitées.

Les terrains quaternaires renferment, parmi des myriades d'animaux, le *mammouth*, sorte d'éléphant qu'on retrouve, à l'état fossile, sur un très-grand nombre de points à la surface du globe, et qui sont si abondants en Sibérie que leurs défenses, sous le nom d'ivoire fossile, sont l'objet d'un commerce important ; des *ours*, des *rhinocéros*, et toute une série d'animaux carnassiers ; l'homme enfin, dont les ossements remplissent les cavernes que nous retrouvons, de nos jours, dans ces terrains.

PÉRIODE ACTUELLE.

ART. 421. — **Description.** — De nos jours, de grandes modifications se produisent sous nos yeux ; mais la vie de l'homme est si courte relativement aux époques géologiques, que les changements qui s'opèrent sont peu sensibles aux yeux de l'observateur. Cependant l'eau qui tombe entraîne dans le ravin le sable et les divers détritus qui proviennent de la décomposition lente, mais constante, de la roche; celui-ci l'entraîne dans le ruisseau; du ruisseau ou de la rivière il parcourt, dans un temps plus ou moins long la distance qui le sépare de la mer, pour apporter à l'embouchure du fleuve, qui l'y amènera, son contingent à la formation d'un delta. Mille débris inorganiques ou organiques, détritus ligneux, fragments de coquilles, limon de composition extrêmement complexe concourent au même effet.

L'action du froid, agissant à la manière d'un coin par l'eau qui se congèle dans les fissures de la roche compacte, en produira aujourd'hui l'ébranlement, demain la séparation, et le glacier sur lequel, lors du dégel, s'éboulera la masse minérale qui semblait à l'abri de tout agent destructeur, l'emportera lors d'une crue d'eau, et le déposera au loin, après avoir poli ou strié, dans son passage, la roche encore inébranlable sur laquelle aura glissé la masse glacée.

Ici, c'est un volcan qui, par sa bouche ignivome, comblera des vallons, engloutira une ville dont le nom, transmis de génération en génération, rappellera seul le souvenir de son existence passée; là, au sein des mers, une île qui s'élèvera tout à coup au grand étonnement du navigateur; le soulèvement lent des côtes d'une mer; des sources inconstantes déposant des masses considérables de carbonate de chaux ou de la silice; enfin le règne organique intervenant à son tour, et produisant par les madrépores, par les coraux, l'exhaussement de la mer et la formation de quelques îles.

BOTANIQUE.

PRÉAMBULE.

ART. 422. — **Définitions.** — Les physiciens et les chimistes considèrent les corps de la nature comme constitués, nous l'avons déjà dit, par des molécules retenues entre elles par une force qu'ils appellent cohésion : telle est celle qui réunit les molécules d'un bloc de fer. Quelque effort qu'aient fait les savants pour décomposer le fer, ils n'ont pu obtenir autre chose que du fer, toujours identique; et ce corps, avec un certain nombre d'autres, ont reçu le nom de corps simples; constituant, par leur réunion, en proportion et en nombre divers, tous les corps de la nature. La force qui réunit entre elles ces molécules dissemblables a reçu, nous le savons, le nom d'*affinité*. Son étude, celle de son intensité relative entre ces divers corps

simples, constitue une des sciences modernes, la plus vaste et
la plus importante peut-être par ses conséquences dans ses
applications aux besoins de l'homme sur la terre, la *chimie* en
un mot. Mais la chimie se borne à l'étude des affinités dans le
règne inorganique ou dans le règne organique privé de la vie,
car, dès que nous passons dans le domaine de la vie, nous voyons
s'accomplir, dans les tissus ou les liquides des êtres organisés,
entre leurs éléments, des combinaisons et dissolutions qui sont
en dehors de toutes les lois de la chimie. Ces phénomènes se
rattachent à la *physiologie* ou *biologie*, partie essentielle de l'histoire naturelle.

L'*anatomie* a pour objet la connaissance des diverses parties
solides ou liquides qui composent la charpente des êtres organisés. La *physiologie* est la science de leurs fonctions.

Les végétaux sont des êtres pourvus d'organes de nutrition, et
même le plus souvent d'organes de reproduction, mais privés
d'organes de relation. On entend par végétal aussi bien la
moisissure, les mucédinées et les mycodermes, qui semblent se
produire simplement sous l'influence de l'altération de la matière
organique par la chaleur, l'air et l'eau, que les végétaux
arborescents de colossale dimension, qui peuplent nos forêts.

ANATOMIE ET PHYSIOLOGIE VÉGÉTALES.

ART. 423. — **Divisions.** — Les végétaux sont généralement
composés d'une racine, qui les fixe au sol ; d'une tige, partie
allongée, ordinairement résistante, qui forme essentiellement
leur charpente extérieure ; de feuilles, dont les fonctions importantes résident dans leur faculté d'absorber, de l'atmosphère,
ce qui est utile au développement du végétal ; de fleurs qui
sont les organes de reproduction ; et de la semence, qui est le
germe devant reproduire, par son développement ultérieur, un
individu semblable à celui dont elle émane.

ART. 424. — **Tissu.** — La matière végétale, considérée sous
le rapport chimique, se compose, avons-nous dit, de deux, trois
ou quatre corps simples : carbone, hydrogène, oxygène, azote.
Envisagée au point de vue physique, elle varie d'un végétal à
l'autre, ou même d'une partie à l'autre d'un même végétal ; mais
on peut la considérer comme immédiatement formée par la
réunion de divers tissus, qui sont : le *tissu cellulaire*, le *tissu
fibreux*, le *tissu vasculaire* et le *tissu laticifère*.

Le *tissu cellulaire* doit être considéré comme l'élément primordial de toute organisation végétale. Il est constitué par la
réunion d'une foule de vésicules microscopiques de forme sphéroïdale ou polyédrique.

Le *tissu fibreux* se compose d'utricules allongés en forme de fuseau, dont les parois, souvent épaissies, réduisent à presque rien les vides.

Le *tissu vasculaire* est formé par des tubes plus ou moins cylindriques, très-allongés, se déprimant tout à coup de distance en distance. Lorsque ce tissu est doublé d'un conduit en spirale, il prend le nom de *trachée*.

Le *tissu laticifère* est composé d'un système de tubes continus, s'anastomosant entre eux.

Les végétaux, comme les animaux, diffèrent essentiellement entre eux, et, ainsi que ces derniers, ils sont considérés comme d'autant plus parfaits, d'autant plus haut placés dans l'échelle de la création, que les diverses fonctions de l'individu sont exercées par des organes plus spéciaux. Si, dans le végétal le plus parfait, les divers tissus représentent les variétés de genre que nous venons de décrire, il en est qui sont simplement constitués par la *cellule*, élément primordial du végétal.

RACINE.

ART. 425. — **Description.** — La *racine* ne sert point seulement à fixer la plante au sol : elle est encore chargée de retirer de la terre, pour le compte de la plante, les principes utiles à sa nutrition. A cet effet, les racines sont munies d'appendices se divisant à l'infini, et par l'extrémité des dernières divisions desquelles s'exerce cette absorption.

L'anneau de séparation de la racine à la tige se nomme *collet*.

Les racines sont dites *fibreuses, fasciculées, pivotantes*, etc., selon la forme, les divisions ou la direction qu'elles affectent dans le sol.

TIGE.

ART. 426. — **Définition, description.** — Certains végétaux sont privés de *tige;* on les nomme *acaules :* les feuilles, dans ce cas, naissent directement de la racine.

Les tiges se divisent en *simples* et en *rameuses :* les premières, n'ayant aucune branche, comme le palmier ; les secondes, se ramifiant plus ou moins. Les unes présentent une grande résistance, comme les plantes arborescentes ou frutescentes, c'est-à-dire les arbres et les arbrisseaux ; les autres, au contraire, sont *volubiles*, comme le houblon, la pervenche, les clématites.

On désigne sous le nom de *rhizôme* des tiges souterraines d'où partent des groupes ou cercles de radicules.

Les *bulbes* et les *tubercules* sont des modifications de la tige, et c'est à tort qu'on les a considérés, pendant longtemps, comme appartenant à la racine.

La tige des plantes les plus élevées dans l'échelle végétale, d'un chêne par exemple, est composée, de l'extérieur à l'intérieur, de l'*écorce*, du *bois* et de la *moelle*.

Le *bois* lui-même se divise en *ligneux* et en *aubier*; celui-ci étant la partie la plus extérieure du bois, n'ayant pas encore acquis toute la consistance du ligneux.

L'*écorce* se divise en *épiderme*, partie la plus extérieure, ordinairement sèche, gercée; en *enveloppe cellulaire*, ou *couche herbacée*; et en *liber*, qui est l'enveloppe la plus intérieure. C'est entre le *liber* de l'écorce et l'*aubier* du bois, que se produit et circule la *sève* de la plante.

ART. 427. **Accroissement des tiges.** — La sève dépose, chaque année, deux couches de *çambium* : l'une du côté de l'aubier, qui se constituera à l'état d'aubier, en même temps que l'*aubier*, précédemment formé, deviendra *ligneux*; et l'autre, du côté de l'écorce, qui formera un nouveau *liber*, du temps que l'ancien *liber* se convertira à l'état de couche herbacée.

ART. 428. — **Greffe.** — Les diverses opérations qui, sous le nom de *greffe*, ont pour objet d'*enter* une branche d'un sujet sur un autre, ne peuvent réussir qu'en mettant en communication immédiate la sève de la branche détachée avec celle du pied qui doit la recevoir (voir art. 1782).

FEUILLE.

ART. 429. — **Description.** — La *feuille* est l'organe essentiel de la respiration des plantes. Elles diffèrent singulièrement de forme et de dimension. Elles peuvent vivre dans l'air ou sous l'eau : de là la désignation de feuille aérienne ou submergée. La partie de la feuille qui l'attache à la branche ou à la tige se nomme *pétiole*; la portion supportée par la pétiole est le *limbe*. Les feuilles qui n'ont point de *pétiole* se nomment *feuilles sessiles*. Quand le *pétiole* s'élargit et se fixe circulairement à la tige ou à la branche, la feuille est dite *engaînante*. Le pétiole, dans son insertion sur le limbe, y produit diverses ramifications plus ou moins apparentes, qui sont les *nervures*.

Les feuilles sont dites *entières* ou *découpées*. Elles sont *lobées* quand les découpures en sont profondes; on les dit *bilobées*, *trilobées*, *quadrilobées*, *quinquelobées* ou *digitées*, selon le nombre de lobes qui résultent de ces découpures. Lorsque les découpures sont assez profondes pour que chacune d'elles soit munie d'une sorte de pétiole, quelque court qu'il soit, les feuilles sont dites *composées*. On dit alors qu'elles sont *ailées*, *pennées*, *palmées*, etc., selon qu'elles ont de l'analogie de forme avec des ailes, des plumes, avec les branches du palmier.

15*

Les feuilles prennent relativement, entre elles, diverses positions sur la tige ou la branche qui les porte : lorsque deux feuilles prennent naissance à la même hauteur, en face l'une de l'autre, elles sont *opposées*. Elles sont, au contraire, dites *alternes* quand leur insertion se produit à distance. On les appelle *verticillées* quand trois au moins prennent naissance autour d'un même point.

On appelle *bractées* des feuilles, comme dans le tilleul, qui naissent immédiatement au-dessous de la fleur, affectant une forme ou une coloration spéciales. Cette *bractée* prend le nom de *spathe* lorsque, comme dans le gouet, elle enveloppe la fleur avant son épanouissement. Les bractées, chez les graminées, prennent le nom de *glume*.

ART. 430. — **Fonctions des feuilles.** — C'est surtout par les feuilles que les plantes, pendant le jour, absorbent l'acide carbonique de l'air et exhalent une partie de l'oxygène de l'acide absorbé, de manière à s'assimiler le carbone. La nuit, l'acide carbonique non décomposé est rendu à l'atmosphère. Les feuilles possèdent, pour la production des fonctions respiratoires, des *stomates*, communiquant avec des *méats* qui mettent les sucs, renfermés dans les cellules, en communication avec l'atmosphère. Du reste, toutes les parties de la plante sont douées de fonctions respiratoires ou perspiratoires ; elles possèdent, à cet effet, des organes microscopiques, décrits avec soin par de savants physiologistes, mais qui ne sauraient trouver place dans notre livre.

FLEUR.

ART. 431. — **Description.** — *La fleur* la plus complète est composée, du dehors au dedans : 1° du *pédoncule ;* 2° du *calice ;* 3° de la *corole ;* 4° des *étamines ;* 5° du *pistil*.

Le *pédoncule* est le support qui unit la fleur à la plante.

Le *calice*, de couleur ordinairement verte, forme l'enveloppe la plus extérieure de la fleur, avant son épanouissement. Constitué par un *verticille* (collerette) autour du pédoncule, il adhère plus ou moins à l'axe qui le porte. Ses divisions se nomment *sépales*.

La *corolle* est le *verticille*, le plus souvent régulier, d'autrefois de forme bizarre, qui, ordinairement embelli par une coloration tendre ou vive, uniforme ou variée, le plus souvent odorante, donne essentiellement aux fleurs ce charme invincible qu'elles exercent sur l'homme. Ses divisions portent le nom de *pétales*.

En allant de dehors vers le centre de la fleur, nous rencon-

trons, après la corolle, les *étamines*, verticille ordinairement
coloré et composé d'un nombre très-variable d'individus.
L'extrémité de chaque étamine se termine par un élargissement
brusque qui se nomme *anthère*, recouvert plus ou moins d'une
poudre, le *pollen*, qui joue le plus grand rôle dans l'acte de
reproduction des plantes, car c'est la substance prolifique sans
laquelle la fleur resterait stérile. Le support de l'anthère
s'appelle le *filet*.

Nous trouvons enfin, au centre de la fleur, le *pistil*, unique ou
multiple, se composant, au bas, de l'*ovaire*, qui est le rudiment
du fruit; du *style* qui le surmonte, et du *stigmate*, sorte d'entonnoir, de forme variée, destiné à recevoir le *pollen* précité, à
en absorber le principe biogène que le Créateur lui a dévolu, et
à rendre ainsi fécond cet ovaire, d'où sortira plus tard la graine
destinée à la reproduction du végétal.

Les fleurs sont ordinairement composées de diverses parties
que nous venons d'énumérer; mais il en est qui ne renferment
que des étamines ou des pistils, et qu'on nomme pour cela
fleurs unisexuées, ce qui veut dire d'un seul sexe, par opposition
à *fleurs hermaphrodites*, nom que reçoivent celles qui possèdent les
organes qui représentent les deux sexes. Dans les plantes
unisexuées, telles que le chanvre, le dattier, le saule, le peuplier, etc., les pieds qui portent le pistil ne sauraient donner
des fruits qu'autant qu'ils sont à proximité de pieds munis de
fleurs à étamines, puisque, ainsi que nous venons de l'exposer,
le pollen est nécessaire au pistil pour que son ovaire devienne
fécond. Ajoutons qu'il est des plantes, telles que le noisetier,
l'ortie, le maïs, le buis, etc., chez lesquelles un même sujet
porte des fleurs unisexuées, mais de chacun des deux sexes, de
telle sorte que l'acte prolifique ne nécessite point le concours de
deux pieds de plante, un seul individu renfermant, quoique
séparés, les organes nécessaires à la perpétuation de l'espèce.

Il s'en faut que tous les végétaux soient pourvus de fleurs, et
surtout de fleurs aussi parfaites que celles que nous venons de
décrire. Non-seulement les fleurs d'un grand nombre de plantes,
telles que les *monocotylées*, sont dépourvues de corolle, mais
encore, dans une autre grande portion du règne végétal, les
acotylées, *cryptogames*, ou plantes *cellulaires*, sont privés de
fleur proprement dite.

GRAINE.

ART. 432. — **Description.** — La *graine*, partie importante
du végétal, est tantôt renfermée dans un péricarpe, et constitue
un fruit charnu, comme la pomme, le melon; tantôt contenue

dans une enveloppe mince et dure, comme les pois, les haricots, le blé noir, les graminées, etc.; tantôt nue, comme les sporules des lycopodes, des fougères, etc.

On distingue, dans la graine, l'*embryon* et l'*albumen*. L'*embryon* est le germe propre de la plante qui doit en naître ; l'*albumen* est un amas de matière nutritive, destiné à fournir au premier développement de l'embryon.

DIVISIONS DU RÈGNE VÉGÉTAL.

ART. 433. — **Caractères de ces divisions.** — Lorsqu'on met une graine en terre, dans les conditions voulues à son développement, elle y gonfle, se modifie diversement dans sa forme, mais finalement il en sort deux parties : l'une qui, descendant dans le sol, sous le nom de *radicule*, constituera la racine de la plante nouvelle ; et l'autre qui, s'élevant verticalement (*tigelle* ou *gemmule*), en formera la tige. L'albumen restera dans le sol à contiguïté des organes qui se produisent, pour en alimenter le développement, ou sortira de terre, sous le nom de *cotylédon*. Les plantes dans la germination desquelles il n'y a point de cotylédon forment, sous le nom d'*acotylédonnées* ou *acotylées*, une des grandes divisions du règne végétal. Elle comprend les fougères, les prèles, les lycopodes, les mousses, les lichens, les champignons, les algues, et jusqu'aux moisissures.

Les végétaux qui, dans la germination de leur graine, produisent des cotylédons, se divisent en *monocotylées* ou en *dicotylées*, suivant qu'ils produisent un seul cotylédon, comme les graminées : froment, seigle, avoine, maïs, riz, etc., ou deux cotylédons, comme le pois, le haricot, etc. Ajoutons que ces trois grandes divisions du règne végétal correspondent à une organisation propre à l'ensemble du végétal : ainsi, les acotylées correspondent aux végétaux cellulaires de Decandolle ; les monocotylées et les dicotylées aux plantes vasculaires du même auteur ; mais les vasculaires se subdivisent en *exogènes*, dont le corps ligneux croît par l'addition de nouvelles couches situées au dehors du cône des anciennes, et en *endogènes*, dont le tronc croît par l'addition de nouvelles fibres situées au centre du cylindre déjà formé. Les *endogènes* correspondent aux plantes *monocotylées*, et les *exogènes* aux *dicotylées*.

CLASSIFICATIONS.

ART. 434. — **Caractères sur lesquels elles reposent.** — On entend par famille, en histoire naturelle végétale, une réunion de plantes offrant, par le rapprochement de leurs formes et de leurs habitudes, les mêmes caractères d'organisation. On dit, par exemple, famille des *labiées* pour indiquer une collection de divers genres dans lesquels la corolle, d'une seule pièce, a quelque ressemblance avec la lèvre (*labia* en latin) d'un mammifère. Elles ont le plus souvent quatre étamines, dont deux courtes et deux longues; la tige en est généralement prismatique à quatre pans, à feuilles opposées, la plupart odorantes, etc. Telles sont la sauge, la lavande, le thym, le romarin, la menthe, la marjolaine, l'origan, etc.

On dit encore la famille des *ombellifères* pour désigner un groupe de plantes, généralement herbacées, à tige ordinairement fistuleuse (creuse), présentant, de distance en distance, des nœuds pleins, à feuilles alternes, à pétiole engaînant, dont le limbe est découpé, dont les fleurs, sans éclat, ordinairement blanches, sont disposées en *ombelle* (du latin *umbella*, parasol), c'est-à-dire dont les pédoncules partent d'un même point de la tige, formant autour un *verticille* à rayons égaux. Ces plantes sont généralement odorantes, aromatiques ou puantes; telles sont : l'angélique, la carotte, le céleri, le panais, le cerfeuil, le persil, la ciguë, etc. On dit aussi famille des *crucifères* pour rappeler une réunion de plantes à tige herbacée, dont la fleur présente quatre pétales, en croix, d'où le nom crucifères; à six étamines, dont quatre longues et deux plus courtes, etc. : telles sont le chou, le navet, la rave, la moutarde, la giroflée, le raifort, le cresson, etc.

Les familles se divisent en *genre* : c'est une division de la *famille* dans laquelle la similitude de forme, de port, etc., des espèces qui la composent est plus grande que parmi certaines qui sont de la même famille. Quant à *l'espèce,* elle réunit des individus en tout point ou presque en tout point semblables. Un exemple fera mieux sentir notre démonstration : le genre *brassica* ou chou, de la famille des crucifères, embrasse diverses espèces, telles que le *brassica oleracea*, qui est notre chou cultivé; le *brassica napus*, qui est le navet, le *brassica eruca*, ou roquette, etc.; mais chacune de ces espèces est susceptible, dans un certain nombre de plantes, de produire des variétés : telles sont, pour ne pas sortir du genre *brassica*, les variétés de chou vert, de chou cabus, de chou-fleur, de chou de Bruxelles, par exemple, qui appartiennent à l'espèce *brassica oleracea*. Les variétés sont ordinairement obtenues par des effets permanents attachés à la culture, et peuvent se perdre par le semis. Des graines provenant d'une variété donnent souvent naissance à des individus d'une toute autre variété; il n'en est pas de même de l'espèce. Elle reste une, et ne saurait reproduire des individus appartenant à une espèce différente de celle d'où provient la graine.

On entend par *hybride* une espèce ou une variété qu'on obtient du croisement naturel ou artificiel entre deux espèces ou deux variétés.

ZOOLOGIE.

PRÉAMBULE.

ART. 435. — A quoi nous devons nous restreindre ; grandes divisions du règne animal. — Notre cadre étant très-borné par la nécessité de ne consigner dans notre livre que ce qu'il y a de plus utile aux besoins de l'homme des champs ou aux travailleurs des villes, nous ne pouvons embrasser l'étude entière de la zoologie ; et, comme la partie de cette science qui se rapporte directement à l'homme en est la portion la plus intéressante, nous croyons devoir nous borner, à peu de chose près, aux notions élémentaires d'anatomie et de physiologie humaines. Il nous a semblé d'ailleurs que, connaissant d'une manière satisfaisante la structure et les fonctions du plus parfait des êtres de la création, il serait facile de raisonner par induction du mécanisme d'êtres qui s'en éloignent plus ou moins, et qui en diffèrent surtout en ce que diverses fonctions se localisent dans un moins grand nombre d'organes.

Le règne animal se compose de tous les êtres conformés pour vivre, sentir et se mouvoir. Comme le botaniste, le zoologiste, pour étudier avec facilité les divers êtres de son domaine, a dû les diviser en *embranchements*, en *classes*, en *ordres*, en *familles*, en *tribus*, en *genres* et en *espèces*.

Les quatre embranchements sont : 1° les animaux *vertébrés* ou munis d'une colonne vertébrale, tels que les mammifères (animaux qui allaitent leurs petits), les oiseaux, les reptiles, les poissons, etc. ; 2° les animaux *annelés* ou à squelette externe, comme les insectes, les crustacés (écrevisses, homards, langoustes), etc. ; 3° les *mollusques*, animaux dépourvus de squelette intérieur, mais protégés, dans quelques genres, par un toit dur, comme chez les limaçons, l'huître, etc. ; 4° les *zoophytes*, animaux si inférieurs dans l'ordre de la création que, ainsi que l'indique le nom de cette division, qui veut dire animal-plante, les anciens naturalistes ont été souvent embarrassés, comme dans les genres éponge, corail, coraline, pour les classer, ne sachant s'ils étaient du règne végétal plutôt qu'animal.

L'embranchement des *vertébrés* comprend cinq classes, qui

sont : les *mammifères*, les *oiseaux*, les *reptiles*, les *amphibies* et les *poissons*. La classe des mammifères, à laquelle appartient l'espèce humaine, car, si l'âme ou esprit de l'homme est une émanation divine, son corps est entièrement soumis aux lois qui régissent la matière, se divise en neuf ordres, qui sont : 1º les *bimanes*, ne renfermant qu'un seul genre, l'*homme*; 2º les *quadrumanes*, désignation synonyme de singe; 3º les *carnassiers*, embrassant un grand nombre de genres, tels que le *chien*, le *chat*, l'*ours*, etc., se nourrissant essentiellement de viande; 4º les *rongeurs*, dont font partie les genres *lapin*, *écureuil*, *marmotte*, *rat*, etc.; 5º les *édentés*, dont nous donne une idée le genre *tatou*, privé de dents et couvert d'écailles au lieu de poil; 6º les *marsupiaux* ou *didelphes*, ordre renfermant des genres chez lesquels les femelles sont pourvues d'une poche dans laquelle elles logent jusqu'à l'époque d'un certain développement, les petits naissant dans un état de grande imperfection : tel est le genre *sarigue*, le plus connu parmi les animaux de cet ordre, tous originaires de contrées lointaines; 7º les *pachydermes*, ordre caractérisé, comme l'indique l'étymologie de son nom, par une grande épaisseur de la peau, dont les genres *porc*, *éléphant*, etc., font partie; 8º les *ruminants*, animaux se nourrissant presque exclusivement d'aliments du règne végétal qu'ils ingèrent rapidement d'abord dans une large poche dite *panse*, pour de là les ramener, par fractions, dans la bouche, où, par l'effet de la *rumination*, ils sont réduits dans un état de grande division, seul capable de les rendre suffisamment assimilables ou nutritifs; 9º et enfin les *cétacés*, mammifères vivant au sein des eaux, au-dessus desquelles ils s'élèvent de temps en temps, ainsi que le font les *baleines*, les *cachalots*, les *dauphins*, etc., pour puiser dans l'atmosphère l'air nécessaire à la respiration.

ANATOMIE ET PHYSIOLOGIE HUMAINES.

OSTÉOLOGIE.

Art. 436. — **Généralités.** — Le corps de l'homme se compose essentiellement d'une charpente osseuse ou *squelette*; de *ligaments* qui en réunissent les parties; de *muscles* qui en constituent les portions charnues; de vaisseaux *artériels*, *veineux*, *lymphatiques*, dans lesquels circulent le sang artériel, le sang veineux et la lymphe; de *nerfs*, prolongements nombreux du cerveau ou de la *moelle épinière*, destinés à percevoir les sensations, et à présider aux divers mouvements des organes; des *appareils sensoriaux*; des *viscères*, et de l'*enveloppe cutanée*, ou peau.

Le corps de l'homme présente au premier aspect : 1º une partie supérieure, sphéroïdale (la *tête*), qui est le siége de nos principaux sens : la *vue*, l'*ouïe*, l'*odorat* et le *goût*, de nos cinq sens moins le *toucher*, et d'un grand nombre d'autres appareils d'un mécanisme complexe, difficile ou impossible à saisir ; 2º une partie centrale (le *tronc*), d'un grand volume relativement, qui renferme essentiellement les appareils complexes de la respiration, de la circulation, de la nutrition et de la reproduction ; 3º les *membres*, constituant les appareils de préhension et de locomotion.

Les diverses fonctions qui s'accomplissent dans l'homme peuvent être rangées en deux grandes classes : 1º celles qui concourent à la conservation de l'individu ; 2º celles qui ont pour objet la conservation de l'espèce.

Les fonctions affectées à la conservation de l'individu se divisent en deux catégories. Dans l'une on trouve des organes essentiellement soumis à la volonté et correspondant à la vie de relation, au moyen desquels l'homme se met en rapport avec les êtres organisés ou les corps inorganiques qui l'entourent : tels sont les membres. Dans l'autre, les organes fonctionnent, pour la plupart, sans le secours de la volonté, et correspondent à la vie de nutrition : tels sont l'estomac, le cœur, etc.

ART. 437. — **Os de la face.** — Parmi les os de la face, nous mentionnerons les *os maxillaires* inférieurs et supérieurs ; l'*os malaire*, qui concourt à former la cavité orbitaire de l'œil et la saillie de la face appelée pommette ; les *palatins*, qui forment le plancher des fosses nasales et la voûte palatine ; les *dents*, au nombre de trente-deux, se divisant en huit dents incisives, quatre dents canines et vingt dents molaires. Toutes ont une *racine*, unique ou multiple, cachée dans l'alvéole, et une *couronne*, apparente à l'extérieur. La face n'est pas régulière comme le crâne : elle est creusée de nombreuses cavités et hérissée de saillies diverses.

ART. 438. — **Os du tronc.** — La *colonne vertébrale*, le *bassin* et la *cage thoracique* constituent le tronc. Les *vertèbres*, au nombre de vingt-quatre, ont la forme d'anneaux superposés, et servent de liens entre la tête, qu'elles supportent, et le bassin. La *moelle épinière*, qu'elles protégent, est un prolongement du cerveau qui passe par le trou occipital, descend jusque dans le *sacrum* et même dans le *coccyx*. Les *vertèbres* sont liées entre elles par des ligaments très-forts, mais qui permettent cependant des mouvements. Elles sont supportées, en bas, par le *sacrum*, qui forme une sorte de prolongement de la colonne vertébrale, et s'insère, en arrière, entre les deux os iliaques. Le *sacrum*, le *coccyx*, qui en est le prolongement, et les os *iliaques* constituent l'ensemble des os du bassin. La *cage thoracique* est une cavité formée par la colonne vertébrale en arrière, par le *sternum* en avant, et par les *côtes* latéralement. Elle renferme essentiellement les importants organes de la respiration : la *poitrine* et le *cœur*.

ART. 439. — **Os des membres.** — Le membre supérieur se compose de l'épaule, du bras proprement dit, de l'avant-bras et de la main. L'épaule présente deux os : 1º la *clavicule*, os allongé, placé en avant, presque parallèlement aux côtes ; 2º l'*omoplate* ou *scapulum*, os large, aplati, triangulaire, situé à la partie supérieure et postérieure du thorax. La charpente du bras est uniquement constituée par l'*humerus*, os long qui s'articule d'une part à l'épaule et, d'autre part, à l'avant-bras. Deux os longs et placés parallèlement, le *cubitus* et le *radius*, forment la charpente de l'avant-bras.

Les os du poignet, au nombre de huit, portent le nom générique de *carpe*, et ceux de la main le nom de *métacarpe*; ceux des doigts enfin s'appellent *phalanges*.

Les os des membres inférieurs sont : le *fémur*, qui correspond à la cuisse ; le *tibia* et le *péroné*, qui, réunis parallèlement, constituent la partie résistante de la jambe ; la *rotule*, qui est l'os mobile du genou ; les sept os du *tarse*, qui représentent par leur réunion ; le talon, et, au pied, les analogues du poignet ; enfin, comme à la main, il y a au pied les os longs et parallèles du *métatarse* et les phalanges des orteils.

Tels sont, en peu de mots, les principales pièces qui font partie du squelette de l'homme. Elles sont réunies, pour former un tout résistant, par des ligaments, et leur réunion porte le nom d'articulation. Ces articulations sont immobiles, ou mobiles, ou mixtes. Les os, dans les articulations mobiles surtout, sont souvent recouverts d'une couche de matière moins résistante que la partie compacte de l'os, plus animalisée que l'os, qu'on connaît sous le nom de *cartilage*.

MYOLOGIE.

ART. 440. — **Description.** — On appelle *muscles* des organes charnus, de couleur rouge, qui recouvrent la charpente osseuse, qui complètent les formes extérieures du corps, et qui, par leur contractilité, impriment des mouvements. Leur ensemble forme le système musculaire : ce sont ces parties qui constituent la chair musculaire des animaux. Leur étude en anatomie porte le nom de *myologie*.

Les *tendons* sont des corps fibreux, d'un blanc bleuâtre, dont la texture les rapproche des ligaments; ils terminent les faisceaux des muscles d'une part, et, d'autre part, vont se fixer le plus ordinairement aux os, pour leur transmettre le mouvement imprimé par la contraction musculaire. On appelle *aponévroses* des membranes fibreuses, de même nature que les tendons, qui ont pour usage essentiel d'envelopper les muscles, de soutenir leurs faisceaux pendant leur contraction, ou bien de les pénétrer, de diminuer ainsi leur longueur, ou d'en faciliter les attaches aux os.

Les muscles du crâne, au nombre de cinq, sont très-minces et peu apparents. Les muscles de la face sont au nombre de dix-neuf, appartenant aux paupières, au nez, aux lèvres et aux joues. De formes très-variées, ils adhèrent, la plupart, aux téguments, auxquels ils impriment des rides, des plis et les divers mouvements qui constituent le jeu de la physionomie.

Les muscles du tronc forment au dos, comme en avant, sur la poitrine, diverses couches, dont les plus importantes par leur volume sont le *grand dorsal* et le *grand pectoral*. Le nombre des muscles du cou est très-grand; pour nous, restreint par notre cadre, nous n'en parlons que pour mémoire. Le *diaphragme*, un des plus importants à connaître, est constitué par une sorte de voûte, moitié fibreuse, moitié musculaire, qui occupe les cavités thoracique et abdominale, qu'il sépare, formant une sorte de cloison bombée du côté de la poitrine, voûtée du côté de l'estomac, des intestins, du foie, de la rate, etc. Le redressement de la voûte diaphragmatique ayant pour effet de diminuer l'espace pulmonaire, c'est essentiellement à ce muscle, soumis à la volonté, qu'est dû l'effet de l'inspiration. Sa voussure correspond naturellement à la diminution de la cavité thoracique, et partant à l'expiration de l'air des poumons.

Les muscles de l'abdomen et du bassin, dont notre cadre ne comporte point non plus la description, sont très-étendus. Ils jouent un rôle dans l'acte de la respiration, dans l'expulsion des matières fécales hors de l'intestin, lors de l'accouchement, etc.

Les formes dites académiques de l'homme, qui constituent, au point de vue de l'art, la beauté du corps, sont presque toutes déterminées par des saillies musculaires sous ce tégument. Les muscles sont extrêmement nombreux, aux membres comme au tronc. Notre espace, trop borné, ne nous permet point de les décrire; mais nous dirons en passant que ce sont les *deltoïdes*, *biceps* et *triceps*, qui déterminent essentiellement la forme du bras; le *cubital antérieur* et le *long supinateur*, celle de l'avant-bras; que le *grand* et *moyen fessier*, le *vaste externe*, contribuent, pour une large part, à la constitution de la portion charnue de la cuisse; que les *jumeaux* et le *soléaire* forment, en grande partie, le gras de la jambe ou mollet.

NÉVROLOGIE.

ART. 441. — **Généralités.** — La faculté de sentir, la création des idées, la mémoire, le raisonnement, la volonté, l'âme enfin semble avoir plus spécialement son siége dans le *cerveau*. Le cerveau, qui doit être considéré comme le centre où nos sensations vont aboutir, n'est point limité par l'enveloppe crânienne : il se prolonge en bas, dans le *rachis*, principalement par le trou occipital, et descend, sous le nom de *moelle épinière*, jusque dans le *sacrum*; à tel point que, lorsque l'homme est assis, ce prolongement, dit aussi *moelle allongée*, arrive au niveau du siége qui le supporte.

Cette moelle n'est pas l'unique prolongement du cerveau : il en part des ramifications innombrables, se divisant à l'infini et portant leurs rameaux, sous le nom de *nerfs*, dans toutes les parties du corps. Ces nerfs ont essentiellement pour effet de transmettre au cerveau toutes les impressions que perçoivent nos cinq sens. De plus, ils servent d'intermédiaires entre le cerveau et les muscles, lesquels commandent, comme on le sait, aux divers mouvements de l'économie, par les tendons. On les divise en nerfs de la *sensation* et nerfs de la *motilité*.

ART. 442. — **Les sens.** — Le sens du *toucher* s'exerce au moyen de nerfs qui s'épanouissent à la surface sous-épidermique des doigts.

Le sens du *goût* est constitué par des nerfs qui tapissent la surface de la langue et d'une partie de la bouche, qu'affectent, par leur contact, les aliments, dans leur passage de l'ouverture buccale à l'œsophage.

L'*odorat* se produit encore au moyen de nerfs qui se distribuent à la surface des fosses nasales, et qui reçoivent, par l'aspiration, les émanations des corps volatils ou dissous dans l'air.

L'*ouïe* est aussi un appareil nerveux, destiné à percevoir les ondulations qui, imprimées à l'air, constituent le choc ou le son musical, selon que ces ondulations sont uniques ou vibratoires. Transmises d'abord au tympan, sorte de membrane tendue à la manière d'un parchemin de caisse de tambour, cet organe vibrant les communique à son tour, au moyen d'un appareil très-complexe, à l'oreille interne, où va s'épanouir le nerf acoustique.

Quant au sens de la *vue*, il se compose d'une sorte de loupe convergeant les rayons de lumière vers un autre point de l'organe qu'on nomme *rétine*, et sur lequel se produit, comme dans une chambre noire, l'image de l'objet qu'on regarde. La rétine, appareil nerveux extrêmement intéressant, transmet la sensation de cette image au centre nerveux ou cerveau, par l'intermédiaire du *nerf optique*. On appelle *iris* cette partie de l'œil dont la teinte sert à désigner la couleur des yeux d'une personne. Tantôt noir, tantôt gris, tantôt roux, tantôt bleu, l'*iris* présente dans son milieu un disque noir, ouverture intérieure qui porte le nom de *pupille*, et par laquelle passe la lumière, dans son trajet pour aller frapper la rétine. A l'intérieur de la pupille, perpendiculairement à son axe, se trouve une sorte de lentille transparente : le *cristallin*, que traverse la lumière pour arriver à la rétine. C'est de l'opacité accidentelle, ou d'un état pathologique du cristallin, que résulte la maladie produisant la cécité connue sous le nom de *cataracte*. La pupille s'agrandit, ou se contracte, suivant que l'organe de la vision veut recevoir plus ou moins de lumière.

La douleur se transmettant au cerveau par l'intermédiaire des nerfs, on conçoit que la paralysie du nerf, agent de la transmission, entraîne la cessation de la douleur pour l'organe qui y correspond. Il ne faut pas confondre, au reste, la paralysie de l'organe ou des membres, avec la paralysie des nerfs sensitifs de l'organe : il peut y avoir paralysie du membre sans que, pour cela, soient paralysés les nerfs qui lui donnent la sensibilité, et réciproquement.

Le système nerveux en général comprend non-seulement le cerveau, son prolongement rachidien ou vertébral dont nous avons déjà parlé, mais de plus, ce que les anatomistes appellent le *système ganglionaire*. Ce système ganglionaire, qu'on appelle aussi nerf *grand sympathique*, est constitué par l'ensemble de petits corps nerveux appelés *ganglions*, placés sur les côtés de la colonne vertébrale, constituant par leurs anastomoses, c'est-à-dire par de nombreux filets nerveux qui font communiquer entre eux ces ganglions, une chaîne, sorte de chapelet qui s'étend de la base de l'occipital au sacrum. D'autres filets nerveux s'étendent de cette chaîne aux divers viscères, poumons, cœur, intestins, etc., comme elle communique encore avec le tronc des nerfs rachidiens, ou moelle épinière, au moyen de nombreux filets d'union.

ENVELOPPE CUTANÉE.

ART. 443. — **Constitution de la peau.** — La *peau* se compose essentiellement, en allant du dehors au dedans, de deux parties : 1° l'*épiderme* ; 2° le *derme*, ou peau proprement dite. L'épiderme, ou *épithélium* de la peau, couche la plus superficielle de la peau, et qui recouvre le derme, se compose, de l'intérieur à l'extérieur : 1° d'une couche de cellules épithéliales, de forme polyédrique, qui repose immédiatement sur le derme ; elle recouvre les papilles, en suivant les sinuosités qu'elles produisent, et laisse passer les tubes ou orifices qui font communiquer avec le dehors les glandes et follicules de la peau ; cette couche est synonyme, chez les anciens, de *pigment*, ou couche pigmentaire ; 2° d'une autre couche molle de cellules sphéroïdales confusément entassées entre elles, laquelle est connue sous le nom de *réseau muqueux de Malpigny* ; 3° et enfin d'une couche plus ou moins épaisse, formée de cellules minces, adhérentes entre elles, constituant la couche *cornée* ou *épidermique* proprement dite, qui prend aux talons une épaisseur considérable. L'usage des travaux pénibles tend à la faire augmenter aux mains, et les cors, durillons, verrues, etc., sont autant de variétés de son hypertrophie.

ART. 444. — **Derme.** — Le derme, appelé aussi *chorion*, constitue à lui seul presque toute l'épaisseur de la peau. Il en est la couche la plus profonde. D'aspect membraneux et blanchâtre, souple et très-résistant, il est formé d'un grand nombre de faisceaux de fibres entrecroisées. La face interne du derme est en contact avec le tissu lamineux qui le sépare du tissu musculaire, bien qu'en certains points il donne attache à des fibres musculaires ; la face externe du derme, en contact avec l'épiderme, parsemée de petites éminences rougeâtres, appelées papilles, dont un certain nombre renferment les dernières divisions des nerfs, constitue l'organe du toucher, aux mains, aux pieds, etc.

ART. 445. — **Muqueuses.** — Les membranes *muqueuses* (c'est ainsi qu'on appelle la peau mince, rosée, qui tapisse la face interne des lèvres, des paupières et d'autres ouvertures naturelles du corps de l'homme), sont constituées à peu près comme la peau proprement dite, et, par conséquent, d'un chorion ou derme, à tissu plus ou moins lâche ; mais l'épiderme y fait défaut et est remplacé par un *épithélium* spécial, qui donne issue à un grand nombre d'orifices de follicules divers.

NUTRITION.

ART. 446. — **Description.** — La nutrition chez l'homme se fait par l'absorption des aliments qu'il reçoit. Ces aliments,

broyés par l'appareil buccal et délayés au moyen des liquides qui
font partie du régime, constituent le *chyme*, ou bol alimentaire.
La salive, sécrétée par des glandes spéciales, qu'excite la présence des aliments dans l'appareil masticateur, sert à les délayer,
en facilite la déglutition, et fournit au chyme des sels qui en
favorisent la macération. Nous dirons peu de chose de la *bile* et
du *suc pancréatique*, sécrétions dont le produit, mêlé au chyme,
a été l'objet de maintes controverses, et fait, en ce moment
encore, le sujet de nombreuses expérimentations. Nous dirons
essentiellement que l'agent le plus important de la digestion,
le dissolvant par excellence des substances alimentaires, même
les plus dures, telles que les cartilages, la fibre tendineuse, les
os, etc., est la *pepsine*, que sécrète la muqueuse de l'estomac ;
que la *bile* est sécrétée par le foie, viscère situé au-dessous des
dernières côtes, à droite, et que, déversée dans le tube digestif,
en trop grande ou en trop petite quantité, ou de mauvaise qualité, elle donne lieu à des désordres divers.

ART. 447. — **Tube digestif.** — On appelle *tube digestif* tout
l'appareil de la digestion, à partir de la bouche jusqu'au *rectum*
inclusivement (1). L'*œsophage* est la partie de ce tube comprise
entre l'arrière-bouche et l'estomac. L'*estomac* est une sorte de
poche qui reçoit le bol alimentaire, et qui se distend ou s'agrandit
en raison de la quantité d'aliments ingérés. L'estomac correspond extérieurement au creux de l'estomac, qui est l'*épigastre* des
anatomistes. Les intestins font suite à l'estomac. Ils se divisent
en *intestin grêle* et *gros intestin ;* ce dernier se terminant par
l'anus, porte de sortie des matières, lorsqu'elles ont produit
tout leur effet nutritif utile. Les intestins, se pliant sous
plusieurs formes et surtout en zigzags, sont enveloppés d'une
membrane séreuse, le *péritoine*, et le tout est retenu, serré dans
la cavité abdominale, au moyen de plusieurs couches de muscles
que recouvre l'enveloppe cutanée. Le péritoine est, comme toutes
les *séreuses*, une sorte de poche mince et fermée qu'on ne saurait
mieux comparer qu'à un bonnet de coton étendu et non rentré
sur lui-même.

Lorsque le bol alimentaire, formé des substances qui ont été
ingérées dans l'estomac, a subi une certaine macération dans ce
viscère, il prend, avons-nous dit, le nom de *chyme*. On peut le
considérer comme essentiellement composé de deux matières :
l'une, propre à la nutrition, qui reçoit le nom de *chyle ;* l'autre,
inerte, qui sera rejetée extérieurement à l'état de matières fécales.

_____

(1) Le *rectum* est la dernière portion du gros intestin.

La séparation s'en produit par les vaisseaux chylifères, qui, allant s'ouvrir dans les intestins, absorbent du chyme, à mesure de son lent passage dans ce long tube, la partie la plus nutritive, et la transportent, sous ce nom de chyle, dans le torrent de la circulation.

ART. 448. — **Appareil urinaire.** — C'est dans les reins que s'élabore l'*urine*, par une sorte de filtration des liquides de la circulation. Des reins, l'urine est amenée, par les *uretères*, dans la vessie, d'où elle est expulsée, de temps en temps, au dehors, par le canal de l'*urèthre*.

CIRCULATION, RESPIRATION.

ART. 449. — **Cœur.** — Le *cœur* est le centre et l'agent ou moteur du système de la circulation. C'est une sorte de poche de nature musculeuse, à parois épaisses et de forme ovoïde. Par un mouvement de dilatation, il aspire le sang, que, par des contractions, il chasse ensuite dans tous les vaisseaux qui en émanent. Le cœur est renfermé dans la cavité thoracique, entre les deux poumons, un peu à gauche, en avant, reposant presque sur le diaphragme. Il est entouré d'une membrane séreuse qui a nom *péricarde*. Le cœur renferme quatre cavités : deux supérieures, dites *oreillettes*, deux inférieures, qui sont les *ventricules* ; les deux oreillettes n'ont pas entre elles de communication ; les ventricules sont aussi séparés entre eux.

L'oreillette droite reçoit, par la *veine cave*, le sang noir ou veineux qui lui vient de tous les points du corps ; elle communique avec le ventricule droit, qui lui est inférieur, par l'orifice auriculo-ventriculaire droit, pourvu d'une sorte de soupape (valvule) qui s'oppose au retour du sang dans l'oreillette. Le ventricule droit communique avec l'intérieur du poumon au moyen de l'*artère pulmonaire*.

Art. 450. — **Poumons.** — Les *poumons*, organe de la respiration, offrent à l'anatomiste deux masses molles, flexibles, dilatables, remplissant presque à elles seules la cavité thoracique. De couleur grisâtre, les deux poumons sont incomplétement séparés par le médiastin et le cœur. Le poumon droit, plus court et plus large que le gauche, est divisé en trois lobes; ce dernier l'est en deux. L'état spongieux des poumons est dû à d'innombrables cellules ou vésicules, connues sous le nom de *vésicules pulmonaires*, recevant l'extrémité de vaisseaux ramifiés qui constituent, avec les vésicules, la masse de ce viscère. Ces vaisseaux, se divisant dichotomiquement jusqu'à la vésicule précipitée, sont de trois ordres : 1° *bronches*, pour le passage de l'air de l'extérieur à la vésicule, par le fait de l'épanouissement des poumons ; 2° *artères pulmonaires,* qui amènent du cœur à la vésicule pulmonaire, le sang noir veineux, impropre à la vie, et qui vient y subir, par l'effet de l'*hématose,* sa transformation en sang rouge artériel ; 3° *veines pulmonaires,* qui ramènent le sang rouge, ou artériel, de la vésicule pulmonaire au cœur, par l'oreillette gauche ; sang qui de là pénètrera dans le ventricule gauche, d'où il sera poussé par les contractions de cet organe dans le grand système artériel, arrivera dichotomiquement, par les dernières divisions artérielles, dans tous les tissus, d'où il sera repris par les veinules, et ramené, à l'état de sang veineux, par la veine cave, dans l'oreillette droite, où commence notre description.

ART. 451. — **Système sanguin.** — L'artère principale qui, partant directement du ventricule gauche, reçoit le sang rouge qui doit porter la vie dans toutes les parties du corps, est connue sous le nom d'*aorte.* S'élevant presque verticalement, dès son origine au ventricule gauche, cette artère forme une courbe connue sous le nom de *crosse de l'aorte,* et, avant de se diriger verticalement de haut en bas, elle se ramifie pour donner naissance au tronc *brachiocéphalique,* aux artères *carotides,* qui portent le sang rouge à la tête, et aux *sous-clavières,* qui vont se ramifier dans les bras. L'aorte, en descendant le long de la colonne vertébrale, forme, à la hauteur du bassin, deux rameaux très-importants : les artères *crurales,* qui portent la vie dans les deux membres inférieurs. Les artères, comme les veines, se divisent dichotomiquement, à mesure qu'elles s'éloignent du tronc principal ou des rameaux qui leur donnent naissance. Ces divisions, de plus en plus grêles, échappant enfin à l'œil nu par leur extrême ténuité, constituent, avec les muscles, les divisions correspondantes des veines avec lesquelles elles vont s'anastomoser, avec l'épanouissement des nerfs et le tissu cellulaire, qui est plus ou moins rempli par de la graisse, enfin, avec quelques vaisseaux lymphatiques, la chair de l'homme correspondant à la viande des mammifères. On appelle généralement *vaisseaux capillaires* les divisions extrêmes des artères et des veines. C'est dans cet ordre de vaisseaux que se produit l'intéressant phénomène physiologique de la *nutrition :* les artères déposant dans nos tissus les molécules de matières organiques de nouvelle formation, destinées à les accroître ou à en renouveler la constitution, et les veines charriant de proche en proche, jusqu'au cœur, et de là aux poumons, les matières vieillies ou impropres à la vie. Principalement à base de carbone, c'est à ce corps simple, qui y domine, qu'on attribue au sang veineux la couleur noirâtre qui le distingue ; carbone qui, en se combinant à l'oxygène de l'air, dans l'acte de l'hématose, est transformé en acide carbonique, et chassé, à l'état de gaz, par l'expiration pulmonaire. Ajoutons que les poumons ne sont pas chez l'homme l'unique organe émonctoire de nos humeurs, et que le système de la circulation trouve, dans les fonctions des reins et dans celle de la transpiration cutanée, un moyen d'expulser du sang les principes autres que le carbone, qui, par une altération que nous ne pouvons nous expliquer encore, cessent d'être propres à la vie. Les physiologistes voient dans ces diverses fonctions un besoin constant de l'économie de renouveler ses particules ; en sorte que, quelque avancée en âge que soit une personne, son corps, qui est l'objet d'une constante rénovation, peut très-bien être réellement d'une date assez récente d'imperceptible transformation.

LIVRE QUATRIÈME.

HYGIÈNE.

PRÉAMBULE.

ART. 452. — **Enchaînement.** — L'*hygiène*, objet du présent quatrième livre, forme, avec le cinquième et le sixième livre, la 2ᵉ partie de l'ouvrage, consacrée à la santé, sous le titre *Economie sanitaire*. (Voyez le *tableau synoptique*, art. 1ᵉʳ.) Le cinquième livre est consacré à la médecine, et le sixième, à la pharmacologie.

L'homme appartient, en histoire naturelle, à la grande division des mammifères, et constitue, à lui seul, l'ordre des bimanes. Il diffère à tel point des autres animaux, soit par sa conformation, soit surtout par son organisation intellectuelle, qu'on ne peut se refuser à le considérer comme un être à part, soumis, quant à son corps, aux grandes lois qui régissent les êtres organisés, mais planant sur tous ces êtres de toute la hauteur que lui donne son âme, véritable étincelle divine, qui en fait un être à part, destiné sans doute à rappeler sur cette terre le Souverain à la ressemblance duquel il a dû être fait.

Les fonctions physiologiques ou régulières de nos organes, peuvent être troublées par accident ou par usure. Les progrès de l'âge produisent cette usure ; et des événements imprévus ou volontaires, des accidents et souvent des imprudences, enfin des

16

causes inappréciables pour l'homme, occasionnent ces lésions qui, selon qu'elles sont plus ou moins graves, peuvent avoir pour conséquence la cessation de la vie.

La science qui enseigne les moyens d'éviter le plus possible ces lésions, ou de conserver la santé, est l'*hygiène*.

L'art qui s'occupe des moyens de rétablir nos organes lésés est la *médecine*.

La *pathologie* est la partie de la médecine qui a pour objet l'étude des lésions. Elle se divise en pathologie interne et en pathologie externe, suivant la position des organes lésés. La *thérapeutique* s'occupe des moyens de curation de ces lésions.

La thérapeutique puise ordinairement ses moyens dans l'action des médicaments, constituant cette branche de l'art qui se nomme *matière médicale* et *pharmacologie*.

Enfin la *pharmacie* est l'art de connaître, de préparer et de conserver les agents de la matière médicale. La pharmacie emprunte ses connaissances aux sciences physiques et naturelles : chimie, botanique, minéralogie, zoologie, etc.

Un grand moraliste, Benjamin Franklin, a dit dans ses sentences : « On ne connaît le prix du savoir que dès qu'on le possède : on ne connaît, au contraire, celui de la santé que lorsqu'on l'a perdue ». Il est évident que l'homme oublie constamment les bienfaits de la santé, et fait toujours trop peu de cas de ce qui devrait la conserver. L'*hygiène* étant la science de cette conservation, ou l'art qui enseigne les moyens de prévenir les maladies, est incontestablement un de ceux qui importent le plus à l'homme.

GÉNÉRALITÉS.
AGES.

ART. 453. — Description. — La *première enfance* commence avec la vie, et dure jusqu'à 2 ans ;

La *deuxième enfance* commence à 2 ans, et dure jusqu'à 13 ans ou 15 ans, suivant le sexe ;

L'*adolescence*, suivant le sexe, de 13 à 18 ans, ou de 15 à 20 ans ;

L'âge *adulte* ou mûr, de 18 ou 20 à 60 ans ;

La *vieillesse*, de 60 ans jusqu'à la mort.

ART. 454. — Première enfance. — L'enfant, depuis sa naissance jusqu'à 2 ans, est en général facilement impressionné par les agents extérieurs, en raison de sa faible résistance. On ne saurait donc avec trop de soin éviter en toute chose les extrêmes, chez ces pauvres petits êtres.

L'allaitement naturel, celui qu'il puisera au sein de sa mère, ou, à défaut, à celui d'une nourrice qui la supplée, est certainement préférable à l'allaitement artificiel, qui consiste, comme on sait, à substituer le lait de ruminants à celui de femme. Le lait de vache, celui de chèvre surtout, à cause de son odeur particulière, diffèrent essentiellement du lait humain, moins caséeux et plus sucré; et, quoique cette nourriture ait quelquefois réussi, ainsi que semblent l'attester un grand nombre d'enfants gras et gros et d'une belle constitution, il est certain qu'elle est défavorable au plus grand nombre. Dans l'impossibilité de pouvoir fournir à l'enfant, du lait de femme, on devrait donner la préférence au lait d'ânesse ou de jument, dont la constitution chimique le rapproche davantage du lait de la mère.

Le lait de la mère est encore préférable à celui d'une nourrice mercenaire, pourvu que cette mère soit en état de santé, que sa constitution soit passable, et qu'elle doive accepter toutes les exigences du rôle de nourrice. A défaut de ces conditions, une bonne nourrice lui sera substituée avec avantage.

Une bonne nourrice devra n'avoir pas plus de 30 à 32 ans. Il conviendra de la choisir, autant que possible, à une époque rapprochée de ses couches, car le lait diffère, par sa composition chimique, aux diverses époques, et devient d'autant moins léger, d'autant plus substantiel, qu'on s'éloigne davantage de la parturition. Pour cette raison, un lait de 12 à 15 mois serait trop nutritif, et par conséquent de difficile digestion, pour un enfant qui vient de naître, comme un lait de huit jours serait insuffisant à la nutrition d'un enfant de huit mois par exemple. Les glandes mammaires, représentées par les seins, doivent être développées, volumineuses, arrondies; le mamelon, bien formé et dur. On doit éviter avec soin que la nourrice soit exempte de tout mal contagieux, comme la syphilis et certaines dartres; ce qui se reconnaît assez souvent, extérieurement : à ce que le sujet a tous ses cheveux; à ce qu'on ne voit à la commissure des lèvres aucune trace d'ulcération; à ce que la figure, les mains et les avant-bras, sont exempts d'exfoliations, de rougeurs anormales, etc. Il la faut encore intelligente, propre, active, d'une humeur douce, à habitudes sages et bien réglées. On préférera encore les brunes, ayant les yeux noirs, aux blondes ayant la peau blanche et les yeux de couleur claire. Enfin, si l'enfant est nourri au dehors de l'habitation de ses ascendants, il faut veiller à ce que le logement de la nourrice soit salubre, non humide, aéré et assez spacieux.

On s'accorde à considérer entre 1 an et 18 mois l'époque du sevrage.

Généralement, dans les campagnes, on se hâte trop de donner des aliments solides à l'enfant, dans les premiers mois de la vie ; et c'est à cette cause qu'il faut rapporter une *entérite*, très-fréquente parmi les enfants des campagnes ou de la classe pauvre, caractérisée par une diarrhée dont les matières sont vertes, écumeuses, et par des vomissements. C'est encore à cette maladie que succombent un grand nombre d'enfants, nourris au biberon avec du lait de vache ou de chèvre. Il est donc important de n'introduire qu'insensiblement, dans l'alimentation de l'enfant, d'autre nourriture que le lait de femme. Elle devra, dans le principe, se composer de féculents, auxquels on joindra un peu de sucre. On arrivera progressivement ensuite aux potages gras.

L'époque à laquelle on peut ajouter quelques aliments étrangers au lait de la mère ou de la nourrice doit varier, sans doute, suivant la constitution ou la santé de l'enfant. L'état de santé et les forces de la mère doivent aussi avoir une influence sur cette détermination, mais on ne le saurait, sans inconvénient, avant le quatrième mois de la vie de l'enfant. Chez la plupart des enfants, à cet âge, les organes de la digestion ont acquis une énergie qui leur permet de s'assimiler d'abord des bouillons ou crêmes de pain à l'eau sucrée, puis au lait, puis à l'œuf, enfin le bouillon gras. Nous recommandons, comme préférables aux bouillies de farine, les crêmes ou panades de pain séché au four, pulvérisé ensuite, ou ramollies dans l'eau et passées.

Les anciens s'étaient exagéré le rôle que joue la dentition chez les enfants et les perturbations auxquelles elle donne lieu. Les premières dents qui sortent sont dites dents de lait. Elles tombent vers l'âge de 7 ans, et sont remplacées par de nouvelles dents dites permanentes. C'est au sixième ou au septième mois que s'en fait la première apparition, et ce travail de la nature dure jusque vers le vingtième ou trentième mois, embrassant une série de vingt dents. De quatre à six ans, quatre autres dents, mais permanentes, viennent compléter le nombre de vingt-quatre dents.

Le plus souvent, ce travail de la première dentition se produit sans trouble. Lorsqu'il en est autrement, les symptômes qui se manifestent consistent dans une augmentation notable dans la sécrétion de la salive. Les enfants cherchent à introduire leurs doigts d'abord, puis des corps durs, dans la bouche, et se plaisent à les mâchonner; ils sont maussades, crient sans cause, ont peu d'appétit; ils toussent, dorment mal; il y a souvent de la fièvre. Dans un état plus grave, il survient des vomissements, de la diarrhée, des convulsions. La diète, se réduisant à la lactation, et quelques infusions aromatiques, devront faire la base du régime de l'enfant, et, comme sa résistance à toutes les maladies est moindre, il conviendra de redoubler de sollicitude dans les soins de toute sorte dont il est l'objet.

ART. 455. — **Deuxième enfance.** — Le tube digestif est déjà propre à recevoir une grande variété d'aliments ; mais on ne saurait, avec trop de soin encore, éloigner ceux de difficile digestion, car un grand nombre d'enfants succombent, dans cette période, à des gastrites ou entérites occasionnées par une nourriture impropre ou trop abondante. A cette période de la vie, les organes de la respiration, fonctionnant avec une grande énergie, sont très-sujets à des phlegmasies, telles que laryngites, croup, bronchites, coqueluche, pneumonies. Aussi doit-on exercer une grande surveillance sur le froid, les courants d'air, surtout quand le sujet est en état de transpiration ou de simple moiteur. C'est dans cette même période que les épidémies de rougeole, de scarlatine et de variole, sont fréquentes, et c'est dans une hygiène bien entendue, touchant la nourriture, les vêtements, les habitations et les habitudes, que les parents devront chercher le premier des moyens pour combattre des diathèses innées, et refaire, en quelque sorte, le tempérament des enfants. Nourriture saine et substantielle ; vêtements bien entendus ; habitations aérées, mais convenablent chaudes, à l'abri des courants d'air, élevées au niveau d'un premier, au moins ; exercice approprié aux forces de l'enfant : tels sont les plus importants moyens hygiéniques qu'on doit mettre en pratique.

C'est vers les sept ans que se produit la chute des dents de lait, que doivent remplacer de nouvelles dents molaires. Enfin, vers douze ans, se montrent quatre nouvelles molaires, qui portent à 28 le nombre de dents qu'a dès lors l'enfant. La production de ces dents est rarement accompagnée d'un trouble quelconque.

On doit éviter, chez les enfants, une fatigue ou tension trop grande d'esprit, ainsi que toute émotion vive. Il est encore très-important de veiller à ce qu'ils ne contractent aucune *mauvaise habitude.*

ART. 456. — **Adolescence.** — C'est entre 12 et 15 ans que se manifestent, chez les filles, les premiers symptômes de certaines fonctions naturelles qui, dans l'état normal de santé, ne cessent que vers 50 ans. Chez les garçons, c'est entre 14 et 15 ans que se produit le développement remarquable de certains organes, signalant, dans chacun des deux sexes, la puberté ou adolescence. C'est vers 18 ans pour les filles, et 22 pour les garçons, que le corps achève son dernier grand développement, quoique, à la rigueur, il doive se continuer souvent encore en hauteur et surtout en ampleur. Nous n'avons rien à dire de particulier touchant l'hygiène de cette période, si ce n'est que, en dehors des préceptes généraux que nous allons développer, et qui lui sont applicables, nous devons insister particulièrement sur la sobriété et la continence.

ART. 457. — **Virilité.** — L'âge *adulte*, ou virilité, est représenté par la période de temps qui s'écoule entre 18 ou 22 ans, suivant le sexe des individus, et 60 ans. C'est dans les premiers temps de l'âge adulte que le corps, qui a acquis son accroissement complet ou presque complet, représente l'individu parfait, quoique, dans quelques cas, cet accroissement puisse se manifester, mais imperceptiblement, en hauteur, jusqu'à 24 ou 30 ans. Il n'en est pas de même de l'accroissement en diamètre, qui peut se continuer, pour ainsi dire, sans limite dans toute la période de virilité : la charpente osseuse acquiert un plus grand volume dans le sens de la largeur; les muscles ne restent pas non plus stationnaires dans leur volume, et le tissu cellulaire adipeux peut se gorger de graisse au point de modifier de la plus singulière manière la forme et les dimensions du corps.

ART. 458. — **Vieillesse.** — Arrivé à cette période, qui commence entre 55 et 60 ans, l'homme décline en toute chose. Sa taille baisse par l'incurvation de la colonne vertébrale; son poids diminue; la peau durcit; les cheveux blanchissent et tombent; les dents suivent le même mouvement. La détérioration fait, tous les jours, des progrès.

Le cerveau subit, quoique plus tard, cette loi de dégénérescence. L'intelligence baisse; la mémoire s'affaiblit; la sensibilité générale s'émousse, et tout pousse l'homme à la décrépitude, dont l'état ultime, lorsque la mort n'y porte remède, est une sorte de vie végétative. L'homme cesse d'être, selon le langage de Buffon, le roi de la création : il passe à un état d'hébêtude dans lequel l'âme semble complètement s'effacer, pour ne laisser d'apparent que l'animal, dont, ainsi que nous l'avons dit, l'homme a toute l'organisation matérielle. C'est avec raison qu'on peut dire que dans tout ce qui sort de la main du Créateur rien n'est imprévu. Tout semble fait pour que nous tenions d'autant moins à la vie que nous y avançons davantage. Parvenu au terme marqué par une vieillesse avancée, l'homme, en considérant la carrière qu'il a parcourue, envisage sans peine la mort prochaine, qui se présente naturellement à son esprit, affaibli souvent à tel point qu'il ne prend même pas la peine de réfléchir, et semble oublier que son corps vit encore.

Passant involontairement de l'hygiène du corps à celle de l'âme, nous dirons qu'il faut considérer comme un état pathologique de celle-ci cette crainte exagérée que tant de gens éprouvent pour la mort. En dehors de la peine attachée à la séparation de ceux, comme nos enfants ou nos ascendants, qui ont besoin de nous, cette frayeur d'une vie future ne se conçoit que de la part de celui qui a fait le mal ou qui, en ayant commis, n'a rien fait pour le réparer. C'est sur ce terrain que nous nous plaisons à convier les médecins de l'âme et tout philanthrope, à faire le bien, et cela, en moralisant l'homme jeune encore, pour l'amener et le maintenir dans une voie qui ne lui laissera ultérieurement aucun remords, cause essentielle de la juste crainte qu'il doit avoir de paraître devant Dieu; ce Dieu équitable et bon, qui ne saurait punir l'erreur, s'attachant aux intentions, et ne voulant sévir qu'à l'égard de celui dont les actes seront en opposition avec sa conscience, ce guide qu'il met en nous devant toujours être la lumière et le régulateur de nos actions.

Les règles hygiéniques devront, chez le vieillard, se rapprocher de celles des enfants; car les organes, fatigués, usés par un long exercice, se rapprochent dès lors, par leur faiblesse, de celle attachée à l'enfance. Les personnes âgées devront éviter les variations brusques de température, les courants d'air, le froid humide. On doit leur éviter les travaux de l'esprit, les préoccupations prolongées, les émotions vives. Les aliments devront être pris avec sobriété; leur qualité devra être essentiellement bonne, substantielle, et de facile digestion. A cet âge, il faut nécessairement de l'exercice après les repas, et, comme conséquence, très-peu manger le soir. C'est parmi les aliments qui n'exigent ni le travail des dents ni une grande élaboration de la part de l'estomac, et tels que les potages, qu'il faudra choisir de préférence leur nourriture.

A cette époque de la vie où le cerveau est plus disposé aux congestions, le choix des aliments, une règle bien entendue dans leur administration, et la sobriété dans l'ingestion des solides comme des boissons alcooliques, ont la plus grande importance pour la longévité. Nous ne pouvons terminer ce chapitre, qui intéresse un si grand nombre, sans parler des fonctions qui se rattachent à la conservation de l'espèce. Ce n'est pas au vieillard qu'est dévolu le soin d'y pourvoir : à 60 ou 65 ans, suivant les organisations, arrive l'époque à laquelle tout acte qui s'y rattache est nuisible, en raison d'une foule d'accidents qui peuvent se produire du côté des organes les plus essentiels à la vie.

ART. 459. — **Durée de la vie.** — L'instruction, la moralité et l'aisance exercent une grande influence sur l'âge de l'homme : aussi, à mesure que ces éléments entrent pour une plus large part dans nos conditions sociales, voyons-nous l'âge moyen de la vie s'élever. Les travaux de Duvillard nous apprennent que la durée moyenne de la vie, avant 1789, était de 28 ans; en 1806, elle s'éleva à 28 ans et demi; en 1817, à 31; en 1834, à 34 ans; et en 1853 à 36. De 1852 à 1860, elle a presque atteint 38 ans (37 ans 8 mois), ce qui produit une élévation de dix ans depuis le dernier siècle.

M. Benoiston de Châteauneuf s'est occupé avec soin des causes qui influent sur la longévité. Les conclusions de son travail seraient, d'après Becquerel, ce que nous allons exposer :

1º Borner à 70 ans la carrière humaine c'est trop peu; à 100 ans, c'est trop ;

2º Dans les pays froids, Danemark, Suède, Norwège, ce terme est atteint par un plus grand nombre des individus ayant dépassé l'âge de 30 ans;

3º On observe des résultats analogues dans certaines provinces du Midi ;

4º Tous les climats sont à peu près compatibles avec une longue durée de la vie (1) ;

5º En Europe, à toutes les époques de l'âge, la femme paraît vivre plus longtemps;

6º Sur 15 millions de décès, 2/3 au moins sont recueillis sur des classes peu aisées. On reconnaîtra avec satisfaction qu'il n'y a pas lieu de déplorer les conditions d'existence de ces classes.

L'Espagne, le Portugal, les Deux-Siciles, la Grèce, l'Au-

---

(1) M. Bouchardat nous dit cependant que la vieillesse extrême s'observe plus souvent dans les pays septentrionaux que dans le Midi.

Voici une liste qu'il donne de quelques centenaires du Nord :

Ecosse, James Lausence, cent quarante ans;

Irlande, comtesse Demioud, cent quarante ans ;

Irlande, comtesse Leleston, cent quarante-trois ans;

Irlande, Thomas Winslow, cent quarante-six ans;

Angleterre, François Consit, cent cinquante ans ;

Angleterre, Thomas Parrye, cent cinquante-deux ans ;

Norwège, Joseph Surrington, cent soixante ans;

On a compté, dans le seul district d'Aggerus, cent cinquante couples qui avaient vécu ensemble quatre-vingts ans.

triche, la Hollande, sont en dehors de ces résultats, et pourraient peut-être les modifier.

TEMPÉRAMENT.

ART. 460. — *Définition.* — On désigne sous le nom de *constitution*, de *complexion*, de *tempérament*, une manière d'être particulière à certains sujets, une similitude entre les organisations de certains individus ayant une disposition plus grande à contracter telle ou telle affection, qui permet, jusqu'à un certain point, de créer entre eux des catégories spéciales, et qu'on désigne, soit par le caractère le plus saillant de ces dispositions, soit quelquefois par une cause qu'on rapporte, à tort ou à raison, à cette manière d'être. Quelques médecins d'un grand nom ont attribué au tempérament une valeur de premier ordre, et Vallesius, par exemple, s'écriait que le médecin qui connaîtrait à fond les tempéraments serait presque l'égal des dieux. Le nom de diathèse, auquel on ajoute les qualificatifs *rhumatismale, dartreuse, scrofuleuse,* etc., a été employé souvent comme synonyme de tempérament; comme aussi, sous le nom de vice *rhumatismal, dartreux, scrofuleux,* etc., certains pathologistes ont rendu exactement la même idée. Les humoristes, qui ne voyaient dans nos vaisseaux que des liquides plus ou moins altérés, ont fait jouer un grand rôle aux tempéraments, aux vices consanguins ou acquis ; et la nouvelle école anti-humoriste, après avoir fait table rase de toutes ces expressions, a vu insensiblement reparaître dans son vocabulaire le mot déjà ancien de diathèse, comme synonyme de prédisposition ou de susceptibilité morbide. C'est que les réformateurs en médecine ont beau faire, les théories, qu'ils implantent à grand'peine souvent, ne sont viables qu'à la condition d'être dans le vrai et de respecter les lois éternelles de la création, méconnues trop souvent par un homme, quelque génie qu'il ait, mais consacrées de tout temps par l'observation, même vulgaire.

ART. 461. — *Origine, hérédité.* — Les tempéraments, les constitutions, les vices d'organisation des individus, les diathèses innées, peuvent être considérés comme une sorte d'infection qui aurait pour résultat de communiquer à nos organes, ou aux liquides de l'économie, une tendance permanente à contracter des maladies spéciales, comme l'existence de germes spéciaux destinés à produire, dans les circonstances les moins favorables, 1 maladie dont ils sont le rudiment. Ajoutons que ces diathèses, ou vices innés, se transmettent du père et de la mère aux enfants, s'additionnant, se neutralisant au contraire, selon la ressemblance ou la dissemblance de nos ascendants dans leur union. De même que les qualités morales, que les défauts intellectuels et moraux, se transmettent par voie de génération, se communiquent héréditairement, beauté et défauts physiques, résistance et vices morbides, etc. Ne sait-on pas combien les descendants des phthisiques ou poitrinaires ont une tendance à le devenir ; combien les enfants d'apoplectiques ont à craindre les coups de sang ; combien la cataracte est fréquente dans certaines familles ; combien les bossus, les boîteux et écrouelleux, sont nombreux dans telle autre ? Ne sait-on pas encore que dans chaque génération et telle famille se trouvent un ou plusieurs idiots, ou fous, ou épileptiques ? Dans telle autre, ce sera des cas de teigne à redouter ; dans telle autre encore, la goutte, etc., etc. Nous naissons, on le voit, avec des prédispositions à telle ou à telle affection ; mais des accidents de contagion, le milieu dans lesquel nous vivons, des transformations qu'il n'est pas toujours donné à l'homme de bien suivre, du moins de s'expliquer, modifient quelquefois ces tempéraments dans une plus ou moins grande période ; mais, et comment qu'il en soit, elles doivent jouer un immense rôle dans le traitement des maladies.

DES VIRUS.

Art. 462. — **Définition.** — On entend par virus des germes renfermés dans les humeurs de certains malades, capables, par le contact de ces humeurs avec des sujets parfaitement sains, de leur communiquer une affection semblable à celle du malade dont elles émanent. Les affections pouvant se transmettre ainsi sont dites virulentes. Le contact, pour qu'il y ait transmission de la maladie, doit se produire soit avec le derme mis à nu, soit avec les membranes muqueuses, intactes ou privées de leur épithélium. Les unes sont originaires de l'homme, comme la variole, la syphilis, la rougeole, la scarlatine, la pourriture d'hôpital, les pertes blanches, etc. ; les autres proviennent des animaux : telles sont la rage, le cowpox ou vaccine, la morve, le farcin, la pustule maligne. Parmi ces dernières, la rage et la pustule maligne ou charbon pourraient aussi, suivant quelques auteurs, se développer spontanément chez l'homme.

Art. 463. — **La rage.** — Le virus de la rage est renfermé dans la salive de l'animal hydrophobe, mais la science n'est point parvenue à en connaître la nature. C'est dans les espèces qui constituent le genre *canis* de Linnée : chiens divers, loup, chacal et renard, que semble spécialement se développer spontanément la rage. Elle peut s'inoculer par morsure, à presque tous les animaux. On doute qu'elle soit transmissible d'homme à homme. (Voir le complément, art. 896.)

ART. 464. — **Contagion.** — Les maladies à la fois épidémiques et contagieuses, telles que la variole, la rougeole, le choléra, ainsi que la gale et les dartres, peuvent se transmettre par un contact plus ou moins prolongé, médiat ou immédiat. De là, la nécessité d'éviter, autant que c'est compatible avec le devoir, le contact et la cohabitation d'abord ; ensuite, de porter des vêtements, coiffures ou chaussures appartenant ou ayant appartenu à ces malades. C'est par le changement des casquettes, chapeaux ou bonnets, entre enfants, dans les campagnes, que se contracte trop souvent la teigne. Nous ne saurions trop recommander aux chefs de famille et aux instituteurs, de veiller à ce que chaque enfant ne porte et n'essaye jamais que son propre couvre-chef. La santé, comme la morale, gagneraient beaucoup à ce que chaque enfant eût un lit spécial, et nous nous élevons de toute notre force contre la fâcheuse habitude de faire coucher ensemble plusieurs personnes. Il y aurait tout un livre à faire sur ce sujet, qui embrasserait des considérations de divers ordres, et à l'exposition desquelles nous ne pouvons nous livrer dans un écrit concis, destiné seulement aux gens du monde. Nous nous élèverons encore avec force contre cette habitude enracinée de boire dans un même verre, dans une même coupe ; contre celle de s'embrasser sur la bouche, de fumer à une même pipe, de jouer un instrument à vent dans une embouchure dont un autre s'est servi. Non-seulement on peut contracter ainsi des aphthes, le goître, la gengivite diphtériteuse, le scorbut, mais encore et surtout la syphilis, affreuse maladie, contractée d'abord par la débauche, et transmissible ensuite aux personnes les plus sages, les plus pures, dans les circonstances précitées. Sans nous arrêter à l'opinion de quelques auteurs qui veulent que la phthisie pulmonaire, que le cancer, les dartres, etc., soient transmissibles aussi par les muqueuses, nous recommanderons, règle générale : 1o ne jamais boire ou faire boire deux ou plusieurs personnes dans un même verre sans qu'il n'ait été rincé ou fortement essuyé : si on y était forcé par les circonstances ou la bienséance, on ferait en sorte que les lèvres des deux personnes portassent sur des points différents du pourtour du verre ou de la coupe ; l'eau-de-vie et les liqueurs fortes, le vin même, renfermant de l'alcool, qui a la propriété de détruire les virus, la contagion sera un peu moins à redouter quand il s'agira de la consommation de ces boissons ; 2o éviter d'embrasser ou de se laisser embrasser sur la bouche, car nous connaissons un grand nombre d'exemples de contagion effectuée dans ce cas, outre que, d'ailleurs, c'est peu conforme à la morale ; 3o ne jamais se servir de la pipe d'autrui lorsqu'on aura contracté la regrettable habitude de fumer ; 4° ne se servir d'une embouchure d'instrument à vent qu'après l'avoir bien lavée, l'avoir passée à l'alcool ou à l'eau-de-vie, ou mieux l'avoir trempée dans l'eau bouillante, ou l'avoir chauffée au moins au même degré à feu nu, température à laquelle les virus sont détruits.

ALIMENTATION.

ALIMENTS (1).

ART. 465. — **Division des aliments.** — Les aliments de l'homme peuvent être divisés en deux classes bien distinctes. Dans la première classe, nous ferons entrer les substances assimilables ou aliments *protéiques*, telles que l'*albumine*, la *fibrine*, la *caséine*, la *légumine*, auxquelles on peut ajouter la *gélatine*. Dans la deuxième classe, nous réunirons les substances non assimilables, mais qui sont, dans l'acte de l'hématose, la source de la chaleur : tels sont l'alcool, les divers sucres, les fécules et les matières grasses. On les désigne sous le nom de *calorigènes*.

Les substances protéiques : *albumine, fibrine, caséine, légumine,* sont essentiellement azotées et oxygénées. Les matières dites calorigènes ne renferment pas d'azote, et la proportion d'oxygène qu'elles contiennent est relativement minime. L'hydrogène et le carbone y dominent, et ces deux éléments, en se transformant, l'un en eau et l'autre en acide carbonique, par l'action de l'oxygène de l'air, dans l'acte de la respiration pulmonaire, sont la source de la chaleur animale.

ART. 466. — **Conditions nécessaires des aliments.** — L'alimentation, pour répondre aux besoins du corps, savoir, d'une part, le renouvellement des tissus, et, d'autre part, la production incessante du calorique nécessaire à la vie, doit renfermer, dans un rapport convenable, des substances protéiques et des matières calorigènes. L'*albumine*, la *fibrine*, la *caséine* et la *légumine*, jouissent presque au même degré de la propriété nutritive, et leur composition chimique est presque identique. L'albumine est présentée, presque à l'état de pureté, par le blanc de l'œuf, et le sang des mammifères comme des oiseaux, en contient une grande proportion. La fibrine entre pour une grande part dans la composition des muscles des mammifères et d'un grand nombre d'animaux. La caséine est à peu près représentée par la matière des divers fromages, moins la matière grasse ou beurre

---

(1) L'important chapitre que nous donnons ici sur l'alimentation sera plus loin complété au livre *Économie domestique.*

qu'elle retient. Quant à la *légumine*, c'est la matière azotée que renferment un grand nombre de semences, surtout celles des légumineuses et des graminées. Le produit complexe connu sous le nom de *gluten* en est presque entièrement formé.

Le *gélatine* jouit du pouvoir nutritif à un moindre degré que l'albumine et la fibrine; mais elle a l'avantage d'être d'une digestion facile. Les matières grasses, que nous classons parmi les aliments calorigènes, nourrissent peu, et sont d'une digestion difficile. Si les aliments gélatineux conviennent aux estomacs délabrés fonctionnant mal, les matières grasses leur sont contraires.

ART. 467. — **Bouillon.** — Le bouillon est une décoction de viande, à laquelle on ajoute du sel (chlorure de sodium) et des légumes qui lui abandonnent à la fois des matières nutritives et aromatiques (art. 1234). Le sel marin (chlorure de sodium), qui fait partie de nos humeurs, est presque indispensable à la nourriture de l'homme; il en est de même du phosphore et de la chaux, qui, à l'état de phosphate calcique, entrent dans la composition des os; le phosphore et le soufre font encore partie de nos tissus et de nos humeurs.

La viande abandonne essentiellement à l'eau, pendant la coction, de la gélatine, de la fibrine, de l'albumine, toutes substances plus ou moins nutritives; de la graisse, matière calorigène, comme nous l'avons dit (art. 465), et des sels divers, en minime quantité : aussi le bouillon est-il l'aliment par excellence. On peut en varier les propriétés par la nature de la viande qui en fait la base, comme par les aromes qu'on lui donne. Il peut, en outre, être plus ou moins chargé de ces matières, suivant la proportion qu'on y consacre, ou le temps de la coction.

ART. 468. — **Valeur nutritive des diverses viandes.** — Les viandes renferment d'autant plus de fibrine, et d'autant moins de gélatine, que l'animal dont elles proviennent se rapproche davantage de l'âge adulte. C'est ainsi que les viandes du bœuf, du mouton et de la poule, sont plus fibrineuses et plus nutritives, mais plus difficiles à digérer, que celles du veau, de l'agneau ou du poulet. Les viandes du veau, de l'agneau, du poulet, sont réciproquement plus gélatineuses, moins nutritives et plus digestives que celles du bœuf, du mouton ou de la poule. On voit, d'après la constitution de ces viandes et de leurs propriétés, que le bouillon de poulet ou de veau, léger, sera indiqué aux convalescents ou aux personnes chez lesquelles les facultés digestives seront languissantes, tandis que les bouillons de poule, de mouton, ? urtout de bœuf, seront appropriés aux

17

estomacs qui, digérant bien, auront besoin d'une nourriture plus substantielle, d'une alimentation essentiellement nutritive.

Ce que nous disons des propriétés nutritives et digestives de la décoction de ces viandes s'applique naturellement aux viandes consommées en nature et rôties. Disons encore qu'elles s'assimilent mieux et nourrissent davantage, étant peu cuites que trop cuites ; et cela tient à ce que l'albumine surtout se coagule d'autant plus, et devient ainsi d'autant moins soluble dans les sucs de l'estomac, que sa cuisson a été plus longue ou plus complète. Les viandes bouillies, ayant rendu, par la décoction, toutes ou presque toutes les matières les plus assimilables, possèdent un faible pouvoir nutritif.

ART. 469. — **Lait.** — Le lait est, après le bouillon, l'aliment le plus réparateur, en même temps qu'il est d'une digestion facile. Les laits de vache et de chèvre doivent seuls nous occuper dans ce chapitre. Ils se ressemblent beaucoup, jouissent, à peu de chose près, des mêmes propriétés ; cependant le lait de vache, un peu plus gras et moins chargé de caséine que celui de chèvre, est par cela même moins nutritif que ce dernier. En revanche, il est plus agréable, par son arome, que celui de chèvre, quelquefois d'une odeur forte presque repoussante, surtout quand on n'est pas habitué à son usage.

Le lait est un liquide renfermant, à l'état d'émulsion, un corps gras qui est le *beurre ;* à l'état d'extrême division, une substance azotée très-nutritive, qui est la *caséine* (base du fromage) ; enfin une matière de la classe des sucres, la *lactine.* Les corps gras, ainsi que la lactine, sont des matières calorigènes. Le lait renferme encore, mais en quantité extrêmement minime, de l'albumine, des chlorures et des sels divers. Le lait a une certaine analogie avec le sang des mammifères dont il provient. Il y a cette différence que la fibrine du sang est représentée, dans le lait, par la caséine, de composition et de propriétés presque identiques.

Le lait est un aliment de facile digestion ; il est, en outre, assez nutritif et essentiellement calorigène par le beurre et la lactine qu'il renferme. Il est pour cela indiqué comme nourriture aux enfants et à toutes les personnes qui, étant d'une constitution assez faible, digèrent mal. (Voir, comme articles complémentaires, art. 1237 et suivants.)

ART. 470. — **Beurre et fromage.** — Le beurre est fort peu nutritif, puisqu'il n'est, comme corps gras, qu'un agent de calorification. Le fromage, au contraire, presque exclusivement formé de caséine, est extrêmement nourrissant. Les mélanges de l'un et de l'autre à l'état de lait, de crême et de fromage gras, sont des aliments parfaits.

ART. 471. — **Œufs.** — Les œufs, ceux de poule surtout, constituent l'aliment le plus précieux qui existe, étant, d'une part, de très-facile digestion, surtout quand ils sont peu cuits, et, d'autre part, possédant à un très-haut degré la propriété nutritive. L'œuf frais, mollet, cuit à la coque ou au plat, ou mieux encore cru, est l'aliment par excellence des convalescents, des gastralgiques et de tous ceux qui digèrent mal et s'assimilent peu.

ART. 472. — **Aliments d'origine végétale.** — Nous avons déjà dit (art. 465) que la *légumine*, matière azotée d'origine végétale, que nous comptons au nombre des substances protéiques, avait une composition presque identique avec l'albumine et la fibrine. Redisons, ce qui est important, qu'elle s'assimile à la manière de ces congénères d'origine animale, ce qui fait que l'homme peut vivre uniquement avec des aliments tirés du règne végétal.

Le règne végétal, si ce n'est la légumine, connue encore sous le nom d'amygdaline, d'albumine, de caséine, végétales, extrêmement assimilable, ne renferme que des substances calorigènes, telles que la gomme, la fécule ou amidon, la dextrine, les divers sucres. Cette légumine, sans doute, est le plus souvent disséminée dans les diverses parties de la plante; mais c'est surtout dans l'organe reproducteur, la graine ou semence, qu'une plus grande proportion se trouve réunie.

Une alimentation composée seulement d'éléments protéiques, serait indigeste. Pour être vraiment hygiénique, elle doit nécessairement renfermer une certaine proportion de substances calorigènes qui, en activant la chaleur à la source de la vie, donnent à l'ensemble des organes une vigueur d'où résulte, pour les facultés digestives, comme pour toutes les fonctions, une force assimiliatrice capable de surmonter les difficultés de digestibilité attachées à ces éléments.

La gomme, la fécule ou amidon, sont transformés en sucre dans le foie. Ils n'arrivent, comme le sucre lui-même, comme les corps gras, dans le sang, que lentement. Mais l'alcool passe presque instantanément de l'estomac dans la circulation. Il agit dès lors immédiatement comme calorigène, et c'est ce qui explique le pouvoir que nous lui connaissons de relever immédiatement les forces.

CONDIMENTS.

ART. 473. — **Définition.** — On entend par condiments ou assaisonnements, des substances diverses solides ou liquides, salées, acides, âcres, ou sucrées, destinées, étant mêlées aux aliments un peu fades, à en relever la saveur et à les rendre ainsi plus agréables et même plus digestifs.

ART. 474. — **Condiments salins.** — Le chlorure de sodium est le condiment le plus usité et, nous pourrions dire, le plus utile. Il a non-seulement pour effet de relever le goût des viandes, des ragoûts, des potages divers, etc. ; mais, entrant dans la combustion de nos tissus et de nos humeurs, son introduction dans l'économie, par l'alimentation, est indispensable au maintien de l'équilibre physiologique. Au moment de la déglutition, il excite les glandes diverses dont les sécrétions sont nécessaires à la formation du bol alimentaire comme à sa digestion. Son usage en trop faible proportion, conduit à l'anémie ou à un affaiblissement général de l'organisme, et rien n'est plus propre que son usage, à l'intérieur et en bains, pour combattre le *lymphatisme*. Les enfants rachitiques et scrofuleux en éprouvent les plus heureux effets. On devra ne pas confondre les aliments salés avec les salaisons, dans lesquelles il entre sans doute une grande proportion de chlorure de sodium, mais qui ont subi, par l'action chimique et conservatrice prolongée du sel marin, une modification moléculaire qui en a changé manifestement les propriétés. Ajoutons que nous ne soumettons à la salaison, dans nos contrées, que la viande du plus répandu des pachydermes, le porc, qui est aussi la plus lourde, et partant la moins propre à la nutrition, chez les sujets faibles ou affaiblis par la maladie.

ART. 475. — **Condiments acides.** — Le vinaigre, le verjus, la tomate, l'oseille, le citron, résument à peu près ces condiments. En petite quantité, ils peuvent favoriser la digestion, surtout chez les sujets dont les fonctions digestives se font assez bien. En proportion trop grande dans l'alimentation, ils déterminent une phlegmasie de la muqueuse intestinale.

ART. 476. — **Condiments âcres, aromatiques.** — Nous comprenons sous ce nom le poivre, le girofle, la cannelle, la muscade, la moutarde, l'ognon, l'ail, l'échalotte, la rocambole, le piment, etc., toutes substances qui, en quantité minime, peuvent favoriser la digestion, et dont l'abus détermine souvent des gastrites et dyspepsies diverses.

ART. 477. — **Condiments sucrés.** — Le sucre, avons-nous dit (art. 465), est un corps qui agit dans son assimilation, comme calorigène. Ajoutons qu'il n'est nullement excitant; qu'on peut en user en proportion très-grande sans qu'il occasionne un inconvénient quelconque, si ce n'est un peu de soif.

Disons enfin qu'il se transforme, selon les besoins de l'estomac, en acide lactique, acide qui facilite, dans le tube digestif, la dissolution d'un grand nombre de substances, ce qui explique encore l'utilité des aliments sucrés pour faciliter les digestions.

BOISSONS DIVERSES.

ART. 478. — **Eau.** — L'eau n'est pas un aliment, et ne sert qu'à former le bol alimentaire : aussi la proportion d'eau qui entre dans le régime de l'homme diffère-t-elle beaucoup selon les tempéraments et l'habitude. (Voir. art. 165, 259, 497, 1385.)

ART. 479. — **Boissons alcooliques.** — Le vin, le cidre, le poiré, la bière, l'hydromel et toutes les boissons alcooliques, sont des liquides alimentaires. Pris avec des aliments solides, non-seulement ils ont pour objet de les délayer pour composer un chyme facilement assimilable, mais encore ce sont de vrais aliments par l'alcool qu'ils renferment, sans compter la gomme et le sucre que contiennent certains vins, et la gélatine qui est renfermée dans la bière.

L'alcool forme à lui seul un genre d'aliment à part, dont il est essentiel de connaître les effets. Celui qui est le plus saillant c'est de passer, sans élaboration, de l'estomac dans le sang, et de produire, presque instantanément, une augmentation de forces. Aussi, lorsqu'il est sagement administré, rend-il de grands services pour la production de la force musculaire, chez l'homme, dans son application au travail (1). Malheureusement cet alcool, si précieux dans tant de cas, a l'inconvénient de déterminer l'ivresse, lorsque la quantité ingérée est trop forte ; et, comme il est doué d'une saveur extrêmement agréable, il est malheureusement peu d'hommes qui sachent en prendre avec modération, et seulement en vue de produire une augmentation ou un maintien convenable de forces.

C'est, en effet, un grand mal que l'excès des boissons alcooliques : elles aliènent, chez l'homme, la faible dose de raison que le Créateur lui a dévolue. Aussi quiconque a les sentiments élevés ou l'esprit éclairé, considèrera-t-il comme un acte coupable envers Dieu et la société que d'abuser ainsi des boissons spiritueuses. Le défaut d'instruction et d'éducation, trop commun encore dans la classe pauvre, l'empêche de comprendre les inconvénients attachés à l'abus des spiritueux ; en sorte que nous voyons un grand nombre de personnes se livrer, sans

_____

(1) Sous le nom d'alcool, de boissons alcooliques ou de spiritueux, nous entendons parler de toutes les boissons qui renferment de l'alcool, telles que vin, cidre, eau-de-vie, rhum, tafia, kirsch, liqueurs de table, etc.

retenue, à cet excès, d'où résulte, pour elles et pour leurs familles, une foule de maux. On perd à la fois, au cabaret, son temps, son argent, sa raison et sa santé. (Voir, comme complément, art. 717.)

L'alcool, en dehors de l'action générale que nous lui connaissons, a une action locale irritante : c'est ainsi qu'il détermine une inflammation, aiguë d'abord, du tube digestif. Aussi les sujets atteints d'une gastralgie ou d'une entéralgie (maladies de l'estomac et des intestins) ne peuvent-ils le supporter. Tous les vieux ivrognes, ceux qui, par une constitution robuste, ont résisté aux fluxions de poitrine, meurent généralement d'une inflammation chronique, ou de toute autre lésion organique des intestins et de la vessie.

Notre corps, sous l'influence de l'alcool, devient plus propre au développement des maladies inflammatoires en général, et les maladies mentales ont, nous le répétons, très-souvent pour cause, l'abus des spiritueux. Comment en serait-il autrement pour ce qui touche les affections mentales, puisque l'ivresse est une sorte de folie? Qui ne sait que, plus ce vice est grand chez un individu, moins il lui faut de boissons alcooliques pour le mettre en état d'ivresse? Cet état finit par devenir permanent, et l'homme arrivé à ce point de dégénérescence semble tout hébété : il est agité, irascible; la moindre inquiétude lui enlève le peu de raison qui lui reste encore; et, sans même qu'il ait bu, son état prend tous les caractères de l'ivresse, ce qui est encore une sorte d'aliénation mentale, un véritable état d'imbécillité.

On admet généralement que, plus une boisson renferme d'alcool, plus elle est propre à produire l'ivresse. Cependant ce n'est point d'une rigoureuse exactitude; car certains vins, et notamment les vins blancs, renferment, en dehors de l'alcool, une huile volatile qui porte spécialement son action sur le cerveau, à la manière des stupéfiants. C'est ce qui explique pourquoi les vins blancs portent si souvent à la tête, tandis qu'une quantité égale de vin rouge n'eût rien produit.

L'action générale de l'alcool sur l'économie est proportionnelle à la quantité ingérée, qu'on y mêle peu ou beaucoup d'eau. Par exemple, qu'on avale un petit verre d'eau-de-vie pure, ou que ce petit verre soit préalablement étendu d'un litre d'eau, son action générale, sur l'économie comme sur le cerveau, sera identique, dans l'un et l'autre cas. Il n'en est pas de même de l'action irritante locale, qui sera d'autant moindre que cette eau-de-vie sera plus diluée. Si donc une personne est déjà atteinte d'une gastrite ou inflammation de l'estomac, maladie dans laquelle l'eau-de-vie est fort nuisible, le mal produit par l'ingestion de ce petit verre d'eau-de-vie dans son estomac sera bien plus grand à l'état pur que si cette même quantité est étendue d'un litre d'eau.

Règle générale, en hygiène, on doit choisir une alimentation appropriée à la quantité de forces qu'on a à dépenser. De plus, les personnes qui font un travail pénible peuvent se permettre l'usage d'aliments grossiers peu nutritifs, en en prenant une plus grande quantité comme compensation, tandis que les personnes de cabinet, qui digèrent mal, devront faire choix d'une alimentation plus légère et en même temps plus nutritive, mais à la condition d'en prendre peu. Le paysan cultivateur pourra impunément se nourrir de pain bis, d'une soupe maigre et de choux, de pommes de terre à peine assaisonnées, et en manger copieusement, sans que sa santé en souffre, tandis que l'écrivain, l'avocat, le savant, etc., ne pourront se bien porter, qu'à la condition de manger régulièrement une décoction de viande (du bouillon gras), et des plats qui auront pour base la chair musculaire de mammifères, d'oiseaux ou de poissons; mais tout cela pris avec discrétion, sous peine de contracter de l'embonpoint, et de se prédisposer ainsi à l'apoplexie, à moins toutefois qu'on ne tempère cette tendance aux congestions cérébrales par un grand exercice.

Le vin, dont le manouvrier peut user avec une certaine liberté, ne saurait être pris qu'avec une grande réserve par l'homme de cabinet, sans qu'il y ait pour lui des dangers à courir. Les personnes riches qui aiment le vin préviennent, jusqu'à un certain point, le mal qui pourrait résulter de son usage copieux, en substituant aux gros vins, chargés en alcool et en huile essentielle enivrante, l'usage de vins légers, tels que ceux de Bordeaux, de Bourgogne ou du Rhin.

En général, l'homme riche, et qui fait un travail peu pénible, boit trop de vin, et l'ouvrier sage n'en boit pas assez, du moins d'une manière réglée. C'est surtout de l'ouvrier de nos campagnes que nous voulons parler : un peu de vin à chaque repas serait, pour sa santé, du meilleur effet, tandis qu'il n'en prend qu'à de rares occasions, et presque toujours alors avec excès. L'usage modéré du vin lui serait surtout utile pour braver les intempéries et mieux résister aux refroidissements partiels, déterminant, trop souvent, en hiver, des affections de poumon; et pour se préserver, en été, de l'action délétère des émanations paludéennes, qui lui donnent si souvent les fièvres.

LE CAFÉ.

ART. 480. — **Son action générale.** — L'usage du café, si
répandu aujourd'hui dans notre société, est généralement bon.
Le café n'aurait-il, d'ailleurs, d'autre effet que de détourner un
grand nombre de gens de l'abus du vin, qu'il rendrait un grand
service ; mais il rend des services réels aux hommes de cabinet,
et généralement à quiconque fait métier de travail intellectuel.
Autant le vin congestionne le cerveau, en développant nos
forces physiques, autant le café prédispose le cerveau aux travaux de l'esprit ; et ses services sont d'autant plus réels que
l'abus qu'on pourrait en faire n'a d'autre inconvénient que de
produire l'insomnie, et encore chez quelques personnes seulement. Son usage modéré exalte la sensibilité et la mémoire,
semble faciliter le jeu de l'intelligence et élever le sens moral
chez l'homme.

L'expérience de chaque jour, nous apprend, dit M. Payen, que,
tout différent des boissons ou liqueurs fortement alcooliques et
des vapeurs narcotiques de l'opium et du tabac, qui enivrent et
engourdissent les sens, le café procure, par son parfum exquis,
les plus agréables sensations, tout en excitant les facultés de
l'intelligence, au lieu de les assoupir. Un des effets les plus
remarquables du café est, sans contredit, de soutenir les forces
des hommes soumis à de rudes travaux ou bien à de fatigants
voyages, tout en permettant passagèrement de réduire de vingt-
cinq ou trente centièmes la quantité de leurs aliments. Les
ingénieuses observations de Gasparin conduiraient à conclure
que le café a la propriété de rendre plus stables les éléments de
notre organisme ; en sorte que, s'il ne pouvait lui-même
nourrir beaucoup, il empêcherait de se *dénourrir*, en amoindrissant les déperditions.

Le café renferme, du reste, comme toutes les semences, une
grande proportion de matière azotée nutritive.

L'introduction du café en France date de deux siècles, et on la
doit à l'ambassadeur de Constantinople. M. Figuier, dans son
intéressante année scientifique, nous apprend que cette précieuse
semence rencontra d'abord une armée de critiques et d'oppo-
sants, mais que bientôt, séduits sans doute par l'arome ineffable
et les propriétés bienfaisantes du café, ses premiers ennemis
cessèrent bientôt leurs attaques, et se contentèrent de le savourer
en silence. « Racine passera comme le café », disait Mme de
Sévigné : Racine et le café sont toujours goûtés, en dépit de
cette prédiction célèbre. Ce « poison lent », comme on se plut

à le désigner alors, ajoute M. Figuier, conduisit Voltaire jusqu'à l'âge de quatre-vingts ans, en lui laissant une vigueur d'esprit et de corps toute juvénile, etc. M. Figuier cite encore l'exemple de Fontenelle, qui atteignit, comme on sait, la centième année.

M. le docteur Petit, de Château-Thierry, a publié, en 1862, un mémoire sur la prolongation de la vie par le café, que cite M. Figuier, et que nous ne pouvons passer sous silence. Il nous permettra de reproduire une partie de son intéressant article :

« M. le docteur Petit ne s'appuie pas sur des observations purement individuelles ou isolées, mais bien sur des faits avérés, de notoriété publique, et qui, par leur caractère général, ne sauraient être considérés comme de simples accidents, ou comme résultant d'un concours fortuit de circonstances particulières.

» Transportons-nous sur les frontières du département du Nord, dans les houillères de Charleroi, là où des milliers d'hommes vont chaque jour s'ensevelir, pendant douze heures, dans les entrailles de la terre, pour en extraire les masses de charbon nécessaires à l'alimentation de nos usines. Nous y verrons des travailleurs vigoureux, dont l'extérieur annonce une santé robuste et la plus grande vigueur musculaire ; et pourtant leur nourriture n'est ni substantielle, ni abondante : de la soupe au café trois ou quatre fois par jour, quelques pommes de terre, une livre de viande chaque semaine, voilà à quoi se réduit l'alimentation de l'ouvrier dans les houillères de Charleroi. Ces hommes peuvent réduire du quart la quantité d'aliments qui serait nécessaire au maintien des forces chez d'autres individus : 1,500 grammes d'aliments quotidiens leur suffisent largement dans des circonstances où d'autres en consommeraient 2 kilogrammes.

» Dans les environs du Riesen-Berg, en Bohême, au milieu des monts Krapacks, vivent de pauvres campagnards exerçant presque tous la profession de tisserand. Ces malheureux, dénués de tout, et n'ayant, depuis de longues années, qu'une alimentation fort insuffisante, uniquement composée de pommes de terre, étaient arrivés à un état de dépérissement et d'étiolement qui les avait en quelque sorte abâtardis. Les médecins du pays eurent un jour l'idée de les soumettre au régime habituel du café. L'essai réussit au-delà de toute espérance, et les ouvriers du Riesen-Berg n'ont aujourd'hui rien à envier, sous le rapport de la santé et de la vigueur, aux ouvriers des autres pays. Pour faciliter à ces pauvres montagnards l'acquisition d'une substance aussi salutaire, le gouvernement autrichien a récemment supprimé en leur faveur les droits élevés qui frappaient autrefois l'importation du café.

Ces faits intéressants ont été vérifiés sur les lieux, il y a plusieurs années, par M. de Gasparin, qui a été récemment enlevé à la science et au pays. Ils ont même reçu de cet éminent agronome une explication très-satisfaisante. Le café, dit M. de Gasparin, rend plus stables les éléments de notre organisme. On sait, depuis les travaux de Duhamel et ceux de M. Flourens, qu'il s'opère constamment dans nos organes un double mouvement de composition et de décomposition moléculaire (art. 451) : ce mouvement constant d'absorption et de formation de nouveaux tissus s'opère aussi bien dans le sang que dans les os et les muscles. Si donc le café ralentit ce double mouvement vital, le besoin de recomposition, et par suite d'alimentation, doit être moindre.

» On observe, en effet, que, sous l'influence du café, les produits des sécrétions sont plus aqueux, la respiration moins active, et, par suite, les déperditions des substances absorbées moins rapides. On a même observé, dans la même circonstance, une diminution de la chaleur animale.

» Cette dernière conséquence fait comprendre l'utilité du café dans les pays chauds, là où la température est si pénible à supporter, qu'elle semble, pour ainsi dire, user les ressorts de la vie. Nos administrations de la guerre et de la marine, qui, depuis assez longtemps, ont fait entrer d'une manière habituelle le café dans la ration du soldat et du marin en campagne, n'ont eu qu'à se louer de cette innovation. L'usage du café a été d'un immense secours à nos troupes, aussi bien dans les déserts de l'Afrique qu'en Crimée, en Italie ou en Chine, et les équipages de nos flottes en ont retiré les mêmes avantages hygiéniques.

» Il a été aussi très-utile à nos soldats, sur le sol du Mexique, et principalement dans la *Tierra caliente*, à la Vera-Cruz, ce terrible foyer de la fièvre jaune. Le café est la boisson des pays chauds, comme les liqueurs alcooliques sont la boisson naturelle des contrées du Nord. On sait qu'en 1814 les Russes faisaient une énorme consommation de spiritueux, unis aux substances grasses. Ces deux systèmes d'alimentation, c'est-à-dire le café ou les alcooliques, sont conformes aux besoins respectifs de chaque peuple, et les déplacer serait contraire aux préceptes de l'hygiène.

» A mesure que l'homme avance en âge, le tissu osseux diminue de quantité. On sait, par exemple, avec quelle facilité se produisent les fractures chez les vieillards. Cet accident tient à la faible résistance des os, qui provient elle-même de l'amincissement de ces organes. Or voici la conséquence de cette disparition de la substance osseuse chez les vieillards : les particules phosphatiques des os sont absorbées, entraînées dans le torrent circulatoire, et les molécules calcaires, ainsi charriées par le sang, finissent par oblitérer les petits vaisseaux sanguins, ou les capillaires.

» Un de nos savants professeurs de la Faculté de médecine, M. Ch. Robin, a émis l'idée que : en dissolvant ces dépôts phosphatiques au moyen d'un agent chimique, avec l'acide lactique, par exemple, on pourrait peut-être empêcher cette obstruction des vaisseaux, cause si fréquente, chez les vieillards, de congestions mortelles, et reculer ainsi les bornes de la vie humaine. M. Petit est d'avis qu'il vaudrait mieux prévenir cette obstruction des vaisseaux que d'avoir à la combattre lorsqu'elle existe. Ce fait bien constaté, que le café retarde le mouvement de décomposition des organes, M. Petit conclut que, par son usage habituel, la vie des hommes pourrait se prolonger au-delà de ses limites ordinaires. Il recommande donc l'usage du café aux vieillards et même aux personnes qui ont atteint l'âge de cinquante ans. On peut le prendre à la dose d'une, deux, trois et même quatre tasses par jour, suivant les besoins, les circonstances et l'état pléthorique des individus. Il est inutile d'ajouter, d'ailleurs, que le café ne dispense pas des précautions hygiéniques habituelles.

» M. Petit cite, à l'appui de son opinion, de nombreux exemples, choisis parmi les cas qu'il a pu observer dans l'exercice de son art, et au milieu de la direction de son établissement hydrothérapique de Château-Thierry. Ces observations tendent à prouver que le café peut être considéré comme un moyen de longévité. Elles portent même à recommander son emploi dans le traitement des congestions et des hémorrhagies cérébrales, affections presque toujours mortelles, et contre lesquelles l'art ne possède que bien peu de ressources. C'est ici pourtant un point de médecine tout à fait en opposition avec la pratique régnante, et qui aurait besoin, pour être pris au sérieux, d'une étude plus approfondie et de faits plus probants que ceux mis en avant par l'auteur.

» La propriété que possède le café de rendre plus aqueux les produits des sécrétions conduit encore le docteur Petit à conseiller cet agent pour combattre la goutte, la gravelle et les affections calculeuses. Il est d'accord, sur ce point, avec

M. Trousseau, qui le recommande, en pareille circonstance, dans son *Traité de matière médicale et de thérapeutique*, et qui rappelle, à ce sujet, que la gravelle et la goutte sont presque inconnues en Orient et aux Antilles, où l'on fait une si énorme consommation de café.

» Tels sont les faits principaux contenus dans le mémoire du médecin de Château-Thierry. Nous ne nous portons garant d'aucune des opinions émises par l'auteur. Seulement les vues qu'il exprime nous ont paru assez originales et appuyées sur des considérations scientifiques assez sérieuses pour être exposées ici. »

ART. 481. — **Café au lait.** — **Autres opinions sur le café en général.** — Il y a dix-neuf ans environ que M. le docteur Caron faisait un procès au café au lait, et il y a à peine un an que M. Sam remettait sur le tapis les questions de nocuité de cette innocente et délicieuse boisson. On lui reprochait d'être d'une digestion difficile, que sais-je? et de déterminer chez les femmes, soit une perversion dans certaine fonction périodique, soit une indisposition spéciale, constituée par une sécrétion anormale.

Tout cela repose ou sur de prétendues expériences de l'ordre chimique mal faites, ou dont on a tiré de fausses inductions, ou sur ce que le café au lait passe mal chez certaines personnes. Nous ajouterons à cela que les sujets chez lesquels le café au lait se digère mal digèrent aussi mal le lait seul, et qu'il est de ces liquides alimentaires comme de tous les aliments en général, qui conviennent plus ou moins à certains estomacs.

Le café au lait constitue, au contraire, un des aliments les plus précieux qu'il existe; car il possède, pour la généralité, une réunion de qualités incontestables : et d'abord bon goût, bon marché, propriétés nutritives très-grandes, et enfin digestibilité pour la plupart des estomacs faibles, tels que ceux des femmes et des enfants.

Le café au lait rend d'immenses avantages aux populations laborieuses des grandes villes, et son usage tend tous les jours davantage à pénétrer de la ville dans les campagnes. Voici l'opinion de Mercier, au siècle dernier, dans son *Tableau de Paris* :

« Le café a pris faveur parmi ces hommes robustes. Au reste, l'usage du café au lait a prévalu, et est si répandu parmi le peuple qu'il est devenu l'éternel déjeûner de tous les ouvriers. Ils ont trouvé plus d'économie, de ressources, de saveur, dans cet aliment que dans tout autre. En conséquence, ils en boivent une prodigieuse quantité; ils disent que cela les soutient le plus souvent jusqu'au soir. Aussi ne font-ils que deux repas. »

Un des hygiénistes les plus autorisés de notre époque, M. le professeur Lévy, le célèbre auteur du *Traité d'hygiène publique et privée*, s'exprime ainsi à propos du café au lait :

« Le café au lait et à la crème est d'un usage presque universel : présomption d'innocuité. Agréable au goût et à l'odorat, il passe bien, accélère la digestion, entretient la liberté du ventre, et remplace, pour beaucoup de personnes, l'emploi d'un laxatif. Le peuple en use avec prédilection : aussi se vend-il au coin des rues et dans les places publiques.

» Combien de femmes sacrifient toute autre nourriture à leur ration quotidienne de café au lait! On l'accuse de causer des tremblements, des mouvements fébriles, des dyspsies, des palpitations, des leucorrhées, de diminuer l'énergie des tissus, etc.; *banales énonciations, dont pas une n'est fondée sur une observation exacte et régulière !* Il convient seulement de fixer la proportion du lait et du café suivant le degré d'irritabilité nerveuse de ceux qui en font usage. »

M. Fonsagrive, auteur d'un traité d'hygiène navale très-estimé, aujourd'hui professeur à la Faculté de médecine de Montpellier, émet une semblable opinion sur les effets du café.

Telle est encore, sur l'usage du café au lait, l'opinion du savant M. Payen, consignée dans son remarquable *Traité des substances alimentaires*. Après avoir insisté sur la précieuse propriété que possède le café de soutenir les forces des hommes soumis à de rudes travaux, ou bien dans de longs voyages, où il s'agit de réduire sensiblement la nourriture des équipages, il apprécie la constitution chimique du café au lait comme représentant trois fois plus de substance azotée nutritive que la moyenne des bouillons. M. Figuier, qui s'occupe, de nos jours, avec tant de succès, de toutes les grandes questions de progrès, et qui a tant d'autorité, comme médecin et comme chimiste, pour nous parler d'hygiène, pense que, pour être juste, on devrait estimer que le pouvoir nutritif du café au lait est de 6 à 10 fois celui d'un même volume de bouillon.

« D'après tout cela, dit M. Figuier, il est impossible de ne pas admettre que le café au lait possède des propriétés nutritives. Nous voilà bien loin des funèbres déclamations du docteur Caron et de son restaurateur M. Sam!

» Ainsi ne nous alarmons pas sans motif, et regardons-y à deux fois avant de jeter dans la population des craintes chimériques. Le café au lait, qu'on nous représente comme une sorte de poison capable d'entraîner tout un cortége de maux ou d'infirmités, est en réalité un aliment sain, agréable et inoffensif.

Son bas prix en a fait un des auxiliaires les plus précieux de l'alimentation de l'ouvrier et du pauvre ménage. La cherté croissante de la nourriture et de toutes les choses de la vie ordinaire jetterait le peuple dans un embarras affreux, et l'obligerait aux plus grandes privations si on lui enlevait le café au lait. Rien, assurément, ne saurait remplacer pour lui cet aliment commode et réparateur, agréable et sain.

» Le café noir a, de son côté, des qualités remarquables comme excitant. C'est pour cette raison qu'il est si recherché des écrivains et de tous ceux qui mettent en action le cerveau. A l'inverse des boissons alcooliques, qui n'excitent qu'en engourdissant les facultés intellectuelles, le café excite l'intelligence dans une mesure convenable ; à l'inverse de l'opium, il procure des sensations agréables sans assoupir l'esprit. Il relève et soutient, dissipe les noires vapeurs qui parfois enveloppent l'esprit. Fontenelle en usait, Voltaire en abusait, Delille en était fou, et l'âge avancé auquel ces écrivains sont parvenus prouve au moins que, si le café est un poison, ce n'est pas un poison foudroyant.

» La tasse de café bien chaud, prise immédiatement après dîner, est devenue chez nous le complément indispensable des plaisirs de la table. On ne remarque pas assez que l'habitude du café après le repas a chassé de nos tables modernes l'ivresse, par laquelle se terminaient les festins de nos aïeux. Si l'ivresse est encore le dénoûment ordinaire des grands repas chez nos voisins les Anglais, c'est que le café n'est pas suffisamment entré dans leurs mœurs. Quand les Anglais nous emprunteront l'usage du café après le repas, ils nous emprunteront en même temps la décence et la convenance qui président à la terminaison de nos festins.

» M. le docteur J.-A. Chabrand a remarqué que, depuis une vingtaine d'années, le crétinisme perd du terrain dans l'arrondissement de Briançon, et il met au nombre des causes de cette amélioration l'usage du café, qui s'est répandu jusque dans les hameaux les plus écartés et les plus pauvres. Les femmes surtout, ajoute cet honorable praticien, ont recours au café dans toutes les circonstances où elles éprouvent quelque malaise. C'est pour elles une véritable panacée. Il est inutile d'ajouter que, si elles en usent volontiers dans les cas de maladie, elles en prennent avec bien plus de plaisir lorsqu'elles sont en parfaite santé.

» Le café paraît donc aussi posséder des propriétés très-précieuses pour vaincre l'engourdissement du corps et de l'esprit que l'on remarque chez les personnes disposées au crétinisme.

» Le café noir, froid, ou même glacé, et étendu de beaucoup d'eau, constitue une boisson éminemment rafraîchissante en été. Ce mélange, qui est très-différent de ce qu'on appelle du café faible, c'est-à-dire une infusion faite avec peu de café en poudre, est la boisson ordinaire de nos soldats en Afrique. Le *mazagran,* c'est le nom qu'on lui donne, préserve de l'influence des grandes chaleurs; il désaltère, rafraîchit et éveille l'esprit engourdi. C'est le meilleur moyen de combattre cette léthargie accablante où nous plongent les ardeurs d'un été excessif. Enfin, à toutes ces qualités hygiéniques reconnues depuis longtemps et appréciées par tous les peuples civilisés, le café joint un arome particulier, une saveur spécifique qu'aucune autre substance ne possède, et qui en ferait déjà une des boissons les plus agréables, si elle ne nous était pas si utile.

» En résumé, comme tout ce qui est bon et utile, le café a été contesté et calomnié, persécuté et combattu; mais il est toujours sorti vainqueur de la lutte. Les attaques dont il a été périodiquement l'objet n'ont fait que corroborer son empire, en forçant la science à l'affirmer, en le justifiant. »

LE THÉ.

ART. 482. — **Propriétés.** — Le thé renferme de la *caféine.* Ses effets ressemblent beaucoup à ceux du café des îles, avec la différence qu'ils sont moins prononcés. Comme le café, le thé favorise la digestion, pourvu qu'on ait l'estomac sain.

On accorde généralement à l'usage du thé la résistance aux effluves insalubres, dans les contrées chaudes et humides.

Le thé est un excitant du système nerveux, et, parmi ses variétés, celles qu'on classe parmi les thés noirs sont généralement moins excitantes que celles qui appartiennent aux sortes dites thés verts. Nous conseillons de préférence l'usage en général des thés noirs, et parmi ceux-ci la variété dite *congo,* comme une des plus salubres et des plus agréables, très-usitée chez nos voisins d'outre-Manche, et que nos marchands peuvent livrer aux consommateurs à raison de 10 francs le kilogramme (voir 1306).

AGENTS EXTÉRIEURS.

DE LA CHALEUR ET DU FROID.

ART. 483. — **Leur influence sur la santé.** — La température moyenne de l'homme est de 37 degrés. Quelle que soit la contrée du globe qu'il habite, elle varie peu : ainsi, sous l'équateur et par les jours d'été, elle ne s'élève pas à 38; de même que, sous les tropiques, elle dépasse 36. Les phénomènes que pro-

duit la *chaleur sèche* sur l'homme sont les suivants : la circulation s'accélère, le pouls devient fréquent et intense, et la peau,
d'abord sèche, se couvre d'une abondante sueur. L'exhalation
pulmonaire reçoit une activité plus grande encore. L'anxiété, le
malaise et une surexcitation cérébrale, se produisent ensuite.

La *chaleur humide* diffère, dans son action sur l'homme, en ce
que, loin d'exciter la transpiration de la peau et l'exhalation
pulmonaire, elle les diminue notablement. Aussi l'homme la
supporte-t-il moins bien que la chaleur sèche.

Le *froid* a pour effet de diminuer la transpiration cutanée, et
d'exciter, au contraire, la sécrétion pulmonaire. L'hématose
devient plus active, ce qui a pour effet d'augmenter la production de chaleur qui répare la perte continuelle de calorique, par
suite de la température abaissée de l'atmosphère.

La chaleur produite, l'été, par l'action des rayons solaires, est
d'autant plus forte, on le sait, que la couleur des vêtements et
de la coiffure est moins claire ou s'éloigne davantage du blanc.
Cette chaleur est assez forte, en France, pour déterminer, si on
n'y prend garde, un assez grand nombre de maladies de l'encé-
phale, et surtout des attaques d'apoplexie. Les chapeaux de
feutre souple, gris ou blanc, *à larges bords,* sont bien appropriés
aux besoins des travailleurs de la campagne, pour les saisons de
l'automne, de l'hiver et du printemps ; mais nous ne saurions
trop recommander, pour l'été, l'usage exclusif du chapeau de
paille, à larges bords et de couleur claire. Nous n'entendons parler
que du cas où on s'expose aux rayons directs du soleil.

La chaleur nécessite une alimentation peu abondante et légèrement stimulante. Le vin, pris en petite quantité, est utile ;
mais nous lui préférerions, à cette époque de l'année, l'usage
d'une infusion légère de café.

Quelques bains froids, de cours d'eau ou de mer, sont indiqués
à cette saison : ils favorisent le jeu régulier des organes.

Les grandes transpirations fatiguent et épuisent le corps. Il
faut, dans cet état, éviter tout refroidissement. Ce n'est jamais
à l'ombre que le travailleur devra se placer pour se reposer, à la
suite d'un travail qui aura produit une notable transpiration,
mais bien au soleil, en été, et près du feu, si on le peut, en
hiver.

Les vêtements d'été doivent, autant que possible, être de couleur claire ou incolores (blancs). Ils doivent encore être grands
ou amples, et de préférence en tissu de laine.

Le froid, lorsqu'il n'est pas intense, comme sous la zone tempérée que nous habitons, est plutôt utile que nuisible.

La santé des habitants, dans les contrées froides, est généralement meilleure que dans les pays chauds. Les constitutions y sont aussi plus fortes et plus robustes, et la longévité moyenne y est plus grande (art. 459). C'est dans ces contrées qu'on rencontre le plus grand nombre de centenaires. Il n'en est pas ainsi du froid très-intense : sous son influence, le corps y éprouve un sentiment de faiblesse, de lassitude, un besoin irrésistible de repos et de sommeil. Les hémorragies et un grand nombre d'affections des voies respiratoires et des tubes digestifs y sont fréquentes.

Les règles hygiéniques à suivre dans les contrées froides, ou lors du froid en hiver, consistent d'abord à s'y soustraire le plus possible, au moyen de vêtements appropriés, et d'une habitation convenable. L'alimentation devra être plus substantielle, plus abondante. Les boissons alcooliques, prises avec modération, sont dès lors indiquées, surtout pour qui fait un travail pénible, ainsi que les autres excitants, tels que le café et le thé.

Dans les contrées où les variations de température sont brusques, nous conseillons l'usage de la laine sur la peau. C'est en se couvrant d'une enveloppe mauvais conducteur du calorique, par la sobriété en toutes choses, et par l'usage d'aliments sains et nutritifs, qu'on pourra y braver le coryza, les bronchites, les inflammations des poumons et de la plèvre, les rhumatismes et les diverses phlegmasies du tube digestif qui y sont si fréquentes.

ART. 484. — **Salubrité relative des divers appareils de chauffage.** — Les divers systèmes de cheminées sont en général d'un emploi salubre, pourvu toutefois que le renouvellement de l'air de la pièce ne soit ni trop, ni trop peu rapide. Nous avons cité (art. 122, 1686) les trop grandes cheminées de cuisine, dans lesquelles le courant qui en résulte est de nature à refroidir une partie du corps, lorsque l'autre, au contraire, se chauffe trop fortement. La circulation du sang, dans cette circonstance, est à la fois trop active et trop peu active à des parties différentes du corps, de telle sorte que l'harmonie des fonctions peut en être troublée. Ce trouble peut déterminer des phlegmasies ou inflammations diverses, telles que pneumonies, pleurésies, affections de la peau, etc.

Lorsque, au contraire, dans une cheminée, d'ailleurs tirant bien, le courant d'air du tuyau ou tube ascendant, est alimenté au moyen d'une ventouse, de telle sorte que l'air arrive au foyer, sans passer dans la pièce, condition extrêmement avantageuse à la chaleur du local, il peut arriver que l'acide carbonique de son atmosphère, n'étant point expulsé par le fait de non-renouvellement de l'air, la rende peu propre à la respiration. Une hygiène bien entendue veut donc qu'on évite ces deux écueils, au moyen de simples cheminées soit à la Rumfort, soit à la prussienne, sans aucune ventouse.

La *brasière*, dont on se sert encore dans certaines contrées du midi de la France pour chauffer un appartement, un magasin etc., est moins insalubre qu'on ne le croit généralement, pourvu qu'on n'emploie que le charbon de four, qui fournit peu d'oxyde de carbone par sa combustion. Le gros charbon, au contraire, celui qui provient de la fabrication en grand de ce produit, donne naissance, en brûlant, à de l'hydrogène carboné et à de l'oxyde de carbone, gaz tous deux insalubres, et dont le dernier surtout est considéré aujourd'hui comme extrêmement nuisible.

M. Carret, médecin en chef de l'hôpital de Chambéry, affirme que le gaz oxyde de carbone que dégagent les poëles de fonte peut occasionner un grand nombre de maladies, telles que la méningite cérébro-spinale, le typhus cérébral, les fièvres rémittentes graves. Cinq années d'observations constantes, dans son service à l'hôpital, seraient là pour l'attester. On connaissait déjà les propriétés délétères de ce gaz; mais on s'explique assez difficilement, nous le croyons, sa production, par l'effet de la caléfaction au moyen de ces appareils de fonte. M. Jules Carret neveu a constaté la présence de l'oxyde de carbone dans des salles chauffées par un poële, au moyen de boules de l'appareil de Liebig, renfermant du chlorure d'or, que ce gaz a la propriété de réduire.

DE LA LUMIÈRE.

ART 485. — **Son influence.** — L'homme, comme les animaux, comme les plantes mêmes, a besoin de lumière (art. 100). La lumière par elle-même n'est jamais nuisible à l'ensemble des fonctions générales chez l'homme : au contraire, et si elle n'est accompagnée d'une production de chaleur intense, dès lors peu hygiénique, on peut dire que, toutes choses égales d'ailleurs, le milieu dans lequel on vit est d'autant plus salubre qu'il en reçoit davantage.

L'*étiolement*, cet état particulier de l'économie qui résulte de la privation d'une lumière suffisante, surtout lorsque, à cette condition, s'ajoute l'habitation d'un lieu humide et froid comme le défaut d'exercice, dispose l'homme à contracter des affections graves. Les modifications qui se produisent dans l'étiolement sont : une diminution des globules du sang, expliquant la décoloration des tissus et les désordres qui se produisent du côté du cœur; l'affaiblissement dans la proportion de l'albumine du sang, qui rend compte de la tendance aux hydropisies, à la bouffissure ; les hémorrhagies, etc.

De même qu'une lumière intense, dirigée constamment et sans précautions en face de l'organe de la vision, le fatigue et peut y déterminer des lésions, l'absence prolongée de la lumière le prédispose aussi à certaines affections, telles que l'amaurose ou goutte sereine. Les fondeurs, marteleurs, lamineurs et puddleurs, dans les usines métallurgiques ; les verriers, les chauffeurs de machines, etc., sont très-sujets à la paralysie du nerf optique ou amaurose, ainsi qu'à la cataracte. Il en est encore de même des graveurs et horlogers, qui se servent fréquemment de la loupe, instrument ayant pour effet d'introduire dans l'œil une grande quantité de lumière.

C'est encore à un excès de lumière, inséparable des rayons de calorique, qu'il faut rapporter la production de quelques ophthalmies et d'un érythème connu sous le nom de *coup de soleil*. Nous avons déjà dit, au chapitre relatif à la chaleur, combien les effets du soleil étaient redoutables, en été, en déterminant l'apoplexie et des congestions cérébrales, des hémorrhagies, etc. Rappelons encore qu'un des grands et faciles moyens de les combattre consiste à se couvrir la tête d'un chapeau de paille de la couleur la plus claire.

C'est au moyen de verres de lunette, de couleur verte, bleue ou même grise, qu'on peut atténuer les effets d'une lumière trop vive sur l'organe de la vue.

ÉLECTRICITÉ.

ART. 486. — **Ses effets.** — Les personnes à tempérament nerveux sentent très-bien, à un malaise particulier, lorsque de l'électricité, sous une grande tension, est accumulée dans l'atmosphère : aussi peuvent-elles prédire les orages douze et même vingt-quatre heures d'avance. La science ne possède, que nous sachions, aucun moyen de prévenir ces effets. (Voir art. 57.)

Les décharges électriques s'exerçant entre des nuages et la terre, peuvent produire, soit directement, soit indirectement, chez l'homme (choc en retour) des effets les plus désastreux. Heureusement la science leur oppose, dans certains cas, le paratonnerre, qui agit de la manière la plus efficace pour garantir de la foudre nos habitations, les temples du culte, les théâtres, etc. Mais, d'un autre côté, l'aisance, bien que pénétrant de plus en plus dans nos campagnes, ne permet encore l'établissement d'un paratonnerre qu'aux plus riches ; et la plupart de nos propriétaires campagnards, même dans les contrées les plus sujettes aux orages, sont privés de ce précieux moyen de sécurité. Ajoutons, pour être juste, que le plus grand nombre n'y songe point, et que nous ne verrons l'emploi du paratonnerre se généraliser qu'avec l'introduction préalable de l'instruction scientifique, qui a fait, jusqu'à présent, un si grand défaut dans l'éducation primaire; à moins que l'Etat n'en préconise l'emploi dans nos campagnes, et ne force même chaque propriétaire à surmonter sa maison, sa grange et ses étables d'un paratonnerre, comme il sait l'obliger à écheniller, à abattre les animaux atteints de la morve, du farcin, du typhus, etc.

ART. 487. — **Moyens préventifs de la foudre.** — Tous les dangers de la foudre pour les bâtiments, pour leurs hôtes quels qu'ils soient, comme pour les denrées qu'ils renferment, seront admirablement conjurés par l'établissement d'un paratonnerre, et ce paratonnerre, à l'idée duquel semble attachée une grande dépense, ne coûtera pas, dans la plupart des cas, plus de 40 francs.

En effet :

Une barre de fer de 6 mètres 50 centimètres de hauteur, surmontée d'une pointe de cuivre, coûtera au plus........ 25 fr.

Fil de fer galvanisé, communiquant du paratonnerre au sol, double ou triple, roulé en forme de corde...... 10 »

Disposition de la barre de fer assujettie, au moyen de deux ou trois clous ou boutons, sur l'assemblage le plus élevé du comble; clous et pose de la corde ou fil métallique jusque dans un puits ou dans un trou rempli de poussier de houille.................................... 5 »

TOTAL........ .... 40 fr.

Tous les forgerons de nos campagnes sont aptes à mettre en place ces appareils. La barre de fer une fois posée, on y attache les fils de fer, qui, longeant un des versants du toit, puis le mur, vont s'attacher à une grosse pierre ou à un piquet disposés au fond d'un puits, ou, à défaut, d'un trou de quelques mètres, dans le sol. On remplit le trou, jusqu'à un demi-mètre de la surface, avec du poussier de houille; puis, à hauteur d'homme, du côté de la maison, on le recouvre soit avec une planche ou une pièce de bois creuse, pour éviter que personne, en temps d'orage, ne soit tenté de le toucher.

Le paratonnerre n'ayant de propriété préventive de la foudre que tout autant qu'il se termine par une pointe acérée, et une grande décharge électrique pouvant produire la fusion de cette pointe et dès lors la rendre mousse, il est bon de veiller à sa bonne conservation. Au cas rare donc où cette altération deviendrait manifeste, il serait dès lors nécessaire d'enlever la barre, à l'effet d'en refaire la pointe (1).

Le verre, la soie, la résine, la cire à cacheter, étant des mauvais conducteurs de l'électricité, peuvent, en temps d'orage, être employés à isoler du réservoir commun les personnes qui redoutent la foudre et, dès lors, les garantir de tout danger attaché à ces décharges électriques. Le *tabouret électrique*, composé, comme on sait, d'une planche carrée de 30 à 40 centimètres de côté, surmontée de quatre pieds de verre ou de cristal, ne pourrait manquer de mettre à l'abri du danger toute personne qui y serait placée debout ; mais on arriverait à un résultat semblable en se plaçant sur un gâteau de résine ou sur un tissu de soie replié plusieurs fois sur lui-même, et en évitant, toutefois, de rien laisser traîner par terre, ou de toucher, sur les côtés, un corps quelconque faisant partie du réservoir commun. Mais de tous les moyens, celui qui réussit le mieux, étant à la portée de tout le monde, et que nous recommandons pour cela, consiste à improviser un tabouret électrique, sur lequel plusieurs personnes peuvent à la fois se placer, au moyen de quatre verres à boire, communs, et d'une table qu'on renverse. Les quatre verres, posés à distance voulue, pour éviter la bascule, sont placés sur le plancher de la pièce habitée, et une table renversée est disposée sur les verres, formant autant de pieds isolants. Les personnes se placent sur la table ainsi renversée, en s'appuyant au besoin sur les pieds de bois de la table. De cette manière, robes et habits sont ramenés à l'intérieur des pieds, pour éviter tout contact avec le réservoir commun.

ATMOSPHÈRE.

Art. 488. — **Sa nature.** — Le milieu dans lequel nous vivons et que nous respirons, ne peut manquer d'exercer une grande influence sur la santé. Résultant, ainsi que nous l'avons dit, d'un mélange de quatre volumes de gaz azote et d'un volume de gaz oxygène, l'air renferme encore une minime proportion de gaz acide carbonique et, parfois, une quantité extrêmement faible d'acide azotique, surtout après les orages, d'ammoniaque ou de carbonate d'ammoniaque, etc. Il tient encore, à l'état de dissolution, de la vapeur d'eau, d'autres fois même de l'eau à l'état vésiculaire (brouillard), art. 144, 179.

---

(1) Voir, pour plus de détails, les nouvelles instructions publiées à cet effet par une commission de l'Académie des sciences, déposées dans toutes les Préfectures.

Ce que nous avons dit en physique, en chimie et en météorologie, nous dispensera de nous étendre longuement, comme il y
aurait lieu de le faire, au sujet des propriétés diverses de l'air,
et nous permettra de ne consigner dans cette partie du livre que
ce qui, se rapportant à l'hygiène, n'aurait pas déjà trouvé place
ailleurs.

ART. 489. — **Son influence.** — La pression atmosphérique,
variant avec les diverses altitudes, ou même avec l'état du temps :
plus forte quand il est au beau, moindre quand il fait mauvais
temps, on comprend que les hémorrhagies soient plus fréquentes
sur les points élevés du globe, et quand il fait du vent, par
exemple, que près de la mer, surtout quand le temps est calme.
C'est pour ce motif que les attaques d'apoplexie, qui se lient à
l'hémorrhagie ; l'hémoptysie et diverses affections du poumon,
sont à la fois plus fréquentes parmi les habitants des montagnes,
à grande altitude, que parmi les marins, par exemple.

L'air est, en outre, d'autant plus propre à la respiration pulmonaire qu'il est plus dense, ou que, sous un même volume, il
renferme une plus grande proportion d'oxygène. C'est probablement pour cette raison que les bords de la mer, quand ils sont
abrités, sont si favorables aux maladies des voies respiratoires.
Ajoutons que, pour la latitude de la France, l'air y est aussi
plus chaud, ce qui est généralement utile à ces malades.

ART. 490. — **Viciation de l'air.** — L'absorption de l'acide
carbonique de la part des végétaux, pendant la nuit surtout, et
le rejet de l'oxygène, sous l'influence de la lumière solaire,
expliquent clairement l'action bienfaisante qu'exerce sur la santé
de l'homme la proximité des bois ou forêts. Outre que les arbres,
par leur grande dimension, tendent sans cesse à rendre plus pur
l'air au milieu duquel ils vivent, ils sont un obstacle permanent
aux divers mouvements de l'atmosphère, et en régularisent ainsi
la température. Ne savons-nous pas que c'est dans les variations
brusques de température que se trouve la cause d'un grand
nombre de maladies ? Par opposition, l'air des villes, plus chargé
d'acide carbonique que fournit la respiration de l'homme et des
animaux ; renfermant, en outre, les gaz incomburés de la combustion ou de l'éclairage, tels qu'oxyde de carbone et hydrogène
carboné, et des gaz ammoniacaux résultant des matières organiques en décomposition, est extrêmement malsain.

C'est surtout à la grande proportion d'acide carbonique que
renferme l'air confiné, qu'on doit rapporter ses propriétés malfaisantes : « Dans les Indes, 146 prisonniers anglais furent renfermés
» dans un cachot de 20 mètres carrés, où l'air n'arrivait que par

» deux petites fenêtres donnant sur une galerie étroite, et par
» lesquelles l'air ne se renouvelait que très-difficilement et len-
» tement. Bientôt il y eut une chaleur insupportable, puis de la
» soif vive et de la suffocation. Ils se battirent entre eux pour
» s'approcher des soupiraux, où pouvaient seuls atteindre les
» plus robustes. Au bout de 8 heures, il n'y en avait plus que 23
» de vivants. »

Un fait semblable s'est produit en France : 300 prisonniers
autrichiens furent enfermés dans une cave, après la bataille
d'Austerlitz, et sur ce nombre 260 y succombèrent dans un court
espace de temps.

On le voit, la respiration d'un air pur est une des premières
conditions hygiéniques. Les maladies les plus graves qui affligent
l'espèce humaine, sont occasionnées très-souvent par l'inspiration
d'une atmosphère viciée.

Nous voyons la phthisie pulmonaire, les fièvres épidémiques et le choléra surtout, éclater parmi les ouvriers exerçant
des professions sédentaires dans des locaux étroits, ou qui ne
sont point convenablement ventilés, dans les casernes, dans les
hôpitaux, où ils présentent des dimensions insuffisantes. Aussi
les questions de la ventilation dans les habitations diverses,
ont-elles une grande importance pour l'hygiéniste philanthrope.
Elles ont été, dans ces derniers temps, l'objet de savantes et
intéressantes études de la part de M. le Dr Grassi, pharmacien
des hôpitaux de Paris.

Lorsqu'on est enfermé dans un espace limité, clos, on ne tarde
point à éprouver un malaise particulier, qui cesse en en renouvelant l'air, et c'est surtout à l'acide carbonique qui se produit,
s'élevant en moyenne à 500 litres par jour pour chaque individu,
qu'on doit surtout l'attribuer. Il faut y ajouter de la vapeur
d'eau, comme les miasmes et la chaleur qui émanent du corps de
l'homme. Deux moyens se présentent naturellement pour atténuer.
ces effets : l'habitation d'un espace convenable, et le renouvellement de l'air. D'après M. Félix Leblanc, les limites qu'on ne
puisse dépasser, sans inconvénients, sont 3 millièmes d'acide
carbonique et 7 grammes de vapeur d'eau par mètre cube, et on
arrive à un résultat qui satisfait toutes les exigences d'une bonne
hygiène en fournissant, dans une réunion de personnes en santé,
20 mètres cubes d'air extérieur par heure et par personne.

Divers appareils ont été proposés ou sont déjà employés dans
divers établissements publics, tels qu'hôpitaux, salles de spectacle, casernes, etc., pour produire ce renouvellement de l'air;
résultat qu'on obtient le plus souvent, l'hiver, avec des calori-

fères et, l'été, avec des appareils du même genre, mais établis ordinairement dans les combles des bâtiments, ayant simplement pour effet d'attirer ou aspirer l'air des pièces à assainir. On a employé encore pour atteindre le même but, en été, des pompes et des roues.

Outre les gaz divers qui, par leur mélange avec l'air, peuvent le rendre moins propre à la respiration, les corps divisés, à l'état de poussière, exercent encore une fâcheuse influence sur la respiration, et peuvent déterminer des conjonctivites, des coryzas, des laryngites, des bronchites, etc., voire même la phthisie pulmonaire.

ART. 491. — **Miasmes.** — On entend par miasmes soit les exhalations gazeuses qui proviennent de l'homme à l'état de santé ou de maladie, soit, et sous le nom plus spécial de miasmes putrides, les émanations qui proviennent de la décomposition des matières organiques. La véritable nature des miasmes, leur mode d'action sur l'économie, constitueront plus tard, lorsque la science aura fait de nouveaux progrès, un des plus intéressants chapitres de la chimie et de la toxicologie; nous exposerons, en attendant, les généralités que l'expérience a suggérées, se rattachant à l'hygiène, et plus spécialement à celle des travailleurs.

Le seul fait de l'encombrement des malades dans un hôpital, lors même qu'il n'y a ni maladies aiguës contagieuses, ni des plaies en suppuration, suffit à produire une odeur spéciale, dont l'odorat le moins délicat est impressionné. Nous ne savons encore quelle est la nature intime de cette exhalation, résultant des perspirations pulmonaires et cutanées; mais ce qu'il y a de certain c'est qu'elle donne lieu, dans le milieu où elle se produit, à certaines maladies, telles que : érysipèles de nature spéciale, gangrène, *pourriture d'hôpital*, fièvre nosocomiale. En effet, vient-on à faire disparaître l'agglomération de malades, dès lors cessent ces accidents. L'encombrement des femmes en couche détermine la fièvre puerpérale, si grave dans ses conséquences, et ce n'est qu'en éloignant les sujets, le plus souvent en évacuant l'hôpital, qu'on parvient à arrêter cette affreuse épidémie, dans son essor destructeur.

L'étude des maladies contagieuses, comme celle des maladies épidémiques, se lie à la connaissance des miasmes. Dans celles-ci, les germes de la maladie existent dans l'atmosphère, sans que nous sachions la plupart du temps d'où ils émanent; dans celles-là, ils préexistent dans les exhalations du malade. Les probabilités de la contagion sont ordinairement en raison directe de la proximité du malade et du séjour près de ce malade. Elles varient suivant les idiosyncrasies ou dispositions innées du sujet à contracter la maladie. Il est des personnes qui, sans jamais avoir eu   variole ou petite vérole, peuvent vivre, en temps d'épidém'·   au milieu des varioliques, sans contracter cette maladie, à .. fois épidémique et contagieuse, tandis que d'autres ne sauraient impunément s'en approcher. On voit assez souvent des familles entières apporter en naissant cette résistance à la variole.

Ce qui favorise la production d'êtres organisés, comme la chaleur et l'humidité, semble augmenter l'intensité avec laquelle agissent les miasmes. N'est-il pas probable que les circonstances dans lesquelles semblent se produire, sans causes connues, certains infusoires et des cryptogames comme les champignons, suffisent à la formation spontanée des germes auxquels nous rapportons les épidémies ?

ART. 492. — **Germes miasmatiques.** — Les germes miasmastiques, nés de l'altération de la matière organique, sembleraient, dans quelques cas, résister à la putréfaction, et auraient ainsi la propriété de se conserver très-longtemps sans altération.

« Le fossoyeur de Chelwood, dans le comté de Sommerset (Angleterre), rapporte M. Guérard, dans sa thèse de concours, ouvrit, le 30 septembre 1752, le tombeau d'un homme mort de la variole et inhumé depuis trente ans. La bière qui le renfermait était de chêne et bien conservée. L'ouvrier en perça la couverture avec sa bêche : aussitôt il s'éleva dans l'air une puanteur telle que le fossoyeur n'en avait jamais ressenti de pareille. Parmi les nombreux assistants, quatorze furent atteints de la variole au bout de quelques jours, et la maladie s'étendit dans toute la contrée. »

« Une dame qui avait succombé à la variole fut inhumée dans l'église. Le monument qu'on lui érigea ne put être terminé qu'à la fin de l'année du deuil. Pour le poser, il fallut déplacer la pierre qui couvrait le cercueil : celui-ci était de plomb, et seulement à un pied de profondeur de la surface du sol; il fut entamé dans cette manœuvre, et il en sortit aussitôt une vapeur fétide, qui fit périr, sur le coup, un des ouvriers maçons : diverses personnes s'évanouirent, et l'architecte Lory, qui était présent, et auquel on doit les détails de cet événement, fut atteint de la variole. »

Nous pourrions citer un grand nombre de faits venant à l'appui de la conservation des germes miasmatiques. Disons seulement que ces germes sont bien spéciaux à telle ou telle affection,

et que celui de la variole, par exemple, ne saurait donner naissance à la rougeole, celui de la rougeole au typhus, etc.

ART. 493. — **Maladies pestilentielles.** — On entend par
maladies pestilentielles quatre affections graves, qui sont : la
peste d'Orient, le *choléra*, le *typhus* des camps et la *fièvre jaune*.

La *peste*, qui a fait autrefois d'immenses ravages en France, a
disparu depuis longtemps de notre liste nosologique. Comme
la peste, le *choléra* asiatique, qui semblait, depuis un temps
immémorial, avoir abandonné nos parages, a fait tout à coup
une invasion nouvelle en 1832. Depuis, il a fait non-seulement
trois ou quatre apparitions de regrettable mémoire, mais il est
resté à Paris, à l'état presque endémique : car on y constate,
tous les ans, quelques cas de choléra.

Le *typhus*, dont notre fièvre typhoïde est en quelque sorte un
diminutif, a sévi, de 1812 à 1814, parmi nos troupes.

La *fièvre jaune* est endémique à l'Amérique. Si on peut citer
quelques cas de fièvre jaune en France, ce n'a été que parmi
des hommes appartenant à des équipages qui en avaient apporté
le germe du nouveau monde.

Ces maladies pestilentielles paraissent être à la fois épidémiques et contagieuses : elles ont toutes pour cause un air vicié
soit par une agglomération d'un trop grand nombre d'hommes
et surtout de malades dans un espace trop restreint et mal
aéré, soit par des effluves provenant d'un sol où l'eau séjourne
sur des matières organiques. La malpropreté, la misère et les
privations, l'affaiblissement de l'organisme par des maladies ou
la débauche, en favorisent la production. Les moyens préventifs
de ces maladies devront consister à éloigner, autant que
possible, ces causes; et pour le choléra spécialement il y aura
lieu d'observer surtout l'état du ventre. On a remarqué que cette
épidémie sévissait rarement avec rigueur lorsque la maladie
n'arrivait en même temps qu'une diarrhée déjà existante. C'est
par des opiacés, surtout en lavement, qu'il est conseillé de
combattre cette diarrhée. Ces lavements contiendront de 15
à 20 gouttes de laudanum de Sydenham. On en donnera un
d'abord qu'on cherchera à conserver, et, s'il venait à être rejeté,
malgré quelques efforts qu'on fera pour le retenir, on en prendrait un autre, et même plusieurs au besoin, jusqu'à ce qu'un
soit conservé. On renouvellerait tous les jours cette administration (art. 943).

Ne perdons pas de vue qu'un des moyens les plus efficaces
d'éviter les maladies miasmatiques consiste à s'éloigner des
foyers d'infection. Parmi ces maladies qui sévissent fréquem-

ment en France, se trouvent le choléra ; les fièvres continues,
typhoïdes, muqueuses, et leurs variétés ; la suette ; la variole,
la rougeole et la scarlatine.

ART. 494. — **Préservatif.** — Lorsque, placé au centre d'action
des miasmes, on ne pourra s'y soustraire par l'éloignement, on
devra rigoureusement éviter le plus possible les causes que nous
avons signalées déjà comme favorisant l'invasion de la maladie.
On devra encore se préserver avec soin du froid et des variations
brusques de température ; faire usage d'une alimentation
substantielle et de facile digestion, ni trop ni trop peu copieuse ;
se livrer à un exercice modéré ; éviter tout excès de table ;
n'user de certains organes que modérément, et ainsi que le
comporte une saine morale ; éloigner enfin les préoccupations
trop pénibles et, en première ligne, la crainte de l'épidémie.

Lors d'une épidémie, ou à son approche, il faudra songer aussitôt à éloigner de l'habitation les fumiers et toutes les matières
organiques qui peuvent donner lieu à la putréfaction ; balayer,
enlever les boues ; arroser, s'il fait très-chaud, pour maintenir
une certaine fraîcheur. Le chlore, les chlorures, l'acide sulfureux, ont été proconisés, nous croyons, avec raison, pour
assainir les boucheries, les lieux d'aisance, les pièces où sont
des malades. On se contentera, quand il fait froid, de disposer
dans la chambre du malade des assiettes renfermant 60 à 100
grammes de bon chlorure de chaux, qu'on renouvellera lorsqu'il
cessera d'être odorant. En été, on délayera 60 grammes environ
de ce même chlorure dans un litre d'eau dont on arrosera la
pièce.

. Le camphre et les essences ont été proconisés comme antiseptiques. Sans leur attribuer de la nocuité nous croyons peu à
leur effet, et leur préférons l'acide phénique dilué.

ART. 495. — **Importance des diverses effluves.** — Les
études auxquelles on s'est livré dans ces derniers temps touchant
l'influence qu'exercent les effluves sur le développement des
maladies conduisent à ce résultat : que les miasmes qui résultent
de la putréfaction des matières animales sont nuisibles, étant
favorables à la production des épidémies. Il convient, à cet
effet, d'éloigner des habitations les fumiers d'origine animale,
engrais artificiels, les voiries, les boucheries. Les cimetières
sont dans le même cas. Pour un grand nombre de raisons, que
le défaut d'espace ne nous permet point de développer ici, on
devra les éloigner des habitations, les disposer de préférence au
nord, et sur une hauteur, dans un terrain meuble, dans lequel il
soit facile de pratiquer des fosses assez profondes, autant que

possible de 2 mètres, assez perméable aux liquides et aux gaz que produit la putréfaction, et ne retenant point les eaux pluviales.

Les miasmes d'origine végétale, et ceux surtout des marais, des eaux stagnantes, ne semblent pas moins insalubres, au contraire, que ceux de provenance animale. Les plus pernicieux semblent résulter des marais chargés de sels, de chlorure de sodium surtout, ou sel marin. Dans les contrées où l'écoulement des eaux se fait difficilement, non loin des habitations, il sera donc de la plus grande importance de le favoriser en y pratiquant du drainage ou des rigoles, etc. Dans le choix d'un terrain à bâtir, quand il s'agira d'une habitation, éviter le voisinage du marais, et, dans ce cas, choisir de préférence un point élevé où les vents, ayant accès, puissent aisément enlever, par leur mouvement permanent, les effluves qui se dégagent sans cesse des terrains où l'eau croupit.

DE L'EAU.

ART. 496. — **Eau à l'état de dissolution dans l'atmosphère.** — L'air atmosphérique a la propriété, nous l'avons dit, de dissoudre l'eau, à la manière dont l'eau elle-même dissout le sucre, par exemple; et cette eau, dite hygrométrique, dissoute dans une certaine proportion dans l'atmosphère, est nécessaire au jeu physiologique de nos organes. Sans cette eau, les muqueuses se dessèchent, la poitrine fonctionne mal, etc. Mais, si l'eau hygrométrique de l'atmosphère est utile dans une certaine mesure, hâtons-nous de dire qu'une grande proportion est nuisible. Outre qu'elle est un obstacle à la production du phénomène de l'hématose (art. 194), elle rend l'atmosphère meilleur conducteur du calorique, et le corps a dès lors une plus grande tendance à se refroidir. C'est par un froid peu intense et humide que se contractent le plus de maladies aiguës, telles que celles des voies respiratoires, et les rhumatismes. Ces phénomènes se produisent, à plus forte raison, lorsque le corps est mouillé, soit par la pluie, soit par immersion, conditions les plus favorables à prendre du mal.

ART. 497. — **Choix des eaux.** — L'eau, d'après les savants, doit être limpide, tempérée en hiver, fraîche en été, inodore, d'une saveur agréable; elle doit dissoudre le savon sans grumeaux, être propre à la cuisson des légumes; elle doit tenir en dissolution une proportion convenable d'air; elle doit enfin être exempte de matières organiques.

L'eau troublée peut être rendue limpide par le repos ou par la filtration. Elle n'est pas manifestement malsaine parce qu'elle est trouble.

Nous disons ailleurs (art. 308, 1393) comment on peut assainir des eaux chargées de matières organiques. Nous y renvoyons le lecteur qui voudrait employer le charbon à la désinfection de l'eau. (Voir, pour le complément de ce chapitre, art. 1385 et suivants.)

HABITATIONS.

ART. 498. — **Leur salubrité.** — Nous ne pouvons que résumer ici ce que nous savons avoir été dit de meilleur touchant les habitations de la classe laborieuse et spécialement de celle qui réside à la campagne.

Toute maison peut se diviser en sous-sol, en rez-de-chaussée au niveau du sol, en premier étage, deuxième, etc.

Non-seulement tout sous-sol est malsain, mais le rez-de-chaussée, s'il n'est élevé d'un degré au moins au-dessus du sol, ne saurait raisonnablement être habité jour et nuit. Une pièce au niveau du sol, serait-elle dégagée tout autour par une aération parfaite, pourra recevoir un atelier salubre; mais elle devra être rejetée comme demeure à recevoir des lits, car l'homme en mouvement, sous l'influence d'un travail permanent, résistera mieux aux effets de l'humidité qu'à l'état de repos. Toute demeure sera encore d'autant plus salubre qu'elle pourra mieux recevoir les rayons directs du soleil. En conséquence, nous préconiserons, pour l'habitation de la famille, un étage plus ou moins élevé au-dessus du sol et planchéié; une maison dégagée, dont les murs soient peu humides, à l'abri de la nitrification, et, autant que possible, exposée au midi. Les vents du nord, dans notre contrée, étant froids, nous trouvons là une raison pour éviter les expositions septentrionales, et donner la préférence, quand on en a le choix, à un versant sud, sud-est ou sud-ouest. Dans les plaines où les eaux s'écoulent difficilement, il y a, par suite, d'abondantes productions de miasmes délétères. Il convient de rechercher la proximité des grands cours d'eau. C'est le cas, dans les plaines surtout, de donner à l'habitation, des portes et croisées dans une position telle que, l'été, on puisse ouvrir les issues du côté nord, et, l'hiver au contraire, celles exposées au midi.

Les habitations dans le voisinage des bois et forêts, sont généralement salubres, serait-on même au centre d'une forêt. Il est bon cependant que les arbres n'en soient pas trop rapprochés, de manière à nuire à l'aération et surtout à une certaine insolation toujours nécessaire.

18*

Une grande agglomération de maisons est toujours malsaine, et, si le chiffre de mortalité est en ce moment à peu près le même à la campagne qu'à la ville, cela tient à ce que le bien-être n'a pas encore assez pénétré dans les habitations rurales.

ART. 499. — **Capacité des habitations.** — La quantité d'oxygène nécessaire dans un temps donné, pour fournir à la respiration normale de l'homme, a fait l'objet de nombreuses études de la part des savants. A cette question se lie intimement les dimensions des chambres à coucher, des dortoirs, des salles d'hôpitaux, etc. Pour nous renfermer dans notre cadre, disons que, pour qu'une chambre à coucher *close* soit salubre, il faut, autant que possible, qu'elle présente autant de fois cinquante mètres cubes que de personnes adultes devront y reposer la nuit. Les enfants exigent un espace proportionnel à leur âge ou à leur développement. Mais cet espace pourra être restreint si les pièces sont munies de cheminées, surtout de vastes cheminées comme il en existe beaucoup dans nos campagnes, ou si, les portes ou fenêtres étant mal jointes, il peut en résulter un renouvellement facile de l'air.

Les ouvertures des maisons devront être telles que, à un moment du jour, il soit facile d'y établir un courant d'air. La ventilation est indispensable pour enlever de l'habitation les miasmes qui se dégagent soit du corps de l'homme, soit des matières organiques qui servent à sa nutrition ou à ses usages.

ART. 500. — **Éclairage.** — Tous les moyens de chauffage, sauf la brasière, sont salubres, nous l'avons dit (art 500), pourvu, toutefois, que le tirage se fasse bien (art. 489), afin qu'on ne soit pas exposé, l'hiver surtout, à l'inconvénient des courants, et réduit à respirer un air constamment chargé de fumée. Sans compter les ophthalmies et les dartres que peut déterminer la fumée, elle est impropre à la combustion pulmonaire, et peut, par les vapeurs âcres qu'elle renferme, produire, à la longue, de grands désordres dans les organes de la respiration. Pour les mêmes motifs, nous bannissons, comme moyen d'éclairage, tout ce qui donne une fumée manifeste, comme la lampe à grosse mèche, brûlant de l'huile de noix ou de lin. De tous les moyens d'éclairage, les lampes à double courant d'air, et brûlant *à blanc* (art. 1689), présentent le meilleur. Cet éclairage est uniquement représenté par les lampes Carcel et les lampes à modérateur. Ces lampes ne fonctionnent du reste parfaitement que tout autant qu'on y brûle des huiles purifiées, c'est-à-dire débarrassées de mucilage, au moyen de l'acide sulfurique. Il faut encore ne donner qu'une longueur de mèche convenable, bien coupée, d'égale longueur, sur tout le bord circulaire, et baisser le verre jusqu'à ce que sa dépression soit approximativement au niveau des bords de la mèche. On reconnaît qu'une lampe fonctionne parfaitement lorsque l'hydrogène carboné, résultant de la décomposition de l'huile par la chaleur, est complètement comburé, et on constate qu'il en est ainsi, au moyen d'un corps blanc, comme une feuille de papier, qu'on place horizontalement à distance de quelques décimètres de la cheminée ou verre de lampe. Ce papier ne se noircira nullement, dans un espace de temps assez long, si cette combustion est complète. Le mode d'éclairage, qui peut exercer une grande influence sur la santé lorsque la pièce éclairée est close, à l'abri de courants d'air, a une moindre importance dans les cuisines de nos campagnes, ouvertes le plus souvent à tous les vents et munies d'une vaste cheminée. Du reste, on aura d'autant moins de gaz incomburés que la mèche pleine sera plus petite; en sorte qu'il vaudra mieux, sous ce rapport, brûler deux lampes à petites mèches qu'une seule à grosse mèche, car il y aura à la fois économie d'huile et salubrité plus grande.

Les bougies stéariques ont, parmi leurs avantages sur la chandelle, celui de présenter de petites mèches qui, pour cela, permettent aux gaz qui s'en dégagent une presque entière combustion.

La question d'éclairage nous amène naturellement à parler de la salubrité relative des lumières solaire et artificielle. L'homme, pour se bien porter, ne saurait remplacer l'une par l'autre. La lumière solaire exerce sur l'homme une action spéciale, sans laquelle il y a, ainsi que nous l'avons déjà dit (art. 485), étiolement. Il est donc de la plus grande importance que l'homme ne fasse pas du jour la nuit, et réciproquement. Toutes ces grandes dames de la capitale qui commencent leur journée à midi pour la finir à deux heures du matin ont ce cachet de couleur blafarde qui ne saurait être compatible avec de parfaites fonctions physiologiques. De là, mille accidents divers auxquels elles sont sujettes, dont les plus saillants sont l'existence de névroses, le trouble dans des fonctions essentielles à la santé chez la femme, devenant irrégulières ou trop peu abondantes, des pertes blanches, des gastralgies, entéralgies et migraines, enfin, ce qui est très-saillant, *incapacité* à la reproduction de l'espèce.

ART. 501. — **Conditions d'un bon air.** — L'habitation de l'homme devra encore être propre, pour éviter les miasmes que dégagent les matières organiques. A cet effet, il serait bon, à l'époque de la belle saison, de laver les planchers, l'escalier, les rampes, les boiseries, les murs mêmes, ou passer au blanc de chaux ceux qui, par leur nature, permettraient annuellement cette réparation.

Les écuries ou étables, au rez-de-chaussée, rendent insalubres les pièces qui seraient immédiatement au-dessus : on devra éloigner de la maison d'habitation tous les animaux, même les lapins, les poules et les pigeons. On ne conservera, en fait d'aliments, que ce qui sera indispensable. Tous les détritus en seront portés à la fosse au fumier (art 1728), fosse qu'on éloignera avec soin de l'habitation, et qu'on placera de préférence au nord de celle-ci. La raison de ce choix se trouve dans l'action des vents dont celui du sud, qui développe   plus haut degré l'altération des matières organiques, en entraînera les émanations à l'opposé de l'habitation.

Les plantes vivant dans des vases, au sein de l'habitation de l'homme, ne sont pas nuisibles ; mais les fleurs odorantes, répandant des huiles essentielles, sont peu salubres. Il est bon, la nuit, de les sortir des pièces où l'on couche.

Les alcôves et les rideaux épais, dont l'effet est de limiter l'espace dans lequel se produit la respiration, sont généralement mauvais, surtout quand on est malade. Les rideaux, et encore des rideaux légers, capables de laisser passer l'air à travers, ne sont bons que dans des pièces vastes, sujettes à un courant, et dans lesquelles on voudrait atténuer les effets de ce courant. La première condition à remplir, lorsqu'on est malade, est de fournir aux poumons, surtout lors des affections de cet organe, un air pur, renfermant beaucoup d'oxygène, peu d'acide carbonique et de vapeur d'eau, toutes choses qui font défaut dans un espace circonscrit comme celui que limitent l'alcôve ou le rideau.

VÊTEMENTS.

ART. 502. — **Nature des vêtements.** — On peut avancer qu'un vêtement est d'autant plus conforme à une bonne hygiène qu'il est constitué par un tissu plus mauvais conducteur du calorique. On place dans l'ordre de conductibilité : 1° le chanvre, le lin ou le phormium tenax ; 2° le coton ; 3° la soie ; 4° la laine. Nous ne parlerons pas de l'asbeste ou amiante dont les anciens faisaient usage pour la confection de tissus, incombustibles, de nature minérale, et dont l'usage est complétement abandonné aujourd'hui. La laine et la soie n'étant pas inflammables à l'approche d'un corps en combustion, lorsque les tissus de fil ou de coton sont la cause de nombreux accidents d'inflammation de vêtements, produisant la mort, méritent, comme on le voit, la préférence sur ces derniers tissus, à plus d'un titre. Ajoutons encore que la laine et la soie sont moins hygrométriques que le coton, le chanvre, le lin et le phormium, ce qui complète la supériorité de ceux-là sur ceux-ci, en matière d'hygiène.

ART. 503. — **Couleur des vêtements.** — La couleur a une influence, comme on sait, sur l'absorption de la chaleur qui émane des rayons lumineux : le noir en absorbe plus que le bleu ou le vert, ceux-ci que le rouge, le rouge plus que le jaune, et celui-ci que le blanc. Mais, comme le pouvoir émissif attaché aux couleurs, est en raison du pouvoir absorbant, il en résulte que les variations de température sont, toutes choses égales d'ailleurs, d'autant plus grandes que nous passerons du blanc au noir en suivant la direction de position précitée des couleurs. Les propositions qui précèdent se résument ainsi : la salubrité des vêtements, comme matière textile, est dans l'ordre inverse suivant :

Chanvre, lin ou phormium ; coton ; soie et laine.

Au point de vue de la couleur des vêtements, elle est ainsi qu'il suit :

Blanc, jaune, rouge, vert, violet, bleu et noir.

ART. 504. — **Forme des vêtements.** — La forme des vêtements exerce aussi une influence sur la santé. En général, ils devront être amples, surtout l'été, pour ne gêner ni la circulation, ni la respiration, ni les fonctions digestives, ni même les mouvements. Des vêtements trop amples ont, en hiver surtout, l'inconvénient d'être peu chauds. Il faut donc savoir prendre une moyenne, et en modifier la forme, comme l'épaisseur, suivant les saisons, les professions, etc.

Les enfants entre 5 et 12 ans résistent bien aux transitions de température. La calorification étant chez eux plus grande qu'aux autres âges, on devra pour cela les couvrir un peu moins.

ART. 505. — **Du couvre-chef.** — Les anciens ne songeaient, dit-on, à couvrir la tête qu'à la guerre, lors des maladies, ou quand ils parvenaient à un âge très-avancé. Le défaut de rusticité de la race caucasienne, de nos jours, lui impose l'usage de diverses coiffures. Enumérons, en peu de mots, les préceptes les plus généralement admis.

Chez le nouveau-né, on conseille l'usage d'un simple bonnet de toile, ou celui d'un béguin, par-dessus lequel on place un bonnet léger.

Lorsque l'enfant commence à marcher, la meilleure de toutes les coiffures est certainement un bonnet simple ou double, mais sur lequel on disposera un bourrelet, en baleines, pour garantir la tête contre les chutes fréquentes qu'il fera.

À l'âge auquel les enfants commencent à fréquenter l'école, la coiffure devra être légère, comme la simple casquette ou le chapeau de paille en été, le feutre flexible, dit *flambard*, en hiver.

C'est encore ces chapeaux à larges ailes que nous croyons être la meilleure coiffure pour l'adulte ou le vieillard. Celui-ci, à mesure que sa tête se dégarnira, substituera à cette enveloppe naturelle un bonnet de coton, de soie ou de laine, suivant sa susceptibilité propre, ou selon la saison.

Règle générale, on devra, à tout âge, couvrir peu la tête, et n'en venir à de nouveaux moyens de la garantir du froid que tout autant qu'on en reconnaîtra la nécessité. Mais le défaut d'une coiffure suffisante le jour, et surtout la nuit, peut déterminer des affections nombreuses : c'est à chacun à expérimenter dans ce sens. Nous avons vu, pour notre compte, des maux de dents, des migraines, des névralgies, des ophthalmies, des amauroses, des douleurs violentes de tête, des éblouissements, qui n'avaient d'autre cause qu'un défaut de coiffure suffisante, et il a suffi, pour faire cesser ces symptômes, tantôt de faire adopter un bonnet de nuit à qui avait toujours couché nu-tête, un bonnet de laine ou une perruque à qui n'avait jamais mis que des bonnets de coton pendant la nuit, ou simplement un chapeau dans le jour. Ces cas sont fréquents. Nous insistons sur ce point. Bien des amauroses et des cataractes n'ont pas d'autres causes qu'un froid permanent ou souvent répété à la tête, par défaut de coiffure ou par une coiffure insuffisante.

ART. 506. — **Du cou.** — Le cou doit être, en général, peu couvert et surtout peu serré. Le couvrir par trop prédispose aux angines (maux de gorge); le trop serrer peut déterminer ou favoriser l'apoplexie.

ART. 507. — **Vêtements du corps.** — Le corps est immédiatement recouvert soit d'une chemise de fil, de coton ou de laine, soit d'un gilet de laine. Les anciens portaient constamment des chemises de laine, et ils avaient raison, puisque les enveloppes du corps sont d'autant plus salubres (art. 502) que la matière qui les constitue est plus mauvais conducteur du calorique. Les chemises de fil ou de coton ont la propriété de s'imprégner des saletés du corps, et chez les peuples qui font rarement usage de bains elles ont l'avantage de maintenir ce corps dans un plus grand état de propreté. Cette propriété, jointe à un contact plus agréable que celui de la laine, explique la grande faveur dont a joui pendant longtemps et dont jouit de nos jours encore la chemise de tissu végétal; mais ce règne ne saurait être de longue durée, pour le travailleur surtout. A mesure que la saine raison, que suggère la connaissance mieux entendue des choses, présidera davantage au choix des agents les plus importants à la santé et à la longévité de l'homme, on verra tel vêtement et tel aliment, comme tel usage et telle habitude, se substituer à tels autres, quelle que soit la période de temps qui semblait en avoir consacré la suprématie. La chemise de laine, que nous préférons au gilet de laine, qui ne descend pas assez bas, tend non-seulement à maintenir le corps de l'homme à une température plus uniforme, mais encore, dans l'état de sueur où l'homme contracte si souvent des maladies par le refroidissement subit de la peau, il permet à la transpiration de passer au travers de son tissu pour arriver à l'extérieur, où l'évaporation peut se produire sans refroidissement sensible pour le corps. Ce sont des avantages inappréciables, que ne sauraient compenser ni la douceur du contact ni même un intérêt de propreté. Nous pensons que la laine seule doit faire partie, si ce n'est quelques doublures, des vêtements de l'homme, en France du moins, et sous la même latitude. Il ne saurait y avoir d'exception que pour certaines portions du territoire, où, dans l'été, le travailleur pourrait se mettre nu sans crainte de prendre mal, et où il convient simplement de se couvrir par bienséance. Dans ces cas seulement nous admettons des vêtements légers en un tissu quelconque, quoique la laine, étant mauvais conducteur du calorique, dût mieux préserver encore de la chaleur que la toile de fil ou de coton. Qui ne sait que les Espagnols emploient le manteau de laine, en été, pour se préserver des chaleurs excessives qui règnent dans leur patrie? N'oublions pas que la couleur influe sur la chaleur qui émane surtout du soleil, et qu'un vêtement de couleur claire est préférable, dans ce cas, à celui de couleur sombre.

ART. 508. — Ceinture. — La *ceinture*, pour retenir le pantalon, est un moyen blâmable au point de vue de l'hygiène. Aucune partie du corps, et celle sur laquelle repose la ceinture moins que toute autre, ne doit recevoir aucune compression. On doit lui substituer les *bretelles* croisées par derrière, et cousues entre elles au point du croisement, afin d'éviter leur déplacement de l'épaule.

ART. 509. — Des pieds. — La *chaussure* a une grande importance en hygiène, dans l'hiver surtout. Elle devra être ample, à semelle large; le talon en sera peu élevé, incliné en avant, de

manière à favoriser la locomotion. Les chaussures trop étroites
gênent la circulation et augmentent le froid des extrémités
qu'elles doivent garantir. Le sabot, cette chaussure ligneuse
souvent informe qui, lorsqu'elle est mal faite, a pour effet de
déformer, d'ankyloser même le pied, est susceptible, quand elle
est bien exécutée, se moulant, mais amplement, sur la périphérie de l'extrémité qu'elle doit garantir et protéger, de rendre
d'immenses services aux travailleurs de nos campagnes. Dès lors
le pied est mieux à l'aise que dans les chaussures de cuir, de
gutta-percha ou de caoutchouc, qui présentent, il est vrai, des
parois élastiques, mais qui le compriment inégalement, ce qui
gêne la circulation du sang, et devient intolérable à certaines
personnes. La transpiration, abondante chez le travailleur, se
fait mal au travers des tissus flexibles précités, en sorte qu'à ce
point de vue le sabot bien exécuté est inappréciable. C'est la seule
chaussure qui puisse, dans l'hiver, préserver le pied de l'humidité et du froid : en effet, le bois sec, assez hygrométrique pour
absorber la transpiration des pieds à mesure de sa production,
s'imprègne cependant moins d'eau que la semelle de cuir. D'autre
part, le bois sec, plus mauvais conducteur du calorique que
l'ensemble des cuirs du soulier, très-souvent humides, oppose
ainsi un plus grand obstacle au rayonnement et au passage du
calorique tendant sans cesse à se mettre en équilibre de température entre le pied et l'atmosphère. Que de rhumatisants, que
d'asthmatiques, que de malheureux atteints de vieux catarrhes
et même de la phthisie, chez qui la circulation se produit mal, et
qui sont extrêmement frileux des pieds (partie la plus éloignée
du cœur, et ressentant pour cela les premiers effets de cette perturbation) ne pourraient se supporter sans l'usage des sabots!
Grâce à cette chaussure chaude et économique, ils peuvent se
livrer encore à quelques travaux, lorsque, privés de ce moyen
simple et presque gratuit de caléfaction, ils se trouveraient non-
seulement réduits insensiblement à ne pouvoir rien faire, mais
ils verraient encore leur état morbide s'aggraver, et le moral,
s'affectant alors en raison de l'aggravation de la maladie et en
raison des privations qui résulteraient de leur défaut de travail,
mettrait inévitablement le comble aux causes destructrices de la
vie. Les cas où l'usage du sabot doit être préconisé sont nombreux, pour ne parler même que de l'homme bien portant. Nous
le recommandons surtout aux vieillards, aux femmes et aux
enfants dont la résistance au froid est moins grande que chez
l'homme adulte. La chaleur aux pieds est nécessaire à la bonne
harmonie des fonctions de l'économie, et l'homme ne saurait

renoncer à tenir les extrémités convenablement chaudes sans encourir des troubles les plus regrettables dans l'économie. Nous insistons pour que, mettant de côté toute considération d'élégance, on adopte une chaussure devant, avant tout, procurer la chaleur et garantir de l'humidité l'extrémité qu'elle enveloppe. En été, les travailleurs des champs peuvent se chausser non-seulement sans aucune enveloppe intermédiaire, et le pied, n'y étant gêné par aucune pression latérale, pourra y transpirer à l'aise dans sa vaste cavité, mais encore la solidité de ses parois garantira l'organe qu'il renferme d'une foule d'accidents attachés à la position de manœuvrier ou d'homme des champs. En hiver, de gros bas de laine, surmontés de *talonnettes* de fourrure, allant s'attacher, au moyen de liens, sur le cou de pied, garantissent les plus frileux de l'action des agents extérieurs. La femme, sous peine de graves désordres se produisant dans l'exercice de certaines fonctions, doit, plus que l'autre sexe, éviter les changements brusques de température, les arrêts de la transpiration. Nous leur recommandons surtout, à cause de la ridicule ampleur de forme qu'on donne aujourd'hui aux jupes, de se bien couvrir les membres inférieurs. Nous ne saurions trop nous élever contre cette mauvaise habitude des femmes de la campagne, de se borner à porter des cotillons sans caleçon. Quel que soit le nombre et la nature de ces jupes, elles ne sauraient prévenir l'introduction de l'air froid sur une région du corps que le pantalon ou le caleçon seuls peuvent garantir.

ART. 510. — Du corset. — On a beaucoup crié contre le corset, et il faut reconnaître qu'un grand nombre de reproches qu'on lui adresse sont fondés. Cependant il faut convenir qu'un corset bien fait, se moulant parfaitement à la forme du tronc ou torse du sujet, ayant l'avantage de relever les seins et de servir de point d'attache aux vêtements, comme les bretelles chez l'homme, n'aurait aucun inconvénient. Le corset n'est nuisible que lorsqu'il est mal fait, qu'il serre par trop, et qu'il comprime inégalement et outre mesure des organes essentiels à la vie.

DES BAINS.

ART. 511. — Leur valeur en hygiène. — Nous avons déjà fait connaître (art. 507) que, chez les personnes qui ne portaient point immédiatement la laine sur la peau, la chemise de fil ou de coton avait la propriété d'absorber le produit de la transpiration, et pouvait, jusqu'à un certain point, remplacer l'usage des bains. Nous ne dirons rien des bains médicinaux, employés comme moyen curatif, dans une partie de livre consacrée à l'hygiène : nous ne parlerons que des bains dits de propreté, d'eau douce ou d'eau de mer, ou enfin d'eau salée, dont l'usage semble être très-salutaire aux tempéraments faibles. (Voir au livre consacré à la pharmacologie, art. 981.)

Les bains de propreté et d'eau douce sont utiles notamment pour les personnes qui portent une enveloppe de laine sur la peau. La transpiration cutanée a une grande importance pour la bonne harmonie des fonctions en général de l'organisme : or les saletés déposées sur l'épiderme, pouvant être un obstacle à la transpiration normale, ne sauraient y séjourner sans danger. Nous conseillons donc aux travailleurs l'usage de quelques bains de propreté, soit de rivière, à la saison, soit d'eau chauffée artificiellement. Ces bains, sous peine d'affaiblir le sujet, ne devront jamais dépasser une heure de durée. La chaleur moyenne du corps étant de 36 à 37 degrés, la température des bains devra en être inférieure, et de 30 degrés au plus.

ART. 512. — **Moyen succédané.** — L'emploi de lotions avec un linge mouillé, ou mieux avec une éponge, ayant pour effet de nettoyer le corps, pourra très-bien remplacer l'usage du bain. C'est un moyen économique pour les travailleurs, d'autant plus précieux que, gratuit et demandant un faible sacrifice de temps, il pourra être fréquemment employé.

Pour les bains médicamenteux, voyez art. 982.

HABITUDES.

DES HABITUDES EN GÉNÉRAL.

ART. 513. — **Influence exercée par l'habitude.** — Les habitudes exercent une grande influence sur la nature de tous les êtres organisés, et l'homme, pas plus que les divers êtres de la création, ne saurait s'y soustraire. Elles modifient le sujet ; elles peuvent en changer à la longue, en quelque sorte, la nature ; et ces facultés acquises se transmettent en partie des ascendants aux enfants. Si le naturaliste qui étudie les lois de l'habitude veut arriver, en la dirigeant rationnellement, à produire des variétés, peut-être même des espèces nouvelles dans les règnes végétal et animal, le moraliste, qui en connaît les ressources, conçoit l'idée d'en tirer un parti immense pour l'amélioration de l'homme à l'état social.

Mithridate, l'ancien roi de Pont, était parvenu, on le sait, par crainte du poison, à en user impunément de manière à n'avoir rien à redouter de ce côté, à cette époque déplorable où le sens moral semblait n'exister que de nom; et, de nos jours, nous voyons, en Allemagne, dans la Styrie, des hommes qui, pour se donner des forces, sont graduellement arrivés à prendre, tous les jours, des quantités d'arsenic équivalentes à une dose capable de tuer dix personnes. Tel est un des curieux et fréquents effets que produit l'habitude sur nos organes : elle leur communique une plus grande résistance à l'action d'agents fréquemment administrés. Dans d'autres cas elle semble produire des effets inverses : ainsi, un homme sobre qui prend, contre son habitude, certaine dose de liqueurs alcooliques, en sera généralement moins incommodé que celui qui abuse habituellement de ces boissons. Qui ne sait que tel ivrogne qui buvait impunément autrefois, au début du vice, un litre et plus de vin, éprouve aujourd'hui les effets de l'ivresse dès le premier verre. En toute chose les extrêmes se touchent parfois ; ceci est l'exception pourtant, et s'explique d'ailleurs, tout naturellement, quand on songe que l'alcool agit en congestionnant le cerveau : il tend à engorger les vaisseaux sanguins. Ceux-ci, par leur développement, le compriment : de là résulte le trouble intellectuel, caractérisé par l'ivresse. On comprend que, par l'effet de l'habitude produisant la fréquence de cet état, ces vaisseaux s'hypertrophient, et qu'une faible cause, s'exerçant sur des vaisseaux déjà dilatés, suffise ensuite pour en produire le développement. On comprend même que, par la fréquence, ce développement devienne permanent, d'où résultera soit *l'hébétude,* soit le *delirium tremens,* états pathologiques auxquels arrivent insensiblement, et si souvent, les habitués incurables à l'ivrognerie.

L'habitude des aliments grossiers, dans le jeune âge, produit une suractivité dans les fonctions digestives, qui les rend propres à élaborer un grand nombre de principes nutritifs qui ne profiteraient en rien, ou peu, à certains estomacs habitués, au contraire, à une nourriture substantielle très-azotée. Chez ces sujets, la capacité stomachale s'accroît en raison du volume d'aliments nécessaires à en compenser la qualité, et, si malheureusement ces sujets se trouvent plus tard dans une position à changer d'alimentation, substituant la bonne à la mauvaise, peu nutritive, ils pourront, s'ils ne s'en rapportent qu'aux désirs suggérés par l'ampleur de la poche stomachale, prendre une quantité d'aliments double de celle nécessaire, d'où résultera, trop souvent, les plus graves accidents, tels que obésité, abrutissement, apoplexie.

ART. 514. — **Heureuses influences de l'habitude.** — On peut, par habitude, s'exerçant surtout dès l'enfance, développer une foule de facultés, et c'est à cette heureuse loi de la nature qu'il faut rapporter les bienfaits qu'on obtient aujourd'hui de la gymnastique appliquée au dévelopement corporel.

La mémoire, cette heureuse faculté dont le développement contribue pour une si grande part à la supériorité intellectuelle, se fortifie par un exercice modéré, gradué et rationnel : le jugement, cette autre faculté complémentaire du génie, semble se développer aussi dans une assez grande mesure, par l'effet de l'exercice : en sorte que les habitudes appliquées convenablement à la culture de l'esprit peuvent donner d'immenses résultats. Le goût de l'art se fortifie par un exercice permanent. La faculté musicale, qui manque presque complétement chez certains sujets en naissant, se forme pour ainsi dire de toute pièce par l'audition souvent renouvelée de morceaux exécutés avec justesse et précision. Qui ne sait que le gourmand qui peut satisfaire sa passion devient ou gourmet ou glouton, quelquefois l'un et l'autre?

La voix se développe par l'exercice raisonné du chant; la marche fréquente a pour effet de fortifier les organes de la locomotion. On s'habitue même à peu dormir. Les personnes qui, par position, comme les ministres du culte, sont obligées de garder longtemps l'urine, finissent par passer des journées entières sans l'émettre : leur vessie se développe, dans ce cas, outre mesure. Des causes semblables agissant sur les intestins produisent la constipation. Nous dirons, enfin, pour borner nos citations, déjà longues relativement au cadre de notre livre, que des individus ont acquis, par l'habitude, la faculté de rendre ou vomir à volonté, et sans peine, les aliments qu'ils ont, plus ou moins longtemps avant, ingérés par la bouche.

ART. 515. — **Mauvais résultats de l'habitude.** — L'habitude de trop manger fatigue le tube digestif, et détermine soit la gastrite, la dyspepsie, soit un embonpoint exagéré, et la pléthore sanguine, qui disposent à l'apoplexie.

L'habitude de manger trop finit par débiliter le corps et le rendre plus accessible à l'action des causes morbides.

L'habitude des aliments excitants détermine, à la longue, des gastralgies, des gastrites chroniques, et, quand il y a une prédisposition au cancer, le squirrhe de l'estomac.

Les aliments trop peu nutritifs, tels que les féculents, lorsqu'ils entrent dans une trop grande proportion dans l'alimentation habituelle, peuvent aussi déterminer, à la longue, divers troubles dans l'appareil digestif.

La nécessité souvent renouvelée de retenir les urines peut

déterminer ou l'inertie de la vessie, ou des rétentions d'urine, etc.

L'habitude de se livrer à certaine manœuvre contre nature, trop connue de la jeunesse, a pour effet les plus graves conséquences, telles que : inertie prématurée des organes surexcités ; affection chronique de la moelle épinière, constituant tout un cortége de maladies nerveuses ; l'affaiblissement général ; diverses maladies du cœur ; la tuberculisation générale, la phthisie pulmonaire, qui se terminent par la mort.

L'usage abusif et fréquent des boissons alcooliques constitue une des plus funestes habitudes de l'homme, sur laquelle nous reviendrons (art. 517).

ART. 516. — **Convalescence.** — Entre l'état de maladie et le retour complet à la santé, il existe un état transitoire qui est la *convalescence*. Cet état dure ordinairement d'autant plus que la maladie a été plus grave ou plus longue. Il varie, en outre, suivant la nature de la maladie et selon le sexe, l'âge et le tempérament du sujet. Le régime doit naturellement exercer une grande influence sur le retour à la santé. (Voir art. 577.)

DE L'ABUS DES BOISSONS ALCOOLIQUES.

ART. 517. — **Préambule.** — De l'usage rationnel et modéré des boissons alcooliques à l'abus constituant l'ivrognerie il n'y a malheureusement qu'un pas. Cet abus est si fréquent ; les conséquences qui en découlent sont le plus souvent si graves, qu'il compte, de nos jours, au nombre de nos plus grandes plaies sociales. Ce que nous venons d'exposer, dans le chapitre qui précède, au sujet des boissons alcooliques, aurait pu rigoureusement suffire pour le cadre étroit que nous nous sommes tracé ; mais nous avons fait connaître, en commençant, l'importance que nous ajoutions essentiellement au progrès moral, en nous engageant à profiter de toutes les occasions pour le préconiser. Les effets de l'ivrognerie se lient tout naturellement, d'ailleurs, à l'abus qui la constitue, du domaine de l'hygiène ; en sorte qu'on nous pardonnera de signaler, sans distinction d'ordre matériel ou moral, dans cet abus, tout ce qui est nuisible à l'homme.

ART. 518. — **Des effets du vin et des diverses liqueurs fermentées ou fermentées distillées sur l'organisme.** — « L'alcool, une fois introduit dans l'estomac, est rapidement absorbé par les veines et entraîné dans le torrent circulatoire. Il ne tarde pas à pénétrer dans les tissus et à se mettre en contact avec l'oxygène qui est absorbé par le sang, dans son passage à travers les poumons. L'alcool, ainsi en contact avec l'oxygène qui circule en dissolution dans le sang artériel, se combine avec lui, et donne pour produit de l'eau et de l'acide carbonique. Il résulte de cette combustion rapide de l'alcool du sang : 1º un accroissement momentané de la température du corps, indépendant de toute altération de tissu et de toute transformation de sang veineux en sang artériel; 2º une stimulation générale des systèmes vasculaire et veineux, qui surviennent comme effets secondaires.

» Il se manifeste ensuite un état d'abattement et de prostration, proportionnel à l'excitation produite, et qui est suivi du retour à l'état normal. Ces effets varient suivant la quantité d'alcool, sa qualité, l'état de combinaison ou de liberté dans lequel il se trouve, l'habitude que l'on a d'en faire usage. Le mode d'action de l'alcool explique bien la fréquence de la diathèse urique, à la suite d'une alimentation abondante combinée à l'usage des spiritueux. En pareil cas, l'oxygène, employé à brûler le principe nouveau introduit dans le sang, ne suffit plus pour détruire et enlever complétement les tissus qui doivent cesser de faire partie de l'organisme : il en résulte une combustion incomplète et, par conséquent, le produit, au lieu d'être de l'urée, est de l'acide urique. Cet effet se produisant à la fois dans tout l'organisme constitue la diathèse urique, se manifestant par le développement de la gravelle et de la goutte.

» Les effets physiologiques de l'alcool peuvent se résumer dans l'accélération de la circulation, la chaleur et la surgescence de la peau ; ces effets rendent bien compte des modifications suivantes, qui surviennent dans l'organisme :

» Le visage rougit, les yeux brillent, toutes les fonctions s'exécutent avec plus d'énergie, le système musculaire devient plus fort ; une sensation de plaisir et de bien-être se développe en même temps ; on jouit du présent et on oublie l'avenir ; le courage s'accroît, le cœur s'épanouit, la langue se délie, l'intelligence s'illumine. Après un peu d'affaissement et un sommeil réparateur, le calme renaît, et il ne reste plus aucun effet de l'alcool.

» Si la mesure est dépassée, l'excitation se change en ivresse : la circulation du sang s'exagère, le pouls devient plus fréquent, la tête se congestionne, l'aspect de la face devient farouche, les yeux fixes et sans expression ; les sens s'émoussent, la démarche devient incertaine, la parole embarrassée ; un bavardage composé de paroles sans liaison, traduit en flux, désordonné d'idées ; un délire véritable enfin se développe ; le caractère change, les individus les plus calmes et les plus tranquilles deviennent souvent querelleurs, méchants et grossiers. A part le sommeil qui survient et fait cesser ces effets divers, on est, pendant dix-huit à vingt-quatre heures, apathique, indifférent, las et courbaturé.

» Le caractère physique de l'individu habitué à boire, ne tarde pas à se modifier. L'incertitude et le peu de sûreté des actions, la difficulté et la lenteur des conceptions, la diffusion des idées, la perte de la mémoire et du jugement, sont les résultats de cette transformation du caractère. En même temps, ces individus deviennent pusillanimes, lâches, mous : ils n'ont de goût pour rien ; l'appétit diminue ; enfin la décadence morale et physique ne tarde pas à frapper prématurément les hommes qui ont contracté cette malheureuse habitude. Il ne reste plus que l'imagination, sous l'influence de laquelle naissent des hallucinations qui, plus tard, conduisent à un délire continuel. »

Tel est le tableau que fait Becquerel de la dégradation qui survient chez les individus adonnés à l'ivrognerie.

Voici comment Garnier de Montargis résume les phénomènes que produisent les liqueurs alcooliques chez l'homme, lorsqu'elles sont prises avec la fréquence et à la dose constituant l'ivrognerie :

« Le premier degré s'annonce par la rougeur du visage ; les yeux s'animent, le front se déride, la figure s'épanouit et respire une aimable gaieté ; l'esprit est plus libre, plus vif ; les idées sont plus faciles ; les soucis disparaissent ; les bons mots, les doux épanchements de l'amitié, de tendres aveux les remplacent ; on parle beaucoup, on est indiscret ; les propos sont un peu diffus, et déjà l'on commence à bégayer.

» Le second degré de l'ivresse est caractérisé par une joie bruyante, turbulente, par des éclats de rire immodérés, des discours insensés, des chants obscènes, des actions brutales, en rapport avec l'ivrognerie des individus ; par une démarche vacillante, incertaine, analogue à celle des enfants, par des pleurs stériles, le trouble des sens, la vue double, des yeux hagards, sombres, et des tintements d'oreille ; la langue, embarrassée, articule avec peine les sons ; il y a quelquefois écume à la bouche ; le jugement devient faux, la raison disparaît, rien ne règle plus nos penchants et nos appétits grossiers, quelquefois un délire furieux succède ; le pouls est plus développé, le battement des artères carotides plus sensible ; la face est rouge, vultueuse ; les veines du cou sont gonflées, la respiration précipitée, l'haleine est vineuse ; il y a des rapports aigres, des envies de vomir, des vertiges, des chutes imminentes, puis complètes ; la somnolence et l'état de vertige croissent ; la face devient pâle, cadavéreuse, les traits sont affaissés ; des vomissements abondants de matières aigres, quelquefois l'excrétion involontaire de l'urine et des matières fécales, se manifestent, ainsi qu'une céphalalgie violente et la perte totale des sens, enfin un sommeil profond qui dure plusieurs heures, et pendant lequel la transpiration est très-abondante et amène la terminaison de cet état pénible ; les fonctions reviennent peu à peu à leur état primitif ; la tête est encore douloureuse et pesante ; la langue est chargée, la bouche pâteuse ; il y a soif, et il reste du dégoût pour les aliments et des lassitudes dans tout le corps.

» Le troisième degré de l'ivresse est un état vraiment apoplectique : on observe l'abolition des sens, de l'entendement ; la face est livide ou pâle, la respiration stercoreuse ; l'individu ne peut plus se soutenir ; la bouche est écumeuse, le coma se déclare, et le sentiment est plus ou moins complétement perdu. Cet état peut durer pendant trois ou quatre jours, et se terminer par la mort.

» On sait que l'abus prolongé des boissons spiritueuses détermine une série de maladies, dont voici les principales : irritation de l'estomac et du canal intestinal, pyrosis, vomissements, dysphagie, squirrhe de l'estomac, diarrhée, hépatite, jaunisse, engorgements du système de la veine porte, ophthalmies, éruptions cutanées, congestion vers la tête, apoplexie, ramollissement des os, hydropisies, diabète, ulcères, gangrène, scorbut, combustion spontanée, *delirium tremens*, spasmes, épilepsie, paralysie, émoussement et hallucinations des sens, maladies mentales, impuissance et stérilité, etc. »

M. le docteur Bergeret, de Lons-le-Saulnier, qui a écrit un intéressant petit volume sur l'abus du vin et de toutes les liqueurs alcooliques, s'exprime ainsi :

« Les ravages occasionnés par l'abus des boissons spiritueuses sont incalculables. Non-seulement ils frappent l'individu, mais ils atteignent la société elle-même : ils la démoralisent, et l'histoire démontre que les excès de cette nature se multiplient d'autant plus chez un peuple que celui-ci touche de plus près à sa décadence..... J'ai pu sonder dans toute sa profondeur cette plaie physique et morale, mesurer dans toute son étendue cette lèpre hideuse que l'ivrognerie engendre au milieu de nos populations. Les exemples les plus funestes et les plus multipliés des maux qu'elle enfante se sont continuellement présentés a mon observation.

» Je n'ai pu voir, sans être ému de la pitié la plus vive, l'ivrognerie entraîner la ruine des familles et livrer aux horreurs de la misère les femmes et les enfants du peuple.

» J'ai vu ce vice honteux flétrir la jeunesse dans sa fleur, jeter la vieillesse dans la démence la plus stupide, tarir les sources de la vie chez l'enfant, et précipiter l'homme fait dans la tombe bien longtemps avant le terme que lui avait assigné la nature.

» Que de fois j'ai vu avec douleur des hommes dont le nom sans tâche allait se souiller dans les repaires de l'ivrognerie et de la crapule. Ils y entraient d'abord avec un cœur pur et honnête : chaque fois qu'ils en sortaient, ils y laissaient, au milieu des fumées du vin, quelques-unes des sages traditions de la famille, quelques-uns de ces principes moralisateurs que leur avaient légués leurs pères ; bientôt, la corruption arrivant chez eux jusqu'à son dernier terme, ils ne tardaient pas à devenir les ennemis et les fléaux de la société; ou bien, foulant aux pieds toute espèce de dignité et de pudeur, ils finissaient par se plonger habituellement dans cette ivresse profonde où l'homme ressemble beaucoup plus à un animal immonde qu'à un être humain : triste jouet des enfants, objet de pitié et de mépris pour ses concitoyens. Est-il quelque chose de plus déplorable que ce spectacle de la raison humaine descendant jusqu'au dernier terme de l'abrutissement et de la dégradation?

» C'est le tableau de ces misères si affligeantes que j'entreprends de mettre sous les yeux de mes compatriotes. Je veux leur démontrer que l'abus des boissons alcooliques est très-rarement compatible avec une santé durable; que les maladies les plus graves et les plus nombreuses en sont tous les jours la triste conséquence. Je leur ferai voir que cette funeste habitude abrége d'une manière effrayante l'existence humaine et qu'elle fait vingt fois plus de victimes que la poudre à canon ; que, de toutes les dégradations qui frappent notre espèce, nulle n'est plus honteuse ni plus humiliante que l'ivrognerie ; que nonseulement ce fléau entraîne la ruine et la misère des générations présentes, mais encore que, en viciant la constitution des hommes de nos jours, il porte une atteinte profonde à la vigueur des générations futures. »

ART. 519. — Fréquence de l'ivrognerie. — M. Girardin, le savant recteur de l'académie de Clermont, s'exprime ainsi :
« Des statistiques bien établies prouvent que le nombre de per-

19*

sonnes qui succombent chaque année aux ravages de l'alcool s'élève en Angleterre à 50,000, en Russie à 100,000 ; mais, avant de périr, ces malheureux paient à leur triste passion un tribut de souffrances qui tourmentent leur misérable vie et en font une mort anticipée.

» Les eaux-de-vie excitent puissamment les glandes de la bouche et la muqueuse de l'estomac. La sécrétion devient très-abondante, et la sensibilité finit par s'émousser ; le goût s'en va avec elle, et cela est si vrai qu'il n'est pas rare de voir des hommes passer d'une liqueur douce à une liqueur plus forte, et arriver insensiblement à trouver que l'alcool pur et l'absinthe n'ont aucune saveur.

» Sous l'influence de ces boissons funestes, les muqueuses s'épaississent, les tissus, le cerveau et le système nerveux, dont les ramifications nombreuses courent dans tout le corps humain, se désorganisent, et l'individu contracte un état morbide qui ne tarde pas à devenir chronique. C'est alors que se manifestent tous les effets de cette maladie ; le tremblement des membres, l'affaiblissement de la force vitale, l'impuissance ; le corps se courbe, les cheveux blanchissent, et, à quarante ans, l'homme n'est plus qu'un vieillard. « L'alcool, dit M. Liebig, par son » action sur les nerfs, est comme une lettre de change tirée sur » la santé de l'ouvrier, et qu'il lui faut toujours renouveler » faute de ressources pour l'acquitter. Il consomme ainsi inévi-» tablement la banqueroute de son corps. »

« Un des résultats les plus fréquents de l'alcoolisme est la paralysie des organes. J'ai lu quelque part qu'un charpentier, parfaitement sain et très-robuste, mais qui avait la triste habitude de boire tous les jours de larges doses d'eau-de-vie, fut frappé, à l'âge de trente-cinq ans, d'une paralysie de langue : les mots qu'il prononçait étaient inintelligibles. Quelques mois après ce premier accident, il perdit l'usage du bras droit, et finalement il succomba à une paralysie du cerveau. »

» Telles sont les conséquences de l'abus des liqueurs alcooliques. A celles que nous venons de décrire et qui frappent le corps, viennent s'ajouter parallèlement celles qui frappent l'esprit. C'est là qu'on peut voir, et pour ainsi dire toucher du doigt, les rapports intimes qui unissent le corps à l'âme, les organes à l'intelligence.

» Toutes les facultés de l'individu s'évanouissent l'une après l'autre. La mémoire se perd, l'hébêtement et bientôt la folie remplacent les qualités intellectuelles que l'homme possédait. La passion du crime, celle du suicide, se développent avec une rapidité effrayante, et ce qu'il y a de plus terrible c'est que tout ce hideux cortége de l'alcoolisme est héréditaire : les enfants sont punis des fautes paternelles ; conséquences fatales , et qui devront donner à réfléchir. »

A. Becquerel, dans son remarquable Traité d'hygiène, s'exprime en ces termes : « Les effets de l'eau-de-vie, prise en quantité trop considérable , ne sont mis en doute par aucun médecin, et l'abus de ce liquide peut avoir toutes les fâcheuses conséquences décrites plus haut. Depuis le commencement du dix-neuvième siècle, cet abus s'est répandu et généralisé dans la plus grande partie de l'Europe , et surtout au centre et dans les pays septentrionaux ; toutes les villes, tous les villages, ont des débitants d'eau-de-vie et de liqueurs. Son usage s'est répandu chez les sauvages, qu'il a plus décimés que le fer des Européens et les progrès de la civilisation. »

ART. 520. — **Divers degrés d'ivrognerie.** — On peut distinguer deux degrés dans les habitudes constituant l'ivrognerie. On place dans le *premier degré* les sujets qui font un usage de boissons alcooliques (vin , cidre, bière ou liqueurs de table), poussé jusqu'à la limite de l'ivresse , mais sans l'atteindre ; de telle sorte que, sans que la raison en soit troublée, il résulte néanmoins de l'ingestion de ces boissons une surexcitation des forces vitales qui tourne à leur détriment, soit en les prédisposant à un grand nombre de maladies , soit en usant rapidement ces forces vitales et rapprochant par ce fait le terme de la vieillesse et de la vie. Cette fâcheuse habitude a surtout pour effet, parmi ces nombreux inconvénients, d'abrutir rapidement le sujet qui s'y abandonne. L'ivrognerie en cet état est très-fréquente dans toutes les classes de la société, et parmi bien des personnes fort raisonnables, du reste, qui se figurent volontiers que ce régime leur est salutaire , à cause de l'énergie factice et momentanée qu'en reçoivent le système nerveux et un grand nombre de fonctions. « Mais tel , dit M. Bergeret, qui, d'après la vigueur de sa constitution, était appelé à devenir octogénaire, mourra à l'âge de 50 ou de 60 ans ; tel autre, d'une santé moins robuste, parviendra difficilement à la cinquantaine; l'un et l'autre seront trop heureux si quelque maladie aiguë, provoquée et aggravée par l'état d'effervescence habituelle de leurs humeurs, ne vient encore, à un âge plus précoce, trancher le fil de leur existence. Le premier degré de l'ivrognerie est plus répandu que le second, parce qu'on se défie moins des ravages qu'il opère sourdement dans l'organisation , mais il conduit fort souvent au deuxième degré par une pente insensi-

ble. L'homme qui se fait l'ami des boissons fermentées devient
bientôt leur adorateur et enfin leur esclave. Ici, plus peut-être
qu'en toute autre chose, l'habitude exerce son tyrannique empire. Des exemples effrayants ont démontré jusqu'à quel point
ses exigences étaient impérieuses pour les *alcoolâtres (les idolâtres
de l'alcool)*. Un buveur, étendu sur son lit de mort, se plaignant
d'une vive douleur qu'il prétendait ne pouvoir soulager qu'avec
de l'eau-de-vie, en demandait sans cesse avec instance. On lui
en présenta une bouteille : il en avala une forte gorgée, retomba
sur l'oreiller, et mourut. »

Le *second degré* de l'ivrognerie réside dans l'habitude de
l'ivresse. Laissons encore parler M. Bergeret : « Je pourrais me
dispenser de décrire cette forme de l'ivrognerie. Quel est celui
de mes lecteurs qui n'a vingt fois rencontré sur son chemin un
homme à la démarche lourde et vacillante, au regard louche, à la
physionomie hébétée et ignoble, au visage sale, plein de boutons
et d'excroissances, aux membres tremblants comme les feuilles
de peuplier? Ses lèvres, grosses et pendantes, balbutient les mots
mal articulés ; son haleine est infecte ; son ventre est bouffi et sa
respiration embarrassée ; sa peau est flasque et terreuse, et ses
membres sans vigueur. Cet homme est un esclave des boissons
spiritueuses : ce sont elles qui l'ont réduit à cet état d'abjection
où l'homme est évidemment fort au-dessous de la brute.

» La mythologie antique, si ingénieuse dans la peinture qu'elle
a faite des passions humaines sous les couleurs de la fable et de
la poésie, nous a laissé un excellent portrait de l'ivrogne dans le
vieux Silène, le précepteur de Bacchus. Il paraît, dans le cortége
du dieu du vin, monté sur un âne, endormi sur son outre, et
servant de risée aux Faunes et aux Satyres, pendant que la belle
Eglé le barbouille de lie. Vieillard barbu, tombé dans l'enfance,
il a la tête chauve, le nez gros et aplati, le corps bouffi et flasque : son visage et tout son extérieur offrent l'aspect de l'abrutissement et de l'imbécillité.

» De tous les modes par lesquels l'abus des boissons spiritueuses
exerce son action délétère sur l'organisation humaine, le deuxième
degré de l'ivrognerie est celui qui engendre les maux les plus
graves et les plus compliqués. Le premier degré conduit bien à
la longue aux mêmes résultats ; mais ses coups sont plus lents et
moins assurés.........

» *L'excitation alcoolique porte principalement son action sur l'organe du corps qui, à raison de la position sociale ou des habitudes de
l'ivrogne, supporte la plus grande somme de fatigue : c'est sur ce point
que le mal, précurseur de la mort, exercera de préférence son travail
de désorganisation.*

» Ainsi, les hommes de cabinet qui abusent des boissons enivrantes succombent à des maladies du cerveau, des fièvres cérébrales, des apoplexies, des ramollissements du cerveau ; les manœuvres, les hommes de peine, dont les occupations pénibles provoquent incessamment un surcroît d'action de la part du cœur, sont pris d'affections de cet organe ; les gastronomes meurent prématurément de maladies du foie et de l'estomac ; les hommes dont les poumons fatiguent beaucoup, comme les avocats, les chanteurs, les grands discoureurs, les piétons, les crieurs publics, etc., seront atteints de pneumonies, de crachements de sang, et plus tard de phthisie pulmonaire.

» Non-seulement, sous l'influence de l'abus des boissons spiritueuses, le cerveau devient le siége de modifications matérielles qui peuvent en provoquer la désorganisation, mais les fonctions dont il est le centre subissent des perturbations graves et multipliées. On voit souvent les excès que je combats produire l'épilepsie et l'aliénation mentale, la stupidité et l'impotence.

» Je pourrais citer plusieurs observations d'épileptiques chez lesquels l'abus de boissons spiritueuses avait engendré cette affreuse maladie. J'en dirai autant des diverses formes d'aliénation mentale. En Angleterre, d'après Willan, la moitié des cas de folie est due à l'abus des liqueurs fortes. A Berlin, d'après le docteur Casper, on en compte le tiers. Les ivrognes, dit Esquirol, sont de véritables monomaniaques ; on observe en eux, si on les étudie avec soin, tous les traits qui caractérisent la folie partielle.

» Il n'y a évidemment qu'un pas du demi-délire dans lequel vit habituellement l'ivrogne à la folie et à la démence.

» L'ivrogne est pusillanime et sans caractère : il ressemble à l'eunuque. Rien n'est comparable à la tristesse et à l'abattement qui s'emparent souvent de son esprit lorsqu'il est privé d'eau-de-vie, et qu'il n'est plus sous l'influence de son stimulant habituel.

» Aussi l'ivrognerie produit un grand nombre de suicides. Dans les pays du nord, elle en est la cause principale.

» On a observé des cas où l'ivrognerie constituait une sorte de manie intermittente, revenant sous forme d'accès séparés par des intervalles où l'homme ne buvait plus, mais était plongé dans une morosité profonde au milieu de laquelle sa raison égarée le conduisait à des actes d'une férocité révoltante. Les annales de la justice criminelle de Berlin en renferment un exemple effrayant que je vais rapporter :

» Un charpentier tua son propre enfant à coups de hâche, par suite d'une absence totale d'esprit due à l'ivrognerie. Cet homme, jadis pacifique et laborieux, était, depuis dix années, devenu ivrogne par des causes inconnues, et sa passion, qui le prenait par accès, était si forte, qu'elle le poussait quelquefois à boire, sans désemparer, pendant huit et quinze jours ou trois semaines. Il passait ce temps dans le silence, sans faire de mal à personne. Lorsqu'il cessait de boire, il éprouvait pendant plusieurs jours une absence presque totale d'esprit, accompagnée d'un sentiment d'anxiété et d'oppression à la poitrine, de congestion vers la tête, et d'une grande agitation. Puis il était quelque temps à mener une vie régulière et raisonnable.

» Non-seulement l'abus des liqueurs fortes favorise le développement de tous les genres de folie, mais il en est une variété qui est propre aux ivrognes, et qui ne se rencontre pas chez les individus vivant sobrement.

» Cette maladie est connue des médecins sous le nom de *delirium tremens potatorum* : délire tremblant des buveurs. Elle est caractérisée par un trouble de la raison, qui consiste surtout dans des hallucinations ou visions effrayantes, accompagnées d'un tremblement plus ou moins marqué de toutes les parties du corps, mais principalement des membres. »

A Becquerel nous dit encore : « Quelquefois l'irritation alcoolique sévit principalement sur la muqueuse de l'estomac et des intestins, et donne lieu à des gastro-entérites qui entraînent plus ou moins rapidement la mort des sujets.

» Jamais je n'oublierai le spectacle hideux que m'offrit l'intérieur de ce ménage la première fois que j'y pénétrai. Père, mère, enfants, toute la famille était plongée dans l'ivresse. Le père était alité avec tous les symptômes d'une inflammation grave des organes digestifs, et *il avait pour tisane, à côté de lui, une bouteille d'eau-de-vie*. Autour de ce malheureux, presque mourant, je ne voyais qu'une femme et des enfants dont la raison, noyée dans le vin, était incapable de comprendre et d'appliquer les prescriptions de la médecine. Cet homme, qui primitivement était d'une belle constitution, et que sa funeste passion avait réduit depuis plus d'un an à l'impotence, ne tarda pas à mourir.

» J'ai vu un buveur d'eau-de-vie chez lequel des coliques violentes étaient le prélude de fortes attaques d'épilepsie ! La répétition de ces accès a fini par le faire tomber dans l'imbécillité.

» J'en ai soigné un autre dont les douleurs d'entrailles s'irradiaient fortement vers la moëlle épinière et les nerfs qui en émanent. Il en résultait des crampes atroces dans les extrémités inférieures. Ces accidents étaient bientôt suivis d'un *delirium tremens* dans lequel ce malheureux voyait toujours sa femme se livrant à des amants. Lorsqu'il eut sa dernière crise, je l'engageai à entrer à l'hôpital dans l'espoir d'imprimer une autre direction à ses idées ; il n'y passa qu'une nuit, durant laquelle il se leva plusieurs fois et courut dans la salle en faisant des gestes extravagants. A peine les portes de l'hospice furent-elles ouvertes, de grand matin, qu'il s'échappa, rentra chez lui, fit encore à sa femme une scène violente au sujet de ses prétendues infidélités, et sortit ensuite brusquement avec toutes les allures d'un homme égaré. Après plusieurs heures de recherches vaines, on finit par découvrir son cadavre dans la rivière, où il s'était jeté après s'être lié les jambes avec sa cravate.

» Les poumons sont très-souvent affectés de maladies chez les ivrognes. Ce fait n'a rien qui doive surprendre, quand on songe à la délicatesse de leur tissu, qui est très-riche en vaisseaux sanguins, et surtout à cette circonstance que les hommes dans l'ivresse ne prennent aucune précaution pour s'abriter contre le froid. Or, les refroidissements sont, dans notre climat, une des causes les plus fréquentes de maladies, et leur influence morbide sévit surtout sur l'appareil respiratoire.

» Combien de campagnards j'ai vu succomber prématurément à des pleurésies et à des fluxions de poitrine qu'ils avaient contractées en regagnant leur village, au milieu des rigueurs de l'hiver, après s'être enivrés dans les cabarets de la ville !

» La phthisie pulmonaire est souvent aussi le fruit des excès bachiques. Elle m'a paru offrir chez les ivrognes une particularité digne de remarque : c'est qu'elle n'épargne aucun âge et envahit les constitutions les plus fortes. J'ai vu des hommes extrêmement robustes devenir, par l'abus des alcooliques, poitrinaires à 55 et même à 65 ans. J'ai fait surtout cette observation chez des individus qui, par la nature de leurs occupations, fatiguaient habituellement les organes de la respiration ou étaient exposés fréquemment aux intempéries de l'atmosphère. »

Parmi les maladies qui affectent les ivrognes, nous pourrions citer encore la combustion spontanée chez les vieux sujets, finissant graduellement par ne plus faire usage d'aliments solides, ne prenant d'autre boisson que du vin ou autres liqueurs alcooliques. La partie aqueuse du sérum du sang semble disparaître graduellement pour faire place à de l'alcool. Dès lors tous leurs organes, injectés d'alcool, deviennent inflammables, et il suffit d'un accident, tel que chute au feu, inflammation fortuite de leurs vêtements pour que la combustion s'étende au corps lui-même. On voit, de temps en temps, de ces cas de combustion spontanée, assez nombreux et assez bien constatés aujourd'hui pour que ces faits ne soient plus contestés.

Nous n'en finirions point, ou du moins nous aurions beaucoup à dire, si nous voulions continuer à énumérer les inconvénients physiques attachés au vice de l'ivrognerie. Disons encore un mot des inconvénients qu'elle présente sous le rapport plus spécialement moral.

ART. 521. — **Effets de l'ivrognerie sur le bien-être de la famille et de la société.** — C'est dans la classe ouvrière et la moins riche qu'on trouve le plus de fréquence dans les habitudes d'ivrognerie, et, quoique un raisonnement sain, résultat de l'intelligence cultivée, doive en montrer tous les inconvénients, la classe aisée et instruite n'en est pas tout à fait exempte. Disons bien haut que l'ivrognerie est un élément de non-réussite, dans la vie, si puissant, que non-seulement les ivrognes ne prospèrent point, mais que sur vingt personnes ruinées on en compte dix-neuf qui se livrent habituellement à cette intempérance.

Le vieux proverbe *Qui a bu boira* est malheureusement on ne peut plus vrai. Les exemples du vice de l'ivrognerie cessant chez les individus autrement que par la mort sont si rares qu'on les croirait nuls. Il en existe cependant, mais chaque observateur n'en pourrait point citer un. C'est, au contraire, un vice qui s'aggrave avec l'âge, et qui a presque toujours pour résultat, ainsi que nous l'avons déjà dit, d'abréger l'existence. Toutefois, les exemples rares qu'on cite n'ont pu se produire que par l'emploi d'un moyen radical, consistant à ne boire que de l'eau plus ou moins pure, plus ou moins édulcorée, mais enfin en n'usant que de boissons non alcooliques. Cela se comprend, puisqu'il faut, pour résister à la passion du vin ou de ses congénères alcooliques, une énergie qu'on perd par l'effet des premiers verres qu'on ingère. Il en est de l'usage de ces liquides comme d'un chemin à pente très-rapide dans lequel on ne peut s'arrêter dès les premiers pas qu'on y a faits, et qu'il faut fatalement parcourir jusqu'au fond, se terminant par un précipice : le premier verre ingéré, rien n'arrête l'ivrogne, aurait-il fait avant les plus fermes résolutions, et sa volonté, affaiblie par cette première dose d'alcool, qui impressionne d'autant plus le cerveau que l'habitude de l'ivresse a été plus grande chez le sujet, n'a plus non-seulement l'énergie de résister à une si attrayante sensation, mais elle se tourne dès ce moment vers la satisfaction complète de cette irrésistible et abrutissante passion. Sa raison égarée n'a plus rien de l'homme : c'est la bête avec tous ses instincts grossiers. Il chancèle même

sur son siége. Sa voix est rauque, ses yeux rouges, larmoyants,
sa face violacée, ses lèvres grossies et pendantes. Sa langue
s'embarrasse, et toutes ses forces affaiblies se concentrent pour
un dernier effort qui doit l'annihiler davantage, celui de boire
encore.

Oui, il ne reste à l'ivrogne dont l'intellect ne s'est pas trop
affaiblie encore, qu'un seul moyen : celui de rompre avec toute
boisson alcoolique, à l'usage desquelles il devra renoncer pour la
vie, comme nous en ont donné l'exemple à suivre, dans le pays
transatlantique, les membres des sociétés de tempérance. Les
uns, ceux qui aiment les boissons sucrées, pourront remplacer les
alcooliques par des liquides légèrement sucrés et acides. Les
autres qui, au contraire, s'accommodent mal de sucre, auront
recours à de l'eau, dans la cruche de laquelle on mettra macérer
à froid de la racine de gentiane, des feuilles et tiges d'absinthe,
etc. Tous se trouveront bien de l'usage du café, qui est tonique,
nutritif, et qui, loin de stupéfier le cerveau comme le vin, les
diverses liqueurs et le tabac, le décongestionne, et facilite en
cela le jeu du raisonnement, dans lequel l'homme devra toujours
chercher les remèdes aux souffrances d'ici-bas.

L'usage du tabac (art. 522), comme l'abus des boissons alcooliques, doivent être placés au nombre de nos grandes plaies
sociales, toutes habitudes concourant à atténuer, lorsqu'elles
ne l'aliènent complètement, la sensibilité et la raison, cette
raison si précieuse que nous a dévolue le Créateur pour nous conduire dans notre pérégrination d'ici-bas, et sans laquelle l'homme
ne saurait accomplir dignement, dans cette vie, la mission qu'il
reçoit en y venant. Il perd, par ces habitudes, les sentiments du
devoir de fils, d'époux, de père, comme de membre du corps
social. Les qualités qui font l'homme de bien sont dès lors de
vains mots. Et, loin de remplir, par l'exécution de rigoureuses
obligations, son noble rôle de citoyen, tournant au profit de tous,
il devient, au contraire, un obstacle au jeu régulier de nos institutions. Il est la honte et une cause de ruine et de désolation
pour les siens.

Quelle que soit la position de fortune d'un jeune homme qui se
marie, l'honorabilité de sa famille, son intelligence, sa santé,
vous pouvez prédire à sa femme qu'elle sera malheureuse un
jour, s'il a des habitudes d'ivrognerie. Le devoir pourra encore le
retenir pendant quelque temps, mais il se relâchera insensiblement, et, s'il est dans les affaires, après les avoir entretenues
convenablement pendant quelque temps, les avoir même développées et fait briller, il les laissera insensiblement baisser

jusqu'à la ruine. L'ivrogne est toujours un homme dangereux à l'égard de tous, par cela seul qu'il ne peut répondre de garder un secret. Nous avons vu à combien de faits déplorables il peut se porter, lorsqu'il est en état d'ivresse, ce qui est un véritable état d'aliénation. Sans frein en ce qui touche l'observation des règles de la bienséance et de la pudeur, il blesse sans le vouloir, sans le savoir, les sentiments les P lus respectables de ses ascendants, de sa femme, de sa fille; i commet mille fautes irréparables, dont il est désolé lorsqu'il revient au peu de raison qui lui reste ; mais, en attendant qu'il soit arrivé à cet état d'hébétude normale qui l'abaissera au niveau des bêtes, il ne pourra plus résister à une occasion de s'enivrer ; il la recherchera sans cesse, jusqu'à ce qu'il soit descendu à ce dégoûtant et abject abaissement parmanent, cent fois pire que la mort.

Espérons que l'instruction à peu près gratuite que donne l'État ou la commune, d'une part, et, d'autre part, l'éducation de la famille, dont les niveaux s'élèvent tous les jours, auront pour effet de mettre de plus en plus au jour, pour toutes les classes, ce qu'il y a de préjudiciable et d'avilissant dans les habitudes d'intempérance : inconvénients trop peu sentis par cela surtout qu'ils sont depuis longtemps dans nos mœurs. Il serait temps que chacun ouvrît les yeux sur cet obstacle au bien-être général, et qu'une croisade ouverte, radicale, s'organisât sur tout le territoire français, point de départ ordinaire de tout grand progrès, contre cette ivrognerie qui, ainsi que l'a avancé la célèbre école de Salerne, a fait plus de mal à la société que la guerre et les épidémies.

Qu'on examine dans notre premier établissement d'instruction, l'école Polytechnique, les habitudes des élèves dits *fruits secs,* et on leur reconnaîtra presque toujours celle que nous combattons, alliée ordinairement à l'usage immodéré du tabac. Quel est le vice dominant dans nos facultés de droit, parmi les élèves de cinquième et de sixième année? dans les facultés de médecine parmi les élèves de sixième et de septième année ? Le même encore ! Dans une statistique qui fut dernièrement dressée sur l'état d'instruction des cochers de fiacre de la capitale, on y constatait cinq ou six bacheliers, et même il nous semble, un licencié en droit, mais tous adonnés aux habitudes des boissons et du tabac, de ces stupéfiants dont l'abus, en émoussant la sensibilité générale, finit par amener l'homme à la triste vie végétative. Qu'on visite enfin les maisons de détention et les bagnes, et là, plus que partout, on y constatera la prédominance du vice d'ivrognerie. Que l'homme délicat et sensible, que tous

ceux que distingue un cœur d'élite, y songent sérieusement ! Les
criminels, comme tout ce qu'il y a de plus bas dans l'échelle
sociale, sont tous des ivrognes, des fumeurs ou des *chiqueurs*.
Sans doute la réciproque n'existe point : à savoir que les ivrognes et les fumeurs soient tous des criminels ; mais la seule
crainte que les habitudes de boisson ou de tabac ne soient une
des causes de cette dégradation, ne devrait-elle pas suffire à inspirer une profonde aversion pour des pratiques si dangereuses,
lorsque la sobriété est, au contraire, une des qualités communes
aux bienfaiteurs de l'humanité.

DU TABAC.

ART. 522. — **Son histoire.** — Le tabac, *nicotiana tabacum* des
botanistes, est une plante herbacée de la famille des solanées.
Originaire d'Amérique, le tabac, dans ses diverses variétés, est
cultivé aujourd'hui dans presque toutes les contrées du globe.
Bien avant que Nicot, ambassadeur en Portugal de Catherine de
Médecis, l'eût introduit en France ; avant même la conquête de
l'Amérique par les Espagnols, les Indiens faisaient déjà un grand
usage de ce végétal en fumigations. L'usage de l'insinuer dans
les narines ne date, croit-on, en France, que du règne de
Louis XIII. Les premiers qui l'employèrent ainsi furent d'abord
l'objet de maints quolibets, puis persécutés même. Jacques Ier,
roi d'Angleterre, en défendit l'usage, en 1619. Le pape Urbain VIII
lança une excommunication contre les priseurs de tabac dans
les églises. En Transylvanie, dit M. Lemaire, la culture en fut
défendue sous peine d'amende ; les despotes de l'Orient et le
grand-duc de Moscovie le proscrivirent sous peine d'avoir le nez
coupé et même d'être mis à mort.

Qui aurait pu soupçonner, dit le savant botaniste Poiret, que
la découverte d'une plante vireuse, nauséabonde, d'une saveur
âcre et brûlante, d'une odeur repoussante, ne s'annonçant que
par des propriétés délétères, aurait une si grande influence sur
l'état des nations ?

ART. 523. — **Ses divers usages.** — Partout, dit le savant
et judicieux écrivain Thiébault, on le prépare non pour servir
comme plante alimentaire, d'ornement ou d'utilité, mais,
devenue plante de fantaisie, elle se mâche, se fume ou s'insinue
dans les narines pour satisfaire à un besoin factice, une habitude machinale, disons mieux, une passion automatique, toujours
malpropre, sans utilité pour la santé, le plus souvent nuisible,
puisque son action s'exerce en particulier sur les nerfs que le
tabac agace, fatigue. Cette action diminue et anéantit même

quelquefois la puissance de l'odorat et jusqu'aux titillations si précieuses du goût. C'est précisément parce qu'il endort la raison, continue le même savant, qu'il est précieux à tant de gens : le sens commun pèse à la plupart des hommes ; ils trouvent le délire et l'ivresse préférables au don fatal de l'intelligence, qui ne leur montre que de tristes vérités, etc.

ART. 524. — **Ses propriétés.** — Voyons ce que dit A. Becquerel dans son remarquable Traité d'hygiène : « L'action générale de la fumée du tabac, bien que peu intense, est cependant incontestable : elle consiste dans un très-léger état de stimulation cérébrale, sous l'influence de laquelle l'esprit est plus lucide, le travail plus facile, l'intelligence plus ouverte. Son action une fois cessée, la stimulation disparaît, et elle est souvent remplacée par un certain degré de langueur qui rend l'homme plus lourd, plus apathique et moins propre au travail ; il se trouve alors dans la nécessité de recommencer à fumer, et c'est dans cette série d'alternatives que se passe une partie de son existence. Le fumeur, en effet, est voué désormais à aspirer la fumée du tabac toutes les fois qu'il veut faire usage de ses facultés intellectuelles.

Et ce n'est pas seulement pour réveiller l'intelligence que le retour de l'excitant habituel devient une nécessité, ajoute M. Beaugrand : cela a lieu également pour d'autres fonctions : le fumeur est obligé d'avoir recours à la drogue infecte dont il fait ses délices, pour stimuler son appétit avant le repas, puis encore après pour faciliter la digestion, puis encore après pour provoquer les garde-robes. En un mot, le fumeur est devenu l'esclave de sa pipe ou de son cigare.

Nous signalerons, quant aux effets généraux du tabac sur l'intelligence, la remarque faite par M. Danet et vérifiée par M. Bertillon : qu'à l'école Polytechnique les *fruits secs* sont de grands fumeurs.

M. Fleury, que sa position a mis à même d'étudier un grand nombre d'affections du système nerveux, est porté à croire qu'il faut rapporter à l'extension si considérable qu'a prise en France la déplorable habitude du tabac le développement vraiment digne de remarque, depuis une vingtaine d'années, qu'ont pris ces paralysies à marche lente et progressive qui se montrent en dehors de toute lésion appréciable.

M. le député Bouisson, recteur de la faculté de Montpellier, qui a recherché, comme Roux, les causes de la fréquence du cancroïde à la lèvre, l'attribue, comme l'illustre chirurgien de l'Hôtel-Dieu, à l'usage de la pipe. M. Leroy a confirmé ces présomptions, au moyen d'une statistique qu'il a dressée, démontrant que le cancer des lèvres, qui figure à peine pour un centième chez la femme, compte chez l'homme pour plus d'un vingt-sixième. M. Bergeron attribue aussi le cancer de l'estomac, dans certains cas, aux funestes effets de la chique. L'apoplexie, suivant M. Melsens, aurait souvent pour cause l'usage et surtout l'abus de la pipe.

« De toutes les habitudes vicieuses auxquelles un goût dépravé ait pu amener l'homme, celle du tabac est assurément une des plus dégoûtantes et des moins explicables. (Beaugrand.) Qu'on l'aspire sous forme de fumée âcre et fétide, ou qu'on le mâche en feuilles de saveur pénétrante et nauséeuse, le tabac ne manque jamais de produire, la première fois qu'il est employé, des accidents plus ou moins pénibles, des vertiges, des nausées, des vomissements, une anxiété extrême, etc. »

Le tabac à l'état de poudre à *priser* produit souvent des fissures douloureuses aux orifices des narines ; il altère notablement l'organe olfactif, il affaiblit la mémoire. Le priseur se fait reconnaître à l'odeur repoussante qu'il exhale, à la malpropreté de son linge et souvent de sa figure ; et cependant, des diverses manières d'en faire usage, c'est encore la moins nuisible.

« Le tabac mâché jaunit les dents, rend l'haleine fétide, provoque une sécrétion continuelle de salive, altère le goût, et même, si l'on avale de la salive mêlée de jus de tabac, il peut en résulter des accidents d'empoisonnement (Beaugrand). »

« Le tabac employé en fumigations (pipe ou cigare) noircit les dents ; il donne à l'haleine une odeur infecte, détermine dans l'arrière-bouche une irritation permanente, qui prédispose aux angines et provoque une soif habituelle, cause fréquente de l'abus des boissons et partant de l'ivrognerie. Marshall-Hall et Helwig ont vu mourir, dans les convulsions, trois jeunes gens, dont l'un avait fumé dix pipes, un second dix-sept et le troisième dix-huit. »

Après le triste tableau que nous venons de faire des effets du tabac, nous nous demanderons quels sont les avantages qu'il peut présenter pour compenser de si nombreux et si graves inconvénients ? Il excite ou stimule l'imagination, disent les fumeurs. Nous sommes fondé à penser que c'est là une de ses moindres propriétés ; et, s'il est vrai que quelques personnes en reçoivent réellement une surexcitation intellectuelle, elle est toute passagère et ne se fait sentir que sur celui chez qui l'usage habituel de cette solanée vireuse a déjà imprimé une sorte de stupéfaction ou d'hébétude permanente. Est-ce que les écrivains, les poètes, les peintres et sculpteurs des siècles passés, qui ne connaissaient pas le tabac, étaient inférieurs aux écrivains ou artistes de nos jours ? Et, s'il distrait et calme les inquiétudes comme le pensent quelques personnes, c'est à la manière du vin ou des alcooliques, c'est-à-dire en détruisant chez l'homme une partie de la faible dose de raison que Dieu lui a dévolue.

M. Beaugrand ajoute : « Il désennuie..... qui donc ? ces désœuvrés, sans doute, ou bien ces hommes sans éducation qui ne peuvent trouver en eux-mêmes des ressources contre l'oisiveté et l'isolement. »

Pour donner plus de valeur à notre article, nous avons pris le parti de faire de nombreuses citations, empruntant ainsi l'autorité de noms les mieux placés dans la science pour augmenter la somme de bien que nous avons à cœur de faire. Disons, dans une énumération que nous pourrions faire très-longue, que Barbier s'est convaincu que le tabac, à la dose de 15 grammes, peut occasionner la mort, et c'est aussi l'opinion d'Orfila. On sait que le poële Santeuil mourut pour avoir avalé du tabac qu'on avait jeté, par espièglerie, dans un verre de vin d'Espagne. Qui ne sait encore, par de récents procès, que la nicotine, principe âcre vénéneux du tabac, est déjà enregistrée dans les annales du crime, comme ayant déterminé la mort, même à de très-faibles doses ?

M. Beau, l'un des médecins de la Charité, de Paris, nous fournit, dans une communication qu'il a faite à l'Institut, séance du 9 juin 1862, de précieux renseignements à l'appui de notre opinion touchant les effets nuisibles du tabac. Après avoir soutenu que c'est à l'usage ou à l'abus du tabac qu'on doit rapporter l'*angine* de poitrine, douloureuse et très-dangereuse maladie, consistant en un sentiment d'angoisse insupportable à la région du cœur et de là dans toute la poitrine, M. Beau se livre aux citations qui suivent :

« Un petit rentier, d'une soixantaine d'années, passe la plus grande partie de la journée à fumer. Depuis un mois environ, il éprouve souvent pendant la nuit des attaques de palpitations, avec oppressions et douleurs s'irradiant dans les épaules. Il cesse de fumer : les attaques nocturnes disparaissent complétement, en même temps que les fonctions digestives deviennent meilleures. Au bout de trois mois, il revient à l'usage du tabac, et les attaques se montrent de nouveau. Il met enfin complétement de côté le tabac, et ses attaques d'angine se dissipent pour ne plus revenir.

» Un médecin d'une cinquantaine d'années, faible et dyspeptique, malgré sa belle apparence de santé, fume des cigarettes, autant que ses occupations le lui permettent. Depuis quelque temps, il éprouve des palpitations, avec angoisse et constriction de la poitrine, qui surviennent sous forme d'attaque, soit le jour, soit la nuit. Il quitte le tabac, et ses attaques disparaissent. Un jour, il se trouve par hasard dans une réunion de fumeurs, sans fumer lui-même; mais il ne peut s'empêcher de respirer un air chargé de vapeur de tabac. La nuit suivante, il lui survient une attaque.

» Un médecin de trente-cinq ans, qui exerce en province, fume continuellement des cigarettes en faisant ses visites et ses courses. Depuis longtemps, il mange fort peu et sans appétit. Un matin, étant à jeûn et fumant en allant voir ses malades, il est pris tout à coup d'une angoisse à la région du cœur, avec constriction transversale dans la partie supérieure de la poitrine. Il ne peut ni marcher, ni parler; le pouls est insensible, les mains froides. L'attaque dure une demi-heure. Le patient vient à Paris. Il quitte le tabac d'après mon conseil, et retourne dans son pays, me promettant de m'écrire s'il est pris d'une nouvelle attaque. Je n'ai rien reçu de lui.

» Un Espagnol d'une trentaine d'années fume continuellement des cigarettes. Son appétit est nul, ses digestions laborieuses. Un soir, en fumant, il est pris tout à coup d'une violente douleur dans la poitrine, comme s'il était serré par un étau; son pouls est insensible. L'attaque dure dix minutes. Effrayé, il consent à fumer beaucoup moins. Les symptômes d'angine n'ont pas reparu.

» Un médecin, qui a renoncé au tabac à cause des malaises gastriques qu'il éprouvait, ressentait aussi, à l'époque où il fumait, des souffrances nocturnes venant par attaques, et caractérisées par une constriction du thorax avec palpitations et irradiations névralgiques dans le cou. Il en est maintenant complètement délivré.

» Un négociant de province, qui depuis quinze à vingt ans est affecté de dyspepsie, résultat de l'usage immodéré de la cigarette, éprouve, depuis deux mois environ, des attaques nocturnes, caractérisées par une angoisse profonde dans la région du cœur, avec palpitations et irradiations douloureuses dans les deux épaules; la face est altérée, le pouls est petit, intermittent.

» Un vieillard de soixante-quinze ans, vert et vigoureux, fume beaucoup pour se distraire de quelques ennuis, malgré quelques suffocations passagères. Le samedi, il est pris d'une

attaque d'angine qui dure une demi-heure environ ; le dimanche,
il lui en survient une autre ; le lundi matin, on le trouve mort
dans son lit.

» Un diplomate étranger qui fume beaucoup, et qui est affaibli
malgré l'apparence de sa belle constitution, est pris dans la
soirée, en rentrant dans son hôtel, d'une attaque d'angine avec
angoisses : pouls petit, mains glacées, apparence cholérique ; il
s'endort à onze heures et se réveille à son heure accoutumée. Il
peut vaquer à toutes les occupations de la matinée. A cinq
heures il était à fumer à son fauteuil quand il meurt tout à
coup. L'autopsie n'a révélé d'autre lésion qu'un état graisseux
du cœur. »

D'après les recherches expérimentales de M. Claude Bernard,
le savant professeur du Collège de France et de la Faculté des
sciences de Paris, et celles de M. le docteur Decaisne, le tabac
exerce ses effets sur les centres nerveux, et spécialement sur la
fibre motrice. M. Figuier cite l'exemple d'un jeune étudiant qui
était arrivé à un état d'idiotisme épileptique, par suite d'ivresse
permanente de tabac. Sir Charles Pastings a observé, rapporte
le même savant, un cas d'épilepsie très-grave chez un enfant
de douze ans qui fumait outre mesure depuis deux ans, et qui
fut guéri lorsqu'on réussit à l'empêcher de se livrer à cette
funeste habitude. M. Michéa a observé plusieurs exemples d'ataxie
locomotrice chez des fumeurs incorrigibles. L'*Union médicale*
donne un article d'Hiffelsheim relatant un cas de *delirium
tremens* dû à l'abus de la pipe, et qui disparut en cessant
l'usage du tabac.

MM. Gaislain et Hangon, deux médecins belges, ont, les premiers, signalé l'influence du tabac et des spiritueux sur le
développement des maladies mentales, et, d'après une statisque
dressée par le docteur Rubio, le nombre des aliénés est beaucoup plus considérable dans les pays du nord où l'abus du tabac
et des alcooliques est général.

Tout récemment enfin M. le docteur Jolly démontre, au moyen
d'une statistique qu'il a communiquée à l'Académie de médecine,
que les cas d'aliénation mentale sont en raison directe de la
consommation du tabac. En France, par exemple, il s'est
manifesté un plus grand nombre d'aliénés à mesure que l'impôt
sur le tabac a produit davantage.

ART. 525. — **Conclusion.** — Pour qui observe comme nous,
depuis longtemps, avec le ferme désir d'apprendre, sans pré-
jugés, sans parti pris, il est évident que le tabac est, dans son
usage, d'une utilité nulle et d'un effet plus ou moins nuisible

au moral comme au physique. Cet usage aussi absurde, aussi
abusif que celui de l'opium chez les Chinois, que celui du
haschisch parmi les Arabes, et qui s'explique ausssi bien par la
stupéfaction qu'il détermine que par l'empire de la mode;
l'usage du tabac, contraire aux grands intérêts sociaux, n'est
déjà plus de notre époque à laquelle la raison semble vouloir se
substituer en tout à la routine. Espérons qu'il disparaîtra dans
une des prochaines étapes du progrès et à mesure que pénètrera
la lumière, à la diffusion de laquelle tant d'hommes généreux
travaillent en ce moment.

Comme complément de ce chapitre sur le tabac, nous renvoyons
le lecteur à une brochure : « *Du Tabac*, son histoire et ses
propriétés; nocuité de son usage à la santé, à la morale et aux
grands intérêts sociaux », ouvrage qui, publié par MM. Chapoulaud, éditeurs de *la Science usuelle,* sous les auspices de l'Association française contre les abus du tabac et des boissons
alcooliques, vient de nous valoir le premier prix au concours
1870-1872, ouvert par cette compagnie. Les éditeurs l'expédient
franco à tout demandeur, en échange de 1 fr. 25 c. qu'on leur
transmet avec la demande.

TRAVAIL, OISIVETÉ.

ART. 526. — Travail. — Les habitudes du travail corporel
exercent la plus heureuse influence sur la santé de l'homme;
celles du travail intellectuel l'élèvent dans l'ordre de la création;
toutes pratiques qui concourent à son bonheur. Le sage Platon
a dit : « Notre corps s'altère par l'inaction et se conserve principalement par l'exercice et le mouvement. Pour l'âme, comme
pour le corps, le repos est un mal. »

Sous l'influence du travail, Lavoisier l'a constaté le premier,
nos poumons consomment plus du double d'acide carbonique
qu'à l'état de repos. L'énergie de toutes les fonctions croît avec
celle de la respiration : ainsi le constatent les travaux de
M. Scharling, de MM. Andral et Gavarret, de Magnus, de Lassai-
gne. M. Bouchardat, qui a une si grande autorité dans les questions d'hygiène, proclame l'importance du travail en hygiène en
ces termes :

« La continuité dans l'insuffisance d'exhalation de l'acide
carbonique, eu égard aux besoins de l'économie, conduit à l'affection scrofuleuse et à la tuberculisation pulmonaire ». Ce savant
dit encore avoir observé à l'Hôtel-Dieu de Paris « que les
hommes livrés à un travail régulier et énergique ne sont point
exposés aux *gravelles* et aux *pierres* dont l'acide urique est le
principe dominant ».

20

M. Lehmann, de son côté (juin 1843), a établi rigoureusement
« que l'exercice musculaire avait pour effet d'augmenter la proportion d'urée et de diminuer celle de l'acide urique ».

Tout le monde connaît la puissance du travail corporel sur
l'augmentation de la résistance au froid. Sous son influence la
circulation du sang se fait avec rapidité, et il se répand en plus
grande abondance dans les extrémités. Qui ne sait aujourd'hui
que l'exercice développe tout le système musculaire? Son influence n'est pas moins évidente sur l'appareil de la digestion. Les
excrétions de l'homme en deviennent plus actives et mieux
réglées. Les organes des sens se conservent aussi plus longtemps
intacts, et dans cette harmonie des fonctions générales, l'intelligence, quand elle a été cultivée comme il convient, quand
surtout on ne l'a point émoussée par l'abus des boissons fermentées ou alcooliques, en est plus forte, plus lucide et plus
pénétrante.

ART. 527. — **Oisiveté.** — La paresse, à l'opposé du travail,
abaisse le niveau de l'appétit. Les dépenses du corps s'amoindrissant, les besoins de réparation sont moindres. On a vu le
défaut d'appétit, chez les fainéants, atteindre de telles limites
qu'il constituait une maladie véritable. Le *mal de cœur* des noirs
à Cayenne en serait une des formes fréquentes. Ils vont, suivant M. Laure, jusqu'à oublier de manger, et leur bonheur
suprême est de passer la vie dans le sommeil et le repos. « Avec
le temps tous ces malheureux succombent aux suites des infil-
trations ou de la phthisie pulmonaire, conséquence de l'appauvrissement de l'économie. »

Il est des paresseux, sans doute, qui conservent un grand
appétit malgré leur état d'oisivité; mais ils deviennent dès lors
sujets à une foule d'incommodités, dont les plus fréquentes sont
la goutte, la gravelle, l'obésité, qui atteint parfois des proportions énormes, avec tout son cortége d'ennuis, de malaise, de
gêne dans les mouvements du cœur, dans la respiration, de
suffocations; la glucosurie; les hernies, etc.; sans compter les
congestions cérébrales, dont la forme la plus connue est l'apoplexie.

Les sujets livrés à l'oisiveté se refroidissent avec facilité, et ne
se réchauffent qu'artificiellement. Ce refroidissement continu de
la périphérie, déterminé par la paresse corporelle, est une des
causes du scorbut suivant M. Bouchardat. Parmi les exemples
que cite ce savant, en voici un très-remarquable :

« En 1633, la Compagnie hollandaise du Groënland fit laisser
dans ce pays sept braves matelots dans le but de se procurer des
observations sur le climat.

» On avait tiré des vaisseaux de quoi les pourvoir abondamment de provisions de toute espèce. Rien n'était donc à désirer du côté de l'alimentation; mais ils ne sûrent, en restant dans l'inaction commandée par la nécessité des études, se défendre de la continuité d'action du froid, et ils périrent tous scorbutiques. Ils n'avaient point été éclairés par l'exemple de huit Anglais qui furent laissés sur la même côte glacée, en 1630, par un accident de mer, et qui, dépourvus, depuis le mois de juillet jusqu'au mois de mai suivant, de toute autre subsistance que de celle que leur propre industrie pouvait leur procurer, furent à l'abri du scorbut et survécurent tous à leur désastre. Ces Anglais n'avaient ni pain ni biscuit; ils étaient absolument dépourvus de végétaux et de liqueurs spiritueuses; ils ne buvaient que de l'eau, et ne mangeaient que la chair des ours, des rennes et autres bêtes fauves qu'ils pouvaient tuer. Pour pourvoir à leur subsistance, les Anglais furent toujours en mouvement, tandis que les Hollandais, ayant de suffisantes provisions, restèrent inactifs. L'influence pernicieuse du repos du corps, dans ces contrées glaciales, est donc évidente. »

L'homme qui vit dans une inertie continuelle perd l'habitude de réagir contre les causes de refroidissement, qui passent inaperçues pour un homme vigoureux et agissant; et le résultat de ce refroidissement produit souvent chez lui les plus graves affections.

L'homme en état d'oisiveté, en éprouve un fâcheux effet, du côté intellectuel. Il s'ennuie, tout lui devient indifférent, et il a une tendance à subir le joug de ce mal, si fréquent parmi le peuple d'outre-Manche, qu'on nomme le *spleen*, caractérisé par un dégoût profond de la vie, qui va parfois jusqu'à un acte ayant pour effet de la détruire.

DU REPOS ET DU SOMMEIL.

ART. 528. — **Le sommeil.** — Le corps nécessite un mode de réparation autre que l'alimentation : il lui faut absolument du repos et du sommeil.

Le sommeil est le réparateur essentiel de toute fatigue corporelle. Le savant professeur de la Faculté de médecine de Paris que nous allons faire parler le veut calme, profond et d'une durée convenable. « Me voici, dit M. Bouchardat, abordant une des questions les plus importantes qui se rapportent au sommeil, celle de sa durée. Je m'éloigne à cet égard des opinions absolues, et je suis d'avis qu'en cela, comme en bien des choses, il faut avoir égard aux habitudes et aux forces individuelles. Certes, pour beaucoup de personnes, les six heures accordées par l'école de Salerne ne sont pas suffisantes ; je les étendrais volontiers à sept, et, moins rigide que les docteurs italiens, je ne proscrirais pas aussi radicalement les huit heures qu'ils ne concèdent à personne.

» Si je suis tolérant pour la durée du sommeil, je ne saurais trop recommander le lever matinal : c'est une coutume de tout bon ouvrier, et qui pour lui devient une seconde nature. Est-il besoin de vous rappeler au besoin l'axiome de Franklin, qui se rapporte à cet objet : « Celui qui ne se lève pas assez tôt est tout le jour en retard pour ce qu'il doit faire »?

Nous conseillons, en thèse générale, un long sommeil et un séjour proportionnellement prolongé au lit aux personnes maigres et surtout à tempérament lymphatique, en vue de les engraisser. Réciproquement, nous blâmerions ces pratiques pour les sujets gras et sanguins, qui devront, pour bien se porter, rester peu au lit. Nous sommes d'avis que, pour les uns comme pour les autres, le sommeil devra être pris, autant que possible, sur les heures de nuit. Se coucher de bonne heure et se lever tôt, le matin, constituera toujours un des plus sages préceptes d'hygiène. L'insolation est un des besoins impérieux de l'organisme ; et l'homme qui s'y soustrait, comme le font si souvent les femmes du grand monde, veillant une grande partie de la nuit et restant couchées bien longtemps après le lever du soleil, voit la coloration de l'épiderme diminuer sensiblement et, avec la disparition de la fraîcheur, l'abaissement des forces vitales, l'énergie intellectuelle. Le défaut d'harmonie dans les fonctions se traduit, le plus souvent chez les personnes du sexe, par un dérangement dans les fonctions digestives, par des chloroses chez les plus jeunes, par des palpitations de cœur et, chez toutes, par des pertes blanches, des symptômes nerveux qui peuvent aller jusqu'à la production de crises ou attaques dites hystériques ou de nerfs, etc.

ART. 529. — Du repos. — Le travail ou l'exercice au grand air, au grand jour, est une nécessité de l'hygiène. Quant au repos qu'il convient de prendre, nous ne saurions trop recommander de l'utiliser en exerçant les facultés mentales. Rien n'est meilleur pour l'ouvrier, le soir et le dimanche, que d'exciter l'activité de son intelligence par la culture de l'esprit, et nous recommandons à cet effet les cours publics d'adultes, dans les villes ; dans les campagnes, et pour tous, la lecture des bons livres. Non-seulement le corps trouvera dans cette diversion de travail un repos noble, approprié à ses besoins, mais son esprit

s'améliore par l'instruction, si profitable au bien-être ; mais son
âme, distraite ainsi des passions qui affligent l'humanité, ne
peut que s'élever. Dans ces pratiques, trouveront satisfaction
les deux parties essentielles de l'homme sur la terre, le corps et
l'âme : la force de l'un et l'élévation de l'autre, tous états
constituant le vrai progrès.

DE LA MUSIQUE EN HYGIÈNE.

ART. 530. — **Son heureuse influence.** — Outre que la
musique procure à l'homme de grandes jouissances, les seules
aussi vives qui n'usent point, car elles semblent n'avoir rien de
commun avec le corps, arrivant directement en quelque sorte à
notre âme, pour y produire les sensations les plus pures, dans
toute l'acception du mot, la musique a été considérée, de tout
temps, comme douée de propriétés hygiéniques. En effet, outre
le pouvoir qu'on lui attribue d'adoucir les mœurs, elle semble
exercer sur le système nerveux un effet sédatif de nature à
soulager ceux qui souffrent, comme à régulariser le jeu de toutes
les fonctions de l'économie. Elle semble calmer les passions
violentes, et réprimer les mauvais instincts : aussi les inter-
prètes les plus autorisés et les plus estimés du christianisme,
l'ont-ils préconisée et employée pour disposer favorablement les
esprits à la charité et à l'abnégation, bases de la morale.

Cette heureuse influence de la musique sur l'amélioration des
mœurs, comme sur la santé publique, tout le monde la sent
aujourd'hui : aussi, à l'exemple de la France, les nations qui
marchent après elle dans la voie de la civilisation moderne, ont-
elles organisé, chez elles, des conservatoires où s'entretient ce feu
sacré. Prague, Vienne, Francfort, Varsovie, Madrid, sont des
villes qui sont entrées les premières dans cette voie, qu'ont suivie
tout récemment Berlin, Leipzig, Cologne, Munich, Londres et
Bruxelles.

ART. 531. — **Réflexions.** — Dans un livre destiné à l'accroissement du bien-être, et au point de vue où nous nous sommes
placés, attachant, à cet effet, la plus grande importance au progrès
moral, nous ne pouvions nous dispenser de consacrer un article
à l'heureuse influence qu'exerce la musique sur la double organisation de l'homme. Autant nous avons énergiquement signalé
les effets abrutissants des boissons spiritueuses et du tabac,
autant nous sommes heureux de préconiser l'usage sagement
entendu du café et la culture de la musique, comme favorables à
la bonne harmonie des fonctions intellectuelles et corporelles.
Mais toute chose a son utilité dans ce monde. A une époque où

l'humanité, dans son enfance, a dû subir les crises de la crois-
sance, pour marcher vers une ère de progrès lointain que nous
atteignons, où était plus éloignée encore une autre étape du
progrès, celle de l'emploi général des machines pour économiser
la force musculaire de l'homme et lui permettre de vivre essentiellement de la vie de l'esprit; à cette époque d'exploitation de
l'homme par l'homme, où l'ignorance était universelle, où le
plus abrutissant despotisme était exercé par les grands, où les
petits devaient subir avec résignation les mauvais traitements,
les procédés humiliants de ceux-là, et étaient condamnés aux
travaux pénibles qu'une époque ultérieure a dévolus à la bête
de somme; à cette époque, la boisson, qui, en exaltant les
forces corporelles, atténuait d'autant la sensibilité de l'esclave,
du serf ou du manant, était un liquide bienfaisant par excellence.
Or, ce qui est médiocrement bon, inutile ou nuisible aujourd'hui,
qui sera formellement proscrit, tout le fait croire, à une époque
de progrès ultérieur, a eu sa raison d'être en d'autres temps.
Gardons-nous donc d'user de tel ou tel aliment ou boisson par la
considération absurde que Dieu en a doté l'humanité; faisons
constamment usage de la raison, au contraire, pour l'adopter ou
nous l'interdire, selon que l'état actuel de nos connaissances
nous l'indique comme utile ou nuisible. Grâce à Dieu, si l'homme
peut encore de nos jours utiliser les boissons alcooliques à l'augmentation de la force musculaire, il n'a plus besoin d'aliéner sa
raison, soit pour se consoler d'un état choquant d'inégale condition, soit et encore moins pour émousser une sensibilité qu'affec-
teraient de mauvais traitements. Toutes les classes de ce siècle
heureux sont conviées, en France surtout, au bien-être que tendent à éclairer et à moraliser sans cesse nos institutions.

RÉSUMÉ. — PRÉCEPTES GÉNÉRAUX.

ART. 532. — **Alimentation.** — L'homme qui se livre à des
travaux pénibles digère généralement bien. L'homme voué, au
contraire, aux travaux de l'esprit, voit ses facultés digestives
s'affaiblir. Le premier doit, pour bien se porter, faire usage
d'aliments peu nutritifs, tirés du règne végétal : une alimentation trop substantielle le prédisposerait aux congestions. Le
dernier doit faire choix d'une nourriture à la fois azotée,
protéique et de facile digestion, telle que les potages gras, les
viandes rôties, peu cuites. Les matières sucrées, calorigènes,
comme les fruits cuits ou crus, prises à la fin du repas, lui sont
encore utiles en favorisant la digestion. Le premier leur préfère
avec raison un verre de vin ou de toute autre boisson alcoolique,

que son estomac supporte aisément, lorsque l'homme de cabinet ne pourra en faire usage ou qu'un usage extrêmement modéré.

ART. 533. — **Habitations.** — Les habitations de nos campagnes présentent généralement de mauvaises conditions de santé. Presque toujours au rez-de-chaussée, elles sont humides et malsaines ; mais elles sont surtout insalubres, lorsque, basses, mal éclairées et ayant des cheminées qui tirent mal, elles sont dépourvues de plancher, et qu'un mauvais pavé ou simplement la terre constituent seuls le palier de la demeure. Les hommes jeunes qui vont habituellement aux champs se ressentent peu de ces conditions; mais les femmes, les vieillards et surtout les enfants, en subissent les rigoureuses conséquences.

ART. 534. — **Habitudes.** — Nous recommandons comme essentiel à la conservation de la santé, comme favorable à son rétablissement lorsqu'elle est altérée, en un mot, pour arriver à un âge avancé avec peu d'infirmités, non-seulement la sobriété, une nutrition saine et réglée, mais encore le soin d'éviter les courants d'air, les refroidissements du corps, l'arrêt subit de la transpiration; la respiration d'un air froid, quand la poitrine sort d'un milieu chaud ou qu'elle est en état de transpiration; l'ingestion d'une boisson froide, quand le corps est en sueur. Il faut aussi ne mouiller les pieds, et la tête surtout, qu'avec la plus grande circonspection ; se couvrir toujours selon la saison ; porter la laine sur la peau, au moins sur le tronc et les bras, si ce n'est même sur les jambes. Nous insistons encore, comme conditions d'une grande importance, sur l'habitation d'une demeure salubre, et nous entendons par salubre : peu humide, planchéiée, élevée d'un degré au moins au-dessus du sol, bien éclairée, exposée au midi, *car l'homme, ainsi que les plantes et tous les êtres organisés, a besoin d'insolation;* enfin qu'elle soit munie d'une cheminée dont le tirage se fasse bien, afin qu'on ne soit pas exposé, l'hiver, au double inconvénient des courants d'air et de la respiration d'un air constamment chargé de fumée. Sans compter les ophthalmies et les dartres, que peut développer cette fumée, elle est impropre à la combustion pulmonaire, et peut, par les vapeurs âcres et acides qu'elle renferme, produire à la longue de grands désordres dans les organes de la respiration.

ART. 535. — **Propreté.** — Nous ne pouvons nous dispenser, dans cet important chapitre, de rappeler l'importance réelle qu'on doit accorder à la propreté en général, et spécialement le soin qu'on doit mettre à écarter des habitations, les fumiers et tout foyer d'infection. Un grand nombre de maladies et la plupart des épidémies ont pour cause la respiration prolongée des miasmes putrides ou paludéens : de là la nécessité d'habiter une demeure qui soit éloignée des marais et des fumiers en putréfaction.

Quant à la propreté du corps, son importance découle de celle qu'on doit attacher : 1° à ce que les fonctions de la peau s'exécutent facilement ; 2° à ce que cette surface, qui jouit aussi de facultés absorbantes, ne soit pas réduite à s'assimiler des saletés. Pour que rien donc ne porte obstacle aux fonctions de l'enveloppe cutanée, il faut la maintenir constamment propre ; et, comme les bains sont peu à la portée des gens de la campagne, ils devront les remplacer par des lotions souvent renouvelées d'eau fraîche, avec ou sans le concours du savon, suivant la nécessité.

ART. 536. — **Transpiration; son importance.** — Une des fonctions qu'il importe le plus de ne pas troubler, c'est la transpiration. Nous dirons à ce sujet qu'il existe deux transpirations aussi nécessaires l'une que l'autre à la bonne harmonie physiologique : l'une est la transpiration de la peau, l'autre est celle des poumons. Bon nombre de maladies ont pour cause la cessation subite de la transpiration cutanée ; d'autres résultent de la cessation plus ou moins complète, plus ou moins rapide, de la transpiration pulmonaire ; un très-grand nombre, enfin, sont occasionnées par l'arrêt plus ou moins complet des deux transpirations. Les *douleurs rhumatismales*, si variées et si nombreuses, les *névralgies*, les *angines*, etc., n'ont ordinairement d'autre cause qu'un froid qui saisit ou un changement subit de température. Les *bronchites*, les *pneumonies*, les *pleurésies*, résultent presque toujours de la respiration plus ou moins prolongée dans un milieu froid, lorsque les bronches, la poitrine et tout le corps sont à une température élevée, et qu'ainsi la transpiration pulmonaire est active. C'est surtout lorsqu'en hiver on s'est livré à un travail pénible ou à une marche forcée, et qu'on s'arrête à un courant d'air ; lorsque, en été, on ingère dans l'estomac une boisson froide, que se contractent une foule d'affections des poumons ou de la plèvre. Les fièvres se produisent souvent par les mêmes causes, principalement quand le corps est déjà affaibli par un excès de travail, et qu'on fait usage d'une eau corrompue ou qu'on habite un milieu malsain, dans lequel on respire des miasmes putrides ou paludéens.

Lors même qu'on ne transpirerait pas, le refroidissement partiel d'un de nos organes ou d'une région de notre corps est

toujours nuisible. En effet, par suite de la dilatation des vaisseaux, la circulation du sang se produit avec facilité, et
partant avec activité, dans la partie chaude de notre corps,
tandis qu'elle se trouve enrayée, dans son mouvement, par la
contraction que produit le défaut de calorique dans les parties
refroidies. Ce manque d'harmonie, on le comprend, peut causer
de grandes perturbations. Non-seulement donc, pour conserver
la santé, il faut, par toute sorte de soins, éviter d'arrêter les
transpirations pulmonaire ou cutanée; se mettre à l'abri des
courants d'air, surtout lorsqu'on transpire ou qu'on a fait un
travail pénible, une course qui a donné de l'activité aux poumons; mais encore il faut s'abstenir alors d'ingérer dans
l'estomac une boisson froide, comme il est encore essentiel
d'éviter, dans des conditions moins tranchées, tout refroidissement partiel du corps, tel que celui de la tête, des pieds, etc.

Les désordres pathologiques que détermine l'infraction à cette
grande règle hygiénique sont bien plus marqués encore si le
sujet est en état d'ivresse (condition qui détermine une transpiration pulmonaire très-active), et s'il est plus faible, et par
conséquent moins résistant.

Les soins hygiéniques doivent être poussés, pendant l'été,
jusqu'à éviter de se reposer à l'ombre quand on transpire. A
plus forte raison doit-on s'interdire, dans ce cas, de se baigner
ou seulement de se laver la tête ou les pieds. Quand on a fait
une marche ou un travail long et pénible en été, on doit se
reposer sans doute, mais seulement au soleil, du moins jusqu'à
ce que la transpiration ait cessé; et, si l'on a soif, éviter de
boire de l'eau fraîche : le vin, qui d'ailleurs n'est jamais bien
frais dans cette saison, est moins à redouter à cause de sa propriété stimulante; mais on devra néanmoins attendre, pour en
prendre, que la transpiration soit devenue moins abondante.
L'eau tiède, à la température du corps approximativement,
peut être bue sans le moindre inconvénient. Lorsque, après s'être
reposé un moment, on ne peut avoir une boisson à la température désirable, on se trouve bien de prendre, par gorgées, celle
dont on peut disposer, en ayant soin, à chaque fois, de l'agiter
dans la bouche, avant de l'avaler. Les parois chaudes de la
bouche échauffent ainsi le liquide, de manière à faire disparaître
en partie, le contraste de température qui existait entre la
boisson et le tube digestif, et il y a dès lors moins à redouter
pour une angine ou pour une maladie de l'organe pulmonaire.

Comme conséquence de ce que nous venons d'exposer, relativement à l'importance qu'il y a d'éviter tout changement

brusque de température, il sera bon de se vêtir d'habits qui soient mauvais conducteurs de la chaleur et partant du froid, et qui, d'ailleurs, laissent passer facilement la transpiration : tels sont les gilets de flanelle ou de laine sur la peau. La laine vaut mieux, à ce point de vue, que la soie, la soie que le coton, et le coton que le fil ou les tissus, soit de chanvre, soit de lin. La laine est si mauvais conducteur de la chaleur, qu'elle est journellement employée, en été, à transporter la glace qui nous arrive des régions polaires ou qu'on a conservée dans des glacières ; et que, dans les pays chauds, comme l'Espagne, on voit les indigènes se couvrir d'un manteau pour se garantir de la chaleur de l'été, à la condition, dans ce cas, de garder l'état de repos.

Un grand nombre de bronchites, et surtout de coryzas ou rhumes de cerveau, se contractent, en hiver, lorsque l'air extérieur est froid, et qu'on s'y expose en quittant un bon feu.

ART. 537. — **Intempérance.** — Si les transitions de température sont nuisibles à l'homme dans l'état physiologique ou de santé, combien ne deviennent-elles pas plus dangereuses lorsqu'il est déjà malade ou valétudinaire ? C'est alors surtout qu'il convient de redoubler de soins. L'homme en état d'ivresse cesse d'être bien portant ; sa résistance est moindre, et c'est ce qui explique, nous le répétons, la fréquence des pneumonies et des pleurésies chez les travailleurs de nos campagnes, lorsqu'ils ont abusé des boissons alcooliques. D'ailleurs, l'homme qui perd ainsi la raison n'est plus maître de lui-même, et commet une foule d'imprudences.

L'abus habituel des boissons et du tabac prédispose encore aux inflammations du cerveau, à l'aliénation mentale, aux attaques d'apoplexie, aux maladies des voies digestives et urinaires.

L'abus des aliments solides prédispose aussi aux attaques d'apoplexie ; en sorte que la tempérance est un des grands principes d'hygiène, et que la sobriété en tout genre contribue, pour une large part, à la longévité de l'homme. Aussi est-il rare de rencontrer un octogénaire, par exemple, qui n'ait été sobre au moins pendant la dernière moitié de sa vie. Broussais, un illustre maître, a dit que les fonctions diverses de l'organisme ne sauraient se produire régulièrement, facilement, qu'à la condition de ne prendre tout aliment qu'avec modération : aussi insiste-t-il pour qu'on évite l'usage des divers excitants du goût. Il va jusqu'à établir la règle, pour bien se porter, « de se lever de table avec un restant d'appétit ».

ART. 538. — **Propriétés des aliments.** — Nos aliments varient entre eux par leurs propriétés nutritives : les viandes,

par exemple, composées plus spécialement d'azote, sont plus
nourrissantes que les légumes et que les fruits surtout, qui ne
renferment point ou presque point de ce corps simple. Nos
céréales tiennent le milieu, par leur constitution chimique,
entre les viandes et les légumes, c'est-à-dire que les céréales
sont plus nutritives que les légumes et moins que les viandes.
Parmi les viandes, celles qui proviennent d'animaux adultes,
c'est-à-dire d'animaux faits, tels que le bœuf, le mouton, la
poule, etc., sont plus nutritives que celles qui appartiennent à de
jeunes animaux, comme l'agneau, le veau, le poulet.

Sous le rapport de la division zoologique, les aliments sont
généralement d'autant plus nourrissants, qu'ils proviennent
d'animaux plus élevés dans l'échelle animale. C'est ainsi que la
viande des mammifères est plus nutritive que celle des oiseaux,
celle des oiseaux que celle des poissons.

Nous avons déjà dit que les aliments azotés sont ceux dont le
pouvoir nutritif est le plus grand, et c'est par la proportion de
l'azote, qui domine dans la constitution des viandes, que s'explique la supériorité des unes sur les autres, considérées comme
aliments. Cet azote fait partie de quatre principes immédiats que
renferment les viandes, et qui se remplacent les uns les autres
dans la constitution des matières animales. Ces quatre principes,
qui portent en chimie le nom de *principes protéiques*, sont la
fibrine, la *caséine*, l'*albumine* et la *gélatine*, disposées ainsi dans
l'ordre de leur pouvoir nutritif. La fibrine domine dans la viande
des adultes et dans la constitution du sang ; elle est remplacée
par la gélatine dans la viande des jeunes animaux. Cette gélatine
domine encore dans la constitution des pieds et de la tête des
animaux. L'albumine existe en notable quantité dans le sang de
tous les animaux, et le blanc d'œuf n'est autre chose que de
l'albumine à l'état pur. La caséine que renferme le lait, partie
essentielle des fromages, a une constitution chimique et des propriétés nutritives qui la rapprochent de la fibrine.

Le *gluten* que renferme le froment, et la *légumine* des semences
oléagineuses, ont une composition chimique qui les fait considérer encore comme des principes protéiques, ayant la plus
grande analogie de composition avec la fibrine, l'albumine et la
gélatine.

Les aliments, les plus nutritifs surtout, déterminent dans
l'estomac une légère inflammation locale qui doit en faire rejeter
ou diminuer l'usage dans les cas d'inflammation du tube digestif.
Aussi la diète, plus ou moins sévère, est-elle un puissant moyen,
employé en médecine, pour venir en aide, dans toutes les mala-

dies en général, à l'action d'une médication quelconque : car il est rare que notre corps soit malade sans que le tube digestif n'en reçoive un retentissement plus ou moins grand. (Voir comme complément, art. 456, 1224, 1290, 1336.)

Les aliments légers, c'est-à-dire ceux qui sont d'une facile digestion, sont généralement peu nutritifs; tels sont le *sucre*, la *gomme*, les substances *amylacées* ou qui ont pour base de composition la *fécule*. L'usage en est donc indiqué toutes les fois que l'estomac digère mal, et surtout dans les convalescence.

Le sucre favorise la digestion, soit comme agent de caloricité, soit par la facilité avec laquelle il se transforme, dans l'estomac, en acide lactique, qui joue un grand rôle dans l'acte de la digestion. La gomme ne renferme pas d'azote, et a une grande analogie avec le sucre : étant comme celui-ci, peu nutritive ; elle est de facile digestion, et la partie non digérée forme un mucilage qui tapisse les parois du tube digestif et agit comme le ferait un cataplasme émollient. La fécule amylacée, ou amidon, se transforme, par la digestion, en une matière tout à fait conforme à la gomme. On pourra, d'après ces données, se rendre approximativement compte de la valeur, comme aliments, des fruits et des confitures, lorsqu'on saura qu'ils renferment du sucre, de la fécule amylacée. Le tapioka, le salep, le sagou, représentent presque uniquement de la fécule amylacée. Le racahout, dit des Arabes, le palamout des Turcs, contiennent, en sus de la fécule, du sucre et un arome. Quant au vermicelle, à la semoule, au gluten granulé, ce sont encore des pâtes amylacées qui renferment plus ou moins de gluten.

Le bouillon gras est de l'eau tenant en dissolution ou suspension de la fibrine, de l'albumine et de la gélatine ; mais, comme ces principes protéiques y sont très-divisés, le bouillon se trouve être à la fois un aliment léger et nutritif.

ART. 539. — **Complément des conditions hygiéniques.** — Ajoutons à tout cela qu'un empire assez grand sur nous-mêmes pour réprimer nos passions, de manière à n'enfreindre *jamais en quoi que ce soit les limites de la tempérance ;* la règle et le devoir en tout; l'habitude de se coucher comme de se lever de bonne heure, ainsi qu'une vie morale conforme aux vrais règles de la charité et de la sagesse, ayant pour effet de prévenir les émotions et sensations violentes, et nous aurons énuméré tout ce qui concourt, le plus efficacement, à la conservation de la santé et à ce bien-être tant désiré.

LIVRE CINQUIÈME.

—

MÉDECINE.

—

PRÉAMBULE.

ART. 540. — **Enchaînement.** — Aux chapitres *Anatomie*, *Physiologie* (art. 428, 436), nous avons donné une idée de la charpente humaine; des tissus divers qui, avec le squelette, constituent le corps de l'homme; des grandes fonctions qui entretiennent et propagent la vie. Nous avons décrit au livre *Hygiène* (art. 452 et suivants), les moyens les plus efficaces, en même temps que les plus simples, pour éviter les maladies, en vue de prolonger l'existence. Ces connaissances, étayées des notions des sciences physiques et naturelles qui les ont précédées, ont dû préparer nos lecteurs à nous suivre dans l'exposition qui fait l'objet des importants chapitres que nous consacrons à la médecine, comme des intéressants articles qui suivent sur l'économie domestique et rurale.

La *médecine* est la science des *maladies*, impliquant leur *connaissance* comme leur *curation;* elle se divise naturellement en *pathologie*, qui s'occupe des *lésions*, et en *thérapeutique*, qui recherche les moyens à leur opposer en vue de rétablir dans leur état normal, et les organes et leurs fonctions, état constituant la santé.

La *médecine* peut se diviser en *médecine interne* ou *pathologie interne*, mots synonymes de médecine proprement dite, et en *médecine* ou *pathologie externes*, embrassant les maladies chirurgicales, divisions peu rigoureuses et dont nous devons tenir peu de compte, dans notre classification, pour le but que nous nous proposons.

La médecine, comme science, se divise encore en *médecine générale* (*pathologie générale* de beaucoup d'auteurs), et en *médecine spéciale* (*pathologie spéciale*), suivant qu'elle embrasse des généralités s'appliquant aux diverses maladies et même à un de leurs groupes importants, ou qu'on localise le champ des études à une maladie ou à un seul genre d'affections.

MÉDECINE GÉNÉRALE.

MALADIE OU ÉTAT PATHOLOGIQUE.

ART. 541. — **Définition.** — On entend par *maladie ou état*

21

pathologique l'état opposé à la santé, constitué, soit par un changement dans la position ou la structure des parties de notre corps, soit par un dérangement dans l'exercice d'une ou de plusieurs de nos fonctions.

Dans toute maladie qui n'a pas la mort pour conséquence, il y a à considérer trois périodes : 1° la *période d'invasion ;* 2° la *maladie proprement dite ;* 3° la *période de décroissance* ou de *guérison.* A cette dernière période, succède la *convalescence*, qui est un état intermédiaire aux états de maladie et de santé.

INVASION.

ART. 542. — **Description.** — L'invasion d'une maladie, se manifeste ordinairement par des symptômes communs à bien des affections, en sorte qu'il faut souvent un certain temps pour porter le *diagnostic*, c'est-à-dire pour pouvoir connaitre à quelle affection on a affaire. Quant au *pronostic*, c'est-à-dire aux conséquences que doit avoir la maladie, il est plus difficile encore de le fixer, surtout avant que cette maladie ne soit parfaitement déclarée.

ART. 543. — **Indisposition.** — L'*indisposition* est le diminutif de maladie. Elle en est souvent le précurseur ou le commencement. Telle indisposition qui, négligée, conduit à une maladie sérieuse, se terminera par un retour à la santé, si elle est judicieusement traitée.

Dans toute indisposition il se produit des troubles dans les fonctions. C'est à leur prédominance que doivent plus spécialement s'adresser les moyens à leur opposer. Ces troubles peuvent être très-divers, mais il est rare qu'on ne puisse les rapporter à l'un ou à l'autre de trois ordres principaux, qui sont : *trouble dans les fonctions de la digestion ; trouble dans les fonctions de la respiration ; trouble dans les fonctions de l'innervation.* Il en est un autre chez les personnes du sexe et de l'âge de 14 à 52 ans, qui se rapporte aux *fonctions de la circulation.*

1° *Trouble dans les fonctions digestives*, constitué par défaut d'appétit, difficulté de digérer, nausées, vents, pesanteur dans les jambes, lassitude, légère céphalalgie avec ou sans étourdissements. Assez souvent légère cardialgie (douleur à l'épigastre ou *creux de l'estomac*), chez les femmes et les enfants surtout. Cette indisposition exige, comme première condition, un régime diététique : et d'abord abstention complète de vin et de toute boisson alcoolique, de café, même de thé ; boissons légèrement aromatiques, sucrées, telles que eau sucrée aromatisée à la fleur d'orange, infusion de tilleul, à sa soif, ou, à défaut de soif, de temps en temps, dans le jour. Ces boissons pourront, dans l'été, être froides ; en hiver, presque froides, lorsqu'on croira qu'il n'y a rien à redouter du côté des voies respiratoires et qu'il n'y a ni toux, ni enrouement. Si peu que ces derniers symptômes existent ou qu'il y ait eu des frissons, n'user que de ces boissons chaudes ou tièdes. Le bouillon seul ou additionné de pain ou d'une pâte alimentaire, telle que vermicelle, semoule, etc., constituera l'unique aliment, dans le principe. Quelques fruits cuits ou confitures, avec du pain blanc, sont également indiqués. Le lait peut remplacer, jusqu'à un certain point, le bouillon. A mesure que l'indisposition diminue, on peut introduire dans l'alimentation, des œufs frais à la coque, des viandes blanches rôties, etc.; mais, si l'état pathologique s'aggrave sous l'empire de ces moyens, il devient nécessaire de recourir aux soins d'un médecin. Voir « Dyspepsie » (art. 769).

2° *Troubles dans les fonctions de la respiration.* Ces troubles sont caractérisés par de la fièvre (c'est-à-dire par du malaise, de la chaleur, de la soif et une accélération dans le mouvement du pouls) ; par la toux, l'enrouement, ou tout au moins de la gêne dans la respiration. La diète doit encore être observée ; mais il faudra surtout se tenir chaudement et ne faire usage que de boissons sudorifiques et chaudes, telles que le sureau et la bourrache, la fleur de violette même. Si peu qu'il se manifeste une douleur dans la poitrine, s'aggravant par les mouvements de l'inspiration ; si peu qu'il y ait insomnie ; si peu que la couleur des crachats *de l'expectoration* se colore par l'effet d'un sang rouge ou d'un sang transvasé, il y aura lieu d'appeler l'homme de l'art. Voir (art. 711, 713,) « *Fluxion de poitrine* et *Pleurésie* ».

3° *Troubles dans les fonctions de l'innervation.* Nous avons spécialement en vue de faire connaître les prodrômes de l'apoplexie ou attaques de sang, se manifestant par un commencement de paralysie dans les membres, d'un seul côté du corps ; et même dans la moitié correspondante des mouvements de divers muscles de la tête, mais précédés toujours de céphalalgie, d'étourdissements, de lourdeur de tête, etc.

L'apoplexie (art. 740), qui est, comme on sait, une des affections les plus redoutables, puisqu'elle surprend presque toujours l'homme dans un état apparent et florissant de santé, et le prive de ses plus précieuses facultés, lorsqu'elle ne le tue pas subitement, a des prodrômes qu'on ne saurait trop faire connaître, et qui, combattus au début, peuvent éloigner indéfiniment l'attaque. Lorsque donc un sujet à la face colorée, à cou court et gros, à épaules carrées et saillantes, dans la force de l'âge, chez lequel les fonctions digestives se font bien, plutôt après qu'avant quarante ans, éprouve des douleurs de tête continues, ou des étourdissements, ou seulement une lourdeur, il devra, par cela seul, se mettre à la diète et éviter l'usage des boissons alcooliques, le vin et la bière compris. Si, à ces symptômes, se joignent pesanteur et difficulté de mouvoir les membres d'un seul côté du corps, ou un fourmillement dans les extrémités d'un même côté, il faut dès lors faire usage de purgatifs énergiques, tels que : purge noire, eau-de-vie allemande, pillules panchymagogues, ou mieux, si on est à proximité d'un médecin, en requérir les soins. Si enfin, à ces symptômes, s'ajoutaient la déviation de la bouche, surtout de la face, une difficulté de parler, et qu'on fût éloigné du médecin, il faudrait, en attendant ses soins, appliquer à l'anus 15 à 20 sangsues qu'on ferait saigner le plus possible. Il est rare, dans le monde, qu'on se fasse une juste idée du danger que court un homme lorsque se manifestent ces divers symptômes, et nous insistons de toutes nos forces pour qu'on ne transige en rien dans l'exécution des moyens que nous indiquons.

4° *Troubles dans les menstruations.* Ces syptômes demandent des soins semblables à ceux que nous conseillons dans le trouble des voies respiratoires, lorsqu'ils tiennent à un refroidissement. Dans tout autre cas, ou s'ils persistent, nous conseillons de recourir à l'emploi de nos pilules sédatives, s'il y a en même temps les syptômes de la gastralgie. Nous préconisons enfin un traitement anti-chlorotique, Voir (art. 804), « *Chloroses ou Pâles couleurs* », s'il n'existe qu'un retard dans les époques, sans autre symptôme saillant.

MALADIE DÉCLARÉE.

ART. 544. —**Description.** — Lorsque le défaut d'équilibre dans les fonctions physiologiques a pour conséquence un effet autre qu'une simple indisposition : qu'il en résulte véritablement un état pathologique, nous donnons (art. 565 à 575) le moyen d'arriver à la détermination de la maladie. Avant de faire connaître cette classification, nous croyons utile d'exposer à nos lecteurs certains états de nos organes et la signification de quelques termes fréquemment usités dans la langue médicale.

ART. 545. — **Douleur.** — La douleur physique, dans une acceptation générale, est une impression pénible de l'âme, résultant d'un état anormal pathologique d'une des parties de notre corps, et transmis au cerveau par l'intermédiaire de l'appareil nerveux. Toute lésion d'une des parties de notre corps, toute perturbation dans les fonctions de l'organisme, tout trouble dans l'appareil nerveux, toute non–satisfaction des besoins qui se rattachent à la vie organique, produisent une douleur. L'étude des causes de la douleur renferme presque à elle seule, la pathologie, comme les moyens de la faire cesser embrassent une grande partie de la thérapeutique. Quoi qu'il en soit, la douleur, malgré son importance en médecine, ne saurait être considérée que comme symptôme des affections; mais il est certaines maladies, les névralgies, et certains rhumatismes dont elle est le plus souvent l'unique symptôme. Voir, pour les douleurs de tête (art. 762) « *Céphalalgie* et *Migraine* » ; pour les douleurs d'estomac « *Cardialgie* » (art. 788) ; pour les douleurs et affections nerveuses du même organe « *Gastralgie* » (art. 789); « *Odontalgie* », (art. 753), pour les douleurs de dents, etc. Voir encore les articles *Névralgie* et *Rhumatismes* (art. 751, 752, 757 et suivants.)

ART. 546. — **Fièvre, état fébrile ou mouvement fébrile.** — On entend par *fièvre*, ou *état fébrile*, ou *mouvement fébrile*, un état pathologique caractérisé par du malaise, assez souvent par des frissons; par de la douleur ou pesanteur de tête; par du dégoût pour les aliments, avec soif plus ou moins vive ; par une chaleur brûlante et pénible à la peau, et enfin par de l'accélération dans les fonctions de la circulation. Ce dernier symptôme se reconnaît surtout à la fréquence du pouls, et c'est à une des artères qui passent au poignet, que les médecins ont l'habitude de constater son état. Le pouls, dans l'état de santé et chez les adultes, donne soixante à soixante-dix pulsations ou battements par minute : quelques personnes cependant ont, dans l'état normal, le pouls plus lent ou plus fréquent. Ces pulsations sont plus nombreuses chez les enfants, et d'autant plus qu'ils sont plus jeunes; il n'est pas rare qu'il ne s'élève à cent chez ceux qui sont en bas-âge. Il ne faut pas confondre la fréquence du pouls qui se lie à la fièvre, avec celle qui résulte d'une marche forcée ou d'une émotion vive, ou même celle que produit l'ingestion des alcooliques ou d'un repas copieux. Pour qu'il y ait *fièvre*, *état fébrile*, il faut qu'à la fréquence du pouls se joignent les autres symptômes que nous venons d'énumérer.

Il ne faut pas confondre la fièvre, ou *état fébrile* (art. 546) avec les fièvres intermittentes ou périodiques, fièvres d'accès; qu'il ne faut pas non plus confondre avec les fièvres continues, telles que les fièvres inflammatoire, bilieuse, muqueuse et typhoïde; enfin il ne faut pas confondre celles-ci avec les fièvres dites *éruptives*, telles que la rougeole, la scarlatine, la variole, la varioloïde, etc. (art. 587). La fièvre ou état fébrile peut se produire seule, et constitue, dans ce cas, la fièvre éphémère ; mais elle est presque toujours le symptôme de maladies graves, telles que les affections, de l'organe pulmonaire. Elle se produit encore à la suite d'une blessure, à la suite d'une opération, dès le début au moins des fièvres dont nous venons de parler ; enfin toutes les fois que l'équilibre physiologique est rompu d'une manière notable.

ART. 547. — **Inflammation**. — Le mot *inflammation*, synonyme de *phlegmasie* et le plus souvent même d'*irritation*, indique un état anormal qu'on ne saurait trop comparer qu'à la brûlure de premier degré ou à un érysipèle, et dans lequel les tissus qui en sont le siége, sont rouges, gonflés, chauds et douloureux. Dans cet état, le sang afflue vers la partie qui est le siége de l'inflammation, sans que les veines puissent reprendre, dans le même temps, le sang que les artères y ont amené.

On admet deux sortes d'inflammation : 1º l'inflammation *aiguë* : c'est celle que nous venons de décrire ; 2º l'inflammation *chronique*, qui diffère de la première en ce que son existence est de date ancienne, et que la douleur est moindre, bien que l'engorgement persiste.

Lorsque l'inflammation est poussée assez loin, il y a impossibilité à ce que le sang, amené par les artères, revienne intégralement au cœur, par les veines : il s'altère alors par sa stagnation, et se transforme en liquide purulent ou pus. Ce pus altère, à son tour, les tissus avec lesquels il est en contact ; le tout se modifie, et il en résulte un abcès qui se fait jour au dehors, en déterminant l'altération et la rupture des tissus qui le recouvrent. Du reste, ces altérations varient à l'infini : constituant une série de maladies, selon la place qu'elles occupent et selon le genre de tissus ou les parties qui s'altèrent.

La *congestion* diffère peu de l'inflammation. Dans un sens restreint et le plus ordinaire, *congestion* signifie afflux du sang, sans qu'il y ait encore état morbide ou *inflammation*.

Les nerfs que nous avons dit être des prolongements du cerveau, étant des organes qui transmettent nos sensations, se trouvent lésés eux-mêmes lorsqu'il y a inflammation, puisque de cette inflammation résulte une lésion, plus ou moins grande, des tissus. Il est donc naturel que toute inflammation soit plus ou moins douloureuse, et que cette douleur soit en raison directe de l'étendue et de l'intensité de la lésion.

ART. 548. — **État physiologique, état pathologique.**

— L'expression *état physiologique* est employée pour désigner l'état de parfait fonctionnement de l'économie, par opposition à *état pathologique*, qui indique l'état de maladie.

ART. 549. — **Pléthore.** — La *pléthore* ndique une surabondance de sang dans le système sanguin, ou une prédominance de globules dans le sang. Elle est caractérisée par le gonflement des vaisseaux, par la rougeur de la peau, une température élevée de la peau, la dureté du pouls, etc. C'est l'opposé de l'*anémie*.

ART. 550. — **Hypertrophie.** — On entend par *hypertrophie* un état anormal d'accroissement excessif d'un organe, sans qu'il y ait altération réelle dans sa texture. On dit hypertrophie du foie, de la rate, etc.

ART. 551. — **Hypersécrétions.** — Ce nom s'applique aux sécrétions diverses lorsqu'elles se produisent avec exagération notable.

ART. 552. — **Névralgies.** — Ce nom s'applique à un genre de maladies dont le principal symptôme est une douleur vive, exacerbante, ou à caractère intermittent, embrassant une branche nerveuse ou ses ramifications, ne présentant le plus souvent ni rougeur, ni chaleur, ni tuméfaction.

ART. 553. — **Atonie.** — *Atonie*, dans le sens le plus usuel, est l'opposé d'inflammation (art. 547). Il y a atonie dans une partie, quand la vie organique y est moindre que dans l'état normal physiologique.

ART. 554. — **Gangrène.** — *Gangrène* indique un état de mort de la partie qui en est atteinte; il y a extinction de toute action organique. Il ne saurait dès lors y avoir un moyen de rappeler ces parties à la vie : elles doivent être éliminées des parties vivantes. (Voir art. 727).

ART. 555. — **Atrophie.** — L'*atrophie* est l'antithèse d'*hypertrophie* (art. 550). Cet état suppose une diminution notable dans le volume de la partie qui en est atteinte, sans qu'il y ait altération manifeste dans la nature des tissus.

ART. 556. — **Paralysie.** — La *paralysie* est la perte plus ou moins complète du mouvement volontaire, occasionnée par une altération du système nerveux. L'interruption de la communication entre le cerveau et les organes, par la section des troncs nerveux ou par la lésion du cerveau ou de la moëlle épinière, est invariablement suivie de la production de la paralysie ou de l'insensibilité (Bayle et Gibert).

ART. 557. — **Anémie.** — L'*anémie*, qui est l'opposé de *pléthore* (art. 549), est synonyme d'appauvrissement du sang. Les globules de cette *chair coulante*, comme l'appelait Boerhaave, diminuent notablement. Les caractères les plus apparents de cet état, sont la décoloration et un affaiblissement général.

ART. 558. — **Anévrisme.** — On donne ce nom à une dilatation partielle des tissus vasculaires, ayant pour effet d'agrandir la capacité de ces vaisseaux.

ART. 559. — **Cancer, tubercules.** — Le *cancer* et les *tubercules* (art. 815 et 808) sont des productions d'une nature spéciale qui se développent dans nos tissus, par suite d'une affection générale; pouvant présenter diverses formes, suivant la nature des tissus dans lesquels ils se produisent, et ayant le plus souvent pour conséquence, par suite de leur développement, d'entraîner fatalement la mort du sujet qui en est atteint.

ART. 560. — **Polype.** — Le *polype* semble être un être organisé, animal, constitué par une excroissance fongueuse, qui se fixe sur un point de nos tissus, s'y développe, pouvant prendre un développement considérable, et ne cédant qu'à l'arrachement, à l'excision, à la ligature ou à la cautérisation.

ART. 561. — **Kyste, loupe.** — Ces mots sont consacrés à des espèces de poches sans ouverture, qui se développent par la dilatation des conduits excréteurs des diverses espèces de glandes dont l'orifice s'oblitère.

ART. 562. — **Spécifique.** — On entend par *spécifique* un médicament qui exerce une action spéciale sur une maladie, de manière à la guérir, ou tout au moins à en diminuer l'intensité. Tels sont les fébrifuges, les antiscrofuleux, les antidartreux, les antichlorotiques, les antisyphilitiques, les vermifuges, etc.

On ne connaît pas, le plus souvent, le mode d'action du spécifique : on sait cependant que les antigaleux agissent en détruisant l'*acarus scabiei* ou ciron de la gale; que les vermifuges sont tous des vermicides, c'est-à-dire qu'ils débarrassent le corps de l'homme des helminthes qui le fatiguent, en détruisant ces entozoaires; et on pense encore que l'usage des ferrugineux a pour effet, dans la chlorose, de redonner au sang le fer qui lui manque; etc.

ART. 563. — **Traitement.** — *Traitement* et *médication* sont à peu près synonymes. Le traitement est dit général lorsqu'il a pour but de modifier les fonctions générales de l'organisme, les tissus, les liquides de l'économie, etc. Il est dit local lorsqu'il s'adresse au siége même de l'organe ou de la partie malade.

Le traitement des maladies, partie essentielle de la médecine, est le sujet principal de la thérapeutique, qui embrasse dans son domaine le *traitement* et le *régime*.

ART. 564. — **Régime.** — Le régime est l'usage rationnel des aliments, des boissons et de tout ce qui se rapporte à la vie, considéré au point de vue soit de l'hygiène, soit de la guérison des maladies. C'est dans le *régime* que l'hygiène puise ses grands moyens.

DIVISION DES MALADIES.

ART. 565. — **Formule.** — Toutes les maladies qui affectent l'espèce humaine peuvent se classer dans dix divisions, qui sont les suivantes :

ART. 566. — **Première division. — Fièvres.** — Maladies caractérisées par un mouvement fébrile (art. 546), accompagnées ordinairement de lésions anatomiques qui semblent néanmoins n'avoir qu'une importance secondaire. Dans cette division se trouvent la *fièvre éphémère*, et la *courbature* (art. 579), les *fièvres continues*, comprenant la fièvre inflammatoire (art 581), la fièvre bilieuse (art. 583), la fièvre muqueuse (art. 584), la fièvre typhoïde (art 585); les *fièvres éruptives*, caractérisées, en outre du mouvement fébrile, par une éruption à la peau : telles sont la rougeole (art. 587), la scarlatine (art. 589), la variole (art. 590), ainsi que ses dérivées, et la vaccine (art. 592). La division des fièvres embrasse encore les *fièvres intermittentes*, qui se distinguent de toutes les affections en ce que le mouvement fébrile se produit par intermittences, à périodes et à intervalles à peu près égaux, constituant des accès qu'on peut ainsi prévoir d'avance (art. 595, 611).

ART. 567. — **Deuxième division. — Maladies pestilentielles.** — Maladies ordinairement épidémiques, présentant un ensemble de symptômes généraux graves, constituant par leur terminaison, ordinairement funeste, un des fléaux de l'humanité. Nous nous bornons à décrire le *choléra* (art. 657).

ART. 568. — **Troisième division. — Phlegmasies.** — Maladies caractérisées essentiellement par l'inflammation d'un tissu ou d'un organe, parmi lesquelles nous décrivons les diverses stomatites (art. 669), l'aphonie (art. 677), l'angine, l'amygdalite (art. 678), le coryza (art. 679), la laryngite (art. 681), le faux croup (art. 683), le croup vrai (art. 683), la bronchite (art. 685), la bronchite capillaire (art. 687), le catarrhe pulmonaire (art. 688), la coqueluche (art. 690), la grippe (art. 692), les indigestions (art. 694), le pyrosis (art. 695), l'embarras gastrique (art. 696), la gastrite (art. 698), l'entérite (art. 699), la diarrhée (art. 701), l'entérite chronique (art. 704), la dyssenterie (art. 705), la constipation (art. 707), la méningite ou fièvre cérébrale, transport au cerveau (art. 709), la péritonite (art. 710), la pleurésie (art. 711), la pneumonie (art. 713), les ophthalmies (art. 714), l'orgeolet (art. 717), la cataracte (art. 718), les abcès (art. 720),

21·

le panaris, le furoncle (art. 724), l'anthrax (art. 725), les ulcères
(art. 726), la gangrène (art. 727), et la carie des os (art. 728).

ART. 569. — **Quatrième division.** — **Hémorrhagies.** —
Mot synonyme d'écoulement du sang hors des vaisseaux qui le
renferment ; parmi lesquelles nous décrirons l'*épistaxis* ou saignement de nez (art. 731), les divers crachements de sang
(art. 733), les hémorrhagies *traumatiques* ou résultant d'une
blessure (art. 737), les hémorrhoïdes (art. 738 à 853), l'apoplexie
(art. 740).

ART. 570. — **Cinquième division.** — **Flux.** — Les flux sont
caractérisés par une hypersécrétion de liquides, sans qu'il y ait ni
lésion apparente de l'organe sécréteur, ni altération du liquide
sécrété ; parmi lesquelles nous décrirons la leucorrhée, synonyme de perte ou de fueur blanche (art. 744), l'hypersécrétion
du lait (art. 746).

ART. 571. — **Sixième division.** — **Hydropisies.** — Maladies que caractérise un épanchement, une accumulation ou infiltration d'un liquide d'apparence séreuse, comme du petit lait,
en l'absence de tout travail inflammatoire (art. 747).

ART. 572. — **Septième division.** — **Névroses.** — Synonyme de maladies nerveuses et caractérisées essentiellement par
un trouble fonctionnel, sans lésion sensible dans la structure des
parties; parmi lesquelles nous décrirons les névralgies (art. 751),
l'odontalgie (art. 753), la sciatique (art. 754), le lumbago (art.
756), le rhumatisme (art. 757), la céphalalgie (art. 762), les
étourdissements (art. 763), la syncope (art. 764), les convulsions,
attaques de nerfs (art. 765), la mélancolie (art. 777), l'épilepsie,
(art. 765), la chorée (art 780), le hoquet (art. 782), le tétanos
(art. 783), la paralysie (art. 785), l'amaurose ou goutte sereine
(art. 786), la cardialgie ou crampes d'estomac (art. 788), la gastralgie (art. 789), les coliques intestinales (art. 781, 789, 791),
l'asthme (art. 793), l'ivresse (art. 796), l'aliénation ou folie
(art. 797).

ART. 573. — **Huitième division.** — **Maladies constitutionnelles.** — Affections ordinairement de longue durée ,
sans fièvre, liées à un état particulier de l'organisme, originel et
le plus souvent héréditaire, avec troubles complexes dans les
fonctions de la vie organique et altérations multiples des solides
et des liquides , parmi lesquelles nous décrirons l'asthénie
(art. 800), l'anémie (art. 801), l'âge critique (art. 802). l'aménorrhée (art. 803), la chlorose (art. 804), le scorbut (art. 806), le
diabète (art 807), les scrofules (art. 808), la phthisie (art. 810), le
carreau (art. 814), le cancer (art. 815), les dartres (art. 848), le
goître (art. 854).

ART. 574. — **Neuvième division.** — **Maladies organiques.** — Essentiellement constituées par une ou plusieurs lésions d'un organe isolé, parmi lesquelles nous décrivons les palpitations (art 856), l'hypertrophie du cœur (art. 857), les anévrismes (art 858), les coliques hépatiques (art. 859), les coliques néphrétiques (art. 868), les maladies des voies urinaires (art. 861), l'ictère ou jaunisse (art. 873), la surdité (art. 874).

ART. 575. — **Dixième division.** — **Maladies accidentelles.** — Affections résultant de l'influence directe d'agents extérieurs, parmi lesquelles nous décrivons les empoisonnements divers (art. 877 à 889), l'asphyxie (art. 890), les morsures d'animaux enragés (art. 896), les morsures ou piqûres d'animaux vénimeux (art. 902), pustule maligne (art. 905), vers intestinaux (art. 769), poux (art. 910), éphélides (art. 911), verrues (art. 912), cors aux pieds (art. 913), loupes (art. 916), carie des dents (art. 917), coupures (art. 920), écorchures (art. 922), contusions (art. 923), entorses (art. 925), luxations (art. 927), ongle incarné (art. 928), hernies (art. 929), relâchement de la luette (art. 931), brûlures (art. 932), et engelures (art. 939).

TIÈRS SÉANCE. — GUÉRISON DES MALADIES.

ART. 576. — **Description.** — La guérison est toujours précédée d'une amélioration dans l'état du malade. Lorsque cette amélioration persiste, elle constitue la période de décroissance. On est à peu près sûr, dès lors, qu'à moins d'accidents on arrivera, en continuant les mêmes moyens thérapeutiques, à cette guérison tant désirée. Il est donc important, dans ce cas, de ne se relâcher en rien dans l'emploi des moyens sous l'influence desquels on aura obtenu ce premier résultat. C'est pour les négliger trop tôt qu'on voit se produire si souvent de ces rechûtes mortelles, au moment où le malade semblait être arrivé hors de danger. La guérison du malade est sensée obtenue, en général, lorsque les lésions ont cessé, bien que les fonctions tenant essentiellement à un complément de forces n'aient point repris leur jeu intégral ; et c'est dès lors que commence la *convalescence*.

CONVALESCENCE.

ART. 577. — **Description.** — La convalescence, qui est, ainsi que nous l'avons exposé (art 516), un état intermédiaire à la maladie et à l'état de santé, demande, pour être conduite avec soin, c'est-à-dire pour ramener sûrement, rapidement et sans rechûte, nos fonctions dans l'état physiologique, quelques précautions que nous allons indiquer.

Le corps du convalescent ayant une grande propension à recontracter la maladie qu'il vient d'essuyer, ce qui constituerait la rechûte, il est essentiel de surveiller le jeu des organes naguère malades. C'est ainsi que la température du corps, celle de l'air qui doit fournir à la respiration, auront une importance capitale à l'issue des pleurésies, de pneumonies, des bronchites, des attaques d'asthme. Le malade, couvert d'un gilet de laine sur la peau et de vêtements de même nature, devra éviter avec soin le froid aux extrémités et les courants d'air. Le fiévreux devra aussi se tenir chaudement, éviter de boire froid, surtout quand la peau sera en transpiration ou moite. Celui qui se relèvera d'une fièvre continue, telle que la muqueuse, la thyphoïde, la scarlatine, etc., dans lesquelles le tube digestif a souffert, devra porter une attention spéciale à l'alimentation; tel autre, se relevant d'une méningite ou d'une attaque d'apoplexie, s'abstiendra avec raison de tout effort intellectuel et d'occupations longuement soutenues de la part du cerveau. Le graveleux récemment opéré de la pierre évitera de garder longtemps l'urine. Le fracturé à une jambe ne se livrera que peu à peu à la locomotion, etc., etc. Avec un peu de réflexion il est assez facile, on le voit, de trouver la règle d'une hygiène appropriée à ces cas.

Dans toutes les convalescences, du reste, les vêtements et le régime alimentaire demandent une attention spéciale. Il faut se couvrir assez, mais ni trop ni trop peu; éviter toujours les courants d'air. Quant à la nourriture, ce n'est que graduellement qu'on arrivera à la quantité normale, nécessaire. Ainsi que l'indique M. Réveillé-Parise, nous dirons qu'il faut proportionner la nourriture non à la faiblesse des convalescents, mais à la faculté digestive de l'estomac. Manger peu et souvent; soumettre les aliments à une mastication prolongée, afin que, mieux divisés quand ils pénétreront dans l'estomac, ils soient l'objet d'un moindre travail de la part de ce viscère; choisir ceux qui sont le plus en rapport avec la tolérance de cet organe, et consulter pour ce choix les habitudes individuelles, en tant qu'elles ne sont pas nuisibles.

Si le malade était constipé, il conviendrait de lui administrer quelques lavements d'eau tiède, et même de légers laxatifs.

Si les sueurs étaient trop abondantes, on les combattrait par l'usage d'un peu de vin de quinquina, à la dose de deux à quatre cuillerées par jour, administrées demi-heure après avoir mangé.

Éviter enfin les émotions vives ou tristes, longuement éprouvées; toute fatigue intellectuelle et tout travail au-dessus de ses forces.

MÉDECINE SPÉCIALE.

PREMIÈRE DIVISION. — FIÈVRES.

ART. 578. — Pathologie. — Dans le sens général, *fièvre*, synonyme de mouvement fébrile, exprime un état morbide caractérisé, nous l'avons dit, par l'accélération du pouls, par une augmentation de la chaleur animale, etc., qu'on a longtemps considéré comme une affection essentielle, et qu'il faut simplement regarder comme un symptôme des fièvres essentielles, des phlegmasies, etc.

Les fièvres constituent une classe de maladies caractérisées essentiellement par un mouvement fébrile qui commence et cesse avec la maladie, accompagnées, pour la plupart, de lésions anatomiques spéciales qui, lors même qu'elles sont constantes, n'ont qu'une importance secondaire, eu égard à la marche et aux caractères généraux de la maladie. (Tardieu.)

FIÈVRE ÉPHÉMÈRE.

ART. 579. — Pathologie (1). — La *fièvre éphémère*, dénomination qui indique qu'elle n'a pas une longue durée, se manifeste par les symptômes propres à l'état fébrile ou mouvement fébrile. Rarement précédée de malaise, elle débute par une douleur de tête sur le front, plus ou moins forte, par un froid ou des frissons, une lassitude dans les membres, défaut d'appétit, sécheresse de la bouche. La langue est blanchâtre sans enduit muqueux. Il y a soif, et quelquefois, chez les enfants surtout, du délire. Tout cela est accompagné parfois d'épistaxis ou saignement de nez. Les urines sont rougeâtres et déposent un sédiment rougeâtre d'acide urique. Il se produit encore assez souvent une éruption sur les lèvres, principalement sur la lèvre supérieure. Cette fièvre, qui se termine toujours par le retour à la santé, dure de un à deux jours, rarement trois, plus rarement quatre.

Les excès de tout genre peuvent l'occasionner : elle est fréquente chez les enfants et les adolescents. Elle se produit le plus souvent au printemps.

On la confond souvent avec la *courbature,* qui en diffère surtout en ce que, dans celle-ci, les membres sont plus douloureux et comme *brisés.*

---

(1) Sous le titre *Pathologie* nous décrirons les symptômes et lésions ; s'il y a lieu, les causes, les suites, etc.

ART. 580. — **Thérapeutique** (1). — Bien que ces deux affections guérissent spontanément, on conseille ordinairement l'usage d'une boisson qui pousse à la transpiration, telle que infusion de tilleul, de sureau, et, si la céphalalgie était très-intense, l'emploi de sinapismes aux jambes.

FIÈVRES CONTINUES.

ART. 581. — **Pathologie.** — Nous comprenons, dans ce chapitre, tout ce que nous avons à dire des fièvres *inflammatoire*, *bilieuse, muqueuse* et *typhoïde*. La *rougeole*, la *scarlatine* et la *variole* seront traitées à l'article *Fièvres éruptives*.

Lorsque l'état fébrile, dont nous venons de parler à l'article qui précède, se prolonge, sans amélioration, au-delà de vingt-quatre heures, on doit en conclure qu'il ne s'agit pas d'une fièvre éphémère, mais bien d'une toute autre maladie. Si, cet état se maintenant pendant quelques jours, aucun symptôme de maladie de poitrine ne se manifeste; que, d'un autre côté, aucune éruption à la peau ne se produise, on est presque sûr que l'affection sera une fièvre continue.

ART. 582. — **Fièvre inflammatoire.** — Nous venons de dire (art. 579) ce qu'on entend par *fièvre éphémère* ou *courbature*; la *fièvre inflammatoire*, qui appartient à la classe des fièvres continues, n'est guère que l'exagération de la fièvre éphémère. Dans cette affection, il se manifeste assez souvent des symptômes dits *critiques*, tels que des sueurs abondantes, parfois fétides; une augmentation dans la sécrétion urinaire : les urines laissant déposer un sédiment boueux, de couleur brique; très-souvent, encore, il se produit une éruption de boutons aux lèvres. Tous les autres symptômes sont plus marqués, surtout la céphalalgie et le malaise. Les tempes battent avec force, et le visage est vivement coloré. A ces symptômes se joignent des nausées et même des vomissements. Le sujet est constipé; la bouche est sèche et pâteuse; la langue est couverte d'un enduit blanchâtre vers le centre; les urines deviennent rares; le ventre est douloureux et tendu; le pouls plus fréquent; les membres semblent brisés. Cette fièvre se maintient de quatre à dix jours.

ART. 583. — **Fièvre bilieuse.** — Lorsqu'aux symptômes propres à la fièvre inflammatoire se joignent les caractères suivants : douleurs de tête, spécialement sur les sourcils, et très-

---

(1) Sous le titre *Thérapeutique*, nous indiquerons soit le traitement seul, soit, avec celui-ci, le régime qui devra l'accompagner, soit même, suivant l'importance ou la nature de la maladie, les moyens prophylactiques, etc.

vives ; coloration des ailes du nez en jaune orangé ; langue recouverte d'un enduit jaunâtre ; bouche amère ; vomissements de matières âcres, de couleur jaune ou verdâtre ; peau sèche ; chaleur brûlante, c'est un cas de *fièvre bilieuse*. Comme la fièvre bilieuse, la fièvre inflammatoire exige impérieusement l'intervention du médecin.

ART. 584. — **Fièvre muqueuse.** — La *fièvre muqueuse*, qui compte au nombre des fièvres continues, a la plus grande analogie avec la fièvre bilieuse ; mais elle en diffère notamment par les caractères suivants : langueur physique et morale ; odeur acide de la plupart des matières évacuées. Elle s'observe plus spécialement de vingt à trente ans. L'invasion en est lente ; les symptômes ne se dessinent que peu à peu. Le teint devient pâle et cendré ; la physionomie exprime la fatigue et l'ennui. L'esprit est incapable d'application, et le corps de mouvement. La voix est faible, l'appétit perdu ; l'intérieur de la bouche est tapissé d'un enduit blanchâtre ; l'haleine exhale une odeur d'aigre. Le pouls est mou et fréquent ; la chaleur est peu élevée ; la peau est moite, etc.

ART. 585. — **Fièvre typhoïde.** — Quant à la *fièvre typhoïde*, outre les symptômes propres à la fièvre muqueuse, il s'y joint d'autres caractères, tels que saignement de nez, affaiblissement plus grand de l'intelligence, stupeur, surdité, délire, diarrhée ; les intestins étant le siége d'ulcérations, le ventre est douloureux. Comme dans les autres fièvres continues, il se produit des exacerbations dans lesquelles l'état fébrile est plus développé encore, et dans lequel le malade est quelquefois hors de lui et dans le délire. Il se produit enfin, dans quelques cas, un exanthème caractérisé par de petites taches, peu apparentes, rosées, quelquefois livides ou rouges, arrondies, peu élevées, disséminées sur les diverses parties du corps et particulièrement sur le tronc ; cet exanthème commence à se montrer vers le quatrième jour, et disparaît vers le dixième. Nous nous dispenserons d'ailleurs de donner de plus longs détails sur une maladie qui demande, dès le début, les soins assidus d'un médecin.

ART. 586. — **Thérapeutique.** — Le *traitement* des fièvres continues devra être le suivant, dans les deux ou trois premiers jours qui suivent le début, car on devra rigoureusement, nous le répétons, recourir à l'homme de l'art, surtout si, après l'expiration de cette période, il n'y a pas d'amélioration. Faire coucher le malade et le soumettre à la diète. Usage de boissons acidulées, telles que limonade, sirop de groseille, de cerise ; ou même d'orgeat pour les personnes qui ne pourraient supporter les acides. Lorsque la douleur de tête est très-vive, la combattre par l'application de sinapismes ou par l'emploi d'un bain de pied sinapisé, notamment le soir, pour procurer une nuit calme. Administration de quelques lavements, qu'on rendra légèrement purgatifs par l'addition d'une à deux cuillerées de sel marin.

FIÈVRES ÉRUPTIVES.

ART. 587. — **Pathologie.** — On comprend sous le nom de *fièvres éruptives* la *rougeole*, la *scarlatine*, la *variole*, enfin la *varioloïde* et la *varicelle*, synonymes de petite vérole volante.

La rougeole et la scarlatine sont plus spécialement des maladies de l'enfance ; la variole atteint plus particulièrement les adolescents ; aucun âge n'en est cependant à l'abri. Il est rare que le même sujet en soit atteint plusieurs fois, dans la vie. Elles sont épidémiques et même contagieuses, c'est-à-dire qu'elles se peuvent communiquer par le contact.

ART. 588. — **Rougeole.** — La *rougeole* débute par un état général de lassitude, d'anxiété. Alternance de froid et de chaleur ; picotement dans le nez et souvent saignement ; rhume de cerveau accompagné d'une rougeur de la muqueuse du nez, s'étendant jusqu'aux yeux, qui sont larmoyants et très-sensibles à la lumière. Cette inflammation de la muqueuse s'étend jusqu'au larynx et aux bronches, et il en résulte une toux rauque, pénible ; enfin il se déclare une fièvre inflammatoire. (Voir art. 581, 603, *Fièvre inflammatoire* au titre *Fièvres continues*.) Il est des cas danslesquels la *rougeole* se complique d'accidents graves, tels que délire, convulsions, etc., ne disparaissant qu'au moment où se manifeste l'éruption, qui peut être avancée ou retardée, mais qui se montre ordinairement vers le troisième jour. Cette éruption se présente sous forme de taches rosées ou rouges, semblables à des morsures de puce. Tantôt nombreuses, tantôt rares, leur siége a lieu principalement sur la face, les côtés du cou, la partie supérieure de la poitrine. Au bout de trois ou quatre jours ces taches pâlissent et disparaissent. La peau, sur le lieu qu'elles occupent, se dépouille de son épiderme, sous forme de petites écailles semblables à du son. Le malade entre alors en convalescence.

ART. 589. — **Scarlatine.** — La *scarlatine* ressemble beaucoup à la rougeole, dont elle ne paraît différer que par l'intensité. Le malade se plaint surtout de mal de gorge ; il y a souvent des nausées ; le délire et des convulsions se montrent assez fréquemment, et l'éruption se manifeste dans une période plus courte, ordinairement vingt-quatre heures après l'invasion ; les taches paraissent ordinairement à la face et au cou, et de là descendent au reste du corps. En se réunissant, ces taches forment de larges plaques qu'on dirait cernées avec du jus de framboise. Les accidents de pneumonie peuvent compliquer la scarlatine, et des angines (esquinancies) violentes, parfois d'apparence croupale, viennent l'aggraver. On devra, dans ces deux cas, recourir, sans délai, aux lumières et aux soins du médecin.

ART. 590. — **Variole.** — La *variole*, ou *petite vérole*, se manifeste par les symptômes propres à la fièvre inflammatoire, mais le malade éprouve de plus des *douleurs vives* dans les reins et le dos, quelquefois aussi dans les jointures. Il a des vomissements avec frisson dans le début, une sorte de serrement de tête dans la région du front, et ces symptômes durent pendant trois ou quatre jours, s'aggravant ordinairement vers le soir, et produisant ainsi une émission bien marquée. Comme dans la fièvre typhoïde, il y a quelquefois de l'assoupissement et de la stupeur, enfin du délire et des convulsions. L'éruption se manifeste ordinairement bientôt après au visage, d'où elle s'étend ensuite aux autres parties du corps. Elle consiste en de petits points rouges, arrondis, offrant une certaine dureté au toucher, qui s'élèvent bientôt sous forme de petits grains rouges éparpillés, sans ordre dans la variole *discrète*, ou bien serrés et agglomérés dans la variole *confluente*.

La *varioloïde* est en tout un diminutif de la variole. La *varicelle* est encore moindre dans son intensité, comme dans sa durée.

ART. 591. — **Thérapeutique.** — Le *traitement des fièvres éruptives* est le même, à peu de choses près, que celui des fièvres continues; seulement on emploiera tous les moyens possibles pour maintenir le malade à une température uniforme, ni trop froide ni trop chaude. Les boissons acidulées seront remplacées par une infusion légère de violettes, de tilleul ou de sureau. Dès l'invasion de la maladie, les accidents qui se présenteraient seraient combattus par les moyens qui leur sont propres : c'est ainsi que la céphalalgie le sera par l'application de pédiluves sinapisés ou de sinapismes sur les membres inférieurs; la constipation, par des lavements émollients ou laxatifs; la toux, par l'emploi de pâtes pectorales; les angines, par l'usage de gargarismes astringents, etc. Nous n'en dirons pas davantage sur le traitement de ces affections, qui demandent l'intervention du médecin, surtout lorsqu'elles se compliquent d'affections plus graves.

VACCINE.

ART. 592. — **Description.** — La variole trouve un moyen prophylactique précieux, comme on le sait, dans la vaccination.

On ne possède pas encore, que nous sachions, des préventifs pour les autres fièvres éruptives.

On entend par *vaccine* une maladie contagieuse pouvant se communiquer surtout par une opération nommée *vaccination*, de la vache à l'homme ou d'homme à homme, et caractérisée par les symptômes, mais très-réduits, qui sont propres à la variole. La pratique de la vaccination est fondée sur ce principe que, la variole n'atteignant jamais ou presque jamais deux fois le même sujet, la vaccine, qui modifie également l'économie, possède les mêmes propriétés préservatrices, et communique ainsi au sujet qui en est atteint la même immunité que s'il avait eu la variole.

ART. 593. — **Vaccination.** — L'inoculation de la vaccine se fait au moyen de l'humeur que renferme le bouton éruptif de la vaccine, qu'on nomme *vaccin*, soit du pis de la vache atteinte de cowpox, soit enfin au moyen d'un vaccin conservé, d'une année à l'autre, dans des tubes de verre ou entre deux plaques de même matière. C'est un liquide transparent, incolore, visqueux, inodore, d'une saveur âcre et salée, qui a quelque ressemblance avec l'humeur du vésicatoire. Le caractère essentiel du vaccin est d'être visqueux, et c'est du septième au huitième jour de l'inoculation qu'il convient de l'employer.

La vaccination de bras à bras est la méthode la plus usitée et la plus sûre. Selon Jenner, l'immortel inventeur de la vaccination, une seule piqûre suffit pour inoculer la vaccine et pour que l'effet préservatif désiré se produise. La lancette ou une lame effilée quelconque employée d'abord à piquer légèrement les boutons de vaccin parvenus à maturité, puis, imprégnée de l'humeur-vaccin, elle est enfoncée obliquement et à plat sur le bras du sujet à vacciner, de manière à pénétrer entre l'épiderme et le derme, jusqu'à communication avec la dernière ramification des vaisseaux de la circulation; en un mot, jusqu'à production d'un peu de sang, à peine sensible.

Pendant les deux ou trois premiers jours, dits d'*incubation*, on observe à peine un petit cercle rougeâtre autour du point piqué. Il se déclare un peu de dureté, du troisième au quatrième jour, et bientôt se montre une petite élevure rouge, qui, vers le cinquième jour, a l'aspect d'un ombilic ou nombril. Le sixième jour, la teinte rouge de l'élevure s'éclaircit, le bourrelet s'élargit, et le centre se déprime. Le septième jour, le volume de la pustule augmente; elle s'affaisse en s'agrandissant, etc. C'est le moment favorable à recueillir le vaccin. Nous n'irons pas plus loin dans cette description de la pustule, qui, après s'être développée, a une tendance naturelle à se dessécher et à disparaître.

C'est vers le dixième jour que le sujet éprouve du malaise, de la chaleur, de la céphalalgie, les caractères en un mot des fièvres éruptives, classe à laquelle appartient la vaccine chez l'homme.

Nous ne saurions trop recommander, dans les campagnes, la pratique de la vaccination, trop négligée encore, malgré tout ce que fait l'Etat pour la propager. A défaut d'une personne de l'art pour vacciner, les mères peuvent le faire par elles-mêmes en suivant les indications que nous venons de donner. Une aiguille, une épingle, sont au besoin suffisamment propres à cette opération ; mais un canif ou un grattoir, parfaitement aiguisés de la pointe, atteignent mieux le résultat, avec moins de douleur. A cet effet, on fend légèrement l'épiderme de la pustule ombiliquée, et l'on appuie doucement le plat de la lame pour en faire sortir le virus. Après avoir fait mettre à nu un des bras du sujet à vacciner, on le saisit de la main gauche, de manière à en tendre la peau; puis, après avoir chargé de virus la lame, on l'introduit sous l'épiderme, ainsi que nous l'avons dit, et de manière à ne pas faire couler du sang, mais seulement pour qu'on aperçoive un très-petit point rouge. On pratique ainsi deux ou trois piqûres à chaque bras.

FIÈVRE PUERPÉRALE.

ART. 594. — **Pathologie.** — Nom donné à la fièvre ou plutôt à une maladie fébrile qui survient après l'accouchement. Cette affection, le plus communément compliquée de péritonite, de métrite ou de métropéritonite, est toujours une maladie grave dans laquelle il est urgent de faire appeler un médecin. Les symptômes les plus saillants de cette maladie meurtrière, qui fait surtout de grands ravages dans les hôpitaux, se montrant ordinairement d'une manière épidémique, est une douleur plus ou moins aiguë dans la région hypogastrique ou du bas-ventre. Elle est accompagnée ou suivie d'un violent frisson ou d'une succession de frissons. Il y a suppression de l'écoulement mucoso-sanguin, accélération du pouls et tous les symptômes d'une fièvre violente, trouble dans l'intellect, nausées, etc.

ART. 595. — **Thérapeutique.** — Maladie trop grave, nous le répétons, pour rien tenter sans l'autorisation de l'homme de l'art, qui seul doit diriger l'application de tout moyen thérapeutique.

FIÈVRES INTERMITTENTES, INFECTION PALUDÉENNE.

INTRODUCTION.

ART. 595 *bis.* — **Préambule.** — Le hasard, ou la Providence, nous a placé, en venant au monde, dans une famille où, de parent à parent, on s'occupait depuis longtemps du traitement des fièvres intermittentes. A cette famille s'attachait la réputation de posséder des spécifiques à grande efficacité pour la curation de cette affection ; et, cette circonstance nous ayant mis à même de nous livrer , de concert avec notre regrété père, comme nous, de son temps, médecin et chimiste, à une facile expérimentation, il s'en est tout naturellement suivi une série de petites découvertes de l'ordre thérapeutique qui, mises à profit pour améliorer des préparations déjà bonnes et renommées, nous ont maintenu dans cette voie où nous devions progresser , et, par une suite de perfectionnements, arriver à la composition actuelle du fébrifuge, connu à peu près partout aujourd'hui, qui porte notre nom.

ART. 596. — **Publication de nos travaux.** — Pendant longtemps nous avons tenu nos préparations secrètes, et nous le devions, pour avoir momentanément le monopole d'un produit créé ou amélioré par nous, devant réparer par d'honnêtes bénéfices, des malheurs de famille, et dans la vente duquel nous trouvions aussi une juste rémunération, soit à nos labeurs, soit à des sacrifices d'expérimentation occasionnés par nos recherches. Mais nous le devions encore , et par-dessus tout, parce qu'on nous aurait tenu peu de compte de livrer à la publicité un remède encore peu connu, que nous étions d'ailleurs en voie d'améliorer. Aujourd'hui, outre que nous pourrions nous passer à la rigueur des produits d'une industrie pour vivre, nous avons, ce nous semble , porté cette préparation, comme l'ensemble du traitement des fièvres, à un degré de simplicité et de perfection qui a dépassé nos espérances : aussi rien ne saurait désormais être un obstacle à ce que nous donnions un libre cours aux sentiments qui nous portent à tout faire connaître. Nous considérons cet acte comme un devoir à l'égard de la société, dont nous tirons notre bien-être , envers Dieu qui nous a protégé dans nos efforts.

ART. 597. — **Une des conditions de succès du fébrifuge.** — Est-ce à dire que nous allons, pour les motifs qui précèdent, cesser de nous livrer à l'obtention de cette précieuse préparation ? Assurément non : car, si nos sentiments de justice veulent que nous trouvions peu noble de garder pour nous une composition qui doit profiter au bien-être général, un mobile tout aussi louable nous sollicite à en continuer la production. En effet, nous sommes convaincu que, si cet agent thérapeutique a obtenu la grande vogue qu'on lui sait, cela a tenu beaucoup aux soins qui président à son obtention dans la maison, comme à une rigoureuse exactitude dans le mode spécial d'administration. Du jour où les proportions respectives des bases alcaloïdiques qui entrent dans chacune des pilules, salifiées par l'acide acétique, ne seraient plus celles que nous indiquons, et, à moins qu'on n'achetât les quinquinas fort en graud et qu'on ne les analysât préalablement, on y parviendrait difficilement ; de ce jour, ces pilules perdraient leur supériorité sur les autres préparations. Qu'on juge donc de l'importance que nous mettons, dans l'intérêt général, à ce que ne tarisse point la source à laquelle on pourra toujours en puiser de fidèlement obtenues !

ART. 598. — **Une autre condition de succès du fébrifuge.** — Etant admise l'importance du mode d'administration du remède, ce qui constitue une méthode particulière, rigoureuse pour sa réussite, du jour où cette préparation serait livrée au malade sans une notice, comme le comporte la spécialité, sur ce mode rigoureux de l'administrer, sur les précautions à employer, sur l'opportunité d'en continuer l'usage, etc., on le prendrait mal, comme il arrive souvent encore, malgré toutes les recommandations que renferme cette notice, et ce serait là la source de très-nombreux mécomptes.

ART. 599. — **La spécialité bien comprise doit être un progrès pour la thérapeutique.** — S'il est vrai, comme le dit le vieux et trivial proverbe, que *celui qui trop embrasse mal étreint,* il faut réciproquement reconnaître qu'il n'y a pas d'homme, d'une aptitude même médiocre, qui, en se consacrant avec goût et persévérance à l'étude de branches restreintes d'un art, ne parvienne, avec le temps, à y acquérir beaucoup et même à le faire progresser. C'est dans la nature, et Celui qui a dit aux hommes, dans son langage simple et mystique : « *Cherchez et vous trouverez* », a voulu, par cette formule générale, proclamer cette grande loi de la création. Nous vivons d'ailleurs à une époque exceptionnelle où l'homme, à moins d'être doué des facultés les plus heureuses, ne peut, par suite de l'épanouissement permanent des sciences physiques et naturelles, et à cause du développement qu'en reçoivent les arts qui s'y rattachent, embrasser fructueusement l'étude entière d'un de ces arts : il est utile, pour leur avancement, que les travailleurs se renferment rigoureusement dans un cercle étroit devant se restreindre de plus en plus à mesure que nous irons, et d'où naîtra, il est facile de le prévoir déjà, la consécration éclatante de la *spécialité,* que les esprits vulgaires blâment encore de nos jours, sans songer que de son règne doit résulter de grandes découvertes, et partant d'immenses bienfaits pour l'humanité. D'ailleurs, n'avons-nous pas, depuis longtemps déjà, à Paris, des professeurs, des membres de l'Institut, qui se consacrent presque exclusivement à l'étude et au traitement des maladies d'un seul ou d'un petit nombre d'organes, ou bien à des maladies d'un genre spécial ? Pourquoi donc ce qui est bon à Paris serait-il moins bon en province, et pourquoi là des hommes, inférieurs en intelligence et en savoir aux illustrations précitées, mais animés de l'ardent désir de faire progresser un art en se vouant corps et âme à l'étude d'un petit nombre de ses branches, n'avanceraient-ils pas dans cette voie de perfectibilité que Dieu accorde à toute chose fécondée par un travail opiniâtre ?

Du reste, hâtons-nous de le dire, ce n'est pas toujours les grandes découvertes qui sont le plus directement utiles à l'homme, mais bien des fois des améliorations, de simples perfectionnements, et le plus souvent l'application simultanée, mais à propos, de divers moyens déjà trouvés, constituant une méthode nouvelle, sans que les matériaux en soient nouveaux.

Mais, pour être réellement utile à la société, il ne suffit pas de trouver des formules ou des procédés, de produire des découvertes ou inventions de nature à en augmenter le bien-être : il est rigoureusement nécessaire de les faire connaître pour en répandre l'emploi : en sorte que le complément de l'acte d'utilité se trouve forcément dans une certaine publicité.

Cela nous rappelle l'opinion que le professeur d'hygiène de la Faculté de Paris, le savant M. Bouchardat, ancien pharmacien en chef de l'Hôtel-Dieu, a exprimée, en parlant des besoins de la pharmacie : « On ne saurait, dit-il, qu'applaudir à celui qui se livre à une fabrication pharmaceutique exclusive, dans le but d'assurer la perfection comme la conservation des produits. Que chaque pharmacien *s'attache à un produit*, qu'il le prépare, et qu'il le conserve mieux qu'un autre, tous ses confrères seront heureux de profiter des perfectionnements qu'il aura apportés. » De son côté, le professeur Civiale, de l'Institut et de l'Académie de médecine, disait, il y a quelques années, à l'ouverture de son cours, en parlant de la spécialité d'une manière générale et à propos des ennemis qu'elle rencontrait parmi les savants : « J'ai le regret de déclarer que ces savants se trompent, en même temps qu'ils sont injustes envers les spécialistes ».

ART. 600 à 601. — Point de remède secret, mais la spécialité en matière de remèdes. — Si notre dignité personnelle, si notre devoir envers la société, si notre déférence pour le corps médical et pharmaceutique, veulent que nous n'ayons aucun secret, d'autres obligations envers cette société ne veulent point assurément que nous en abandonnions désormais la production au premier venu. Du jour où nous voudrions en agir autrement ; du jour où le public et ces nombreux malades que nous avons si souvent guéris, si fréquemment débarrassés d'une affection qui avait résisté à tous autres traitements, ne pourraient plus disposer d'une préparation en tout semblable à celle à laquelle ils ont déjà dû le rétablissement de leur santé, qui les a sauvés parfois d'une mort imminente; de ce jour, nous serions assaillis, dans notre demeure, par d'irrésistibles supplications ! Aussi, plus que jamais, entendons-nous consacrer à produire cette préparation, comme à l'améliorer encore, s'il est possible, le temps ou la majeure partie du temps que Dieu nous laissera sur cette terre.

INFECTION PALUDÉENNE.

ART. 602. — **Origine de l'infection.** — Ce qualificatif *paludéen*, appliqué à un groupe d'affections qui, en langage médical, est synonyme de fièvres intermittentes, tire son étymologie, comme on le sent, du mot latin *palus*, marais, parce que l'observation semble devoir attribuer la cause des fièvres aux émanations des marais. En effet, tant que les terrains bas, peu perméables à l'eau, sont immergés par ce liquide, il semble n'en échapper aucune effluve insalubre ; mais, quand ils se découvrent, et qu'ils s'échauffent par l'effet de l'insolation, ces surfaces, se trouvant, dès lors, dans les conditions les plus favorables à la formation spontanée d'êtres organisés ou à des germes, il s'en dégage des miasmes produisant, entre autres maladies, et le plus fréquemment, l'*intoxication* ou *infection paludéenne*. Heureux les habitants de ces parages lorsque cette intoxication se borne à l'infection paludéenne simple, se traduisant par les fièvres périodiques ou intermittentes régulières, et qu'il ne s'y mêle ni les fièvres rémittentes pernicieuses qui déciment impitoyablement parfois la population des contrées infectées, ni ces fièvres larvées, graves, échappant trop souvent au diagnostic de l'homme de l'art, et constituant par cela même une dangereuse affection, ni, à plus forte raison, ces fièvres pseudocontinues des pays chauds, le désespoir de la médecine.

ART. 603. — **Fièvres continues.** — Le public confond trop souvent deux groupes de maladies ayant entre elles une similitude de nom : nous voulons parler des fièvres *intermittentes* et des fièvres *continues*. Le médecin est loin de les confondre, et, s'il attribue la production des fièvres intermittentes ou d'accès, ou fièvres périodiques, ce qui est synonyme, aux émanations provenant de l'altération de la matière organique *végétale*, il est disposé à rapporter la cause des fièvres continues, comme la

fièvre muqueuse, la fièvre typhoïde, ainsi que la cause des maladies pestilentielles, telles que le *choléra*, à des miasmes d'origine
animale.

ART. 604. — **Intoxication.** — Il paraît que l'empoisonnement paludéen se produit plus particulièrement le matin ou le
soir, en l'absence des rayons solaires directs. Ce ne serait point
assurément parce qu'il se dégagerait plus de miasmes délétères
avant le lever ou après le coucher du soleil, mais, très-probablement, parce que l'insolation communique à l'économie une
résistance plus grande aux agents malfaisants, d'une part, et
que, d'autre part, elle détruit les germes morbides que renferment ces miasmes. Cette action délétère s'exerce également sur
les deux sexes, et à tous les âges de la vie, mais de préférence
chez les sujets déjà affaiblis par une maladie, par une nourriture
insuffisante, par les excès de tout genre. Que ce soit par l'effet
d'un travail au-dessus des forces auquel le père de famille est
sollicité par l'amour si digne d'éloges de la mère et des enfants,
trop souvent par la misère; que ce soit par l'excès dégradant des
liqueurs fortes et du tabac, ou par l'excès d'autres plaisirs, les
conséquences de cet affaiblissement sont les mêmes en ce qui
touche l'infection paludéenne. Toute perturbation subite dans
les fonctions de nos organes, comme un refroidissement rapide,
une indigestion, une frayeur, une chute, prédisposent aussi à
cette intoxication.

ART. 605. — **Théorie de l'infection.** — Les êtres organisés qui appartiennent à l'échelle inférieure de la création
semblent destinés à vivre peu, après l'acte de reproduction. Ce
grand acte accompli chez le végétal non vivace, il est fatalement
voué à la mort. On appelle évolution la période qui s'écoule
depuis sa naissance jusqu'à ce qu'il meurt : il y a donc chez ces
êtres organisés des évolutions annuelles et bisannuelles, indiquant, comme on le voit, leur durée approximative. Mais on
trouve des plantes, parmi les liliacées, par exemple, qui, naissant seulement au mois de mars, cessent de vivre vers la fin
de septembre : chez ces sujets l'évolution n'est guère que semi-
annuelle. Enfin il est, dans la grande division des plantes acotylé-
donées, des sujets, surtout dans le groupe des mucédinées, dont
l'évolution se produit dans une période de quatre jours, de trois
jours, et moindre encore.

Si le zoologiste a pu, dans ces derniers temps, et par l'effet du
perfectionnement des instruments d'optique, découvrir et étudier
une foule d'animaux microscopiques comme les *infusoires*, dont
une goutte d'eau pourrait à la rigueur en renfermer un millier,

animaux dont l'évolution n'est souvent que diurne, ou se
compte, selon les genres ou les espèces, par deux, trois, quatre
jours, etc., le botaniste a pu, tous les jours aussi, faire des
découvertes nouvelles, en appliquant les mêmes instruments
aux investigations de la science qu'il cultive. Après avoir constaté que le *muguet* des enfants est une production végétale
(l'*Oïdium albicans*), qui se développe sur l'épithélium de la
bouche ; que la teigne blanche ou *favus* est un végétal (*Tricho-
phyton*), appartenant aussi à la classe des champignons, qui
s'attache au bulbe pileux de la tête ; que la *pourriture d'hôpital*
et la diphthérite sont autant de végétaux dont le germe, qui
existe à certaines époques dans l'atmosphère, se fixe et se
développe sur le derme dénudé ou sur les membranes muqueuses,
n'est-il pas presque évident que les maladies pestilentielles sont
occasionnées par l'introduction dans nos humeurs, et au moyen
de la respiration, de germes de même nature qui, se fixant et se
développant, soit sur le tissu des viscères, soit même sur les
globules du sang, agissent sur l'économie à la manière des poisons ? Qui peut ignorer d'ailleurs que cette famille botanique des
champignons présente les espèces les plus vénéneuses, pour ne
citer que la *fausse oronge* et l'*agaric meurtrier* ? Que de fois la
simple moisissure du pain a déterminé des coliques et jusqu'à
plusieurs symptômes cholériques ! Que d'accidents graves produits par l'usage de grains ergotés !

ART. 606. — Nature de l'infection paludéenne. — Et,
si nous admettons, avec les savants les plus autorisés, que la
peste, le choléra, comme les maladies exanthémateuses et les
fièvres continues, doivent leur cause à la fixation, dans nos
tissus ou dans nos humeurs, de ces germes de mucédinées dont
l'évolution, pour nous servir d'un mot sur la valeur duquel nous
nous sommes expliqué, coïncide en général avec la durée de la
maladie qu'ils déterminent, ne sera-t-il pas presque évident
que les fièvres intermittentes tiennent à une infection de nature
similaire, sans être identique, et que, selon l'évolution de la
mucédinée productrice des accidents, la fièvre sera quotidienne,
tierce, quarte ; de même que l'infection simultanée par deux
genres différents de mucédinées fébrigènes pourra déterminer
des accès doubles-tierces, doubles-quartes, etc. ? Nous savons
que l'économie a une tendance à se débarrasser des corps étrangers qui la souillent, par un effet de réaction qui constituerait
l'accès coïncidant avec le plus grand développement de la plante
parasite, qui serait expulsée à chacune de ces crises, mais dont
la *mycelium* ou germe subsisterait, pour se reproduire, dans une

même période, avec son même développement. Le *mycelium*, nous avons besoin d'expliquer ce mot, est au champignon ce que le bulbe est à la jacinthe, à la jonquille, au narcisse ; ce que le tubercule est à la solanée parmentière et au topinambour ; bulbes et tubercules qui, tant qu'ils restent enfouis dans la terre, reproduisent constamment ces plantes à évolution annuelle. C'est dans le *mycelium* que se conserve le principe vital de la *mucédinée fébrigène*, à laquelle nous rapportons la production des accès. Or, tant que ce *mycelium* restera fixé sur le tissu de la rate ou du foie, deux sortes de grandes glandes qui sont, comme on sait, plus ou moins atteintes dans les fièvres, il y aura infection, et les accès devront se renouveler. C'est donc à détacher ce *mycelium* de ces tissus, à l'expulser de la rate ou du foie, où ils paraissent se fixer, que peut consister uniquement le procédé de guérison des fièvres, et c'est en agissant ainsi, nous le croyons, que les préparations que nous obtenons exercent leur salutaire effet sur l'économie.

Disons un mot, en passant, d'une grande loi naturelle dont certains savants ont parlé sous le nom de *force biogène*, en vertu de laquelle « toutes les fois que la matière organique se trouve en présence de l'air, de l'eau et du calorique, il y a formation d'êtres organisés, ou tout au moins de germes qui ne demandent pour leur développement qu'un milieu approprié ». Créés, sans doute, dans ces circonstances, les germes de la mucédinée fébrigène s'élèvent dans l'atmosphère à l'état de miasmes, et, par l'effet de la respiration, s'introduisent dans les ramifications des bronches, d'où, par l'acte de l'hématose, ils pénètrent dans l'organisme, et parviennent, entraînés par la circulation, jusqu'à la rate et au foie, viscères qui sont leur siége d'élection.

ART. 607. — **Mode d'action des quinquinas et leurs principes actifs.** — Les quinquinas que nous apporte le commerce du Nouveau-Monde sont, comme on sait, l'écorce des grands arbres de la famille des rubiacées, qui croissent spontanément dans la chaîne des Andes ou Cordillières du sud de l'Amérique. Ce n'est ni par le tissu fibreux inerte que renferme cette écorce, ni par une matière résineuse, ni par divers acides faibles qu'elle contient, qu'elle exerce son action fébrifuge ; mais essentiellement par deux alcaloïdes, dont l'un porte le nom de Quinine (ne pas confondre avec le *sulfate* de quinine que tout le monde connaît), et l'autre, celui de Cinchonine. Chacun de ces alcaloïdes, qu'il faut rendre solubles dans les sucs de l'estomac si on veut qu'ils exercent sur l'économie toute l'action dont ils sont capables, ont entre eux une grande connexion de propriétés, puisqu'ils sont l'un et l'autre anti-fébriles; mais ils possèdent chacun des vertus qui leur sont propres ou particulières.

Art. 608. — **Propriétés spéciales à chacun des alcaloïdes des quinquinas.** — Nous considérons que, si une réaction spontanée de l'économie a le pouvoir de détacher du tissu de nos viscères la *mucédinée fébrigène,* comme dans les accès de fièvre, une réaction ou une crise, non plus forte, mais se localisant sur tel ou tel organe, peut en expulser le *mycelium ;* et c'est en agissant ainsi que se comporte la quinine salifiée et soluble, sur la rate et sur le foie. Quant à la cinchonine, elle jouit de cette même propriété à un moindre degré ; mais elle possède en outre la vertu, non moins précieuse, d'augmenter les forces vitales, et de communiquer ainsi à l'économie le don de produire des réactions plus fortes, car c'est le tonique par excellence. Elle possède surtout encore la vertu spécifique *fébricide* (qu'on nous passe ce néologisme) : c'est-à-dire qu'elle agit sur le *mycelium* fébrigène comme le soufre sur cette autre mucédinée que nous connaissons tous aujourd'hui, l'*oïdium* de la vigne; comme agit la benzine sur telle ou telle autre mucédinée qui produit le *psoriasis* et tout ce cortège de dartres, toutes affections incurables autrefois, et que les progrès récents de la science semblent indiquer comme d'une guérison possible et souvent facile. Si la quinine est, par le fait des propriétés précitées, plus spécialement *anti–périodique,* la cinchonine possède plus particulièrement la propriété tonique, et surtout cette autre propriété spécifique tendant à *détruire les vestiges de ce mycelium de la mucédinée fébrigène,* dont les moindres traces reproduisent ultérieurement les fièvres.

Art. 609. — **Corollaire et conditions essentielles de réussite.** — De ce qui précède nous pouvons rigoureusement conclure, ce nous semble, que chacun des alcaloïdes que renferment les quinquinas (nous ne voulons parler que des deux les plus essentiels) aura son utilité spéciale, et dès lors extrêmement précieuse, quand ils seront rationnellement administrés, à savoir : 1° l'acétate quino–cinchonique, avec prédominence d'acétate quinique, pour produire sur les viscères abdominaux une réaction qui doit détacher des viscères *la mucédinée fébrigène;* 2° l'acétate quino–cinchonique, avec excès d'acétate cinchonique, *pour mortifier le reste de mycelium* ou germe de ces cryptogames, et prévenir tout retour de la maladie qu'elle détermine.

Tout cela, c'est-à-dire l'expulsion de tout germe produisant l'infection paludéenne, demande comme condition essentielle de réussite : 1° emploi, à haute dose, d'un des alcaloïdes de quinquina; 2° emploi prolongé de l'autre alcaloïde; 3° leur introduction dans l'économie à l'état soluble; 4° et enfin, pour produire cette solubilité indispensable, emploi d'un acide non-seulement dépourvu des propriétés malfaisantes de l'acide sulfurique (qui entre dans la composition, comme on sait, du sulfate de quinine), mais encore doué de propriétés sédatives, comme l'acide acétique, qui préexiste dans l'organisme, formant, avec ces alcaloïdes, des composés d'une facile absorption par les vaisseaux chylifères, seules conditions de l'assimilation de ces alcaloïdes.

Nous avons *essentiellement pour principe*, dans notre mode de traitement des fièvres, *et avant tout*, non-seulement de n'introduire dans l'organisme aucun agent thérapeutique qui puisse préjudicier à cet organisme par des propriétés malfaisantes ou par une dose trop élevée, mais encore d'y ingérer seulement, et toujours, des matières bienfaisantes, et à une dose telle que, en la doublant, il n'en pût résulter aucun ébranlement nuisible. Qu'on veuille bien se pénétrer de l'observation rigoureuse que nous mettons constamment à remplir cette importante indication ! Nous sommes convaincu que la dose de principes actifs que renferment nos pilules d'opiat, pourrait être doublée sans grand inconvénient. Mais pourquoi l'augmenter quand elle est suffisante ? Quant à déraciner le *mycelium* de la *mucédinée fébrigène*, pour détruire toute trace de l'infection paludéenne, nous considérons que nos pilules toniques ne manquent jamais leur effet, mais à une condition pourtant : c'est d'en continuer longtemps l'usage, ainsi que nous l'indiquons.

Quand un malade aura gardé longtemps les fièvres, et que, pour cela, l'infection paludéenne sera profonde, si les traitements qu'il aura suivis ont eu pour base, comme presque toujours, l'emploi du *sulfate* de quinine, qui détermine constamment une inflammation des muqueuses, le malade, par le fait de cet état pathologique du tube digestif, ne pourra compter sur l'intégralité des propriétés de notre fébrifuge, et, pour y remédier, dans ce cas, il ne saura mieux faire que *d'en prendre consécutivement deux doses.* Sous l'influence bienfaisante du premier remède, les fonctions digestives reprendront l'intégralité de leur activité normale, et ce ne sera que par l'usage du deuxième fébrifuge, qui dès lors pourra être assimilé, que son effet curatif sur l'économie pourra s'y manifester pleinement.

SYMPTOMES LE PLUS FRÉQUEMMENT PRODUITS PAR L'INFECTION
PALUDÉENNE.

ART. 610. — **Fièvre, état fébrile, mouvement fébrile.**
— On entend d'une manière générale, sous cette désignation,
(art. 546, 578) un état pathologique caractérisé par du *malaise*,
assez souvent des *frissons*, de la *douleur* ou de la *pesanteur* de tête,
du *dégoût pour les aliments*, avec *soif* plus ou moins vive, une
chaleur brûlante et pénible à la peau, et enfin par l'*accélération*
dans les fonctions de la circulation. Ce dernier symptôme se
reconnaît surtout *à la fréquence du pouls*, et c'est à une des
artères qui passent au poignet que les médecins ont l'habitude
de constater l'état du pouls. Il donne, dans l'état de santé,
chez les adultes, c'est-à-dire chez les personnes au-dessus de
seize à dix-huit ans, soixante à soixante-dix pulsations par
minute. Quelques personnes cependant ont, dans l'état normal,
le pouls plus lent ou plus fréquent. Le pouls est d'autant plus
fréquent chez les enfants qu'ils sont plus jeunes. Il ne faut pas
confondre la fréquence du pouls qui se lie à l'état de fièvre avec
celle qui résulte d'une marche forcée ou d'une émotion vive, ou
même celle que produit l'ingestion de boissons alcooliques ou
même encore d'un repas copieux. Pour qu'il y ait *fièvre* ou *état
fébrile*, il faut qu'à la fréquence du pouls se joignent les autres
symptômes que nous venons d'énumérer.

ART. 611. — **Fièvres intermittentes, fièvres périodiques, fièvres d'accès, fièvres paludéennes.** — On
appelle *fièvres intermittentes*, *fièvres périodiques*, *fièvres d'accès*,
fièvres paludéennes, une affection caractérisée par l'invasion
subite, et se reproduisant par intervalles à peu près égaux, de
l'*état fébrile* décrit à l'article qui précède (610).

On désigne par *accès* chacune des reproductions de ces
symptômes, et on nomme *apyrexie* l'intervalle qui sépare ces
accès.

Certaines maladies peuvent être compliquées d'une manière
grave par ce mouvement fébrile intermittent, produisant des
accès dits sypmtômatiques, et dont nous n'avons pas à nous
occuper, les fièvres essentielles devant seules faire l'objet de notre
chapitre.

Si on considère l'influence qu'exercent sur la production des
fièvres intermittentes les émanations miasmatiques des marais,
ou paludéennes, d'une part; si, d'autre part, on envisage
l'action antipériodique des quinquinas sur ces maladies, on sera
amené à ranger dans une même classe des affections qui en

22*

diffèrent sensiblement en apparence, telles que les fièvres remit-
tentes, pernicieuses, et les fièvres pseudo-continues des pays
chauds, par la considération que ces fièvres se produisent sous
les mêmes influences, et qu'elles cèdent à l'emploi d'une même
médication plus ou moins énergique.

ART. 612. — **Fièvre intermittente régulière.** — La
fièvre intermittente régulière, si fréquente dans nos campagnes et
dans les contrées où les eaux stagnent, soit par défaut de pente,
soit par défaut de perméabilité du sol, débute quelquefois
par des symptômes précurseurs tels que malaise général, lassitude, douleurs de tête, mais le plus souvent sans prodrômes, et
simplement par un accès. Ces symptômes précurseurs ou ce
simple accès sont parfois accompagnés d'une éruption aux
lèvres.

ART. 613. — **Stades.** — Les médecins divisent les accès de
fièvre intermittente ou périodique en trois *stades*, caractérisés :
le *premier stade,* par une sensation de *froid* augmentant ordinairement ou se produisant tout à coup avec intensité aux extrémités et dans les lombes, accompagnée de pâleur de la face.
Les lèvres sont violacées, ainsi que les ongles. Des frissons
généraux se manifestent, dans lesquels les membres et la
mâchoire sont agités. Le pouls est fréquent, mais il est petit,
concentré, comme disent les médecins. La respiration est pénible ;
état ordinairement accompagné de douleur et de gêne dans la
région du cœur. La voix se ressent de ce trouble général, et, si
la digestion n'est pas terminée, il peut y avoir des nausées et
même des vomissements. Les membres sont douloureux, courba-
turés, et une douleur sourde se fait ordinairement sentir par
la pression, dans la région de la rate, presque toujours gonflée.
Ce premier stade, fréquemment de la durée d'une heure, varie
dans son intensité comme dans sa durée, qui peut n'être que de
quinze minutes, ne consister qu'en un frisson léger, comme
être nul. Le *deuxième stade* est ordinairement caractérisé par le
réchauffement de la peau, par sa coloration, par une augmentation dans l'état de céphalalgie, par la soif. Le *troisième stade*
est caractérisé par une *transpiration généralement abondante,*
succédant à la chaleur, qui se calme à mesure que se produit la
sueur. L'urine, qui, dans le premier stade, est pâle et fluide,
présente, dans le deuxième stade, une plus grande densité
comme une plus grande coloration. Elle devient rouge dans le
troisième stade, et laisse se produire un dépôt de couleur rouge-
brique.

Le malade voit dès lors tous les symptômes disparaître. Il reste

fatigué, brisé, et désire un repos et un sommeil devenus nécessaires, et après lesquels il éprouve du bien-être. Il est dès lors
comme guéri, malgré une certaine fatigue, un peu de pâleur,
une pesanteur ou embarras dans la tête, et, assez souvent, un
peu de douleur dans les jambes. Les traits de la face restent
tirés ; la coloration est pâle et terne ; le blanc des yeux est assez
souvent injecté de jaune ; il existe un embarras dans la région
de l'estomac et dans les hypocondres. Ces symptômes, qui
peuvent croître singulièrement en intensité, peuvent aussi se
compliquer d'hémorrhagie, de suffocation et même de délire.

ART. 614. — **Division des fièvres intermittentes
régulières.** — Nous avons dit que l'apyrexie, ou intervalle des
accès, laisse le malade dans un état de bien relatif. Cette apyrexie
peut varier de quelques heures comme de plusieurs jours. Les
accès peuvent par conséquent se reproduire fréquemment,
comme à grands intervalles. Ils peuvent se manifester tous les
jours, tous les deux jours, tous les trois jours, et même tous
les quatre jours ; et, de là, la dénomination de fièvres *quoti-
diennes*, fièvres *tierces*, *quartes*, etc. Quand elles se reproduisent
par intervalles inégaux, d'abord d'un jour, puis ensuite de
deux jours, elles sont dites *doubles quartes*. Les accès peuvent se
reproduire à heures fixes, ou retarder, comme avancer, sur
l'heure de leur précédente manifestation.

ART. 615. — **Fièvres pernicieuses.** — Les fièvres intermittentes peuvent parfois affecter un tel caractère de gravité
que le deuxième ou le troisième accès soit mortel. Elles sont
dites alors *pernicieuses*. On comprend toute l'importance, dans
ce cas, d'un moyen thérapeutique assez puissant pour arrêter la
maladie à son début. Que de fois a été fatale une affection dont
aurait facilement triomphé notre remède, ou même le sulfate
de quinine, comme toute préparation rationnelle tirée du
quinquina, administrée à temps ! Aussi faisons-nous à ce sujet
un appel spécial aux personnes qu'anime l'amour du bien ; à
celles surtout qui, vivant dans un lieu éloigné d'un médecin,
peuvent, par leurs conseils, et en attendant les secours de
l'homme de l'art, si pressants dans cette circonstance, intervenir de manière à prévenir la mort imminente de sujets dont
la vie est précieuse, et qui tient à si peu, dans les cas de fièvre
pernicieuse.

Assez souvent le type des fièvres pernicieuses est la fièvre
tierce, c'est-à-dire présentant un jour d'intervalle entre les
accès. Ce que nous avons décrit sous le nom de *stade* est assez
mal dessiné. Assez souvent même ces stades sont intervertis ;

mais ce qui les caractérise le mieux est ordinairement une céphalalgie intolérable, des douleurs à l'épigastre avec resserrement de la poitrine, des défaillances, du délire, des syncopes, de la diarrhée, des vomissements, des convulsions laissant quelquefois après elles de la paralysie ou une roideur tétanique. Cette insidieuse maladie emporte rarement le malade à un premier accès ; mais elle laisse à peine le temps de prendre les mesures pour empêcher de se produire un deuxième accès, auquel il doit trop souvent succomber. Disons cependant que ce n'est quelquefois qu'au troisième ; de telle sorte qu'un médecin expérimenté, appelé à temps, devrait, dans ce cas, être en mesure de le sauver. Toujours est-il que, soit par l'effet de la négligence, de la pauvreté, de l'ignorance ou de l'éloignement du médecin et du pharmacien, soit parfois par inexpérience de l'homme de l'art, nous voyons, tous les ans, des contrées assez nombreuses décimées par l'effet des fièvres pernicieuses.

ART. 616. — **Fièvres larvées.** — Dans les contrées fiévreuses, il est assez commun d'observer un genre d'affections qui semblent appartenir à la classe des névroses par les caractères bizarres qu'elles présentent, mais qui, résistant aux traitements qui ont pour base les calmants et les antispasmodiques, offrent un symptôme essentiel pourtant, et dont on ne tient pas ordinairement un compte suffisant : celui d'exacerbations plus ou moins périodiques dans lesquelles se manifestent soit de la céphalalgie, soit des douleurs à l'épigastre, au bas-ventre, dans les lombes, le long de la moëlle épinière, accompagnées parfois de frissons, quelquefois de chaleur et malaise, de faiblesse, de baillements, de pandiculations, etc. Ces affections, constituant la *fièvre larvée*, cèdent aisément à l'emploi, mais à l'emploi prolongé de notre médication.

ART. 617. — **Symptômes intercurrents d'infection paludéenne, dans les affections aiguës.** — Il n'existe point de maladie aiguë qui ne puisse se compliquer d'accès fébriles, présentant la plus grande ressemblance avec les vrais accès de fièvre intermittente, ou, tout au moins, des exacerbations ou redoublements à heures prévues. C'est au médecin seul à porter sur la nature de ces complications un jugement qui lui permette d'ajouter à la médication générale l'emploi des anti-périodiques, auquel sera souvent attachée la conservation du malade. Nous pensons, avec les hommes les plus autorisés de la science, que l'intervention des préparations quinocinchoniques, dans le traitement des maladies aiguës, devrait être plus fréquente qu'elle ne l'est en général, et que c'est, trop souvent, trop tard qu'on y a recours. Ceci expliquerait comment il se fait que, dans un grand nombre de localités où règnent endémiquement les fièvres continues, comme la muqueuse et la typhoïde, on considère là nos préparations comme le spécifique de ces affections. C'est que, très-souvent, la complication paludéenne se produit alors que le malade irait mieux du côté de l'affection essentielle; que la complication seule retarde le rétablissement du malade, et qu'il suffit, dès-lors, d'appliquer notre médication pour que la guérison se manifeste par des progrès rapides.

MOYENS TOUR A TOUR EMPLOYÉS OU PROPOSÉS POUR COMBATTRE L'INFECTION PALUDÉENNE.

ART. 618. — **Exposition chronologique.** — Avant la découverte des quinquinas, les fièvres étaient considérées comme une grave affection, puisque la médecine n'avait rien d'efficace à leur opposer. La plupart des hommes de l'art cherchaient, au moyen des vomitifs et des purgatifs, à produire, sur l'économie, une forte secousse qui avait parfois pour résultat d'amortir les accès; mais à quel prix, mon Dieu! Et que de fois cette méthode perturbatrice échouait! Que de fois aussi cette méthode, employée à l'égard d'un malade déjà affaibli soit par l'affection morbide elle-même, soit par l'effet de saignées répétées, autre méthode longtemps en faveur aussi, n'avait plus la force de résister à cette médication destructrice, et succombait, tantôt sous le coup immédiat du traitement, pendant les vomissements par exemple, tantôt dans la crise d'un accès!

La petite-centaurée, le *chamædris* ou germandrée, les divers genres, presque tous d'une amertume prononcée, de la famille des *composées*, comme certains chardons, la carline, l'artichaut, l'absinthe, la camomille, la tanaisie, furent tour à tour préconisés. Vint le tour de la méninthe ou trèfle d'eau, de la gentiane, du houx, de l'orange amère, des écorces de pommier, de noyer, de saule, pour ne citer que les plus efficaces. Nous laissons dans l'oubli des médications tantôt absurdes et sales, comme l'administration du foie de loup, du fiel de porc, des excréments de hérisson, d'une araignée vivante; ou dangereuses, comme celles qui consistaient à boire une pinte d'eau-de-vie ou de rhum, ou une décoction de coloquinte, médications auxquelles ne résisteraient qu'un petit nombre de malades, pour en venir à la grande découverte, celle de l'*écorce divine*, comme les Espagnols appellent parfois encore le quinquina. Citons pourtant encore, avant, le nom de quelques substances chaudement préconisées, à diverses époques, comme spécifiques des fièvres, le quassia-amara, le simarouba, le winter, la serpentaire de Virginie, le café, l'écorce de tulipier, la noix vomique, le poivre noir, la noix de galle, le paulownia, l'écorce d'olivier, l'écorce de chêne, l'essence de térébenthine, la grande ortie, la feuille de pêcher, le bleu de Prusse, l'ellébore noir, l'impératoire, le marronnier d'Inde, et l'eau de laurier-cerise.

Des hommes instruits, faisant autorité dans la science, ont cru, dans ces derniers temps encore, trouver un succédané du quinquina ou des sels quiniques, soit dans le salicine, soit dans la phloridzine, soit dans l'apiol, soit dans le ferrocyanate de potasse et d'urée, soit et surtout dans les préparations arsénicales. Hâtons-nous de dire que, sauf les préparations d'acide arsénieux, qui, bien maniées, peuvent rendre des services dans la médecine des pauvres, à cause de leur bas prix, tout le reste est d'une valeur à peu près nulle. Quant aux préparations arsénicales, elles sont d'un maniement si difficile et si dangereux; elles exercent chez certaines idiosyncrasies des effets si violents, si effrayants, qu'on finira par en abandonner tout usage.

ART. 619. — **On découvre le quinquina.** — Le nom de quinquina s'applique, on le sait, aux écorces de divers arbres du genre *Cinchona*, appartenant à la famille botanique des rubiacées. Le nom latin que lui ont appliqué les naturalistes rappelle celui de la comtesse Cinchon, vice-reine du Pérou, qui, en 1638, guérie des fièvres par l'ingestion de la poudre de cette substance, la fit connaître en Europe, où elle a acquis depuis une si grande célébrité.

Les quinquinas américains, les seuls usités dans la médecine, mais que les Anglais cultivent depuis quelques années dans leurs possessions de l'Inde, et dont les produits ont, depuis quelques mois seulement, fait leur apparition en France, habitent la partie centrale de l'Amérique, vers le 4e degré de latitude sud, aux environs de Loxa, au Pérou, dans la Bolivie, dans la Nouvelle-Grenade, dans les contrées de Huanuco, de Lima, etc.

Ruiz, qui a su, par son séjour au Pérou, comment la découverte du quinquina s'est produite, nous fait connaître que, bien avant que la comtesse de Cinchon fît usage de cette écorce, un corrégidor de la province de Loxa, malade des fièvres, en avait été débarrassé par l'usage que lui en avait indiqué un naturel de cette province. C'est avec ce même quinquina (gris de Loxa), que furent faites les expériences publiques à l'hôpital de Lima, expériences que démontrèrent au vice-roi Cinchon les propriétés soutenues par les naturels de Loxa et par leur corrégidor, et à la suite desquelles la comtesse sa femme en fit usage et fut guérie.

ART. 620. — **Obstacles au progrès.** — Mais les meilleures

choses mettent souvent bien du temps à être reconnues comme bonnes : telle est la nature de l'homme, avec des passions qui l'aveuglent ou qui le sollicitent à propager l'erreur ; ce qui a fait dire à notre bon moraliste La Fontaine : « Il est de glace aux vérités ; il est de feu pour le mensonge ». Considérons, en passant, tous les efforts que dut faire le célèbre Parmentier avant de voir se généraliser en France la culture du tubercule qui devait, peu de temps après, préserver de la famine des contrées nombreuses ! Que de temps et de sacrifices de tous genres n'a-t-il pas fallu aux philanthropes pour propager l'usage, dans le même pays, de la vaccine, cette pratique simple, à la portée de tous, qui, paralysant les effets destructeurs d'une meurtrière épidémie, devait sauver annuellement des millions de sujets ! Le quinquina, qu'on doit mettre au nombre des plus importantes découvertes modernes, ne fut point à l'abri des obstacles que semblent rencontrer les plus utiles inventions.

Un édit du roi, provoqué alors par une société savante, alla jusqu'à en proscrire l'usage médical, et cette admirable écorce ne dut plus tard sa réhabilitation qu'à ce que, le monarque tombant malade lui-même, et la Faculté ne pouvant le guérir, on dut faire venir de loin une préparation qui le rétablit rapidement. Mais ce remède était le secret d'un Anglais, Talbot ; et, lorsque l'État, représenté alors par Louis XIV, désirant le posséder dans l'intérêt de la nation et de l'humanité, l'eut acquis de son préparateur, il se trouva, à la honte de ceux qui avaient provoqué l'édit, que la nature de ce remède admirable était précisément celle que frappait cet édit.

QUINQUINAS : LEURS SORTES PRINCIPALES, LEURS PROPRIÉTÉS RESPECTIVES.

ART. 621. — **Deux sortes essentielles de quinquina.** — Ne voulant dire des quinquinas que ce qui se rattache à notre objet, nous ferons remarquer que deux sortes essentielles de ces écorces font partie de la matière médicale : le quinquina jaune, dont le calisaya est l'expression la plus pure, et le quinquina gris, dont le loxa ou le huanuco sont le type. Les quinquinas renferment ensemble deux alcaloïdes, la *quinine* et la *cinchonine* ; mais, tandis que la quinine domine dans les quinquinas jaunes, c'est la cinchonine qui prévaut dans les quinquinas gris.

Relativement à la valeur comparative de ces deux sortes de quinquina, laissons parler quelques hommes les plus autorisés.

En 1820, Lambert, auteur des plus remarquables travaux sur le quinquina, et dont font tant de cas MM. Delondre et Bouchardat dans leur *Quinologie,* faisait cette remarque curieuse :

« On estime beaucoup le quinquina calisaya en Espagne, et des médecins très-habiles m'ont assuré, à Madrid, que le *mélange d'une partie de cette écorce avec trois ou quatre de loxa* est d'une grande efficacité dans le traitement des fièvres ataxiques ». Ainsi, à cette époque, nous disent les savants auteurs de la *Quinologie française*, « on avait déjà constaté dans la pratique les bons résultats du mélange du quinquina à base de quinine avec ceux à base de cinchonine ». Lambert disait : « Le quinquina jaune, sous le nom de *calisaya*, est maintenant le plus employé dans la pharmacie, etc. Il est à regretter qu'on se serve moins du quinquina gris, car *il est certainement plus efficace lorsqu'il s'agit de traiter des fièvres intermittentes graves.* »

Des meilleures observations acquises à la science et résumées par les citations diverses de Lambert, de MM. Bouchardat et Delondre, plus particulièrement encore par la citation de Soubeiran, on doit conclure que les deux espèces *calisaya* et *loxa* renferment les éléments nécessaires à la curation des fièvres, chacune avec une vertu qui lui est spéciale. C'est à l'homme de l'art à savoir en combiner l'emploi suivant ses propriétés. Notre remède, tel qu'il a été amélioré dans le principe, par notre père, consistait en des prises de quinquina calisaya, pour couper les accès, sous forme d'opiat, et en des pilules de cinchonine pour remplacer l'administration du quinquina loxa : il devait, sous une forme moins repoussante, remplacer un premier remède dit de Murat, du nom de M. Brassat-Murat, membre, de son temps, de l'Académie de médecine, frère d'un de nos grands-oncles, consistant en deux électuaires, dont l'un, à base de calisaya, était destiné à couper les accès, et l'autre, à base de loxa, appelé à rétablir les forces, et pour consolider l'effet de guérison du premier. Depuis lors, nous n'avons cessé de chercher un remède qui, sous forme de petites pilules, fût le succédané réel de ces électuaires : les sulfates de quinine et de cinchonine, combinés de manière à représenter les deux exactes propriétés de ces deux électuaires, semblèrent d'abord à J. Gaffard, notre père, avoir atteint ce résultat ; mais l'expérience devait bientôt démontrer leur infériorité, qui tenait, on le sent déjà, à la présence de l'acide sulfurique. Aussi, quelque temps après, c'étaient les alcaloïdes purs que nous substituions aux sulfates. Mais ici un écueil nous attendait encore, comme il était réservé plus tard aux auteurs du *quinium* non salifié : c'était l'insolubilité de ces alcaloïdes. Que d'essais ! que de matières nous avons cherché à joindre, depuis, à ces alcaloïdes, pour les rendre solubles, ou pour amortir les propriétés nuisibles de ces sulfates ! Et ce n'est qu'après bien des années que nous avons pu nous fixer sur leur mode de *salification*, comme sur les proportions respectives des alcaloïdes, en un mot, sur le meilleur mode de production de ces préparations fébrifuges, telles enfin que nous en publions aujourd'hui les résultats. Nous le répétons avec une conviction profonde : nos préparations pour combattre les fièvres, en vue de perfectionner les deux électuaires précités du savant médecin Murat, ont toujours été en s'améliorant; mais ce n'est véritablement que dans ces derniers temps qu'elles ont subi les améliorations, à nos yeux, les plus importantes, à savoir : de présenter, sous un petit volume, non-seulement toutes les précieuses propriétés de l'électuaire de quinquina calisaya, c'est-à-dire d'être aussi fébrifuge et tout aussi anti-périodique que la poudre de la *divine écorce*, mais encore, et en sus de la facilité d'être ingéré par les personnes les plus difficiles à prendre les remèdes, de présenter un agent thérapeutique plus sûr encore dans ses effets que ces électuaires, comme de passer facilement, et sans peser, dans les voies digestives; enfin de pouvoir être administré à très-haute dose, sans produire la moindre nocuité sur l'économie. Quant à nos pilules toniques à destination de remplacer l'électuaire tonique à base de loxa, que dire de cette curieuse préparation dont on fait usage un jour sur cinq et qu'on peut continuer ainsi à administrer pendant des années entières dans les pays infectés de fièvres, non-seulement sans fatiguer l'économie, mais encore, et au contraire, en la maintenant constamment ainsi à l'abri de toutes les maladies qui, dans ces contrées, déciment la population !

ART. 622. — **Préférence des auteurs du Codex medicamentarius.** — Le *Codex medicamentarius*, sauf pourtant la dernière édition, a toujours prescrit, pour les préparations officinales de quinquina, la sorte de ces écorces qui renferme essentiellement la cinchonine, telle que le *Cinchona loxa*, présentant approximativement, sur quatre parties d'alcaloïde, trois parties de cinchonine. C'est avec la poudre de cette écorce, avec ses extraits alcooliques, avec ses divers sirops simples ou composés, avec sa teinture alcoolique, avec sa décoction, qu'on a obtenu tant de succès en thérapeutique, depuis cent cinquante ans; et, lorsqu'il s'agit d'appliquer le principe actif des quinquinas à cette même thérapeutique, on laisse de côté la cinchonine et ses sels solubles, qui en seraient pourtant l'expression la plus vraie, pour ne voir et ne recourir qu'à la quinine, qui n'en est pourtant que l'accessoire.

Voilà une de ces inexplicables contradictions. Elle nous a

23

choqué de bonne heure ; et cela nous a amené à faire dans le
temps, de concert avec notre cher et regretté père, une série de
longues expériences sur la cinchonine et ses sels, qui n'ont pas
peu contribué à nous amener plus tard aux résultats que nous
publions.

ALCALOIDES DU GENRE QUINQUINA : LEURS PROPRIÉTÉS.

ART. 623. — **Quinine, Cinchonine, Quinidine.** — Les
sortes de quinquina les plus actives comme les plus usuelles et
les plus précieuses pour la thérapeutique, renferment essentiellement, comme le quinquina calisaya et le quinquina gris loxa,
deux alcaloïdes, dont l'un, *la quinine*, prédomine dans les
écorces du calisaya, et l'autre, *la chinchonine*, qui, réciproquement,
prédomine dans les écorces du loxa. Les nombreuses variétés de
quinquina qu'on tire, depuis quelques années, de la Nouvelle-
Grenade offrent à l'analyse un nouvel alcaloïde, *la quinidine*, que
la matière médicale, en France, n'a pas encore adopté, et qui
paraît jouir de la moyenne des vertus que nous attachons aux
deux autres alcaloïdes. L'Allemagne et les possessions anglaises
en consomment la majeure partie. Nous ne nous en occuperons
point.

· La quinine et la chinconine à l'état de pureté ou non salifiées,
n'ont jamais guère été prescrites par la médecine française, et
avec raison, à cause de leur insolubilité dans l'eau et de leur peu
de solubilité dans l'estomac ; raison pour laquelle ne pouvait
réussir et devait forcément échouer l'emploi du quinium simple.
Il ne manquait au quinium, pour être dans de bonnes conditions
de réussite, que d'être rendu soluble, ce qu'il était si facile
d'obtenir.

· ART. 624. — **Propriétés comparatives de la quinine
et de la cinchonine.** — De tout ce qui précède et de beaucoup
d'autres documents qu'il ne peut entrer dans nos vues de consigner ici, comme des expériences qui nous sont propres ou qui
appartiennent à ceux qui nous ont précédé dans notre famille,
nous pouvons dire bien haut :

1º L'alcaloïde–quinine a essentiellement la vertu de couper les
fièvres, et, bien que le cinchonine la possède aussi, c'est à un
moindre degré ;

2º L'alcaloïde-cinchonine possède essentiellement la vertu
spécifique de l'infection paludéenne, et à un plus haut degré que
la quinine : aussi est-elle moins anti–périodique, mais plus
tonique, plus fortifiante.

Citons à l'appui de notre opinion ce qu'en disent quelques
expérimentateurs autorisés.

MM. Delondre et Bouchardat, dans leur *Quinologie*, nous disent :
« Nous espérons avoir démontré que l'alcaloïde qui forme, en
grande partie, la base des quinquinas préférés pendant un siècle
et demi est la *cinchonine*..... Mais on comprendra sans peine que
l'emploi général que l'on fait aujourd'hui des quinquinas riches
à la fois en quinine et en cinchonine, rend très-désirable la
recherche d'un moyen pratique qui, en respectant les habitudes
prises, permette d'utiliser la cinchonine. »

Nous pourrions citer, à l'appui de l'opinion de MM. Bouchardat
et Delondre sur l'efficacité de la cinchonine dans le traitement
des fièvres, celle de M. le docteur Hudellet, à Bourg-en-Bresse,
après les essais auxquels il s'est livré sur l'efficacité de cet
alcaloïde, soit dans sa clientèle, soit à l'hôpital, dans une contrée, les Dombes, où les fièvres paludéennes sont endémiques ;
celle de M. Beauregard, qui, l'ayant expérimentée près le Havre,
prétend « qu'il n'est pas *un seul cas* où le sulfate de cinchonine
n'ait eu la même efficacité que le sulfate de quinine » ; celle de
M. le docteur Wahu, chef de l'hôpital militaire de Cherchell
(Algérie) ; celle de M. Briquet, dont l'autorité est si grande pour
tout ce qui se rapporte à la thérapeutique des fièvres, etc.

ART. 625. — **En quel état les alcaloïdes du quinquina
doivent-ils être introduits dans l'économie pour y
produire leur maximum d'effet ?** — « *Corpora non agunt
nisi soluta* », a dit l'immortel Linnée. Cet aphorisme est vrai en
thérapeutique comme en chimie. Nous avons vu, dans notre jeune
temps, les médecins de l'époque, d'une certaine ignorance en
chimie, donner à des chlorotiques des quantités considérables de
safran de mars, qui est, comme on sait, un hydrate insoluble
de peroxyde de fer, sans que ce fer fût absorbé, ou à peine, et
que les malades en éprouvassent le moindre bien. Venait-on à
substituer à cette poudre insoluble l'acétate, le tartrate ou le
citrate de la même base, sels plus ou moins solubles, dès lors il
y avait absorption, et la chlorose semblait disparaître à vue
d'œil. De même, pour l'administration rationnelle des alcaloïdes
qui préexistent dans les quinquinas, il faut les salifier, mais de
manière à obtenir essentiellement un sel *soluble.* Pour cette
raison, les sulfates neutres de quinine et de cinchonine sont
inférieurs en activité aux acétates de ces mêmes bases.

Les sels inorganiques de fer se transformant, dans l'économie,
en lactate et acétate, pour que le fer puisse être absorbé par les
vaisseaux chylifères, il semblait, ce que l'expérience a démontré
depuis, que ces acétate ou lactate devaient être la forme la
plus rationnelle sous laquelle il convenait d'administrer ce

métal, lorsque s'en présentait l'indication. Il paraît démontré
que les alcaloïdes des quinquinas ne sont assimilés ou absorbés
non plus qu'en cet état de lactate ou d'acétate.

Les Anglais, pour le motif de solubilité, donnent la préférence au chlorhydrate de quinine sur le sulfate de la même
base; mais, dans l'un et l'autre cas, on introduit dans l'économie
une base faible, salifiée par un acide fort. Outre que les sulfates
et chlorhydrates de quinine et de cinchonine, introduits dans
l'économie, ne peuvent être absorbés qu'à l'état d'acétate ou de
lactate, ils résistent longtemps à cette transformation, qui a
d'ailleurs pour effet de mettre à nu, et de rendre libres, dans les
voies digestives, soit de l'acide sulfurique ou huile de vitriol,
soit de l'acide chlorhydrique ou esprit de sel, acides corrosifs
comme on sait, et à la présence desquels on est forcé d'attribuer
ces phlegmasies gastro-intestinales se produisant si fréquemment chez les sujets auxquels on administre le sulfate ou le
chlorhydrate de quinine.

Comment l'acide sulfurique n'agirait-il pas comme corrosif
de la muqueuse gastro-intestinale, quand on songe à certain fait
qui se produit journellement dans les arts industriels, et que
nous allons citer, parce que le rapprochement en est saisissant !

Dans l'art du teinturier en étoffes de laine, la couleur noire
s'obtient ordinairement en imprégnant d'abord le tissu avec
une décoction de tannin, et en traitant ensuite par un sel de fer.
Il se forme dès lors un tannate de fer d'un vert foncé, noircissant
à l'air. Si, comme sel ferreux, on emploie l'acétate de fer, le
drap conserve toute sa flexibilité et sa résistance ; si, au contraire, et par économie, on emploie le *sulfate* ferreux ou couperose verte, vitriol vert, la couleur noire en est tout aussi intense,
mais le drap est ce qu'on appelle brûlé, car il perd sa flexibilité
et n'a plus aucune résistance à la traction. On le voit, l'acide
sulfurique libre exerce dès ce moment son action corrosive sur
le tissu ; il le brûle, et ces draps n'ont dès lors aucune valeur,
pour ainsi dire, lorsque, en employant l'*acétate* de fer au lieu de
sulfate, ces tissus conservent toutes les propriétés qu'on y recherche. Ne sent-on point la similitude, que disons-nous ? l'identité
de ce qui se produit dans le corps de l'homme quand on y ingère
des sulfates à base faible, comme la quinine et la cinchonine ?
L'acide uni à ces bases devenant libre, peu de temps après, on
aura, dans les voies digestives, ou de l'huile de vitriol ou du
vinaigre libre. Or nous savons que le vinaigre, existant normalement dans ces voies, ne saurait nuire, lorsque l'huile de vitriol
est classée justement au nombre des poisons. (Voir art. 626.)

La preuve que l'acide sulfurique est considéré comme malfaisant, comme vénéneux, se trouve encore dans nos lois répressives, qui consacrent une pénalité à la fraude du vinaigre par l'addition de cet acide minéral. D'ailleurs, comment n'agirait-il point en corrodant les muqueuses de l'estomac et des intestins, dès qu'il est assez corrosif pour brûler la laine des tissus destinés aux vêtements?

ART. 626. — **Action des acides sur l'économie.** — Orfila, dans son article *Acide,* du Dictionnaire des sciences médicales, nous dit : « Les acides corrosifs introduits dans l'estomac à petites doses agissent avec la plus grande énergie quand ils sont concentrés. La mort que ces substances déterminent, est le résultat de l'inflammation qu'elles développent dans les tissus de ce canal et de l'irritation symptômatique du cerveau comme de tout le système nerveux. »

M. le docteur Fabre, dans son Grand Dictionnaire de médecine, nous dit (tome Ier, page 73) : « Une substance qui ne serait pas absorbée n'aurait pas d'action toxique, ne serait pas un poison; en d'autres termes, les expériences sur les animaux prouvent que les acides corrosifs *tuent d'autant plus promptement qu'ils sont plus délayés, et que leur action locale est moindre* ».

Nous lisons encore dans le même ouvrage, tome Ier, page 74 : « Il y a des acides qui peuvent être pris tels qu'ils s'offrent dans la nature : tels sont plusieurs acides du règne végétal. D'autres ne peuvent l'être impunément, à moins d'avoir été préparés d'une certaine manière : tels sont les acides minéraux. »

Le célèbre Portal a observé assez souvent une maigreur squelettique par un long usage de la limonade sulfurique (qui est de l'eau sucrée légèrement acidifiée par l'acide sulfurique). L'illustre Boyer a fait la même observation. « Dans ces circonstances, dit encore M. Fabre, il y a une sorte d'empoisonnement lent, déterminé par l'acide sulfurique, et dont le phénomène le plus saillant est la *désassimilation* ou l'affaissement progressif des tissus. »

M. Bouchardat, l'éminent professeur de la Faculté de Paris, nous dit (Manuel de mat. méd., t. II, p. 204), à propos de la limonade sulfurique : « On dit que son usage trop longtemps continué détermine la cardialgie, l'amaigrissement et une profonde altération des forces digestives ».

Windorf, dans sa Dissertation, signale divers inconvénients attachés à l'emploi de la limonade minérale : outre qu'elle attaque à la longue l'émail des dents, « peu de malades, dit-il, peuvent en supporter l'usage, déterminant des *pincements* d'estomac, de la cardialgie et des vomissements ».

Nous le demandons, après de semblables citations, avons-nous besoin d'insister sur les inconvénients d'administrer le sulfate de quinine, dont l'acide (l'acide du vitriol), ainsi que cela est parfaitement établi, devient libre, dans les voies digestives, par l'absorption de l'alcaloïde ? Qui pourrait, d'après cela, contester le danger attaché à une longue administration de ce sel ? Sans doute, aucun sel quinique ne coupera mieux un accès de fièvre pernicieuse que le sulfate, et c'est quelque chose quand on n'a que cela ; mais pourquoi, dans les cas ordinaires, et qui demandent l'usage prolongé des anti-périodiques, n'emploierait-on pas un sel à innocuité reconnue, et surtout des préparations présentant, comme les nôtres, les deux précieux alcaloïdes des quinquinas ? Persister à vouloir employer le sulfate de quinine dans le traitement des fièvres intermittentes régulières nous semble aujourd'hui aussi peu raisonnable que de démolir une maison pour en éteindre sûrement l'incendie.

ART. 627. — **Par quels acides convient-il de salifier préférablement les alcaloïdes du quinquina, pour moins fatiguer l'économie ?** — Ayant, en principe, résolu la suppression des sulfates alcaloïdiques, pour le traitement des fièvres, nous avons hésité longtemps à faire le choix entre les lactates ou les acétates. Disons à la hâte qu'ils sont également bons les uns et les autres. Nous avons, en présence de cette parité de vertus, donné la préférence à l'acétate, dont la préparation est plus simple.

Les travaux de savants modernes, parmi lesquels ceux de MM. Gelis et Conté, ont démontré, d'une manière générale, que les bases salifiées ne sont bien absorbées qu'à l'état de sel organique, et, parmi ces sels, les acétates et les lactates, dont l'acide préexiste dans les sucs gastriques, sont les mieux absorbés. Aussi l'acétate et le lactate de potasse se rencontrent dans presque toutes les humeurs de l'homme comme dans les produits de la transpiration.

Les expérimentations auxquelles se sont livrés M. Conté, d'une part, et, d'autre part, M. Louis Bonaparte, par l'administration, à dose longtemps continuée, de l'acétate de quinine, dans les environs de Rome (Comptes-rendus des séances de l'Académie des sciences, t. XV), démontrent surabondamment l'innocuité de ce composé.

ART. 628. — **Quel est le meilleur mode d'administration des acétates quinique et chinchonique, quant aux époques et aux doses ? Méthode à nous.** — L'opinion des médecins est fort controversée dans le choix du

moment auquel il convient le mieux d'administrer les préparations qui dérivent du quinquina. Pour ceux de notre famille qui
nous ont devancé dans l'étude du traitement des fièvres, comme
pour nous-même, le moment le plus favorable est celui qui suit
immédiatement la production de l'accès. Cette préférence marquée repose sur une longue expérimentation comparative ; elle
a aussi ses raisons dans la crainte que, administrées peu avant
l'accès, elles n'exercent la réaction qui leur est particulière
en coïncidence de l'accès, ce qui pourrait le rendre extrêmement
violent.

L'infection paludéenne résiste à une assez forte dose de sels
quino-cinchoniques, et ce n'est que par une longue médication
qu'on en peut triompher. Si l'acétate quinique est l'anti-périodique par excellence, l'acétate cinchonique est le plus précieux
des toniques et surtout des anti-paludéens. Aussi voulons-nous
l'alliance constante de ces deux acétates, mais avec cette différence que, dans le début, et pour couper les accès, pour produire un grand effet de perturbation, nous employons l'acétate
quino-cinchonique avec prédominance du sel quinique, lorsque,
comme moyens préventifs et pour détruire les derniers vestiges
de la mucédinée paludéenne, nous donnons un acétate dans
lequel prédomine à son tour le sel cinchonique. Ces dernières
préparations, sous le nom de *pilules toniques fortifiantes,* doivent
être rigoureusement continuées jusqu'à ce que le malade se sente
revenu dans toute la plénitude de santé.

On ne guérira, quoi qu'on fasse, que par une administration
longue de ces préparations, et c'est pour cela qu'il y a une si
grande importance, nous ne saurions trop le redire, à ce qu'elles
ne renferment nullement de l'acide sulfurique (huile de vitriol),
qui, devenant libre dans l'économie, détermine inévitablement,
et comme nous l'avons déjà signalé, une intolérance des voies
digestives, qui rend impossible l'administration non-seulement
de ce même sulfate de quinine, mais encore des inoffensives
préparations acétiques comme les nôtres.

Art. 629. — **Nos procédés de laboratoire.** — Rien n'est
plus facile, pour nous, que la préparation de notre quinium
soluble ou acétate quino-cinchonique. Voulons-nous produire
nos pilules d'opiat pour couper les accès, nous prenons du quinquina jaune calisaya, *vrai et titré :* nous le traitons par l'oxyde
calcique et par l'alcool, dans un appareil à déplacement ; nous
distillons pour séparer l'alcool, et nous ajoutons quantité suffisante d'acide acétique pour saturer. Nous portons sur le feu dans
une bassine d'argent vierge ou pur, où nous concentrons jusqu'à

consistance de masse pilulaire, après avoir ajouté quantité suffisante d'une poudre inerte, pour grossir convenablement nos pilules et prévenir leur affaissement. Voulons-nous obtenir, au contraire, le pilules dites toniques de notre traitement, nous prenons du quinquina gris loxa *titré*, et dans lequel la cinchonine représente le triple de l'autre alcaloïde, et nous le traitons absolument comme le quinquina calisaya. La masse pilulaire s'obtiendra en tout point de même. (Voir, pour d'autres détails', art. 630.)

Tout cela est facile à faire avec les données complémentaires que le calcul et l'expérience nous ont acquises ; mais, ce qui ne sera jamais à la portée de tout le monde, c'est le moyen de se procurer des matières premières de bonne qualité, présentant les rapports voulus entre les alcaloïdes que nous recherchons, et comportant, outre la nécessité de capitaux considérables, l'habitude de l'analyse des quinquinas et tout un cortége d'appareils spéciaux. Il y a dans le commerce de la droguerie tant de quinquinas de mauvaise qualité, que l'analyse seule peut faire connaître, que le pharmacien devra renoncer à la fabrication de nos produits, à moins qu'il ne veuille en faire, comme nous, une spécialité. C'est pour le coup qu'on peut dire, avec Civiale et M. Bouchardat, que la spécialité a son utilité, nous ajouterons sa nécessité, et que, en ne le reconnaissant point, on est d'abord injuste envers les spécialistes, comme l'a proclamé Civiale, mais on devient nuisible à la société.

LE FÉBRIFUGE TEL QUE NOUS LE PRÉPARONS.

ART. 630. — Sa composition sincère. — Ce fébrifuge est représenté par des pilules de deux dimensions : les plus grosses, sous le nom d'*Opiat pour couper les accès*, au nombre de six, renferment, chacune, 20 centigrammes des alcaloïdes qui préexistent dans le quinquina *calisaya*, mais salifiés dans leur rapport naturel, à l'état d'acétate, ce qui les rend solubles, et les présente dans les meilleures conditions d'une rapide assimilation. Les petites pilules, sous la qualification de *toniques*, en grand nombre, contiennent chacune 75 milligrammes des alcaloïdes, également à l'état d'acétate, qu'on retire du quinquina de *loxa*.

Les pilules d'*opiat*, rougies extérieurement pour éviter toute erreur, représentent, comme on le voit, les principes actifs du plus fébrifuge des quinquinas, et elles sont naturellement destinées à couper les accès ; tandis que les petites pilules, offrant, de leur côté, les alcaloïdes rendus solubles de l'écorce du *loxa*, le plus tonique parmi les espèces du genre *Cinchona*, sont appelées à fortifier l'économie pour la garantir du retour des accès.

Afin de grossir convenablement nos pilules, et qu'elles ne s'affaissent point avant leur dessiccation, nous ajoutons à notre acétate quino-cinchonique q. s. de poudre inerte, et telle que celle d'une de nos céréales, préalablement torréfiée pour en détruire la plasticité.

Cette déclaration sincère sur la composition de notre spécialité était devenue nécessaire pour qu'on ne pût désormais la ranger au nombre des remèdes secrets. Elle nous permet, en outre, de fixer le corps médical sur la nature exacte de cette préparation, et de lui donner ainsi la légitime satisfaction de connaître un agent qu'il est appelé à prescrire souvent, et d'autant plus fréquemment que la théorie le lui signalera, plus clairement, comme le premier des antipériodiques que possède la matière médicale, dans l'état actuel de nos connaissances. Ce qui nous a empêché de livrer plus tôt à la publicité cette composition si admirée par les uns, si décriée par quelques autres, a été essentiellement, nous l'avons déjà dit, la crainte que, livrée en quelque sorte désormais au premier venu, partant, trop souvent, à des hommes peu soigneux, parfois peu scrupuleux, on n'éprouvât de grands mécomptes dans les propriétés d'une préparation obtenue sans les soins minutieux qu'elle exige, ou avec des écorces de mauvaise qualité si répandues dans le commerce de la droguerie. Ainsi ne répondons-nous, qu'on le sache bien, que des produits sortant de notre laboratoire, et que nous ne livrons, pour qu'on ne puisse confondre, que dans des enveloppes de forme et de couleur spéciales, revêtues, comme suprême garantie, de notre griffe. (Voir, pour les moyens de se procurer ces préparations, art. 1136.)

ART. 631. — **Ses propriétés.** — Cette préparation présente, on le voit, la plus grande similitude de composition avec le *quinium*, qui a été, comme on le sait, l'objet d'un rapport favorable de la part de l'Académie de médecine. Mais le quinium, tel que l'ont proposé MM. Delondre et Labarraque, ne pouvait répondre et n'a pas répondu, tant s'en faut, à l'attente générale, et cela, tout simplement, parce que les précieux alcaloïdes qu'il renferme, non salifiés, et, partant, peu solubles, ont été peu assimilables dès-lors au corps humain, d'une digestion difficile et surtout incomplète.

Notre produit n'aurait-il que le seul avantage d'offrir à la pratique médicale les principes rendus solubles du quinquina jaune calisaya, d'une part, pour couper les fièvres; et, d'autre part, dans le même état, les alcaloïdes qui préexistent dans le quinquina gris de loxa, qu'on s'expliquerait le succès qu'il obtient depuis trente ans, en France et dans les contrées d'outre-mer. Mais la raison qui permet d'administrer à haute dose, et pendant de longues périodes, l'acétate quino-cinchonique, sans qu'il en résulte la production de ces phlegmasies que détermine si souvent l'usage prolongé du sulfate de quinine (à cause de son acide fort, l'acide vitriolique, uni à une base faible), explique encore et surtout ses succès.

Ajoutons à tous ces avantages notre mode d'administration, qui débute par les antipériodiques, et finit par les toniques, méthode que nous devons, comme un grand nombre de nos procédés, à feu J. Gaffard, notre père, ainsi que nous, de son temps, médecin et chimiste ; nos soins minutieux dans les opé-rations ; l'emploi d'appareils de notre invention nous ayant valu des récompenses honorifiques ; enfin nos ressources pour nous approvisionner en matières premières de qualité parfaite, et nous aurons un complément d'explications, même superflu, à ces succès.

Quel est le praticien qui ne sait que l'usage, surtout l'usage prolongé du sulfate de quinine, a souvent déterminé des gastral-gies ou des entéralgies plus difficiles à guérir que l'affection paludéenne pour la cure de laquelle on l'avait administré ! Non-seulement il n'y a rien de semblable à redouter par l'emploi de notre médication, mais encore on peut désormais attaquer de ces phlegmasies diverses liées à l'élément paludéen, ces fièvres nerveuses, qui ne cèdent qu'à une forte dose d'antipériodiques et à un long emploi, comme préservatif et tonique, de l'agent par excellence qui préexiste dans les quinquinas de loxa.

Avons-nous besoin de répéter que la cinchonine rendue soluble a été trop méconnue parmi les agents de la matière médicale? et c'est d'autant plus difficile à expliquer qu'elle est la base dominante qui préexiste dans les sortes de quinquina que le Codex et l'Académie recommandent pour la généralité des opé-rations pharmaceutiques.

Nous ne pensons pas qu'après ces explications il puisse y avoir un médecin de bonne foi, et ils le sont tous, nous le croyons, qui ne reconnaisse théoriquement la supériorité de nos préparations, comme de notre *modus administrandi*, sur les traitements qu'on est dans l'habitude de prescrire.

Nous devons répéter, mais non pour les médecins, qui le savent comme nous, que l'acide acétique que nous unissons aux alca-loïdes insolubles des divers quinquinas pour les salifier et les rendre solubles, est non-seulement d'origine organique, et par-tant fort assimilable, mais que cet acide faible préexiste, même dans les sucs de l'estomac, appelé qu'il est, de concert avec l'acide lactique, à dissoudre les aliments de l'homme, et à les chilifier pour en faire passer les principes alibiles et bienfaisants dans le torrent de la circulation.

ART. 632. — **Autres avantages.** — Notre traitement n'assujettit, pour ainsi dire, à aucun soin ni à aucun régime particulier ; il n'empêche point le malade de se livrer à ses occupations ordinaires dès qu'il en sent les forces, ce qui arrive au bout de peu de jours. Il n'implique l'emploi ni d'un vomitif, ni d'un purgatif, pas même celui d'une tisane désagréable. Ajoutons cependant que l'usage d'une infusion amère, comme boisson, ne saurait nuire; pas plus que celui d'une petite quantité de vin étendue d'eau, prise au repas, surtout lorsque le malade a commencé l'emploi des pilules toniques.

Ce traitement peut être suivi par les femmes en état de grossesse ; par les nourrices ; par les vieillards ; par les enfants de tout âge, pour lesquels on fractionne le remède, comme nous l'exposons art. 646 et suivants; remède qu'on peut bien administrer aussi en lavement, chez les sujets qui, ayant l'estomac malade, auraient à craindre de les rejeter par la bouche; mais ce genre d'administration comporte, juste, une dose double du remède qu'on prendrait normalement, et qu'on fait dissoudre (chaque prise) dans une quantité d'eau égale, approximativement, à un verre à boire.

ART. 633. — **Erreurs.** — Il est des personnes qui, très-affaiblies par l'effet de la maladie, craignent de prendre la dose du remède qui se rapporte à leur âge ; mais elles se trompent, car, nos préparations étant essentiellement fortifiantes, il en faudrait plutôt une plus forte qu'une moindre dose. Aussi est-ce bien souvent le cas, pour obtenir une cure immédiate, de prendre consécutivement deux de nos fébrifuges au lieu d'un seul. Il est aussi des fiévreux qui, parce que leurs accès sont faibles, pensent guérir avec une fraction du remède, et ils sont également dans l'erreur; car, si ce genre d'accès se coupe avec une certaine facilité, la rechute en est toujours fort à craindre. Qu'on sache bien que c'est en attaquant faiblement les fièvres, et par suite des rechutes consécutives qui en résultent, que se développent les hypertrophies de la rate et du foie, si souvent mortelles ! Heureusement que nos préparations, administrées par deux remèdes l'un à la suite de l'autre et sans interruption, ont presque toujours pour résultat de guérir les obstructions comme l'hypertrophie de ces viscères.

On voit fréquemment des malades à qui on a coupé les fièvres par de faibles moyens rester longtemps sans pouvoir se rétablir, bien qu'ils n'aient souvent ni accès, ni même ce qu'on appelle des *revers* : ils sont pâles, faibles, tristes, éprouvant plus ou moins de dégoût pour les aliments, etc. On les tire aisément de cet état au moyen d'un de nos fébrifuges *complet*, administré comme s'il y avait de vrais accès de fièvre intermittente. Lorsque, à ces symptômes, se joint une enflûre des pieds, sensible le soir surtout, ou une bouffissure de la face, on ajoute à l'emploi du fébrifuge l'usage en boisson d'une décoction de feuille verte de céléri ou de cerfeuil, dans chaque litre de laquelle on met à dissoudre un gramme de nitrate de potasse, à prendre dans la journée.

En général, toutes les fois qu'un malade, après avoir eu les fièvres, quelque médication qu'il ait employée, mettra longtemps à se rétablir, qu'il ait ou qu'il n'ait point d'accès, s'il se met à suivre notre traitement comme s'il avait encore ces fièvres, il sera bientôt tiré de cet état.

ART. 634. — **Les succès expliquant la faveur.** — La faveur croissante qui s'attache à nos moyens s'explique, évidemment en ce que les fièvres qui, traitées par le sulfate de quinine, reviennent ou répercutent au point qu'on ne peut, dans certaines contrées, s'en débarrasser, sont, par l'usage de nos préparations, coupées avec presque certitude d'en éviter tout retour. D'une ingestion facile, elles pèsent rarement sur l'estomac, et ne laissent après elles aucun embarras intestinal. Composées essentiellement de principes toniques, sans être excitants, les malades sentent, sous leur influence, les fonctions digestives rentrer, presque aussitôt, dans leur état normal, et peuvent ordinairement, sans délai, reprendre leurs travaux. Il fallait avoir trouvé un agent capable de couper les accès sans fatiguer l'estomac, employer une médication réparatrice qui, s'attachant à l'affaiblissement que déterminent les accès sur l'organisme, mît rapidement le malade dans un état de force pouvant le faire résister à une nouvelle infection paludéenne.

ART. 635. — **Vin de quinquina.** — Le vin de quinquina, si souvent prescrit en médecine, contient essentiellement les alcaloïdes du quinquina, à l'état de tartrate et surtout à l'état d'acétate, comme dans nos pilules. Chaque litre de ce vin renferme la même quantité de ces principes que vingt de nos pilules toniques. On ne pourra donc mieux faire, quand il s'agira d'obtenir un vin de quinquina de première qualité, ordinairement supérieur à celui des pharmacies, à cause de la difficulté qu'éprouve le pharmacien à se procurer des quinquinas de qualité irréprochable, que de le préparer par la dissolution de vingt à vingt-quatre de ces pilules dans un litre de bon vin. En agitant de temps en temps, ces pilules s'y dissolvent en quelques heures. Ce vin est, dès lors, propre à la consommation, tout louche qu'il est ; mais on peut, si on veut, lui donner la transparence, en le filtrant au travers d'un simple tissu de laine, comme flanelle, serge, mérinos, etc. Ce vin de quinquina, d'une efficacité constante, d'un coût relativement minime, d'une confection rapide, présente, en outre, l'avantage de pouvoir être préparé sans addition aucune d'alcool ; alcool presque toujours nuisible par lui-même, et souvent désagréable et même insupportable à certains fiévreux, particulièrement aux personnes du sexe et aux enfants. Une boîte de nos pilules, ou 60, envoyée *franco* pour cet usage, est du prix de 3 fr. 75 c. Dans ces mêmes conditions, une demi-boîte est du prix de 2 francs.

ART. 636. — **Dissolution des pilules.** — Les personnes d'une forte constitution, ou celles vouées aux travaux pénibles, ayant l'habitude de boire une assez notable quantité de vin, et qui, pour cela, auraient une préférence à prendre les pilules toniques dissoutes dans ce liquide, le pourraient sans inconvénient. Les 15 pilules, qui doivent se prendre tous les cinq jours, seraient mises à dissoudre dans 3/4 de litre de vin, formant dès lors un vin de quinium, dont un demi-verre serait administré toutes les heures, dans la journée, jusqu'à achèvement.

Rien ne s'oppose, non plus, à ce que ces mêmes personnes prennent les six pilules d'opiat, pour couper les fièvres, dissoutes dans trois verres de vin, dont on prendrait, dès lors, un demi-verre toutes les heures, en commençant immédiatement après un accès, chaque demi-verre en remplacement d'une pilule d'opiat (voir art. 638).

EMPLOI DÉTAILLÉ DE NOTRE FÉBRIFUGE.

ART. 637. — **Caractères distinctifs extérieurs.** — L'étui de carton dans lequel il est renfermé, de couleur chamois, à liseré orangé, est revêtu d'une étiquette qui, ainsi que les fonds de cet étui, porte l'empreinte de notre signature. Cette première enveloppe renferme une notice imprimée, dans laquelle sont roulées deux boîtes à pilules. Une de ces boîtes contient, sous le nom d'*Opiat*, six grosses pilules rouges pour couper les accès ; et l'autre boîte renferme, sous la qualification de *toniques*, un grand nombre de pilules fortifiantes, de couleur grise, destinées à rétablir les forces du malade, lorsque les accès ont été coupés par l'effet des pilules d'opiat. Les pilules toniques ont un effet essentiellement préservatif des fièvres. La manière de faire usage de ces diverses pilules exerce une grande influence sur le résultat, qu'il s'agisse de se débarrasser ou de se préserver des fièvres.

ART. 638. — **Opiat.** — Les six pilules rouges d'*opiat* seront administrées aux fiévreux dans un des intervalles des accès. On devra en commencer l'usage dès la fin de l'accès, en prenant d'abord une de ces pilules; puis une autre, d'heure en heure, jusqu'à achèvement des six. Comme il faut rigoureusement éviter leur administration pendant les accès, s'il arrivait que l'accès subséquent se produisît pendant la prise des pilules, on en suspendrait l'usage jusqu'à cessation de cet accès, et, dès lors, pour continuer. Quoiqu'il soit facile d'avaler ces pilules, qu'on place une à une dans la bouche, buvant par-dessus un verre d'eau sucrée ou non sucrée, on peut les envelopper dans du pain azyme, dans de la pulpe d'un fruit cuit, ou dans une confiture quelconque, mais en buvant toujours, par-dessus, le verre de boisson précitée, chaude ou tout au moins tiède. Ces pilules d'opiat coupent subitement toute sorte de fièvre intermittente, qu'elle soit quotidienne, c'est-à-dire se produisant tous les jours; tierce, ou de trois jours l'un; quarte, ou de quatre jours l'un, etc.: aussi le malade qui en a ainsi fait usage n'éprouve généralement plus aucun accès, bien que quelquefois il s'en produise exceptionnellement un encore, mais qui, dès lors, est bien le dernier. — Pour ces pilules, comme pour tout remède, leur administration devra être distante d'une heure au moins des repas, soit avant, soit après.

Lorsqu'on voudra administrer notre opiat dans un cas où les accès n'existent point, soit qu'il s'agisse de prendre consécutivement deux fébrifuges, pour consolider la guérison des fièvres, soit qu'on veuille en faire usage comme moyen de se garantir de cette affection, soit même qu'il y ait lieu d'y recourir pour combattre des symptômes vagues de l'affection paludéenne, on en commencerait l'usage dès le matin, à jeun, prenant régulièrement une des pilules toutes les heures, attendant une heure après pour l'ingestion d'un bouillon ou d'un potage, et, deux ou trois heures après, pour recevoir une alimentation plus copieuse.

ART. 639. — **Pilules toniques ou fortifiantes.** — Les *pilules toniques ou fortifiantes* seront administrées au nombre de quinze, de cinq en cinq jours, en se mettant à leur usage le cinquième jour, après avoir pris l'opiat. On commence à prendre trois de ces pilules dès le matin, et on renouvelle leur administration, par trois toutes les heures, jusqu'à consommation de quinze. Une heure après la dernière prise, on peut se permettre l'usage d'un bouillon; et, deux ou trois heures après, une alimentation plus copieuse. On devra, comme pour les pilules d'opiat, boire, à chaque prise de pilules, un verre ou un demi-verre d'eau sucrée ou non sucrée, non froide, comme doivent être toutes les boissons des fiévreux. — Comme les pilules d'opiat, on peut les envelopper dans du pain azyme, dans de la pulpe de fruits ou dans de la confiture. Les malades qui ne pourraient avaler les pilules obtiendraient le même résultat en buvant de l'eau dans laquelle on les aurait fait dissoudre.

Voir, pour l'approvisionnement de ce fébrifuge, art. 1136.

ART. 640. — **Bons effets obtenus par l'emploi du fébrifuge que nous préparons.** — Et, puisque nous en sommes aux propriétés de nos préparations, on nous permettra de fournir, comme renseignements complémentaires de ce chapitre, quelques courts extraits de la correspondance qui s'est échangée à leur sujet, soit avec des membres les plus honorables du corps médical, soit avec des personnes charitables qui, persuadées qu'elles font le bien, en répandent l'usage autour d'elles avec un zèle infatigable :

M. Bourdicaut-Dumay, médecin et maire à Murat (Corrèze) : « Comme toujours, votre préparation fait merveille en rendant la santé aux fiévreux. Sur trente environ que j'ai fait prendre, *pas une seule* n'a manqué son but. »

M. Casterès, curé de Brach (Gironde) : « ... La personne a été *à l'instant radicalement guérie;* tous les autres remèdes avaient échoué contre les fièvres rebelles : le vôtre *a été vainqueur, comme il l'est toujours et partout;* le remède d'Aurillac est une merveille dans la médecine. Honneur, etc. »

M. Ponchinat, docteur-médecin à Port-Vendres (Pyrénées-Orientales) : « La dose de votre médicament *a fait merveille dans le cas difficile* où je l'ai employé ».

M. le comte d'Ussel, directeur-propriétaire de la ferme-école des Plaines, membre du Conseil général de la Corrèze, chevalier de la Légion-d'Honneur, etc : « Une fièvre persistante depuis *dix-huit mois,* et qui s'était montrée rebelle à la quinine à haute dose, a été *complètement vaincue* par votre traitement, etc. »

M. le docteur Roussel, chevalier de la Légion-d'Honneur, ancien médecin de l'Institut des Sourds-Muets de Paris : « Je dois à vos pilules toniques-fébrifuges le retour de l'appétit et des forces que j'avais perdues depuis bon nombre de mois : leur effet a été *prompt, merveilleux et entièrement inoffensif,* c'est-à-dire sans fatigue, sans malaise, sans aucune pesanteur d'estomac. C'est une préparation qu'on n'apprécie peut-être pas assez, qu'on ne peut trop connaître, etc. »

M. Emery-Desbrousse, curé de Chenac (Charente-Inférieure) : « Vos remèdes ont définitivement un *succès infaillible* : j'en ai déjà vu employer neuf, et tous ont produit des résultats dépassant toutes espérances ».

M. Allègre, docteur-médecin à Allassac (Corrèze) : « Chaque fois que j'ai cru devoir le prescrire, *il a fait merveille* ».

M. Jules Besquent, maître de forges et maire de Trédion (Morbihan) : « Je tiens votre remède comme *le plus efficace qui existe* ».

M. le docteur Dubois, d'Antoniac (Dordogne) : « Votre remède a été employé jusqu'à présent *sans qu'il y ait eu une seule récidive*.... ».

M. Malet, archiprêtre, curé d'Houeilles (Lot-et-Garonne) : «... Je voudrais, pour le bien de l'humanité, qu'il vous fût possible d'établir un dépôt de votre *merveilleux* remède dans chaque chef-lieu de canton, afin que tous les fiévreux pussent facilement s'en approvisionner, au lieu de se gorger de sulfate de quinine... ».

M. le docteur J. Verdet, de Donnery (Marne) : «... Je n'ai tant tardé à vous répondre que pour vous faire connaître le résultat de votre remède, que j'ai expérimenté sur une fièvre de dix-huit mois. Ce remède *a fait ce que n'ont pu faire le sulfate du quinine, l'extrait de quinquina et les vins de quinquina*, c'est-à-dire qu'il *a mis fin* aux pénibles accès qui auraient fini par épuiser entièrement mon malade. »

M. Chapel, curé de Saint-Salvadour (Corrèze) : « ... Déjà plus de *soixante personnes* de ma paroisse doivent à votre traitement la *guérison complète de leurs fièvres, sans qu'il ait manqué dans un seul cas*.... ».

M. Couturier, médecin à Mérinchal (Creuse) : «... En échange du bon de poste, ci-joint, de cent francs, veuillez m'envoyer encore de votre *excellente* préparation *dont je n'ai qu'à me louer*, s'étant acquis dans nos contrées marécageuses, où je fais de la médecine, une réputation *bien méritée*... »

M. de Duesme, ancien inspecteur général des établissements de bienfaisance : « ... J'ai fait usage de vos pilules fébrifuges après avoir inutilement employé le sulfate de quinine contre une fièvre bilieuse des plus fatigantes, et je suis heureux, de toute manière, de vous dire que votre remède a complétement justifié les promesses consignées dans l'instruction... ».

M. Merot, docteur-médecin à Savenay (Loire-Inférieure) : « ... Je vous prie de m'envoyer encore votre préparation, *qui m'a jusqu'à présent merveilleusement réussi dans les fièvres les plus rebelles* aux moyens ordinaires... ».

M. Champaignet, curé de Cazeneuve (Gers) : « ... Je vous ai béni mille fois, et je n'ai point cessé un instant de préconiser l'excellence de votre médication. Si votre nom devient populaire dans nos contrées, il le doit à ma prédication infatigable. Le premier j'ai été traité par vous, Monsieur, et *j'ai vu une vingtaine de malades qui tous, sans exception*, vous sont redevables de leur guérison. »

M. Chevrier, médecin et juge de paix à Charroux (Vienne) : « . . Je vous prie de m'expédier deux nouvelles boîtes de votre préparation, *dont les effets sont constamment infaillibles*, et dont l'usage n'est pas assez répandu ».

M. Lebloys, docteur-médecin à Rozier (Haute-Vienne) : « ... Depuis deux ans que j'emploie votre préparation, *elle m'a toujours réussi, et je lui dois des guérisons presque inespérées ...* ».

ART. 641. — **Réflexions.** — Nous devons à la vérité de déclarer que, parmi les lettres que nous recevons, il en est qui sembleraient faire croire, au premier abord, que nos prépara-tions laissent à désirer dans quelques cas ; hâtons-nous de dire que les mécomptes dont il s'agit tiennent presque toujours à ce que les malades ont mal exécuté notre traitement, soit qu'ils aient mal pris les pilules, en ne se conformant point au mode d'administration que nous venons d'indiquer ; soit et surtout que, se croyant guéris avant l'achèvement des pilules, ils n'en aient point continué l'usage jusqu'à épuisement de la boîte. Nous insistons sur ce point, parce que c'est là que se trouve la prin-cipale cause des mécomptes, quoique rares, qui se produisent : le malade va si bien, après les premières prises du remède, qu'il se croit guéri, et néglige, dès lors, une médication à l'achève-ment de laquelle est attachée la cure complète des fièvres. Sans doute le fiévreux qui a ainsi tronqué le traitement se remet, dès que se manifestent des symptômes de rechute, à l'usage interrompu de nos agents ; mais c'est dès lors quand il n'est plus temps et qu'il est redevenu nécessaire de tout recommencer. Au lieu de la fatigue, du malaise et des douleurs qu'on éprouve sous l'influence du sulfate de quinine, le malade, dès les pre-mières prises de notre remède, verra son appétit augmenter, les forces lui revenir, la pâleur de la face disparaître, et il se sen-tira bientôt dans un état de vigueur capable de lui faire braver les intempéries comme de résister à l'infection des effluves pouvant lui redonner les fièvres. Ce n'est donc point de prendre trop de pilules, mais de n'en point prendre assez qu'on doit avoir à craindre, puisque, lors même qu'on en consommerait trois et quatre fois plus que n'en indique la notice, il n'en résulterait aucun inconvénient. Plus on a gardé les fièvres, plus le délabre-ment qui en résulte est profond, et plus il convient de continuer longtemps l'usage des préparations qui doivent y remédier.

Il faut remarquer qu'on n'a, le plus souvent, recours à nos moyens que dans le cas où le sulfate de quinine a échoué, et que le dépérissement résultant de la longue période pendant laquelle le sujet est resté ou malade ou sous l'influence d'une médication irritante, nécessiterait alors un plus long usage de nos préparations, tel que l'emploi consécutif de deux de nos fébrifuges, comme certaines conditions de bonne réussite, telles qu'une bonne alimentation, des vêtements chauds, l'abri du mauvais temps, l'abstention d'un travail au-dessus de ses forces, etc.; conditions d'autant plus difficiles, chez la classe laborieuse, que le malade, souvent ignorant et malheureux, et d'autant plus pauvre qu'il est resté plus longtemps malade, n'a plus alors à sa disposition aucun des moyens qui pourraient le ramener à la santé, et se borne à l'achat d'un seul remède, quand son état de délabrement en voudrait deux doses consécutives : bien heureux encore lorsqu'il n'est pas contraint par la misère de partager un de ces remèdes avec un membre de sa famille ou son voisin !

ART. 642. — **Recommandation essentielle.** — Deux doses de notre remède, employées consécutivement, sont si peu nuisibles qu'il est une contrée de la Turquie, malheureusement célèbre par les ravages que l'épidémie des fièvres y fit sur notre armée, lors de la guerre d'Orient, où des négociants français de notre connaissance n'ont pu vivre à l'abri des affections paludéennes, qu'en continuant constamment notre traitement; et leur santé s'y est maintenue, comme elle s'y maintient parfaite, par l'effet de cette médication prophylactique.

D'après ces données, lorsqu'il s'agira d'un de ces cas exceptionnels de fièvres négligées ou manquées, qu'on ne balance pas un instant dans l'administration consécutive de deux de nos remèdes; mais, s'il agissait simplement, pourtant, d'un cas dans lequel nos préparations, n'ayant pas encore été employées ou l'ayant mal été, on a à craindre l'insuffisance d'une dose ordinaire, il se présenterait dès lors la question de savoir si, pour triompher de la difficulté, il doit suffire de l'emploi d'un seul remède, ou s'il y a lieu de recourir à l'usage consécutif de deux. Nous avons cherché, avec soin, les symptômes qui pourraient nous faire connaître les cas où l'emploi de deux doses est rigoureusement nécessaire : nous avons le regret de déclarer que nous n'avons pu en trouver *à priori*, mais nous n'en sommes pas moins parvenu à notre but; et voici à quel caractère on reconnaîtra qu'il y a lieu d'administrer consécutivement, et sans autre interruption que celle de cinq jours, un deuxième fébrifuge, après un premier : ce sera *lorsque, après avoir employé ce premier, moins les quinze dernières pilules toniques, le malade n'éprouvera pas un bien-être complet.* S'il lui reste alors soit des *revers,* soit une douleur ou pesanteur de tête, une lassitude ou douleur dans les jambes, un embarras ou gonflement dans le ventre ou les côtés, une difficulté de digérer ou un défaut d'appétit, des frissons, une enflure des pieds sensible surtout le soir, ce sont là des signes auxquels on reconnaîtra l'insuffisance 'un premier remède et la nécessité d'un second, dont l'usage devra recommencer, *nous ne saurions trop le redire,* cinq jours après l'achèvement des dernières pilules toniques du premier. De là l'importance d'être approvisionné à temps de deux remèdes, lorsque l'éloignement d'un débit de ces préparations ne permettrait pas de disposer à volonté d'un deuxième, si nécessaire immédiatement.

ART. 643. — **Divers états morbides au traitement desquels s'applique notre médication.** — Nous l'avons déjà dit, il est des états dans lesquels, bien qu'il n'y ait point d'accès réglés, on est cependant sous l'influence d'une affection paludéenne dont triomphent aisément nos préparations; mais elles sont réciproquement indiquées dans les cas où, sans qu'il y ait des frissons, de la chaleur, de la sueur, de la douleur de tête, de la soif, etc., il y a seulement des symptômes périodiques ou intermittents. Qu'un malaise ou une douleur quelconque se produisent tous les jours, tous les deux ou tous les trois jours, à une heure réglée ou prévue, quel que soit ce malaise, quelque partie du corps où cette douleur ait son siége, comme à une dent, à une tempe, à une oreille, etc., on aura affaire à une de ces affections dans lesquelles ces préparations sont le mieux indiquées.

Dans les contrées fiévreuses, il est assez commun d'observer un genre d'affections qui semblent appartenir à la classe des névroses par les caractères bizarres qu'elles présentent, mais qui, résistant aux traitements qui ont pour base les calmants et les anti-spasmodiques, offrent un symptôme essentiel pourtant, et dont on ne tient pas ordinairement un compte suffisant : celui d'exacerbations plus ou moins périodiques dans lesquelles se manifestent soit de la céphalalgie, soit des douleurs à l'épigastre, au bas-ventre, dans les lombes, le long de la moëlle épinière, accompagnées parfois de frissons, quelquefois de chaleur et malaise, de faiblesse, de baillements, de pandiculations, etc. Ces affections, constituant la *fièvre larvée,* cèdent aisément à l'emploi, mais à l'emploi prolongé, de notre médication.

ART. 644. — **Propriétés prophylactiques du fébrifuge, dues à son innocuité sur l'économie.** — Les
expériences faites, à notre instigation, dans les contrées où les
fièvres sont endémiques, comme dans les Dombes, dans les
Marais-Pontins, dans la banlieue de Madrid, etc., démontrent
que nos préparations administrées annuellement, comme moyen
de préservation des fièvres, aux sujets les plus disposés à les
contracter, les en garantissent pendant une période plus ou
moins longue, et en raison de la quantité administrée. Nous
nous faisons un devoir de publier ces résultats, persuadé qu'on
pourrait faire une utile application de cette propriété dans les
contrées nombreuses où les fièvres enlèvent, tous les ans, un
grand nombre de bras aux travaux agricoles.

M. le docteur Debure, qui a employé nos préparations dans de
nombreuses contrées fiévreuses et sous diverses latitudes, où ses
longs et nombreux voyages l'ont porté tour à tour, consigne,
dans son Manuel de médecine : « ... Parmi les moyens qui, pendant notre longue pratique, *nous ont procuré le plus de succès*, nous
citerons, pour le traitement des fièvres intermittentes, les
pilules de M. Aug. Gaffard, d'Aurillac, administrées selon sa
méthode. Cette médication facile à suivre, qui ne fatigue point le
malade, s'appliquant à tous les âges, à toutes les positions,
triomphe sans peine des cas rebelles aux traitements ordinaires.
L'usage de ces pilules dans les contrées humides et marécageuses, comme les bords du Tibre, les environs d'Andrinople, de
Madrid, de Barcelone, de Rio-de-Janeiro ; comme la Sologne,
les Dombes, la Bretagne, etc., offre à la thérapeutique un
moyen des plus précieux. En outre, administrées comme agent
préventif, ces pilules semblent garantir ceux qui les prennent
en état de santé des affections paludéennes qui font annuellement de si grands ravages. »

ART. 645. — **Nécessité d'allier l'emploi du stramonium à celui de notre fébrifuge, pour en supporter l'administration, dans des cas de phlegmasie
du tube digestif, déterminée par l'emploi du sulfate de quinine.** — Lorsque, à la suite de l'administration
plus ou moins prolongée du sulfate de quinine, il se sera produit une de ces gastralgies qui sont un obstacle, à cause des
vomissements ou d'une intolérance de l'estomac, à l'emploi de
notre antipériodique, nous possédons des *pilules sédatives* qui,
administrées concurremment avec notre fébrifuge, en rendent
ordinairement l'usage parfaitement supportable, et permettent,
dès-lors, d'aspirer à la cure d'une affection trop souvent mor-

telle. Ces pilules sédatives sont délivrés par nous, au même prix de 6 francs, et envoyées, comme le fébrifuge, *franco*, à toute adresse. La boîte en renferme 90, qui seront prises, comme l'indique la notice qui y est jointe, au nombre de trois par jour, et jusqu'à achèvement de la boîte. (Art. 949, 1131.) Quant au fébrifuge, dont deux doses consécutives seront, dans ces cas, indispensables, on en commencera l'usage comme l'indique la présente notice, mais seulement à partir du huitième jour de l'administration des pilules sédatives. Dès ce moment, les deux remèdes (pilules sédatives et fébrifuge) seront admistrés, chacun suivant sa notice respective, sans préjudice l'un de l'autre, et jusqu'à ce que les 90 pilules sédatives soient épuisées, époque à laquelle on se bornera au seul usage du fébrifuge.

Nous n'employons aucun remède secret, et la notice jointe aux pilules sédatives en indique l'exacte composition : disons tout de suite qu'elles renferment 3 centigrammes d'extrait de stramonium obtenu dans le vide, par un de nos appareils nous ayant valu une médaille d'argent à l'exposition de Toulouse, section des Arts chimiques.

APPROPRIATION DE NOTRE FÉBRIFUGE AU TRAITEMENT DES FIÈVRES, CHEZ LES ENFANTS.

ART. 646. — Généralités. — Nous l'avons dit, nos préparations peuvent être appropriées aux enfants, en fractionnant la dose du remède pour adulte ou grande personne. Tous les hommes de l'art qui livrent habituellement nos préparations pourront, comme nous-mêmes, les fractionner sans perte pour eux, attendu que, la proportion dans le nombre des pilules d'opiat comme des pilules toniques restant la même, on pourra toujours finalement les utiliser. Il y aura lieu, parfois, pour les enfants en bas âge, de diviser les pilules par la moitié, comme nous allons l'indiquer.

Voir, pour l'approvisonnement de ces remèdes, art. 1113 et suivants.

ART. 647. — Enfants de quatre à cinq ans. — Les enfants, dans cette limite d'âge, auront à prendre les deux sixièmes du remède pour adulte. Pour cet âge, deux pilules d'opiat seront divisées chacune en deux, d'où il résultera quatre pilules, dont l'une sera donnée, toutes les heures, aux jeunes malades, à partir du moment où l'accès aura passé ou sera sur le point d'avoir passé ; lui faisant boire par-dessus, et pour en faciliter la déglutition, un liquide agréable, comme de l'eau sucrée. — Les pilules toniques seront administrées, tous les cinq jours, après avoir pris les quatre demi-pilules d'opiat, à raison de cinq dans la journée et une toutes les heures, buvant par-dessus un liquide comme boisson, et mettant, autant que possible, une heure ou trois quarts d'heure d'intervalle entre l'administration des pilules et les prises d'aliments. (Voir art. 1138.)

ART. 648. — **Enfants de six à sept ans.** — Dans cette limite d'âge, les enfants auront à prendre les trois sixièmes ou moitié du remède pour adulte. — Trois pilules d'opiat seront divisées par moitié, et chaque moitié, roulée de nouveau, formera une pilule de moindre volume. Elles seront administrées, une toutes les heures, à partir de la fin d'un accès. — Les pilules toniques seront administrées tous les cinq jours, après avoir pris les pilules d'opiat, au nombre de sept, dont une toutes les heures; buvant toujours par-dessus, et pour en faciliter la déglutition, une boisson agréable et digestible, comme de l'eau sucrée. — Mêmes autres observations (art. 6 7, art. 1139).

ART. 649. — **Enfants de huit à dix ans.** — Les enfan s, dans cette limite d'âge, auront à prendre les quatre sixièmes ou deux tiers du remède pour adulte. — Quatre pilules d'opiat seront livrées à cet effet, et chacune sera administrée, toutes les heures, à partir de la fin d'un accès, en buvant toujours par-dessus, et pour en faciliter la déglutition, une boisson agréable et digestive comme de l'eau sucrée. — Les pilules toniques seront administrées au nombre de dix, tous les cinq jours après avoir pris les pilules d'opiat, par deux, toutes les heures, en suivant la pratique précitée de boire par-dessus d'une boisson agréable. Comme pour tout remède, on mettra un intervalle de trois quarts d'heure au moins entre leur administration et la prise des repas. (Voir art. 1140.)

ART. 650. — **Enfants d'onze à treize ans.** — Les enfants dans cette limite d'âge auront à prendre les cinq sixièmes du remède pour adulte. Cinq pilules d'opiat seront livrées à cet effet, et chacune sera administrée toutes les heures, à partir de la fin d'un accès, en buvant par-dessus, et pour en faciliter la déglutition, une boisson agréable et digestible, comme l'eau sucrée. — Les pilules toniques seront administrées au nombre d'onze à douze, tous les cinq jours, après avoir pris les pilules d'opiat, par deux, toutes les heures, en suivant les autres pratiques indiquées (art. 649, art. 1141).

ART. 651. — **Enfants de plus de treize ans.** — Au-dessus de treize ans, les enfants devront prendre le fébrifuge pour adulte, et comme nous l'indiquons dans le présent chapitre, art. 638.

ART. 652. — **Observation générale pour les enfants.** — Tout ce qui précède dans le présent chapitre, relatif au frébrifuge pour adulte, s'applique au remède fractionné pour enfant. Ainsi, par exemple, on pourra, sans inconvénient, leur administrer les pilules enveloppées dans du pain azyme ou à hostie, dans un peu de compôte de fruits ou de la confiture.

ART. 653. — **Enfants de moins de quatre ans.** — Notre préparation étant, sans contredit, la plus efficace, comme moyen curatif ou préventif des fièvres, et les enfants au-dessous de quatre ans étant parfois sujets à les avoir, il faut bien trouver le moyen de l'utiliser chez ces pauvres petits êtres si dignes d'intérêt. Nous avons déjà dit que, à dose double, on pouvait administrer nos pilules dissoutes en lavement, et, dès-lors, la dose en pilules pour enfants de six ans conviendrait, en lavements, pour guérir les fièvres à un enfant de trois ans ; celle pour enfant de quatre ans serait applicable, en lavements, aux enfants de deux ans ; mais, outre que le mode d'administration en lavements est incommode et désagréable à plus d'un titre, nous ferons observer que les pilules, qu'on a toujours de la difficulté à faire prendre aux enfants de moins de huit ans, sont administrées au contraire avec la plus grande facilité chez les enfants de quatre ans et au-dessous, lorsqu'on sait s'y prendre. Il suffit pour cela que, sans craindre de les faire pleurer, le préposé à leurs soins, introduise l'index de sa main gauche, dans la bouche de l'enfant, entre les deux mâchoires, au point privé de dents, pour éviter d'être mordu ; toutefois, en appuyant extérieurement sous le menton avec le pouce, pour bien fixer ce doigt, et qu'alors, avec la main droite libre, on introduise la pilule, et qu'on fasse boire aussitôt à l'enfant, toujours dans la position de l'index entre les deux mâchoires, un liquide très-agréable pour lui, comme de l'eau très-sucrée. Dès-lors, alléché par le bon goût de la boisson, l'enfant se livre à la déglutition, qui a pour effet d'entraîner la pilule avec le liquide. D'ailleurs, en supposant que, par défaut d'adresse ou d'usage dans cette pratique, la pilule fût rejetée, on recueillerait ce sphéroïde, on le laverait s'il s'était sali, et on recommencerait l'opération, qui, dès-lors, réussirait.

Pour les enfants de trois ans, on administrera approximativement le quart du remède, représenté par trois demi-pilules d'opiat et par quatre pilules toniques, tous les cinq jours (celles-ci au nombre de seize). Les pilules d'opiat ainsi partagées et

roulées de nouveau, seront administrées, une d'heure en heure,
à partir de la fin d'un accès, comme il est dit au précédent
paragraphe. Les pilules toniques seront prises de la même manière, quatre tous les cinq jours, et le même jour, à une heure
d'intervalle. (Voir art. 1144.)

Pour les enfants de deux ans, on partagera une pilule d'opiat en
quatre petites pilules, et on en administrera une toutes les heures,
à partir de la fin d'un accès. On délivrera en outre 24 demi-
pilules toniques, dont 6 seront administrées, tous les cinq jours,
après avoir pris les pilules d'opiat, une toute les heures. (Voir
art. 1144.)

Enfin, *pour les enfants d'un an* approximativement, on emploiera trois pilules qu'on aura obtenues en partageant en quatre une pilule d'opiat, dont une sera administrée toutes les
heures, à partir de la fin d'un accès. On délivrera 16 demi-
pilules toniques, dont quatre seront administrées tous les cinq
jours, après avoir administré l'opiat : une toutes les heures.
(Voir art. 1144.)

Au-dessous d'un an, on adopterait la dose pour un an ; mais
dès-lors en faisant dissoudre les pilules dans quelques cuillerées
d'eau, et en administrant ce liquide en lavement. Voir, pour
l'approvisionnement de ces remèdes fractionnés, art. 1138 et
suivants.

RÉGIME DES FIÉVREUX OU FÉBRICITANTS.

ART. 654. — **Pour la curation.** — Nous omettrions une
chose pour ainsi dire obligée, dans notre présent travail, si nous
ne consacrions un article au régime des fiévreux ou fébricitants.
Et cependant il n'en est point de rigoureux, quand on fait un
usage de nos préparations, à moins d'enfreindre les règles les
plus élémentaires de l'hygiène. Aurons-nous besoin, par exemple, de prescrire des vêtements chauds, plus particulièrement
de laine, d'éviter le froid aux extrémités, les courants d'air, de
boire froid, et les causes auxquelles on doit attribuer plus particulièrement l'invasion de la maladie ! Tout le monde en sentira
presque l'inutilité. Il sera presque superflu encore de conseiller
une nourriture azotée et digestible, comme l'usage de bons potages gras, des viandes fraîches et des œufs, de préférence aux
légumes et surtout aux fruits crus, dont on peut cependant user
quand ils sont mûrs, mais avec du pain. Un peu de vin dilué
avec de l'eau, le café à l'eau et au lait, ne seront pas nuisibles,
lorsque l'estomac digèrera facilement. Mais toutes ces précautions seraient inutiles si on ne prenait exactement nos préparations, et cela, assez longtemps, faudrait-il deux et trois remèdes

consécutifs, jusqu'à ce que le malade se sente avoir recouvré l'intégralité ou plénitude de ses forces, et dans l'état où elles se manifestaient avant la maladie.

ART. 655. — **Pour la continuation rationnelle du traitement.** — Avant de recommencer l'usage d'un nouveau fébrifuge, il est de la plus grande importance de ne point attendre la réapparition des fièvres, mais, sans en cesser l'usage, de recommencer, cinq jours après avoir pris les 15 dernières pilules toniques du premier, si, au moment d'avoir épuisé cette première boîte de pilules toniques, le sujet n'a retrouvé l'intégralité des forces qui constitue l'état de santé. N'y aurait-il encore que pesanteur dans les jambes, que douleur de tête ou pâleur de la face, gêne dans les hypocondres, au-dessous des côtes, ou frissons légers, ou chaleurs à certains moments réglés, ou seulement malaise, qu'il y aurait lieu de recommencer l'usage de ce fébrifuge, comme si on n'avait rien fait. A plus forte raison y aurait-il lieu d'en reprendre l'usage s'il y avait encore quelques accès ou seulement une douleur périodique à une partie ou région quelconque du corps.

ART. 656. — **Pour éviter tout mécompte.** — Lorsqu'un malade, se sentant pris des fièvres, emploie immédiatement notre remède entier pour les couper, nous n'avons jamais vu de non-réussite; mais les mécomptes sont fréquents quand on n'a recours à cette préparation qu'après avoir pris du sulfate de quinine, qui, ainsi que nous l'avons démontré, a toujours pour effet de produire un état inflammatoire de l'estomac et des intestins. Aussi, dans ces cas fréquents, y a-t-il assez souvent nécessité de prendre, consécutivement, plusieurs remèdes, tout en les administrant rigoureusement, comme l'indique la notice. Nous insistons donc pour la prise d'un nouvel entier remède, cinq jours après l'achèvement du premier, si, nous le répétons, l'économie n'a repris complètement sa vigueur normale. On s'exposerait, en ne procédant point ainsi, à l'obligation d'en ingérer un troisième, etc.

Comment qu'il en soit des imprudences ou des négligences de la part des malades, qu'on se persuade bien que le moindre préjudice à la santé ne peut résulter de l'administration consécutive de plusieurs de ces remèdes, qui, quelque soit la durée de leur administration, ont toujours pour effet de fortifier l'économie sans pouvoir jamais lui nuire en quoi que ce soit ! Quant aux fièvres, leur nocuité à l'économie est en raison de leur ancienneté. On ne saurait donc, comme à un incendie, leur porter assez

24

tôt des secours, et, parmi ces secours, les plus efficaces que nous offre la science dans son état présent.

Voir, comme complément essentiel, art. 1131.

DEUXIÈME DIVISION. — MALADIES PESTILENTIELLES.

ART. 657. — **Définition.** — On donne le nom de *pestilentielles* aux maladies contagieuses de mauvaise nature, comme la *peste*, la *fièvre jaune*, le *typhus*, le *choléra*, etc.

CHOLÉRA, CHOLÉRINE.

ART. 658. — **Description.** — Originaire de l'Inde, le *choléra* est parti, aux diverses époques auxquelles il a fait invasion dans l'Europe occidentale, des bords du Gange, et il a franchi l'espace qui nous sépare du sud de l'Asie, en sévissant sur une foule de points intermédiaires. Il semble affectionner les grands centres de populations, quoique l'humble hameau n'en soit point à l'abri ; les vallées qu'arrosent les grands cours d'eau, quoi qu'il ait parfois décimé des villages sis à 600 mètres d'altitude et plus.

Le *choléra* est presque toujours précédé de l'affection qu'on nomme *cholérine*, dont le symptôme le plus saillant est la diarrhée, un malaise général et un abattement profond. Il y a, en outre, des sueurs abondantes ; la langue est blanche et sâle, ce qui dénote une plénitude générale. Quelquefois le choléra débute subitement par ce qu'on appelle la *période algide* ou *froide*, et alors, sans aucun symptôme précurseur, le sujet se trouve pris tout à coup de nausées, de vomissements d'abord bilieux, verdâtres, puis de matières blanchâtres, ayant l'aspect du petit lait ou d'une décoction de riz. Ces évacuations, se produisant par le haut et par le bas, sont ordinairement fort abondantes. Elles sont accompagnées de crampes douloureuses dans les jambes ; le pouls est faible ; les forces diminuent ; les traits s'affaissent ; les yeux, entourés d'un cercle noir, s'excavent. Il y a douleur au creux de l'estomac, soif, altération dans la voix, refroidissement, et quelquefois sueurs froides et gluantes. Dans les cas les plus graves, coloration livide, puis violacée, d'abord des extrémités, puis de tout le corps, qu'on nomme *cyanose*, donnant au malade un aspect effrayant. La voix s'éteint de plus en plus ; les yeux et les narines se dessèchent ; l'oppression est au comble, et le malade est sur le point de succomber ou succombe.

Lorsque le malade résiste aux effets de cette affreuse maladie, il se produit une période qui est dite de *chaleur*, et dans laquelle tous ces symptômes diminuent progressivement : la chaleur renaît ; la peau reprend sa couleur ; les urines reparaissent ; la voix reprend son timbre, et la guérison peut se produire rapidement. Mais très-souvent cette réaction n'est qu'incomplète, et de grands désordres amènent la production d'affections auxquelles succombe le malade.

ART. 659. — **Précautions contre l'épidémie.** — Toutes les précautions contre l'épidémie se résument dans l'observation des préceptes que nous avons indiqués au chapitre *Hygiène*. Aussi peut-on affirmer que les sujets les derniers atteints ou qui résistent le mieux, lors d'une épidémie de *choléra*, sont ceux qui sont les plus stricts observateurs de ces règles, les plus tempérants, les plus réglés, on pourrait dire les plus moraux. Il convient encore d'éviter une trop grande fatigue d'esprit comme de corps. Comme dans toute épidémie, l'encombrement des habitations est une condition défavorable : on prendra des mesures à l'effet de la diminuer autant que possible. On assainira encore les maisons par une propreté portée au-delà de ce qui se pratique habituellement.

ART. 660. — **Conduite au début de l'épidémie.** — Ainsi que nous l'avons déjà exprimé, le symptôme par l'apparition duquel débute presque toujours le choléra, et qu'on nomme pour cela *prémonitoire*, est la diarrhée. Aussi, dès que, en temps d'épidémie, se manifeste la plus légère diarrhée, est-il prudent de la combattre. Les moyens conseillés pour ce traitement sont : l'observation d'une diète sévère ; usage de riz et de décoction de riz ; infusion légère de thé ou de camomille ; usage de quarts de lavement de graine de lin ou d'eau simple auxquels on ajouterait de cinq à dix gouttes de laudanum de Sydenham (art. 951, 1115). Mais si, malgré l'emploi de ces moyens, la diarrhée persistait, que les forces diminuassent, et surtout que se produisissent les symptômes de la période algide, on appellerait dès lors un homme de l'art, et, en attendant son arrivée, on mettrait en pratique les moyens dont suit l'exposition, publiés par les soins du Conseil de salubrité de la Seine :

« On excitera la peau, et on y appellera la chaleur, en plaçant aux pieds du malade et entre les cuisses une bouteille d'eau chaude, ou des briques chauffées et enveloppées de linge.

» On entourera le malade de linges chauds, de plusieurs couvertures de laine, et l'on promènera, entre ces couvertures, des fers chauffés ou une bassinoire, de manière à agir sur toute la surface du corps.

» Pendant la préparation de ces moyens, ou durant leur emploi, on frictionnera fortement et *longtemps* les membres avec le creux des mains, une brosse douce, de la flanelle ; on pourra arroser la flanelle d'eau-de-vie camphrée, de simple eau-de-vie ou d'eau de Cologne. Il est bon que ces frictions soient faites par deux personnes placées de chaque côté du malade, en ayant soin de ne pas le découvrir. On lui fera boire une infusion chaude de thé, de tilleul ou de menthe, additionnée de quelques gouttes d'eau-de-vie. Si ces tisanes paraissaient augmenter les vomissements, on emploierait avec avantage l'eau gazeuse, ou la glace par petits morceaux, et l'on promènerait des sinapismes sur les jambes et sur les cuisses.

» Il sera utile, toutes les fois qu'on le pourra, de coucher le malade dans une pièce séparée, afin de le placer dans les conditions les plus favorables à la salubrité. »

ART. 661. — Convalescence. — La convalescence nécessite des précautions que le médecin devra faire connaître au malade. Il faut se défier des prétendus moyens préservatifs ou curatifs du choléra, dont on annonce et vante les propriétés : la médecine en est encore à la recherche de ces moyens.

TROISIÈME DIVISION. — PHLEGMASIES.

ART. 662 à 668. — Définition. — Ce mot, qui vient du mot grec ϕλέγω, je brûle, s'applique à une classe de maladies dans lesquelles le sang est appelé dans les vaisseaux capillaires d'un organe, d'où résulte de la chaleur, du gonflement, de la rougeur et de la douleur, qui sont les phénomènes caractéristiques de l'*inflammation*.

STOMATITE.

ART. 669. — Description. — La stomatite est l'inflammation de la membrane muqueuse qui tapisse la bouche. Cette phlegmasie présente des formes différentes, qui sont : la *stomatite simple* ou érythémateuse, la *stomatite mercurielle* et la *stomatite pseudo-membraneuse*, auxquelles il faut ajouter l'*aphthe*, le *muguet* et la *stomatite gangréneuse*.

STOMATITE SIMPLE.

ART. 670. — Pathologie. — La stomatite simple ou érythémateuse est caractérisée par une rougeur ponctuée ou par plaques, sur la partie interne des lèvres ou des joues, sur les gencives, sur la langue ou sur la voûte palatine, accompagnée de cuisson ou douleur, s'exaspérant au contact d'un corps solide et par l'action du froid. Cette affection, chez les enfants ou chez les femmes, est quelquefois accompagnée d'un mouvement fébrile.

ART. 671. — Thérapeutique. — La stomatite simple cède ordinairement facilement à l'usage d'un collutoire calmant, obtenu simplement par la décoction d'une tête de pavot dans un quart de litre d'eau. On en renouvelle l'application toutes les heures. Si dans les 24 heures la maladie n'a pas cédé ou à peu près, on substituerait à ce liquide notre collutoire astringent opiacé (art 1044).

STOMATITE MERCURIELLE.

ART. 672. — **Résumé.** — Cette stomatite, produite par l'emploi des préparations mercurielles, débute par un gonflement des gencives dont la sertissure est bordée d'une rougeur livide. Le malade perçoit, dès le début, une saveur métallique. La rougeur augmente, l'haleine est fétide, et la tuméfaction gagne tous les tissus. La *salivation*, dite mercurielle, qui en est le caractère spécifique, se produit. De larges plaques ulcérées, couvertes d'une enveloppe blanchâtre, se montrent sur les diverses parties de la muqueuse.

Le traitement doit consister d'abord dans la cessation de la cause qui l'a produite, puis en des collutoires chlorhydriques (voir, art.1015, notre collutoire anti-scorbutique), sans préjudice de l'emploi de purgatifs tels que 50 grammes de sulfate de magnésie en dissolution dans quatre verres d'eau, à prendre par verres tous les quarts d'heure dans la matinée; ou mieux de 6 à 8 pilules panchymagogues (art. 1127).

STOMATITE PSEUDO-MEMBRANEUSE; GENGIVITE.

ART. 673. — **Résumé.** — Cette stomatite, dite *couenneuse* ou *diphthéritique,* ayant de grands rapports avec l'angine couenneuse, se montre généralement en premier lieu sur les gencives ou à leur base, d'où elle s'étend à la partie intérieure des lèvres et des joues ; rarement au pourtour de la langue et au palais. Il est rare même qu'elle affecte plus d'un côté. Elle offre des plaques d'un blanc grisâtre peu étendues, irrégulières, mais saillantes au-dessus de la muqueuse. C'est surtout autour des plaques que se montre un bourrelet saillant et fongueux. Il y a douleur, fétidité de l'haleine, salivation, engorgement des glandes, sans fièvre. Cette affection est généralement peu grave, à moins qu'elle ne se complique d'une pneumonie.

Les enfants et les sujets affaiblis en sont plus spécialement atteints. Elle règne souvent épidémiquement par le fait de l'humidité et surtout de l'encombrement.

Le spécifique de cette stomatite est l'acide chlorhydrique fumant, appliqué directement au moyen d'un pinceau ou d'une plume, une ou deux fois par jour.

Comme adjuvant, usage de quelques cuillerées de vin de

24*

quinquina. Et, si le sujet était constipé, administration de nos pilules panchymagogues jusqu'à effet purgatif, se maintenant pendant quelques jours (art. 1127).

APHTHES.

ART. 674. — **Résumé.** — On donne le nom d'*aphthes* à de petites vésicules qui se développent sur la muqueuse buccale et qui, en se rompant, produisent de petits ulcères arrondis, à bords rouges, enflammés, d'une teinte grisâtre. Ces ulcérations peuvent se produire sur tous les points de la surface buccale, y compris les bords de la langue, rarement les gencives. Elles peuvent même s'étendre jusqu'à l'arrière-bouche et même à l'œsophage.

Que l'aphthe soit idiopathique ou symptomatique, la cautérisation avec le sulfate de cuivre en est le spécifique. Il suffit, à cet effet, de toucher l'ulcération avec un cylindre ou un fragment de de ce sel cuprique. On renouvellerait tous les jours si une première application n'était suffisante. Si la maladie rechutait, on la combattrait par l'usage de nos pilules panchymagogues (art. 1127).

STOMATITE GANGRÉNEUSE.

ART. 675. — **Résumé.** — La stomatite gangréneuse ne s'observe guère que sur les enfants de trois à dix ans, scrofuleux ou essentiellement dartreux, que l'état de misère ou les privations ont affaiblis, affection extrêmement grave, et pour le traitement de laquelle on ne saurait référer trop tôt aux lumières de l'homme de l'art. Il est généralement de règle de soumettre le sujet à un régime réconfortant, en même temps qu'on administrera les préparations de quinquina. Enfin pratiquer les cautérisations indiquées (art. 673) dans les cas de stomatite pseudo-membraneuse.

MUGUET.

ART. 676. — **Résumé.** — Le muguet ou millet est une *stomatite* (*stomatite crémeuse* de quelques auteurs) qui, se développant sur la muqueuse de la bouche, de l'arrière-bouche, pouvant s'étendre à l'œsophage et même sur la muqueuse gastro-intestinale, résulte d'une production parasite de mycodermes. Elle affecte ordinairement les enfants et surtout les nourrissons. Elle se manifeste sous forme de petites masses disséminées ou affectant la forme de plaques, ayant l'aspect de grumeaux de lait caillé.

Le muguet est généralement bénin, d'une durée de un à huit

jours, non accompagné de mouvement fébrile. Cependant il peut acquérir une certaine intensité en déterminant une gastro-entérite.

Un des meilleurs moyens à lui opposer chez les enfants, consiste à appliquer localement, au moyen d'un pinceau, du simple miel rosat, ou un mélange à parties égales de miel et de borax pulvérisé. Chez les adultes, le muguet sera combattu avec avantage par notre gargarisme astringent (art. 1044).

APHONIE. — ENROUEMENT, RAUCITÉ.

ART. 677. — Résumé. — Le mot *aphonie* dérive du grec, de à privatif et de φωνή voix, et veut dire privé de voix. Lorsque l'aphonie est incomplète, et c'est le cas le plus fréquent, elle prend le nom de *enrouement, raucité* : altération de la voix, qui perd de sa netteté, devient obscure et basse.

L'enrouement, lorsqu'il survient tout à coup à la suite d'un froid, ou qu'il se lie au coryza ou à la bronchite aiguë, n'a aucune gravité. Il disparaît par le seul effet de la chaleur, en rappelant la transpiration ou la favorisant. L'enrouement qui survient à la suite de la fatigue de l'organe vocal, surtout lorsqu'il se produit fréquemment chez le sujet, est un des symptômes du chancre syphilitique fixé sur des points du larynx. Ce cas, d'autant plus insidieux que cette maladie, dite *honteuse*, peut cependant se communiquer par la simple contagion médiate des lèvres, par exemple en buvant à une coupe mal nettoyée à laquelle aurait bu un syphilitique, est caractérisé ordinairement par l'absence de douleur dans la région du larynx sous l'effet de la pression. Le larynx, rappelons-le, correspond à ce que le vulgaire appelle la *pomme d'Adam* (art. 681).

ANGINE. — AMYGDALITE, ESQUINANCIE, MAL DE GORGE.

ART. 678. — Résumé. — *Angine* vient du mot latin *angere*, suffoquer. On entend par angine l'inflammation de la muqueuse, depuis l'arrière-bouche jusqu'à l'estomac et même jusqu'aux poumons ; mais cette dénomination désigne ordinairement une inflammation plus restreinte, et qui a spécialement son siège sur les amygdales ou sur le pharynx. Elle se termine ordinairement par la résolution et par une abondante exhalation de mucosités. Quelquefois il se forme un abcès dans le tissu cellulaire : le pus amincit, par degrés, les parois du pharynx et se fait jour dans le conduit, d'où il est entraîné par la bouche, ou descend dans l'estomac. Dans quelques cas, heureusement très-rares, l'angine devient gangréneuse.

Le diagnostic de l'angine n'est difficile que lorsque le siége du mal se dérobe à nos yeux. On s'aide dans ce cas d'une spatule ou d'une cuillère, pour abaisser la base de la langue et arriver ainsi à voir jusqu'au siége du mal. L'angine ordinaire, qu'elle ait son siége au pharynx ou aux amygdales, a presque toujours une issue heureuse.

Lorsque l'angine est gangréneuse, ce qui se reconnaît aux tâches cendrées qui s'aperçoivent dans le pharynx ou sur les amygdales, et à la production d'une respiration fétide, on doit recourir au plus tôt aux lumières du médecin. On peut, au contraire, la traiter soi-même lorsqu'elle est réduite à l'état de simple esquinancie, et voici le traitement qui réussit le mieux : diète ; envelopper le cou avec de la laine ; boissons sudorifiques, telles que de l'infusion de fleurs de sureau ; gargarisme astringent opiacé (art. 1044). Si ces moyens sont insuffisants, et qu'après vingt-quatre heures de leur emploi il n'y ait aucune amélioration, il convient d'appliquer huit à dix sangsues à la partie extérieure du cou qui correspond à l'inflammation. Il est encore bon, pour favoriser l'effet de tous ces moyens, de bien se couvrir la tête et de maintenir les pieds chauds.

CORYZA. — RHUME DE CERVEAU. — ENCHIFRÈNEMENT.

ART. 679. — **Description.** — Le *coryza*, synonyme de *rhume de cerveau*, *enchifrènement*, est, comme on sait, une affection très-légère, et bien plus une indisposition qu'une maladie. On la contracte ordinairement par l'effet de la respiration d'un air froid et humide. Le coryza est l'inflammation de la muqueuse du nez, pouvant s'étendre assez souvent jusqu'à celle de l'arrière-bouche, et même, extérieurement, aux ailes du nez et aux lèvres. Il est fréquemment le précurseur de la *laryngite* (art. 681) et de la *bronchite* (art 685), et il se montre aussi comme symptôme de certaines affections, telles que la grippe, la rougeole, etc.

ART. 680. — **Traitement.** — Le rhume de cerveau cède assez facilement, ordinairement à la chaleur, après une période de quelques jours. Il est recommandé encore de maintenir les pieds chauds et en état de transpiration. On a préconisé, comme moyen abortif de cette inflammation, une dissolution de dix centigrammes d'extrait d'opium dans deux cents grammes d'eau simple, employée en aspirations ou reniflements, par le nez, tous les quarts d'heure ; et ce moyen réussit assez souvent. M. Paillon a récemment indiqué un nouveau moyen plus expéditif encore, consistant à passer, plus ou moins rapidement, sous le nez, un flacon renfermant de l'ammoniaque liquide ou alcali volatil. La lenteur du passage devra être en rapport avec l'intensité du coryza et de telle manière, toujours, que le malade éprouve le sentiment que détermine, sur la membrane pituitaire, le contact des vapeurs ammoniacales. On renouvelle une fois par minute, jusqu'à sept à huit fois, l'application de ces vapeurs.

LARYNGITE.

Art. 681. — **Résumé.** — La laryngite est l'inflammation du larynx. Elle a pour symptôme une douleur qui correspond au milieu de la partie antérieure du cou et à l'endroit protubérant où se produit un resserrement marqué qu'on trouve avec les doigts, lorsqu'on avale la salive. Cette douleur augmente par la pression de la main, ou lorsque le malade veut élever la voix, qui devient rauque, sourde, présente assez souvent une sonorité grave, comme elle devient quelquefois aiguë, ou comme elle s'éteint parfois presque complètement (voir *aphonie*, art. 677). Il y a ordinairement une toux dite de la gorge. Les symptômes de la laryngite diffèrent essentiellement de ceux de l'angine en ce que, dans la laryngite, les boissons sont aisément avalées.

Les boissons sudorifiques, comme le sureau, et tous les moyens qui rappellent ou activent la transpiration des pieds, sont indiqués. On doit se couvrir la région du cou avec des enveloppes de laine. Mais, si, par l'emploi de ces moyens, la maladie, caractérisée par la raucité de la voix, la douleur et un peu de fièvre, ne cède en quelques jours, il est important, dès lors, de recourir aux lumières du médecin, surtout si l'affection s'aggrave, car la laryngite peut dégénérer en phthisie laryngée, maladie extrêmement dangereuse (art. 813). Au cas où, éloigné de l'homme de l'art, le malade ne pourrait recourir à ses conseils dans les premiers jours de la persistance ou de l'aggravation de l'angine, il conviendrait de faire une application de dix à douze sangsues à la partie antérieure du cou qui correspond à l'organe lésé. On ferait saigner avec un linge et de l'eau chaude, après la chute des sangsues ; et on appliquerait un cataplasme de farine de lin, qu'on arroserait avec du laudanum et qu'on renouvellerait une ou deux fois toutes les douze heures. L'emploi de gargarismes astringents est communément indiqué (art. 1044). Régime doux. Dès le début surtout se tenir chaudement. Chercher à exciter la transpiration aux extrémités.

La laryngite prend encore deux formes particulières, le *faux croup* et le *croup*, qu'il est essentiel de connaître.

Art 682. — **Faux croup.** — Le faux croup, qui affecte les enfants placés dans de bonnes conditions de fortune, consiste en une suffocation qui se manifeste ordinairement endant la nuit, souvent tout à coup, sans signe précurseur, sans rhume; le rhume apparaît alors, la voix prend une intonation grave, caverneuse; les enfants éprouvent une difficulté de respirer telle qu'on craint à chaque instant de les voir expirer. Cette affection, très-grave, est effrayante dans ces moments. Ces accès reparaissent ordinairement pendant plusieurs nuits consécutives.

Le meilleur moyen à opposer à cette affection consiste en des fumigations de stramonium : on place des feuilles de cette plante sur des charbons ardents ou sur une pelle à feu rougie par la chaleur, et, avec la main, on entraîne la fumée qui se produit du côté de la tête du jeune malade, en vue de la lui faire respirer. Il en résulte une amélioration subite, et la maladie cède tout simplement ensuite à l'usage des boissons chaudes et sudorifiques, telles que l'infusion de tilleul ou de fleurs de sureau.

ART. 683. — **Croup vrai.** — Le croup vrai, ou *laryngite couenneuse*, diffère de la précédente affection, d'abord, en ce qu'il sévit plus spécialement chez les enfants de deux à huit ans; ensuite parce qu'il attaque plutôt les garçons que les filles. Il se déclare plus spécialement encore chez les sujets d'une constitution chétive, ou qui sont dans de mauvaises conditions de santé et de fortune. Il survient très-souvent encore à la suite de fièvres inflammatoires. Il y a une assez grande difficulté à établir une différence tranchée dans ces deux maladies, de la part de personnes étrangères à l'art de guérir; cependant, il est un caractère saillant, mais qui, malheureusement, ne se produit pas au début de la maladie : c'est celui de l'expulsion par la toux, et au moment de la suffocation, de lambeaux de membranes semblables à du blanc d'œuf durci ou à du parchemin. Il y a encore ce caractère : c'est qu'après l'accès, le jeune malade reste encore très-enroué et fort affaissé, et que les accès vont en augmentant d'intensité: lorsque, au contraire, dans le faux croup, l'enfant, après l'accès, semble guéri, et les accès vont en diminuant d'intensité.

ART. 684. — **Thérapeutique.** — Le traitement du croup nécessitera une médication énergique : les synapismes aux jambes, d'abord; puis administrer, au plus tôt, toutes les demi-heures une cuillerée à café jusqu'à production de vomissements, et d'une dissolution de 10 centigrammes de tartre stibié dans un verre d'eau sucrée, et jusqu'à l'arrivée du médecin, qui devra être appelé dès le début de la maladie. Disons, en terminant, que c'est dans la cautérisation au nitrate d'argent que la médecine moderne trouve le moyen le plus efficace à opposer à cette dangereuse maladie.

BRONCHITE, RHUME DE POITRINE.

ART. 685. — Description. — On nomme *bronchite* l'inflammation de la membrane muqueuse des bronches. Nous n'entendons parler ici que de la bronchite essentielle simple, dite rhume simple de poitrine, sans fièvre sensible. Nous laisserons au médecin le soin de diriger le traitement de *la bronchite capillaire ou suffocante* (art. 687). Voir, pour la bronchite chronique, « *Catarrhe pulmonaire* » (art. 810, 688).

ART. 686. — Traitement. — Comme le coryza ou rhume de cerveau, la bronchite simple cède, après une certaine période de durée, aux soins du foyer, tels que la chaleur aux extrémités, l'usage soit de boissons chaudes et émollientes, telles que bourrache, capillaire, figues, etc.; soit de pâtes émollientes, mais surtout de pâtes opiacées, etc.

Comme un rhume simple d'abord peut dégénérer en affection grave des poumons, tout rhume qui persistera plus de quinze jours, malgré les soins précités, devra par cela seul être considéré comme devant nécessiter les soins de l'homme de l'art, surtout si ce rhume a eu pour résultat de produire de l'amaigrissement. C'est ainsi que trop souvent débute la maladie de poitrine, si insidieuse, si grave, la *phthisie pulmonaire*, et on ne saurait trop se prémunir à temps contre les dangers d'une affection qui ne présente de ressources à la médecine qu'autant qu'elle est traitée à son début. Voir « *Catarrhe pulmonaire* » (art 688).

Dès qu'un rhume résiste plus de quinze jours aux moyens précités, le plus précieux des moyens que nous connaissions pour le combattre réside dans l'emploi de nos pilules de cynoglosse (art. 1115).

BRONCHITE CAPILLAIRE.

ART. 687. — Pathologie. — La *bronchite capillaire*, qui est une phlegmasie catarrhale des dernières ramifications des bronches et même de la vésicule pulmonaire, est caractérisée par de l'oppression, toux fréquente, expectoration de mucosités filantes et jaunâtres, etc. C'est une forme très-grave de la bronchite et très-fréquente parmi les enfants, qui demande l'intervention absolue du médecin.

CATARRHE PULMONAIRE.

ART. 688. — Pathologie. — Le *catarrhe pulmonaire chronique*, ou *bronchite chronique*, est beaucoup plus fréquent dans la vieillesse qu'aux autres époques de la vie. Ses principaux symptômes sont une toux fréquente et grasse ; l'expectoration facile ou laborieuse de crachats opaques blancs ou verdâtres, rejetés en plus grande abondance le matin qu'aux autres moments du jour. Chez quelques sujets, il existe un mouvement fébrile avec dépérissement progressif.

La marche de ce catarrhe chronique varie souvent aux changements de l'atmosphère : il diminue ou même disparaît dans la saison chaude; il se reproduit ou s'aggrave dans les temps froids ; quelquefois il cède définitivement à l'apparition d'une maladie nouvelle.

Le diagnostic est quelquefois difficile à établir ; car il peut coïncider avec l'existence de la pththisie pulmonaire, ce qu'un médecin devra encore apprécier par l'auscultation.

ART 689. — **Thérapeutique.** — Le traitement du catarrhe pulmonaire ou bronchite est long et difficile : Voyez, à « *Pilules de cynoglosse* » la description d'un traitement qui nous a le mieux réussi (art. 1115).

COQUELUCHE.

ART. 690. **Description.** — La coqueluche est un rhume opiniâtre caractérisé par des quintes dont les secousses sont entrecoupées par des inspirations sonores, longues et bruyantes, avec rougeur violacée de la face. Il y a expectoration de matières filantes et puriformes, nausées ou vomissements, assez souvent même des saignements de nez. Elle est épidémique et contagieuse. Nous avons de grandes raisons pour penser que cette affection tient à la présence, sur la muqueuse des bronches et de l'œsophage, d'un mycoderme ou d'un végétal agame, microscopique, qu'il s'agit d'expulser pour obtenir la guérison.

ART. 691. — **Traitement.** — En conséquence de cette cause, ce ne sont ni les émollients ni les calmants qui auront raison de la coqueluche ; mais, au contraire, des agents comme les vomitifs, qui secouent l'organisme, ou des antiseptiques comme les émanations du gaz de l'éclairage. Sans doute, des calmants, comme les sirops de belladone ou de stramonium, auront pour effet de calmer les quintes ; mais ils ne sauraient jamais être que des palliatifs. Nous croyons que le plus sûr des moyens réside dans l'emploi des vomitifs. Par exemple, on met à dissoudre dix centigrammes d'émétique dans un demi-verre d'eau; et on en administre tous les matins par cuillerées à bouche ou par cuillerée à café aux jeunes malades, selon qu'ils sont déjà grandets ou très-jeunes, jusqu'à ce que se soient produits quelques vomissements. On continue ainsi tous les matins jusqu'à guérison. L'usage d'un peu de café noir en même temps semble favoriser la guérison. Notre fumigatoire pectoral (art. 1103) nous a aussi souvent réussi.

GRIPPE.

ART. 692. — **Pathologie.** — La *grippe* est une maladie épidémique qui débute ordinairement par un malaise général, et même par un accès de fièvre, en même temps qu'on éprouve une inflammation générale de la muqueuse du nez (coryza), du larynx et surtout des bronches.

ART. 693. — **Thérapeutique.** — On ne peut, quoi qu'on fasse, faire avorter cette maladie ; mais un moyen d'en atténuer beaucoup l'intensité et d'en réduire la durée consiste, dès l'apparition des premiers symptômes, à favoriser, par des moyens inoffensifs, un mouvement de transpiration vers la peau. Pour obtenir cet effet, nous conseillons au malade de se coucher, de se bien couvrir, et d'user copieusement, comme boisson, d'une infusion très-chaude de sureau, de tilleul ou de toute autre tisane sudorifique. La transpiration une fois bien établie, on traitera les symptômes qui se produiront comme nous l'avons indiqué à « *Bronchite* » (art. 686).

INDIGESTIONS.

ART. 694. — **Résumé.** — Nous conseillons, dans le cas d'indigestion, l'usage de thé léger, à haute dose, d'une part ; et, d'autre part, de faire des efforts pour aller à la selle. Rien ne favorise la descente des aliments de l'estomac dans les intestins, comme d'expulser, des gros intestins, les matières qu'ils renferment. On devra, après cela, se soumettre à la diète, et faire usage, pour boisson, d'eau sucrée ou non sucrée, aromatisée à l'eau de fleur d'oranger, ou simplement, d'une infusion de tilleul. Abstention de vin et de liqueurs alcooliques, ainsi que du café, jusqu'à la cessation de l'irritation du tube digestif. S'il subsistait un état gastralgique, emploi de nos pilules sédatives (art. 1131).

PYROSIS OU FER CHAUD.

ART. 695. — **Résumé.** — Cette indisposition, qui tient à une mauvaise digestion, et qu'on éprouve surtout quand on a fait usage d'aliments gras, est généralement combattue avec avantage avec les pastilles de Vichy ; mais un moyen qui n'est pas ou qui est peu connu, que nous sachions, et qui réussit le plus souvent, consiste à prendre, après le repas, un fragment de suc de réglisse calabre, de première qualité, qu'on laisse fondre dans la bouche.

EMBARRAS GASTRIQUE, EMBARRAS DE L'ESTOMAC.

ART. 696. — **Résumé.** — Cette affection, assez fréquente, se manifeste après un repas, le plus souvent copieux, accompagné d'abondantes libations ; après de grandes fatigues ou des excès divers, surtout au renouvellement des saisons, et plus particulièrement chez les sujets bilieux, ou lymphatiques. La bouche est mauvaise et pâteuse; la langue est recouverte d'un enduit jaunâtre. Il y a malaise général, de la lassitude, de la courbature, diminution de l'appétit et dégoût, des nausées, des rapports acides ou à goût d'œufs pourris, pesanteur à l'estomac, des vomissements, constipation ou diarrhée. Les yeux sont cernés, le teint est pâle ou jaunâtre, la tête lourde ou douloureuse; enfin, assez souvent, un mouvement fébrile assez marqué. Cet état se rapproche beaucoup de la fièvre éphémère et de la courbature, et n'a, comme elles, qu'une durée courte.

La diète, le repos et les boissons acidulées, telles que la limonade, suffisent quelquefois ; mais elle cède toujours à l'administration d'un vomitif (art. 1218) ou d'un purgatif salin (art. 1178).

AIGREURS.

ART. 697. — **Résumé.** — Les aigreurs d'estomac tiennent ordinairement à une mauvaise digestion. On les combattrait d'abord par l'usage de pastilles de Vichy, à la dose de trois à six après les repas ; et, si ce moyen échouait, on passerait au traitement indiqué à « *Dyspepsie* » (art. 789, 1131). Le suc de réglisse, qu'on laisse fondre dans la bouche, est un moyen fort simple, peu coûteux, et qui réussit assez souvent à calmer et même à détruire les aigreurs (art. 695).

GASTRITE.

ART. 698. — **Pathologie.** — La *gastrite* est l'inflammation de la muqueuse de l'estomac. Cette affection, que Broussais et son école ont cru être si fréquente, existe sans doute, mais rarement, et seulement dans les cas où elle est produite par l'ingestion des substances irritantes, comme dans les empoisonnements. Elle se manifeste par une douleur aiguë, intolérable, des vomissements, etc. Voir « *Empoisonnements* » (art. 877 à 889) et « *Dyspepsie* », (art. 789).

ENTÉRITE

ART. 699. — **Causes.** — L'entérite proprement dite, *chez l'adulte*, est une affection tout au moins rare, si ce n'est celle qui résulte soit de l'indigestion de matières âcres, d'aliments altérés, de mauvaise qualité; soit d'une digestion difficile, soit de l'abus des purgatifs. Elle demande le traitement de la dyspepsie (art. 789, 1131). Chez les enfants et chez les enfants en bas âge, l'entérite, et surtout l'*entérocolite*, c'est-à-dire l'inflammation du colon, constitue une affection fréquente et qui fait de nombreuses victimes, particulièrement dans les campagnes. Elle est presque toujours le résultat d'une nourriture grossière, relativement, et mal appropriée à la délicatesse des organes, telle que de la soupe dans les trois premiers mois de la naissance, lorsque le lait et le lait, de femme seul, devrait fournir à son alimentation; ou l'usage prématuré des aliments solides. Le vin, donné à ces petits êtres, est encore très-souvent la cause occasionnelle de cette maladie, mais c'est surtout à un sevrage anticipé qu'on doit rapporter le plus grand nombre de cas d'*entérocolite* des enfants. Rien ne peut remplacer la lactation naturelle, qui doit durer de dix à quinze mois (art. 454, 702).

ART. 700. — **Symptômes.** — Les symptômes de l'entérocolite des enfants sont d'abord, et par-dessus tout, une diarrhée abondante de selles vertes écumeuses mêlées de concrétions blanches; des pleurs; le ballonnement du ventre et un amaigrissement rapide du sujet, le tout assez souvent compliqué du *muguet* (art. 676).

Le traitement à opposer à cette dangereuse maladie est, avant tout, le rétablissement de l'allaitement, lorsqu'il a été interrompu; des cataplasmes sur le ventre; l'usage de la décoction blanche de Sydenham. On se trouve bien encore de l'usage, toutes les heures, d'une cuillerée à café de la potion gommeuse du Codex renfermant, par 150 gr., 5 grammes de craie pure (carbonate de chaux).

DIARRHÉE, VULGAIREMENT DÉVOIEMENT.

ART. 701. — **Diarrhée aiguë.** — La *diarrhée* ou *dévoiement* est assez souvent le symptôme d'affections graves comme la dyssenterie, le choléra, la fièvre typhoïde, etc. Lorsqu'elle se manifeste de prime abord, et qu'on pourrait craindre qu'elle ne dégénérât en dyssenterie ou en cholérine, on ne saurait trop se hâter de la combattre en faisant usage de notre tisane antidiarrhéique (art. ,208) ou des pilules de cynoglosse (art. 951, 1115).

On prendra de cette boisson, par verres, toutes les heures et jusqu'à effet; après lequel on en diminuera la quantité. Nous pensons que la diarrhée prémonitoire du choléra et de la dyssenterie, traitée ainsi, cèdera à ce moyen, d'où doit résulter

la prévention de l'affection grave qui en serait naturellement la
suite. Au cas d'ailleurs où la diarrhée et les douleurs qui l'accompagnent ordinairement ne s'arrêteraient pas ainsi, on ajouterait
à l'usage de cette tisane l'emploi de demi-lavements d'eau tiède
renfermant chacun dix gouttes de laudanum de Sydenham, qu'on
renouvellerait, en cherchant à les garder, jusqu'à ce que les intestins en eussent retenu un, et que les symptômes morbides
eussent cessé. Voir « *Dyssenterie* » (art. 178) et « *Pilules de cynoglosse* » (art. 1115).

ART. 702. — **Diarrhée verte des enfants.** — La *diarrhée
verte des enfants*, qui fait de si grands ravages chez les nourrissons, est une entérocolite bilieuse qui tient, le plus souvent, à
ce que les sujets ont reçu une nourriture trop substantielle ou
peu appropriée à la faiblesse des organes de la digestion de ces
petits êtres. Elle prend surtout des enfants qu'on a trop tôt
sevrés ou qu'on allaite artificiellement. Aussi le meilleur des
remèdes à appliquer est-il l'allaitement maternel, ou celui que
fournit une bonne nourriture. Cette nourriture exclusive durera
jusqu'à cessation des symptômes, moment où on se relâchera
peu à peu pour donner des panades sucrées ou des soupes légères,
suivant l'âge (art. 699).

ART. 703. — **Diarrhée chronique.** — La diarrhée chronique ou ancienne constitue l'entérite chronique. On la rencontre
assez souvent chez les hommes qui ont séjourné à nos colonies ;
comme elle est fréquente chez les sujets qui ont abusé
des alcooliques. Nous conseillons l'emploi de nos pilules d'opium
et cachou (art. 1226), à la dose de deux à quatre par jour, en
procédant graduellement. Voyez « *Entérite chronique* » (art. 704).

ENTÉRITE CHRONIQUE.

ART. 704. — **Résumé.** — L'entérite chronique, caractérisée
par une diarrhée rebelle sans fièvre, sans douleur sensible, se
produit quelquefois à la suite de l'entérite aiguë ; chez les vieux
ivrognes et chez les sujets qui, ayant resté aux colonies ou dans
les climats chauds, ont essuyé, dans ces contrées, les épidémies
qui y déciment annuellement les populations.

Emploi de quelques lavements opiacés comme il est indiqué
aux articles qui précèdent et qui suivent, et, en cas d'insuffisance, usage de nos pilules d'opium et de cachou, aux doses
indiquées (art. 1126).

DYSSENTERIE.

ART. 705. — **Pathologie.** — La *dyssenterie* est une forme
d'entérite souvent épidémique, dans laquelle le siége de

l'inflammation est spécialement au colon. Caractérisée par une diarrhée d'une fréquence extrême avec des douleurs atroces, un malaise très-grand, la dyssenterie, qui débute le plus souvent d'une manière bénigne, s'annonce par des symptômes brusques d'une moyenne violence. Le besoin d'aller à la garde-robe se produit vingt et trente fois par jour, n'en résultant que l'expulsion de quelques glaires mêlées de sang. Ces selles sont douloureuses, accompagnées de douleurs extrêmes et d'une profonde anxiété. Pas de fièvre ou fièvre peu intense. Elle se termine assez souvent dans la huitaine; mais elle dure ordinairement 15 jours dans les cas les plus communs. Dans une forme plus grave, elle peut persister longtemps, mais, dans tous les cas, elle offre une convalescence toujours longue. C'est surtout lorsqu'elle règne épidémiquement qu'elle présente une grande intensité dans ses symptômes.

ART. 706. — **Thérapeutique.** — Elle sera la même que celle indiquée à l'article 701, *Diarrhée*, qui précède, en attendant l'arrivée de l'homme de l'art. Au cas cependant où, en temps d'épidémie, il serait impossible à quelques personnes de mettre leur traitement sous la direction d'un médecin, voici ce que nous conseillerions : lavement d'eau simple et seulement du volume d'un verre à boire, auquel on ajouterait dix ou quinze gouttes de laudanum de Sydenham et qu'on chercherait à retenir. Le renouveler immédiatement s'il venait à être rendu, ou, toutes les six ou huit heures si, malgré la conservation du lavement, les coliques n'avaient point cessé ou reparaissaient. Diète presque absolue. Pour tisane, infusion aromatique de tilleul, par exemple, dans une décoction de graine de lin, ou une solution de gomme arabique dans la proportion de 30 grammes de gomme par litre. Les lavements seraient diminués ensuite, soit en fréquence, soit relativement à la quantité de laudanum, à mesure que le malade irait mieux.

Les épidémies de dyssenterie ont souvent pour effet de déterminer, chez un grand nombre de sujets, dans la contrée infectée, une diarrhée qui, négligée, dégénère ordinairement en dyssenterie, lorsque, traitée, dès le début, au moyen de notre tisane antidiarrhéique (art. 1208), elle cède facilement, ce qui prévient toute aggravation de symptômes et partant la dyssenterie. Dans nos campagnes, où les clysopompes sont encore peu répandus et où l'administration des lavements est toujours d'une exécution pénible ou difficile, souvent impossible, nous ne saurions trop insister pour que, aux premiers symptômes de diarrhée accompagnée de malaise et de douleurs intestinales, surtout lorsque les déjections sont glaireuses et sanguinolentes, on fasse usage de cette tisane. Voyez, « *Pilules de cynoglosse* » (art 1115), « *Pilules d'opium et cachou* » (art. 1126).

CONSTIPATION.

Art. 707. — Pathologie. — La constipation est, on le sait, l'état d'une personne qui ne peut aller librement à la selle, ou qui n'y va que rarement. La constipation n'est pas, à proprement parler, une maladie, quand on suppose que toutes les fonctions, si ce n'est celle-là, s'exécutent bien. Elle peut déterminer certains symptômes : tels que pesanteur, douleur de tête, douleur et chaleur dans le ventre, défaut d'appétit : l'accumulation des matières fécales dans les intestins donne encore lieu à la production de sortes de tumeurs, à des ballonnements, à des borborygmes, enfin à des vomissements, lorsque la défécation est trop longtemps retardée. Nous devons ajouter encore que l'accumulation des matières fécales dans le rectum occasionne parfois une sécrétion qui ressemble à la diarrhée, et que les efforts qu'on fait pour provoquer la sortie de ces matières peuvent déterminer des fistules à l'anus ou des hernies, en même temps qu'une congestion vers la tête.

Toute personne, pour bien se porter, doit aller une fois par jour, ou au moins une fois tous les deux jours, à la selle. Cela varie cependant selon les autres habitudes du sujet : ainsi nos paysans, qui mangent beaucoup, parce que, d'une part, les aliments grossiers nourrissent peu, et qu'ils occupent un plus grand volume ; que, d'ailleurs, les travaux pénibles auxquels ils se livrent, demandent une nutrition copieuse ; nos paysans, disons-nous, vont ordinairement deux fois par jour, lorsque les hommes de cabinet, qui mangent peu, peuvent se porter fort bien avec une selle tous les deux jours.

Art. 708. — Thérapeutique. — Lorsque la constipation n'est que passagère, et qu'elle n'est pas habituelle, l'usage de légumes verts, de fruits, de potages dits *juliennes*, de viandes blanches, de boissons acidulées, continué longtemps, amène souvent une amélioration notable dans l'état du ventre. On peut ajouter à ces moyens l'usage de quelques lavements à l'eau tiède seule, et mieux à l'eau froide ; enfin, dans l'hiver, l'usage de quelques potages, dans la composition desquels on fera entrer de la farine de lentilles.

Si tous ces moyens étaient impuissants, nous conseillerions de passer à l'usage de la limonade laxative de notre Formulaire (art. 1060), administrée à la dose d'un litre par jour, et pendant une huitaine.

A l'usage de notre limonade laxative on joindrait l'emploi des émollients, tels que tisane de graine de lin, bains tièdes et un régime anti-phlogistique, dans lequel les boissons alcooliques et le vin même seraient entièrement proscrits. Voir « *Dyspepsie,* » (art. 789).

Enfin l'usage de la moutarde blanche, chez les personnes âgées, a parfois réussi au-delà de toute espérance. On pourra donc y recourir dans les cas où la constipation proviendrait d'une atonie de l'organe. La dose ordinaire est de trois cuillerées par jour dans un demi-verre d'eau. Nous devons indiquer encore l'usage de nos pilules sédatives (art. 1131), qui nous ont maintes fois réussi.

MÉNINGITE.

ART. 709. — **Résumé.** — La *méningite,* vulgairement *fièvre cérébrale,* inflammation, *transport au cerveau,* est heureusement une maladie rare, dans les campagnes surtout. Elle exige, sans aucun délai, l'intervention du médecin.

Elle débute ordinairement par une vive douleur de tête, que le bruit ou la lumière vive exaspèrent. Il y a fièvre, agitation, surtout insomnie. La maladie débute quelquefois par du malaise, des étourdissements et des vomissements.

PÉRITONITE.

ART. 710. — **Résumé.** — La *péritonite,* ou inflammation du péritoine, est généralement annoncée par un frisson violent et de longue durée, que précéde rarement, qu'accompagne et suit presque toujours une vive douleur dans la région abdominale. Des nausées et des vomissements, le hoquet, la sensibilité du ventre, dont les douleurs augmentent par le moindre frottement, que fatigue le poids des couvertures, le pouls fréquent, complètent le cortége de symptômes d'une maladie toujours grave et qui demande sans délai les secours du médecin.

PLEURÉSIE. — PLEURODYNIE.

ART. 711. — **Pathologie.** — Deux maladies sont souvent confondues sous le nom de *fluxion de poitrine :* la pneumonie et la pleurésie.

Nous avons déjà dit que la *bronchite,* ou rhume simple, était l'inflammation des bronches, qui sont une sorte de tube partant du larynx sous le nom de *trachée* et se ramifiant à l'infini dans les poumons. La *pneumonie* est l'inflammation, non des bronches, mais du poumon lui-même, et souvent des bronches, tout à la fois.

La *pleurésie* est l'état inflammatoire, non plus des bronches, ni des poumons, mais bien de la *plèvre,* qui est la membrane séreuse ou tunique mince qui enveloppe les poumons, et tapisse les parois du thorax ; mais il y a souvent pneumonie et pleurésie à la fois , et même assez souvent bronchite.

Il ne faut pas confondre la pneumonie et la pleurésie avec la *pleurodynie ,* qui n'est qu'un état' rhumatismal ou névralgique des muscles intercostaux , et dont l'élément principal est seulement la douleur.

La pneumonie , à moins qu'elle ne soit le résultat d'une complication de toute autre maladie , se contracte ordinairement, comme la pleurésie , dans les mêmes circonstances que la bronchite ou rhume simple. Un refroidissement brusque , un arrêt de la transpiration , surtout lorsque le sujet est à l'état d'ivresse , sont très-souvent la cause déterminante de ces affections : aussi est-il fréquent de voir les trois lésions se produire à la fois chez le même sujet. Dans la bronchite il n'y a pas ou presque pas de fièvre , tandis que, dans la pneumonie et dans la pleurésie , la maladie débute par des frissons intenses ; bientôt survient un rhume accompagné d'une douleur au côté. Ce rhume est sec et fatigant dans la pleurésie , et, tandis que dans la pneumonie il est accompagné de crachats ordinairement sanguinolents , dans la pleurodynie le malade n'a point de fièvre , et il y a ce caractère particulier qu'il ne peut se coucher du côté affecté , lorsque , au contraire , dans la pneumonie ou pleurésie , il se couche indistinctement des deux. Dans la pleurodynie, le malade ne peut, sans douleur, faire agir le bras correspondant, ni se remuer, ce qui n'existe nullement dans la pneumonie ni dans la pleurésie qui , d'ailleurs , sont toujours accompagnées de fièvre intense.

ART. 712. — **Thérapeutique.** — La pleurodynie n'exige d'autre traitement que des cataplasmes de farine de lin , arrosés de laudanum, sur la partie douloureuse ; ou des onctions avec la pommade de stramonium (art. 1165) , en recouvrant d'une pièce de laine.

Quant à la pneumonie et à la pleurésie , qui sont généralement des maladies graves, nous conseillons d'appeler au plus tôt le médecin ; seulement, en attendant son arrivée, le malade devra être couché chaudement et prendre les plus grandes précautions pour éviter tout refroidissement, non-seulement du corps, mais encore de l'air qu'il respire. Pour boisson , infusion chaude de guimauve (fleurs , racines ou feuilles) ou de bourrache. Il faut se garder, comme on le pratique trop souvent, d'appliquer, sur le point douloureux, des cataplasmes chauds de farine de graine de lin ou de fécule de pommes de terre , ou tout autre corps chaud, dont la température favorise l'afflux du sang vers une partie déjà trop congestionnée. On applique aux jambes des sinapismes, qu'on change de place de temps en temps, surtout si la céphalalgie est intense. Lavements purgatifs, si le malade n'a pas été du ventre de vingt-quatre heures. Diète absolue. Abstention rigoureuse de toute boisson alcoolique. S'il était impossible, enfin, d'avoir les secours du médecin, on ferait une application de sangsues ; mais ici l'homme de l'art, nous le répétons, est d'une absolue nécessité.

PNEUMONIE.

Art. 713. — **Résumé.** — La *pneumonie* est toujours une maladie grave, ainsi que nous venons de le formuler à l'article *pleurésie*, exigeant impérieusement l'intervention de l'homme de l'art. Elle se contracte le plus ordinairement comme la bronchite, comme la pleurésie, par un refroidissement. La maladie, il est bon qu'on le sache, se déclare par un frisson suivi de chaleur. Un pouls dur, un sentiment d'ardeur et une douleur dans la poitrine qui n'augmente, comme dans la pleurésie, que par l'effet d'une forte inspiration, sont les caractères essentiels de cette maladie. La difficulté de respirer et la toux leur sont communes. Ajoutons, comme caractère distinctif, l'expectoration de matières muqueuses et *sanguinolentes*. Nous recommandons les mêmes soins que dans la pleurésie, en attendant l'arrivée du médecin. Deux traitements, tous deux efficaces, sont employés dans la pneumonie : l'un se borne à la saignée, et l'autre consiste dans l'emploi de l'oyxde blanc d'antimoine ou de l'émétique à haute dose.

OPHTHALMIES. — MAUX D'YEUX.

Art. 714. — **Pathologie.** — Le mot *ophthalmie* tire son origine du mot grec ὀφθαλμός, œil, et signifie en médecine, inflammation d'une ou de plusieurs membranes de l'œil.

Nous nous occuperons principalement de l'ophthalmie la plus commune, de la *conjonctivite* ou inflammation de la conjonctive, membrane la plus externe de l'œil, qui recouvre la partie antérieure du globe et se réfléchit sur la partie interne de la portion libre des paupières.

Cette ophthalmie peut être aiguë ou chronique. A l'état aigu et peu intense, elle constitue une maladie extrêmement fréquente. Elle provient souvent de l'introduction dans l'œil de corps étrangers ; d'autres fois, d'une transition brusque de température, d'un écart de régime, etc. Ses symptômes sont de la chaleur, de la rougeur, une sensation semblable à celle que produirait, dans l'œil, la présence d'un gravier. L'œil est larmoyant ; la vision est plus ou moins troublée.

25*

ART. 715. — **Thérapeutique.** — Le traitement de la
conjonctivite aiguë, faible, consiste simplement dans l'usage de
notre collyre opiacé (art. 1019), dont on mouille, sept à huit fois
par jour, l'œil malade.

Lorsque cette ophthalmie aiguë est intense, la douleur est
plus vive, la chaleur est brûlante, la conjonctive est non-seulement rouge, mais encore tuméfiée, au point de former autour
de la cornée un bourrelet circulaire; les mouvements de l'œil
sont difficiles ou tout à fait empêchés; l'impression de la
lumière provoque des douleurs très-grandes et entraîne la contraction de tous les muscles destinés à protéger l'œil; la vision
est confuse; les objets paraissent, chez quelques sujets,
colorés en rouge; les larmes, sécrétées en abondance, s'écoulent sur les joues, qu'elles excorient, les paupières, réunies
ensemble par une chassie épaisse, ne se décollent qu'avec peine;
une céphalalgie violente (mal de tête), l'insomnie, l'élévation
de la chaleur, la soif, la fréquence du pouls, ce qu'on appelle
la fièvre, accompagnent cette variété d'ophthalmie.

Il est important de ne pas confondre cette maladie avec les
inflammations des autres parties du globe de l'œil, avec celle,
par exemple, de l'iris (*iritis*), dans laquelle il y a un commencement de déformation de la pupille, ce qu'il faut observer
soigneusement.

Dans l'*iritis*, il y a non-seulement à redouter une inflammation qui a pour conséquence ordinaire la perte ou l'affaiblissement de l'organe, mais encore quelquefois la perte du malade.
Nous n'avons pas besoin de dire l'importance qu'il y a, dans ce
cas, à appeler les secours du médecin.

En attendant, on devra appliquer des sinapismes aux jambes
et deux ou trois sangsues sur le bord de la paupière inférieure;
on administrera quelques lavements purgatifs avec une poignée
de sel de cuisine ou 30 grammes de sulfate de soude; enfin on
pratiquera des lotions sur l'œil et dans l'œil, avec le collyre
opiacé précité (art. 1019).

Les *conjonctivites chroniques*, caractérisées par une rougeur
intense des paupières, avec chute des cils, cèdent, assez facilement, comme les *kératites chroniques*, à l'emploi de notre pommade
(art 1160), mais tout autant qu'on se met à l'usage des pilules
panchymagogues (art. 1127), d'où résulte un concours de moyens
auxquels résistent rarement non-seulement les maladies graves
de l'œil externe, mais encore les *amauroses* ou *gouttes sereines*,
comme la *cataracte, naissantes* (art. 718). Cette pommade s'emploie
en onctions, tous les soirs, sur le bord libre des paupières.

Si la maladie résistait à ces moyens, et qu'on soupçonnât le sujet dartreux ou scrofuleux, on le mettrait à l'usage de l'huile de foie de morue, à la dose de deux cuillerées soir et matin, ou simplement à l'usage de nos pilules de chlorhydrate d'ammoniaque aux doses indiquées (art. 1111), combiné avec celui des pilules panchymagogues, tout en continuant les onctions avec la pommade. (Voir art. 1111 1127 et 848).

ART. 716. — **Complications de la conjonctivite.** — L'inflammation peut aussi atteindre, et le plus souvent, par extension de la conjonctivite, le disque transparent de l'œil, que l'on appelle *cornée transparente*, et constituer la *kératite*. Dans ce cas, les accidents peuvent faire craindre des ulcérations plus ou moins profondes qui, si elles attaquaient toute l'épaisseur de la cornée, donneraient issue aux humeurs de l'œil, ou en projetteraient en avant les membranes profondes, de manière à constituer une hernie de ces parties, ce qu'on appelle *staphylôme*. Si les lames extérieures seules de la cornée ont été ulcérées, leur cicatrisation s'effectue par la production d'un tissu opaque, que l'on appelle *taies* ou *taches de la cornée*. Cette lésion peut être très-préjudiciable à la vision, si elle se trouve placée vers le centre de la cornée, parce qu'alors, se trouvant correspondre avec l'ouverture pupillaire, elle s'oppose au passage des rayons lumineux. Pour faire disparaître ces opacités, on devra faire usage du collyre sec (art. 1021), ou pratiquer, sur les taies, au moyen d'une solution de nitrate d'argent cristallisé, de légères cautérisations qu'on renouvellera tous les cinq ou six jours; mais ceci est l'affaire du médecin. (Voir l'article *Ophthalmies dartreuses*, art. 842.)

ORGEOLET.

ART. 717. — **Résumé.** — L'*orgeolet* est une sorte de furoncle qui a son siège dans le tissu des paupières. Le traitement de l'orgeolet veut des cataplasmes de farine de lin, et, lorsque l'abcès est formé, son ouverture au moyen d'un instrument tranchant et pointu; enfin, qu'on exprime fortement pour en expulser le pus et le bourbillon.

L'*orgeolet* se lie ordinairement, soit à une diathèse comme le lymphatisme (art 808) et la scrofule (art. 808 B), soit à un état chlorotique, chez de jeunes filles (art. 804). Lorsque le sujet, appartenant au sexe, est mal réglé, il y a lieu d'appliquer notre traitement antichlorotique. Lorsqu'on peut l'attribuer à la diathèse lymphatique ou scrofuleuse, nous conseillons l'usage de l'huile de foie de morue (art. 1047), ou de ses succédanés (art. 1111 et 1127).

CATARACTE ; AMAUROSE OU GOUTTE SEREINE.

ART. 718 et 719. — **Résumé.** — Ces deux graves affections tiennent, l'une à l'opacité du cristallin, s'opposant au passage de la lumière qui doit impressionner le nerf optique ; l'autre, à la paralysie de ce nerf. La chirurgie a trouvé l'ingénieux moyen de rendre la vue aux cataractés, soit en abaissant le cristallin dans l'œil, soit en l'extrayant de l'appareil de la vision ; mais la médecine est impuissante à guérir la goutte sereine ou amaurose. Nous n'avons rien à dire, dans le présent opuscule, touchant la guérison de ces deux affections quand elles sont un fait accompli ; mais, ces deux maladies débutant par un affaiblissement de la vue, et leur développement se produisant peu à peu par une aggravation successive, mais lente, dans cet état d'affaiblissement, nous voulons indiquer ici les moyens que possède la thérapeutique de borner, d'arrêter cette aggravation, parfois même de détruire les premiers symptômes de ces deux maladies.

Ces moyens, on le sent, reposent dans l'emploi des dépuratifs et des révulsifs. Au début, dès que se manifeste un affaiblissement de la vue, sensible surtout le soir, au coucher du soleil, ou quand le temps est couvert, nous conseillons l'usage de nos pilules de chlorhydrate d'ammoniaque et de nos pilules panchymagogues (art. 1111 et 1127), par périodes consécutives de huit jours, consacrées alternativement à l'emploi de chacune de ces préparations. Eh bien! il est rare que ce traitement, continué longtemps, n'amène un mieux marqué, qui peut aller jusques au rétablissement complet de la vue. S'il y avait résistance, et, par exemple, qu'après un mois de l'emploi de ces moyens on n'obtînt une amélioration sensible, nous conseillerions, dès lors, sans se relâcher dans l'emploi de ces moyens, l'application des ventouses scarifiées, à la nuque.

ABCÈS.

ART. 720. — **Pathologie.** — On appelle *abcès*, autrefois *apostème*, tout amas de pus, dans une cavité naturelle ou accidentelle de notre corps.

Le pus est toujours le résultat d'une sécrétion morbide. Il provient d'une altération du sang, et la suppuration est toujours la conséquence d'une inflammation. Sa formation est toujours accompagnée de frissons, et c'est à ce symptôme comme à la *fluctuation* (voir ce mot à la table), quand on peut la constater, que le médecin reconnaît que, dans une inflammation, il y a production du pus ou formation d'un abcès.

Les abcès se divisent en *abcès chauds*, *abcès phlegmoneux* ou *phlegmon*, et en *abcès froids ou chroniques*. Ces derniers se liant à une constitution scrofuleuse ou tout au moins très-lymphatique, nous renvoyons le lecteur aux articles *Scrofules* et *Humeurs froides* (art. 808 B).

Nous ne parlerons que des abcès chauds les plus fréquents, les moins graves, de ceux surtout qui ont leur siége à la surface du corps.

Tous les abcès chauds débutent par une inflammation. La période inflammatoire est caractérisée par de la chaleur, de la douleur pulsative et par un engorgement avec tuméfaction des tissus. La production du pus vient ensuite.

Les abcès s'ouvrent presque toujours, et c'est en quelque sorte leur terminaison naturelle. Cette ouverture se produit ordinairement vers le point de la peau le plus rapproché de leur siége.

ART. 721. — **Thérapeutique.** — 1° Chercher à faire avorter l'inflammation pour prévenir la formation du pus ; et, pour cela, tenir constamment sur la partie de larges cataplasmes de farine de lin. Quelques praticiens conseillent des frictions avec l'onguent mercuriel double, frictions qu'on renouvelle plusieurs fois le jour. Mais de tous ces moyens abortifs, le meilleur, sans contredit, consiste dans une large application de sangsues, après laquelle on revient à l'emploi des cataplasmes laudanisés.

2° Si, malgré l'emploi de ces moyens, il y avait formation de pus, ce qu'on reconnaîtrait, nous le répétons, à la production de frissons et à la fluctuation, il conviendrait de pratiquer une ouverture avec un bistouri, ou simplement avec la lame d'un canif. On comprime pour expulser, autant que possible, de la plaie le pus, ou seulement la matière sanguinolente qui s'y est accumulée, et on panse, soir et matin, avec une pommade suppurative, de l'onguent basilicum, par exemple, qu'on étend sur du linge et qu'on maintient sur la partie. Si la douleur le permettait, et lorsque l'ouverture est assez grande, on y introduirait de la charpie enduite de la même pommade. Lorsque la douleur est très-vive, on fait bien de débuter par l'emploi du cérat opiacé. Lorsque la suppuration a cessé, et que d'ailleurs les tissus ont repris leur premier volume, on passe à l'emploi de notre pommade siccative rouge pour en hâter la cicatrisation, et si des bourgeonnements, qui s'opposeraient à cette cicatrisation, venaient à s'y produire, on les combattrait en les saupoudrant légèrement avec de l'alun pulvérisé, sans préjudice de l'application, par-dessus, des pommades précitées. Voir les articles *Panaris* et *Furoncle* (art. 723, 724).

Abcès au sein. — Ces abcès, qui paraissent occasionnés par le défaut d'allaitement ou par un allaitement insuffisant pour enlever au sein tout le lait secrété par les glandes mammaires, doivent recevoir le traitement que nous venons d'indiquer pour les abcès en général, mais en ajoutant à ces moyens tout ce qui doit diminuer la sécrétion du lait. Or, ce que nous connaissons de mieux est l'usage réitéré de nos pilules panchymagogues (art. 1127). Voir, art. 746, « *Hypersécrétion du lait* ».

Tout ce que nous disons ici des moyens à opposer aux abcès ne s'applique qu'aux cas les moins graves ou à ceux où, par l'éloignement des hommes de l'art, on sera forcé de renoncer à leurs soins.

MAL BLANC. — TOURNIOLE.

ART. 722. — **Résumé.** — Le mal blanc, mal d'aventure, tourniole, est une tumeur phlegmoneuse qui se développe sous l'épiderme des doigts, vers l'extrémité, souvent autour de l'ongle.

L'emploi des cataplasmes est indiqué jusqu'à ce que la fluctuation soit bien établie; et, lorsque l'épiderme a blanchi sensiblement, on perce. On panse, dès lors, avec l'onguent basilicum si on ne veut s'exposer à voir la suppuration gagner tout autour, et s'étendre considérablement à la surface. (Voir les articles 720, *Abcès*, 668; *Phlegmasie,* et 723.) Comme dans le furoncle, l'emploi de quelques pilules panchymagogues est parfois indiqué pour mettre un terme à la formation spontanée de cette phlegmasie.

PANARIS.

ART. 723. — **Résumé.** — On donne ce nom à l'inflammation phlegmoneuse des doigts, caractérisée par des douleurs atroces, qu'expliquent la texture particulière de cette partie du corps et la grande quantité de nerfs qu'elle présente. Le panaris peut tenir à des causes extérieures, comme on peut le rapporter à des causes morales.

Le traitement du panaris devra être, à peu de chose près, celui des abcès en général (art. 720). Nous insisterons surtout sur l'ouverture pratiquée, dès le début de la maladie, comme moyen de la faire avorter; on emploiera ensuite, comme moyen suppuratif, le basilicum; enfin, plus tard, comme dessiccatif, notre pommade rouge siccative. L'alun calciné ou simplement l'alun en poudre, appliqué immédiatement sur la partie dénudée, avant de recevoir des linges ou plumasseaux enduits de basilicum, est d'un emploi extrêmement avantageux, parce qu'il a pour effet de ronger toutes les chairs baveuses et de réduire assez rapidement le doigt à son état normal. Ce n'est que lors-

que cette réduction s'est complètement produite qu'il y a utilité
à panser avec la pommade siccative rouge précitée.

On a vanté, dans ces derniers temps, comme moyen abortif
du panaris, la cautérisation extérieure du doigt avec le nitrate
d'argent. On assure que ce moyen est souverain. Il consiste à
mouiller légèrement toute la surface douloureuse du doigt, et à
y passer le crayon de nitrate d'argent,

FURONCLE.

ART. 724. — **Résumé.** — Sorte de phlegmon peu volumineux,
très-douloureux, qui a son siége dans le tissu cellulaire sous-
cutané. Cette affection, essentiellement gangréneuse, se développe le plus souvent sur le dos, sur les membres, aux
aisselles, aux fesses et même à la face; elle paraît dépendre
d'un état saburral des premières voies.

1º Purger le malade un ou deux jours (art. 947); 2º maintenir
des cataplasmes laudanisés sur la partie, lorsqu'on est commode;
et, si on ne peut facilement les fixer, y substituer un écusson de
sparadrap diachylon; 3º ouvrir l'abcès, dès que la maturité sera
un peu avancée.

Pansement avec le basilicum, jusqu'à ce que le bourbillon, ou
partie gangrenée, sera éliminé par l'effet de la suppuration.
Panser ensuite avec la pommade siccative rouge, pour obtenir
une cicatrisation rapide.

Lorsque les furoncles ont leur siége à la face, et qu'il y a
difficulté d'y maintenir un linge enduit de corps gras, on y
tiendra simplement du sparadrap ou mieux de notre taffetas
vulnéraire. Après avoir ouvert le furoncle au moyen de la lame,
nous recommandons de presser fortement pour en expulser la
matière purulente. On renouvelle cette compression à chaque
pansement.

Si le pourtour du point en suppuration était dur et douloureux, on devrait continuer le pansement suppuratif au bisilicum,
avant d'appliquer la pommade siccative.

ANTHRAX.

ART. 725. — **Résumé.** — Mot grec qui veut dire charbon. On
appelle ainsi une inflammation gangréneuse du tissu cellulaire
sous-cutané de la peau, qui est due à une cause soit interne,
soit externe. Cette dénomination s'appliquant à deux affections
bien différentes : au charbon proprement dit (art. 905), pustule
maligne, et au furoncle (art. 724), nous renvoyons le lecteur à
ces deux articles.

ULCÈRES.

ART. 726. — **Observations.** — Nous ne ferons pas l'histoire
des ulcères qui se lient à divers états généraux ou diathèses :
leur traitement général est subordonné à celui de chacun de ces
états , et, quant au traitement local, il rentre, à peu de chose
près, dans les indications que nous donnons au sujet des ulcères
aux membres inférieurs (art. 843).

GANGRÈNE.

ART. 727. — **Pathologie.** — Privation de la vie d'une partie
de notre corps, qui devient froide, insensible , se colore ordinairement en brun et en noir, et finit par se détacher, en produisant
une escarre.

La production de la gangrène peut tenir à plusieurs causes :
l'application de caustiques, acides, alcalis ou substances corrosives ; la brûlure a un haut degré ; la gelûre ; la compression ;
certains agents délétères , tels que le contact de la pustule
maligne ou charbon ; l'usage du seigle ergoté ; l'inspiration
d'un air chargé d'émanations gangréneuses ; enfin, la vieillesse,
les excès, un mauvais régime, les affections morales profondes ,
etc.

La gangrène peut être accidentelle ou spontanée. La gangrène
accidentelle , produite par des causes extérieures , se présente
sous des formes variées, suivant la nature de ces causes : ainsi
celle qui résulte de l'action d'un agent chimique consiste en une
escarre blanchâtre ou jaune , rarement noire, dont la forme ou
la profondeur varie. Cette escarre se sépare dans l'espace d'un
certain nombre de jours , et laisse une plaie profonde dont la
cicatrisation ne tarde pas beaucoup à s'opérer. Lorsque c'est la
chaleur qui produit la gangrène (brûlure du 3e degré), l'escarre
est noire, si le corps qui a produit la brûlure était solide ; et
blanche ou grise, si le corps est liquide. Si la gangrène est produite par le froid, elle occupe les extrémités. Ses premiers
symptômes sont ceux de la congélation : perte complète du sentiment, du mouvement et de la chaleur, suspension de la circulation ; couleur pâle, ou livide, ou noire, puis séparation progressive de la partie morte (art. 828, 934).

La gangrène qu'occasionnent les émanations gangréneuses
porte le nom de *pourriture d'hôpital.*

Quant à la gangrène spontanée, elle débute, tantôt par une
douleur très-vive et une chaleur brûlante, tantôt par une diminution progressive ou par l'abolition subite de la sensibilité ou
de la chaleur. Souvent le malade éprouve une sensation d'engourdissement et de torpeur ; la partie perd sa couleur naturelle,

devient d'abord pâle, jaune, livide ou marbrée, et tire peu à peu vers le noir ; elle offre également un changement dans sa consistance : devenant ordinairement flasque, empâtée ; quelquefois, au contraire, acquérant une dureté presque ligneuse. Souvent l'épiderme se décolle ou des phlyctènes se forment dans l'endroit malade, dont le volume augmente chez quelques-uns et diminue chez d'autres. Le plus souvent, une odeur infecte, *sui generis*, s'exhale de la partie gangrénée. Quelquefois, la gangrène est une maladie locale, au moins dans son principe ; mais, plus tard, un état général de prostration, des défaillances, des sueurs froides, accompagnent cette maladie, etc.

ART. 727 A. — **Thérapeutique.** — Le traitement de la gangrène accidentelle consiste à favoriser la chute de l'escarre, avec cataplasmes ou des fomentations, et, après la chute, à panser : 1° avec de l'onguent basilicum, pour aviver la plaie et faire pousser les chairs ; 2° lorsque les chairs sont arrivées à fleur de la peau, substituer au basilicum la pommade siccative rouge (art. 1018).

Quant au traitement de la gangrène spontanée, la maladie est trop grave pour qu'on ne doive recourir, sans délai, aux lumières d'un médecin.

CARIE DES OS.

ART. 728. — **Pathologie.** — La carie des os est généralement considérée comme l'ulcération des os. Elle est ordinairement précédée d'une douleur locale plus ou moins vive et profonde, symptôme de l'*ostéite* ou inflammation de l'os. L'os se gonfle, s'ulcère, et donne lieu à une suppuration plus ou moins abondante. Cette suppuration a son siége dans les parties organisées de l'os ; la membrane qui tapisse les cellules de sa substance spongieuse sécrète un liquide puriforme qui se ramasse facilement en foyer, à raison de la communication établie entre toutes les cellules ; le périoste externe participe à l'inflammation ; les parties molles qui recouvrent l'os malade s'engorgent ; une fistule s'établit du dedans au dehors. Il en découle une sérosité noirâtre, d'abord inodore, mais qui bientôt, dépravée par le contact de l'air, exhale une odeur fétide. La carie attaque spécialement la partie spongieuse des os. Ses causes sont externes ou internes : parmi les premières, une des plus communes est une forte contusion sur la partie spongieuse des os. Les causes internes proviennent des vices syphilitique, scorbutique et surtout du vice scrofuleux. La carie des vertèbres est souvent produite par des excès que repousse la pudeur.

Nous nous abstiendrons de parler de la carie qui provient des

causes externes : outre que cette carie est rare, elle demande
l'application de caustiques qui exigent l'intervention du médecin.
Nous dirons quelque chose seulement de la carie qui se lie à un
défaut de pureté de sang. Que le vice qui la produit soit de nature
scrofuleuse ou de la nature des maladies secrètes, le traitement
est le même, et on peut, dans beaucoup de cas, sans opération
chirurgicale, produire la cure de cette maladie. Nous engageons
cependant les malades qui en sont atteints à recourir aux
lumières du médecin ; car cette affection est grave et demande
quelquefois l'application du bistouri, ne serait-ce que pour favoriser la sortie, du point en suppuration et de la fistule, de portions d'os qui agiraient comme corps étrangers s'opposant à la
guérison.

ART. 729. — **Thérapeutique.** — L'important, dans la carie
des os qui nous occupe, est d'assainir le sang, car, une fois la
cause qui l'a produite détruite, la nature tend à ramener l'économie dans son état normal, et tout rentre dans l'ordre. L'huile
de foie de morue à la dose de deux cuillerées matin et soir et nos
pilules de chlorhydrate d'ammoniaque (art. 1111) sont ces puratifs.
Les symptômes inflammatoires qui caractérisent le début de la
maladie devront être combattus par les anti-phlogistiques et les
émollients (application de sangsues et cataplasmes de farine de
lin). La tumeur qui résulte du gonflement de l'os sera traitée par
des frictions, matin et soir, avec la pommade d'iodure de potassium iodurée, et recouverte constamment avec un emplâtre de
Vigo mercuriel. Lorsque la maladie semble ne vouloir pas se
terminer par la résolution, il convient d'ouvrir l'abcès, et de
maintenir, dans la fistule ou passage du pus, de la charpie
enduite de pommades suppuratives, telles que le basilicum.

QUATRIÈME DIVISION. — HÉMORRHAGIES.

ART. 730. — **Définition.** — Ce nom est consacré à une classe
de maladies dans lesquelles il y a effusion d'une notable quantité
de sang, par la rupture des vaisseaux qui le renferment.

ÉPISTAXIS OU SAIGNEMENT DE NEZ.

ART. 731 à 732. — **Résumé.** — Cette hémorrhagie, extrêmement fréquente, est assez souvent occasionnée par des ulcérations de la membrane muqueuse ou pituitaire du nez. Dans ce
cas, quelques onctions de cérat blanc, dans l'intérieur des fosses
nasales, ou des aspirations d'eau de Goulard, suffisent souvent
pour la prévenir. Lorsque ces ulcérations persistent malgré l'emploi de ce topique, on fera bien de combattre l'humeur dartreuse

qui les maintient, par l'emploi de nos pilules panchymagogues.
Voir « Traitement interne des dartres » (art. 849).

M. Négrier a proposé dans le temps, pour arrêter ces hémorrhagies, d'élever, pendant quinze ou vingt minutes, le bras qui correspond au côté du nez par lequel s'écoule le sang. Dans le cas où ce moyen tout simple n'obtiendrait pas de succès, on pourrait recourir à l'inspiration ou reniflement d'une dissolution de perchlorure de fer, dans la proportion de vingt gouttes de perchlorure pour un demi-verre d'eau. On aurait recours enfin au médecin, pour pratiquer le tamponnement.

CRACHEMENT DE SANG.

ART. 733. — **Origine du sang.** — Lorsque nous faisons du sang par la bouche, il peut provenir de la bouche comme du pharynx ou arrière-bouche, des fosses nasales, de l'œsophage, de l'estomac, enfin du larynx ou des voies respiratoires : trachée-artère, bronches, poitrine. Le crachement du sang a une signification bien différente, suivant l'organe ou la région d'où il provient. Venant de la bouche ou des fosses nasales, il tient le plus souvent à une affection des gencives ou à un *epistaxis* (art. 731), accidents sans gravité. Lorsqu'il provient de l'estomac, constituant ainsi l'*hématémèse*, et coïncidant alors avec des vomissements, il est le symptôme d'une affection grave de l'estomac, exigeant l'intervention d'un homme de l'art. Lorsque enfin le sang est le résultat de l'expectoration, coïncidant dès lors avec la toux, il prend le nom de *hémoptysie*.

HÉMATÉMÈSE.

ART. 734. — **Description.** — L'hématémèse est l'hémorrhagie de l'estomac. Comme elle est ordinairement le symptôme d'une affection grave, on devra recourir au plus tôt aux lumières de l'homme de l'art. Cette hémorrhagie se produit ordinairement par l'effet de vomissements. En attendant l'arrivée du médecin, la diète absolue, le repos dans la position horizontale, les boissons froides et acidulées sont indiqués.

HÉMOPTYSIE.

ART. 735. — **Description.** — Mot formé de αἷμα, sang, et de πτύω, je crache. On nomme ainsi l'hémorrhagie qui a lieu par la muqueuse du larynx, de la trachée-artère, des bronches et des poumons. Elle survient particulièrement dans la jeunesse, depuis quinze à trente-cinq ans, chez ceux qui sont sujets à l'hémorrhagie nasale. Le tempérament sanguin et nerveux, une constitution faible, une poitrine étroite, des omoplates saillantes, sont des conditions dans lesquelles cette hémorrhagie a souvent lieu. Les maladies chroniques du cœur, celles des poumons, et plus spécialement leur tuberculisation, y prédisposent; les efforts de parler, de chanter, de tousser, d'éternuer, de jouer des instruments à vent, l'introduction dans les poumons de vapeurs irritantes, sont autant de causes qui peuvent la produire.

L'hémoptysie est souvent précédée d'un sentiment de pesanteur et d'anxiété dans la poitrine ; de chaleur, de tension derrière le sternum, au dos, entre les épaules. Le refroidissement des extrémités, les lassitudes, la pâleur de l'urine, l'accélération du pouls, se joignent souvent à ces phénomènes.

Lorsque le sang est exhalé dans les voies aériennes, sa présence donne lieu à des symptômes particuliers : la poitrine est le siége d'un bouillonnement incommode ; la difficulté de respirer augmente ; il survient un sifflement produit par l'air qui se mêle au sang. Chez quelques sujets, la titillation du pharynx et une saveur douceâtre ou salée, sont les premiers effets de la présence du sang dans les voies aériennes.

L'expulsion du sang a lieu de plusieurs manières; mais il y a, dans tous les cas, des efforts d'expulsion ou une toux, qui ont pour effet de pousser une certaine masse de sang, dans la bouche. Il est difficile de porter un pronostic certain sur l'hémoptysie, car assez souvent sa terminaison est heureuse, comme elle peut être le symptôme d'une maladie mortelle, la phthisie pulmonaire. Dans quelques cas, le malade expire, soit par l'affaiblissement qui est le résultat de la perte du sang, soit qu'il soit asphyxié.

ART. 736. — **Traitement.** — Le traitement de l'hémoptysie est basé, en grande partie, sur le même principe que celui des hémorrhagies en général. Le malade sera placé dans la position assise ; il respirera un air frais ; sa poitrine sera débarrassée des vêtements qui en gêneraient la dilatation. Il gardera un repos complet et un silence absolu. Il résistera, autant que possible, au besoin de tousser. On cherchera à lui inspirer la plus grande sécurité possible.

Si l'hémorrhagie est abondante, il faut recourir à la saignée, et, dans l'attente du médecin, appliquer des sinapismes aux jambes, un corps froid entre les épaules. On fait prendre au malade de l'eau acidulée avec du vinaigre, ou mieux, cinq ou six gouttes d'eau de Rabel par chaque verre d'eau ordinaire ou sucrée. Une médication récente et efficace consiste dans l'emploi, à l'intérieur, des préparations de perchlorure de fer, telles que le sirop formulé par M. Delcau, à la dose de deux à quatre et même six cuillerées par jour. On lui appliquera encore des compresses d'eau vinaigrée et fraîche, sur la poitrine.

Recourir, au plus tôt, aux lumières de l'homme de l'art, près du malade.

HÉMORRHAGIES TRAUMATIQUES.

ART. 737. — **Thérapeutique.** — Nous avons dit, à l'article *Epistaxis*, ce qu'on doit faire dans le cas d'hémorrhagies du nez, et, dans les deux qui précèdent, ce qui se rapporte à celles de l'estomac et des organes de la respiration. Nous nous bornerons ici aux hémorrhagies traumatiques, c'est-à-dire provenant d'une coupure ou d'une contusion.

Lorsque, à la suite d'une coupure, on ne peut arrêter le sang, il convient de rapprocher les parties et de les réunir avec du sparadrap. On en découpe des bandelettes, et, la surface de la peau étant essuyée, car le sparadrap n'adhère point à ce qui est mouillé, on applique ces bandes, préalablement chauffées à l'approche de charbons incandescents ou d'une pelle à feu rougie, de manière à ce que les parties, séparées par l'instrument tranchant, reprennent respectivement leur position primitive. On fixe le tout par l'application d'un bandage, mais en recouvrant préalablement les bandelettes d'un linge enduit de cérat; et si enfin, malgré cette disposition raisonnée de la partie lésée, le sang se faisait jour au travers de l'appareil chirurgical précité, on appliquerait au-dessus des bandelettes de sparadrap, des compresses imbibées de perchlorure de fer liquide (liqueur de Pravaz).

Lorsque l'hémorrhagie a lieu à la suite de la production d'une plaie contuse, on rapproche les parties avec du sparadrap; on recouvre d'un linge imprégné de liqueur de Pravaz, recouvert d'une toile cirée, le tout maintenu au moyen de bandes de linge convenablement serrées. Ce mode de pansement s'applique même à la *rupture des varices*.

Une notion utile à connaître, en présence d'une hémorrhagie, c'est qu'on peut presque toujours l'arrêter par la compression du vaisseau dont elle provient. Cette compression devra varier dans son application, suivant que ce vaisseau sera vineux ou artériel. Dans le premier cas, elle devra avoir lieu sur un point plus éloigné du cœur que la plaie, et, dans le deuxième, sur un point intermédiaire au cœur et à la plaie, toujours à sa proximité.

HÉMORRHOÏDES.

ART. 738. — **Pathologie.** — On entend, par ce mot, une hémorrhagie qui a lieu par le rectum et, par extension, des tumeurs qui se produisent à l'orifice de cet intestin, près de l'anus.

La vie sédentaire, l'usage d'aliments échauffants, l'habitude de se coucher sur la plume, etc., y prédisposent.

Elles commencent ordinairement à l'âge adulte, et se reproduisent dans tout le cours de la vie. Les hémorrhoïdes sont souvent héréditaires. Elles sont plus fréquentes dans les villes et presque inconnues à la campagne.

Les signes précurseurs des hémorrhoïdes sont les mêmes pour les tumeurs que pour le flux du sang : pesanteur, gêne et tension dans le rectum ; démangeaison et même douleur au pourtour de l'anus ; constipation ; envies répétées d'aller à la garde-robe.

ART. 739. — **Thérapeutique.** — Le traitement des hémorrhoïdes doit toujours être circonspect, parce que leur répercussion intempestive peut devenir la cause de maladies plus graves ; cependant, lorsqu'elles sont accompagnées de douleurs trop vives, on peut obtenir du soulagement par l'emploi des moyens suivants : 1° onctions intérieures avec la pommade de stramonium (art. 1165) ; régime doux ; abstention de tout aliment excitant, de café et de boissons alcooliques ; 2° lorsque cette pommade ne suffit point, onctions avec la pommade antihémorrhoïdale (art. 1153).

S'il y avait constipation, la combattre par l'usage des laxatifs : bouillon de veau et à l'oseille ; usage de pieds de veau, de tête de veau assaisonnée à l'oseille ; pour dessert, des fruits frais et bien mûrs, à la saison ; pruneaux cuits en hiver ; enfin usage de notre limonade laxative (art. 1060). Si la constipation persistait encore, user de quelques pilules panchymagogues (art. 1127). Enfin l'application des sangsues est un moyen puissant de faire cesser la douleur, lorsque tous les autres ont échoué. Seront avantageux quelques lavements entiers, en vue d'expulser les matières fécales ; et, comme calmant la douleur, des quarts de lavement renfermant cinq gouttes de laudanum de Sydenham.

Lorsque l'hémorrhagie qui résulte des hémorrhoïdes, est trop abondante et au point d'affaiblir le malade, on peut l'arrêter par l'administration d'un quart de lavement simple renfermant 20 à 30 gouttes de liqueur de Pravaz, ou, à défaut de cette liqueur, par la substitution d'une cuillerée de vinaigre, et l'usage, comme boisson, de limonade sulfurique ou de limonade ordinaire, très-chargée en citron. (Voir « *Considérations générales sur le vice dartreux* » (art. 853), complément du présent article).

APOPLEXIE, VULGAIREMENT COUP DE SANG.

ART. 740. — **Pathologie.** — Du grec ἀποπλήττειν, frapper avec violence. Affection caractérisée par la perte plus ou moins complète du sentiment et du mouvement, pendant que la respiration et la circulation continuent à s'exercer.

Plusieurs affections, de nature fort différente par les causes qui les déterminent, portent le nom d'*apoplexie*. Nous ne traiterons, dans notre opuscule, que de celle qui a pour cause l'hémorrhagie cérébrale, et qu'on appelle vulgairement *coup de sang*.

Cette apoplexie consiste en un épanchement de sang, dans l'intérieur du crâne, survenu sans violence extérieure.

Les sujets sanguins, qui ont le cou court et gros, la tête volumineuse, y sont plus disposés que les autres, et c'est ordinairement après cinquante ans qu'on l'observe. Personne n'en est à l'abri ; mais ceux qui font une *bonne chère et peu d'exercice* y sont plus sujets. Tout ce qui favorise la stagnation ou l'afflux du sang vers la tête, peut provoquer l'apoplexie : tels sont la pression exercée sur les vaisseaux du cou par des liens ou des tumeurs ; la position horizontale ; les efforts pour aller à la selle, vomir, crier, tousser, uriner, éternuer, etc. ; la satisfaction de passions vives ; les méditations ; les violents chagrins ; l'usage et surtout l'abus des boissons alcooliques ; l'abus de l'opium, etc.

L'apoplexie est presque toujours précédée, quelques jours ou quelques heures avant l'attaque, des signes de la pléthore cérébrale, tels que douleurs, rougeur et pesanteur de tête, bourdonnements d'oreilles, étourdissements ou vertiges, battement des carotides. Il y a encore souvent engourdissement de certains muscles d'un même côté du corps ; picotements ou fourmillements dans les jambes, dans les pieds ou dans les mains. Ces signes précurseurs se manifestent surtout après les repas et après le sommeil.

ART. 741. — **Traitement.** — Comme l'attaque suit souvent de près l'apparition de ces symptômes, il est de la plus grande importance d'employer, dès leur première manifestation, les moyens qui peuvent la prévenir ; et d'abord ne pas perdre un instant pour recourir aux soins de l'homme de l'art. Au cas d'éloignement ou d'empêchement du médecin, il sera de la plus rigoureuse nécessité de faire à l'anus une application de 20 à 30 sangsues, et, avant même qu'on ait pu se procurer des sangsues, on aurait recours à des bains de pied sinapisés, ou, à défaut de moutarde, renfermant quelques pelletées de cendres de bois. Les piqûres des sangsues seront bassinées avec un linge trempé dans l'eau chaude, pour en favoriser l'écoulement. Enfin, 24 heures après, on se purgerait avec une bouteille d'eau de Sedlitz ou mieux avec nos pilules panchymagogues (art. 947, 1127), qui sont le mieux approprié des purgatifs en pareil cas,

Les personnes à constitution sanguine, à la face colorée, aux formes courtes et grosses, surtout celles qui ont le cou court, sont celles qui apportent les dispositions les plus grandes à l'apoplexie. Mais ces dispositions sont augmentées par l'usage d'une alimentation abondante ou succulente, et surtout par celui du vin ou des alcooliques, enfin par la vie sédentaire.

ART. 742. — **Préservatifs**. — C'est par une hygiène bien comprise et sévèrement pratiquée que les sujets qui ont à redouter l'apoplexie pourront en prévenir l'attaque ; et si, sous le rapport du régime, nous conseillons la diète et la frugalité, nous proscrivons toute alimentation qui augmente la richesse du sang et prédispose aux congestions. Nous ne saurions trop recommander, parmi les agents thérapeutiques, l'usage de nos pilules panchymagogues (voir art. 1127).

Par cette hygiène, et en se purgeant toutes les fois qu'on éprouvera la tête lourde, douloureuse, ou des étourdissements, et jusqu'à disparition de ces symptômes qui annoncent la congestion cérébrale, on pourra éloigner indéfiniment les causes immédiates de l'*apoplexie*.

Si ces moyens doivent être pratiqués comme préventifs chez les personnes qui ont une prédisposition à cette triste maladie, combien ne sont-ils pas d'une pratique encore plus utile chez des sujets qui ont déjà été frappés par une première attaque !

Ajoutons, pour terminer un article déjà bien long, mais très-intéressant par les services qu'il peut rendre, si on s'en pénètre bien, à une époque où, le bien-être augmentant, ces affections deviennent de plus en plus fréquentes, que le café noir, mais sans addition d'aucune liqueur alcoolique, peut être d'un usage salutaire à tous ceux que menace une congestion de cerveau. C'est surtout après une première attaque d'apoplexie, s'agissant de rétablir le malade, comme aussi de prévenir de {subséquentes attaques, que nous ne saurions trop insister sur l'usage de nos *pilules panchymagogues* (art. 1127), comme sur le régime précité et l'usage du café.

Les émissions sanguines seront indiquées, après une première attaque, lorsque de nouveaux symptômes précurseurs se manifesteront. Mais, en ayant soin de faire un fréquent usage de nos *pilules panchymagogues*, dès que se manifesteront des douleurs de tête, et jusqu'à ce qu'elles aient cessé, on pourra presque toujours, le régime précité aidant, éviter ces émissions sanguines.

CINQUIÈME DIVISION. — FLUX.

ART. 743. — **Définition**. — Le nom de *flux* est consacré à une

classe de maladies caractérisées par une exagération dans la
production des sécrétions naturelles, sans qu'il y ait une lésion
apparente de l'organe sécréteur ni une altération notable du
liquide sécrété.

LEUCORRHÉE.

ART. 744. — **Description.** — Ce mot est synonyme de
flueurs blanches et de *pertes blanches*. Il indique un écoulement
verdâtre ou blanchâtre, plus ou moins abondant, chez le sexe,
provenant des muqueuses, soit du vagin, soit de l'utérus ; qui
affecte plus particulièrement les femmes d'une constitution faible
et lymphatique. Celles qui habitent les villes et les lieux froids et
humides y sont les plus sujettes.

Cette affection se lie fréquemment aux gastralgies, dont elle
ne semble souvent qu'être un symptôme ; car, en guérissant
celle-ci, celle-là disparaît. Elle est parfois maladie essentielle ;
parfois encore elle est déterminée par le défaut de régularité
dans les fonctions de la menstruation.

ART. 745. — **Traitement.** — Lorsque la leucorrhée se lie à
une gastralgie dont les principaux symptômes sont des douleurs
de tête dans la région susorbitaire, avec ou sans étourdissements ou tournoiements, douleurs à l'épigastre, pesanteur de
jambes, il faudra recourir au traitement des *dyspepsies*. Voir ce
chapitre (art. 789, 1131). Lorsque, les voies digestives fonctionnant régulièrement, les pertes blanches seront accompagnées
d'irrégularité dans l'apparition des menstrues, de trop ou de trop
peu d'abondance dans cette hémorrhagie naturelle, la leucorrhée
cédera au traitement de la *chlorose* (voir ce chapitre, art. 804).
Enfin, lorsque les fonctions de l'organisme en général se feront
d'une manière normale, si ce n'est cet écoulement, nous conseillons, soit l'emploi de l'huile de foie de morue, ou, tout aussi
bien, un des succédanés de ce corps gras nauséabond, tel que
n s pilules de chlorhydrate d'ammoniaque (art. 1111).

HYPERSECRÉTION DU LAIT.

ART. 746. — **Résumé.** — Lorsque, par suite du sevrage ou de
la mort du nourrisson, le lait continue à se produire, et que les
seins en sont gorgés, il est important d'abord de les dégorger,
puis de prévenir cette sécrétion, car l'accumulation de ce liquide
dans les vaisseaux lactifères peut déterminer une inflammation
et des abcès aux seins qui sont très-douloureux et d'une guérison
très-lente. Voir « *Abcès du sein* » (art. 721).

L'allaitement au moyen du tire-lait dégorgera le sein à mesure
de la formation du lait, et l'usage, pendant deux ou trois
jours, *à moitié dose*, de nos pilules panchymagogues (art. 1127)
diminuera rapidement sa production ultérieure,   26

SIXIÈME DIVISION. — HYDROPISIES.

HYDROPISIE EN GÉNÉRAL.

ART. 747. — **Pathologie.** — Hydropisie est le terme générique sous lequel on comprend toute accumulation de sérosité,
dans les cavités telles que les séreuses, que ce liquide ne doit que
lubrifier, et, par extension, dans les alvéoles du tissu cellulaire.

Les principaux accidents qu'occasionnent les hydropisies, sont
dus à la compression exercée par la sérosité sur les organes
voisins, pouvant s'accompagner de désordres plus ou moins
graves, suivant le siége, leur cause, et suivant diverses complications relatives à la constitution, à l'âge et aux maladies conco-
mittantes.

Les hydropisies reçoivent différents noms, suivant les parties
qu'elles occupent. Ainsi, on appelle *hydrocéphale* celle de la
cavité crânienne ; *hydrothorax*, celle de la poitrine ; *ascite*, celle
du péritoine; et *anasarque*, celle qui affecte spécialement le tissu
cellulaire.

La marche de l'hydropysie peut être aiguë ou chronique. Sa
durée varie depuis quelques jours jusqu'à des mois et des
années. Sa terminaison est variable ; quelquefois elle est heureuse ; elle est alors accompagnée d'une augmentation notable
dans quelques excrétions : celle de l'urine, de la sueur et des
matières alvines en particulier.

Souvent l'hydropysie se termine par la mort : il arrive quelquefois, alors, que la résorption du liquide s'opère, en grande
partie, dans les derniers moments de la vie.

ART. 748. — **Thérapeutique.** — Quel que soit le siége de
l'hydropysie, l'emploi des diurétiques et des purgatifs semble
constituer la médication la plus efficace. Ainsi, par exemple,
faire usage ordinaire de décoction de feuilles vertes de céléri, de
cerfeuil, de graine de genévrier ou seulement de spirée ulmaire,
dans chaque litre de laquelle on ajoutera de 1 à 2 grammes de
nitrate de potasse ; se purger, tous les six à huit jours, au moyen
de nos pilules panchymagogues (art. 1127). On aura soin de
boire par-dessus une tasse de notre tisane diurétique, sucrée à
volonté. On pourra avantageusement aussi faire usage de nos
pilules de digitale, alternant avec celui des pilules panchymagogues. (Voir art. 1100.)

La diète, un régime doux, l'abstention de vin et de liqueurs
alcooliques, favoriseront les effets du traitement.

ÉPANCHEMENT SÉREUX. — INFILTRATION, ANASARQUE.

ART. 749. — **Résumé.** — L'épanchement séreux est souvent symptômatique d'une affection chronique. Que cet épanchement se produise dans une membrane séreuse ou dans le tissu cellulaire, les moyens de le combattre seront ceux que nous venons de conseiller pour l'hydropisie.

SEPTIÈME DIVISION. — NÉVROSES.

ART. 750. — **Définition.** — Le nom de névroses est consacré à une classe de maladies qu'on suppose avoir leur siége dans le système nerveux, et dont le caractère essentiel est un trouble dans les fonctions, sans lésion apparente.

NÉVRALGIES, RHUMATISME CHRONIQUE ET GOUTTE.

ART. 751. — **Description.** — Dans un écrit destiné aux personnes du monde, nous réunissons dans un même chapitre trois affections qui se touchent; que le vulgaire confond souvent entre elles, et auxquelles un même traitement peut être appliqué, dans bien des cas, d'une manière empirique, sans avoir égard à leur nature propre. Sans doute personne ne confondra la goutte se manifestant par une douleur avec tuméfaction au gros orteil, par exemple, avec une névralgie de la face ; mais il sera souvent difficile de savoir si on a affaire à la goutte ou au rhumatisme articulaire ; on confondra volontiers la sciatique avec le rhumatisme musculaire, etc. D'ailleurs, nous le répétons, cette distinction a peu d'importance au point de vue du traitement où nous devons finalement arriver pour obtenir la guérison ou le soulagement, but unique de nos efforts.

ART. 752. — **Douleurs intermittentes.** — Lorsqu'il se manifeste une douleur pouvant se rattacher à une de ces trois affections, elle est intermittente ou elle ne l'est pas. Si elle l'est, c'est-à-dire qu'il y ait des exacerbations ou accès revenant tous les jours, ou tous les deux, ou même tous les trois jours, à heure prévue, le spécifique de cette douleur se trouvera dans nos pilules de *quinium soluble,* acétate quino-cinchonique, qu'on administrera (art. 946 à 1131) suivant le mode indiqué dans la notice qui les accompagne (art. 946).

ART. 752 A. — **Douleurs continues.** — De quelque nature que soient les douleurs continues, qu'on doive les rapporter à une névrose, à la diathèse goutteuse, ou au vice rhumatismal, nous en avons le spécifique dans les pilules panchymagogues administrées suivant notre méthode (voir art. 1227 et suivants).

Sans doute nous ne pourrions répondre de leur prompte efficacité comme de celle de nos pilules de quinium, dans les cas de fièvres ou de douleurs intermittentes ; mais il est rare, extrêmement rare, qu'elles ne produisent un soulagement plus ou moins grand (art. 757).

Nous renvoyons au chapitre suivant, *Odontalgie* (art. 753), ce qui se rapporte aux névralgies de la face, qui semblent toutes céder, soit à l'emploi de notre fébrifuge (art. 946), quand elles sont périodiques ou intermittentes, soit à l'usage de nos pilules panchymagogues (art. 1,127), quand les douleurs sont ou continues, ou que, se produisant par exacerbations, elles n'ont rien de réglé, rien de prévu dans leur manifestation.

ODONTALGIE, OU DOULEUR AUX DENTS.

ART. 753. — **Résumé.** — L'*odontalgie* est moins une maladie que le symptôme de diverses affections et le plus souvent de la carie des dents. La douleur est, dans ce cas, extrêmement vive, lancinante ; le contact des liquides chauds ou froids l'exagère. Lorsque la douleur est le résultat d'une périostite alvéolaire, la douleur est continue, moins vive, et s'exaspère par la mastication. Dans l'un ou l'autre cas, deux moyens peuvent lui être opposés : l'application immédiate des calmants, au moyen d'un peu de coton imbibé de notre *odontalgique calmant* (art. 1082), ou l'avulsion de la dent. Lorsqu'on a de grandes raisons pour vouloir éviter l'extraction de la dent, on pourra obtenir assez souvent un calme, provisoire du moins, en introduisant dans l'oreille, du côté de la douleur, du coton imbibé du même odontalgique, et en appliquant à la tempe, du même côté, un écusson du diamètre de deux centimètres, fait avec de l'extrait de stramonium étendu sur un peu de sparadrap ou de taffetas gommé. On se trouve bien, dans quelques cas, lorsque la carie a déjà produit une cavité dans la dent, d'y introduire un peu de chloroforme dentaire avec du coton ou mieux de l'amadou. Enfin, si ces moyens échouaient, on ajouterait à ces applications l'emploi, en frictions, derrière l'oreille, de la pommade vésicante (art. 1167) de notre Formulaire, pour y déterminer une suppuration qu'on maintiendrait, suivant besoin, avec la même pommade, jusqu'à cessation de l'odontalgie.

Lorsque la douleur se lie à une affection plus spécialement nerveuse (névralgie), nous conseillons encore l'emploi des moyens précités, mais nous en ajouterons de nouveaux qui manquent rarement leur effet. La douleur est dès lors continue ou rémittente, sans accès prévus, ou bien elle est intermittente, se pro-

duisant par des apparitions à heures fixes ou prévues par suite
d'une tendance à avancer ou à retarder. Si la douleur est non
intermittente, nous conseillons l'usage de nos pilules panchymagogues (art. 1127) employées comme dans la goutte. Si, au
contraire, le caractère intermittent est tranché, on aura recours
à l'emploi de nos pilules de quinium soluble. (Voyez l'art. précédent, 752.)

L'odontalgie tient encore quelquefois à une gengivite ulcé-
reuse, résultant elle-même d'une affection morbide de la dent ou
de l'alvéole. Dans ce cas, la gencive est douloureuse ; elle s'affaisse
du côté ulcéré, etc. Le grand moyen à opposer à cette affection
et de calmer la douleur consiste à la cautériser par l'application
du sulfate de cuivre en poudre qu'on porte sur l'ulcère au moyen
du doigt. On peut cracher après une minute.

SCIATIQUE.

ART. 754. — **Pathologie.** — La *sciatique,* qui est une névrose
ayant son siége sur la branche terminale du plexus lombo-sacré,
a une grande ressemblance de symptômes avec le rhumatisme
musculaire. Elle est caractérisée par une douleur qui s'étend
généralement de la région postérieure de la hanche et de la cuisse
à une grande partie de la jambe et du pied. Elle débute assez
généralement par un engourdissement, assez souvent encore par
une sensation de froid ou de chaleur, et presque toujours d'un
seul côté du corps.

Le traitement de la sciatique étant exactement celui qu'on
oppose aux rhumatismes, nous éviterons une description plus
longue ayant pour but de distinguer ces deux affections.

ART. 755. — **Thérapeutique.** — 1o Frictions matin et soir
sur le trajet de la douleur avec de la pommade de stramonium
(art. 1165). Recouvrir d'abord d'une pièce de flanelle, et, par
dessus ce tissu, d'une toile cirée, le tout fixé dans un caleçon de
laine pour le maintenir constamment sur la partie douloureuse
frictionnée. Ce caleçon sera gardé nuit et jour.

Se tenir chaudement ; éviter de coucher dans une pièce humide ;
éviter encore avec soin le froid aux pieds. Point de vin ni d'aucune boisson alcoolique. Porter sur la peau un gilet de laine.

2o Si ce premier traitement était impuissant, le recommencer,
mais en faisant usage en même temps de nos *pilules panchymagogues* (art. 1127).

3o Enfin, au cas d'insuffisance de tous ces moyens, ce qui est
rare, continuer l'usage de nos pilules, mais appliquer, dès lors,
trois vésicatoires dans le trajet du mal, dont un de grande di-

mension, à la région de la hanche, un de moyenne grandeur à la hauteur approximative du genou, et un troisième de moindre dimension à la jambe, à la hauteur de la molléole ou cheville du pied. Ces vésicatoires seraient enlevés douze à quinze heures après leur application, et, le derme étant mis à nu par la déchirure de la phlyctène, on panserait, soir et matin, avec du sparadrap diachylon, après avoir saupoudré le derme dénudé, avec un mélange de : chlorhydrate de morphine, 1 centigramme ; sucre en poudre, 50 centigrammes, pour chaque exutoire. Continuer ainsi pendant trois jours ; puis pansement simple avec l'onguent basilicum.

LUMBAGO.

ART. 756. — **Résumé.** — Douleurs dans la région lombaire, vulgairement les reins, sans gonflement ni douleur, et même le plus souvent sans chaleur locale survenant le plus souvent subitement et forçant les malades à se tenir courbés en avant. L'intensité peut être assez grande pour déterminer de la fièvre.

Que le siége en soit aux muscles psoas ou lombaires ; que ce soit une inflammation spontanée ou provenant de la rupture d'une fibre musculaire, d'un froid ; que ce soit une névralgie ou un rhumatisme, le premier soin devra consister dans l'administration d'une tisane sudorifique telle qu'infusion de sureau, dont on favorisera l'effet au moyen de couvertures de laine. On pratiquera des frictions calmantes avec la pommade de stramonium (art. 1165) ; on recouvrira d'une flanelle, puis d'une toile cirée, pour éviter le contact des vêtements ou des draps. Le repos devra être soigneusement observé. Abstention de vin et de toute boisson alcoolique. Ne reprendre des travaux pénibles qu'avec des précautions, en évitant les positions les plus douloureuses.

RHUMATISME.

ART. 757. — **Pathologie.** — Le nom de *rhumatisme* a été consacré à des maladies très-différentes par leur siége et par leur nature, et parfois à des névroses et à des phlegmasies qui n'ont de commun que la cause qui semble les produire, telle que le froid, ou une disposition innée, sorte de vice ou diathèse. Les lésions qui caractérisent le rhumatisme articulaire et musculaire ayant leur siége dans le tissu fibro-séreux, nous aurions dû le classer dans le chapitre des inflammations des séreuses si l'analogie qu'il a avec les névroses n'avait dû prévaloir dans un ouvrage de la nature du nôtre.

ART. 758. — **Rhumatisme articulaire.** — Le rhumatisme

articulaire, appelé aussi *arthrite*, mérite quelques considérations spéciales. Il est constitué par l'inflammation de la membrane séreuse qui tapisse l'intérieur des articulations. Les plus fréquents sont ceux aux membres, au pied, au genou, à la hanche, à la main, au coude et à l'épaule. L'impression du froid humide en est la cause la plus ordinaire, mais cette cause a plus ou moins d'action, suivant la constitution du sujet. A l'état aigu, il est accompagné et souvent précédé d'un état fébrile. Il y a douleur et gonflement des articulations. La nature même de la maladie et des organes atteints indique l'urgence à lui appliquer un traitement anti-phlogistique énergique : saignée, sangsues, cataplasmes émollients, purgatifs. Il est de la plus grande importance de s'opposer à ce que cette inflammation ne produise de la supuration dans l'intérieur de l'articulation, car, dans ce cas, il en résulterait une maladie grave constituant ce que l'on appelle une tumeur blanche, maladie toujours très-difficile à guérir et souvent incurable.

Le rhumatisme articulaire chronique (art. 751) ne diffère de celui à l'état aigu que par une moindre intensité de la douleur et de la fièvre qui l'accompagne. Son traitement est, dès lors, le même que celui du rhumatisme musculaire dont nous, allons parler. Cette affection se confond souvent avec la goutte (art. 761).

ART. 759. — **Rhumatisme musculaire.** — Douleur sourde ou vive qui se manifeste dans les diverses régions du corps de l'homme, ordinairement sans gonflement de la partie, occasionnée aussi par un froid plus ou moins humide, un courant d'air, etc., se rattachant aussi le plus souvent à la diathèse rhumatismale. Elle diffère du rhumatisme articulaire par son siége, et des névralgies en ce que celles-ci ont ordinairement leur siége dans le trajet des nerfs, quoiqu'il soit difficile, dans bien des cas, d'établir une différence ; distinctions qui importent peu, hâtons-nous de le dire : les moyens thérapeutiques à leur opposer, étant approximativement les mêmes.

ART. 760. — **Thérapeutique.** — Quel que soit le siége d'une douleur, hors les névralgies de la face, et les cas du rhumatisme articulaire aigu, qu'il soit à la jambe, à un bras, à une épaule, à un genou, etc., la première médication devra consister à faire, deux ou trois fois le jour, des onctions sur la partie douloureuse avec notre pommade de stramonium, et à recouvrir d'une pièce de laine. On renouvellera tous les jours ces onctions ou frictions, et on recouvrira toujours de la même pièce. L'application ainsi faite de la pommade de stramonium, continuée assez longtemps, suffira, dans une infinité de cas, à calmer la douleur et même à la faire entièrement disparaître; mais, s'il en était autrement, on aurait recours, tout en continuant les frictions ou onctions précitées, à l'usage de nos pilules *panchymagogues* (art. 1127).

GOUTTE.

ART. 761. — **Résumé.** — Dans un ouvrage concis comme le nôtre, attachant moins d'importance à la classification rigoureuse des maladies qu'aux analogies apparentes, nous avons cru devoir comprendre dans un même article les trois affections : névralgies, rhumatisme chronique, et goutte (art. 751), auquel nous renvoyons.

CÉPHALALGIE. — MIGRAINE.

ART. 762. — **Résumé.** — La *migraine* est, chez quelques personnes, combattue avec succès par l'emploi du café à haute dose. Lorsque les accès en sont assez bien réglés, on a obtenu de bons résultats de l'emploi de nos pilules de quinium (voir art. 1131). Enfin les accès en ont été singulièrement affaiblis, chez beaucoup de personnes, par l'emploi de nos pilules antispasmodiques (art 1131); chez d'autres, par l'usage de nos pilules panchymagogues (art. 1127).

La *migraine* se déclare, chez quelques sujets, et à un âge un peu avancé, par le défaut de couvrir suffisamment la tête, soit le jour, soit et surtout la nuit. Aussi avons-nous pu soulager bien des personnes en conseillant, tantôt de ne point se découvrir entièrement le jour, tantôt de mettre, la nuit, un bonnet, soit de coton, soit de laine, suivant l'âge, l'habitude et la sensibilité du sujet.

ÉTOURDISSEMENT.

ART. 763. — **Résumé.** — L'étourdissement est plutôt un symptôme qu'une maladie, mais qui mérite bien, par la gravité qu'il présente quelquefois, un article spécial dans notre livre.

Lorsque les étourdissement sont liés, comme cela est le plus souvent, à une gastralgie, ils n'ont rien de grave, et ils cessent avec la maladie. Voir « *Dyspepsie* », art. 789, 1131, pour les symptômes dont le plus sensible est celui d'une difficulté de digérer.

Lorsque les étourdissements existent avec de la céphalalgie ou douleur de tête, mais que les facultés digestives se font bien, et que le sujet est coloré de la face, il y a à craindre qu'elle ne soit un des symptômes précurseurs de l'apoplexie, et, à ce titre, il faudrait les combattre, à défaut de l'assistance du médecin, par l'usage de nos pilules panchymagogues (art. 1127) et même par les sangsues. Si, éloigné du médecin, on éprouvait avec ces symptômes du fourmillement ou des crampes dans les membres d'un même côté du corps, et surtout de la faiblesse ou commencement de paralysie, il y aurait, dès lors, tous les prodromes de l'apoplexie, cas urgent, nécessitant l'application de 20 sangsues à l'anus, en attendant l'homme de l'art. Ce moyen pourra, dans bien des cas, prévenir l'apoplexie, et sauver ainsi le malade d'une mort imminente. (Voir art. 1127.)

SYNCOPE, DÉFAILLANCE, ÉVANOUISSEMENT.

ART. 764. — **Résumé.** — Perte plus ou moins complète du sentiment et du mouvement, avec ralentissement ou cessation des battements du cœur et de la respiration.

Se hâter d'étendre horizontalement la personne évanouie, car c'est la meilleure position pour favoriser les mouvements du sang vers le cerveau, lui redonner son excitant naturel et pour faire ainsi recouvrer au malade ses fonctions intellectuelles : le sentiment et le mouvement. On le débarrasse des vêtements, corsets, chaussures, etc., qui peuvent le gêner. On lui fait respirer un air frais. Avec les doigts mouillés d'eau fraîche, on lui en projette sur le visage. Enfin on fait, au besoin, respirer quelques odeurs fortes : du vinaigre, de l'eau de Cologne, de l'eau de mélisse, de l'éther. Il faudrait même recourir à des frictions chaudes et irritantes sur la région du cœur, si l'évanouissement persistait.

CONVULSIONS. — ATTAQUES D'ÉCLAMPSIE, DE NERFS, D'ÉPILEPSIE. — ENTOZOAIRES DIVERS.

ART. 765. — **Considérations générales.** — On entend par *convulsions* une série de contractions violentes et involontaires des muscles soumis à la volonté, se produisant à de courts intervalles. Nous voulons essentiellement parler, dans notre article, des convulsions chez les enfants ; des convulsions dites attaques de nerfs chez les enfants et spécialement chez les femmes ; des convulsions connues sous le nom d'épilepsie, haut mal, mal caduc ; enfin de la chorée ou danse de Saint-Guy (art. 780). Les études auxquelles nous nous sommes livré, de concert avec feu notre père, d'abord, et, plus tard, seul, nous ont démontré que la plupart de ces maladies pouvaient avoir pour cause la présence d'entozoaires dans le tube digestif, ou dans tout autre viscère. Si ces parasites ne sont pas la cause immédiate de ces affections, ils agissent du moins comme cause d'entretien de la névrose, dont les convulsions sont le symptôme ; de telle sorte que, en administrant d'abord aux malades une série de moyens ayant la propriété de détruire les êtres organisés précités que peut renfermer le tube digestif, puis en passant à l'usage de pilules antispasmodiques, on obtient bien souvent la guérison d'affections considérées comme incurables.

ART. 766. — **Médication.** — Ces moyens se rangent sous quatre chefs bien distincts, constituant une série qu'il faut épuiser d'une manière empirique : 1° santonine s'appliquant à la destruction des lombrics ; 2° aloès et calomel pour l'expulsion de l'*astre* et des *oxyures* ; 3° cousso, comme téniafuge ; 4° et enfin pilules antispasmodiques, et mieux nos pilules sédatives. Tous ces agents, accompagnés d'une instruction, sont du reste envoyés par nous, *franco,* à toute adresse, en France, en Corse et aux colonies, en échange d'une valeur de 24 fr. pour les adultes. Les enfants de sept à huit ans n'ont besoin que de demi-dose. Ceux de neuf à douze ans veulent les deux tiers de la dose ; ceux de treize à quatorze, les trois quarts de la dose.

Nous conseillons aux enfants qui ont moins de sept ans l'usage, simplement, des pastilles de santonine, que nous envoyons avec une instruction, et dont le prix, *franco,* n'est que de 1 fr. 50 c.

ART. 767. — **Réflexions.** — L'épilepsie (voyez art. 778) constitue trop souvent, disons-le, une maladie incurable ; mais il nous est si souvent arrivé, par l'emploi des moyens précités, d'obtenir la guérison d'attaques considérées par les uns comme d'épilepsie, par les autres comme de nerfs, d'hystérie, etc., que nous ne balançons pas à conseiller l'usage de notre médication, et d'une manière pour ainsi dire empirique, à tous les sujets dont l'affection a résisté aux divers traitements. Sans doute nous ne l'avons pas toujours vue opérer complètement; mais ne ferait-elle que réussir une fois sur quatre, ne serait-ce même qu'une fois sur dix, qu'il y aurait lieu d'essayer d'un moyen qui, s'il était véritablement impuissant, ne saurait du moins jamais nuire.

La dose de cousso, lorsqu'il est envoyé seul, pour combattre le ténia ou ver solitaire, dont il est, comme on sait, le spécifique pour ainsi dire infaillible, s'expédie en échange d'une valeur de 9 fr. ou de 6 fr., suivant qu'on désire la forte ou moyenne dose, accompagnée d'une instruction sur son emploi.

ART. 768 à 776. — **Entozoaires de l'homme.** — Sous le climat de la France, l'homme ne compte guère, parmi les entozoaires qui lui sont nuisibles, que le lombric ou ver ordinaire des enfants ; l'oxyure vermiculaire, sorte de lombric aux petites dimensions, ayant l'aspect des radicules d'oignon ; l'œstre, qui est la larve d'une sorte de mouche, et le ver solitaire. Celui-ci présente deux variétés : le *ténia* et le *botriocéphale*. Ces parasites, sauf le ténia et le botriocéphale, se tiennent simplement dans le tube digestif. Il n'en est pas de même de ceux-ci, qui peuvent, à l'état rudimentaire, exister dans les viscères, tels que le foie, la rate et le cerveau. Comme on le sait aujourd'hui, ces entozoaires sont, depuis l'enfance jusqu'à la vieillesse, la cause des plus grandes perturbations dans le système nerveux. Aussi ne saurait-on trop se hâter, lors de la production des symptômes dits nerveux, et dont les convulsions constituent le plus caractéristique et le plus effrayant, d'administrer les agents que la science indique comme pouvant les détruire ; ce à quoi il est facile d'arriver lorsque les entozoaires résident dans le tube digestif. Malheureusement, ainsi que nous venons de le dire, le cerveau peut être le siége de leur résidence, et c'est ainsi que s'explique surtout l'incurabilité de certaines de ces affections. De cette exposition découle la nécessité, de la part de tout médecin qui se tient au niveau du progrès, d'essayer, dans le cas de production des symptômes nerveux dont il s'agit, l'emploi de toute la série des parasiticides internes, et c'est ce qui explique l'idée que nous avons eue de réunir les plus efficaces sous une forme à administration facile, et sous le nom de *Traitement contre les convulsions,* présentant, pour couronner l'œuvre, nos pilules sédatives, à une dose spéciale, et comme l'indique la notice jointe à chaque boîte de ces pilules. Si, après l'emploi de ces divers moyens chez les personnes du sexe, on n'avait obtenu aucun résultat, ou que ce résultat fût seulement partiel, il conviendrait d'examiner les fonctions de la menstruation, et, si peu qu'il y eût à désirer de ce côté, soit sous le rapport de la régularité, soit sous celui de l'intensité, il y aurait lieu de faire usage de nos pilules de lactate de fer (art. 1121).

MÉLANCOLIE.

ART. 777. — **Résumé.** — Cette maladie, qu'on nomme aussi *hypochondrie,* provient souvent d'une affection du tube digestif. Nous conseillons l'emploi des pilules sédatives, comme dans la dyspepsie, art. 789. La mélancolie tient parfois aussi à un dérangement intellectuel. (Voir *Aliénation mentale*, art. 797.)

ÉPILEPSIE.

ART. 778, 779. — **Pathologie.** — L'épilepsie, mal caduc, haut mal, mal de Saint-Jean, est caractérisée par des attaques sou-

daines dans lesquelles le malade tombe sans connaissance,
avec convulsions violentes, accompagnées de coma et suivies de
stertor, sorte de ronflement. L'attaque débute ordinairement
par une chute et par un cri, et le malade applique le pouce dans
la paume de la main. Sa bouche est écumeuse. La maladie
revient par paroxysmes, qui ont deux périodes : celle des
convulsions, dont la durée varie de quelques minutes à deux ou
trois heures, et celle de l'état soporeux ou apoplectique. Quelquefois l'attaque se produit sans signe précurseur, et le malade
est comme foudroyé en poussant un cri. Dans d'autres cas, au
contraire, il est prévenu de l'approche de l'attaque par de
l'anxiété, de la céphalalgie, des nausées, etc. Chez quelques
sujets, le signe précurseur consiste dans ce que la médecine
désigne sous le nom de *aura epileptica*, sensation d'un vent ou
d'un souffle froid qui se manifeste d'abord à un doigt du pied ou
de la main, remonte le long du membre, et détermine l'invasion
de l'accès, quand il arrive au cerveau. D'autres fois, c'est une
odeur ou une saveur particulière, qui est, pour le malade, le
signal d'une crise prochaine.

La fréquence de ces attaques varie à l'infini. Nous renvoyons
pour le traitement, art. 766.

CHORÉE OU DANSE DE SAINT-GUY.

ART. 780, 781. — **Résumé.** — La chorée se range dans la
classe des maladies décrites art. 755, *Convulsions*, auquel nous
renvoyons tout naturellement. Après l'emploi des parasiticides,
on devrait, en cas d'insuccès, passer à l'usage des pilules sédatives. Après l'emploi de ces moyens, on en viendrait, chez le sexe,
à celui de nos pilules antichlorotiques, de manière à rappeler,
s'il y a lieu, le cours de certain flux ou seulement le régulariser.
Voir « *Chlorose* », art. 804.

HOQUET.

ART. 782. — **Résumé.** — Le *hoquet* est produit par la contraction subite du diaphragme et le resserrement simultané de
la glotte. Il est idiopathique ou symptômatique. Le hoquet
idiopathique peut être considéré comme un état névralgique du
diaphragme.

Sous cette forme, assez rare et généralement de courte durée,
il cède facilement à l'emploi de quelques anti-spasmodiques, et
tels que nos pilules sédatives (art. 1131), de quelques gouttes
d'éther sur un fragment de sucre, etc.; à une impression morale
subite, à la suspension prolongée de la respiration, à une
attention quelconque soutenue longtemps.

Le plus souvent, le hoquet existe comme symptôme et comme complication d'autres maladies, quelquefois légères et d'autres fois très-graves. Dans quelques-unes même, il constitue un phénomène de mauvais augure. Dans ces cas, son traitement est subordonné à la modification de la maladie principale.

TÉTANOS.

ART. 783. — **Pathologie.** — Le tétanos est une maladie extrêmement grave, très-fréquente et fort meurtrière sous la zone torride ; moins fréquente en France, mais toujours fort grave, qui consiste en une convulsion permanente de tous les muscles ou seulement de quelques-uns, sans alternative de relâchement.

Le tétanos peut être spontané, c'est-à-dire se déclarer sans cause connue ; mais il est presque toujours le résultat d'une blessure, et surtout de la déchirure d'un organe comme les mains, où les nerfs abondent. Il survient le plus souvent après l'écrasement des doigts, la meurtrissure occasionnée par l'explosion d'une arme à feu, etc. Il se produit ordinairement six à sept jours après l'accident. L'invasion a lieu soit par un frisson, soit par une raideur involontaire de l'organe contusé et surtout des muscles élévateurs de la mâchoire inférieure, à ce point que le malade ne peut ouvrir la bouche, ce qu'on nomme *trismus*.

ART. 784. — **Thérapeutique.** — Nous nous bornons à faire connaître les premiers symptômes d'une maladie presque toujours mortelle, ou dans laquelle il n'y a de ressource que par une médication prompte et énergique, afin que ces symptômes soient pour le malade ou ceux qui l'entourent le signal auquel on devra s'empresser d'invoquer les conseils et les soins de l'homme de l'art. Au cas où le malade serait assez éloigné du médecin pour n'en pas espérer des soins immédiats, c'est à l'emploi des calmants qu'on devra recourir en attendant son arrivée, qu'on pressera par tous les moyens possibles ; et d'abord enlever de la plaie, s'il y avait lieu, tous les corps étrangers qu'elle pourrait renfermer. Si elle est à une partie du corps que l'on puisse plonger dans l'eau, la maintenir dans un bain local d'eau à laquelle on ajouterait une très-forte proportion de laudanum. L'eau laudanisée pourrait être remplacée par une décoction de deux ou trois têtes de pavots par litre d'eau. Si la position de la blessure ne comportait point l'application de ce bain, on aurait recours à des cataplasmes fortement laudanisés. On ferait prendre au malade, en outre, et toutes les quatre heures, une pilule de cynoglosse (art. 1115).

27

PARALYSIE.

ART. 785. — **Résumé.** — La paralysie est tantôt la conséquence d'une congestion au cerveau (art. 740), tantôt le symptôme d'une maladie nerveuse, défaut d'innervation.

Les moyens de combattre la paralysie doivent consister surtout
dans l'usage des révulsifs. Nos pilules panchymagogues, administrées fréquemment pour maintenir une ample liberté du ventre, réussissent souvent (art. 1127). Les ventouses scarifiées, à
la nuque, qu'on fait suppurer avec des trochisques de minium,
sont encore au nombre des grands moyens. C'est au médecin à
faire ces diverses applications, comme à prescrire le régime le
mieux approprié à cette triste maladie; et il puise assez souvent
ses moyens dans les préparations de strychnine, dans l'usage
du café à haute dose, dans des frictions calmantes le long du
rachis, etc.

AMAUROSE — GOUTTE — SEREINE.

ART. 786-787. — **Pathologie.** — Cette affection de l'organe
de la vision est le résultat de la paralysie de la rétine ou du nerf
optique. Cet appareil nerveux cesse, dans ce cas, de transmettre
au cerveau l'image qu'il reçoit des objets extérieurs, par l'intermédiaire de la chambre noire de l'œil. Nous en avons déjà
traité à l'art. 718, auquel nous renvoyons nos lecteurs.

CARDIALGIE OU CRAMPES D'ESTOMAC.

ART. 788. — **Résumé.** — Le mot *cardialgie* vient de καρδία,
estomac ou partie de l'estomac, et de ἄλγος, douleur, et veut
dire *douleurs d'estomac*. La cardialgie est presque toujours le
symptôme d'une autre maladie, et principalement de la gastralgie, voir « Dyspepsie » (art. 780). Elle a quelquefois aussi pour
cause la présence de vers dans l'estomac.

Dans le premier cas, c'est-à-dire lorsqu'elle a pour cause une
gastralgie, il convient d'employer les moyens qui sont propres
à cette affection, et d'abord nos pilules sédatives (art. 1131);
tenir sur le creux de l'estomac ou épigastre un écusson d'extrait de datura-stramonium, de la surface de trois pièces de cinq
francs, étendu sur du sparadrap.

Lorsque la cardialgie tient à la présence de vers dans l'estomac, on peut employer le même écusson; mais il convient
encore d'administrer au malade, pendant deux matins consécutifs, cinq paquets de santonine, de 10 centigrammes chacun, à
prendre, un toutes les demi-heures, dans un peu de confiture ou
de fruit cuit. On boira, par-dessus, une tasse d'infusion légère

de thé. La santonine est l'ascaricide par excellence, pour les personnes adultes (art. 1188).

DYSPEPSIE.

ART. 789-790. — **Préambule.** — Les *dyspepsies*, les *gastrites nerveuses*, les *gastralgies*, les *gastrites chroniques*, les *digestions laborieuses ou difficiles*, accompagnées de vents, les *crampes d'estomac*, les *entérites chroniques*, les *antéralgies*, les *constipations opiniâtres*; affections qui tiennent à un état pathologique du tube digestif, et dont une infinité de personnes sont atteintes, principalement celles qui font métier de travail intellectuel, telles que les ministres du culte, les professeurs, les juges, les hommes d'affaires, etc., ne se livrant pas à un exercice suffisant; ou celles qui, faisant un certain exercice, sont douées d'un tempérament nerveux ou lymphatique, les femmes surtout, ont fait de la part de notre père et de nous-même l'objet d'une étude spéciale qui nous a conduits à d'heureux résultats. Voir, comme complément de l'art., « Pilules sédatives de stramonium » (art. 1131).

COLIQUES INTESTINALES, ENTÉRALGIE.

ART. 791. — **Pathologie.** — Ces douleurs ont ordinairement leur siége autour du nombril. Lorsqu'elles ne sont pas de nature nerveuse, elles sont le symptôme d'une entérite, c'est-à-dire d'une inflammation intestinale. Dans ce cas, il y a presque toujours constipation ou diarrhée. Quelquefois la colique tient à une mauvaise digestion et à des vents qui en résultent. D'autres fois elle se rattache à la production d'une hernie, ce que l'on reconnaît à l'existence d'une tumeur, à l'endroit où se manifeste la douleur. Les hernies ont ordinairement leur siége, soit au nombril, soit, et le plus souvent, à proximité de l'aine.

ART. 792. — **Thérapeutique.** — *Règle générale*, lorsqu'une personne éprouvera des coliques dont elle ne connaîtra point la cause, la première chose à faire sera d'aller à la garde-robe, pour y faire des efforts ayant pour objet d'expulser les matières fécales. Ce moyen, fort simple, réussit assez souvent. On se sera préalablement assuré, au moyen de la main, qu'il n'existe pas de hernie; car, dans ce cas, il n'y aurait qu'à la faire rentrer, et à maintenir un bandage sur place, pour voir cesser la colique. Voyez « Hernie » (art. 929).

Les efforts qu'on aura faits pour aller à la garde-robe auront eu pour résultat ou un soulagement presque instantané, ou de démontrer qu'il y a constipation. L'administration d'un lavement simple d'eau chaude, avec addition de deux cuillerées d'huile d'olive, ramollissant les excréments, aura pour effet d'expulser les matières fécales, et il y a presque toujours alors une amélioration manifeste. Si la douleur persistait, ce serait le cas de prendre un demi-lavement d'eau simple, dans laquelle on aurait fait dissoudre deux de nos pilules sédatives (art. 1131 et suivants). S'il était rejeté, on le renouvellerait jusqu'à conservation, ou tout au moins jusqu'à cessation de la douleur. S'il n'y a pas constipation, et que la défécation n'ait pas amené d'amélioration, ce sera le cas de prendre un demi-lavement calmant, qu'on ferait avec les trois-quarts environ d'un verre d'eau simple tiède, à laquelle on ajouterait de dix à vingt gouttes de laudanum de Sydenham. On chercherait à le garder, et si, malgré les efforts tentés, il était rendu, on en prendrait un nouveau de même volume, et toujours avec la même quantité de laudanum. Enfin on en redonnerait un troisième, si celui-ci était encore rejeté, et on continuerait consécutivement d'en administrer jusqu'à ce qu'il y en eût un de gardé, ou que la cessation de la douleur se fût produite. On pourrait aussi obtenir un très-bon résultat en administrant au malade de quatre à six gouttes de laudanum de Sydenham, et de six à huit gouttes d'éther, sur un morceau de sucre. Il serait inutile d'administrer un lavement huileux, si la colique était nerveuse, ce que l'on reconnaîtrait à ce que le ventre, pressé avec les mains, ou comprimé, en s'y couchant dessus, n'en est pas plus douloureux.

Dans tous les cas de coliques, on fera bien de joindre aux moyens qui précèdent l'usage d'une infusion aromatique, telle que de tilleul, ou de feuilles d'oranger, et, à l'emploi des lavements calmants précités, celui de frictions, sur le ventre, avec parties égales d'huile camphrée et de baume tranquille. Enfin, s'il y avait du ballonnement, c'est-à-dire du gonflement dans l'abdomen, des cataplasmes de farine de lin, arrosés avec parties égales de laudanum et de teinture d'assa-fœtida.

Nous compléterons notre article *Coliques* par un mot sur les coliques hépatiques et sur les coliques néphrétiques (art. 859, 860).

ASTHME.

ART. 793. — **Pathologie.** — Le mot *asthme*, synonyme de *pousse*, chez le vulgaire, indique ordinairement, en dehors de la science, un état de respiration difficile, ou la *dyspnée* des médecins. Mais l'asthme vrai est une affection nerveuse de l'appareil respiratoire, caractérisée par une gêne très-grande dans la respiration; gêne qui va jusqu'à la suffocation, produisant ainsi des sortes d'accès qui viennent plus particulièrement de dix heures du soir à deux heures du matin.

Les symptômes qu'on rapporte à l'asthme ne sont pas toujours ceux d'une maladie essentielle, mais le plus souvent ceux d'une lésion du cœur, d'un emphysème du poumon, d'une affection catarrhale, ou d'une accumulation de liquides dans la pièvre ou le péricarde. Comment qu'il en soit, il est héréditaire, et les vieillards y sont plus sujets que les personnes jeunes.

Les asthmatiques, les personnes qui ont été sujettes à des attaques d'asthme ou qui le seront ultérieurement, présentent les symptômes suivants : ils éprouvent le besoin, lorsqu'ils sont couchés, d'avoir la tête et la poitrine élevées ; ils sont essoufflés, en montant un escalier ou une côte, et sont très-sujets à s'enrhumer. Les rhumes qu'ils ont les fatiguent beaucoup en ce qu'ils les privent de sommeil.

Art. 794. — **Thérapeutique.** — Tous ces symptômes sont, sinon d'une cure ou guérison faciles, du moins d'un soulagement plus ou moins sensible, par l'usage des préparations combinées de digitaline, ou alcooliques de digitale, et de datura-stramonium (Voir « Pilules anti-asthmatiques », art. 1100.)

Les asthmatiques doivent s'abstenir de tout travail pénible. Ils devront s'appliquer à conserver toujours les pieds chauds et à l'abri de l'humidité ; éviter de respirer un air froid et humide. La sobriété leur est encore indiquée, et l'abstinence de vin, comme celle du café, leur est recommandée. Ils devront, le soir, éviter de faire un repas copieux, et reporter, autant que possible, au matin ou à midi l'usage des aliments nécessaires.

Les transitions subites de température leur étant très-nuisibles, nous leur recommandons encore l'usage des gilets de laine sur la peau.

INSOMNIES.

Art. 795. — **Résumé.** — Les insomnies proviennent, le plus souvent d'une mauvaise digestion. Voir les articles « *Indigestion* », « *Gastralgie* » (art. 694, 789).

Dans ce cas, peu manger le soir ; régime sévère ; abstention de vin : usage d'une pilule sédative, une heure après le repas du soir ou en se couchant, sans préjudice, s'il y a gastralgie, de deux autres pilules dans le jour (art. 1131).

Lorsque l'insomnie provient de la douleur, on se trouve bien de l'administration, le soir en se couchant, d'une à deux pilules de cynoglosse (art. 1115).

M. le Dr Debout combat l'insomnie, chez lui, par l'emploi du brômure de potassium (art. 994).

IVRESSE.

ART. 796. — **Résumé.** — Cet état varie d'intensité, depuis l'ébriété ou gaîté folâtre, jusqu'à l'ébêtement; depuis une augmentation notable de force musculaire, jusqu'à un état de prostration qui simule la mort.

Lorsque l'ivresse est peu intense, le repos et le sommeil suffisent pour la dissiper. Lorsque, au contraire, elle est portée jusqu'à la perte des facultés physiques et intellectuelles, on peut ramener, jusqu'à un certain point, le malade à la santé et à la raison, en le faisant vomir et en lui administrant de fortes doses de café. On peut encore employer avec succès l'administration d'un verre d'eau additionnée de huit à dix gouttes d'ammoniaque liquide. Voir « *Abus des boissons* » (art. 517) et « *Aliénation mentale* » (art. 797).

ALIÉNATION MENTALE.

ART. 797. — **Description.** — *Aliénation* est le nom générique qui s'applique aux divers désordres de l'intelligence, comprenant la manie, la démence, la folie, l'imbécillité, etc. Dans un ouvrage essentiellement d'application comme le nôtre, nous ne voulons pas rechercher si les diverses altérations de l'entendement sont bien toujours de l'ordre matériel, et non du domaine du psychologue. Il sera souvent difficile, dans l'étude de l'homme, de séparer distinctement ce qui se rapporte à l'âme de ce qui régit immédiatement le corps.

ART. 798. — **Thérapeutique.** — On doit, dès qu'un dérangement intellectuel se produit chez l'homme, agir d'abord par les moyens moraux. Sont indiqués, en conséquence, d'une part : la tranquillité et l'éloignement des causes qu'on suppose avoir contribué à la production de la maladie; d'autre part, des entretiens dans lesquels on fait intervenir le raisonnement, mais sans trop brusquer les idées du malade.

Le régime a aussi une grande importance dans le traitement de l'aliénation : sont rigoureusement indiquées la suppression du vin, celle de toute liqueur alcoolique et du tabac; la diète, et la tempérance en tout. Nous avons connu plusieurs sujets qui cessaient de déraisonner dès le moment que ce régime leur était appliqué. On le conçoit, en effet, puisque l'abus des liqueurs alcooliques et du tabac suffit pour déterminer une sorte de folie. Voir *Abus des boissons alcooliques et du tabac* (art. 547, 523). Et c'est d'autant plus vrai que, chez des sujets qui s'y livrent fréquemment, de transitoire cet état devient permanent : tel ivrogne, à jeun, fait déjà des actes de folie parce qu'il a seulement pris une inquiétude, qu'il a eu une contrariété, etc.

Le régime a, nous le répétons, une grand importance dans le traitement de la folie : nous ne saurions trop insister sur ce point. Quant aux autres moyens à lui opposer, nous devons mettre au premier rang les émissions sanguines et les révulsifs, tels que vésicatoires, cautères, etc. Nous avons vu la folie cesser tout à coup chez une personne robuste à laquelle on avait appliqué des ventouses scarifiées à la nuque ; et, ce qu'il y a de remarquable, c'est que cette personne, qui est morte à un âge avancé, vingt ans après, n'avait plus ressenti le moindre dérangement dans ses facultés. Nous avons connu encore une femme ivrogne chez laquelle la folie allait jusqu'au point où il fallait l'intervention de la force brutale ; qui, dans un de ses moments de turbulence, se renversa sur les jambes un chaudron d'eau bouillante. Dès ce moment la folie disparut ; toute la raison lui revint ; elle cessa de boire, et cette raison, qui est restée à peu près intacte, pendant près de dix ans, se serait très-probablement maintenue si cette femme n'eût succombé encore à la triste passion des ivrognes.

HUITIÈME DIVISION. — MALADIES CONSTITUTIONNELLES.

ART. 799. — **Description**. — Le nom de *maladies constitutionnelles* est consacré à une classe d'affections qui semblent être inhérentes à la constitution du sujet, et qui, bien que se montrant localement, occupent ou peuvent finir par occuper tout le système.

ASTHÉNIE.

ART. 800. — **Résumé**. — *Asthénie*, dont l'étymologie veut dire manque de forces, est, dans un sens général, un état de l'organisme dans lequel il y a diminution de l'action organique ; ce qui tient ordinairement, chez les sujets jeunes, à une affection ou à une diathèse qu'il faut rechercher.

Il faut combattre la cause quand on peut la trouver. Nous conseillons, à défaut, l'usage de l'huile de foie de morue, à la dose de deux à quatre cuillerées par jour, suivant l'âge (art. 1047) ; les préparations de quinquina. Voir « *Sirop de quinquina* » (art. 1192) et « *Vin de quinquina* » (art. 1136). Pour le régime : « *Convalescence,* » (art. 516).

ANÉMIE.

ART. 801. — **Résumé**. — L'étymologie de ce mot vient du grec et veut dire privation du sang. On appelle ainsi une maladie dans laquelle la masse du sang semble diminuer ou tout au moins se décolorer. C'est un état opposé à la *pléthore*, et il pré-

sente de grandes analogies avec la chlorose. Tous les sexes y
sont sujets. L'anémie est caractérisée encore par des désordres
dans les fonctions digestives, par des palpitations de cœur; la
peau prend une teinte jaune et blafarde; le sujet est faible, sans
énergie morale, etc.

Le traitement qui réussit le mieux consiste en l'usage de nos
pilules de lactate de fer (art. 952, 1121).

AGE CRITIQUE.

ART. 802. — **Résumé.** — L'âge critique, chez la femme,
varie entre quarante-cinq et cinquante-deux ans. Caractérisée
par la diminution d'abord, puis par des interruptions, et enfin
par la cessation du flux menstruel, c'est une époque de crise plus
ou moins longue, mais dont on s'exagère généralement la gravité.

Lorsque une hygiène bien entendue, et consistant en un exercice
modéré, convenable, comme en un régime diétique approprié
à une exubérance du liquide de la circulation, sont insuffisants
à prévenir soit des céphalalgies, soit un état gastralgique, complications les plus fréquentes, c'est dans l'usage de nos pilules
sédatives, ou dans celui des pilules panchymagogues, qu'on cherchera les moyens de rétablir l'harmonie dans les fonctions de
l'économie (art. 1127, 1131). et suivant qu'il se produirait une
dyspepsie ou une congestion du cerveau caractérisée par de la
douleur de tête, des étourdissements avec rougeurs à la face.

DYSMÉNORRHÉE. — AMÉNORRHÉE.

ART. 803. — **Résumé.** — Ces noms servent à désigner, l'un
la diminution, l'autre la suppression accidentelle, chez le sexe,
d'une fonction naturelle qui commence à se produire vers l'âge
de quinze ans et cesse ordinairement de quarante-cinq à cinquante-deux ans. L'*aménorrhée* est rarement par elle-même une
maladie : elle est, le plus souvent, le résultat d'autres affections
aiguës ou chroniques; elle occasionne une foule de désordres.
Dans l'état de santé, ces fonctions se suppriment d'autant plus
facilement que le sujet est plus impressionnable : une émotion
vive, une frayeur, une grande peine, un froid, un accident
physique, peuvent les suspendre. Dans ces cas, l'usage des ferrugineux, de nos pilules de lactate de fer, les rappelle presque
toujours. (Voir art. 1121.) On fera usage, pendant les premiers
jours, d'une infusion aromatique (comme tilleul, menthe, etc.)

Lorsque l'aménorrhée tient à une autre maladie, la guérison
de celle-ci, par les moyens qui lui sont propres, amène tout
naturellement le retour de la fonction supprimée. Parmi ces

maladies, nous devons mettre en première ligne les inflammations ou les affections nerveuses de l'estomac (voir « *Dyspepsie* », art 789); celles des autres parties du tube digestif peuvent produire aussi le même effet.

Quant au régime, il devra être doux dans le début : se priver de vin et de toute boisson alcoolique, de café et de tout aliment trop épicé. Lorsque les fonctions supprimées auront reparu, on pourra alors se mettre à un régime tonique; reprendre un peu de vin, du café même, si cette boisson ne produit point d'insomnie.

CHLOROSE OU PALES COULEURS.

ART. 804. — **Pathologie.** — Le mot *chlorose*, fait de χλωρός, en grec vert-pâle, à cause de la coloration de la peau, qui, dans cette maladie, est jaune-verdâtre, s'applique à une affection à laquelle le sexe seul est sujet, et qui attaque plus spécialement les jeunes filles : caractérisée par une grande faiblesse, des palpitations; inertie physique et morale; inappétence ou appétit dépravé. Le ventre est assez souvent tendu ou météorisé; il y a dévoiement ou constipation; la respiration est assez souvent courte; le pouls est faible; la chaleur du corps est diminuée; la transpiration est presque nulle. Dans le début, la couleur du visage est d'abord peu altérée ; la pâleur devient progressivement plus marquée ; elle finit par tirer sur le vert, particulièrement aux lèvres; les paupières sont cernées ; les yeux mornes et languissants. Le matin, on observe un peu de bouffissure à la face, surtout aux paupières; les chairs sont molles ; mais le caractère capital est, avec la décoloration de la peau, la *diminution* ou la *suppression de certain flux*, souvent remplacé par l'écoulement d'une matière muqueuse.

ART. 805. — **Thérapeutique.** — La base du traitement doit être le fer ; et, parmi les sels de fer, nous n'en connaissons point qui vaille le lactate de fer. Nous conseillons l'usage de nos pilules de lactate de fer (art. 1121), aux doses indiquées ; mais en faisant intervenir, au commencement surtout, l'usage de nos pilules sédatives pour disposer l'estomac à recevoir les ferrugineux (art. 1131); enfin à maintenir constamment la liberté du ventre de la malade en administrant concurremment quelques pilules aloétiques.

SCORBUT.

ART. 806. — **Résumé.** — Le scorbut est une maladie caractérisée par un affaiblissement très-grand de l'organisme, accompagné de bouffissure et d'ecchymoses livides, avec hemorrhagies, compliqué le plus souvent d'une altération notable des gencives.

27*

L'action prolongée d'un froid humide est une des causes fréquentes du scorbut. La malpropreté, l'usage exclusif de salaisons, et des fatigues excessives peuvent produire aussi cette maladie.

Le premier soin doit être de faire sortir le malade du milieu ou des habitudes qui ont pu déterminer la maladie. Quant à la médication, l'usage des acides végétaux doit être mis en première ligne. En conséquence, on donnera comme boisson des limonades au citron, à l'orange; de l'eau vinaigrée, etc. Les toniques sont aussi du meilleur effet, ainsi que les médicaments dits anti-scorbutiques, et comme tel, on donnera, tous les jours, au malade, quatre cuillerées à bouche d'un mélange à parties égales de vin de quinquina et de vin anti-scorbutique. Régime composé de viandes non salées, rôties, et d'un peu de vin.

Les accidents de la bouche seront combattus avec notre collutoire anti-scorbutique (art. 1012).

DIABÈTE SUCRÉ.

ART. 807. — *Résumé.* — Le diabète sucré, ou glucoserie, est une maladie caractérisée par une augmentation considérable dans la sécrétion de l'urine, et par une altération de ce liquide dans lequel l'urée et l'acide urique se transforment en glucose ou sucre de raisin, avec soif vive et dépérissement progressif.

Cette maladie est assez rare, et les causes qui la produisent sont obscures. Dans l'état actuel de la science la guérison en est difficile; cependant nous avons obtenu des cures chez des sujets, au début de la maladie, soit avec l'huile de foie de morue, administrée à la dose de deux cuillerées matin et soir, soit par l'usage de nos pilules de chlorhydrate d'ammoniaque (art. 1114). Le régime se composera essentiellement de viandes et d'un vin généreux, mais à doses modérées. Quelques pastilles de Vichy après les repas.

LYMPHATISME.

ART. 808. — *Description.* — *Lymphatisme* indique un état de l'organisme voisin de la scrofule (art. 808 B). Les sujets lymphatiques ont une grande propension à s'enrhumer, à éprouver des dérangements d'intestins, à contracter des maux d'yeux. Ils sont sujets à des éruptions, à des engorgements, etc. Ils ont la peau fine, blanche et les chairs molles.

ART. 808 A. — *Moyens de le combattre.* — 1º *Chez les enfants à la mamelle :* une bonne lactation, et ne passer à une nourriture plus substantielle que le lait, que lentement et progressivement. Les promener au grand air, les tenir proprement.

2º *Chez les enfants sevrés :* usage de potages de viande, de café au lait et d'un peu de café noir, après la nourriture. Éviter l'usage des salaisons, mais bien saler, au contraire, tous les aliments qui comportent du sel. Un peu de vin, et exercice au grand air; gymnastique. Tous les matins, les laver à l'eau froide, et, si ce n'est entièrement, du moins à la face, au cou et aux mains.

3º *Dès l'âge de quatre ans et au-dessus :* le spécifique du lymphatisme et de la scrofule est l'huile de foie de morue. La dose pour les adultes est de deux cuillerées matin et soir, et proportionnellement moindre pour les enfants. Ceux de six à huit ans veulent la moitié de la dose pour adulte; de neuf à douze ans, les trois quarts; et la dose entière au-dessus de cet âge.

4º *A partir de douze ans :* on emploiera, concurremment, quelques pilules panchymagogues (art. 1131) au nombre voulu, un jour par semaine, pour déterminer une abondante purgation. Outre leur propriété purgative, ces pilules possèdent des propriétés dépuratives qui doivent leur faire donner la préférence sur tous les autres purgatifs.

Rien, selon nous, ne saurait remplacer entièrement l'huile de foie de morue, comme spécifique du lymphatisme et de la scrofule, surtout quand on y joint l'usage des pilules panchymagogues; cependant, quand le sujet ne peut vaincre le goût nauséabond de ce corps gras, il faut bien aviser, et nous ne savons rien, dans ce cas, qui vaille autant que le chlorhydrate d'ammoniaque sous forme de pilules (art. 1111).

SCROFULE.

ART. 803 B. — **Pathologie.** — Les scrofules ou humeurs froides paraissent sous deux formes : comme disposition et comme maladie.

La disposition aux scrofules ou le tempérament scrofuleux s'annonce, outre l'hérédité, par divers signes tels que les suivants : tête grosse, surtout à l'occiput; cou court et épais, tempes déprimées, mâchoires larges, face bouffie; *la lèvre supérieure et le nez sont fréquemment enflés* (signe capital); les cheveux sont assez souvent blonds; la peau est d'un beau blanc; les joues sont rosées; les yeux presque toujours bleus et à larges pupilles; le corps entier est plein, rebondi et bien nourri, mais les chairs sont molles, flasques et comme spongieuses; le bas—

ventre est gros et saillant. Il y a des saignements de nez fréquents et une disposition aux accumulations de mucosités dans le canal intestinal, ainsi qu'à la production des vers. Les selles sont encore irrégulières : l'état du ventre passe de la constipation à la diarrhée. L'esprit est vif et précoce, tandis que le développement physique est retardé, surtout en ce qui concerne la dentition et la marche.

La maladie déclarée se manifeste, le plus souvent, par un engorgement glandulaire, d'abord au cou, sous les mâchoires; à la nuque, sous forme de nodosités plus ou moins grosses, disposées quelquefois en chapelets; puis sous les aisselles, aux aînes, et enfin par tout le corps. D'abord molles, indolentes, mobiles, elles peuvent rester telles pendant des années entières, ou elles durcissent peu à peu et deviennent plus volumineuses, douloureuses; la surface rougit et finit par s'ouvrir, donnant lieu à des ulcères. Ces tumeurs peuvent se produire à l'intérieur comme à l'extérieur, principalement au mésentère (voir art. 814, « *Carreau* » :) aux poumons (voir « *Phthisie* »), etc.

Quelquefois c'est sur les yeux que se développe la maladie, et elle s'annonce, dans ce cas, par une grande photophobie, du larmoiement, des ulcérations sur la cornée, etc. La fréquence de l'orgeolet (art. 717) indique déjà une diathèse scrofuleuse. On doit y rapporter encore certaines maladies des oreilles, certaines pertes de nature muqueuse chez le sexe.

Les scrofules ont aussi pour caractère des maladies de la peau, telles que les croûtes laiteuses, la teigne muqueuse et même le favus chez les enfants, des ulcères reconnaissables au peu de douleur qu'ils causent, à leur caractère passif très-prononcé, à la mauvaise qualité de leur suppuration, qui n'est qu'un ichor aqueux et âcre, rongeant les parties environnantes, à la facilité avec laquelle ils guérissent sur un point pour apparaître sur d'autres. Le gonflement et la carie des os (art 728) caractérisent encore, et d'une manière spéciale, cette maladie. Enfin, le crétinisme (voir « *Goître* », art. 854), semble dériver encore de la scrofule qui s'est étendue à l'organisme entier, en atteignant même les facultés de l'âme.

La maladie scrofuleuse peut devenir mortelle par la gravité des affections qu'elle détermine, mais souvent elle ne va pas jusque-là, et elle disparaît ou elle persiste pendant la vie entière du sujet, l'accablant, ainsi que le dit Hufeland, du travail de qui nous extrayons une partie de notre article, de toutes les infirmités qu'elle entraîne; se mêlant à toutes ses maladies, et provoquant assez souvent des fièvres symptômatiques, ou même des affections nerveuses. Sa marche présente beaucoup de variétés : le plus souvent elle est une maladie de l'enfance, et se termine à l'époque de la puberté.

Les causes auxquelles on peut rapporter les scrofules sont : des parents scrofuleux, ce qui fait qu'elles attaquent souvent des familles entières ; des parents affaiblis par les excès, par l'âge, ou atteints de certaines maladies contagieuses cachées ; une mauvaise nourriture, surtout pendant les premières années de la vie, l'allaitement par une nourrice malade ou dans de mauvaises conditions ; l'allaitement artificiel ; la vie au milieu d'un air impur, renfermé, humide et froid ; une nourriture mauvaise, lourde, indigeste pendant les premières années de l'enfance surtout, les farineux non fermentés et les pommes de terre ; l'usage prématuré des alcooliques ; une vie trop sédentaire et le défaut d'exercice chez les enfants ; une impulsion communiquée de trop bonne heure aux facultés intellectuelles ; des maladies antérieures qui ont attaqué d'une manière spéciale l'organisme, comme la syphilis, ou débilité le système lymphatique, comme la petite vérole, la rougeole, la scarlatine, etc., etc.

ART. 809. — **Thérapeutique.** — Les scrofules étant une maladie constitutionnelle, le traitement est long et difficile : il faut agir sur la nutrition ; modifier et corriger la fonction entière de l'assimilation. L'indication fondamentale est de ramener les fonctions du système lymphatique à l'état normal : on y parvient par le régime, d'une part, et par l'administration des anti-scrofuleux, d'autre part.

Le régime devra consister dans une alimentation essentiellement azotée ou animalisée, mais avec l'association des végétaux ; usage de pain blanc, de vin et de bière pour boisson ; respiration d'un air pur, à la campagne, dans un endroit élevé et sec ; propreté poussée très-loin ; exercice presque continuel en faisant de la gymnastique ; éviter de coucher sur la plume ; faire dormir les malades sur des matelas de crin, de mousse, de feuilles, etc.; lotions journalières du corps et frictions avec de l'eau froide ; enfin, usage du café des îles une ou deux fois par jour.

La médication générale doit consister dans l'administration, longtemps continuée, des pilules de chlorhydrate d'ammoniaque. (Voir art. 1111, où l'on trouvera tous les renseignements sur leur administration.)

Les engorgements glanduleux, les tumeurs scrofuleuses, recevront des frictions, deux fois par jour, avec le baume hydriodaté. Les ulcères scrofuleux seront pansés, selon leur état, soit avec du basilicum, quand il y aura lieu de faire suppurer, soit avec la pommade d'iodure de plomb lorsqu'on voudra en hâter la cicatrisation. (Voir art. 726 à 843.) On substitue à cette dernière l'emploi de la pommade d'iodure de soufre, lorsque l'ulcère semble tenir, par son aspect, de la nature dartreuse. Nous avons fait connaître (art. 842) le traitement local des ophthalmies scrofuleuses. La carie des os (art. 728) semble céder simplement à l'action générale de l'emploi de l'huile de foie de morue, ou des pilules de chlorhydrate, si ce n'est qu'on doit faciliter, par les moyens chirurgicaux, la sortie des portions cariées, lorsqu'il y a lieu. (Voir, pour le traitement, les articles 849, 814.) On conseille encore, comme moyen très-efficace, l'usage prolongé des bains de mer.

TUBERCULOSE.

ART. 810. — **Description.** — Le nom de *tuberculose* est consacré par les pathologistes modernes à l'état d'*infection tuberculeuse* ; à une maladie constitutionnelle dans laquelle les tissus de certains organes subissent une dégénérescence dans laquelle ils sont remplacés par une substance hétérogène grise ou jaunâtre dite tuberculeuse (tubercules), susceptible de se ramollir et de se convertir ultérieurement en un liquide puriforme, jaune ou verdâtre, constituant alors la *fonte* des tubercules.

La plupart des organes peuvent devenir le siége des tubercules ; mais la poitrine, les glandes mésentériques et le larynx, semblent être l'objet d'une prédilection et d'où résulte autant de maladies considérées comme des plus graves : la phthisie pulmonaire, le carreau et la phthisie laryngée.

PHTHISIE PULMONAIRE.

ART. 811. — **Pathologie.** — La *phthisie pulmonaire* est synonyme de maladie des poitrinaires. Dépérissement produit par la tuberculisation des poumons, entraînant le plus souvent la mort.

Cette lésion organique des poumons, la tuberculisation de ce viscère et la fonte de ces tubercules, est très-fréquente. Il serait trop long d'exposer ici toutes les causes qui peuvent la déterminer ; mais on doit mettre en première ligne les excès de tout genre, une mauvaise nourriture, l'habitation de lieux humides et malsains, des imprudences, des affections inflammatoires de la poitrine, et surtout les prédispositions innées et héréditaires.

Le cadre restreint de notre livre ne nous permettant point de donner de longs détails sur cette affection meurtrière, nous nous bornerons à en faire une histoire extrêmement abrégée, particulièrement destinée soit à guider le malade dans l'exécution du traitement que *devra tracer le médecin*, soit à lui faire sentir toute l'importance qu'il y a à le suivre exactement.

La phthisie pulmonaire se divise en trois périodes, selon le développement ou l'état de suppuration des tubercules.

Elle débute toujours par un rhume, d'apparence bénigne, et se termine rarement autrement que par la mort. L'emploi de certains moyens semble bien, dans la première période surtout, la rendre pendant quelque temps stationnaire ; mais on ne peut citer un grand nombre de cas de guérison : nous voulons parler de la maladie considérée au moment où les tubercules sont en suppuration, car nous pensons qu'il n'est pas impossible d'obtenir la guérison lorsqu'il y a seulement un commencement de tuberculisation.

ART. 812. — **Moyens préservatifs. — Thérapeutique.** — Mais, s'il est si difficile de guérir cette affection, pourrait-on, du moins, souvent la prévenir. En effet, puisqu'elle débute presque toujours par un rhume, ce moyen consiste naturellement à ne point négliger les rhumes en général, de telle sorte qu'à la moindre difficulté qu'on éprouve à s'en débarrasser, surtout lorsqu'ils sont accompagnés d'un certain amaigrissement, on se mette décidément à la médication anti-tuberculeuse. On devra, dans cette médication, se proposer deux effets : d'abord, combattre le rhume par des calmants, car chaque effort que nécessite la toux est une cause d'aggravation dans l'état pathologique des poumons ; ensuite, et en même temps, modifier la constitution générale, de manière à prévenir la formation des tubercules ou provoquer leur résorption ; et le moyen que nous conseillons réside dans l'emploi de l'huile de foie de morue, à la dose de deux cuillerées à bouche matin et soir, ou des pilules de chlorhydrate, leur succédané (art. 1111 et suivants).

Nous indiquerons, parmi les préparations calmantes que nous avons vu le mieux réussir, les pilules de cynoglosse (art. 1115 et suivants); et si, sous l'influence de ces moyens, après quelques jours d'usage, on n'obtenait la cessation du rhume, on se soumettrait dès lors à l'entier traitement indiqué à l'art. 1117 (pilules de cynoglosse).

On obtiendrait ordinairement, en se mettant assez tôt à suivre rigoureusement cette médication, la guérison de rhumes qui, négligés, pourraient dégénérer en phthisie pulmonaire.

Il ne faut pas confondre les rhumes ordinaires avec ceux que nous avons appelés rhumes asthmatiques, se reconnaissant

surtout à ce que le malade est essoufflé en montant des degrés
ou une côte, et à ce qu'il a besoin d'avoir la tête et la poitrine
élevées, lorsqu'il est couché. Il est important, dans ce cas, et
avant toute autre médication, de faire usage de nos pilules anti-
asthmatiques. (Voir art. 1100.)

PHTHISIE LARYNGÉE.

ART. 813. — **Pathologie.** — La phthisie laryngée est l'état
de tuberculisation du larynx, liée ou indépendante à une affection
du poumon. Aux symptômes de la laryngite chronique (art. 681),
tels que altération de la voix, toux, haleine fétide, difficulté
d'avaler même, se joignent une fièvre hectique et, comme dans
la phthisie des poumons, des sueurs nocturnes, la diarrhée colli-
quative, symptômes précurseurs de la mort.

ART. 813 B. — **Traitement.** — La médication interne est en
tout point celle de la phthisie pulmonaire. La médication externe
est celle de la laryngite chronique. Le régime participera aussi
des deux. Le silence, une alimentation non excitante et nutritive, des révulsifs au cou, tels que vésicatoires, sétons, inspiration de vapeurs éthérées, de goudron, etc : tels sont les divers
moyens qu'on opposera à cette maladie, presque toujours mortelle
quand elle n'a pas été enrayée dès le début. Comme dans la
phthisie pulmonaire, c'est dans l'hygiène qu'il faut puiser les
moyens de la conjurer. De même que tout rhume devra, chez les
sujets prédisposés à la phthisie surtout, être le signal de l'emploi de grands moyens pour s'en défaire dès les premiers symptômes de persistance, de même toute laryngite, tout enrouement
qui ne céderait facilement aux moyens simples devra être l'objet
d'une thérapeutique sévère. (Voir les articles 683, « *Laryngite,* » et
811, « *Phthisie pulmonaire* », « *Pilules de cynoglosse* », (art. 1115) ;
« *Pilules de chlorhydrate* » (art. 1111).)

CARREAU.

ART. 814. — **Résumé.** — Le carreau est la dégénérescence
tuberculeuse des glandes mésentériques. Cette maladie, qui
reconnaît en général les mêmes causes que les scrofules, attaque
particulièrement les enfants. Ses symptômes sont obscurs dans
le principe : le ventre devient peu à peu plus gros et plus dur ;
il y a du dévoiement par intervalles ; l'accroissement est retardé,
et le volume du ventre augmente pendant que celui du reste du
corps diminue ; rarement il y a des douleurs habituelles ou
passagères ; l'appétit diminue, la langue est chargée d'un enduit
muqueux, l'haleine est fétide, la digestion stomacale se dérange ;
il survient quelquefois des vomissements et de la difficulté de

respirer. Dans tous les cas, le teint est pâle et la faiblesse fait de jour en jour des progrès. Tels sont les symptômes que présente le carreau dans son premier degré.

Dans le deuxième degré de la maladie, le volume et la dureté du ventre sont plus considérables : souvent alors on distingue, au travers des parois abdominales et des intestins, des tumeurs arrondies ou bosselées, plus ou moins nombreuses, résistantes, placées, en général, au-devant de la colonne vertébrale; mais ce signe peut manquer. Dans tous les cas, le trouble des digestions augmente; l'appétit cesse entièrement ou devient vorace; le dévoiement est continuel; les matières sont grisâtres, cendrées, mêlées de fragments blanchâtres, puis complétement blanches. A cette époque, le chyle ne peut plus traverser les glandes mésentériques : il est évacué avec la partie excrémentielle des aliments; l'amaigrissement et l'affaiblissement ont lieu dès lors avec une extrême rapidité. Enfin, quand la maladie est parvenue au dernier degré, les aliments ne sont même pas convertis en chyle avant d'être évacués. Ils n'ont subi qu'une altération si légère, quand ils sont excrétés, qu'il est facile de reconnaître leur nature; la faiblesse et le marasme sont portés au dernier point.

Quelquefois il se forme d'autres engorgements tuberculeux dans les glandes lymphatiques du reste du corps : souvent les jambes s'infiltrent; un épanchement séreux se forme dans le ventre, et le malade succombe à la fièvre hectique.

L'huile de foie de morue, à la dose d'une ou deux cuillerées, matin et soir, selon l'âge, ou nos pilules de chlorhydrate (art. 1111), sont les moyens à lui opposer. Nous préconiserons encore, chez les plus jeunes surtout, l'usage, à haute dose, du café noir; enfin, pour tous, une alimentation azotée, c'est-à-dire composée de viande ou de bouillons de viande, et dont on relèvera le goût par une grande proportion de sel.

Le traitement de la scrofule est en tout point applicable au carreau. Voir « *Lymphatisme* » et « *Scrofules* » (art. 808, 808 B).

CANCER.

ART. 815. — **Résumé.** — C'est une affection générale de l'économie, redoutable à tous les titres, dont on a jusqu'à ce jour en vain cherché le spécifique. En attendant cette découverte, il faut se hâter de recourir aux lumières d'un médecin sur place. Nous aurions bien déjà quelques raisons pour croire que le chlorhydrate d'ammoniaque, administré suivant la notice qui accompagne nos pilules (art. 1111), pourrait être ce spécifique; mais nous n'avons pas encore devers nous assez de faits pour le donner comme tel. En attendant que les expériences auxquelles nous nous livrons aient prononcé, nous mettons cette préparation à la disposition des malades qui voudraient tenter la cure de cette dangereuse affection par ces moyens, qui, s'ils ne sont pas certains, nous semblent, du moins, dans l'état actuel de la science, offrir le plus de chances de succès.

DARTRES.

ART. 816. — **Description.** — Les affections dont la peau est le siége sont, par leur forme spéciale, tellement distinctes des autres maladies ; elles sont d'ailleurs si fréquentes et si nombreuses, qu'elles constituent une branche importante de la pathologie, désignée sous le nom de *dermatologie*. Des monographes modernes et d'un grand mérite, du reste, ont en quelque sorte banni le mot *dartres* de la glossologie médicale pour y substituer des noms spécifiques constituant autant de divisions des phlegmasies cutanées, et ils ont réuni dans la même étude, et avec des affections chroniques formant l'ancien groupe de dartres proprement dites, un certain nombre de maladies à formes aiguës, appartenant essentiellement aux fièvres continues. Pour nous, qui voyons, avec de grandes autorités dans la science, le groupe des dartres parfaitement distinct des maladies exanthémateuses ou éruptions fébriles, nous n'entendons comprendre dans notre étude que des affections de la peau, plus ou moins chroniques, tenant à une diathèse dartreuse plus ou moins héréditaire, constituées, soit par des taches ou rougeurs, soit par des papules, soit par des pustules, par des squammes, soit par des plaques plus ou moins ulcérées, par des gerçures, des tubercules, produisant de la démangeaison, de la cuisson, ou même une certaine douleur, mais se manifestant sans fièvre, ce qui est un des caractères importants, à moins que, ayant gagné en étendue, elles n'aient fini par occuper une grande portion de la surface de l'enveloppe cutanée dont les fonctions perverties ou supprimées peuvent déterminer une sorte de fièvre. Qui dit dartres, dans un sens moins scientifique, entend toujours une affection de l'enveloppe tégumentaire, qui a sans cesse une disposition à s'accroître, résistant plus ou moins à l'action des agents thérapeutiques, si toutefois elle n'est point incurable, et qui a toujours une grande tendance à récidiver; tenant à un vice organique spécial ; pouvant varier à l'infini dans ses manifestations qui disparaissent d'un point pour se produire sur d'autres, etc.

ART. 816. A. — **Traitement général.** — Pour nous, le spécifique des dartres est l'huile de foie de morue, à la dose de deux cuillerées à bouche matin et soir. En ajoutant à ce moyen une purgation, tous les cinq à sept jours, avec nos pilules panchymagogues (art. 1127), nous avons vu céder des affections dartreuses des plus invétérées, et qui avaient résisté à l'emploi de préparations soufrées, mercurielles et antimoniées, etc., sous la direction des plus habiles spécialistes. Aussi sommes-nous disposé à croire que toutes, ou presque toutes, pourraient céder à ces moyens plus ou moins longtemps continués, si le malade ne se fatiguait de suivre ce traitement. Beaucoup de personnes ne peuvent supporter le mauvais goût de l'huile de foie de morue : aussi nos efforts de recherches se sont-ils dirigés avec persévérance du côté du succédané de cette nauséeuse matière grasse. (Voir, comme complément, art. 848.)

GERÇURES.

ART. 817. — Résumé. — Les *gerçures des lèvres* se traitent ordinairement par des onctions avec du cérat, et, si ce simple moyen ne suffit pas, on doit recourir à la cautérisation par le nitrate d'argent fondu, que l'on applique sur la partie gercée, de manière à ce que la pierre soit en contact avec le petit espace dénudé. On pourra faciliter son action en mouillant préalablement la partie à cautériser.

Les *gerçures du sein* des nourrices sont promptement guéries par l'usage en onctions de notre pommade aluminée (art. 1152). Il faut avoir soin, lorsqu'on veut allaiter l'enfant, de bien essuyer le bout du sein. Cette pommade est loin d'être un poison, mais elle aurait pour effet d'irriter légèrement la muqueuse des lèvres de l'enfant.

Les *gerçures des mains*, soit qu'elles se produisent aux articulations des doigts, soit qu'elles aient leur siége sur la face dorsale, reçoivent divers traitements. On devra commencer par des onctions, le soir en se couchant, avec notre pommade siccative rouge, et, si la douleur est trop vive, avec du cérat opiacé. On a soin de recouvrir d'une paire de vieux gants, dans la nuit et pendant tout le temps que dure le traitement. Ce moyen réussit ordinairement très-bien, si ce n'est chez quelques personnes plus dartreuses ; mais, dans ce cas, on en obtient assez facilement la cure en pansant matin et soir la partie gercée avec un linge imbibé de baume du Commandeur. Dans un grand nombre de cas, surtout lorsque les gerçures aux mains sont compliquées d'engelures, nous avons obtenu d'excellents résultats de l'emploi de notre *mixture pour les engelures*. (Voir art. 1075.)

INTERTRIGO.

ART. 818. — **Pathologie.** — L'*érithème-intertrigo* se produit chez les sujets dartreux à peau fine, dans les plis de l'aine, des fesses, des aisselles, du nombril, entre les orteils, etc. A prédispositions innées égales, les individus gras y sont plus sujets que les maigres. L'urine, en contact avec les parties du corps où le tégument y est le plus fin, suffit à produire l'érithème-intertrigo. Les liqueurs acides déterminent le même effet. Aussi est-ce à l'acidité très-sensible de la transpiration, chez les sujets précités, qu'on rapporte la cause de cette affection se manifestant sur des points où la sueur se produit plus abondamment, surtout lorsque le frottement vient s'ajouter à cette cause.

Quoique l'intertrigo ait pour cause première le vice dartreux, il est rare qu'il faille recourir à un traitement général pour en obtenir la cure. Il suffira, dans la plupart des cas, d'employer des lotions d'acétate de plomb (extrait de saturne) décuplé d'eau simple.

Lorsque cette affection se renouvellera fréquemment, on pourra, préventivement, employer avec avantage des onctions, sur les parties présumées devant en être le siége, avec notre pommade rouge siccative (art. 1161).

Lorsque l'intertrigo se produit entre les orteils, ce qui est fréquent, en été surtout, chez un grand nombre d'hommes voués aux travaux pénibles ou à une marche forcée, il en résulte, outre la difficulté de se mouvoir, une douleur assez vive et une odeur des plus repoussantes. On se débarrasse facilement de cette affection, au moyen de quelques gouttes de notre solution (art. 1198), instillées entre les orteils qui sont le siége de cette affection; instillation qu'on renouvelle une fois par jour, jusqu'à complète guérison.

Chez les personnes sujettes à l'intertrigo des orteils, dans l'été, on le prévient facilement par l'application du même liquide tous les trois ou quatre jours. Cette mixture, qui est basique, jouit de la propriété de saturer d'une part l'humeur de la transpiration, et lui enlève son âcreté; d'autre part, elle agit en fortifiant la peau; d'où résulte la régularisation des fonctions de la transpiration, dont l'hypersécrétion est la cause primordiale de l'intertrigo.

Cette préparation employée dans l'hygiène des pieds, chez toutes les personnes qui transpirent, rendra de grands services, car elle préviendra, à la fois, une affection douloureuse et la production d'une odeur infecte. Et qu'on ne pense pas que son emploi puisse nuire en arrêtant la transpiration nécessaire à un équilibre des fonctions constituant l'état de santé, comme on est disposé à le croire : outre que ce liquide n'est appliqué qu'à la partie interne des doigts, ce qui ne saurait agir sur la transpiration des autres parties du pied, il n'arrête nullement la sueur de ces parties limitées : il la régularise simplement, nous le répétons.

ÉRYSIPÈLE.

ART. 819. — **Résumé.** — L'*érysipèle* est une maladie de la peau, caractérisée par une rougeur tranchée de l'épiderme, disparaissant momentanément par la pression, avec tuméfaction plus ou moins grande et douleur plus ou moins vive. L'érysipèle est presque toujours accompagné de fièvre. Il se termine ordinairement assez promptement par la desquammation, quelquefois par la suppuration, rarement par la gangrène.

L'érysipèle peut avoir plusieurs causes, telles que les conséquences d'une contusion, le contact d'un corps âcre, comme l'urine de crapaud, l'exsudation d'un reptile, tels que les salamandres, les tritons, etc. Chez le sexe, la cessation de certaines fonctions peut occasionner l'érysipèle.

La durée de l'érysipèle varie de huit à quinze jours.

Le traitement sera de deux sortes : interne et externe. Extérieurement, on se bornera à des onctions d'huile d'olive, à moins, toutefois, qu'on n'essaie d'un moyen que M. Velpeau a préconisé dans ces derniers temps, et qui consiste à maintenir sur l'érysipèle des compresses imbibées d'une solution de sulfate de fer (art. 1199). Quant au traitement interne, il devra consister à suivre le mouvement fébrile qui se produit, et à le tempérer par les moyens connus : 1° diète ; abstention de toute boisson alcoolique ; 2° applications de sinapismes aux jambes ou bains de pieds sinapisés. Si le mal était intense, on administrerait un lavement purgatif, en vue de prévenir une congestion au cerveau.

ZONA.

ART. 820. — **Résumé.** — Synonyme de *zoster*, feu de Saint-Antoine, érysipèle pustuleux ; sorte d'érysipèle caractérisé par les symptômes suivants : rougeur pâle, sous forme de demi-ceinture surmontée de pustules ou vésicules pisiformes, quelquefois plus grosses, fort ressemblantes aux boutons de variole, très-rapprochées ou réunies en grappes blanches ou rouges, qui entourent le dos ou la poitrine, mais d'un côté du tronc seulement ; chaleur et douleur brûlante ; sentiment de tension, picotements ou démangeaisons; mouvements fébriles; pouls fréquent, dur; les pustules, pleines d'un liquide jaunâtre, se rompent, se couvrent d'une légère croûte qui se dessèche et tombe en petites écailles. La durée de la maladie est ordinairement de vingt-cinq jours, mais elle peut se prolonger bien au-delà.

Le zona peut se manifester sur toutes les parties du corps ; mais il occupe communément le tronc, au-dessus de l'ombilic, les côtés de la poitrine, le dos, où il forme ordinairement une demi-ceinture large de trois à quatre travers de doigts. Il se produit rarement deux fois chez le même individu.

Le traitement du zona doit consister surtout dans l'éloignement des causes qui peuvent l'exaspérer. On recommande au malade de prévenir tout froissement violent sur la partie affectée, et de s'abstenir de toute application sèche ou humide, grasse ou mucilagineuse. Le repos et une diminution modérée dans la quantité ordinaire des aliments sont les seuls moyens à lui opposer. S'il restait, à la suite, des douleurs vives, on les dissipe ordinairement par l'emploi de bains, et, au besoin, par l'application d'un vésicatoire sur l'endroit douloureux.

M. Velpeau a conseillé l'application de compresses d'une solution de sulfate de fer (art. 1199). Cette dissolution aurait pour effet de réduire à deux ou trois jours la durée de cette douloureuse maladie, qui dépasse quelquefois vingt et trente jours.

GALE.

ART. 821. — **Pathologie.** — La gale, dès son début surtout, n'est nullement une affection dartreuse, mais simplement un état d'inflammation particulière de la peau, occasionné et entretenu par la présence, sous l'épiderme, d'un ciron (*acarus scabiei*) ; sorte de pou d'imperceptible volume, qui vit dans l'épaisseur du tissu cutané, où il pratique des sillons ou tanières, s'y propage rapidement, et, y agissant comme corps étranger, détermine une vive démangeaison.

Lorsque la gale, essentiellement contagieuse par sa nature, se développe chez un dartreux, elle devient par cela même plus difficile à guérir, soit parce que les humeurs chez ces sujets sont peut-être plus propres à la nutrition et au développement de l'*acarus*, soit parce que, après la destruction du ciron, au moyen des topiques spéciaux, l'inflammation qu'il a déterminée à la peau s'est constituée à l'état de dartre spéciale; et c'est pour cette raison que nous comprenons a gale dans le cercle des affections dartreuses. C'est surtout chez les gens de la campagne, qui ne combattent que tardivement la gale ou qui ne le font qu'imparfaitement, qu'on rencontre souvent cette affection dégénérée. Quel que soit l'état de dégénérescence de cette maladie, le premier moyen à lui opposer consiste d'abord dans l'emploi des *acaricides* ordinaires; et si, après l'usage de ces moyens, il n'en résulte point la cure complète, c'est alors le cas d'en venir à l'emploi des moyens que nous allons exposer.

La gale est caractérisée par une éruption vésiculeuse siégeant particulièrement entre les doigts, aux plis des articulations, où elle débute, mais s'étendant ensuite aux parties les plus tendres de la peau et spécialement à la partie interne des cuisses et au bas-ventre. Essentiellement contagieuse, c'est après une période d'incubation de la durée de quatre à six jours, quelquefois plus longue, que se déclare la gale. Son apparition s'annonce par un léger prurit qui augmente pendant la nuit à l'endroit sur lequel la contagion s'est produite, et ordinairement aux mains, entre les doigts, au poignet : de petites vésicules, ou boutons légèrement rosés, paraissent, se multiplient. Par leur sommet s'écoule un liquide trouble et visqueux, se couvrant ensuite d'une petite croûte rougeâtre. En examinant avec soin, au moyen d'une loupe, les vésicules de la gale, surtout à leur début, on en voit partir un sillon sous-épidermique, rouge-blanchâtre, dans lequel loge l'insecte précité, cause de la maladie, l'*acarus scabiei*, globuleux, couvert d'une sorte de carapace, pourvu de huit pattes, etc. Mais ce n'est point précisément dans la constatation de l'*acarus* quoique rigoureusement visible à l'œil nu, que les hommes étrangers à la médecine doivent chercher le diagnostic de la gale, mais, en outre des caractères que nous venons de donner de l'éruption, dans le siége, l'invasion, etc. Nous conseillons d'examiner le milieu dans lequel vit le sujet; de savoir s'il couche surtout avec une autre personne, et, dans ce cas, si son compagnon de lit éprouve aussi des démangeaisons, etc. Ce sera, pour la plupart des cas, le caractère pratique, saillant, que nous recommandons, et qui abrégera les recherches de diagnostic.

ART. 822. — **Thérapeutique.** — Le traitement de la gale, pris surtout au début de la maladie, s'est beaucoup simplifié, car on peut, assez souvent, dans une séance, se débarrasser de cette affection cutanée ; en voici l'exposé : 1° une friction générale au savon noir, d'une demi-heure ; 2° immédiatement après, bain simple d'une demi-heure, dans lequel la friction se continue ; 3° au sortir du bain, friction générale, pendant une demi-heure, avec la pommade soufrée lavandulée (art. 1163),

60 grammes de savon noir ou de savon mou vert, et autant de pommade soufrée lavandulée sont à peu près employés. Les personnes éloignées d'un établissement de bains, comme les ouvriers de nos campagnes, obtiendront la guérison de la gale par l'emploi seul de la pommade soufrée lavandulée, et mieux avec la pommade soufrée benzinée, mais en en continuant l'usage, matin et soir, pendant un certain temps (art. 1162).

150 à 200 grammes de cette pommade seront employés en frictions, matin et soir, sur tous les points occupés par l'éruption (boutons de gale), ou ceux qui sont le siége d'une démangeaison. Ces frictions seront pratiquées de manière à ce que cette dose de pommade dure pendant une dizaine de jours. Cette pommade répandant une odeur sulfureuse qui décèle l'emploi des préparations réputées le spécifique de la gale ou des dartres, veut-on une pommade à peu près inodore, au risque d'accidents, comme le phthialisme, ou à la charge, par le malade, d'éviter tout froid et tout mauvais temps, c'est la pommade citrine du Codex que nous conseillerons : 70 grammes de cette pommade seront divisés en six tablettes égales, et chacune de ces tablettes sera employée en frictions, une seule fois par jour seulement, répartissant le corps gras sur tous les points qui sont le siége de boutons ou d'une démangeaison. Après l'emploi de ce moyen, et pendant une semaine environ, le malade aura soin de pratiquer encore quelques frictions avec une petite quantité d'essence de lavande ou d'aspic, dont l'odeur est loin d'être désagréable, sur tous les points où il resterait des boutons ou de la démangeaison.

Ainsi que nous l'avons déjà dit, les vieilles gales se compliquent de dartres, comme le lichen, le prurigo, l'eczèma, l'ecthyma, le furoncle, etc. Quelles que soient ces complications, nous nous sommes toujours bien trouvé de l'emploi continué de la pommade d'Helmerich lavandulée, sauf à combattre chacune des affections dartreuses qui se produiraient, par les moyens qui leur sont applicables et d'abord par l'emploi du traitement interne (art. 849).

PRURIGO.

Art. 823. — **Pathologie**. — Le prurigo, qui tire son nom du prurit très-violent qui l'accompagne, est une maladie cutanée, caractérisée par une éruption à peine visible de papules de même couleur que la peau, lorsque les ongles ne les ont pas altérées, siégeant aux parties génitales, aux épaules, à la nuque, etc., et occasionnant des démangeaisons très-vives, augmentant assez souvent, la nuit, au point de devenir cruelles, insupportables.

Les malades se grattent avec fureur, arrachent la peau, et produisent ainsi des excoriations qui se recouvrent de croûtes brunes, sanguinolentes. La violence de l'irritation peut être portée assez loin pour provoquer la fièvre et divers accidents généraux ; et, si l'éruption a son siége aux organes génitaux, il peut en résulter divers accidents, tels que leucorrhée, satyriasis, nymphomanie, etc. Le prurigo peut encore se compliquer de la maladie pédiculaire ou phthiriase, d'éruptions papuleuses, vésiculeuses, furonculeuses.

ART. 824. — **Thérapeutique.** — Le prurigo bénin cède quelquefois aux bains tièdes simples, à des lotions d'eau de savon, à des lotions 7 à 8 fois par jour, avec notre solution de sulfate de fer (art. 1199).

Lorsque, après avoir essayé ces divers moyens, nous n'obtenons pas un effet marqué, nous avons alors recours, avec avantage, au traitement interne des dartres (art. 849).

On pourra essayer, souvent avec succès, l'emploi en onctions de notre pommade au bioxyde de mercure (art. 1157), mais tout autant qu'on fera usage du traitement interne.

Lorsque le prurigo est compliqué de phthiriase, c'est-à-dire de production de poux, ce qui se présente quelquefois chez des vieillards ou chez des sujets affaiblis par des maladies, on maintient le traitement interne précité, et on substitue aux frictions de pommade à l'oxyde d'hydrargyre des onctions avec l'onguent napolitain.

PITYRIASIS, AFFECTION PELLICULEUSE DU CUIR CHEVELU.

ART. 825. — **Résumé.** — La *pityriasis* est une inflammation chronique et contagieuse de la peau, qui s'annonce par des points et plus souvent par des taches rouges, sur lesquels s'établit et se renouvelle une desquammation farineuse ou foliacée de l'épiderme (Rayer). Les anciens le désignaient sous le nom de dartre farineuse ou furfuracée de la tête.

Le pityriasis est général ou local : il est rare qu'il attaque une grande surface de la peau. Nous n'entendons traiter ici que du pityriasis à l'état chronique, comme l'indique notre titre, ayant son siége au cuir chevelu.

Le premier moyen à employer, celui que nous avons vu le mieux réussir, consiste en des onctions sur les parties affectées, avec notre pommade au bioxyde de mercure (art. 1157).

Si, après l'usage, pendant quinze jours, de cette pommade, on n'obtenait par une amélioration très-marquée, on continuerait

28

encore, mais en joignant à ce moyen externe l'emploi de nos moyens internes décrits à l'art. 849.

Lorsque le pityriasis, ayant son siége au cuir chevelu, est peu intense, et qu'il se borne à l'existence de quelques pellicules furfuracées, sans douleur, sans cuisson, produisant seulement quelques démangeaisons, on peut le combattre avec succès par l'application de notre solution (art. 1196), dont on instille quelques gouttes sur les diverses parties du cuir chevelu, en écartant les cheveux par mèches, et on passe le peigne. On renouvelle matin et soir.

LICHEN, DARTRE FARINEUSE

ART. 826. — **Pathologie.** — Le *lichen* est caractérisé par une éruption ordinairement chronique de papules rougeâtres, ou de la couleur de la peau, prurigineuses, le plus souvent disposées par groupes ; se terminant ordinairement par une desquammation furfuracée (Tardieu).

Le lichen se montre ordinairement à l'état chronique et sans troubles généraux. Cette affection occupe la face, le cou, la face dorsale des mains, de l'avant-bras, le pli du jarret. Tantôt ces papules sont blanchâtres ou légèrement rouges, quelquefois d'un rouge obscur, s'accompagnant d'une démangeaison plus ou moins vive ; irrégulièrement disséminées, ou réunies en groupes circulaires qui s'étendent progressivement du centre à la circonférence, ou en bandelettes plus profondément enflammées, quand elles siégent sur les parties couvertes de poil ; quelquefois s'élevant comme des plaques ortiées. Cette affection, qui ne dure quelquefois que huit à quinze jours, passe fréquemment à l'état chronique permanent, s'exaspérant de temps en temps; se terminant provisoirement, le plus souvent, par la desquammation furfuracée des papules. Dans une forme plus grave, les élevures sont saillantes, d'un rouge vif, agglomérées sur une surface enflammée, déterminant une chaleur extrêmement pénible et un prurit intolérable (Tardieu).

ART. 827. — **Thérapeutique.** — Lorsque le lichen se produit sous la forme bénigne et qu'il n'est point douloureux, nous conseillons simplement l'emploi, en onctions, de notre pommade de bioxyde de mercure saturnée (art. 1158).

Lorsqu'il résiste à l'emploi de cette pommade, il y a lieu à en continuer l'usage, mais en se mettant, dès lors, au traitement interne général du vice dartreux (art. 848).

Si l'affection était accompagnée de douleurs, nous donnerions la préférence à l'emploi de notre pommade siccative rouge.

Les sujets à peau fine, les personnes du sexe surtout, sont très-souvent atteintes de lichens, siégeant à la face, au front, aux tempes, aux joues, au pourtour des lèvres, etc. Un moyen de diminuer cette affection cutanée, et surtout de la dissimuler, lorsqu'on répugne à suivre le traitement prescrit, à l'huile de foie de morue, aidé des purgatifs, consiste à faire usage en onctions, tous les matins, après sa toilette, sans préjudice d'une application le soir, de notre *cold-cream saturné* (art. 1009).

ICHTHYOSE.

ART. 828. — **Résumé.** — L'*ichthyose* est une affection presque toujours héréditaire constituée par un état particulier de l'enveloppe cutanée, dans laquelle la peau est sèche, rugueuse, sans perméabilité, couverte sur une plus ou moins grande étendue, assez souvent sur les membres seulement, d'écailles grisâtres, rudes, épaisses, adhérentes, qui lui donnent l'apparence de la peau des poissons.

Cette maladie, essentiellement chronique, résiste souvent aux moyens les plus énergiques; cependant nous avons vu opérer par les nôtres, ou nous avons opéré nous-même, des guérisons ou de grandes améliorations; et ces résultats presque inespérés nous font un devoir d'en indiquer les moyens.

Ils résident surtout dans trois ordres de traitements internes, employés alternativement, de la durée chacun d'une quinzaine, et dans l'emploi simultané de quelques bains sulfureux (art. 985), alternant avec des onctions de pommade soufrée benzinée (art. 1162).

L'huile de foie de morue, à la dose de quatre cuillerées par jour, pendant une quinzaine, d'une part; le chlorhydrate d'ammoniaque en pilules selon notre formule (art. 1111), à la dose indiquée, pendant une autre quinzaine; et nos pilules arsénicales (art. 1110), à la dose de six à dix-huit par jour, pendant une même période de temps, constituent le traitement interne. Comme adjuvant, et tous les cinq à six jours, nos pilules panchymagogues (art. 1127).

PSORIASIS ET LÈPRE.

ART. 829 — **Résumé.** — Le *psoriasis* et la *lèpre* des modernes sont deux maladies qui ont le plus grand rapport, et sont essentiellement caractérisées par des plaques, variables sous le rapport de leurs formes et dimensions, composées de squammes minces, d'un aspect blanchâtre et nacré.

Le traitement sera le même que celui que nous indiquons pour combattre l'ichthyose (art. 828).

ACNE ROSEA OU COUPEROSE.

ART. 830. — **Pathologie.** — L'*acne rosea*, connu sous le nom de *couperose*, est constitué par de petites pustules rouges, plus ou moins enflammées, à base profonde, suppurant lentement et incomplétement. Son siége est plus spécialement au front, sur le corps. Cette affection ne se montre que dans l'âge adulte. Elle s'observe encore chez les hommes phthisiques, adonnés à la bonne chère, ou qui abusent des boissons alcooliques telles que vin, liqueurs, bière, etc.; comme elle semble se produire encore sous l'influence des travaux excessifs de l'esprit. De petites pustules rouges, disséminées ou réunies, se montrent sur la face, au visage, d'où résulte une coloration irrégulière, plus ou moins rosée. Elles s'élèvent et se dessèchent rapidement, mais pour reparaître avec une grande facilité (Tardieu). Ces rougeurs, qui constituent une phlegmasie des follicules sébacés, alternent avec de vraies pustules. La peau devient rugueuse et conserve une teinte violacée qui augmente sous l'influence de toute excitation vive; les veines cutanées se dilatent et forment des lignes bleuâtres irrégulièrement disséminées sur la peau (Rayer). Elle peut gagner les conjonctives et même les gencives. Chez les ivrognes on voit, assez souvent, la couperose se borner à l'extrémité du nez, sur laquelle elle détermine la formation de tubercules bourgeonnants, d'un rouge livide tout à fait caractéristique.

ART. 831. — **Thérapeutique.** — Considérée longtemps comme incurable, il n'est pas impossible de guérir les cas les moins invétérés, mais à la condition de suivre à la fois un traitement long et un régime approprié.

Le traitement interne consistera en l'emploi, alternant de 8 jours en 8 jours, de nos pilules arsénicales et des pilules panchymagogues. (Voir art. 1110 et 1127.)

Quant au traitement externe, il devra se borner à des onctions, plusieurs fois le jour, avec notre pommade au bioxyde de mercure saturée (art. 1158).

SYCOSIS OU MENTAGRE.

ART. 832. — **Résumé.** — Le *sycosis* ou *mentagre* est une affection connue des anciens, selon Pline; réputée contagieuse, consistant en une éruption successive de petites pustules acuminées, paraissant le plus souvent sur la lèvre supérieure, sous le nez. La mentagre est plus fréquente chez les priseurs de tabac, que l'âcreté de cette plante, constamment en contact avec la

peau, excite à un haut degré. De la lèvre supérieure, elle
envahit bientôt le menton, et s'étend parfois sur tous les points
de la face où existent des poils. Une exsudation, qui ne tarde
pas à former des croûtes plus ou moins étendues, succède aux
pustules, et, par les progrès du mal, la peau se gonfle et se
couvre de bourgeons tuberculeux (Tardieu) sur lesquels se développent de nouvelles pustules qui, offrant des surfaces rouges et
croûteuses, donnent au visage un aspect hideux. Les poils sont
détruits sur une plus ou moins grande étendue.

La mentagre a une assez grande tendance à récidiver; mais la
guérison en devient, on peut dire, facile aujourd'hui, avec les
moyens que nous allons indiquer.

Traitement interne à l'huile de foie de morue, à la dose de
deux cuillerées, matin et soir.

Toutes les cinq jours, et pendant deux ou trois jours, usage de
nos pilules panchymagogues (art. 1127). Reprendre ensuite
l'usage de l'huile de foie pendant cinq autres jours, et consécutivement pendant un mois et quelquefois plus.

Onctions plusieurs fois par jours avec notre pommade au
bioxyde de d'hydrargyre saturnée (art. 1158).

ECZÉMA CHRONIQUE.

ART. 833. — Résumé. — L'eczéma, dartre vive, est, à l'état
aigu, une éruption de petites vésicules rapprochées et agglomérées, s'élevant sur une surface rouge et enflammée, exhalant,
après s'être rompues, une humeur séreuse ou séro-purulente
qui se concrète en écailles plus ou moins épaisses (Tardieu).

L'eczéma chronique, le seul qui nous occupe, s'il n'est pas
entretenu par une cause locale particulière, envahit plusieurs
points de la surface du corps; l'inflammation pénètre plus profondément; sous l'influence du suintement, la peau se gerce,
saigne, s'excorie; l'humeur devient abondante, ichoreuse,
purulente; la démangeaison est vive, atroce, persistante.
Lorsque la maladie est ancienne, des affections des voies digestives, des épanchements séreux, un affaiblissement graduel
peuvent amener une terminaison fâcheuse. L'eczéma complique
souvent diverses affections chroniques de la peau.

C'est encore dans l'emploi de l'huile de foie de morue et de nos
pilules panchymagogues, comme nous venons de l'exposer à l'art.
Mentagre, qui précède, que nous trouverons les agents curatifs de
l'eczéma chronique.

Quant aux moyens externes, ils devront exercer une action
simplement mécanique en garantissant la plaie de l'action de

28*

l'air, ou en rendant la peau plus souple ; telle est notre *pommade siccative rouge* (1161).

IMPÉTIGO OU TEIGNE MUQUEUSE.

ART. 834. — **Pathologie.** — L'*impétigo* à l'état chronique constitue les maladies connues sous le nom de teigne muqueuse, lorsqu'il a son siége au cuir chevelu, et de teigne de lait lorsqu'il est à la face. C'est une affection de la peau qui a beaucoup d'analogie avec l'eczéma, caractérisée par de très-petites pustules non contagieuses, suivies de croûtes épaisses, rugueuses, jaunes ou verdâtres. Maladie de l'enfance, elle affecte principalement les sujets à peau blanche et fine, blonds, à belle incarnation, lymphatiques. L'impétigo chronique du cuir chevelu pourrait être, dans quelques cas, confondu avec la teigne blanche, ou favus ; mais il sera toujours facile de les distinguer, en ce que l'impétigo ne provoque pas la chute des cheveux, tandis que le favus, au contraire, a pour caractère essentiel d'altérer le bulbe pileux et de détruire les cheveux. L'*impétigo larvalis* (croûtes de lait) se développe le plus souvent chez les enfants d'un à quatre ans. Il recouvre une plus ou moins grande surface enflammée, d'où suinte un liquide séro-purulent qui produit les croûtes. Il y a chaleur, tension et prurit. On voit des enfants qui ont le visage entièrement recouvert d'un masque croûteux.

ART. 835. — **Thérapeutique.** — Cette affection, qu'elle ait son siége au visage ou à la tête, n'est ni grave ni de grande durée. C'est, d'ailleurs, une de celles qu'il convient, dans l'intérêt de la santé générale, de respecter, et qu'on doit chercher à régulariser plutôt qu'à guérir ; du moins jusqu'à ce que le sujet soit d'âge à faire un traitement interne. Nous conseillons extérieurement des onctions, sur les croûtes, avec de l'huile d'olive simple, ayant pour effet de les dissoudre et de faciliter l'écoulement de l'humeur qui les produit ; ce qui, en favorisant ce mouvement naturel, diminue et la chaleur et le prurit qui fatiguent le jeune malade. Il n'y a pas d'inconvénient, pour la propreté de la tête, à la nettoyer de temps en temps avec un jaune d'œuf et de l'eau tiède, ce qui réussit on ne peut mieux. On peut aussi la laver avec du savon et de l'eau tiède. Toutefois ces lotions de propreté devront se pratiquer dans un lieu chaud, à l'abri des courants d'air, en agissant avec beaucoup de prudence pour éviter à l'enfant une aggravation dans son état, ou la production de maladies qui résulteraient d'un refroidissement sur une partie attendrie par des lotions récentes.

Lorsque les enfants seront d'âge à faire un traitement à l'huile de foie de morue, on pourra par ce moyen, et sans inconvénient, les débarrasser de l'impétigo. Il s'agit de leur administrer, matin et soir, une cuillerée de cette huile, à l'usage de laquelle ils s'habituent assez souvent sans peine, et de les purger, toutes les semaines, avec nos pilules panchymagogues (art. 1127).

Lorsque le sujet est trop jeune pour qu'on puisse le soumettre à l'usage de l'huile de foie de morue, c'est à un régime dans lequel l'usage du café entrera pour une grande part qu'il faut demander une modification dans la constitution des humeurs. Voir à cet effet, art. 848, l'appendice aux dartres.

FAVUS OU TEIGNE BLANCHE.

ART. 836. — **Pathologie.** — Le *favus*, teigne faveuse, teigne proprement dite, affection de la peau, essentiellement contagieuse, se montre presque exclusivement au cuir chevelu, bien que pouvant affecter d'autres parties du corps. Le *favus* caractérisé par le développement de pustules très-petites, enchâssées dans l'épiderme, donnant lieu à des croûtes jaunâtres d'un caractère particulier, est une maladie qu'on est fondé aujourd'hui à attribuer à un végétal parasite microscopique du genre *achorion*, et qu'on ne saurait mieux comparer qu'au lichen qui se développe à la surface de nos arbres.

Le *favus* se produit surtout chez les enfants de sept à douze ans, et de préférence chez des sujets lymphatiques, affaiblis par la misère, par un travail au-dessus des forces de l'individu, par des habitudes vicieuses, par des privations; ou sous l'influence d'une alimentation insuffisante ou de mauvaise qualité; de la malpropreté; d'une habitation mal aérée ou malsaine; enfin, et le plus fréquemment, de la contagion.

La maladie débute ordinairement par une petite élevure de l'épiderme, au centre de laquelle apparaît un petit corps jaunâtre enfermé dans le derme, qu'il déprime et auquel il adhère. L'exsudation purulente ne tarde pas à se produire, et bientôt les parties excoriées de l'épiderme s'effacent pour faire place au cryptogame dont la surface est jaune de soufre, lisse, sèche, nettement circonscrite, ordinairement concave à l'extérieur, convexe par la face adhérente, irrégulièrement arrondie, et d'un diamètre qui varie de 1 à 15 millimètres (Ch. Robin). La partie concave est implantée dans l'épaisseur de la peau. Ajoutons que le *favus* peut envahir entièrement le cuir chevelu; qu'il détruit à peu près complètement les bulbes pileux, ce qui occasionne la calvitie des parties affectées, et qui est le caractère essentiel de cette affection ; que les ganglions lymphatiques voisins, sont plus ou moins engorgés. Enfin il est ordinairement accompagné d'une production générale de poux, et d'une odeur aigre qui rappelle celle de la souris ou de l'urine de chat.

La teigne blanche, qui constituait une maladie très-tenace, faisant le désespoir de la médecine, et pour le traitement de laquelle on avait le plus souvent recours à l'emploi de la calotte de poix, dont l'application, à l'effet de dépiler la surface faveuse, était extrêmement douloureuse, est devenue aujourd'hui, grâce aux progrès de la médecine, une affection facilement curable.

Une maladie qu'on peut confondre parfois avec le *favus*, l'*herpès tonsurant*, *teigne tondante*, étant curable par les mêmes agents, nous nous dispenserons d'en faire un chapitre à part. Nous dirons seulement de l'herpès tonsurant que non-seulement on en triomphe par la thérapeutique de la teigne, mais encore que l'alopécie, qui en est le caractère le plus saillant, cesse sous son influence, et le sujet recouvre, dans un temps assez court, l'intégralité des cheveux qu'il avait perdus, ce qui ne se produit qu'exceptionnellement ou partiellement dans la guérison du *favus*.

Les enfants qui sont atteints de bonne heure de la teigne-favus restent chétifs, malingres. Plusieurs tombent dans un état de cachexie qui exerce une influence fâcheuse sur leur intelligence (Cazenave).

Art. 837. — **Thérapeutique.** — La base du traitement de la teigne réside encore dans l'usage de l'huile de foie de morue, combiné avec celui de nos pilules panchymagogues. Pendant cinq jours consécutifs, deux cuillerées à une cuillerée de cette huile, suivant l'âge. Pendant deux ou trois jours après, emploi des pilules panchymagogues (art. 1127), aux doses appropriées à l'âge. Alterner consécutivement l'emploi de ces moyens pendant le temps nécessaire.

Quant aux moyens locaux ou topiques, ils se bornent, à peu de choses près, à l'emploi de notre pommade soufrée-lavandulée, ou mieux, soufrée-benzinée (art. 1162, 1163) qu'on applique, matin et soir, en onctions légères et frictions sur le siège des croûtes. On recouvre par-dessus, simplement, au moyen des cheveux, lorsque la portion de cuir chevelu affectée est assez bornée pour cela, ou, lorsqu'on a affaire à une surface plus grande, avec une coiffe ou une calotte de toile, ou simplement, chez les gens pauvres surtout, avec un segment de vessie de mammifère, de cochon, par exemple, qui prend aisément les contours de la tête du sujet, et qui empêche, par son interposition entre la pommade et la coiffure du malade, que celle-ci ne se graisse, et maintient celle-là en contact avec le favus. On ne coupe, à cet effet, de cette vessie, que la portion nécessaire pour recouvrir les parties onctionnées.

La propreté du corps, une nourriture saine et une habitation salubre, ont une certaine importance dans le traitement de la teigne ; non pas qu'on ne puisse, avec notre traitement, guérir cette affection dans un état de misère où sont trop souvent les malades qui en sont atteints, et qui permet peu de ce côté ; mais ces conditions, quand on peut les remplir, viennent en aide au traitement, comme à la nature, qui a une tendance d'autant plus grande à nous débarrasser des maladies en général, que le milieu dans lequel nous vivons est plus propre au jeu régulier de nos fonctions.

Le vin est généralement nuisible, même chez les sujets les plus débilités par la maladie ; mais nous lui substituons avec grand avantage le café noir, sucré ou non sucré, ce qui importe peu, administré à la dose de deux demi-tasses par jour, après les deux principaux repas.

Quoique l'huile de foie de morue doive faire la base de notre traitement, nous avons maintes fois guéri des teigneux, sans le secours de cette huile, chez de jeunes sujets qui ne pouvaient en supporter le mauvais goût, par l'usage seul de nos pilules panchymagogues à l'intérieur, et de la pommade précitée à l'extérieur.

CALVITIE OU ALOPÉCIE.

ART. 838. — **Description**. — **Causes.** — La *calvitie* ou chute des cheveux à la tête est un des états normaux de l'homme âgé. Elle se produit ordinairement graduellement, et ses premiers symptômes se manifestent plus ou moins tard, selon les individus ; on sait que certaines habitudes y prédisposent : par exemple, celle de se couvrir la tête, celle surtout de la couvrir avec des bonnets de laine. Nous n'avons pas à nous occuper de cette calvitie, contre laquelle aucun moyen thérapeutique ne réussit. Une autre calvitie qui se produit subitement, souvent après une longue maladie, sans qu'il y ait, sur l'épiderme de la tête, aucun symptôme de dartres, nous semble encore incurable, lorsque le sujet, surtout, a dépassé la cinquantaine. Lorsqu'il n'a, au contraire, qu'une quarantaine d'années, ou au-dessous de cet âge, on peut tenter avec succès quelques moyens.

ART. 839. — **Thérapeutique.** — Les moyens que nous avons vu réussir quelquefois sont les suivants :

Frictions matin et soir, sur la tête, avec notre pommade de stramonium (art. 1165).

Continuer l'usage de cette pommade pendant quinze jours. On suspend; et si, quinze jours après, il n'y a pas d'apparition de cheveux, on passe à l'usage de notre pommade au tannin, contre l'alopécie (art. 1166).

Si, par l'emploi de tous ces moyens, les cheveux n'apparaissent pas, huit jours après les avoir achevés, et que la personne n'ait qu'une trentaine d'années, on devra considérer cette affection comme dartreuse, surtout si le cuir chevelu présente çà et là des pellicules qui se détachent sur un fond d'épiderme luisant, et on passera au traitement général des dartres, art. 840 ; et, comme médication locale, onctions matin et soir sur le cuir chevelu avec notre pommade de bioxyde de mercure, art. 1157.

Observation. — Lorsque, dans les divers cas d'application des moyens indiqués, on pourra raser la tête, ces moyens agiront un peu plus efficacement; il en sera de même si, pour l'application des pommades ou des topiques sur le cuir chevelu, on recouvre la tête, au moins pendant la nuit, avec un taffetas gommé, ou même beaucoup mieux avec une vessie de cochon d'une dimension appropriée à la tête du sujet, et qu'on découpe avec les ciseaux, de manière à ne point dépasser, sur les bords, les parties qu'elle doit recouvrir. Voir « *Favus* » et « *Herpès tonsurant* » (art. 836).

LUPUS, DARTRE RONGEANTE.

Art. 840. — **Pathologie.** — Le *lupus* est une inflammation cutanée chronique, caractérisée par des tubercules plus ou moins volumineux, solitaires ou réunis en groupes, et affectant deux formes très-distinctes ; laissant, dans l'une, *lupus excedens*, des ulcères rongeants et croûteux (Alibert) ; dans l'autre, *lupus non excedens*, une altération profonde de la peau sans ulcération (Rayer). Cette affection est souvent liée à la scrofule, mais elle se montre aussi indépendante et idiopathique, attaquant de préférence la jeunesse et le sexe féminin, et se développant sous l'influence des plus mauvaises conditions hygiéniques (A. Tardieu).

Le *lupus excedens* (dartre rongeante d'Alibert) se développe plus spécialement à la face, sur le nez, à l'ouverture des fosses nasales. Les tubercules se produisent lentement, durs et indolents, sur une des parties du nez. L'ulcération qui en résulte s'agrandit peu à peu sous la croûte qui la recouvre. Les parties de la face sont rongées seulement à la surface ou profondément, parfois jusqu'aux cartilages, qui peuvent être détruits (Tardieu), à tel point que le nez spécialement se trouve réduit à sa partie osseuse. La marche du lupus, qui est ordinairement lente, peut se produire, au contraire, rapide (*lupus vorax*).

Le *lupus non excedens* consiste, d'après M. Tardieu, soit en tubercules isolés, simulant quelquefois une petite tumeur vasculaire qui persiste sur une joue pendant plusieurs années, et disparaît en laissant une petite cicatrice; soit en groupes irréguliers de petits tubercules d'un rouge foncé, aplatis, lenticulaires, développés sur la face, sur le cou, sur la nuque, ou les membres, ne s'ulcérant pas, s'étendant par leur circonférence, tandis qu'au centre ils s'affaissent, donnant lieu à une légère desquammation furfuracée, et laissant enfin une cicatrice tout à fait semblable à celle d'une brûlure superficielle, et sur laquelle se remarquent des points d'un rouge jaunâtre, profondément engorgés. Cette forme d'inflammation cutanée persiste indéfiniment et altère le tissu de la peau pour toujours.

ART. 841. — **Thérapeutique.** — La thérapeutique interne du lupus est la même que celle de la teigne, mais avec cette différence que la dose de l'huile de foie de morue sera portée de deux à trois et même à quatre cuillerées, matin et soir. Même usage des pilules panchymagogues (art. 1127); même régime. Quant aux moyens externes, ils consisteront dans le pansement, matin et soir, sur un linge, avec notre pommade, avec le bioxyde de mercure saturné (art. 1158).

Dès que l'amélioration dans l'état de l'ulcère sera devenue manifeste, on continuera, sans doute; mais on pourra hâter la cicatrisation de la plaie en cautérisant partiellement avec le nitrate acide de mercure, sur un point de l'ulcère, et en renouvelant tous les jours cette application, à contiguïté du point par lequel on aura commencé. Recouvrir ensuite, après dessiccation ou absorption du liquide, avec un linge enduit de pommade.

OPHTHALMIES CHRONIQUES DARTREUSES

ART. 842. — **Résumé.** — Les vieilles ophthalmies conjonctivites et blépharites chroniques, avec *rougeur* des paupières, seront encore traitées par notre médication générale des dartres (art. 840) et par l'application de notre pommade ophthalmique (art. 1169) en onctions, une fois tous les soirs.

ULCÈRES DARTREUX AUX JAMBES; ULCÈRES VARIQUEUX.

ART. 843. — **Pathologie.** — Ces ulcères sont le plus souvent une complication des varices. Ils siègent ordinairement au bas

de la jambe, le plus souvent au-dessus de la malléole interne.
Les hommes y sont plus sujets que les femmes. Les ulcères vari-
queux, qui commencent tantôt par une déchirure de la veine,
tantôt par une éruption, d'autres fois par une plébite, tendent
à gagner en largeur, plutôt qu'en profondeur. Les bords en sont
engorgés, durs, taillés à pic et élevés au-dessus du niveau de
l'ulcère, qui est généralement de couleur livide, souillé de sang
et de pus très-fétide. Le pourtour en est violacé, luisant; la
peau en est tendue. La gangrène, surtout en été, s'y produit
facilement. L'odeur qui s'en dégage est repoussante.

ART. 844. — **Thérapeutique**. — La thérapeutique interne
de ces affections est essentiellement celle que nous appliquons
aux affections dartreuses (art. 849). Quant au traitement local,
voici en quoi il consiste :

Si l'ulcère est peu ancien, ou que, par sa nature, il soit presque au niveau du bord, ce qui constitue une variété de forme
plus spécialement dartreuse qu'on rencontre quelquefois, il
suffira, dans ce cas, de panser la plaie, deux fois par jour, soir
et matin, avec notre pommade siccative rouge (art. 1161).

On maintient les linges, enduits de pommade, avec une bande
de toile de cinq centimètres de large et de six mètres de long,
qui devra être soigneusement appliquée pour exercer une compression régulière à partir du pied, en avant du talon, jusqu'au
jarret. Les tours de bande devront s'imbriquer les uns sur
les autres, de manière à ce que le tour qui suit recouvre
les deux tiers environ du tour qui précède. On consolidera,
de distance en distance, ces divers tours, au moyen d'une épingle ; et lorsque, s'élevant de la malléole au gras de la jambe, la
bande présentera des vides résultant de l'accroissement du diamètre de la jambe de bas en haut, on détruira ces vides en opérant
une torsion entière sur cette bande. La pression exercée sur la
jambe ulcérée a d'autant plus d'importance que les veines du
membre sont plus développées.

Lorsque l'ulcère creusant d'une manière sensible, il y a en
même temps gangrène, il convient de débuter par de larges cataplasmes de farine de lin qu'on y maintient jusqu'à la chute de la
partie gangrenée. Enfin, lorsque l'ulcère, bien que sur un plan
sensiblement plus bas que les bords, n'est pas gangreneux, qu'il
y ait ou qu'il n'y ait pas eu gangrène, on pansera, matin et
soir, avec des linges enduits avec l'onguent digestif simple (art.
1085).

Dès que le développement rapide des tissus qu'excite l'application de cet onguent aura amené l'aire de l'ulcère à fleur des

bords, ou sur le même plan que son pourtour, il conviendra de cesser les pansements à l'onguent, pour passer à celui de la pommade siccative rouge (art. 1161), qui produira, dès lors, un effet de cicatrisation manifeste, et conduira insensiblement à la guérison.

Pendant le cours de ce traitement, il se produit parfois des bourgeons qui ressortent de l'aire de l'ulcère. Ils seraient un obstacle à sa cicatrisation ; mais on trouve dans l'alun pulvérisé dont on les saupoudre, le tout recouvert du linge enduit de pommade, un moyen efficace et non douloureux de ramener ces bourgeons au niveau du plan des parties saines. Ordinairement une application d'alun est suffisante, mais on pourrait sans inconvénient en user fréquemment.

Après la guérison de ces ulcères, la peau nouvelle qui se forme conserve longtemps, et même toujours, une finesse, une friabilité, qui demandent certains ménagements pour éviter des rechutes. On se trouve généralement bien, pour la garantir des agents extérieurs, de bas élastiques en tissu de caoutchouc, qui, exerçant en même temps une compression des veines variqueuses, préviennent plusieurs genres d'accidents fréquents.

SURDITÉ DARTREUSE.

ART. 845. — **Pathologie.** — Il est un genre de surdité plus fréquente qu'on ne semble le croire, qui représente un tiers environ des cas de surdité pris en masse, et qui tient simplement à l'accumulation, dans le conduit de l'oreille dite externe, soit d'une grande quantité de cérumen, soit du produit de l'exsudation anormale de la muqueuse de ce conduit, résultant d'une affection dartreuse ; soit enfin, et le plus souvent, du mélange de ces deux sécrétions. Ces maladies appartiennent toujours aux tempéraments lymphatiques chez lesquels la diathèse dartreuse domine.

ART. 846. — **Thérapeutique.** — Deux indications se présentent pour les guérir : 1° enlever le bouchon qui ferme le conduit auditif ; 2° agir sur la diathèse dartreuse et, localement, sur la dartre, lorsqu'il y en a, et c'est le plus souvent, pour détruire toute exsudation anormale et régulariser la sécrétion du cérumen.

La matière qui constitue le bouchon obturateur de l'oreille, s'appliquant sur la paroi externe du tympan, ainsi que sur la muqueuse de l'oreille externe, et s'y logeant comme une balle de plomb dans le moule qui sert à la produire, y durcit à la longue, et, interrompt, dans ce cas, toute communication entre le tympan et l'atmosphère ; d'où résulte, dès lors, une surdité à peu près complète.

29

Cette surdité, lorsqu'il y a obturation des deux oreilles, diffère essentiellement, cependant, par un symptôme, des surdités occasionnées par la paralysie du nerf acoustique; car, lorsque, dans ce cas, une montre placée entre les dents ne produit aucun effet sur l'audition, dans celui-là, le bruit de l'*échappement* y devient perceptible. Il y a encore cette différence dans les symptômes, à moins que les trompes d'Eustache ne soient oblitérées : c'est que le sujet qui entend un peu par ces trompes a une tendance marquée à ouvrir la bouche pour écouter, ce qui ne se manifeste nullement chez les sourds dont les nerfs acoustiques sont mortifiés.

Le bouchon obturateur, par son contact sur le tympan et la muqueuse, agit là comme corps étranger. Il détermine à la longue une sorte de suppuration, de telle sorte que la partie la plus éloignée du centre de ce bouchon en diffère par sa composition et se rapproche plus spécialement de la nature du pus.

La dureté de ce bouchon obturateur, d'une part, et l'état pathologique des parois précitées, d'autre part, sont naturellement un obstacle à son extraction, sans douleur et sans lésion, de l'oreille : aussi convient-il, c'est essentiel, de ne procéder à son expulsion qu'après en avoir modifié l'état d'agrégation. Composé d'un mélange de matières grasses et gommeuses, le contact de l'eau seule le dissout mal. Dans nos recherches d'un menstrue qui le dissolvît aisément sans produire d'inflammation sensible sur la muqueuse, nous nous sommes arrêté à la composition dont suit la formule :

    Eau distillée...................... 12 grammes.
    Alcoolat vulnéraire................   4   —
    Ammoniaque liquide................ 10 gouttes.

On en imprègne, avec excès, un sphéroïde de coton qu'on exprime dans l'oreille, pouvant même en introduire par gouttes; et, lorsque le liquide déborde, on bouche avec le coton déjà imprégné d'abord, puis encore, avec du coton sec. Le malade reste dans cet état deux heures environ, ce qui ne l'empêche pas, pendant ce temps, de se livrer à la promenade ou à toute autre distraction. Enfin, dans cette période, le ramollissement du bouchon obturateur étant suffisant, il ne s'agit plus, pour l'expulser, que de pratiquer de fortes injections avec de l'eau tiède, à l'aide d'une seringue assez grande, dite tiers ou quart de seringue ou seringue pour enfant. Toute cette matière sort alors délayée, ou en suspension dans cette eau, et bientôt le conduit auditif se trouve débarrassé de tout corps étranger.

En examinant la muqueuse de l'oreille, on la trouve un peu

rouge, enflammée : on combat cet état, localement, en y maintenant du coton imprégné d'eau de Goulard, pendant un ou plusieurs jours.

Enfin, pour combattre la diathèse dartreuse, surtout lorsque la concrétion qu'on a expulsée de l'oreille est de nature purulente, ou que l'état inflammatoire de l'oreille persiste après huit jours de l'emploi du topique dont précède la formule, on passe à l'usage de notre traitement interne anti-dartreux (art. 849).

PHTHISIE PULMONAIRE.

ART. 847. — **Réflexions.** — Cette courte monographie des dartres nous amène à dire encore un mot de la phthisie pulmonaire (art. 810), cette cruelle maladie qui fait, de nos jours, de si nombreuses victimes, et à laquelle les sujets lymphatiques et dartreux semblent être plus disposés. L'huile de foie de morue ne saurait être considérée sans doute comme le spécifique de la tuberculose ; mais il existe une si grande connexion entre cette affection et l'état ou vice dartreux, que, chez les sujets à diathèse dartreuse, la phthisie commençante sera enrayée et le plus souvent guérie par le traitement anti-dartreux (art. 848). Lors donc des cas de phthisie commençante (au premier degré), nous conseillerons à la fois l'usage de l'huile de foie de morue, et l'emploi des opiacés, tels que nos pilules de cynoglosse (art. 1115).

Enfin, si dans le cours de ce traitement il survenait des palpitations de cœur ou des suffocations, on substituerait à l'usage des pilules de cynoglosse celui de nos pilules de digitale et stramonium (art. 1100).

Voir essentiellement l'art. 1115 relatif aux pilules de cynoglosse, où nous exposons un nouveau traitement qui paraît enrayer fréquemment les désordres occasionnés par la phthisie commençante.

APPENDICE AUX DARTRES.

ART. 848. — **Considérations générales.** — Le vice dartreux semble tenir à un état particulier du sang et de nos tissus, qui les rend plus propres à la production et à la nutrition d'êtres organisés, soit végétaux, soit animaux, les plus bas de l'échelle organique, tels que l'*achorion* de la teigne et l'*acarus* de la gale, êtres organisés dont la nature est loin encore d'être exactement déterminée pour tous les cas, et qui vivent en parasites dans nos tissus, y déterminent une inflammation ou des productions spéciales à chacun d'eux, constituant ainsi les diverses affections dartreuses connues.

D'après ce qui précède, il y a deux indications essentielles à remplir dans le traitement des affections dartreuses : 1° au moyen *d'un traitement interne,* modifier l'état de nos humeurs ou de nos tissus, pour leur enlever la faculté de créer et de nourrir ces êtres microscopiques ; 2° agir directement sur ces êtres par l'application de *topiques,* pour les détruire.

Il est difficile, dans l'état actuel de la science, de s'expliquer le mode d'action, sur l'économie, de l'huile de foie de morue, qui est assurément le *neutralisant,* le *spécifique du vice dartreux ;* mais il n'en saurait être ainsi des topiques qui viennent puissamment en aide à l'huile de foie de morue, en portant directement la mort aux êtres d'un des deux règnes organiques qui occasionnent les affections herpétiques et ulcéreuses. En effet, c'est parmi les substances reconnues comme exerçant l'action la plus vénéneuse sur les êtres organisés, que nous trouvons uniquement nos agents thérapeutiques externes, et, en première ligne, le mercure, qui est, comme on le sait, l'insecticide par excellence ; puis le soufre, l'antagoniste des mucédinées parasites, telles que l'oïdium ; citons enfin les hydrocarbures, comme la benzine, la naphthaline et les huiles essentielles, l'arsenic et le plomb, qui exercent une action vénéneuse sur ces deux règnes organiques, et nous aurons énuméré à peu près toutes les ressources dont nous disposons comme agents curatifs externes.

ART. 849. — **Traitement interne.** — Ce traitement sera approximativement le même dans tous les cas d'affection dartreuse : 1° huile de foie de morue à la dose de deux cuillerées, matin et soir, à intervalle de une heure au moins des repas. Tous les cinq à six jours, et dès le matin, suspendre l'usage de l'huile pour se mettre à celui des pilules panchymagogues, et comme l'indique la notice jointe à ces pilules. Employer ces pilules pendant un ou deux jours, jusqu'à ce qu'on ait obtenu un effet de grande purgation. Reprendre, le lendemain, l'usage de la même huile, et continuer ainsi, alternativement, l'administration tantôt de l'huile de foie de morue, tantôt, et après cinq à six jours d'usage de l'huile, celui des pilules panchymagogues.

Au cas où le mauvais goût de l'huile de foie de morue serait un obstacle à son administration, on aurait dès lors recours, et comme au meilleur succédané de cette huile, à l'emploi de nos pilules de chlorhydrate, alternant aussi avec celui des pilules panchymagogues, comme l'indique la notice (voir art. 1111) jointe aux pilules de chlorhydrate.

Enfin si, pour des cas anciens et réfractaires, on n'obtenait, après un mois de traitement, une amélioration notable dans l'état de la maladie, on pourrait essayer avec grande chance de succès l'emploi de nos pilules arsénicales (art. 1110), alternant, tous les cinq jours ou six jours, avec l'usage de nos pilules panchymagogues.

De quelque traitement qu'il s'agisse, parmi ceux précités, dont la base sera ou l'huile de foie de morue, ou les pilules de chlorhydrate d'ammoniaque, ou les pilules arsenicales, pilules dont le mode d'administration est indiqué aussi bien à chaque article respectif de *la Science usuelle*, que dans leur notice respective jointe à ces préparations, l'effet de ces agents ne sera marqué que tout autant que, tous les cinq ou six jours, on fera usage également des *pilules panchymagogues*, jusqu'à effet purgatif très-sensible.

ART. 850. — **Moyens locaux ou topiques.** — Ces moyens consistent en l'application de pommades ou de liquides qui sont indiqués respectivement aux articles de *la Science usuelle*, consacrés à chacune des sortes de dartres. (Voir leur nom spécifique.)

ART. 851. — **Régime et observations.** — Le chlorure de sodium, sel marin, sel de cuisine, paraît exercer une assez heureuse influence sur les tempéraments lymphatiques. Le café des îles, *Coffea arabica*, a aussi une action manifeste dans le même sens. Ces deux moyens, employés à la fois chez les enfants qui ont les gourmes, l'impétigo larvalis, etc., et généralement pour toutes les affections de la peau, nous ont donné les meilleurs résultats, ainsi qu'à un certain nombre de médecins de nos amis, qui ont adopté cette thérapeutique. Le vin semble être, au contraire, la boisson herpétogène par excellence : aussi insistons-nous pour en proscrire l'usage chez tous les dartreux sans exception. Ce que nous disons du vin s'applique naturellement à toutes les boissons alcooliques. Nous proscrivons encore l'usage des aliments manifestement réhaussés par des épices, tels que poivre, girofle, ail, ognon, lorsqu'au contraire on peut, impunément et avec avantage, manger fortement salé. Ne confondons pas, dans ce régime, les aliments salés plus ou moins, avec le salé ou les salaisons : dans celles-ci, les viandes renferment sans doute une grande proportion de chlorure de sodium, mais elles ont subi, à la longue, par l'action chimique et conservatrice du sel marin, une modification moléculaire qui en a changé manifestement les propriétés ; ajoutons encore que nous ne salons guère, dans nos contrées, que la viande de cochon, la plus lourde, la moins digestible, et partant la moins propre à la nutrition chez les sujets naturellement faibles ou affaiblis par la maladie.

Les aliments des sujets lymphatiques devront donc recevoir en général une assez grande proportion de sel, et les bains salés constitueront une forme de médication dont ils se trouveront très-bien (art. 987).

Quant au café, on pourra, chez les enfants, le porter très-loin, par deux, trois et quatre tasses, demi-tasses ou quarts de tasse, suivant que les sujets auront de 10 à 14, de 5 à 9 et de 1 à 5 ans. Les adultes, et les femmes surtout, pourront aussi, particulièrement les sujets chez lesquels le café ne produira point d'insomnie, porter assez loin la dose de cette boisson ; comme trois tasses dans la journée. Le sucre n'exerce pas d'action antagoniste à celle du café, comme on est généralement disposé à le croire : on pourra donc le sucrer à volonté.

L'hygiène des dartreux comporte aussi la propreté et une alimentation saine et digestive. Les saletés en contact avec la peau sont naturellement un obstacle à la production régulière de ses fonctions. Les alcooliques qui ont pour résultat, comme on sait, d'augmenter la masse du sang, prédisposent le corps aux phlegmasies en général, auxquelles celles de la peau ne sauraient faire exception. Qui ne sait que tous les vieux ivrognes ont la figure *enluminée,* bourgeonnée ; coloration qui tient à une éruption dartreuse, à l'*acne rosea*, ou à d'autres productions herpétiques? Ils sont encore assez fréquemment sujets à des conjonctivites et à un genre de surdité qui tiennent uniquement à une affection dartreuse ayant son siége sur la muqueuse des organes de la vision ou de l'audition (art. 842, 845).

Les humeurs des dartreux ont généralement une réaction acide. Que ce soit l'acide acétique, valérianique ou lactique, ou tout autre agent de cette acidité, toujours est-il que les dartreux se trouvent bien de l'introduction, dans l'alimentation, de matières alcalines neutralisant ces acides. En conséquence, nous conseillons, à ceux surtout chez lesquels les digestions sont pénibles, et avant d'en venir à l'administration de nos pilules sédatives (art. 1131), de faire usage, après leur repas, de quelques pastilles de Vichy ou de magnésie, et d'éviter l'usage des aliments acides. Parmi les légumes que nous leur indiquons de faire entrer pour une bonne part dans leur alimentation, ils devront écarter autant que possible ceux à réaction acide, comme l'oseille, la tomate, etc., etc. ; choisir ceux, au contraire, à réaction alcaline, comme l'épinard, ou tout au moins neutres, tels que les pommes de terre, les carottes, les haricots, les pois, les salsifis, les navets, les raves, etc., en un mot tous ceux qui n'ont pas de goût acide. Parmi les fruits, éviter aussi les plus acides, et choisir au contrair les plus mûrs, toujours additionnés de pain blanc. Eviter rigoureusement, autant que possible, le pain bis, aigre et lourd.

Les hommes de cabinet, ou ceux qui, faisant métier de travail intellectuel et menant une vie sédentaire, reçoivent une nutrition copieuse et surtout substantielle, les avocats, les notaires, les membres du clergé, etc., sont sujets aux affections dartreuses; et, parmi ces maladies cutanées, ils sont surtout affectés du *prurigo* et de l'*acne* ou couperose. Lorsque le prurigo est peu intense, la solution de sulfate de fer, que nous avons indiquée, suffira, dans beaucoup de cas, pour guérir, ou tout au moins pour calmer la démangeaison et la rendre tolérable. Dans des cas un peu plus rebelles, il suffira de joindre à l'emploi de ce topique l'abstention des boissons alcooliques l'usage d'un régime essentiellement végétal, se composant plus spécialement de légumes peu acides. Quant à l'*acne rosea*, si l'abstention des alcooliques, dans le sens absolu, et l'adoption d'une nourriture peu substantielle et végétale étaient des moyens insuffisants, il faudrait y joindre l'emploi des moyens internes précités (art. 849). Ces mêmes hommes sont encore fréquemment atteints d'*hémorrhoïdes,* maladie fréquente chez les sujets à diathèse dartreuse, et dans le traitement de laquelle le régime, comme la médication que nous prescrivons pour combattre les dartres, apporte ordinairement un amélioration notable à l'état hémorrhoïdal.

ART. 852. — Hémorrhoïdes. — On entend par *hémorrhoïdes* (art. 738) un état de développement anormal des vaisseaux sanguins du rectum (gros intestin), ayant pour effets divers, soit de produire des sortes de varices dont la rupture fréquente amène des hémorrhagies anales, soit de donner naissance à des tumeurs érectiles de diverses sortes, qui donnent lieu le plus souvent aussi à des hémorrhagies, et qui produisent toujours, dans la région sacrée, coccygienne, anale, périnéale ou même vésicale, des douleurs plus ou moins intenses, un malaise indéfinissable, surtout quand le malade va à la selle. Cette affection, très-fréquente chez les sujets pléthoriques et sanguins, se produit néanmoins parmi les autres constitutions; mais, nous le répétons, elle se trouve rarement là où le vice dartreux n'a point une certaine prépondérance. Bien des gens en souffrent sans savoir à quelle nature rapporter leur mal, sans oser souvent l'accuser. Les diverses tumeurs hémorrhoïdales, les diverses excroissances qui en résultent, sont ou internes, ou externes. Internes, le malade n'en connaît l'existence le plus souvent que par un gonflement, une dureté manifeste au pourtour de l'anus, ou par une difficulté qui se produit lors de la défécation, ou enfin par des douleurs plus ou moins vives, se manifestant lors de l'expulsion des matières stercorales, soit que le sphincter dans ses mouvements exerce une compression ou excite une tumeur, soit que les matières, dans leur trajet ou leur sortie, la déchirent ou l'irritent. Un écoulement sanguin, qui varie du plus au moins, et dont les excréments portent seulement quelquefois des traces, est un des symptômes les plus fréquemment observés. L'état du ventre est assez souvent à la constipation, mais une faible cause peut l'amener à la diarrhée; états qui se succèdent sans raisons apparentes. La douleur, sans être très-vive, est souvent très-pénible; elle est gravative; elle porte sur les jambes, qui sont faibles, et sur les digestions, qui sont lentes, pénibles, douloureuses. D'autres fois, les tumeurs internes sécrètent une matière purulente ou séreuse qui s'écoule par le rectum à travers les plis du sphincter anal, ou précèdent les matières fécales, lors de leur expulsion.

Lorsque les tumeurs sont externes, elles revêtent diverses formes, telles que crètes, grappes, etc., que les vêtements irritent, qui peuvent suppurer, saigner, et être un obstacle plus ou moins grave à la défécation, lorsqu'elles se trouvent au sphincter ou passage. Que les hémorrhoïdes soient internes ou externes, elles sont souvent accompagnées d'une éruption au pourtour de l'anus, au périnée, etc.

Le traitement interne de cette affection est en tout point celui des dartres (art. 849). Point de vin ni d'aucune boisson alcoolique. Régime doux. Alimentation végétale, du moins autant que possible, mais de facile digestion. Demi-lavements de graine de lin dans chacun desquels on mettra dissoudre deux ou trois *pilules sédatives* (art. 1131). Le malade, après avoir pris cette dose au moyen du clysopompe, fera quelques efforts pour la garder. Si ce liquide n'était point conservé, on pourrait renouveler une et même deux fois, jusqu'à ce que les intestins en conservassent une dose.

Lorsque, ce qui est rare, le malade souffrant des hémorrhoïdes a en même temps de la diarrhée, il faut substituer aux pilules sédatives de stramonium, dans un demi-lavement, vingt gouttes de laudanum de Sydenham.

Quelques malades sont subitement calmés dans leurs douleurs hémorrhoïdales, par l'administration d'un simple lavement d'eau froide : c'est donc un moyen à essayer.

Lorsque les douleurs se produisent avec intensité du côté du sacrum ou du coccyx, le malade les supporte généralement mieux en se promenant dans sa chambre, qu'en se couchant.

L'introduction, dans le rectum, avec le bout du doigt, d'une pommade dont nous indiquons la composition (art. 1153) a pu calmer maintes fois, dans des cas où les lavements précités n'avaient pas amené d'amélioration sensible.

ART. 853. — **Fistule lacrymale.** — Nous ne pouvons terminer ce faible travail sans y consigner un mot touchant les *fistules lacrymales;* maladie considérée comme incurable, si ce n'est par des moyens chirurgicaux ; très-sujette encore aux récidives, et qui ont pourtant été guéries souvent par notre traitement interne des dartres (art. 849), et quelquefois par l'usage seul de nos pilules panchymagogues (art. 1111).

GOITRE.

ART. 854. — **Résumé.** — Le *goitre* ou *cou gros* est le développement ou hypertrophie de la glande thyroïde. Il est endémique dans certaines vallées des Alpes et dans une foule de localités sises généralement sur le terrain primitif. L'usage des eaux magnésiennes paraît en favoriser la production. M. Chatin, professeur à l'École de pharmacie de Paris, qui a constaté l'existence de l'iode dans la plupart des sources, attribue le goitre au défaut, dans ces eaux, de ce métalloïde. Le goitre peut être héréditaire; il affecte de préférence les individus faibles et lymphatiques. Les femmes y sont plus sujettes que les hommes ; les symptômes qui accompagnent l'accouchement peuvent le développer. On pense que les causes qui produisent le crétinisme sont les mêmes que celles qui occasionnent le goitre. Ce qu'il y a de certain, c'est que dans le Valais, où le goitre est si répandu, les mêmes personnes sont souvent atteintes de deux affections à la fois, et que les goîtreux donnent souvent naissance à des crétins.

Le traitement du goitre est des plus efficaces, lorsque le sujet est jeune, qu'il a moins de vingt ans surtout. Il est d'un effet moins certain lorsque le malade a dépassé cet âge, bien que par un plus long usage on arrive le plus souvent au même résultat.

1º Se mettre à l'usage combiné de nos pilules de chlorhydrate d'ammoniaque (art. 1114) et de nos pilules panchymagogues (art. 1127) ;

2º Pendant le même temps faire des onctions, tous les soirs, sur la glande hypertrophiée, avec un peu de baume hydriodaté. Recouvrir, d'abord, d'une pièce de taffetas gommé, ou mieux de toile cirée, et, par-dessus, d'une cravate qui enveloppe tout le cou et y exerce une certaine compression.

NEUVIÈME DIVISION. — MALADIES ORGANIQUES.

Art. 855. — **Description.** — Nous réunissons dans cette classe, les maladies résultant d'un changement dans la forme, le volume et la consistance d'un organe.

PALPITATIONS.

Art. 856. — **Résumé.** — Le mot *palpitation* simplement, ou *palpitations de cœur*, désigne les battements du cœur, lorsqu'ils deviennent irréguliers, tumultueux, désordonnés.

Les palpitations ont lieu dans une multitude d'affections. Elles sont dues, tantôt à une maladie du cœur, et tantôt à une maladie d'un autre viscère ou du système nerveux.

Le traitement des palpitations consiste à employer les sédatifs du cœur. Un seul agent a, selon nous, cette propriété : c'est la digitaline. Qu'on ne confonde pas, dans leurs propriétés thérapeutiques, la digitaline avec la digitale ! La digitale renferme, outre la digitaline, un principe soluble dans l'eau, qui est excitant à un haut degré, tandis que la digitaline, ou le principe soluble dans l'alcool, n'a essentiellement d'autre vertu que de calmer les battements.

Nos pilules d'extrait alcoolique de digitale (art. 1100) se comportent sur l'économie comme et mieux que la digitaline. Aussi ne saurions-nous trop en recommander l'usage aux doses et de la manière indiquées à l'article que nous leur consacrons, comme dans la notice qui les accompagne.

HYPERTROPHIE DU CŒUR.

Art. 857. — **Description.** — Le mot *hypertrophie* veut dire, d'après son étymologie, développement anormal.

Le cœur est un organe souvent atteint d'hypertrophie ; l'importance de ses fonctions explique, à elle seule, la gravité de cette lésion, qui amène toujours un trouble plus ou moins grand dans la circulation (art. 856), réclamant l'intervention de l'homme de l'art. On trouvera, en attendant, un soulagement dans l'emploi des moyens conseillés à notre article *Asthme*. Voir « *Pilules de digitale*, » (art. 1100).

ANÉVRISMES.

Art. 858. — **Description.** — Le plus fréquent des anévrismes est celui du cœur. Son nom, qui vient du grec, veut dire dilatation, distension. On appelle ainsi une sorte de tumeur produite par la dilatation d'une artère et même d'une veine. Comment qu'il en soit, ces maladies sont trop graves pour que le malade ne doive en référer aux lumières des hommes de l'art, qui, à un régime approprié, joignent ordinairement l'emploi des préparations de digitaline, les émissions sanguines, l'application de la glace, la ligature quelquefois, etc. (Art. 1100.)

COLIQUE HÉPATIQUE.

ART. 859. — Résumé. — Cette colique se manifeste à droite de l'estomac. Elle est la conséquence du passage d'un calcul, au travers des voies biliaires. Ces douleurs sont ordinairement très-vives et s'étendent quelquefois jusqu'à l'épaule du même côté. Elles sont souvent accompagnées de vomissements. La compression augmente la douleur, et le malade, exprimant l'angoisse la plus cruelle, reste le corps plié en avant. Tant que le calcul n'est pas passé dans les voies digestives, la douleur persiste.

Ce qui semble le mieux favoriser le mouvement du calcul est l'administration d'un bain entier dans lequel le malade restera le plus longtemps possible. On appliquera ensuite des cataplasmes laudanisés ou des fomentations avec la tête de pavot. Le malade fera, en même temps, usage de boissons anti-spasmodiques (soit de l'infusion de tilleul, soit de l'eau sucrée additionnée de quatre à six gouttes d'éther), qu'il prendra par petites gorgées. On devra appeler au plus tôt le médecin.

COLIQUES NÉPHRÉTIQUES.

ART. 860. — Résumé. — Elles résultent du déchirement produit, dans les uretères, par le passage de calculs qui partent des reins pour arriver dans la vessie. La douleur est peut-être plus intolérable que dans le cas précédent, et se produit dans la partie comprise entre les reins et la vessie. Elle s'étend même jusque dans l'aine. Il y a souvent des nausées et même des vomissements. Les urines sont ordinairement rares et quelquefois sanguinolentes.

Le traitement devra être à peu près le même que dans le cas qui précède, si ce n'est qu'on pratiquera des frictions, dans le trajet de la douleur, avec notre *liniment opiacé camphré* (art. 1066, 1067), et, s'il y a constipation, on y joindra l'administration de lavements huileux, à la dose de deux cuillerées d'huile d'olives par chaque lavement. La boisson du malade devra consister en une décoction de graine de lin, nitrée, à la dose de 1 gramme de nitre par litre de décoction.

On devra recourir au plus tôt à l'intervention du médecin.

URINAIRES (MALADIES DES VOIES).

ART. 861. — Suppression de l'urine. — La suppression de l'urine, par défaut de sécrétion des reins, se montre parfois

chez des sujets goutteux ou rhumatisants, etc. Dans ces complications graves, les matières rejetées, la transpiration, jusqu'à
la salive, prennent une odeur urineuse. L'homme de l'art ne
saurait être appelé trop tôt.

ART. 862. — **Diabète.** — Nous avons décrit au titre *Diabète*,
art. 807, une altération des urines, qui, sans être commune, fait
néanmoins, de nos jours, beaucoup de victimes: nous renvoyons
nos lecteurs à cet article.

ART. 863. — **Albuminurie.** — Ce nom d'*albuminurie* s'applique à un état particulier dans lequel l'urine renferme de l'albumine, existence qui se constate avec une grande facilité, soit au
moyen de l'acide azotique qu'on ajoute aux urines, soit au
moyen de la chaleur, l'un et l'autre de ces agents la coagulant à
la manière dont le feu solidifie le blanc d'œuf. L'albuminurie
est un symptôme qui se manifeste dans un grand nombre de maladies, surtout dans les hydropisies. Lorsque l'albumine existe
à l'état permanent dans les urines, il constitue une maladie
grave, connue sous le nom de *maladie de Bright.*

ART. 864. — **Hématurie.** — L'*hématurie*, constituée par des
urines sanguinolentes, peut tenir à diverses causes. En attendant les soins de l'homme de l'art, que l'on doit dès lors réclamer, on observera le repos et on fera usage de boissons acidulées :
limonade, oxycrat (eau vinaigrée).

ART. 865. — **Urines sales.** — Lorsqu'un de nos organes à été
le siége d'une phlegmasie assez intense pour qu'il y ait eu production de fièvre (voir ce mot), il n'est pas rare de voir les sujets,
lorsqu'ils vont mieux, rendre une urine épaisse, trouble, déposant beaucoup au fond du vase. Ce symptôme, loin d'avoir quelque gravité, est, au contraire, de bon augure pour le malade.

ART. 866. — **Urines glaireuses.** — Les urines sont dites
glaireuses, on devrait dire muqueuses, lorsque, par le refroidissement, elles se troublent et déposent au fond du vase une
matière filante, collante, grisâtre ou blanchâtre, sans odeur
bien prononcée. Les urines muqueuses sont le symptôme essentiel de l'inflammation chronique de la vessie, appelée *catarrhe
vésical.* (Voir art. 869.)

ART. 867. — **Inflammation des reins et de la vessie.**
— L'inflammation des reins est connue, en médecine, sous le
nom de *néphrite*, celle de la vessie prend le nom de *cystite.* Les
écarts de régime, l'abus des boissons alcooliques, la bonne
chère même, prédisposent à ces affections. L'inflammation des
reins a souvent pour résultat la production de graviers prenant
le nom de *gravelle,* qui, dans leur passage des reins à la vessie,

par les urètres, y déterminent des éraillures ou déchirures, cause
de douleurs quelquefois atroces, connues sous le nom de *douleurs
néphrétiques*. Dans ces critiques moments, et en attendant l'arrivée de l'homme de l'art, on se trouve bien de l'emploi des liniments calmants, en frictions, sur le trajet des reins à la vessie,
et tels que pommade de stramonium, liniment opiacé camphré
de notre formulaire. A défaut de ces moyens, on essaiera encore
avec chance de succès l'usage de bains de siége chauds.

ART. 868. — **Cystite aiguë.** — Synonyme d'inflammation
de la vessie, la cystite aiguë est synonyme aussi de *catarrhe
vésical aigu;* se manifestant après un refroidissement brusque,
des excès de boisson, une chute, le cathétérisme, etc. Il a pour
symptômes essentiels : besoin fréquent d'uriner ; douleur cui-
sante pendant l'émission de l'urine; douleur dans la région
hypogastrique, à la pression; fièvre, malaise, agitation. etc.,
suivant la gravité. L'urine, peu consistante, assez souvent
rougeâtre, renferme des mucosités. Les symptômes inflammatoires peuvent aller jusqu'à produire de l'insomnie, le hoquet,
des vomissements. Cet état réclame sans doute les soins de
l'homme de l'art, mais on devra, en attendant, faire un emploi
des anti-phlogistiques dont on pourra disposer, tels que boissons mucilagineuses; décoction de lin, sucrée et aromatisée à la
fleur d'orange ; cataplasmes de graine de lin, et, à défaut, de mie
de pain, sur le bas-ventre, arrosés, si on le peut, avec du laudanum et de l'huile camphrée. Frictions avec un mélange de ces
deux préparations, au périnée. Bains de siége. Diète sévère.

ART. 869. — **Cystite chronique.** — La *cystite chronique* est
synonyme de *catarrhe chronique de la vessie*. Maladie très-répandue,
surtout parmi les personnes qui ont du bien-être, et dont le
principal caractère consiste en des dépôts dont l'urine est chargée.
Cette maladie est le plus souvent la conséquence d'autres affections des organes contigus, et surtout du même appareil
(urinaire), tels que de la prostate, des reins, du canal de l'urètre; tumeur de la vessie; rétrécissements, calculs, etc.

L'important dans le traitement de cette affection est de veiller
à ce que l'urine ne s'amasse point dans l'organe malade, ce à
quoi on parvient au moyen de la sonde. Les boissons résineuses
ou balsamiques, telles que décoction de bourgeons de sapin, de
copeaux de bois résineux ; les pilules anti-catarrhales (art.1106)
sont indiquées. Une dissolution de 5 grammes de bi-carbonate
de soude, dans quatre verres d'eau, à prendre dans le courant
de la journée, à intervalle d'une heure ou demi-heure du repas,
a été souvent d'un bon effet, surtout lorsque le catarrhe semblait

tenir à la présence de graviers ou calculs dans la vessie. Le régime exerce ici une grande influence sur le cours de cette affection, dans lequel on bannira l'usage des boissons alcooliques, du café, des aliments excitants. Lorsqu'on peut rattacher cette affection à la diathèse dartreuse ou rhumatismale, on se trouve bien, très-bien, de notre traitement interne (art. 849).

ART. 870. — **Rétention d'urine ou dysurie.** — La difficulté d'émettre l'urine lorsque la vessie renferme plus ou moins de ce liquide, constitue la rétention. L'*incontinence d'urine* est l'inverse, c'est-à-dire la difficulté qu'on éprouve à la garder lors même qu'on ferait, à l'effet d'en empêcher sa sortie par le canal de l'urètre, des efforts soutenus. Les rétentions d'urine peuvent avoir un grand nombre de causes dont les plus communes sont la paralysie des muscles compresseurs de la vessie, la cystite aiguë et chronique, la pierre ou calculs de la vessie, le rétrécissement du canal de l'urètre, à la suite de l'urétrite, ou par l'effet d'une affection de la prostate. Nous avons indiqué dans le précédent paragraphe les moyens de combattre la cystite aiguë ; ce seront les mêmes que nous conseillerons lorsqu'une rétention d'urine se manifestera subitement, à éloignement du médecin, dont les soins, nous ne saurions trop le répéter, devront être réclamés dans toutes les affections des organes génito-urinaires.

Nous devons rappeler que, dans un grand nombre de ces affections, la médecine a recours, pour vider la vessie, à la pratique purement mécanique nommée *cathétérisme*, consistant à introduire dans cet organe, par le canal de l'urètre, un cylindre creux nommé *cathéter* ou *sonde*, en métal ou en divers tissus, ce qui établit ainsi un passage pour le trajet du liquide au dehors. Le médecin seul, dans les villes surtout, pratique ordinairement le cathétérisme; mais dans les campagnes, à l'éloignement des hommes de l'art, le malade, dans quelques cas, doit pouvoir le pratiquer sur lui-même. Dans ces cas, les médecins se font un devoir de le guider; car c'est un moyen de l'emploi fréquent duquel est liée parfois l'existence, soit que le sujet conserve, toute sa vie, une infirmité incurable qui s'aggravera de temps en temps, soit qu'il doive ultérieurement guérir.

ART. 871. — **Incontinence d'urine.** — Ainsi que nous l'avons déjà dit, l'incontinence d'urine, chez les adultes, se lie ordinairement à une affection grave de la vessie, et demande les soins de l'homme de l'art. Fréquente chez les vieillards, elle ne présente que peu de gravité, lorsqu'elle résulte de la paralysie du sphincter et du col de la vessie. L'*incontinence d'urine, chez les enfants, pendant le sommeil*, est une maladie fréquente. Elle se lie ordinairement à un état de faiblesse du sujet. D'autres fois elle tient à la position que prend l'enfant en se couchant. Coucher sur le dos favorise singulièrement l'incontinence d'urine chez les enfants. On y remédie, dans ce cas, en fixant un bouchon de liége, au moyen d'une ceinture et de quelques bandes, au dos du sujet, de telle sorte qu'il soit sollicité, presque à son insu, à se coucher sur un des côtés. Lorsque l'incontinence se produit, malgré l'emploi de ce moyen, surtout chez des sujets déjà un peu grands, deux moyens sont appelés, suivant la constitution, à les guérir : nos pilules de chlorhydrate d'ammoniaque (art. 1111) et le café, si le sujet est faible, débile, pâle ou lymphatique ; les solanées vireuses, s'il est, au contraire, frais, fort et vigoureux. Lorsque le sujet sera fort et frais, au-dessus de 14 ans, le traitement consistera à lui faire prendre, le matin, vers midi, et le soir, en se couchant, à éloignement d'une heure du repas, une de nos pilules sédatives (art. 1131). La dose de nos pilules doit être proportionnelle à l'âge du sujet (art. 969). Il boira par-dessus, une demi-tasse d'infusion de tilleul ou, simplement, d'eau sucrée, aromatisée à la fleur d'orange.

ART. 872. — **Calculs urinaires, pierre, gravelle.** — Les *calculs urinaires* peuvent se former dans tous les points des voies urinaires, telles que les reins, les uretères, la vessie. Leurs causes sont peu connues : une disposition héréditaire, des excès dans certains plaisirs, une constitution faible ou détériorée, ont été considérés comme causes prédisposantes par certains auteurs. Le défaut d'exercice, le séjour prolongé au lit, une conformation particulière des organes urinaires, qui permet à quelques portions du liquide d'y séjourner plus longtemps, peuvent, d'après M. Chomel, favoriser la formation des calculs. Les calculs de la vessie peuvent se former dans la vessie elle-même ; mais ils proviennent le plus souvent des reins. On reconnaît que la vessie renferme un ou plusieurs calculs à un sentiment de pesanteur vers la région du périnée, à une douleur plus ou moins obscure, plus ou moins vive, qui se produit dans la vessie, et à une augmentation dans la quantité du mucus sécrété par la vessie. Pour saisir ce dernier caractère, on fait uriner le malade dans un verre de forme allongée, tel qu'un verre à champagne, qu'on regarde, en le plaçant entre la lumière et les yeux. Ce mucus présente quelque chose de filant comme de la glaire d'œuf. On le reconnaît encore à un trouble produit dans l'excrétion de l'urine, qui est suspendue tout à coup, une ou plusieurs fois, avant de s'achever ; enfin, à ce que la sonde métallique, introduite dans la vessie, produit, par son contact avec le calcul, un choc tel que celui d'un corps dur.

On remarque encore, dans les cas de calculs urinaires, que la course, certaines fonctions, certains mouvements, augmentent l'intensité de la douleur, à moins toutefois que le calcul ne soit point mobile, auquel cas tous ces signes peuvent manquer.

On a proposé différents moyens pour dissoudre la pierre ; mais aucun ne paraît d'une efficacité réelle. Le bi-carbonate de soude, à la dose de 5 grammes, dissous dans un litre d'eau, à boire dans la journée, est, de toutes les préparations, celle qui a le mieux réussi ; mais encore ne peut-on citer que peu de cas de guérison. C'est donc le seul à essayer, ce nous semble ; et, en cas d'insuccès, nous conseillons de recourir, sans retard, aux soins des hommes spéciaux, qui parviennent, le plus souvent, à délivrer les malades des calculs urinaires, par des moyens nouveaux et très-ingénieux, constituant l'art de la lithotritie.

ICTÈRE OU JAUNISSE.

ART. 873. — **Résumé.** — Maladie qui tient à un trouble dans la sécrétion de la bile. On devra consulter l'homme de l'art si, après s'être soumis, pendant huit jours, à un régime sévère (diète, abstention de spiritueux, de café et même de vin), et avoir fait usage de fruits cuits comme aliments, de limonade comme boisson, il n'y a pas d'amélioration marquée.

SURDITÉ.

ART. 874. — **Description.** — La *surdité* est la perte de l'ouïe, quoiqu'on donne souvent ce nom à un affaiblissement plus ou moins grand de ce sens. Que la surdité soit ou non complète, il est des cas dans lesquels on pourra obtenir la guérison et dans d'autres une amélioration plus ou moins prononcée. (Voir art. 845.)

L'oreille se compose de trois ou, tout au moins, de deux parties bien distinctes : l'oreille externe et l'oreille interne. L'oreille externe comprend tout ce que nous voyons de cet organe et même une grande partie du tube auditif que notre œil ne peut apercevoir, jusqu'au tympan, qui en est la portion la plus profonde, et qui forme la séparation de l'oreille externe d'avec l'oreille interne. La membrane tympan, sorte de tambour qui reçoit les vibrations extérieures de l'air, est chargée de la transmission de ces vibrations, constituant le son, à l'oreille interne, qui, à son tour, les transmet au cerveau. Quant à l'oreille interne, il serait difficile d'en bien faire connaître toutes les dispositions ; mais ce qu'on doit savoir d'important de cet organe, c'est qu'il constitue une ouverture ou cavité séparée de l'air extérieur par le tympan, et que cette cavité est tapissée en partie par l'épanouissement d'un nerf nommé nerf acoustique qui reçoit, au moyen de l'air que renferme cette cavité, et par l'intermédiaire du tympan, la transmission de toutes les vibrations extérieures. Ce nerf acoustique transmet à son tour au cerveau, les sensations qu'il reçoit de l'extérieur.

Pour nous, qui voulons arriver le plus directement à soulager, nous considérerons comme de trois sortes les maladies de l'organe auditif qui produisent la surdité : celles de l'oreille interne, celles du tympan et celles de l'oreille externe.

Lorsque le nerf acoustique est frappé de paralysie, soit par suite d'une affection qui lui est propre, soit par une compression exercée par un épanchement sanguin ou séreux, il cesse de transmettre ses sensations au cerveau, et il y a surdité : voilà pour le premier cas.

Lorsque le tympan s'épaissit, par suite d'une lésion spéciale ; lorsqu'il est atteint extérieurement d'une affection dartreuse, il cesse de bien vibrer et transmet mal, à l'oreille interne, les vibrations qui viennent de l'air extérieur : il y a donc perte ou amoindrissement du sens de l'ouïe.

Enfin, lorsque l'oreille externe et le tube auditif sont atteints d'une affection dartreuse, d'un ulcère qui suppure, et que le produit de cette exsudation, se concrétant par la dessiccation, bouche ce conduit et empêche l'accès de l'air extérieur jusqu'au tympan, il y a encore perte totale ou partielle de l'ouïe. D'après ces données, quelles sont les ressources que présente la médecine ?

ART. 875. — Traitement. — Dans le premier cas, c'est-à-dire dans les cas de la paralysie du nerf acoustique, on doit essayer l'usage combiné de nos pilules de chlorhydrate d'ammoniaque avec les pilules panchymagogues (art. 1111). En même temps, faire suppurer le derrière des oreilles par des onctions répétées, tous les soirs, avec notre pommade vésicante (art. 1167). Enfin, si on n'obtient pas un résultat ou simplement une amélioration, on devra essayer d'un cautère à la nuque. Ces cautères sont ordinairement établis par l'application de la potasse caustique, et ne peuvent guère être placés que par un homme de l'art.

Les cas d'épaississement du tympan sont très-rares : il arrive quelquefois que le tympan s'excorie, par l'effet d'une affection dartreuse ; mais cette maladie rentre alors dans le troisième cas dont nous avons parlé, et le traitement en est le même. Dans le cas d'épaississement du tympan, on a eu recours dans ces derniers temps, pour guérir la surdité, à la perforation de cette membrane ; mais, outre que cette opération est grave, par les suites

qui peuvent en résulter, elle est d'une extrême difficulté à pratiquer ; en sorte qu'on doit, dans ce cas, en référer aux lumières,
non-seulement d'un bon médecin, mais encore à celles d'un
médecin spécialiste.

Quant à la surdité de notre troisième division, c'est-à-dire
celle qui provient de l'obturation du conduit de l'oreille externe,
il y a lieu de la déboucher d'abord, ensuite de traiter la dartre
qui a produit la sécrétion. Voir, à cet effet, notre art. complémentaire 845.

DIXIÈME DIVISION. — MALADIES ACCIDENTELLES.

Art. 876. — **Définition.** — Nous réunissons dans cette dernière division toutes les maladies produites par l'effet d'agents
étrangers à l'organisme.

EMPOISONNEMENTS.

Art. 877. — **Pathologie.** — On appelle poison toute substance qui, introduite dans l'économie, y détermine des désordres
graves, et qui, à dose assez forte, pourrait occasionner la mort.
Que ces désordres soient plus ou moins graves, leur production
s'appelle empoisonnement.

On présume qu'il y a empoisonnement lorsque, chez une personne bien portante, on voit, à la suite d'un repas ou de l'ingestion d'une substance quelconque, se manifester des accidents,
tels que vomissements, douleurs violentes à l'estomac ou dans la
région intestinale. D'autres fois, c'est la stupeur propre aux
agents narcotiques qui se produit; ou bien des secousses convul-
sives des membres, comme dans l'empoisonnement par la noix
vomique. Enfin, l'ingestion des liquides âcres ou corrosifs, comme
les acides concentrés, produit une brûlure dans le trajet de l'œsophage.

Art. 878. — **Empoisonnement par les acides.** — Il est
facile de reconnaître la cause d'un empoisonnement par les
acides concentrés, tels que l'acide sulfurique (huile de vitriol),
l'acide azotique (eau forte), l'acide chlorhydrique (muriatique ou
esprit de sel), l'acide chloro-nitrique (eau régale), l'acide acétique concentré (vinaigre radical). Le meilleur antidote à leur
opposer consiste à faire avaler au malade une très-grande
quantité de magnésie calcinée ou de magnésie carbonatée, ou, à
défaut, de blanc d'Espagne (craie), le tout délayé dans de l'eau
(30 à 60 grammes par 500 grammes d'eau). Nous supposons, ce
qui arrive toujours, que le malade a déjà rejeté, par les vomissements, les matières corrosives dont il s'agit. Ces matières
acides se reconnaissent au bouillonnement qu'elles produisent

lorsqu'elles sont mises en contact avec du marbre ou de la craie ;
mais mieux encore avec le papier tournesol qui rougit par leur
contact. C'est donc après que les vomissements se sont produits
qu'il convient d'administrer les antidotes précités. Si on ne
pouvait disposer de ces substances, on leur substituerait de l'eau
de savon, à la dose de 15 à 20 grammes de savon par litre d'eau.
Enfin, si on ne pouvait avoir la quantité nécessaire de savon,
on remplacerait sa dissolution par le liquide qu'on obtiendrait en
mettant deux fortes poignées de cendres de bois dans un litre
d'eau ; on passerait au travers d'un linge, pour employer comme
il est dit des autres liquides. Si ces liquides sont rejetés par les
vomissements, on les remplace par une quantité semblable.
Enfin, on fait boire au malade du lait dans lequel on a battu des
blancs d'œufs, de la décoction de guimauve ou de graine de lin.
On administrera, en même temps, un lavement avec de la
magnésie, de la craie, du savon ou de la cendre, c'est-à-dire avec
de l'eau renfermant une des substances qui doivent entrer dans
la composition de la boisson.

Le traitement se continuera par l'usage de boissons copieuses,
etc., suivant les indications (art. 889).

ART. 879. — **Empoisonnement par les alcalis.** — Les
alcalis, tels que l'ammoniaque, les solutions de soude, de potasse,
produisent rarement des empoisonnements. Nous dirons cependant qu'on doit chercher, dans ce cas, à provoquer les vomissements s'ils ne se produisaient naturellement, et que, cela fait,
on administrera des boissons acides, telles que de l'eau vinaigrée,
dans la proportion de trois parties d'eau pour une de vinaigre.
On emploiera ensuite les moyens indiqués à l'art. 889.

ART. 880. — **Empoisonnement par le sublimé-corrosif.** — Le sublimé-corrosif, d'un usage fréquent dans la médecine vétérinaire, donne quelquefois lieu à des empoisonnements.
Le sublimé a une saveur âcre, et produit un resserrement à la
gorge qui est caractéristique.

Les moyens à opposer sont : 1° provoquer des vomissements
avec le doigt, ou en chatouillant la luette avec les barbes d'une
plume ; 2° faire boire de grandes quantités d'eau albuminée.
Cette eau albuminée se prépare en battant de douze à quinze
blancs d'œufs dans un litre d'eau. Si on n'avait pas à sa disposition un nombre d'œufs suffisant, on emploierait alors l'œuf
entier, et on réduirait ce nombre à dix ou douze (art. 1030).

ART. 881. — **Empoisonnement par l'acide arsénieux.**
— L'empoisonnement arsénieux ou par arsenic est, de tous, le plus
fréquent. L'arsenic est l'agent toxique de prédilection des empoi-

sonneurs, car il a pour eux deux grandes qualités : il est le plus
facile à dissimuler dans un aliment, comme dans un breuvage;
et il est surtout le plus actif de tous les poisons.

L'hydrate de peroxyde de fer et la magnésie calcinée sont,
heureusement pour l'humanité, des antidotes d'une efficacité
réelle pour combattre les effets délétères de l'arsenic.

Voici comment il convient d'agir dans le cas d'intoxication
par l'arsenic :

1º Comme toujours, chercher à produire des vomissements,
avec le doigt ou avec les barbes d'une plume, et, si ces moyens
sont impuissants, administrer immédiatement au malade 20 centigrammes d'émétique, dans un demi-verre d'eau, ou 20 centigrammes de sulfate de cuivre, dissous dans deux cuillerées
d'eau. On réitère plusieurs fois ces vomissements, qu'on favorise
par d'abondantes libations d'eau tiède albuminée.

2º Administrer au malade de l'hydrate de peroxyde de fer en
consistance de bouillie, jusqu'à ce qu'il en aura avalé un demi-
litre et même un litre, ou, à défaut d'hydrate de peroxyde de
fer, un lait de magnésie calcinée, dans la proportion de 60 grammes de magnésie calcinée par litre d'eau, par verres, toutes les
cinq minutes.

On donne ensuite un purgatif, avec 50 ou 60 grammes d'huile
de ricin, et quelques lavements d'eau chaude, le tout pour favoriser l'évacuation; enfin on fait prendre au malade, et fréquemment, de la tisane de graine de lin, renfermant 2 grammes de
nitre par litre.

Si, malgré tous ces soins, ou si ces soins étant trop tardifs, le
malade éprouvait de l'abattement, du refroidissement, des
syncopes, on pratiquerait des frictions sur tout le corps avec un
alcoolat, tel que celui de Cologne ou de mélisse; on lui administrerait, à l'intérieur, un peu de punch ou de vin chaud;
enfin on lui appliquerait des sinapismes aux jambes. Nous
n'avons pas besoin de dire que c'est ici le cas, ou jamais,
d'appeler un médecin.

ART. 882. — **Empoisonnement par le phosphore.** — Le
phosphore, très-répandu aujourd'hui par l'emploi universel des
allumettes phosphorées, a produit déjà un grand nombre d'empoisonnements. Bien que l'antidote de ce corps simple n'ait pas
été désigné par des travaux incontestables, nous conseillons,
jusqu'à ce qu'on ait proposé mieux, l'emploi de la magnésie en
bouillie ou lait magnésien, aux mêmes doses que pour combattre
l'empoisonnement par l'arsenic (article qui précède).

ART. 883. — **Empoisonnement par le vert-de-gris.** —

Comme pour l'empoisonnement par l'arsenic, chercher, par tous les moyens, à obtenir des vomissements successifs, et administrer comme contre-poison, par le haut et par le bas, de l'eau fortement albuminée, ainsi que nous l'avons indiqué pour l'empoisonnement par le sublimé (art. 880). Même régime subséquent.

ART. 884. — **Empoisonnement par l'acétate de plomb.** — Après avoir déterminé des vomissements successifs, ainsi que nous l'avons dit pour les cas qui précèdent, on administrera au malade, comme antidote, une bouteille d'eau de Sedlitz, puis des boissons mucilagineuses et telles que décoction de guimauve et de lin.

ART. 885. — **Empoisonnement par la nitrate d'argent.** — Ces cas d'empoisonnement sont fort rares; mais enfin ils peuvent se produire. Mêmes soins préalables que dans le cas précédent; et, comme antidote, de l'eau salée, dans la proportion de six cuillerées de sel par litre d'eau.

ART. 886. — **Empoisonnement par l'opium, le laudanum, les préparations de morphine, la belladone, le stramonium, la jusquiame, le tabac, la digitale, l'ellébore, le colchique et le laurier-rose.** — Chercher encore, par tous les moyens, à produire des vomissements. Si les agents mécaniques n'aboutissent point, employer, comme vomitif, de 10 à 20 centigrammes d'émétique, dissous dans un verre d'eau chaude; ou, si ce moyen échouait, 20 centigrammes de sulfate de cuivre, dissous dans deux cuillerées d'eau. Les vomissements obtenus, on administrera un lavement purgatif, avec infusion de 20 grammes de séné et de 50 grammes de sulfate de soude.

Enfin, comme antidote, un bol de café noir très-fort, qu'on renouvellera toutes les trois ou quatre heures; et, dans l'intervalle, de l'eau sucrée vinaigrée (deux à quatre cuillerées de vinaigre par verre d'eau), qu'on fera prendre par demi-tasses, tous les quarts d'heure. Appel du médecin au plus tôt.

ART. 887. — **Empoisonnement par la noix vomique, la fève Saint-Ignace, la strychnine, la brucine.** — Suivre toujours la règle générale de provoquer des vomissements (art. 886); puis, pour combattre l'asphyxie qui se produit toujours dans ces cas, insufler de l'air dans les poumons, de bouche à bouche. Ceci est très-important, car, dans ces empoisonnements, les poumons cessant de respirer, il y aurait asphyxie, nous le répétons, comme chez les noyés. Usage de décoction de pavot, une capsule de pavot par litre de tisane.

ART. 888. — **Empoisonnement par les champignons.** — Mêmes moyens à lui opposer que ceux indiqués pour l'empoisonnement par l'opium (art. 886).

ART. 889. — **Généralités.** — Tel est le résumé des cas d'empoisonnement les plus fréquents, et l'abrégé des moyens à leur opposer. Nous ne parlerons pas d'une foule d'autres empoisonnements, généralement moins graves, ou dans lesquels les vomissements, provoqués à temps, sauvent presque toujours le malade : tels sont l'empoisonnement par les moules, par les plantes dites *irritantes*. Nous dirons seulement qu'il faut, dans ces cas, appliquer la médication qui convient à l'empoisonnement en général, comme on devra le faire, d'ailleurs, toutes les fois qu'on ignorera la nature du poison auquel on doit rapporter les symptômes qui se produisent, médication que nous allons résumer, comme de la plus grand eimportance :

1º Chercher à produire des vomissements consécutifs, d'abord par l'introduction des doigts dans l'arrière-bouche, et. en cas d'insuccès, au moyen de la barbe d'une plume. Enfin, par l'ingestion de 10 à 20 centigrammes d'émétique, dans un verre d'eau tiède; et, à défaut d'effet, par 60 centigrammes de sulfate de zinc dissous dans un demi-verre d'eau, ou même par 20 centigrammes de sulfate de cuivre dans deux cuillerées d'eau. Après chaque vomissement, faire avaler au malade de copieuses prises d'eau tiède albuminée, de manière à expulser ainsi, de l'estomac, toutes les matières suspectes qu'il renferme, et à le laver ensuite parfaitement pour n'en laisser aucune trace.

2º Administrer, dans un litre d'eau commune, 60 grammes de magnésie calcinée, par verres, toutes les cinq minutes.

3º Faire prendre ensuite un purgatif à l'huile de ricin ou une bouteille d'eau de Sedlitz, pour empêcher de séjourner, dans les intestins, les parties de poison qui y auraient pénétré.

4º Et enfin, après la purgation obtenue, emploi des adoucissants, tels que cataplasmes, fomentations, potion gommeuse, pour combattre l'irritation produite par l'action des vomitifs et des purgatifs.

Il est évident que si, dans la période d'application de cette médication générale, on arrivait à connaître la nature de la substance vénéneuse cause de l'empoisonnement, on administrerait, dès lors, l'antidote ou contre-poison spécial, mais toutefois, après l'obtention des vomissements, si importants à la guérison.

Du reste, qu'on ne néglige point l'emploi de l'eau albuminée à forte dose (art. 1030), car, outre que l'albumine est le contre-

poison de plusieurs agents toxiques très-actifs, tels que les
sels mercuriels, ceux de cuivre, etc., elle agit encore, comme
anti-phlogistique, sur la membrane muqueuse du tube digestif,
et produit toujours ainsi le meilleur effet dans tous les cas
d'intoxication.

ASPHYXIE.

ART. 890. — **Description.** — Le mot *asphyxie*, dont l'étymologie vient du grec, veut dire suppression du pouls. L'asphyxie
est de deux sortes bien distinctes : 1o celle qui provient par défaut
d'air dans les poumons : telle est l'asphyxie des pendus, des
noyés et des nouveaux-nés ; 2o l'asphyxie produite par l'introduction, dans les poumons, de gaz non respirables ou délétères :
telle est celle qui a lieu par l'aspiration du gaz des cuves
vinaires en fermentation et du gaz de la combustion ; celle qui
résulte de la respiration du gaz des fosses d'aisance.

ART. 891. — **Asphyxie des pendus.** — La première
chose à faire est de couper la corde qui étreint le cou ; de poser
le corps à terre sans le blesser et avec le moins de secousses
possibles ; tout cela sans délai, et, bien entendu, *sans attendre
l'arrivée de l'officier public.* On défait les vêtements qui peuvent
gêner le sujet et nuire ainsi à la respiration et à la circulation.
On place le corps sur un lit ou sur un matelas, la tête et la
poitrine élevées, et on cherche à le réchauffer en promenant des
fers à repasser chauds sur tout le corps, comme en pratiquant
des frictions sur ces mêmes parties avec une pièce de laine qu'on
imbibe avec un mélange d'ammoniaque et d'huile (dans le rapport de un à quatre).

Le corps légèrement incliné à droite, sur le matelas, on
place sous son nez un flacon d'acide acétique ou d'ammoniaque
étendue, et on exerce de légères compressions alternatives sur
la poitrine ou sur le ventre, n vue de rétablir la respiration ;
car c'est vers ce but que doivent tendre tous les efforts. Si ce
moyen est infructueux, après quelques secondes, on devra
recourir au grand moyen, celui qui produit de merveilleux effets
dans ces cas : nous voulons parler de l'insufflation de l'air de
bouche à bouche, en alternant cette insufflation avec la pression
précitée des mains sur la poitrine et l'abdomen. Lorsque le sujet
revient à la vie, il est quelquefois nécessaire de saigner, de
purger et de faire vomir ; mais en confiant dès lors la direction
de cette médication aux lumières et aux soins d'un médecin. Si
le médecin appelé n'avait pu parvenir à temps au lit du malade,
on ferait bien de lui faire prendre des boissons vinaigrées
d'abord, et puis alcoolisées avec un peu d'eau-de-vie. Des lave-

ments au vinaigre et au sel sont encore indiqués. S'il se plaint de céphalalgies, il convient de lui appliquer des compresses d'eau salée et vinaigrée sur la tête. Enfin, si la face est injectée et surtout violacée, on appliquera six à huit sangsues derrière chaque oreille, ou des sinapismes aux jambes.

ART. 892. — **Asphyxie des noyés.** — Dès qu'on retire le noyé de l'eau, se bien garder de le suspendre par les pieds. On le débarrasse à la hâte des vêtements qui le gênent, au moyen de ciseaux ou d'un couteau, surtout si on est en hiver; on le couche sur le dos, un peu tourné à droite; on le penche légèrement, pour faire couler les liquides muqueux que renferme ordinairement la trachée; et, avec les doigts qu'on introduit dans la bouche, on en retire les mucosités qui s'y sont accumulées. Ceci fait, et le plus rapidement possible, on cherche, comme nous l'avons dit dans le cas précédent, à rappeler la respiration, par la pression des mains, alternant avec l'insufflation par la bouche. On cherche en même temps encore, surtout en hiver, à ramener la chaleur du corps d'abord, en le couchant dans un lit bassiné très-chaudement, ainsi que par le contact de fers chauds ou de briques chaudes, et au moyen de frictions avec de la laine. On place sous le nez, soit de l'acide acétique, soit de l'ammoniaque étendue d'eau. On emploie enfin tous les moyens que nous venons d'indiquer à l'article précédent.

On ne doit point se décourager dans l'emploi de ces moyens; car on a vu quelquefois des noyés ne revenir que quelques heures après l'emploi de ces manœuvres. Cependant, si, au bout d'une heure, aucun résultat ne s'était produit, ce serait le cas d'employer les grands révulsifs, tels que de faire brûler de l'amadou ou des pièces de linge, imbibées d'eau-de-vie et du diamètre de trois à quatre centimètres, sur le creux de l'estomac ou sur la partie interne des cuisses.

Le noyé revenu à la vie, on lui administrera quelques cuillerées d'eau-de-vie diluée avec un volume égal d'eau, et on cherchera à provoquer des vomissements à l'aide du doigt ou la barbe d'une plume, surtout s'il a l'estomac plein. Ne négliger, comme dans le cas précédent, ni l'application de compresses sur la tête, ni l'application de sangsues et même de sinapismes.

ART. 893. — **Asphyxie des nouveaux-nés.** — Même traitement que pour les pendus. On doit pratiquer des frictions avec de la flanelle légèrement imbibée de vin, et l'insufflation par la bouche doit se faire doucement et avec beaucoup de soins. Enfin on place l'enfant dans un bain tiède auquel on ajoute un peu de vin.

ART. 894. — **Asphyxie par les gaz du charbon ou par les gaz des cuves vinaires.** — On place le malade sur un lit, la poitrine et la tête élevées ; si c'est dans une pièce, les croisées devront être ouvertes. On projette sur la figure de l'eau vinaigrée, et on pratique des frictions avec une pièce de laine légèrement imbibée d'eau de Cologne ou d'eau-de-vie. On excite les narines avec la barbe d'une plume, et on fait sentir, avec précaution, au malade, de l'ammoniaque étendue d'eau.

On administre un lavement d'eau salée ou vinaigrée. Enfin on pratique des insufflations dans les poumons, comme nous l'avons dit dans le cas d'asphyxie par strangulation ou par submersion.

Une saignée au bras ou à la jugulaire serait quelquefois utile pour rappeler la circulation.

Lorsque le malade est revenu à lui-même, on lui administre quelques cuillerées de bon vin ou d'eau-de-vie allongée.

Ne pas se décourager par le défaut de résultat, après une heure et même deux heures de soins.

ART. 895. — **Asphyxie par les émanations méphitiques.** — Mêmes soins que pour les asphyxies par le gaz du charbon ; mais, au lieu de faire respirer de l'ammoniaque au malade, on lui place, sur la bouche, des linges imbibés de chlorure de chaux ou d'eau de javelle, dont on lui aspergera la figure, en préservant les yeux. Sinapismes aux jambes.

MORSURES D'ANIMAUX ENRAGÉS ; RAGE.

ART. 896. — **Origine de la morsure.** — Il est difficile, et souvent impossible, de savoir si le chien ou l'animal qui a produit la morsure est ou non enragé (art. 463) : cela importe cependant beaucoup, car l'une est ordinairement mortelle si on n'y apporte des remèdes efficaces, et l'autre ne présente aucun danger. Malheureusement, dans nos campagnes surtout, on poursuit, jusqu'à ce qu'on l'ait tué, l'animal soupçonné hydrophobe : en sorte qu'on est souvent privé des moyens de constater s'il était ou non enragé.

ART. 897. — **Pratiques à suivre.** — Lorsqu'on vient d'être mordu par un animal qu'on croit être enragé, une pratique certaine pour éviter l'inoculation de la rage, serait de cautériser la plaie au fer rouge. A cet effet on porte au rouge blanc, à un feu de forge, ou tout simplement à un feu de cheminée, le bout d'un fer à gaufrer ou de la pelle à feu, et, ainsi rougi, on le plonge dans la plaie produite par la dent de l'animal atteint de la rage, jusqu'à ce qu'on soit arrivé à la

30

profondeur, au moins, à laquelle la dent est entrée. Ce moyen, extrêmement douloureux, et qui ne saurait pour cela être pratiqué par le malade, peut être employé sans crainte de danger. Il n'y a plus ensuite qu'à traiter la plaie comme on le ferait d'une brûlure au troisième degré (art. 932).

Mais, pour se faire cautériser ainsi, il faut, non-seulement une grande énergie, mais encore, quand on n'a pas de médecin à proximité, une personne intelligente et dévouée qui veuille se charger de l'opération. C'est ce qui manque souvent, et, comme il peut s'écouler un temps considérable avant que le médecin soit auprès du malade et qu'il se trouve en mesure surtout de commencer la cautérisation, il convient alors de se faire pratiquer, en attendant, une cautérisation provisoire avec l'acide sulfurique (huile de vitriol), de l'acide azotique (eau forte), ou même avec de l'acide chlorhydrique (esprit de sel). Elle consistera à ouvrir la plaie avec un canif, et à y faire couler quelques gouttes de ces liquides caustiques, de manière à ce qu'ils pénètrent bien jusqu'au fond de la plaie. Si c'est de l'ammoniaque dont on puisse seulement disposer, on en imprégnera fortement un morceau de linge ou de coton, et on le plongera ainsi mouillé jusqu'au fond de la plaie, de manière à ce que toutes les parties qui ont été en contact avec les dents de l'animal reçoivent parfaitement les effets caustiques du liquide ; après quoi on devra songer à obtenir, de l'homme de l'art, une cautérisation au fer rouge.

Un grand nombre d'auteurs sont d'avis aujourd'hui que la cautérisation d'une morsure d'animal enragé par un des acides forts dont nous venons de parler, surtout par l'acide sulfurique, est suffisante pour prévenir tout développement de la rage, et dispenserait ainsi de la cautérisation par le fer rouge. Nous penchons beaucoup à le croire nous-même, mais à la condition, dans ce cas, d'ouvrir parfaitement la plaie, et d'y verser l'acide sulfurique, de manière à ce que toutes les parties atteintes par la dent en reçoivent parfaitement l'effet caustique. Nous pensons enfin que, à défaut des liquides corrosifs précités, il serait utile de laver la plaie ou blessure avec du vinaigre, de l'alcool, voire même de la simple eau-de-vie, mais en ayant soin de faire pénétrer profondément ces liquides, et en attendant l'application des cautérisations.

ART. 898. — **Documents divers.** — Il paraît que le chien et le chat sont les seuls animaux chez lesquels la rage se développe spontanément. De plus, tous les animaux paraissent être sujets ou aptes à contracter la rage par morsure, et à mourir ainsi de l'hydrophobie ; mais leur morsure, si ce n'est celle des genres chien et chat, n'est pas contagieuse, et ne saurait communiquer la rage. Il n'y a donc à redouter, à ce point de vue, que la morsure de ces animaux.

La rage, chez les personnes mordues par un chien ou un chat enragés, se montre de un mois à trois mois après l'accident ; rarement avant ou après. On cite cependant des cas où l'incubation de la rage a été d'une année et plus.

Au début de la rage, l'homme éprouve, comme le chien, de la tristesse. Il a des rêves effrayants ; puis surviennent des suffocations avec des crachats fréquents ; exaltation des sens, qui rend le moindre bruit pénible et la vue d'un corps brillant insupportable. Les convulsions arrivent ; la soif est ardente ; il y a assez souvent horreur des boissons et suffocation. C'est vers le troisième ou le quatrième jour que le malade succombe.

La thérapeutique ne possède point encore le spécifique de la rage ; et, bien que quelques médecins assurent avoir été témoins de la guérison de cette affreuse maladie, comme des vétérinaires prétendent en avoir guéri des cas chez l'espèce canine, on n'en considère pas moins comme à trouver encore le neutralisant du virus rabique.

M. le Dr Boudin, l'un de nos médecins militaires les plus distingués, est l'auteur d'un grand nombre d'observations et de recherches statistiques sur l'origine de la rage de l'homme et sur la fréquence de cette affection dans l'espèce canine, qui en est la source principale. Ce travail, soumis à l'Académie de médecine en 1863, ayant fait l'objet d'un rapport extrêmement intéressant, nous allons en donner quelques extraits.

Toutes les espèces et variétés des chiens domestiques semblent y être également sujets, de même que le loup, le renard et le chacal. Les chats y sont sujets aussi, mais dans une proportion moindre. Il faut noter, comme très-importante remarque, que la transmission de la rage peut se produire sans qu'il y ait morsure, et par la seule action du lécher de la part de l'animal malade.

La moyenne des cas de rage chez l'homme serait de 24 à 25 annuellement.

Sur 224 cas de rage chez l'homme, dans lesquels la durée de l'incubation a été notée, on constate qu'elle a été :

De moins de 1 mois dans......... 40 cas.
De 1 à 3 mois dans.............. 143 —
De 3 à 6 mois dans.............. 30 —
De 6 à 12 mois dans............. 11 —

D'où il résulte que dans près des 5/6ᵉˢ des cas, l'incubation ne dépasse pas trois mois. On a fait du reste cette importante remarque que la durée de l'incubation semble s'élever avec l'âge, car elle descend chez les plus jeunes sujets jusqu'à quinze et treize jours.

Si la médecine est impuissante à produire la cure de la rage déclarée, on peut affirmer à coup sûr que la cautérisation est un moyen toujours certain d'en prévenir l'apparition, pourvu qu'elle soit appliquée dans les conditions que nous avons indiquées.

En effet, sur 195 morts de la rage, dans la période de 1852 à 1862, on a trouvé :

Sujets non cautérisés.................... 111
Cautérisations tardives................ 45
Cautérisations insuffisantes............ 39

La plupart des sujets qui, ayant reçu des morsures virulentes, ont échappé à la contagion, avaient été soumis à la cautérisation dans les conditions où elle devait être efficace par son rapprochement du moment où la morsure avait été produite.

Dans la même période de temps, sur 143 personnes mordues par des animaux enragés, 63 n'ont pas contracté la rage; et, parmi ces 63, 35 avaient été cautérisées moins d'une heure après la production de la morsure.

La cautérisation, nous le croyons, est un moyen à peu près certain de prévenir la rage; mais, quelques soins qu'on prenne à pratiquer cette opération, même dans les premiers moments qui suivent la morsure, l'incubation marche si rapidement qu'il n'y a jamais, d'après certains auteurs, une réussite complète. Aussi M. Tardieu insiste-t-il pour que l'administration prenne une grande part aux mesures qui peuvent prévenir ces accidents. Des philanthropes ont été jusqu'à vouloir détruire la race canine.

D'après M. Bouley, « la meilleure des prophylaxies ne serait point celle qui procède de l'instinct de la conservation personnelle, dirigée et éclairée par la science » : il voudrait, à cet effet, vulgariser la notion des symptômes de la rage chez le chien, surtout des symptômes de la période initiale, de manière à ce qu'on pût déjà employer les précautions de nature à éviter les morsures ultérieures. Voici, d'après ce savant vétérinaire, membre de l'Académie de médecine, quelle est la marche habituelle de la rage chez le chien, et à quels signes on peut la reconnaître (Figuier) :

L'idée de rage chez les chiens implique en général, aux yeux du monde, celle d'une maladie qui se caractérise nécessairement

par des accès de fureur, des envies de mordre, etc., etc., C'est là
une idée fausse et un préjugé malheureux parce qu'il est fécond
en conséquences désastreuses. En effet, sur la foi de ce préjugé,
on demeure sans défiance en présence d'un chien malade, par
cela seul qu'il ne cherche pas à mordre, et pourtant ce chien
peut très-bien avoir la rage.

La prudence veut donc, comme nous en avertit M. Bouley, que
l'on se méfie toujours d'un chien malade. « La crainte du chien
malade, dit-il, n'est pas seulement le commencement de la
sagesse : c'est la sagesse même. »

Les premiers symptômes de la rage du chien, quoique obscurs
encore, sont déjà assez significatifs.

Ils consistent dans une humeur sombre et une agitation inquiète qui se traduit par un changement continuel de position.
L'animal cherche à fuir ses maîtres ; il se retire dans sa niche,
dans le recoin des appartements, sous les meubles, mais il ne
montre aucune disposition à mordre. Si on l'appelle il obéit encore, mais avec lenteur et comme à regret. Crispé sur lui-même,
il tient sa tête cachée profondément entre sa poitrine et ses
pattes de devant.

Bientôt il devient inquiet, cherche une nouvelle place pour se
reposer, et ne tarde pas à la quitter pour en chercher une autre.
Puis il retourne à sa niche, dans laquelle il s'agite continuellement, ne pouvant trouver une position qui lui convienne. Il
jette autour de lui un regard dont l'expression est étrange. Son
attitude est sombre et suspecte. Il va d'un membre de la famille
à l'autre, fixant sur chacun des yeux résolus.

Ce ne sont pas là encore les symptômes caractéristiques de la
maladie ; ces signes ne suffisent pas pour permettre tout d'abord
d'affirmer l'existence de la rage; mais ils sont déjà suffisants
pour faire naître dans un esprit prévenu, la pensée de son développement possible.

Une des particularités les plus curieuses de la rage du chien,
que M. Bouley signale aussi comme une des plus importantes à
connaître, c'est la persévérance chez cet animal, même dans les
périodes les plus avancées de sa maladie, des sentiments d'affection envers son maître. Ce sentiment demeure si fort, que le
malheureux animal s'abstient toujours de diriger ses atteintes
contre ceux qu'il affectionne, alors même qu'il est en pleine
rage. De là des illusions fréquentes, illusions redoutables, car
ce chien, dont on ne se méfie pas, peut, malgré lui-même,
faire une morsure fatale.

Au début de la rage, et si la maladie est complètement décla-

30*

rée, dans les intermittences des accès, il y a une chez le chien
sorte de délire qui a été qualifié de *délire rabique*. Ce délire se
caractérise par des mouvements étranges qui prouvent que l'animal malade voit des objets et entend des bruits imaginaires; il
a, en un mot, de véritables hallucinations. Ces hallucinations
ont une grande valeur diagnostique; leur étrangeté même doit
éveiller l'attention et mettre en garde contre le danger.

Ces symptômes du début ne se montrent pas toujours les mêmes chez tous les sujets : ils se diversifient un peu suivant le naturel de l'animal. Si, avant l'attaque de la maladie, le chien
était d'un caractère affectueux, il a une attitude inquiète, par
laquelle il semble faire appel à la pitié de son maître. Chez le
chien naturellement sauvage, au contraire, ou celui qui a été
dressé pour la défense, l'expression de sa contenance a quelque
chose de terrible. Les yeux ont un éclat inusité et qui éblouit :
on dirait deux globes de feu.

A une période plus avancée de la maladie, l'animal devient
plus agité : il va, vient, rôde incessamment d'un coin à un autre; il se lève et se couche alternativement; il change à chaque
instant de position. Il dispose son lit avec ses pattes, le refoule
avec son museau pour l'amonceler en un tas, sur lequel il semble
se complaire à appuyer son épigastre; puis, tout à coup, il se
redresse et rejette tout loin de lui. S'il est enfermé dans une
niche, il ne reste pas un seul moment en repos : il tourne sans
cesse dans un même cercle. S'il est en liberté, on dirait qu'il
est à la recherche d'un objet perdu; il fouille tous les coins et
recoins de la pièce où il se trouve avec une ardeur étrange, qui
ne se fixe nulle part.

Chose remarquable, et en même temps bien redoutable! ajoute
M. Bouley, il est beaucoup de chiens chez lesquels l'attachement
pour leur maître semble avoir augmenté, ce qu'ils témoignent en
lui léchant les mains et le visage. On ne saurait trop appeler l'attention sur ce caractère singulier des premières périodes de la
rage canine, ainsi que le recommande le savant vétérinaire,
parce que c'est elle surtout qui entretient l'illusion dans l'esprit
des propriétaires de chiens. Ils ont peine à croire que cet animal, encore si doux, si soumis, si humble à leurs pieds, qui
leur lèche les mains et leur manifeste son attachement par tant
de signes expressifs, renferme en lui le germe de la plus terrible maladie qui soit au monde. «De là, ajoute M. Bouley, une
confiance, et, qui pis est, une incrédulité dont sont trop souvent victimes ceux qui possèdent des chiens, surtout ces chiens
intimes, qui sont pour l'homme le plus sûr des amis tant qu'ils

ont leur raison, mais qui, égarés par le délire rabique, peuvent devenir et deviennent trop souvent l'ennemi le plus traître et le plus cruel. »

L'*hydrophobie* (1), dont on a fait le synonyme de rage, est de tous les signes que l'on a donnés de cette maladie, le plus faux et le plus trompeur. Le préjugé de l'hydrophobie est, aux yeux des vétérinaires, le plus dangereux de ceux qui règnent à l'égard de la race canine. Ce mot implique, en effet, une idée qui est profondément ancrée dans l'opinion du public : tout chien enragé doit avoir *horreur de l'eau*, telle est la croyance universelle. Il résulte de cette croyance que tout animal qui boit, si malade qu'il soit d'ailleurs, n'est pas enragé. De là, une sécurité dont les conséquences peuvent être désastreuses.

Disons-le bien haut, le chien enragé n'a pas horreur de l'eau. Quand on lui offre à boire, il ne recule pas. Voilà ce qui est extrêmement important que tout le monde sache. Le chien enragé s'approche du vase qu'on lui offre ; il lape le liquide avec sa langue ; il l'avale souvent, surtout dans les premières périodes de sa maladie, et lorsque, plus tard, la constriction qui lui survient à la gorge rend la déglutition difficile, il n'en essaie pas moins de boire, et ses lapements alors sont d'autant plus répétés et prolongés qu'ils sont moins efficaces. Souvent même, pressé par la soif, on le voit, en désespoir de cause, plonger le museau tout entier dans le vase, et mordre, pour ainsi dire, l'eau qu'il peut parvenir à avaler.

Le chien enragé ne refuse pas toujours sa nourriture, à la première période de sa maladie, mais il s'en dégoûte promptement. « Chose remarquable alors, et tout à fait caractéristique! ajoute M. Bouley, soit qu'il y ait chez lui une véritable dépravation de l'appétit, ou plutôt que le symptôme que je vais signaler, soit l'expression d'un besoin fatal et impérieux de mordre, auquel l'animal obéit, on le voit saisir avec ses dents, déchirer, broyer, et avaler enfin, une foule de corps étrangers à l'alimentation. La litière sur laquelle il repose dans les chenils, la laine des coussins dans les appartements, les couvertures des lits, quand il couche avec son maître; les tapis, les rideaux, les pantoufles, le bois, le gazon, la terre, les pierres, le verre, la fiente des chevaux, celle de l'homme, la sienne même, tout y passe. »

Ce n'est là, en quelque sorte, qu'un prélude à des actes de

---

(1) Ce mot veut dire dans un sens général *aversion pour l'eau.*

fureur dont les conséquences peuvent être si funestes. L'animal, qui commence par assouvir sa fureur contre les objets inanimés, se jettera bientôt sur d'autres animaux, et il n'épargnera pas l'homme lui-même, à qui il est d'habitude si dévoué.

On croit généralement que, dans la rage, l'animal a une bave abondante. Ce caractère est loin d'être constant, et ce serait une erreur d'inférer de son absence l'absence de la rage. Il est des chiens enragés dont la gueule est, il est vrai, remplie d'une bave écumeuse, surtout pendant les accès. Il en est d'autres, au contraire, qui ont la gueule complétement sèche. Cette circonstance donne même lieu à une particularité d'une extrême importance, au point de vue du diagnostic de la rage, et sur laquelle M. Bouley a beaucoup insisté.

« Le chien enragé, dit-il, dont la gueule est sèche, fait avec ses pattes de devant, de chaque côté de ses joues, les gestes naturels à un chien qui aurait un corps étranger, un os incomplétement broyé, arrêté dans l'arrière-gorge ou entre les dents. Rien de dangereux comme une pareille méprise, qui porte les témoins de ces signes d'anxiété à plonger la main dans la gueule de l'animal pour chercher à le débarrasser. Il existe malheureusement des exemples des funestes conséquences de cette méprise. »

Le vomissement est quelquefois un symptôme du début de la rage ; dans quelques circonstances l'animal vomit du sang.

L'aboiement du chien enragé est tout à fait caractéristique. Il est remarquablement modifié dans son timbre et dans son mode. Bien qu'il soit fort difficile de décrire un aboiement, il est important d'en donner une idée. Voici en quels termes M. Bouley le décrit : « Au lieu d'éclater avec sa sonorité normale et de consister dans une succession d'émissions égales en durée et en intensité, l'aboiement du chien enragé est rauque, voilé, plus bas de ton qu'à l'ordinaire. A un premier aboiement fait à pleine gueule succède immédiatement une série de trois ou quatre hurlements décroissants, qui partent du fond de la gorge, et pendant l'émission desquels les mâchoires ne se rapprochent qu'incomplètement, au lieu de se fermer à chaque coup, comme dans l'aboiement franc. »

Ce qu'il importe surtout de bien retenir de cette description, nécessairement incomplète et insuffisante, c'est que la voix du chien enragé change de timbre, et que son aboiement s'exécute toujours sur un mode complétement différent du mode habituel.

M. Bouley signale enfin une particularité très-curieuse de l'état rabique, et qui peut avoir une très-grande importance pour le diagnostic ; c'est l'apparente insensibilité de l'animal à la dou-

leur, ou plutôt son mutisme sous l'impression de la douleur.
Quelles que soient les souffrances qu'on lui fait endurer, il ne
fait entendre ni le sifflement nasal, première expression de la
plainte du chien, ni le cri aigu par lequel il traduit les douleurs
les plus vives. Frappé, piqué, blessé, brûlé même, le chien
enragé reste muet. Non qu'il soit insensible, car il cherche à
éviter les coups et à se soustraire à l'action de tout ce qui peut
occasionner de la douleur ; mais, s'il vient à être blessé, il ne
fait entendre ni cri, ni gémissement, et pourtant l'expression de
sa physionomie indique assez qu'il souffre.

L'état rabique se caractérise encore par une particularité
extrêmement curieuse et d'une importance capitale sous le
rapport du diagnostic : c'est l'impression de fureur qu'exerce sur
un chien affecté de la rage la vue d'un animal de son espèce.
Cette impression est tellement puissante, fait remarquer
M. Bouley, qu'on peut considérer le chien comme un réactif
sûr pour déceler la rage encore latente dans un animal qui la
couve.

Ce n'est pas tout, et c'est là l'expression d'une loi générale.
Tous les animaux enragés, à quelque espèce qu'ils appartiennent,
subissent la même impression en présence du chien. Tous, en le
voyant, s'excitent, s'exaspèrent, entrent en fureur, se lancent
sur lui et l'attaquent avec leur armes naturelles : le cheval avec
ses pieds et ses dents, le taureau et le bélier avec leurs cornes. Il
n'est pas jusqu'au mouton qui ne dépouille, sous l'empire de la
rage, sa pusillanimité native, et qui, loin de ressentir de l'effroi
à la vue d'un chien, ne fonde sur lui tête baissée.

M. Bouley nous révèle enfin une dernière circonstance dont la
connaissance n'importe pas moins que les précédentes au point
de vue qui nous intéresse. Il arrive très-souvent, dit-il, que le
chien qui ressent les premières atteintes de la rage, s'échappe de
la maison et disparaît. On dirait qu'il a comme la conscience du
mal qu'il peut faire, et pour éviter d'être nuisible, il fuit ceux
qu'il aime. Quelquefois on ne le revoit plus, soit qu'il aille
mourir dans quelque endroit retiré, soit que, reconnu pour
enragé, il ait été abattu. Dans quelques cas, après avoir erré un
jour ou deux, le malheureux animal revient au logis ; et c'est
ordinairement dans ces circonstances que les malheurs surviennent, parce que sa maladie est arrivée alors à cette période où,
n'ayant plus la conscience de ses actes, sa propension à mordre
est devenue en quelque sorte irrésistible.

Tels sont, rapidement énumérés, les symptômes, les signes, les
particularités qui signalent l'état rabique chez le chien. On peut

voir, d'après cet exposé, que la rage canine n'est pas un maladie caractérisée par un état de fureur continuelle, comme on est porté à le croire communément. Avant que le chien enragé se montre furieux et exprime sa fureur par ses morsures, il s'écoule un assez long délai pendant lequel il demeure inoffensif, bien que la maladie soit déjà nettement déclarée. Voilà ce que tout le monde doit savoir.

Quand la maladie est arrivée à la période que l'on peut appeler véritablement *rabique*, c'est-à-dire celle qui se caractérise par des accès de fureur, la physionomie du chien est terrible. Son œil brille d'une lueur sombre et qui inspire l'effroi, même lorsqu'on observe l'animal à travers la grille de la cage où on le tient enfermé. « Là, dit M. Bouley, il s'agite sans cesse ; à la moindre excitation, il se lance vers vous, poussant son hurlement caractéristique. Furieux, il mord les barreaux de sa niche et y fait éclater ses dents. Si on lui présente une tige de bois ou de fer, il se jette sur elle, la saisit à pleines mâchoires et y mord à coups répétés. »

A cet état d'excitation succède bientôt une profonde lassitude ; l'animal, épuisé, se retire au fond de sa niche, et là il demeure quelque temps insensible à tout ce qu'on peut faire pour l'irriter. Puis, tout à coup, il se réveille, bondit en avant, et entre dans un nouvel accès.

Lorsqu'un chien enragé est libre, il se lance devant lui, d'abord avec une complète liberté d'allures, et s'attaque à tous les êtres vivants qu'il rencontre, mais de préférence au chien plutôt qu'à tous les autres. Mais il ne conserve pas longtemps une démarche libre. Epuisé par la fatigue de ses courses, par les accès de fureur auxquels il a trouvé l'occasion de se livrer, par la faim, par la soif, et sans doute par l'action propre de sa maladie, il ne tarde pas à faiblir sur ses membres. Alors il ralentit son allure et marche en vacillant, la queue pendante, la tête inclinée et gueule béante. Dans cet état, il est bien moins redoutable qu'au moment de ses premières fureurs. S'il attaque encore, c'est lorsqu'il trouve sur son passage l'occasion de satisfaire sa fureur. Mais il n'est plus assez excitable pour changer de direction et aller à la rencontre d'un animal ou d'un homme qui ne se trouvent pas immédiatement à sa portée.

Bientôt son épuisement est tel, qu'il est forcé de s'arrêter. Alors il s'accroupit dans les fossés des routes, et y reste somnolent pendant de longues heures. « Malheur à l'imprudent qui ne respecte pas son sommeil ! s'écrie M. Bouley : l'animal, réveillé de sa torpeur, récupère souvent assez de force pour lui faire une morsure. »

La fin du chien enragé est toujours la paralysie.

Nous avons commencé par des citations de M. Bouley, c'est encore par une citation du même auteur que nous allons terminer. Ce sera la conclusion toute naturelle de cet article :

« Il ressort des développements qui précèdent que, dans un grand nombre de circonstances, le plus grand nombre peut-être, les accidents rabiques qui viennent trop souvent jeter dans la société l'inquiétude, les angoisses prolongées et les plus profonds désespoirs, procèdent surtout de ce que les possesseurs et détenteurs de chiens, dans l'*inscience* où ils se trouvent, faute d'avoir été suffisamment éclairés, ne savent pas se rendre compte des premiers phénomènes par lesquels se traduit l'état rabique du chien, état presque toujours inoffensif au début, profiter des avertissements que leur donnent, par des signes non douteux et facilement intelligibles, leurs malheureux animaux, et prendre enfin à temps des mesures à l'aide desquelles il leur serait possible de prévenir des désastres menaçants. »

L'instruction que l'Académie de médecine rédigera ne pourra que reproduire, pour les bien faire pénétrer dans l'esprit des masses, les renseignements et les faits que nous venons de passer en revue, concernant les signes et les symptômes de la rage chez le chien, symptômes si bien mis en lumière par M. Bouley.

MORSURE OU PIQÛRE D'ANIMAUX VÉNIMEUX.

ART. 899. — **Leur importance.** — Nous ne parlerons, bien entendu, que de la morsure des animaux vénimeux qui vivent en France. Or, la zone du globe dans laquelle nous nous trouvons est, heureusement pour nous, peu féconde en animaux de ce genre ; de plus, leur morsure, lors même qu'elle serait négligée, occasionne rarement la mort. Sans doute, on pourrait citer un certain nombre de personnes qui sont mortes des suites de ces morsures ; mais il est évident qu'elles n'ont occasionné la mort, dans ces cas, que parce qu'elles se sont produites chez des sujets déjà affaiblis par des maladies, ou d'une constitution extrêmement faible. Quoi qu'il en soit, ces moyens peuvent déterminer, au moins, des accidents graves, qu'il est important de prévenir et de combattre, même lorsqu'ils se sont produits.

Les animaux vénimeux indigènes à la France sont : 1o les différentes variétés de la vipère commune ; 2o différents genres de l'ordre des hyménoptères et de celui des diptères ; 3o l'araign de caves ; 4o et enfin le scorpion.

MORSURE DE LA VIPÈRE.

ART, 900. — **Description de l'animal.** — Les différentes variétés de la vipère commune, qu'on confond ordinairement avec les couleuvres, n'ayant rien de malfaisant, se distinguent entre ces derniers reptiles d'abord en ce que la vipère est proportionnellement plus courte que la couleuvre. Sa longueur totale est ordinairement de 70 centimètres, rarement davantage. Celle de la queue est de 8 à 10 centimètres. Son diamètre, dans le milieu du corps, est d'environ 3 centimètres; elle est beaucoup moindre du côté de la queue. Sa couleur, dit Orfila, est d'un cendréolivâtre, verdâtre ou grisâtre, plus intense sur le dos que sur les flancs. On remarque, depuis la nuque jusqu'à l'extrémité de la queue, le long du dos, une bande noirâtre composée de tâches de la même couleur, de forme irrégulière, qui, en se réunissant en plusieurs endroits, les unes aux autres, *représentent assez bien une chaîne dentelée en zigzags. On voit sur chaque côté du corps une rangée de petites tâches noirâtres, symétriquement espacées, dont chacune correspond à l'angle rentrant de la bande en zigzags;* un nombre infini d'écailles carénées couvrent la tête et le dos; la tête est en cœur, plus large postérieurement, plus plate et moins longue que celle des couleuvres. Le sommet de la tête représente deux lignes noires, divergentes d'avant en arrière, très-écartées, de manière à représenter la lettre V. Ces lignes sont séparées par une tâche noirâtre en forme de fer de lance. Nous ajouterons à ces caractères bien suffisants, pour reconnaître la vipère, que le cou est plus déprimé que chez la couleuvre, et que la queue, courte, ainsi que nous l'avons dit, est obtuse et déprimée. Cette dépression est surtout remarquable à son insertion avec le corps au point du cloaque (anus des reptiles), lorsque, au contraire, chez les couleuvres, la queue fait suite au corps d'une façon non interrompue.

L'appareil vénimeux de la vipère est situé dans la partie antérieure de la bouche. Le venin est renfermé dans deux glandes, à la base des deux dents de devant ou crochets à venin de la mâchoire supérieure. Lorsque l'animal veut mordre, il ouvre la bouche : le muscle élévateur de la mâchoire supérieure, en se contractant, presse la glande; le venin sort du canal excréteur, arrive à la base de la dent, traverse la gaîne qui l'enveloppe, et entre dans sa cavité par l'ouverture qui se trouve à cette base ; alors il coule le long de la rainure des dents pour pénétrer dans la blessure.

ART, 901. — **Thérapeutique.** — On fait saigner la plaie,

autant que possible ; on la comprime, et on peut même, sans inconvénient, la sucer pour cracher ensuite.

On pratique, lorsque c'est possible, une ligature, le plus près de la plaie, du côté du cœur. Enfin, on cautérise avec un acide ou simplement de l'ammoniaque. On administre à l'intérieur, toutes les heures, cinq gouttes d'ammoniaque liquide dans de l'eau sucrée.

PIQURES PAR LES HYMÉNOPTÈRES ET LES DIPTÈRES.

ART. 902. — **Description et traitement.** — Les insectes ailés dont la piqûre est venimeuse sont, parmi les hyménoptères : l'abeille, le bourdon, la guêpe et le frelon ; et, parmi les diptères, le cousin. Si les symptômes sont légers, on se contentera, comme l'indique M. Bouchardat, de frictionner la place avec quelques gouttes d'ammoniaque, dans une cuillerée d'eau de Cologne ; s'ils sont alarmants, au contraire, on cautériserait avec une goutte d'acide sulfurique ; mais on n'emploie ces moyens énergiques que tout autant qu'on a à craindre que l'insecte ait sucé un animal mort du charbon, en un mot, lorsque la pustule maligne est à redouter, en vue de prévenir une inoculation que les diverses variétés de mouche seules peuvent produire. (Voir « *Pustule maligne* » art. 903.)

M. le Dr Jules Lemaire, dans le livre qu'il vient de publier, *sur l'Acide phénique,* nous donne, au sujet des propriétés de ce nouveau produit, pour combattre ou prévenir les effets des piqûres empoisonnées, des renseignements utiles ; mais on considère généralement que l'emploi de ce nouvel agent est l'équivalent, par les résultats, de celui de l'ammoniaque précité, en sorte qu'il n'y a pas lieu de le décrire, lorsque d'ailleurs les piqûres des diptères et des hyménoptères, à moins qu'elles ne soient multiples, ne présentent pas un danger sérieux.

MORSURE DE L'ARAIGNÉE DES CAVES.

ART. 903. — **Description et traitement.** — L'araignée des caves a le corps long d'environ 2 centimètres, velu, d'un noir tirant sur le gris de souris, avec les mandibules vertes ou d'un bleu d'acier, et une suite de taches triangulaires noires, le long du milieu du dos et de l'abdomen. On la trouve en France et en Italie. (LATREILLE.)

Le traitement de la morsure de cette araignée, la seule vénimeuse que nous ayons en France, consistera à laver la petite plaie avec de l'ammoniaque étendue d'eau de Cologne. Ces morsures sont, du reste, extrêmement rares.

31

PIQURE PAR LE SCORPION.

ART. 904. — **Résumé.** — Le scorpion d'Europe, dit Orfila, a
3 centimètres de longueur ; son corps est d'un brun très-foncé,
noirâtre, ses bras sont anguleux, avec la main presque en cœur ;
et l'article qui la précède est unidenté ; la queue est plus courte
que le corps, menue ; le cinquième nœud est allongé ; le dernier
est simple, d'un brun jaunâtre, ainsi que les pattes ; les peignes
ont chacun neuf dents. On le trouve en Languedoc, en Provence,
et en général dans l'Europe méridionale, sous des pierres et dans
l'intérieur des habitations. Sa piqûre produit sur l'homme des
accidents qui varient en raison de la grosseur de l'animal et du
climat auquel il appartient. Elle est ordinairement plus dangereuse en Italie et surtout en Afrique qu'en France.

Le traitement local de la piqûre du scorpion sera le même que
celui pour la morsure de l'araignée des caves.

PUSTULE MALIGNE.

ART. 905. — **Résumé.** — La *pustule maligne* est une affection
gangréneuse produite par le contact du sang, du pus ou de la peau
des animaux morts d'affections charbonneuses. On l'observe surtout dans les lieux bas et marécageux. Le Nord présente peu de cas.
Les professions qui y sont les plus sujettes sont celles de berger,
de laboureur, de vétérinaire, de maréchal-ferrant, de boucher,
de tanneur, de mégissier, de peigneur de laine, etc. ; en un mot,
les professions dans lesquelles on est en contact avec les animaux vivants ou morts. La pustule maligne est encore contagieuse de l'homme à l'homme ; mais elle n'est jamais spontanée
dans l'espèce humaine.

Elle se montre ordinairement chez l'homme aux parties
exposées au contact des corps ou des animaux qui la communiquent.

Nous diviserons son invasion en deux périodes bien distinctes.
La première est caractérisée par une démangeaison au milieu de
laquelle se produit une vésicule de la grosseur d'une graine de
moutarde, remplie de sérosité rougeâtre, dont la déchirure fait
ordinairement cesser le prurit ; la deuxième période, qui commence de vingt à trente heures après l'apparition des premiers
symptômes précités, se manifeste sous forme d'une tache circulaire de la dimension d'une lentille, et sur la place même de la
vésicule rompue. Les bords de cette tâche font légèrement saillie,
et tout autour se produit une auréole violacée, luisante, recouverte de petites vésicules semblables à la première. Cette déman-

geaison dégénère en cuisson ; la plaque intérieure noircit, et tout cela se produit ordinairement dans les vingt-quatre ou trente-six heures qui suivent l'invasion de cette deuxième période. Alors, le noyau central gangréné s'agrandit, se déprime, et le malade éprouve, dans tout le membre ou dans toute la région, un sentiment de pesanteur et d'engourdissement. Enfin la gangrène fait de nouveaux progrès, et se manifestent la fièvre, une altération dans le pouls, qui devient petit et fréquent, une soif ardente, et tous les désordres qui amènent la mort à leur suite.

Dès que les premiers symptômes se manifestent, on doit recourir immédiatement aux lumières de l'homme de l'art, qui se hâtera d'appliquer la cautérisation au fer rouge ; mais, si l'on ne pouvait recevoir assez tôt ses soins, on devrait ouvrir la plaie par une large incision en croix ; et, si on n'osait y appliquer le fer rouge, qui est cependant le moyen le plus efficace, on introduirait dans cette plaie un bourrelet ou sphéroïde de charpie, imbibé d'acide sulfurique. Ce bourrelet serait renouvelé six heures après ; et, le lendemain, on panserait la plaie comme une brûlure. S'il se produisait à la fois plusieurs pustules, elles seraient traitées de la même manière. On administrerait en même temps au malade, toutes les heures, cinq gouttes d'ammoniaque, dans un demi-verre d'eau sucrée.

VERS INTESTINAUX.

ART. 906. — **Description.** — Les plus communs parmi ces vers sont : les *ascarides lombricoïdes* ayant quelque ressemblance de forme et de dimension avec les vers de terre ; les *oxyures vermiculaires,* qui ressemblent à des radicules d'ognons, et qui se tiennent généralement dans les plis du rectum ; enfin le *ténia* et le *botriocéphale,* qui ont ordinairement plusieurs mètres de longueur, de forme aplatie, ayant quelque ressemblance avec du lien étroit. Ceux-ci sont constitués par une foule de fractions ou anneaux qui se détachent du côté opposé à la tête de l'animal, et dont la forme et la couleur ont l'aspect de petites graines de citrouille. On les connaît tous deux sous le nom de *ver solitaire.*

Il n'est pas rare non plus que les intestins renferment des larves de différents insectes et particulièrement des larves d'*œstre,* dont la présence produit, comme les vers, des désordres dans l'économie.

Les symptômes généraux accusés par l'existence de ces entozoaires dans les intestins, chez l'homme, sont : la pâleur de la face, cercle bleu autour des yeux, changements fréquents de couleur; salivation, nausées, mauvaise haleine; appétit irrégulier et dépravé; démangeaison très-vive au nez; éternuements; tension du ventre; coliques à la région ombilicale; dilatation des pupiles; saignement au nez; réveil en sursaut; grincement des dents, pendant le sommeil. Rêves pénibles et dans lesquels le malade est effrayé par des reptiles. Spasmes, attaques épileptiformes, tremblements choréiques, etc. Le plus important de tous les signes, le seul certain, est la sortie, avec les excréments, de vers, ou de portions de vers quand il s'agit du ténia.

Les symptômes particuliers sont, pour les *oxyures,* un prurit insurmontable à l'anus, ténesme et quelquefois écoulement muqueux par le rectum. Pour les *ascarides lombricoïdes,* outre les signes généraux, coliques fréquentes et sentiment de reptation, surtout vers le nombril; pour le *ténia,* sensation semblable à celle que déterminerait un corps qui remonterait tout à coup du côté gauche, jusque dans la gorge, et retomberait ensuite; sensation d'une masse dans l'un ou l'autre côté, avec mouvement ondulatoire; sentiment de succion dans le corps, vertiges, fourmillement et engourdissement dans les doigts et les orteils. Cessation subite des symptômes qui se produisent dans le bas-ventre, après avoir bu une gorgée d'eau-de-vie ou de liqueur absinthée.

Les vers, par l'irritation qu'ils jettent dans les fonctions de la digestion et de l'assimilation, peuvent produire les plus grands désordres dans l'économie. Un grand nombre d'affections nerveuses et morales les reconnaissent pour cause. C'est surtout chez les enfants, dont la résistance est d'autant moindre qu'ils sont plus jeunes et partant plus faibles, que se manifestent ces désordres. Aussi le médecin expérimenté ne perd-t-il jamais de vue, chez ces sujets, le rôle important des vers dans les maladies de l'enfance, et la part qu'ils peuvent avoir dans les symptômes qui se manifestent. Le traitement devra varier suivant l'espèce d'entozoaire à laquelle il s'adressera. (Voir art. 765).

ART. 907. — **Ascarides lombricoïdes.** — Pour les adultes, pendant deux jours consécutifs, 50 centigrammes de santonine pulvérisée, divisée en cinq paquets, à prendre dans la journée, à distance de deux heures des repas, en mettant au moins une heure d'intervalle entre chaque paquet (art. 953 et 1188). La santonine est presque insipide : on peut la mettre dans la bouche, et boire par-dessus un verre d'eau, ou l'envelopper dans de la confiture, dans un peu de fruit cuit, etc. *Pour les enfants de* *dix à quinze ans*, les deux tiers ou les trois quarts de la dose de santonine prescrite pour les adultes; et pour ceux au-dessous de sept ans, vingt pastilles de santonine données tous les jours (par une ou par deux toutes les heures, en nombre égal au double d'années d'âge de l'enfant). (Voir art. 765.)

ART. 908. — **Oxyures** (Ascarides vermiculaires de quelques auteurs). — Administration de demi-lavements dans lesquels on suspendra 50 à 75 centigrammes d'aloès succotrin, et, si la personne ne va pas librement du ventre, de deux à quatre de nos pilules aloétiques. (Voir art. 765.)

ART. 909. — **Ténia.** — Qu'il s'agisse d'expulser du tube digestif de l'homme le ténia ou son congénère le botriocéphale, assez fréquent sur les bords du Rhin, très-commun en Pologne, en Russie, etc., occasionnant, l'un comme l'autre, des convulsions connues sous les noms d'épilepsie, mal caduc, attaques de nerfs, etc., nous pensons, avec les plus grandes autorités de la science, que le cousso vrai (*brayera anthelminthica*) en est le spécifique certain. Vingt grammes de poudre de cousso mêlés avec quantité suffisante de sucre aromatisé, et divisés en quatre paquets, constituent la dose appropriée à un adulte. Le malade, après s'être préparé, dès la veille, par la diète, prend le matin un de ces paquets, tous les quarts-d'heure, et jusqu'à achèvement des quatre. A cet effet, et après avoir mis la poudre au fond d'un verre, on ajoute une petite quantité d'eau, et, à l'aide d'une cuillerée à café, on agite pour délayer, jusqu'à obtention d'une pâte très-molle; on avale et on boit par-dessus une petite quantité d'eau pure ou sucrée. Ordinairement, une heure après, le malade, sans éprouver de coliques, rend, d'abord par en bas, les matières enfermées dans le gros intestin; et puis, les évacuations alvines se répètent plusieurs fois, présentant quelques débris du ver plat; enfin le complément du ver, presque entier, est expulsé ensuite. « Tout cela, dit M. Bouchardat, se passe presque sans coliques, presque sans fatigue, et, au bout dix minutes, le malade se trouve ordinairement assez bien pour prendre des aliments. » (Voir art. 765.)

PHTHIRIASE OU PÉDICULAIRE. — POUX.

ART. 910. — **Description; traitement.** — La *phthiriase*, synonyme de maladie *pédiculaire* ou de *poux de corps*, a pour symptôme essentiel le développement d'une grande quantité de poux sur le corps ou sur une région du corps. Cette affection est le plus souvent le résultat de la saleté. Cependant on la voit exister parfois chez des personnes d'une propreté remarquable.

C'est à cette affection, qui, avant les progrès de la thérapeutique, prenait parfois une intensité extrême, qu'on a attribué la mort d'Hérode, de Sylla et de Philippe II, roi d'Espagne. Elle cède facilement à l'emploi de pommades mercurielles, telles que l'onguent napolitain ; mais nous recommandons de préférence notre pommade antipédiculaire (art. 1154), comme aussi efficace et ayant l'avantage d'un emploi moins désagréable à plus d'un titre.

Deux autres insectes du même genre affectent encore l'espèce humaine ; à savoir, le pou *de tête*, qui se développe surtout dans la chevelure des enfants, et une autre espèce de très-petite dimension, que la malpropreté seule développe à certaines régions du corps; mais tous cèdent facilement à l'emploi de ces moyens précités.

ÉPHÉLIDES OU TACHES DE ROUSSEUR.

ART. 911. — **Traitement.** — Les *éphélides* ou taches de rousseur à la peau et surtout à la face se traitent avec succès, assure-t-on, avec la solution boratée (art. 1195).

VERRUES.

ART. 912. — **Traitement.** — Les verrues sont toujours facilement guéries par la cautérisation à l'acide azotique. Cette cautérisation devra se faire une fois tous les jours. On mouille l'extrémité d'un brin de paille avec de l'acide, en très-minime quantité, et on le porte sur la verrue avec le plus grand soin, de manière à ce que le liquide acide ne dépasse point la surface de la verrue. On renouvelle tous les jours cette application, en ayant soin de ne jamais enlever, avec l'ongle, la partie brûlée. On continue ainsi jusqu'à guérison.

Les verrues qui se produisent à la face, dans la région du cou surtout, affectant souvent des formes bizarres, se guérissent parfaitement par des cautérisations avec le nitrate acide de mercure, dont on se sert à la manière dont nous venons de l'indiquer pour l'acide azotique.

Lorsque les verrues, sur une partie quelconque et particulièrement aux mains, seront nombreuses, de telle manière que la cautérisation, qui doit être spéciale à chaque excroissance, soit dès lors trop longue à exécuter, on emploiera, en onctions, la pommade au bichromate de potasse (art. 1155), renouvelées tous les jours.

CORS AUX PIEDS.

ART. 913. — **Description.** — Il n'existe pas encore de remède efficace pour les cors aux pieds. Nous indiquerons, à défaut de moyen curatif certain, ce qui réussit le mieux, soit pour obtenir la guérison, toujours incertaine, soit pour produire du soulagement.

Nous admettrons deux sortes de cors aux pieds : 1o les cors qui ont leur siége entre les orteils (œils-de-perdrix) ; 2o les cors qui se développent sur le pied, partout ailleurs qu'entre les orteils (durillons).

ART. 914. — **Œils-de-perdrix.** — Le traitement consiste, après avoir aminci le cor avec un canif, et mieux avec des ciseaux à broder, à y maintenir une petite quantité de notre poudre pour les cors (art. 1175), recouverte et maintenue en place au moyen d'un petit parrallélogramme de sparadrap-diachylon. On en renouvelle l'application tous les jours, ou, au moins, tous les deux jours. De temps en temps on amincit de nouveau le cor. Lorsque, par suite de fatigue ou des chaleurs, un œil-de-perdrix vient à s'enflammer, ce qui est extrêmement douloureux, on peut résoudre presque subitement cette inflammation au moyen d'un ou deux centigrammes de chlorhydrate de morphine, qu'on maintient sur l'aire enflammée au moyen du même sparadrap. On renouvelle, tous les matins, cette application jusqu'à ce que la douleur ait cessé.

ART. 915. — **Durillons.** — Le traitement du durillon est d'un succès encore moins certain. On doit se borner à l'amincir avec des ciseaux à broder ou par l'usage des limes dites chimiques, et à le recouvrir d'un peu de sparadrap, lorsque, par maladresse, on a fait saigner la partie. Cette pratique, avec l'usage de chaussures larges, suffit néanmoins, avec le temps, à amener la guérison d'un assez grand nombre de ces cors.

LOUPES.

ART. 916. — **Résumé.** — Les loupes sont des tumeurs circonscrites, indolentes, ordinairement arrondies, sans inflammation et sans changement de couleur à la peau.

Les loupes se produisent dans toutes les portions du corps ; leur volume est variable.

Il est rare que le traitement de la loupe cède à l'application des topiques et qu'il ne faille recourir à l'opération. Certains kystes cependant disparaissent sur le champ, et comme par enchantement, par la rupture de la poche membraneuse, au moyen de la pression des doigts, exercée fortement sur la tumeur, et souvent de toutes ses forces; on applique ensuite des compresses, maintenues mouillées, avec le mélange résolutif (art. 1076).

On peut ainsi obtenir la résolution de certaines loupes, de

l'*hygroma* par exemple, loupe résultant de l'hydropisie des bourses muqueuses sous-cutanées, se produisant ordinairement au genou, en maintenant à demeure des compresses, constamment mouillées, de solution de chlorhydrate d'ammoniaque (sel ammoniac), dans la proportion de 30 grammes par 180 grammes d'eau. On devra employer concurremment la compression, soit momentanée et souvent répétée, soit uniforme et continue.

CARIE DES DENTS.

ART. 917. — **Causes.** — C'est la carie des dents qui, en mettant à découvert les nerfs qui tapissent leur cavité intérieure, provoque ces atroces douleurs qui font le désespoir de ceux qui en sont atteints, comme celui de la médecine, qui est encore à en chercher le spécifique. La chirurgie, il est vrai, trouve un moyen efficace dans l'avulsion de la dent ; mais que de personnes reculent devant son emploi, lorsque, d'ailleurs, on se prive ainsi d'une dent souvent nécessaire à la mastication !

ART. 918. — **Thérapeutique.** — Nous donnons à notre article *Odontalgie* (art. 753) l'exposé sommaire de ce qu'il convient de faire pour combattre les douleurs de dent. Nous ajouterons que, au cas de non-réussite dans l'emploi de ces moyens, nous conseillons l'emploi de la morphine par la méthode endermique ainsi qu'il suit :

On prend un fragment d'amadou ou de linge de la grandeur d'une pièce de 1 franc. On l'imbibe avec de l'ammoniaque à 22 degrés ; on l'applique, ainsi imbibé, sur la tempe et dans le trajet du nerf douloureux ; on place une pièce d'argent pardessus, et l'on maintient ainsi, par la compression de la main, l'ammoniaque sur la partie. Au bout de dix minutes, on retire, et il s'est déjà produit une phlyctène ou tout au moins la mortification de l'épiderme. On enlève cet épiderme, ce qui n'occasionne presque pas de douleur, et on applique, sur le derme dénudé, 1 centigramme de chlorhydrate de morphine ; on met par-dessus un petit écusson de sparadrap, et on renouvelle trois fois par jour cette application. Cette méthode peut encore réussir dans d'autres névralgies faciales qui n'auraient pas pour cause la carie des dents ; mais, pour maintenir le soulagement ou la guérison obtenue, on devra pratiquer des onctions derrière l'oreille, du côté douloureux, avec notre pommade vésicante (art. 1167), dans le but de produire une suppuration que l'on entretiendra une par application ultérieure de la même pommade.

ART. 919. — **Plombage des dents.** — De tous les moyens proposés pour arrêter les progrès de la carie des dents, le plombage au moyen de la limaille d'argent et du mercure, est un des plus efficaces. Outre que cet amalgame durcit considérablement, et s'oppose, en cela, à ce que le nerf soit au contact de l'air, le mercure semble, par une propriété qui lui est spéciale, arrêter par lui-même la carie ; en sorte que les dents cariées, étant mastiquées avec soin par ce procédé, font souvent le même usage et aussi longtemps que si elles étaient saines. Nous allons, en conséquence, indiquer le moyen de bien pratiquer cette opération. On se procure, d'une part, de la limaille d'argent au premier titre, ou mieux encore de la limaille d'argent vierge, c'est-à-dire pur d'alliage, 1 ou 2 grammes ; d'autre part, on se procure encore une même quantité environ de mercure liquide. Avec la pointe d'un couteau et dans le creux de la main, on fait un mélange d'une partie de ces métaux, faisant dominer, selon le besoin, la proportion de l'un ou l'autre, de façon à obtenir un amalgame de consistance pâteuse. Avec un peu de coton ou de charpie, on essuie le creux de la dent qui doit recevoir l'amalgame, après avoir, toutefois, nettoyé cette ouverture avec une petite curette de bois ou de métal, et on introduit cette pâte métallique dans cette ouverture, en l'y faisant pénétrer par la pression du doigt. On applique par-dessus un peu de coton ou de linge, pour éviter la sortie de cet amalgame. Après une ou deux heures, l'alliage a acquis une consistance suffisante, qui, du reste, augmente encore pendant plusieurs jours, au point de résister parfaitement à tous les agents extérieurs, ainsi qu'à l'action de la mastication. Non-seulement on peut remplir ainsi les excavations dentaires, mais on peut même, avec succès, en placer dans l'intervalle de deux dents, pourvu toutefois que, en s'y prenant avec adresse et l'appliquant en dedans et au-dehors, on rapproche les deux fragments, de manière à ce qu'ils se rencontrent vers le milieu, condition sans laquelle il n'y aurait pas d'adhérence, et tout retomberait bientôt. Quant aux moyens de conserver les dents saines, ils sont nombreux, mais plus ou moins efficaces. Nous conseillerons aux personnes qui tiennent, avec raison, à la conservation de leurs dents : 1° de se rincer la bouche après chaque repas ; 2° tous les matins, de nettoyer les dents avec une brosse et notre poudre dentifrice (art. 1173). Nous pensons que, par ce moyen, on préviendra plus ou moins complètement la carie dentaire.

Quant aux personnes qui songent un peu tard à porter ces soins à leur bouche, et lorsque déjà les dents sont recouvertes de tartre, nous donnons la composition d'une poudre dite *contre le tartre des dents* (art. 1174), qui produit les meilleurs effets pour l'enlever. On devra l'appliquer, comme l'autre poudre, avec une brosse un peu forte, et cesser son emploi pour passer à l'usage de notre poudre dentifrice au charbon, dès que le tartre sera à peu près enlevé. Voir « *Mastic pour les dents* » (art. 1071), et « *Odontalgie* » (art. 753), « *Elixir dentifrice* » (art. 1016).

COUPURES.

ART. 920. — **Description.** — Les *coupures*, constituant un accident très-fréquent, varient entre elles soit par l'étendue de la solution de continuité, soit par leur profondeur, soit enfin par la partie du corps où elles se produisent.

ART. 921. — **Thérapeutique.** — La condition importante à remplir pour guérir, en peu de temps, une coupure, est celle de rapprocher le plus tôt possible les parties séparées, et d'éviter le contact de l'air. Plusieurs moyens sont en usage pour rapprocher ces parties : notre taffetas vulnéraire, lorsqu'il s'agit d'une coupure légère ; les bandelettes de sparadrap, lorsque l'étendue de la coupure est plus grande ; enfin la suture, sorte de couture, lorsque ce rapprochement se produirait difficilement avec le sparadrap.

Le taffetas vulnéraire (art. 1205) s'emploie, comme le taffetas d'Angleterre, en mouillant le côté verni de ce tissu avec de la salive ou de l'eau, et l'appliquant sur la coupure, de manière à obtenir à la fois et la réunion des lèvres de la plaie et la préservation du contact de l'air. Lorsque la surface à recouvrir présente une saillie, on se trouve bien de faire, autour de la pièce de taffetas, des incisions qui, partant de la circonférence, se dirigent vers le centre : de cette façon les bords peuvent chevaucher les uns sur les autres, et la pièce prend une forme convexe, se moulant ainsi sur la partie à recouvrir. Nous ne saurions trop recommander ce taffetas vulnéraire, qui a sur le taffetas d'Angleterre des avantages bien marqués : 1o il est souple lorsqu'il est mouillé, et se prête bien à prendre toutes les formes de la surface où on l'applique ; 2o il ne durcit jamais, et se prête ainsi encore aux mouvements de la partie qui le reçoit ; 3o il est beaucoup plus adhésif ; 4o et enfin il renferme un principe calmant on ne peut plus propre, dans les cas de déchirure surtout, à prévenir l'inflammation de la partie, et par suite la suppuration. Il viendra nécessairement un temps où son emploi se substituera complétement à celui du taffetas d'Angleterre. Nous devons, en attendant, c'est notre devoir, faire tout ce qui dépendra de nous pour le faire connaître. On peut l'employer non-seulement pour des coupures ou des déchirures, dans lesquelles il réussit au-delà de toute expression, mais encore, après des opérations chirurgicales, pour produire la réunion de la plaie par première intention, et où il donne les résultats les plus heureux.

Le sparadrap s'emploie ordinairement à l'état de bandelettes qui sont destinées, comme le taffetas vulnéraire, à rapprocher les lèvres de la coupure; mais le sparadrap, loin de jouir de propriétés calmantes, comme notre taffetas vulnéraire, possède, au contraire, une action irritante qui s'exerce plus ou moins sur la partie où on l'applique; en sorte qu'on ne devra recourir, selon nous, à son emploi, qu'autant que l'étendue de la coupure ou l'hémorrhagie qui en résulteraient s'y opposerait. Nous dirons cependant que, en employant notre taffetas vulnéraire à l'état de bandes assez longues, on peut l'appliquer dans à peu près tous les cas.

Après avoir placé sur une plaie large et profonde des bandelettes de sparadrap ou de notre taffetas vulnéraire, il faut encore, pour préserver la coupure du contact de l'air, recouvrir le tout d'une couche de corps gras. On enduit de cérat simple une pièce de linge de forme et de dimension convenables, et on l'applique par-dessus le tout. Il est rare, nous le répétons, que la réunion ne se fasse pas par première intention, c'est-à-dire sans production de suppuration; mais à la condition qu'on réunira, sans délai, les lèvres de la plaie, et qu'on n'y aura fait aucune application de substances irritantes, comme on le fait trop souvent.

Lorsque dans une coupure on ne pourra arrêter facilement le sang, il conviendra de la laver, et d'y appliquer de la liqueur de Pravaz, au moyen de compresses de linge ou d'amadou (art. 1096).

On enlève, le plus tard possible, les bandelettes qui réunissaient la plaie; mais si, après leur enlèvement, il existait de la suppuration, on panserait, matin et soir, avec de la pommade siccative rouge étendue sur du linge, et jusqu'à guérison.

Les coupures qui demandent l'emploi d'une suture sont trop graves pour qu'on n'en confie le traitement à un médecin. (Voir *Plaies contuses* (art. 923).)

ÉCORCHURES.

ART. 922. — Résumé. — On entend par *écorchure* une plaie légère produite par l'action d'un frottement violent, et dans laquelle les couches de la peau ont été plus ou moins détruites. *Ecorchure* est souvent synonyme d'excoriation.

Les écorchures peu intenses se pansent avec notre taffetas vulnéraire (art. 1205). Lorsque la peau a été complètement

enlevée, et que le tissu cellulaire est mis à nu, on se trouve bien
de recouvrir la partie avec un linge doublé qu'on imbibe de
baume du Commandeur, et qu'on laisse à demeure, mais en
mouillant, deux fois par jour, la surface externe de ce linge, du
même baume, pour fermer toutes les issues par lesquelles l'air
pourrait pénétrer jusqu'à la plaie. Dès l'enlèvement de ces compresses, dix ou quinze jours après leur application, on pansera
avec notre pommade rouge siccative.

PLAIES CONTUSES, CONTUSIONS.

ART. 923. — **Description.** — Du latin *contundere*, meurtrir,
écraser. La *contusion* est une lésion produite par l'action ou le
choc d'un corps à large surface, sans qu'il y ait perte de substance et sans solution de continuité apparente. Lorsque la peau
se trouve divisée, la maladie prend le nom de *plaie contuse*.

La contusion offre différents degrés ; quand elle est légère et
n'affecte que les parties superficielles, la peau devient brunâtre
ou violacée et légèrement douloureuse ; le sang est en stagnation
dans les vaisseaux capillaires, ou bien infiltré dans le tissu
cellulaire. Nous ne traiterons pas de la contusion considérable,
qui demande l'application de moyens chirurgicaux, et jusqu'à
l'amputation des membres : nous nous bornerons à indiquer le
traitement des contusions légères, et d'abord des contusions
dans lesquelles il n'y a pas eu de déchirure de la peau et encore
moins la fracture des os : nous voulons dire des contusions
dans lesquelles il y a simplement *ecchymose*, c'est-à-dire accumulation du sang qui ne peut circuler. Ce genre d'accidents se
produit fréquemment aux doigts des pieds et aux mains.

ART. 924. — **Thérapeutique.** — Dans ce genre de contusions, nous conseillons ce qui suit : faire tremper la partie
contuse dans l'eau froide, pendant une demi-heure environ;
puis l'envelopper de compresses, maintenues avec une bande,
imbibées de mixture résolutive (art. 1076). Ces compresses
peuvent être avantageusement faites d'ouate ou coton cardé, et
recouvertes avec du taffetas ciré ou gommé. On a soin de les
tenir constamment mouillées, et sans déranger le bandage qui
les maintient. Ce moyen obtient de grands succès dans ces
circonstances ; mais au cas cependant où, malgré son application, il se déclarerait une inflammation, que la partie s'échauf-
ferait, que la peau deviendrait rouge et tendue, on en suspendrait
l'application, pour y substituer celle d'un cataplasme de farine
de lin, arrosé avec du laudanum ; enfin, si, malgré ces moyens,
l'inflammation persistait, on en viendrait à l'application de

six, huit, dix sangsues et plus, selon la gravité des accidents. Après la cessation de l'inflammation, on reviendrait à l'emploi du mélange résolutif, en compresses.

Quant aux plaies contuses, c'est-à-dire les plaies où la contusion a produit la déchirure des tissus, le sang s'étant fait jour au-dehors, nous conseillons encore l'application, en compresses, de notre mélange résolutif, mais toutefois après avoir ramené les parties déplacées et déchirées, dans leur position normale, et les y avoir maintenues, s'il y a lieu, au moyen de bandelettes de sparadrap-diachylon, ou mieux de notre taffetas vulnéraire, disposées de manière à ce qu'elles ne puissent s'opposer à la suppuration, qui est presque inévitable ; mais qui, par l'emploi de la mixture résolutive précitée, se trouve toujours considérablement réduite. On se trouve bien, lorsque la suppuration sera presque étanchée, de substituer à ces fomentations le pansement à la pommade siccative rouge.

Lorsque, après l'accident ou pendant le pansement qu'on fait au blessé, il éprouve du froid, qu'il devient pâle, il convient de le réchauffer. S'il se trouvait mal, il serait nécessaire, comme dans toute syncope (art. 764), de le renverser en arrière, de manière à ce que la tête arrive au niveau du tronc.

Quant au régime, la diète et l'abstention de liqueurs alcooliques sont expressément recommandées.

Il n'est pas nécessaire, à moins de cas graves, que les blessés fassent usage de tisane : mais on est dans l'habitude, comme il faut d'ailleurs une boisson, de leur administrer de l'infusion de tilleul, de camomille, de feuilles d'oranger ou de thé, légère. Quand le malade éprouve du froid et qu'il a peine à se réchauffer, on ajoute même, à l'infusion légère de thé, une cuillerée d'eau-de-vie. On a beaucoup vanté la teinture d'arnica aromatique, dont on fait encore grand usage dans certaines contrées de la France, à la dose d'une cuillerée à café dans un demi-verre d'eau sucrée, deux ou trois fois par jour ; on a préconisé aussi l'emploi de l'eau de mélisse des Carmes, administrée de la même manière que la teinture d'arnica ; on peut, sans inconvénients, recourir à ces moyens, mais leur utilité est loin de nous être démontrée.

Nous ne dirons rien des plaies par les armes à feu, attendu qu'elles sont ordinairement trop graves, et que, pour cela, elles demandent impérieusement l'intervention du médecin.

ENTORSE, FOULURE.

ART. 925. — **Pathologie.** — On entend par *entorse, foulure*, un écartement, avec plus ou moins de déchirement, des tissus, des ligaments, etc., qui enveloppent une articulation. L'entorse est accompagnée de douleurs vives, de gonflement, d'ecchymose.

ART. 926. — **Thérapeutique.** — Les répercussifs et les astringents, tels que l'eau froide, l'*eau blanche*, la solution de Knaup, ou mieux notre mélange résolutif, appliqués en compresses, sont indiquées dans ce genre d'accidents. On maintient au moyen de bandes. Voir « *Mixture résolutive* » (art. 1076).

Les entorses constituent un genre d'affections pour la guérison desquelles les rebouteurs et rhabilleurs ont de prétendus puissants moyens, mais qui reposent bien plus sur la disposition d'esprit des ignorants à croire au merveilleux, que sur des effets réels; si ce n'est pourtant, il faut le reconnaître, en ce qui touche le *massage*, pratiqué depuis longtemps avec un succès constant par des empiriques, mais que vient enfin d'adopter la Faculté, et dont des chirurgiens d'un grand mérite obtiennent déjà de merveilleux résultats.

Le massage donc, dont nous ne pouvons nous dispenser de parler, très-usité en Orient, consiste dans l'action de serrer, de pétrir, pour ainsi dire, avec les mains, les articulations ou parties musculaires, et d'y exercer des tractions en vue d'augmenter la souplesse ou d'exciter la vitalité, toutes choses qui ne devront point dispenser d'appliquer nos compresses de *mixture résolutive*.

LUXATIONS. — FRACTURES.

ART. 927. — **Description.** — On appelle *luxation* le déplacement d'un os d'une articulation. On entend par *fracture* la solution de continuité d'une des parties du squelette. Dans ces accidents, on devra recourir au plus vite aux secours de l'homme de l'art, qui, seul, par les connaissances anatomiques qu'exige le traitement, pourra aviser à ce qu'il convient de faire.

ONYXIS OU ONGLE INCARNÉ.

ART. 928. — **Résumé.** — Dans cette maladie, un des bords ou les deux bords de l'ongle des orteils et surtout du gros orteil, se retournant sur eux-mêmes, s'enfoncent dans les chairs, y produisent une plaie; et, la cause de cette lésion persistant avec l'effet, la maladie va sans cesse en s'aggravant. Cette affection, en apparence légère, n'en a pas moins des conséquences fâcheuses; car, outre des douleurs très-vives qui en résultent, elle est un obstacle pour se chausser et, partant, à la locomotion.

Nous avons trouvé à cette affection un traitement bien simple, très-efficace, et qui a rendu déjà de nombreux services. Il consiste à amincir l'ongle sur sa surface, mais surtout du côté de l'onyxis, avec un fragment de verre à vitre, à la manière dont les cordonniers amincissent le cuir des semelles, et à réduire ainsi l'ongle à un état de souplesse pareille à celle d'un parchemin. D'autre part, on saupoudre la partie ulcérée avec une prise d'alun pulvérisé.

HERNIES.

ART. 929. — **Pathologie.** — Les hernies abdominales, les seules dont nous voulions parler, sont des tumeurs molles, élastiques, sans changement de couleur à la peau, qui se produisent soit au nombril, soit et surtout vers l'aine, d'où elles glissent sous la peau et descendent souvent plus bas, chez l'homme. Elles sont formées par le déplacement et l'issue des intestins et de l'épiploon.

Les hernies portent différents noms, selon le point où elles ont leur siége : *ombilicales*, lorsqu'elles se produisent au nombril; *inguinales* et *crurales*, quand elles se manifestent dans la région de l'aine.

ART. 930. — **Traitement.** — La science ne possède encore aucun moyen infaillible pour obtenir la guérison des hernies; cependant, ayant été témoins de quelques cures obtenues par feu Pierre Simon, nous avons tenté, notre regretté père et moi, divers moyens, et nous avons été assez heureux pour réussir dans un certain nombre de cas, soit lorsque la hernie était de fraîche date, soit lorsque le sujet était encore assez jeune, soit enfin lorsqu'il était animé d'une ferme volonté pour continuer convenablement et avec soin le traitement que nous lui appliquions. Disons tout de suite en quoi il consiste. On savait déjà que quelques guérisons avaient pu se produire par le simple usage des purgatifs longtemps continués, et on sait aussi que des astringents maintenus longtemps au moyen de la pelotte d'un bandage herniaire avaient amené un résultat identique. Notre traitement consiste dans la réunion de ces deux moyens : d'une part, nous administrons nos pilules panchymagogues, à la manière ordinaire, pendant une série de trois à quatre jours (art. 1127); on interrompt pendant cinq ou six jours, et on recommence ainsi, pendant un mois, deux mois s'il le faut. Pendant le même temps, on maintient au moyen d'un bandage herniaire, sur le point correspondant à la hernie, un sachet renfermant des substances astringentes à haut dégré, comme la poudre d'extrait aqueux de noix de galle, qu'il faut mouiller deux ou trois et même quatre fois le jour. Tel est l'ensemble du traitement.

Nous ne saurions donner ces moyens comme infaillibles; cependant nous pourrions citer au besoin un si grand nombre de personnes que notre père ou nous avons guéries par cette méthode, qu'on pourrait la croire infaillible lorsqu'on l'applique à des sujets qui n'ont pas dépassé quarante-cinq ans, et chez qui l'infirmité n'est pas très-ancienne. Nous voyons tous les jours un de nos amis, chasseur des plus intrépides, qui, traité par notre méthode, il y a vingt ans, d'une hernie double, présentant une certaine difficulté à être maintenue par les bandages, est resté guéri, malgré ses longues et fréquentes courses. Nous connaissons un ancien instituteur qui a été reformé d'abord pour cause d'une hernie double, traité et guéri il y a vingt-cinq ans au moins, et qui en est resté débarrassé depuis, bien qu'il ait changé de position et que ses fonctions actuelles de propriétaire exploitant, l'aient obligé à se livrer à des travaux pénibles. Nous comptons au nombre de nos cures des ecclésiastiques de paroisses rurales qui montent souvent à cheval, qui ne se ménagent en rien, et chez qui il n'y a eu nulle rechute.

Nous ne disons rien des bandages herniaires, que devra appliquer un homme de l'art. Recommandons néanmoins comme retenant le mieux la hernie ceux de ces appareils qui ont une pelotte large et grosse, que régit un large ressort.

ART. 931. — **Étranglement des hernies.** — Les hernies, outre la douleur qu'elles produisent et la gêne qui en résulte, surtout quand elles ne sont pas maintenues au moyen d'un bandage, peuvent présenter des dangers graves : c'est lorsqu'elles s'*étranglent*. L'étranglement est une complication consistant en la difficulté qui se manifeste, le plus souvent, sans cause connue, à faire rentrer l'intestin ou réduire la hernie; complication qui aurait pour résultat la gangrène de l'intestin étranglé et finalement la mort. Pour éviter cet accident, rare il faut le dire, on aura soin de maintenir constamment la hernie réduite, au moyen d'un bandage; on la réduirait au moins le soir, en se couchant, si par accident le bandage venait à se rompre. Au cas où la réduction serait difficile, il faudrait persister, en se couchant sur le dos, à obtenir cette réduction au moyen des doigts, réduction qui peut être rebelle pendant quelque temps et qui cède ensuite tout à coup. Et enfin, si le malade ne pouvait l'obtenir lui-même, il faudrait recourir dès-lors, et sans différer, aux soins d'un homme de l'art. Lorsque par le *taxis*, le médecin éprouve de la résistance à cette réduction, il s'aide soit de l'eau froide, soit, et mieux, de la glace appliquée sur la tumeur, ou même de l'éther, produisant un froid intense; soit enfin de frictions et de topiques dont l'extrait de belladone est la base.

RELACHEMENT DE LA LUETTE.

ART. 931 A. — **Pathologie.** — Le relâchement de la luette a pour symptôme le besoin fréquent de cracher; des envies de vomir, une chaleur à l'arrière-bouche; enfin on aperçoit, en ouvrant la bouche, que la luette, qui, dans son état normal, se tient éloignée au-dessus de la langue, descend jusqu'à être en contact avec cet organe.

Thérapeutique. — Un moyen généralement efficace pour remédier à cet inconvénient consiste à toucher la luette avec un peu d'alun pulvérisé. S'il était insuffisant, il faudrait en venir à la section au moyen des ciseaux; et, en cas d'hemorrhagie, appliquer de nouveau la poudre d'alun, ou mieux, toucher avec la liqueur de Pravaz; moyen chirurgical dont l'exécution appartient aux hommes de l'art.

BRULURES.

ART. 932. — **Classement.** — Les brûlures affectent divers degrés d'intensité qu'il est utile de distinguer. On les dit de premier degré lorsqu'il y a seulement rougeur et douleur, sans altération notable de la peau. Elles prennent le nom de brûlures de deuxième degré lorsqu'il s'est produit une phlyctène. Enfin elles sont réputées de troisième degré quand il y a mortification du tissu cellulaire sous-cutané. Dans ce cas, la partie est désorganisée profondément et comme charbonnée. Il se forme une eschare noire, qui doit tomber par la suppuration, si le malade survit à l'accident.

ART. 933. — **Traitement.** — Nous conseillons, dans la brûlure de premier degré, l'emploi de compresses avec notre mixture résolutive (art. 1076).

Pour la brûlure de deuxième degré nous préconisons l'emploi du coton comme un des meilleurs moyens de prompte guérison, avec peu de douleur. A cet effet, on ramène la peau des phlyctènes en place, et, s'il y a lieu, on vide celles qui seraient remplies de liquide séreux; enfin on applique par-dessus une couche de coton cardé, couche qu'on augmente d'épaisseur à mesure qu'elle s'imbibe de sérosité. On laisse le tout en place jusqu'à l'époque où cesse tout suintement, ainsi que l'adhérence de la couche à la peau. Alors on enlève le tout, et la brûlure est ordinairement guérie.

La brûlure de troisième degré demande d'abord l'emploi de notre mixture résolutive, comme nous l'indiquons pour le traitement de la brûlure de premier degré. On passe ensuite au pansement avec le cérat opiacé, et, pour favoriser la chute de l'eschare, quand la douleur a presque cessé, on emploie l'onguent basilicum, soit sur du linge, soit sur de la charpie. Enfin, après sa chute, on emploie, pour obtenir une cicatrisation rapide, la pommade rouge siccative suivant notre formule (art. 1161).

ENGELURES.

ART. 934. — **Résumé.** — L'engelure est produite par l'action du froid sur les tissus. Ainsi que la brûlure, elle est le résultat d'une lésion plus ou moins profonde des tissus. On peut diviser les engelures en trois degrés assez distincts : 1° rougeur et tuméfaction ; 2° dénudation du derme : 3° mortification des tissus sous-cutanés, synonyme de *congélation*.

L'engelure de premier degré, constituée par un gonflement de la partie, accompagné de rougeur avec chaleur ou prurit, très-commune chez les enfants ou chez des personnes d'un tempérament lymphatique, se manifestant aux orteils, aux doigts, au pavillon de l'oreille, etc., demande l'emploi de topiques excitants et résolutifs, tels que des frictions avec le baume hydriodaté, matin et soir. Il n'en saurait être ainsi de l'engelure du deuxième degré, à cause de la dénudation, et où il devient nécessaire de garantir l'ulcère du contact de l'air, les topiques trop excitants étant d'un emploi trop douloureux. Nous conseillons, à cet effet, l'usage de notre mixture (art. 1074) contre les engelures. Nous ajouterons que, dans certains cas où la maladie a été négligée, il convient, lorsque la dénudation et l'inflammation des tissus occasionnent une trop grande douleur, de débuter par des pansements, matin et soir, avec le cérat opiacé.

Les engelures du troisième degré, synonyme de *congélation*, dans lesquelles les parties vivantes sont frappées de mortification par l'effet du froid, demandent, comme moyen de prévenir les désordres qui en sont la suite, et dont le plus saillant est l'élimination ou chute de la partie à l'état d'eschare, des frictions soutenues, pratiquées avec de la neige ou de l'eau glacée. Il faut se garder avec soin de les approcher du feu ou d'un corps chaud à l'effet de les réchauffer.

La congélation générale, se manifestant par un besoin irrésistible de se livrer au repos et au sommeil, demande l'emploi général des frictions de même genre, afin de prévenir un engourdissement qui passe rapidement à la mort. C'est assurément le cas d'en référer aux lumières directes de l'homme de l'art.

LIVRE SIXIÈME.

—

PHARMACOLOGIE.

—

PRÉAMBULE.

Art. 935. — **Disposition des matières.** — Après avoir
donné, dans le livre qui précède, la description des maladies
les plus communes parmi les travailleurs, des accidents morbides les plus fréquents, et avoir exposé leur traitement, soit
qu'il n'y ait pas nécessité de recourir au médecin, soit en
attendant son arrivée, il nous reste à faire connaître les substances de la matière médicale et les formules faisant le sujet de
nos prescriptions. Notre intention ne peut être de traiter ici de
l'art pharmaceutique proprement dit, encore moins de sciences
qui s'y rattachent, et auxquelles, d'ailleurs, nous avons consacré les premiers livres de l'ouvrage : nous nous bornerons,
sous le titre *Pharmacologie*, à enseigner tout ce qui nous paraît
nécessaire à la bonne exécution de ces prescriptions, que ce soit
par les gens du monde, lorsque c'est facile et à leur portée, ou
par le pharmacien lorsqu'il y a lieu. Nous laisserons donc à ces
hommes spéciaux le soin de connaître les matières premières,
de les analyser au besoin, d'en extraire les principes utiles, de
les combiner, etc., selon leur art, et au moyen des connaissances qu'ils empruntent à la minéralogie, à la botanique, à la
zoologie et surtout à la chimie. Voulant arriver au bien-être par
la voie la plus économique sans doute, mais la plus certaine et
la plus directe, nous réduirons, autant que possible, le nombre
de substances qui doivent faire partie de notre cadre pharmaco-
logique, mais nous les prendrons le plus souvent toutes préparées,
ou nous les ferons préparer chez le pharmacien ; et, comme on
ne saurait raisonnablement transiger avec sa santé, nous ferons
choix d'un homme à la fois instruit et consciencieux. Nous sui-
vrons en cela le vieux précepte qu'un de nos poètes a exprimé en
vers :

> La santé dans le monde étant le premier bien,
> Un homme de bon sens n'y doit ménager rien.

A quoi nous servirait, d'ailleurs, de savoir obtenir, par
exemple, l'ammoniaque liquide ou alcali volatil ; l'acide sulfu-

rique; l'hydrate de péroxide de fer, et une infinité d'autre produits chimiques que nous emploierons, lorsque, d'ailleurs, il nous manquerait les matières premières, les appareils et tout un laboratoire pour les obtenir ? A quoi nous servirait encore de savoir reconnaître la pureté d'une gomme, d'une résine exotique, d'un produit chimique, lorsque nous n'aurions ni réactifs, ni appareils, ni microscope, ni balance de précision pour le constater? On le voit, il faut nous réduire à nous procurer les matières ou les préparations qui nous seront nécessaires, en petit nombre du reste, en nous adressant à l'homme de l'art, capable et zélé dans l'exercice de sa profession, nous ne saurions trop le répéter.

Parmi ces substances ou ces produits, il en est un certain nombre très-restreint, dont toute maison bien montée de nos campagnes devra toujours être apprevisionnée : ce sont ceux qui peuvent, d'un moment à l'autre, être nécessaires soit pour un cas pressant, soit pour combattre une des affections les plus fréquentes et dont le traitement est à la portée de tout le monde. Nous en donnerons la liste. Quant à ceux qui sont peu employés, on se les procurera à mesure des besoins, soit en demandant, autant que possible par écrit, le nom de la substance, quand elle sera simple ; soit en envoyant au pharmacien la copie exacte de la formule, quand il s'agira d'une de nos préparations. Il sera important, dans tous les cas, de ne point commettre d'erreurs, et, pour les éviter, on ne saura mieux faire parfois que d'envoyer l'ouvrage même à l'homme de l'art, en le priant d'exécuter telle formule, à tel article, etc.

Cette partie de l'ouvrage étant plutôt un formulaire qu'un traité de pharmacologie, par la concision qu'exige notre cadre, nous avons adopté l'ordre alphabétique des titres, qui d'ailleurs, facilite les recherches, plutôt qu'une division méthodique qui nous eût entraîné trop loin. Toutefois, nous avons dû faire précéder la description des divers agents par une exposition générale des moyens dont dispose la thérapeutique, et d'une classification simple de ces agents, à la portée des gens du monde.

PHARMACOLOGIE GÉNÉRALE.

LISTE, PAR ORDRE ALPHABÉTIQUE, DES SUBSTANCES OU PRÉPARATIONS LES PLUS UTILES, DEVANT FAIRE PARTIE FORCÉE D'UNE PHARMACIE DOMESTIQUE A LA CAMPAGNE.

ART. 936. — Préambule. — Chaque article devra porter une étiquette très-lisible, et le tout sera placé dans un placard ou sur un rayon, les étiquettes en avant, pour en faciliter la lecture.

On n'attendra jamais, pour le renouvellement de ces objets, d'en avoir achevé la provision, c'est essentiel : on fera bien, à peu de chose près du moins, de compléter, avec soin, les quantités que nous indiquons, à mesure de leur emploi : par exemple, dans un cas d'empoisonnement par l'arsenic ou par les acides, il faut, approximativement, l'emploi des 60 grammes de |magnésie calcinée dont on doit s'approvisionner; on comprend, d'après ces considérations, l'importance qu'il y a à ce que cette quantité soit toujours intacte. Quoique le nombre vingt de ces produits soit relativement minime, il est à peu près suffisant pour répondre aux besoins pressants et même à la plupart des besoins. Ce choix n'a pas été adopté inconsidérément : on peut dire qu'il constitue le groupe des substances les plus utiles et les plus héroïques de la matière médicale, présentées sous la forme la plus commode à doser, comme la moins désagréable à administrer; il est le résultat de plus de soixante ans de recherches, se continuant de père en fils.

ART. 937. — **Acide sulfurique, vulgairement Huile de vitriol.** — 100 grammes au moins, dans un flacon bouché à l'émeri. C'est un puissant agent de cautérisation, pouvant remplacer le fer rouge dans le cas de morsure d'animaux enragés. Il entre dans la composition de la limonade minérale, préconisée comme boisson dans les hémorrhagies. Se trouve dans toutes les pharmacies. (Voir art. 591, 975.)

ART. 938. — **Ammoniaque liquide, vulgairement Alcali volatil.** — 60 à 100 grammes dans un flacon bouché à l'émeri. Employé en cautérisation dans les cas de morsure de la vipère, de morsure ou de piqûre d'insectes; comme contre-poison des acides; contre l'ivresse alcoolique; pour combattre le coryza, etc. Se trouve dans toutes les pharmacies. (Voir art. 289, 329, 468.)

ART. 939. — **Eau de mélisse; — Alcoolat vulnéraire; — Eau de Cologne.** — Ces liquides alcooliques, qui tiennent en dissolution des huiles essentielles, jouissent des mêmes propriétés : aussi les prescrivons-nous indifféremment. Un flacon de 100 grammes au moins. Employés, dans les cas de syncope, en aspirations sous le nez, ou en frictions sur les tempes et le front; parfois en frictions chez les enfants faibles, le long de la moelle épinière; quelques gouttes dans un verre d'eau sucrée, après une indigestion., etc. L'alcool de mélisse, l'alcoolat vulnéraire et l'alcoolat de Cologne se trouvent dans toutes les pharmacies.

ART. 940. — **Eau de fleurs d'oranger.** — L'eau ◦ fleurs
d'oranger est, de toutes les eaux distillées, la plus employée
pour aromatiser l'eau sucrée et la rendre digestive , pour en
obtenir la boisson par excellence dans la plupart des maladies
ou seulement dans les cas de simple indisposition. Il est
d'usage de s'en approvisionner par 200 à 500 grammes au moins.
On trouve ordinairement la meilleure dans les pharmacies.

ART. 941. — **Emétique.** — L'émétique est le tartrate de
potasse et d'antimoine. Dire qu'il est l'agent le plus usité pour
produire des vomissements est indiquer combien il est nécessaire d'en avoir toujours sous la main pour l'opposer aux divers
empoisonnements qui peuvent se présenter. La provision que
nous conseillerons sera seulement d'un gramme divisé en dix
paquets de dix centigrammes ; on les disposera dans une boîte
avec une étiquette : « Emétique en paquets de dix centigrammes ». C'est au pharmacien à délivrer ce produit ainsi disposé.
L'émétique est désigné aussi sous le nom de tartre stibié. (Voir
art. 1308.)

ART. 942. — **Éther.** — C'est de l'éther dit sulfurique, éther
hydratique des chimistes modernes (art. 173), que nous voulons
parler. La provision que nous conseillons est au moins de 60
grammes, dans un flacon rigoureusement bouché à l'émeri. Demander au pharmacien qui le livrera un produit rectifié et non
acide. C'est un agent précieux, à plus d'un titre, particulièrement
dans les cas de syncope. Il doit être essayé en aspirations, dans
l'asthme, produisant, comme on sait, une dyspnée ou difficulté de
respirer; état pénible, parfois mortel, qu'il calme le plus souvent, etc. C'est un anesthésique presque aussi employé que le
chloroforme. Quelques gouttes instillées sur un fragment de sucre
calment assez souvent des cardialgies ou crampes d'estomac, etc.

ART. 943. — **Laudanum de Sydenham.** — Le laudanum
de Sydenham des pharmacies est une dissolution vineuse des
principes solubles calmants de l'opium. La quantité dont nous
conseillons de s'approvisionner sera de 40 à 50 grammes, dans
un flacon bouché à l'émeri. On le trouve dans toutes les pharmacies. Souvent employé en lavements, pour calmer des douleurs
intestinales. Dose : de dix à vingt gouttes, dans un demi-lavement. En arrosements sur un cataplasme qu'on applique sur une
partie douloureuse du corps, on en obtient, le plus souvent, un
calme manifeste. Pour l'usage par la bouche, nous lui préférons
les pilules de cynoglosse opiacées. (Voir art. 951, 1052.)

ART. 944. — **Magnésie calcinée.** — C'est la magnésie décarbonatée des pharmacies, oxyde de magnésium des chimistes.

Il en faut au moins 60 grammes, qui est la dose à opposer aux effets délétères de l'acide arsénieux, du phosphore, des acides forts, etc. Elle doit être tenue dans un flacon exactement fermé au liége. On en trouve dans toutes les pharmacies. (Voir art. 337.)

Art. 945. — **Perchlorure de fer liquide.** — La quantité de 30 grammes, dans un flacon bouché à l'émeri, est suffisante pour l'approvisionnement de la petite pharmacie domestique. On trouve ce produit dans toutes les pharmacies, où on le désigne le plus souvent sous le nom de *liqueur de Pravaz*. C'est l'hémostatique par excellence. Selon la gravité de l'hémorrhagie, on l'emploie plus fort : quelques gouttes, comme dix, dans un demi-verre d'eau, en reniflement, arrêtent ordinairement une hémorrhagie nasale ou *épistaxis*. Dans les lésions du tronc ou des membres, et lorsque des artères sont ouvertes, on applique des plumasseaux de charpie ou de coton imprégnés du liquide pur.

Art. 946. — **Pilules de quinium soluble, ou d'acétate quino-chinchonique.** — C'est le spécifique des fièvres intermittentes et de toutes les affections paludéennes et périodiques.

L'usage de ce remède n'assujettit à aucun soin ni à aucun régime particulier ; il n'empêche point le malade de se livrer à ses occupations ordinaires, dès qu'il sent les forces, ce qui arrive au bout de peu de jours. Il n'implique l'emploi ni d'un vomitif, ni d'un purgatif, pas même celui d'une tisane désagréable.

Ce traitement peut être suivi par les femmes en état de grossesse, par les nourrices, par les vieillards et par les enfants de tout âge, pour lesquels on fractionne le remède. (Voir comme complément, art. 1431.)

Art. 947. — **Pilules panchymagogues.** — Cet adjectif *Panchymagogue* tire son étymologie du grec, et veut dire, en langage médical, *qui expulse toute humeur*. Pour nous, il s'applique à des pilules officinales qui ont essentiellement la propriété de combattre les diathèses rhumatismale et goutteuse, cause, comme on sait, d'un très-grand nombre d'affections, telles que rhumatismes, névralgies, odontalgies (douleurs de dents), pierre ou gravelle, douleurs néphrétiques, etc.; — le vice dartreux, auquel on rapporte la plupart des maladies de la peau ou dermatoses, et auquel il faudrait attribuer, plus qu'on ne le fait peut-être, le catarrhe pulmonaire, diverses formes d'asthmes, des ophthalmies à forme chronique, certaines constipations opiniâtres, la cataracte, l'amaurose ou goutte sereine, la plupart

des migraines, etc.; car nous n'en finirions pas dans nos citations, si nous voulions énumérer les maladies qui peuvent avoir
pour cause médiate une de ces trois diathèses ou vices innés.

Dépuratives au suprême degré, ces pilules peuvent, dans la
plupart des cas, être l'équivalent ou succédané de l'huile de foie
de morue, chez les personnes qui ne peuvent supporter le goût
nauséabond de ce corps gras.

D'une administration commode et facile, ne fatiguant point
l'estomac, comme la plupart des purgatifs ou des dépuratifs; de
nature végétale, et ne pouvant ainsi laisser de traces dans l'économie, après leur administration, comme les sels mercuriels ou
les compositions arsénicales et antimoniales, ces pilules, qui
se conservent d'ailleurs indéfiniment sans altération, sont indiquées dans tous les cas où il s'agira, nous le répétons, de purifier nos humeurs, en détruisant ou expulsant les causes morbifiques qui les souillent.

Ayant la propriété de purger et même de porter, dans certains
moments, à la sueur et aux urines, elles agissent en outre
comme spécifique de la douleur, puisque le calme se produit parfois avant que les effets sudorifique, diurétique ou purgatif, se
soient sensiblement manifestés. Elles agissent donc sur nos humeurs, soit en les modifiant d'une manière spéciale, soit, et
surtout, en expulsant ce qu'elles renferment d'âcre et de morbide. (Voir, comme complément, art. 1127.)

ART. 948. — **Pilules de chlorhydrate d'ammoniaque
pur.** — C'est le spécifique des diathèses scrofuleuse et syphilitique, et, accessoirement, des affections dartreuses, invétérées
et même cancéreuses; des maladies chroniques de la poitrine;
des engorgements, des tumeurs et des fistules; de la cataracte,
de l'amaurose ou goutte sereine, et de l'ozène ou punais, etc.
(Voir, comme complément, art. 1111.)

ART. 949. — **Pilules sédatives de stramonium.** — Ces
pilules sont le spécifique des dyspepsies en général ou difficultés
de digérer et de s'assimiler les principes alibiles des aliments;
des gastrites nerveuses, chroniques (gastralgies des modernes);
des digestions pénibles, laborieuses, difficiles, accompagnées le
plus souvent de vents ou flatuosités, de douleurs d'estomac, de
douleurs de tête, sur le front, d'étourdissements, de fatigue dans
les jambes, etc.; des entérites chroniques nerveuses (entéralgie
des modernes), caractérisées soit par des douleurs d'intestins
qu'accompagne tantôt une constipation opiniâtre, tantôt la
diarrhée, affections qui tiennent toutes à un état pathologique
du tube digestif, et auxquelles sont plus spécialement sujettes

les personnes qui font métier de travail intellectuel, comme les ministres du culte, les membres de l'enseignement, les hommes d'affaires. Chez le sexe, ces maladies sont ordinairement accompagnées d'un dérangement dans les fonctions menstruelles, ou compliquées de *pertes blanches*.

Les pilules sédatives de stramonium sont encore la meilleure des préparations pour combattre les convulsions, telles que la corée ou danse de Saint-Guy; les attaques de nerfs, d'hystérie et même d'épilepsie, lorsqu'ont échoué les vermicides, comme la santonine et le kousso. (Voir, comme complément, art. 1145.)

Art. 950. — **Pilules anti-asthmatiques de digitale.** — Ces pilules sont le spécifique de l'*asthme* et du *rhume chez les personnes âgées*; des *palpitations* de cœur, à tous les âges; de l'angine de poitrine; de l'ascite, hydropisie du tissu cellulaire, et de toutes les affections qui proviennent d'une gêne dans les fonctions du cœur ou d'un trouble quelconqu dans la circulation.

(Voir, comme complément, art. 1100.)

Art. 951. — **Pilules de cynoglosse.** — Les *pilules de cynoglosse*, renfermant, à la fois, les alcaloïd s calmants de l'opium et de la jusquiame, les principes antispasmodiques du castoréum et de la myrrhe, constituent une des plus précieuses ressources de la matière médicale. Elles sont le spécifique des bronchites ou rhumes de poitrine, même de celles qui précèdent la production de la phthisie pulmonaire, maladie des poitrinaires; de telle sorte que, en en faisant usage, concurremment avec une médication générale, on puisse prévenir le développement de cette insidieuse et redoutable maladie, faisant, de nos jours, de si nombreuses victimes !

Les *pilules de cynoglosse* sont encore indiquées dans la gastralgie et dans l'entéralgie, lorsque ces affections sont accompagnées de dévoiement ou diarrhée : spécifique donc aussi de la diarrhée, ces pilules, prises à l'époque des épidémies soit de dyssenterie, soit de choléra, et lors de la manifestation de la diarrhée prémonitoire de ces deux graves maladies, doivent être considérées comme leur préservatif le plus efficace; nous pouvons ajouter même, comme le moyen curatif par excellence de la dyssenterie et de la cholérine, qui est la première phase du *choléra*.

(Voir, comme complément, art. 1115.)

Art. 952. — **Pilules de lactate de fer.** — Nous savons aujourd'hui, par les travaux les plus modernes, que le fer ne passe dans le torrent de la circulation qu'à l'état de lactate, et c'est ce qui explique la supériorité du lactate de fer sur toutes les

32

préparations ferrugineuses. Nos pilules, préparées avec du lactate de fer pur que nous produisons nous-même, renferment chacune cinq centigrammes de ce sel, englobé dans une masse pilulaire qui le garantit de toute altération.

Ces pilules sont le spécifique des affections dans lesquelles les globules du sang sont décolorés, comme dans l'anémie des deux sexes, comme dans la *chlorose* ou *pâles couleurs*, la *dysménorrhée*, l'*aménorrhée*, les *pertes blanches*, etc., pour parler moins scientifiquement, dans tout défaut de régularité, toute préversion ou dérangement dans les importantes fonctions des menstrues ou *règles*.

(Voir, comme complément, art. 1121.)

ART. 953. — **Santonine, comme vermifuge.** — Chez les enfants, jusqu'à l'âge de six à dix ans, la forme la plus commode de médicament, comme la plus active, est, sans contredit, la *pastille de santonine*, dont la boîte de quarante, avec instruction à l'appui, s'envoie *franco* à tout domicile, en échange d'une valeur de 1 fr. 50 c. adressée à M. Aug. Gaffard, à Aurillac.

Pour les personnes adultes ou pour les enfants, vers l'âge de six à dix ans, nous substituons aux pastilles de santonine des paquets de dix centigrammes de santonine.

(Voir, comme complément, art. 1188 à 1092.)

ART. 954. — **Sous-acétate de plomb.** — C'est l'extrait de Saturne, qu'on trouve dans toutes les pharmacies. Il est bon que l'approvisionnement soit de 60 à 125 grammes. C'est avec ce liquide, qu'on ajoute à de l'eau, dans la proportion approximative d'une cuillerée à café par verre, qu'on obtient l'*eau blanche* si fréquemment usitée dans la médecine domestique pour des cas de contusions, d'entorses et de blessures. Quelques gouttes, incorporées dans du cérat sans eau, en font le cérat saturné, topique qui est l'agent siccatif par excellence des plaies. (Voir art. 353.)

ART. 955. — **Sparadrap.** — Le sparadrap diachylon des pharmacies, bien chargé, bien emplastique, et dont on aura toujours au moins deux décimètres en longueur, dans un étui de fer-blanc (pour en prévenir la dessiccation), doit faire partie obligée de la petite pharmacie domestique. En effet, outre que des bandelettes étroites de sparadrap sont appelées à rapprocher et à maintenir en contact les parties de nos tissus qu'a séparées une coupure ou une meurtrissure, un carré de sparadrap, appliqué entre les deux épaules, dans les cas de rhume ou bronchite tenace, peut bien souvent en amener la résolution. Le sparadrap appliqué sur les cors, sur les durillons, et sur les *œils-de-perdrix*, est un moyen d'en calmer la douleur , etc. (Voir art. 1200.)

ART. 956. — **Taffetas vulnéraire calmant.** — Ce taffetas est très-supérieur , sous tous les rapports, au taffetas dit d'Angleterre. Outre qu'il possède une action calmante qui le rend très-précieux, dans une infinité de cas, il ne se dessèche pas sur la peau, et conserve une flexibilité qui lui permet soit de prendre la forme des parties sur lesquelles on l'applique , soit de suivre le mouvement de ces parties. On l'emploie dans les coupures, dans les écorchures, dans les brûlures de premier degré ; sur les cors aux pieds et durillons , surtout quand on vient de les couper ou amincir, etc.

(Voir, comme complément, art. 1205.)

CLASSIFICATION.

ART. 957 à 958. — **Définition.** — La connaissance des agents employés soit dans l'art de rétablir la bonne harmonie dans les fonctions troublées de l'organisme (la *thérapeutique*), soit, par extension , dans celui de les maintenir dans l'état physiologique (l'*hygiène*) , porte le nom de *pharmacologie*. En considérant ces agents d'après leurs divers modes d'action sur l'économie , on peut, pour en faciliter l'étude, les grouper en neuf divisions naturelles , constituant autant de classes :

1re classe.	—	Antiphlogistiques.
2e	—	Astringents.
3e	—	Toniques.
4e	—	Calmants.
5e	—	Stimulants.
6e	—	Révulsifs.
7e	—	Spécifiques.
8e	—	Parasiticides.
9e	—	Chimiâtriques.

ART. 959. — **Antiphlogistiques.** — Antiphlogistique, qui veut dire , par son étymologie, propre à combattre l'inflammation, s'applique aux moyens comme aux substances dont l'emploi semble atteindre ce but; parmi lesquels nous citerons : les saignées, générales ou locales; les boissons aqueuses renfermant de la gomme, du mucilage comme celui de la graine de lin et de la guimauve, de la dextrine provenant des fécules diverses, des acidulés; les bains tièdes d'eau simple, mucilagineux ou gélatineux; les cataplasmes émollients; les fomentations émollientes.

ART. 960. — **Astringents.** — On donne ce nom aux médicaments qui ont la propriété de déterminer, sur les tissus avec lesquels on les met en contact, une sorte de crispation, de resserrement ayant pour effet de diminuer une évacuation, une sécrétion. Employés à l'extérieur, on les dit *styptiques*. Les substances astringentes les plus usitées sont quelques acides minéraux dilués; les sous-acétate et acétate de plomb; l'alun (sulfate de potasse et d'alumine); les divers tannins ou les végétaux qui les renferment, tels que galle, cachou, ratanhia, kino, bistorte, écorce de grenadier, etc.

ART. 961. — **Toniques.** — On applique cette dénonciation à une classe de médicaments qui ont la propriété d'exciter lentement, et par degrés insensibles, l'action organique des divers systèmes, en augmentant leur force d'une manière permanente. Les amers tirés du règne végétal et, en première ligne, les écorces du genre *quinquina,* sont des toniques. Les plus usuels après ces précieuses écorces sont le chamédrys, la gentiane, l'absinthe, la petite centaurée, la camomille, l'écorce d'orange et, faiblement, la feuille d'oranger.

ART. 962. — **Calmants.** — Nous subdiviserons la classe des *calmants* en quatre sections, qui seront : les *stupéfiants* ou *narcotiques*, les *anesthésiques*, les *antispasmodiques* et les *sédatifs spéciaux*.

Stupéfiants ou *narcotiques*. — On donne ce nom aux substances de la matière médicale qui ont la propriété d'assoupir; tels sont le pavot et ses dérivés : opium, morphine, codéine, sels morphiques; les solanées vireuses, telles que stramonium, belladone, jusquiame, etc.

Anesthésiques. — Cette section de la classe des calmants agit sur la douleur en amoindrissant la faculté de sentir. Les anesthésiques généraux les plus usuels sont administrés en inhalation, tels que l'éther, le chloroforme et le protoxyde d'azote. Vient ensuite le bromure de potassium employé en solution à l'intérieur. Parmi les anesthésiques locaux, on emploie le froid intense de la partie, une compression méthodique, et l'électricité. L'étude des anesthésiques est une voie nouvelle d'investigation qui, d'après les conquêtes qu'elle a déjà assurées à la science, promet encore d'immenses résultats au profit du bien-être.

Antispasmodiques. — On affecte cette désignation, qui veut dire contre les spasmes, à un groupe de médicaments auxquels on attribue la propriété de calmer le système nerveux : tels sont la valériane, l'assa-fœtida, le castoreum, le musc, le camphre, l'éther et toutes les eaux distillées aromatiques, de fleur d'oranger, de menthe, de tilleul, etc.

Sédatifs spéciaux. — De ce nombre sont : la digitaline, qui jouit de la propriété spéciale de calmer le cœur; le copahu, de la faculté de faire avorter certaines inflammations des organes génito-urinaires; le camphre, qui possède un pouvoir plus spécialement calmant sur la vessie et les vésicules séminales.

ART. 963. — Stimulants. — On comprend, sous la désignation générale de *stimulant*, en pharmacologie, tous les agents thérapeutiques qui ont la propriété d'exciter certaines fonctions; de telle sorte que cette classe de médicaments pourrait être divisée en autant de sections que d'appareils divers recevant cette excitation. Parmi ces agents, nous citerons comme les plus saillants dans leur emploi :

L'alcool, dont les effets se font sentir *passagèrement* sur le système musculaire, d'où la qualification de *stimulant diffusible;*

L'éther, le chloroforme, qui, avant de produire leur effet antispasmodique ou anesthésique, procurent une excitation passagère;

La cantharide, comme stimulant des organes génito-urinaires;

La rhubarbe et le thé, comme stimulants des fonctions digestives;

Le seigle ergoté, comme stimulant de l'utérus;

Le benjoin et d'autres résines, comme stimulants des bronches;

Le café, comme stimulant du système cérébro-spinal;

La colophane et un grand nombre de résines, qui stimulent, en application sur les ulcères phagédéniques, le bourgeonnement des chairs.

ART. 964. — Révulsifs ou dérivatifs. — On groupe dans cette classe les divers moyens ou agents qu'on emploie pour détourner le principe d'une maladie vers une partie plus ou moins éloignée. De ce nombre sont, à l'extérieur, les vésicatoires, les cautères et sétons; les ventouses et le moxa; la moutarde en sinapismes et en pédiluves; les liniments rubéfiants; les emplâtres ou pommades émétisées; l'huile de croton. A l'intérieur, les purgatifs, les vomitifs; les antimoniaux, dans les affections de poitrine.

ART. 965. — Spécifiques. — On donne ce nom aux agents pharmaceutiques jouissant, sans qu'on s'en explique l'action, du pouvoir de guérir certaines affections, en neutralisant leur principe morbifique. Tels sont les alcaloïdes du quinquina et l'arsenic, dans le traitement des fièvres; le mercure, dans celui de

32*

la chlorose ; l'huile de foie de morue, pour combattre la diathèse dartreuse ; le copahu et le cubèbe, dans la blennorrhagie, etc.

ART. 966. — **Parasiticides.** — Nous réunissons dans cette classe tous les agents thérapeutiques internes ou externes, ayant pour effet de détruire des êtres organisés des deux règnes qui sont la cause essentielle de la maladie : tels sont la santonine, le kousso et l'aloès, dans le.traitement des maladies vermineuses ; les mercuriaux dans le traitement de la gale et de la phthiriase ; les hydro–carbures, les préparations sulfureuses et arsenicales employées à la guérison de l'achorion de la teigne, à celle de divers ulcères et dartres ayant pour cause des végétaux microscopiques, etc.

ART. 967. — **Chimiâtriques.** — Sont du domaine de cette classe : 1° certains caustiques et agents de cautérisation ayant pour effet de détruire ou d'altérer les tissus, soit en vue d'obtenir une révulsion, comme dans l'application de l'ammoniaque, de la pierre à cautère ; soit pour les stimuler à la manière dont agit l'azotate d'argent ; 2° les carbonates de soude, de magnésie, de chaux ou la magnésie décarbonatée pour saturer les humeurs à réaction alcaline, chez les scorbutiques ; 3° la plupart des contre-poisons ayant pour effet d'obtenir un composé insoluble en combinaison avec l'agent tonique ; 4° et enfin la pepsine, pour faciliter dans l'estomac la dissolution des matières alimentaires. Nous pourrions y ajouter, à la rigueur, l'usage des matières sucrées et des corps gras, préconisés, depuis quelque temps, dans le régime, comme agents de calorification.

APPENDICE.

ART. 968. — **Indications utiles.** — Nous continuerons ce livre par quelques renseignements qui se rattachent à la pharmacologie et aux besoins usuels.

Le litre renferme 1000 grammes d'eau, ou 1 kilogramme, 6 verres environ ;

Le litre renferme :	1250	id.	de sirop ;
—	920	id.	d'eau-de-vie, bonne qualité ;
—	915	id.	d'huile d'olives.

Le verre de table ordinaire a une capacité de 2 décilitres environ ou 1/5e de litre. Plein aux trois quarts, il constitue le verre médicinal ou 1/6e de litre.

Le petit verre à liqueurs contient 25 à 30 grammes d'eau.

La cuillère à bouche ou à soupe, comble, représente environ 15 grammes (1/2 once) d'eau, 20 grammes de sirop, et 10 grammes d'eau-de-vie.

La cuillère à café tient un peu moins que la moitié de la cuillère à soupe.

Notre système monétaire est constitué par des pièces de divers métaux qui représentent un nombre simple et exact de grammes. Elles peuvent donc, au besoin, servir à improviser une série de poids à peser : le centime pèse exactement un gramme, et chaque pièce de cuivre pèse autant de fois notre unité pondérable qu'elle représente de centimes. A défaut de pièces de 1 centime, il faut savoir que la pièce d'argent de 20 centimes a le même poids.

ART. 969. — **Tableau de la répartition des doses des médicaments suivant les âges, ou proportion à employer des agents thérapeutiques aux divers âges.** — La dose pour un adulte étant considérée comme 1, on devra, pour les âges au-dessous, établir la proportion suivante :

Au-dessous de 1 an..	1/15	(le quinzième) de la dose pour adulte.	
A 1 an	1/12	(le douzième)	— —
A 2 ans...........	1/6	(le sixième)	— —
A 3 ans...........	1/4	(le quart)	— —
A 4 ou 5 ans......	1/3	(le tiers)	— —
A 6 ou 7 ans......	1/2	(la moitié)	— —
De 8 à 10 ans......	2/3	(les deux tiers)	— —
De 11 à 13 ans......	5/6	(les cinq sixièmes) —	—

De 13 à 14 ans, près de la dose entière ou la dose, suivant le développement corporel de l'enfant.

De 15 à 16 ans et au-dessus, la dose entière.

PHARMACOLOGIE SPÉCIALE ET FORMULAIRE.

ACIDES.

ART. 970. — **Définition.** — Les acides sont des corps solides ou liquides qui jouissent de la propriété de rougir la couleur bleue du tournesol, etc. (Voir art. 626.)

ART. 971. — **Acide acétique.** — Le vinaigre (art. 375, 1469) est de l'acide acétique faible. On obtient de l'acide plus fort, par la distillation du bois, à une haute température. Enfin l'acide acétique le plus concentré s'obtient ordinairement par la décomposition soit du verdet, soit de l'acétate de potasse.

Le vinaigre est d'un fréquent usage en médecine. Mêlé à de l'eau, qu'on sucre à volonté, il produit l'*oxycrat*, boisson agréable, souvent prescrite dans les hémorrhagies, les fièvres continues, etc. Ce mélange se fait ordinairement dans la proportion d'un quart de verre ou d'un demi-verre de vinaigre, selon qu'il est fort, par litre de liquide.

Lorsqu'il s'agit d'appliquer le vinaigre en compresses ou fomentations, on le mêle à parties égales d'eau. Ce moyen réussit quelquefois à calmer des céphalalgies, surtout la migraine.

Les lavements vinaigrés sont quelquefois très-utiles pour arrêter les hémorrhagies qui proviennent du flux hémorrhoïdal, lorsqu'on n'a point de liqueur de Pravaz à sa disposition.

Le vinaigre distillé, à huit ou dix degrés, est employé à exciter les nerfs olfactifs (du nez), dans les cas d'évanouissements, de syncopes, d'attaques ou crises nerveuses. A défaut de vinaigre distillé, on emploie de bon vinaigre.

On entend par *sel de vinaigre*, ce qui est une désignation inexacte, de petits cristaux de sel de Glaubert (sulfate de potasse), qu'on imprègne d'acide acétique très-fort ou vinaigre radical.

On emploie aujourd'hui, pour l'usage de la toilette, des vinaigres aromatiques dits *Vinaigres anglais*, *de Bully*, *Acétine*, etc. Ces cosmétiques sont constitués par un mélange de vinaigre de bois, avec des alcoolats aromatiques. Voici une bonne formule d'un de ces vinaigres :

Vinaigre anglais.

Bonne eau de Cologne ou eau-de-vie de lavande anglaise 2 parties.
Acide acétique à sept degrés.......................... 1 —
Mêlez.

ART. 972. — **Acide azotique, nitrique; eau-forte.** — Cet acide s'obtient (art. 278, 927), par la décomposition du nitre, sous l'influence de l'acide sulfurique. Fréquemment usité dans la médecine vétérinaire pour cautériser les plaies de mauvaise nature, on l'emploie pour faire disparaître les verrues, etc.

ART. 973. — **Acide chlorhydrique, hydrochlorique; esprit de sel.** — Cet acide s'obtient (art. 296) par l'action de l'acide sulfurique sur le sel marin. Il est souvent employé comme agent cautérisateur, à l'état pur. Mêlé à deux parties d'eau, il est indiqué comme topique dans les cas de gengivite, de scorbut, etc. Il fait partie d'un grand nombre de collutoires pour la bouche.

ART. 974. — **Acide phénique.** — L'acide phénique, découvert par Runge, étudié par Laurent et Gherhardt, obtenu tout récemment par M. Berthelot au moyen de la synthèse, est un dérivé du goudron de houille. Il est fréquemment employé, mêlé à 1,000 parties d'eau, de plâtre, de talc, à la désinfection des plaies à suppuration fétide, à cautériser les piqûres ou morsures vénimeuses (art. 974).

ART. 975. — **Acide sulfurique, huile de vitriol.** — (Voir art. 937.)

ALCOOL.

ART. 976. — **Origine, emploi.** — L'alcool (art. 370) est un stimulant diffusible, excitant vivement tous les tissus et réagissant promptement au cerveau. Il sert de véhicule à un grand nombre de substances. (Voir art. 370, 373, 479, 1226.)

ART. 977. — **Alcool camphré, fort.** — L'alcool camphré, fort, esprit de vin camphré, s'obtient ainsi qu'il suit :

Camphre................................... 64 grammes.
Alcool à 86 centigrades.................... 440 —

Mettez en contact, dans un flacon, pour obtenir la dissolution.

ALUN, SULFATE D'ALUMINE ET DE POTASSE.

ART. 978. — **Origine, emploi.** — L'alun se retire de minerais naturels, qui le renferment, ou s'obtient par l'action de l'acide sulfurique sur l'argile. Il est très-employé en médecine comme astringent ; fait partie de plusieurs collutoires, gargarismes, pommades, etc. En poudre, il est encore usité pour arrêter le sang dans les hémorrhagies ; pour faire cesser la chute de la luette ; pour ronger les excroissances de chair qui se forment dans les plaies, etc.

AMADOU.

ART. 979. — **Son emploi.** — L'amadou, dont on se sert quelquefois comme hémostatique, pour arrêter le sang des blessures légères, des sangsues, etc., est un agaric qui vient sur le chêne, du nom *igniarium*, qu'on fait dessécher. On le trempe préalablement dans une dissolution d'azotate de potasse pour le rendre plus combustible, quand on le destine à la production du feu, au moyen du briquet.

AMMONIAQUE LIQUIDE OU ALCALI VOLATIL.

ART. 980. — **Nature, origine, emploi.** — Tout le monde aujourd'hui connaît l'ammoniaque liquide : se distinguant par une odeur extrêmement forte ; produisant sur l'organe olfactif, lorsqu'elle est concentrée, une sensation semblable à celle d'aiguilles pénétrant dans les chairs. (Voir art. 938.)

BAINS.

ART. 981. — **Description.** — L'immersion du corps ou d'une partie de notre corps dans un liquide ou de la vapeur constitue le bain. Le bain est dit froid lorsqu'il est à 15 degrés, ou au-dessous ; tempéré quand la chaleur est entre 15 et 25 degrés. Il est réputé chaud lorsque sa température atteint ou dépasse 25 degrés.

On dit un bain *entier* lorsque tout le corps participe à l'immersion. Le *demi-bain*, ou bain de siége, porte sur le bassin. Le bain de pieds, ainsi que le nom l'indique, comprend simplement les pieds et les malléoles ou chevilles du pied.

ART. 982. — **Bain dit adoucissant.** — Le bain adoucissant *à l'eau de son,* s'obtient par la décoction de dix litres de son dans vingt litres d'eau. On passe au travers d'un linge et on ajoute au bain.

ART. 983. — **Bain dit émollient.** — Le bain émollient s'obtient par la décoction de 500 à 1,000 grammes ou de 1 kilogramme de graine de lin dans cinq à dix litres d'eau (qu'on ajoute au bain), ou par 1 à 2 kilogrammes de racine, de tiges ou de feuilles de guimauve ou de mauves.

ART. 984. — **Bain gélatineux.** — Le bain gélatineux s'obtient en mettant tremper, la veille du bain, dans une suffisante quantité d'eau bouillante, 250 à 500 grammes de colle claire dite de Flandre. Le lendemain, on mêlera le tout à l'eau qu'on fera chauffer pour le bain, et dans laquelle la colle ou gélatine achèvera de se dissoudre.

ART. 985. — **Bain sulfureux, dit de Barèges artificiel.** — 60 à 100 grammes de polysulfure de potasse (foie de soufre), divisé au pilon ou au marteau, sont placés, la veille du bain, dans quantité suffisante (demi-litre à un litre d'eau), dans une bouteille qu'on bouche ensuite. On agite, de temps en temps, pour favoriser la dissolution qu'on ajoute au liquide du bain, mais seulement au moment de le prendre.

ART. 986. — **Bain alcalin.** — On emploie diverses matières alcalines pour obtenir le bain alcalin. Qu'il s'agisse du carbonate de potasse, du carbonate de soude ou du bi-carbonate sodique, ces sels, très-solubles dans l'eau, sont préalablement ajoutés au bain, un instant avant de le prendre.

ART. 987. — **Bain salé.** — Les bains salés constituent une forme de médication dont se trouvent bien les sujets lymphatiques. La proportion de chlorure de sodium (sel marin) que nous conseillons est celle de 2 kilogrammes pour bain d'adulte ; de 1,500 grammes pour un bain d'enfant de 13 à 14 ans ; de 1 kilogramme pour un enfant de 10 ans. Au-dessous de 10 ans, cette quantité sera de 100 grammes ou 1 hectogramme multiplié par le chiffre de l'âge de l'enfant.

Nous indiquons ici les bains médicamenteux les plus usuels ; mais le médecin peut en formuler, à l'infini, d'autres sortes.

La durée du bain varie encore suivant les indications ; mais elle est, en moyenne, d'une heure.

ART. 988. — **Bain de propreté.** — Le bain dit de propreté se prend simplement à l'eau chaude. Nous conseillons aux baigneurs d'en tenir le liquide plutôt froid que chaud, de telle sorte que sa température, entre 25 et 30 degrés, se tienne le plus bas possible entre ces deux limites. Outre que les bains chauds affaiblissent, tandis que le bain froid agit comme tonique, le corps, en sortant d'un bain chaud, a la plus grande disposition à contracter du mal par le contraste de température, soit parce que l'atmosphère est presque toujours plus froide que le liquide, soit même, lorsqu'elle serait au même degré, par le refroidissement qui résulte de l'évaporation qui se produit à la surface du corps, quand il sort du bain.

C'est à tort qu'un grand nombre de personnes croient que le bain dit de propreté constitue une pratique nécessaire que rien ne saurait remplacer. Nous croyons, non-seulement, avec de grandes autorités, que les lotions à l'eau tiède peuvent lui être substituées sans inconvénient, mais nous les croyons préférables, sous bien des rapports, au bain proprement dit. Il est un grand nombre de sujets que les bains, même presque froids, affaiblissent notablement. Il n'en est pas un qui éprouve des effets semblables, à la suite de lotions ou lavages à l'eau chaude ou tiède, au moyen d'une éponge. Ajoutons que, lorsqu'on fait ces lotions à l'eau froide, elles jouissent d'un effet *hydrothérapique* marqué, sur le développement des forces, constituant ainsi une pratique hygiénique des plus recommandables. Nous croyons que ces lotions devraient se renouveler, en été, toutes les semaines ; au printemps et en automne, tous les quinze jours ; et tous les mois, en hiver. C'est surtout aux habitants de la campagne qui usent peu de bains, pour trois raisons majeures : éloignement d'établissements de bains, défaut de temps et coût élevé du bain, que nous recommandons ces pratiques. Les saletés du corps, étant un obstacle mécanique aux diverses fonctions de la peau, peuvent déterminer des perturbations nombreuses dans l'équilibre des fonctions générales, et être ainsi la cause occasionnelle d'un grand nombre de maladies. Elles répandent en outre une odeur nauséabonde, dont la suppression tend à augmenter le charme des relations sociales dans la fréquence desquelles individu et corps social ont à gagner.

ART. 989. — **Bain de pieds.** — Les bains de pieds ou *pépi-*

luves peuvent être utiles, par l'effet de la chaleur du liquide qu'on
y emploie, pour produire une révulsion heureuse dans certains
cas de céphalalgie, de congestion vers la tête. Les personnes
nerveuses se trouvent quelquefois bien d'y verser un filet d'eau
de Cologne, de vinaigre aromatique et même d'éther. Le bain de
pied sinapisé s'obtient en ajoutant 60 grammes de farine de
moutarde au liquide du bain, refroidi à point et au moment de
le prendre. L'essence de moutarde, qui se forme dans le contact
de la farine avec l'eau, ne saurait se produire si le liquide attei-
gnait ou dépassait 50 degrés. Il est donc essentiel de n'ajouter la
moutarde que lorsque l'eau du bain est ramenée à la température d'un bain de pied, c'est-à-dire de 30 à 35 degrés centésimaux.

Dans l'administration des bains de pieds à la moutarde, on doit
s'arranger de manière à pouvoir, au moyen d'un linge à tissu
serré qu'on dispose sur le vase à bain, éviter les émanations
sinapiques qui incommoderaient le malade.

Quelques personnes croient devoir remplacer la moutarde par
deux ou trois pelletées de cendre, dont l'effet, quoique bien
différent, peut avoir, dans quelques cas, son utilité.

On est encore dans l'usage de prendre des bains de pieds au
sel, mais dont l'usage est aujourd'hui de plus en plus abandonné.
Il n'en est pas de même des bains entiers au sel, dont l'emploi
rationnel est une pratique thérapeutique ou hygiénique des mieux
entendues (art. 987).

ART. 990. — **Bains de vapeur.** — Destinés à favoriser la
transpiration, les bains de vapeur consistent à faire arriver de la
vapeur d'eau qu'on conduit par un tube, d'un générateur ou
chaudière, autour du malade assis sur une chaise, et entouré,
jusqu'au cou, par une enveloppe imperméable de caoutchouc
ou de toile cirée maintenue à un certain intervalle du corps.
On peut aussi, au moyen d'une disposition spéciale, les prendre
étant couché dans un lit. Ces vapeurs sont dites aromatiques,
acétiques, éthérées, etc., suivant qu'on introduit des espèces
aromatiques, du vinaigre, de l'éther, etc., dans le générateur
de vapeur. On appelle encore *bains de vapeur sèche* ou *étuve
sèche* une pratique qui a pour effet d'élever la température du
corps, disposé dans les enveloppes précitées, au moyen de
plusieurs lampes à alcool qu'on fait brûler sous le siége qui le
supporte, jusqu'à obtention d'une température élevée produisant
une sudation plus ou moins abondante, suivant les indications
du médecin. Tous ces bains de vapeur ont été employés quelquefois avec succès dans le traitement des rhumatismes.

BAUMES.

ART. 991. — **Définition.** — On applique le nom de baume à des préparations pharmaceutiques plus ou moins liquides, destinées à l'usage externe. Quelques résines naturelles liquides et même solides prennent aussi le nom de baume : baume du Pérou, baume de Tolu.

ART. 992. — **Baume hydriodaté.** — Prenez :

Iodure de potassium...................... 10 grammes.
Alcool à 20°......................... 40   —

Faites dissoudre. Prenez d'autre part :

Savon animal......................... 15 grammes.
Alcool à 20°......................... 40   —

Dissolvez à chaud et mêlez les deux liqueurs.

Employé en frictions pour combattre la tuméfaction des engelures, lorsqu'il n'y a pas d'excoriations. Réussit bien aussi dans tous les cas où l'emploi de la pommade d'iodure de potassium est indiqué.

BORAX.

ART. 993. — **Nature et emploi.** — Le borax est le borate de soude. Il entre dans la composition de collutoires de gargarismes.

BROMURE DE POTASSIUM.

ART. 994. — **Sa nature, son emploi.** — Nous extrayons de l'*Union pharmaceutique* un intéressant article que donne son rédacteur sur l'emploi du bromure de potassium comme hypnotique :

« Après avoir mentionné l'action sédative du bromure de potassium dans le coryza, la disphagie, la toux quinteuse, disons un mot des effets narcotiques ou hypnotiques de cet agent, qui, chaque jour, prend une importance plus grande dans la thérapeutique.

» Le bromure de potassium a été prescrit par M. Behrend, à la dose de 1 gramme à prendre en trois fois dans les vingt-quatre heures, à deux *gentlemen* qui, par suite de soucis et de fatigues, avaient perdu la faculté de dormir. Ces deux malades prirent le bromure avant leurs repas et lui durent aussitôt un très-bon sommeil. M. Brown-Sequard, en constatant des résultats analogues, s'est assuré que le bromure de potassium avait, sur l'opium, l'avantage de produire l'assoupissement, sans congestion cérébrale ; sans provoquer le mal de tête ni la constipation. A tous

33

ces points de vue, c'est donc un médicament qui paraît appelé à rendre de grands services dans tous les cas de surexcitation nerveuse.

» De son côté, M. Debout rapporte, dans le *Bulletin de thérapeutique*, quelques observations qui tendent à mettre en évidence les propriétés sédatives et surtout hypnotiques de ce médicament. Voulant anesthésier l'urètre dans un cas de rétrécissement, pour dilater ce canal sans douleur, notre confrère prescrivit la solution suivante :

> Bromure de potassium................. 10 grammes.
> Eau distillée......................... 100 —

» Le malade prit dans un verre d'eau sucrée, quatre fois par jour, une cuillerée à bouche de cette solution, soit 4 grammes de bromure par jour. De plus, il s'injecta de la même solution le matin pendant trois jours. Or le succès fut complet : le canal devint insensible au contact des sondes, et de plus, ce jeune homme, qui depuis un mois était privé de sommeil, avait à peine pris deux cuillerées de la solution qu'il dormit toute la nuit suivante, sans éprouver au réveil la moindre sensation de malaise ou de pesanteur de tête.

» Dans un autre cas, chez un médecin forcé de passer une partie de ses journées à cheval, et souffrant beaucoup d'une névralgie du col vésical, M. Debout prescrivit la solution précédente et l'usage conditionnel de suppositoires ainsi formulés :

> Beurre de cacao....................... 8 grammes.
> Extrait d'opium....................... 0,10 —
> Bromure de potassium................. 2 —
> Extrait de belladone................. 0,05 —

» Pour deux suppositoires. Un mois après l'emploi de ce traitement, le malade annonçait que la solution seule l'avait débarrassé des sensations douloureuses qu'il éprouvait au col de la vessie, et qu'en ce qui concernait les propriétés hypnotiques du bromure de potassium, il les tenait pour parfaitement démontrées. »

Après avoir cité ces faits, M. Debout rapporte que, toutes les fois que lui-même éprouve de l'insomnie, il prend le soir, avant de se coucher, un verre d'eau sucrée contenant 1 gramme de bromure, et qu'à la faveur de ce moyen inoffensif il jouit d'un sommeil calme et réparateur.

CAMPHRE.

ART. 995. — **Sa nature, son emploi.** — Le camphre est

une sorte d'huile essentielle solide, qu'on retire du laurier-camphrier, croissant dans les îles Moluques. Il est la base d'un grand nombre de préparations pharmaceutiques. Soluble dans les corps gras, dans l'éther, l'alcool et les huiles essentielles, il est antispasmodique, et jouit d'une propriété spéciale sédative sur la vessie et les organes génito-urinaires. Voir « *Alcool camphré, Huile camphrée, Pommade camphrée,* » etc.

CANTHARIDES.

ART. 996. — **Origine; emploi.** — La cantharide est un insecte de l'ordre des coléoptères qu'on dessèche pour les pulvériser, et qui est employé à la préparation des vésicatoires. (Voir art. 1247.)

CATAPLASMES.

ART. 997. — **Leur nature; leur emploi.** — Médicaments destinés à être appliqués extérieurement, sous une forme de bouillie épaisse.

Nous n'emploierons que ceux de graine de lin, que nous considérons comme les plus émollients. La meilleure manière de les préparer consiste à mettre dans un vase quelconque, un petit plat par exemple, de la farine de lin, et à verser par-dessus lentement, en remuant avec une cuillère ou une spatule, quantité suffisante d'eau bouillante pour former une pâte épaisse qu'on place sur un linge. Avec les doigts mouillés on étale cette pâte sur le linge, et on l'applique, dès-lors, sur la partie qui doit la recevoir.

Les cataplasmes laudanisés ne diffèrent des cataplasmes simples qu'en ce que l'on arrose de laudanum de Sydenham la surface de la pâte. Lorsque, éloigné d'une pharmacie, on n'a pas à sa disposition de la farine de lin, on peut, en attendant, remplacer les cataplasmes de cette farine par de la mie de pain qu'on a mis à bouillir dans de l'eau, jusqu'à pouvoir produire une pâte homogène par le pétrissage des mains. On peut encore employer des cataplasmes de pommes de terre, qu'on obtient en râpant ces tubercules, en faisant cuire cette râpure, et en agitant avec une spatule jusqu'à consistance voulue.

Le cataplasme, en le faisant très-mou, peut, sans inconvénients, être appliqué entre deux linges, d'un tissu clair; ce qui revient à l'introduire, à l'état mi-liquide, dans un sac formé de ce tissu.

CÉRATS.

ART. 998. — **Leur composition; leur emploi.** — Le *cérat simple* s'obtient en faisant fondre une partie de cire très-pure, blanche ou jaune, dans quatre parties d'huile d'olives ; on agite un peu et on laisse refroidir.

Le cérat de Galien des pharmacies n'est autre que du cérat simple, produit avec de la cire blanche, et dans lequel on incorpore, par l'agitation, de l'eau de rose ou de l'eau distillée simple, dans le rapport de trois parties de cérat sur quatre d'eau.

Pour notre compte, nous ajoutons assez peu d'importance à l'addition de cette eau, dans le cérat simple ; en sorte que nous n'avons pas de préférence pour l'un ou pour l'autre de ces cérats. Nous les employons indistinctement. Dans les villes, ou à proximité des villes, on prendra le cérat de Galien des pharmacies ; dans les campagnes, on pourra préparer soi-même le cérat simple, ainsi que nous l'indiquons.

A⸱T. 999. — **Cérat opiacé.** — Le cérat opiacé des pharmacies se produit en incorporant 4 grammes de laudanum de Sydenham dans 30 grammes de cérat simple sans eau. On pourra encore le préparer, au besoin, dans les campagnes, en mêlant, avec une spatule, du laudanum à du cérat simple, jusqu'à ce que le mélange ait pris une teinte jaune prononcée.

Le cérat opiacé reçoit, en général, un emploi approprié dans tous les cas où, l'épiderme étant détruit, il y a lieu de calmer la douleur.

ART. 999 A. — **Cérat saturné.** — Le cérat saturné est soit du cérat simple soit du cérat de Galien, auquel on ajoute du sous-acétate de plomb liquide ou extrait de Saturne. Ce mélange peut se faire à mesure du besoin, dans une soucoupe, sur une carte même, avec la lame d'un couteau à extrémité arrondie.

Le rapport de ces deux substances variera suivant l'effet siccatif qu'on voudra obtenir, depuis dix à trente gouttes de liquide par cuillerée de cérat.

CHLORHYDRATES.

ART. 1000. — **Nature.** — L'acide chlorhydrique se combine avec l'ammoniaque et avec les alcaloïdes organiques, d'où il résulte des chlorhydrates.

ART. 1001. — **Chlorhydrate d'ammoniaque.** — Le nom chlorhydrate d'ammoniaque a la même signification que sel ammoniac. Sel astringent et fondant, usité en médecine pour produire la résolution de tumeurs.

Employé à l'intérieur, il jouit de la propriété dépurative à la manière de l'iodure de potassium. Voir « Pilules de chlorhydrate d'ammoniaque » (art. 1111).

ART. 1002. — **Chlorhydrate de morphine.** — Le

chlorhydrate de morphine s'obtient par la combinaison de l'acide chlorhydrique avec la morphine, alcaloïde provenant de l'opium, lequel est lui-même extrait de la capsule du pavot. C'est le sel de morphine le plus usité en médecine. Il est employé à la dose de 1 ou 2 centigrammes, par la *méthode endermique ;* méthode qui consiste à dénuder une partie de la peau, sur un espace très-circonscrit, comme la surface d'une pièce de un ou deux francs, par exemple ; à y placer le sel morphique, et à recouvrir d'une bandelle de sparadrap. On renouvelle ordinairement cette application toutes les six heures. La dénudation du derme se fait en enlevant l'épiderme, soit au moyen d'un vésicatoire qu'on laisse en contact seulement pendant huit à dix heures, soit au moyen d'un petit disque d'amadou, imbibé d'ammoniaque liquide, qu'on place sur la partie à dénuder|, et qu'on maintient en place pendant cinq à dix minutes, en le recouvrant d'une pièce de monnaie d'argent. On retire l'amadou et on enlève, avec le doigt, la peau mortifiée, de couleur blanche, qui est devenue insensible. C'est sur cette partie dénudée qu'on applique le chlorhydrate de morphine, en recouvrant d'un écusson de sparadrap.

CHLOROFORME.

ART. 1003. — **Sa nature ; ses propriétés.** — Liquide constitué par la combinaison du chlore avec un radical appelé formyle. Sorte d'éther plus lourd que l'eau, d'une odeur pénétrante qui rappelle celle de certaines pommes. Jouissant de la singulière propriété de produire l'anesthésie générale, par l'inhalation.

Le chloroforme est l'agent anesthésique le plus employé dans l'art chirurgical. Sa découverte fait époque dans les annales des conquêtes de la science. Il a rendu et rend tous les jours de grands services. Malheureusement, à côté des bienfaits immenses qu'il procure, on a à enregistrer quelques cas de mort. Employé suivant certaines règles, il laisse cependant peu à redouter dans son emploi, bien que la science n'ait pas dit son dernier mot à ce sujet.

ART. 1004. — **Chloroforme dentaire.** — Nous donnons, sous le nom de *chloroforme dentaire*, la formule d'un liquide destiné à calmer la douleur de dents, dans des cas spéciaux mal définis, et que l'essai seul pourra indiquer :

Chloroforme. 6
Créosote pure. 5
Essence de menthe. 1

Mêlez.

S'emploie à cautériser le nerf de la dent, en introduisant dans sa cavité cariée un très-petit morceau d'amadou imbibé de ce liquide.

Une de nos illustrations médicales, M. Andral, prescrit une mixture odontalgique à base de chloroforme que nous avons vu quelquefois réussir, et qui a l'avantage, sur la plupart des préparations de ce genre, de n'avoir point de mauvais goût.

ART. 1005. — **Mixture odontalgique de M. Andral :**

Chloroforme pur............ ⎫
Laudanum de Rousseau........ ⎬ de chaque, 2 grammes.
Teinture de pyrèthre......... ⎭

En application dans le creux de la dent.

CHLORURES D'OXYDE.

ART. 1006. — **Nature.** — Le chlore peut se combiner avec les oxydes des métaux dits alcalins, les plus avides d'oxygène, et former des chlorures d'oxyde ou *hypochlorites*, qui jouissent tous des propriétés décolorantes et désinfectantes.

ART. 1007. — **Chlorure d'oxyde de calcium ou de chaux.** — Liquide incolore, à odeur prononcée de chlore, et qui possède, à un haut degré, le pouvoir désinfectant.

Employé à l'extérieur, dans les ulcères de mauvaise nature, dans la brûlure, etc.

ART. 1008. — **Chlorure d'oxyde de potassium (eau de javelle), chlorure d'oxyde de sodium ou liqueur de Labarraque.** — Liquides qui ont la plus grande analogie avec le précédent. Employés dans les mêmes cas. Très-employés aussi dans les arts (art. 294 et 1690).

COLD-CREAM SATURNÉ.

ART. 1009. — **Formule.** — Sorte de cérat employé comme cosmétique, qu'on obtient avec :

Cire blanche........................... 3 grammes.
Blanc de baleine..................... 3 —
Huiles d'amandes douces. .... 30 —
Eau de roses.......................... 10 —
Extrait de saturne.................... 2 —
Essence d'amandes amères............. 3 gouttes.

Faites dissoudre, à une douce chaleur, la cire et le blanc de baleine dans l'huile. Retirez du feu, agitez, laissez refroidir. On ajoute, par l'agitation, dans un mortier, l'eau de roses et l'extrait de saturne ; enfin, l'essence d'amandes amères.

Ce topique, extrêmement précieux pour combattre les gerçures de la face, réussit également pour les gerçures des mains. Nous le recommandons encore aux personnes atteintes de lichen à la face ou aux mains, et qui, ne voulant pas se soumettre au traitement anti-dartreux (art. 826), tiendraient plutôt à dissimuler qu'à guérir cette maladie.

COLLODION.

ART. 1010. — **Sa nature.** — Le collodion est le produit de la dissolution du pyroxyle ou coton-poudre, dans l'éther. Le collodion, par l'évaporation rapide de son dissolvant, forme une couche de matière blanche, mince, translucide, qui adhère fortement à la peau, ce qui permet de l'employer en chirurgie, à la manière du taffetas d'Angleterre ou du taffetas vulnéraire; mais avec un avantage spécial, sur l'emploi de ces taffetas : celui d'être insoluble dans l'eau et de ne point se détacher par l'action de ce menstrue, et sur l'emploi du sparadrap, celui d'être inaltérable à l'action d'une faible chaleur qui détruit l'adhérence ou laisse glisser celui-ci. Le collodion, malheureusement, est un peu irritant, ce qui tend à en borner l'usage dans bien des cas. Mais il rendra de grands services si on a soin de l'employer à la manière dont suit l'exposition :

Dans les coupures, dans les éraillures ou écorchures de la peau, on panse, comme d'habitude, avec le taffetas vulnéraire; et, par-dessus, on étend une couche de collodion. La partie dénudée reçoit l'effet calmant du taffetas vulnéraire, qui, d'ailleurs, la préserve de l'action irritante de l'air, et la couche de collodion garantit le topique immédiat contre l'action des agents extérieurs ; avantage immense pour les parties du corps, comme les mains, exposées à être en contact avec l'eau, surtout chez certains manouvriers. (Voir, pour la préparation du collodion, art. 1667).

COLLUTOIRE.

ART. 1011. — **Définition.** — Le mot *collutoire* indique un remède liquide, à destination de l'appareil bucal. Il diffère du *gargarisme* en ce que celui-ci est destiné à agir sur les muqueuses de la gorge.

ART. 1012. — **Collutoire anti-scorbutique** — Prenez :

Acide chlorhydrique......................	15 grammes.
Eau simple...........................	150 —
Sirop de mûres......................	30 —

Mêlez.

ART. 1013. — **Collutoire astringent opiacé.** — Voir
« *Gargarisme astringent opiacé* » (art. 1044).

ART. 1014. — **Collutoire boraté.** — Voir « *Solution boratée* »
(art. 1195).

ART. 1015. — **Collutoire chlorhydrique.** — Prenez :

Sirop de mûres.......................... 10 grammes.
Eau simple............................. 25 —
Acide chlorhydrique..................... 15 —

Mêlez.

ART. 1016. — **Collutoire dentifrice, vulgairement
Élixir dentifrice.** — Prenez :

Teinture de quinquina gris..... ⎫
 — de cachou........... ⎬ de chaque, parties égales.
 — de pyrèthre. .... ⎪
Alcoolat de cochléaria composé ⎭

Nous croyons que c'est un excellent collutoire pour affermir les
gencives et prévenir la carie ; bien préférable à l'eau de Botot.
Après l'avoir étendu du double de son poids ou de son volume
d'eau, on agitera ce liquide dans la bouche, où on le conserve
pendant une minute au moins. On renouvelle une fois tous les
jours. Une cuillerée à café est à peu près suffisante, ce qui
nécessite l'addition de deux cuillerées d'eau.

COLLYRES.

ART. 1017. — **Définition.** — Le mot *collyre* indique un remède,
pour l'usage externe, à destination des yeux.

ART. 1018. — **Collyre anti-scrofuleux.** — Prenez :

Iode................................. 5 centigrammes.
Iodure de potassium................. 60 —
Eau distillée....................... 150 grammes.

Employé avec avantage dans les ophthalmies scrofuleuses,
surtout lorsqu'il y a des taies ou ulcères de la cornée.

ART. 1019. — **Collyre opiacé.** — Prenez :

Extrait d'opium..................... 10 centigrammes.
Eau distillée de roses.............. 100 grammes.

Employé avec avantage dès le début d'une ophthalmie, ou
lorsqu'elle présente un caractère inflammatoire marqué, qu'il y
a douleur vive ; sans préjudice de l'application des sangsues.

ART. 1020. — **Collyre opiacé saturné.** — Prenez :

Sous-acétate de plomb............... 10 grammes.
Eau distillée....................... 100 —
Extrait d'opium..................... 10 centigrammes.

Réussit très-bien dans les ophthalmics, lorsqu'elles ne présentent pas d'inflammation vive ou douloureuse. Si, après son achèvement, il y a un mieux, sans que la maladie ait entièrement cédé, on passera à l'usage de la pommade au bioxyde de mercure (art. 1157).

ART. 1021. — **Collyre sec.** — Prenez :

Tuthie pulvérisée finement.. ⎫
Calomel à la vapeur........ ⎬ de chaque, parties égales.
Sucre pulvérisé............ ⎭

S'emploie fréquemment dans les cas de vieilles taies de la cornée, le ptérygion ou onglet. Son application se fait par l'insufflation, dans l'œil ouvert, au moyen d'un tube de plume. On renouvelle cette pratique tous les jours, ou même plusieurs fois le jour.

CRÉOSOTE.

ART. 1022. — **Origine; propriétés.** — La créosote est un liquide qu'on obtient par la distillation du goudron. Elle est d'une grande activité, servant spécialement d'agent cautérisateur pour les dents, dont elle calme ainsi la douleur. Etendue avec de l'alcool et associée à d'autres substances, elle constitue un liquide que nous appelons *créosote dentaire*, réussissant généralement mieux pour cet usage que la créosote pure, sans avoir l'inconvénient de corroder, comme celle-ci, la muqueuse de la bouche.

ART. 1023. — **Créosote dentaire.** — Prenez :

Créosote pure.........................	10 grammes.	
Alcool à 40° centigrades.................	20	—
Essence de girofle.....................	3	—

Mêlez.

DÉCOCTIONS.

ART. 1024. — **Description.** — On entend par *décoction* l'opération qui a pour objet de faire dissoudre les principes d'une plante par l'action de l'ébullition. La décoction dure moins ou plus, suivant la facilité de pénétration de la plante, la solubilité de ses principes, etc. Elle diffère de l'*infusion* (art. 1050) et de la *macération*. On donne ordinairement le nom de *décoction* au produit de cette opération, mais on doit lui consacrer, de préférence, celui de *decoctum*.

ART. 1025. — **Décoction blanche de Sydenham.** — La décoction blanche est une préparation efficace dans les diarrhées. Le pharmacien seul est appelé à l'exécuter.

33*

DIGITALE POURPRÉE ET DIGITALINE.

ART. 1026. — **Origine**. — La digitale est une plante de la famille des scrofulariées. Le nom de digitale lui vient de *digitale*, nom latin du dé à coudre, que rappelle la forme de sa fleur.

ART. 1027 à 1028. — **Propriétés**. — La digitale renferme deux principes actifs bien distincts : 1° un principe soluble dans l'eau, âcre, excitant ; 2° un principe soluble essentiellement dans l'alcool *(digitaline)*, qui est le calmant ou sédatif par excellence du cœur, dont il ralentit les pulsations. D'où il résulte que les préparations qui auront l'eau pour dissolvant de la digitale, seront excitantes, tandis que les produits du traitement de cette plante par l'alcool, auront la propriété sédative propre à la digitaline.

En calmant les mouvements du cœur, la *digitaline* est non-seulement le spécifique des maladies de cet organe, mais elle a encore pour effet de calmer certains rhumes qui proviennent de ce que le cœur envoie trop de sang aux poumons. Enfin, associée au stramonium, la *digitaline* est le spécifique de l'asthme. Voir « Pilules anti-asthmatiques » (art. 1106).

DISSOLUTION.

ART. 1029. — **Définition**. — Dissolution est synonyme de solution. (Voir art. 1193.)

ART. 1030. — **Solution albumineuse; eau albuminée**. — L'eau albuminée, si employée dans les cas d'empoisonnement par des sels minéraux et surtout dans l'empoisonnement par le sublimé corrosif, se prépare tout simplement en battant des blancs d'œufs dans de l'eau, dans le rapport de douze blancs pour un litre d'eau.

EAU BLANCHE.

ART. 1031. — **Préparation**. — L'eau blanche se fait tout simplement en ajoutant approximativement deux cuillerées de sous-acétate de plomb liquide à un litre d'eau de rivière, de fontaine, et mieux d'eau de pluie. S'emploie comme astringent, en lotions, fomentations, injections. Voir « *Eau de Goulard* » (art. 1033).

EAU DE COLOGNE, ET MIEUX ALCOOLAT DE COLOGNE.

ART. 1032. — **Nature; propriétés**. — L'eau de Cologne est un liquide à base d'alcool, qui renferme en dissolution une grande quantité d'essences ou huiles volatiles aromatiques. Elle participe des propriétés de l'alcool et des huiles volatiles.

Doit être préparée par distillation ; néanmoins, on peut obtenir une eau de Cologne assez suave par la dissolution des essences dans l'alcool et sans distiller, pourvu qu'on ait des essences récentes et du bon alcool à 90 degrés.

Alcool à 90 degrés.....................	1 litre.
Essence de bergamotte vraie.............	15 grammes.
— de girofle.....................	4 gouttes.
— de cannelle.	3 —
— de fenouil.	10 —
Teinture de musc, à volonté............	4 —

Mêlez le tout dans un flacon, et filtrez vingt-quatre à quarante-huit heures après le mélange.

L'alcoolat de mélisse et l'alcoolat vulnéraire jouissent des mêmes propriétés que l'alcoolat de Cologne. (Voir art. 939.)

EAU DE GOULARD.

ART. 1033. — **Formule.** — C'est, à peu de chose près, l'eau blanche. Prenez :

Extrait de saturne..................	15 grammes.
Eau distillée......................	1,000 —
Alcoolat vulnéraire ou eau de Cologne	60 —

Mêlez.

Même emploi que l'eau blanche (art. 1031).

EAU DISTILLÉE DE FLEUR D'ORANGER.

ART. 1034. — **Préparation; emploi.** — L'eau de fleurs d'oranger s'obtient par distillation de l'eau sur les pétales et les calices de l'oranger. Elle est anti-spasmodique, digestive, et la plus employée de toutes les eaux distillées. (Voir art. 940.)

EAU DE LAVANDE ANGLAISE.

ART. 1035. — **Formule.** — Prenez :

Huile essentielle de lavande fraîche....	18 grammes.
— de bergamotte.	6 —
— de roses.............	6 gouttes.
— de girofle............	6 —
— de romarin.	3 grammes.
Teinture de musc, au 1/2............	4 gouttes.
Alcool à 86 degrés..................	500 grammes.
Eau..............................	100 —

Mêlez, et, après quelques jours de contact, filtrez. C'est un des plus agréables cosmétiques, ayant les mêmes propriétés que l'eau de mélisse et l'eau de Cologne.

EAU DE SEDLITZ.

ART. 1036. — Sa nature. — L'eau de Sedlitz, qui est un des purgatifs les plus employés en médecine, est de l'eau renfermant en dissolution du sulfate de magnésie, dans le rapport de 45 à 60 grammes de ce sel par 600 à 700 grammes d'eau. Cette eau renferme encore en dissolution de l'acide carbonique qui en favorise la digestion. On la trouve ordinairement toute faite dans les pharmacies ; mais on pourrait la produire soi-même, en mettant dans une bouteille de 2/3 litre environ la poudre dont suit la formule, achevant de remplir d'eau et bouchant exactement, jusqu'à dissolution. (Du soir au lendemain.)

Sulfate de magnésie................ 45 à 60 grammes suivant
qu'on veut l'obtenir plus ou moins
forte.
Bicarbonate de soude, en poudre fine   4   —
Acide tartrique, en poudre grossière..   4   —

Introduisez le tout dans la bouteille, si ce n'est l'acide tartrique, qu'on ajoute seulement au moment de boucher.

L'eau de Sedlitz se prend par verres, dans la matinée : un tous les quarts d'heure ou toutes les demi-heures.

EAU VÉGÉTO-MINÉRALE.

ART. 1037. — Sa nature. — C'est un liquide employé à l'usage externe, composé approximativement comme l'eau blanche et l'eau de Goulard, avec lesquelles on le confond dans la pratique (art. 1031, 1033).

ÉMÉTIQUE OU TARTRE STIBIÉ.

ART. 1038. — Son emploi. — La petite pharmacie de la maison de campagne devra renfermer des paquets, de 10 centigrammes chacun, d'émétique. (Voir art. 941.)

ÉTHER SULFURIQUE.

ART. 1039. — Propriétés. Liquide très-léger, extrêmement volatil, doué d'une odeur pénétrante, et plus inflammable que l'alcool, dont il dérive. Est d'un emploi fréquent en médecine. (Voir art. 942.)

EXTRAITS.

ART. 1040. — Définition. — On entend par extraits, en pharmacologie, la matière soluble d'une substance ordinairement organique, condensée en un petit volume, au moyen de la vaporisation du véhicule qui a servi à la dissoudre. Ces véhicules sont : tantôt l'eau, tantôt l'alcool, tantôt l'éther, etc.

ART. 1041. — **Extrait de stramonium, ou Datura-stramonium.** — Cet extrait est la base d'un grand nombre de préparations héroïques. Le stramonium et l'opium sont les deux agents les plus efficaces que nous connaissons pour combattre l'élément douleur. Le stramonium a un effet calmant double de celui de la jusquiame et de la belladone, et n'a point, comme cette dernière, l'inconvénient de dilater la pupille au même degré. Il est plus calmant que les autres solanées vireuses, et son pouvoir narcotique est moindre. Cet extrait, pour être bon, doit être préparé par concentration de la décoction des feuilles de la plante sèche, c'est important : non point par évaporation du suc de la plante, et encore moins par le traitement alcoolique de la semence.

ART. 1011 A. — **Extrait de saturne.** — C'est le nom impropre du sous-acétate de plomb. (Voir art. 954.)

FER PULVÉRISÉ ET FER RÉDUIT.

ART. 1042. — **Sa nature.** — Ces deux poudres noires représentent le fer réduit à un grand état de ténuité. Soluble dans les acides lactique et acétique de l'estomac, le fer constitue, en cet état, un moyen thérapeutique de premier ordre.

FOMENTATIONS.

ART. 1043. — **Nature ; préparation.** — On entend par fomentation l'application d'un médicament liquide et chaud, sur une partie de notre corps, au moyen de compresses. Les fomentations de pavot, de stramonium, etc., se font avec une décoction des capsules du pavot, de feuilles de stramonium, etc. On recouvre les compresses d'une toile cirée, avant d'appliquer le bandage qui doit les maintenir.

GARGARISME OU COLLUTOIRE ASTRINGENT OPIACÉ.

ART. 1044. — **Formule et emploi.** — Ce gargarisme, qui réussit très-bien dans les angines ou maux de gorge, dans la gingivite, etc., se prépare ainsi qu'il suit :

Extrait de cachou......................	8 grammes.
Sulfate d'alumine et de potasse..........	10 —
Eau simple............................	180 —
Laudanum de Sydenham................	30 gouttes.

Faites dissoudre l'extrait et l'alun avec l'eau, et ajoutez le laudanum.

On s'en gargarise la bouche ou l'arrière-bouche, selon l'affection, sept à huit et même jusqu'à dix fois par jour.

GOMMES.

ART. 1045. — **Leur nature; propriétés.** — Les gommes employées en médecine sont de deux sortes : la première, comprenant la gomme arabique et la gomme Sénégal, est caractérisée par une matière dure, cassante, transparente ou translucide, très-soluble dans l'eau, à laquelle elle communique de la viscosité. La deuxième sorte, qui représente la gomme adragante, est dure comme de la corne, moins transparente et moins soluble dans l'eau, avec laquelle elle produit un mucilage très-épais. Réputées, les unes et les autres, anti-phlogistiques, elles entrent dans un grand nombre de préparations pharmaceutiques. Nous les croyons douées de faibles propriétés.

HUILE CAMPHRÉE.

ART. 1046. — **Formule; emploi.** — Huile tenant en dissolution du camphre. Sa formule est :

Camphre... 1
Huile d'olives.. 7

Triturez le camphre dans un mortier, en en facilitant la pulvérisation au moyen de quelques gouttes d'alcool ; ajoutez l'huile, peu à peu, en triturant, et, quand la dissolution sera opérée, filtrez au travers d'un papier. (Codex.)

Employée dans une infinité de cas ; mais l'huile camphrée a, selon nous, beaucoup moins de propriétés qu'on ne lui en suppose. Elle a, néanmoins, comme la pommade camphrée (art. 1159), mais à un moindre degré, une action sédative incontestable sur les organes urinaires. On l'emploie dans ces cas, soit en frictions à l'extérieur, soit en lavements.

HUILE DE FOIE DE MORUES.

ART. 1047. — **Son origine; son emploi.** — Cette huile est obtenue par l'expression du foie des morues. Le commerce en livre de plusieurs nuances, suivant que l'extraction s'opère sur des foies plus ou moins bien conservés et bien lavés, ou plutôt, aujourd'hui, suivant le degré de décoloration à laquelle on la soumet. En général, on devra donner la préférence à l'huile de foie de morue brune, dont le goût de sardine sera franc, sans arrière-goût de viande putréfiée. Le pharmacien, pour pouvoir la livrer pure, devra s'approvisionner à une source certaine, et, lorsqu'il ne pourra la tirer d'un fabricant qu'on sait être consciencieux, il devra du moins la demander à une maison honorable, incapable de tromper, attendu que les moyens de constater rigoureusement sa pureté sont encore très-imparfaits. Sans doute, toutes les huiles de poisson, avec lesquelles on falsifie les huiles de foie de morue, sont plus ou moins iodées, et participent plus ou moins ainsi des propriétés qu'on recherche dans l'huile de foie de morue ; mais, outre que les huiles de baleine, de cachalot, de dauphin, etc., possèdent ces vertus à des degrés différents, ces huiles, destinées à tout autre usage qu'à entrer dans le corps de l'homme, peuvent renfermer, par défaut de soins, des corps étrangers, tels que du vert-de-gris ou d'autres sels vénéneux.

L'huile de foie de morue est un des agents les plus précieux que possède la matière médicale. Administrée à la dose de deux cuillerées à bouche, matin et soir, l'huile de foie de morue semble être le spécifique de toutes les maladies de la lymphe, ou qui proviennent d'une viciation du sang, telles que *scrofules, dartres,* etc. Malheureusement, à côté des propriétés admirables de cet agent, se trouve une difficulté insurmontable à l'ingérer, pour quelques personnes; en sorte que, avec un moyen extrêmement précieux en général, on en est encore, pour certaines organisations, à chercher le spécifique de ces maladies.

On voit les personnes qui persistent à prendre l'huile de foie de morue, et malgré le dégoût qu'elle inspire, s'y habituer assez facilement : les enfants principalement. On parvient surtout à vaincre cette répugnance en faisant prendre une bouchée de pain bis sur chaque prise du médicament. On pourrait même, à la rigueur, l'administrer avec et avant les deux principaux repas du jour ; mais il ne nous paraît pas bien démontré encore que l'administration simultanée de cette huile avec une grande quantité d'aliments, en un mot que son mélange avec le bol alimentaire, lui laisse l'intégralité de ses vertus médicinales. Cependant, plutôt que de renoncer à son usage, mieux vaut la prendre ainsi. (Voir art. 849, 1111, 1127.)

HYSSOPE.

ART. 1048. — **Description.** — L'hyssope est une plante herbacée de la famille des labiées, d'une odeur aromatique pénétrante. Desséchée, sa feuille et ses sommités fleuries sont employées, en infusion, à produire une boisson qui est indiquée dans les affections catarrhales de la poitrine et dans l'asthme.

IODURE DE POTASSIUM.

ART. 1049. — **Origine : propriétés.** — L'iodure de potassium est le résultat de la combinaison de l'iode avec le potassium ; constituant une substance blanche solide, cristallisant en cubes, très-soluble dans l'eau ; déliquescent, ce qui oblige, pour le conserver à l'état solide, de le tenir à l'abri du contact de l'air, dans des flacons.

L'iodure de potassium jouit de la propriété dite *dépurative* ; mais nous lui préférons le chlorhydrate d'ammoniaque (art. 1111).

INFUSION.

ART. 1050. — **Définition.** — Opération qui a pour but d'obtenir les principes solubles d'une plante, par l'action de l'eau bouillante. Pour faire une infusion, on met chauffer de l'eau, et, lorsqu'elle est bouillante, on y projette la partie de la plante dont il s'agit ; on l'y immerge, et on retire du feu. Lorsque le liquide s'est refroidi, jusqu'au point d'être tiède, on le coule au travers d'un linge, et il est dès lors propre à l'usage.

KOUSSO.

ART. 1051. — **Origine ; emploi.** — Le kousso, ou brayère anthelminthique, est une plante de la famille des rosacées. Ses sommités fleuries et desséchées constituent le téniafuge le plus puissant que possède la thérapeutique.

Dix-huit à vingt-quatre grammes de kousso réduit en poudre, mêlés avec quantité suffisante de sucre aromatisé et divisé en quatre paquets, constituent la dose appropriée à un adulte. Le malade, après s'être préparé, dès la veille de l'administration du kousso, par la diète, prend le matin un de ces paquets, toutes les quinze minutes. A cet effet, et après avoir mis au fond d'un verre la poudre que renferme chaque paquet, on ajoute une petite quantité d'eau, et, à l'aide du doigt ou d'une cuillère à café, on agite pour délayer jusqu'à obtention d'une pâte très-molle. On avale cette pâte, et on boit par-dessus une petite quantité d'eau pure ou sucrée. On renouvelle toutes les dix minutes, jusqu'à achèvement des quatre paquets.

Ordinairement, une heure après, le malade, sans éprouver de coliques, rend d'abord par en bas les matières enfermées dans le gros intestin ; et puis les évacuations alvines se répètent plusieurs fois, présentant quelques débris du ver plat ; enfin le ver tout ou presque entier est expulsé ensuite. Tout cela se passe presque sans coliques, presque sans fatigue, et, au bout de dix heures, le malade se trouve ordinairement assez bien pour prendre des aliments. Le commerce livre malheureusement trop souvent du kousso falsifié ou altéré, de telle sorte qu'il en résulte de fréquents mécomptes pour les malades. Nous en tirons par notre correspondant du Levant, que nous considérons comme toujours efficace. La dose moyenne, sucrée, aromatisée, et accomgnée d'une instruction, s'envoie *franco*, à toute résidence en France, en échange de 6 fr. Le prix de la forte dose est de 9 francs.

LAUDANUM DE SYDENHAM.

ART. 1052. — **Sa nature; son emploi.** — Dissolution vineuse d'opium et de quelques autres substances telles que le safran, le girofle et la cannelle, qui, si elles n'ajoutent point à la propriété de l'opium, paraissent ne pas nuire à son action calmante. (Voir art. 943.)

LAVEMENT.

ART. 1053. — **Définition; détails.** — Liquide destiné à pénétrer dans les intestins au moyen de divers instruments dont les plus commodes sont l'hydroclyse et le néoclyse, dont le maniement n'exige qu'une seule main.

Le lavement dit *entier*, en médecine, est de 400 à 500 grammes, ou, ce qui est l'équivalent, de 4 à 5 décilitres. L'unité de lavement étant ainsi connue, il sera facile de s'entendre : c'est ainsi qu'un demi-lavement sera représenté par un grand verre de liquide ; un quart de lavement, par un demi-verre environ.

Les lavements devront, en général, être donnés plutôt froids que chauds. Lorsqu'on voudra les garder, de manière à ce qu'ils ne ressortent point de suite, et que leurs principes médicamenteux soient absorbés, on devra les prendre peu copieux, et se tenir le corps horizontal. On se couchera donc, pendant quelques minutes, sur un lit, sur un canapé, etc., jusqu'à ce que les efforts qu'il faut faire pour le retenir, seront devenus inutiles, ce qu'on sent parfaitement.

Le piston des instruments destinés à donner le lavement a souvent besoin de graisser, si ce n'est celui de l'hydroclyse. En graissant la canule, on en facilite l'introduction, dans des cas difficiles.

ART. 1054. — **Lavement calmant opiacé.** — Ce genre de lavement, d'une très-grande utilité dans les phlegmasies et les affections nerveuses des intestins, s'obtient simplement en ajoutant quelques gouttes de laudanum de Sydenham dans un lavement simple ou d'eau tiède, dont le volume variera du quart de lavement au lavement dit entier, suivant qu'on ajoutera de l'importance à le conserver. Quant au nombre de gouttes à employer, il devra varier, *pour un adulte*, depuis cinq jusqu'à vingt, qui équivalent de 5 centigrammes d'opium. (Voir la porportion suivant les âges art. 969.)

La tête de pavot, renfermant les principes calmants de l'opium, pourra servir, en décoction, à produire des lavements calmants. L'ébullition d'une grosse tête de pavot, pendant vingt à trente minutes, dans le véhicule d'un lavement, communique approximativement, à ce liquide, les propriétés calmantes de 20 gouttes de laudanum de Sydenham.

ART. 1055. — **Lavements émollients.** — Les lavements *émollients*, lorsque le médecin ne prescrira point leur composition, se feront avec une décoction de graine de lin, de son de froment, ou de guimauve.

ART. 1056. — **Lavement purgatif.** — Les *lavements purgatifs*, lorsque le médecin ne les formule point, pourront être faits avec une poignée de sel de cuisine, dans deux verres d'eau.

Lorsque le médecin prescrit de donner un lavement à l'huile de ricin, la quantité ordinaire est de 60 grammes de cette huile, qu'on ajoute à deux verres d'eau tiède.

Enfin, lorsqu'on voudra obtenir un lavement purgatif très-efficace, sans fatiguer le malade, on le composera comme il suit :

Feuilles de séné................ 15 grammes, à part.
Sulfate de soude................ 45 grammes, à part.

On fera bouillir, pendant une minute, les feuilles de séné dans deux verres d'eau, et on ajoutera le sulfate de soude. On retirera du feu, on laissera refroidir pendant le temps nécessaire à la dissolution du sel; on coulera au travers d'un linge, avec expression, et le liquide sera prêt à être administré.

LIERRE TERRESTRE.

ART. 1057. — **Description.** — Le lierre terrestre est une plante herbacée, de la famille des labiées, d'une odeur aromatique; volubile, à feuilles arrondies, etc. Il vient spontanément dans les tertres ou clôtures. Il est employé en infusion, comme boisson, dans les mêmes cas que l'hyssope (art. 1048).

LIMONADE.

ART. 1058. — **Définition.** — Le nom *limonade*, d'abord consacré à une boisson acidifiée au moyen du suc de limon, a été étendu à divers liquides acides.

ART. 1059. — **Limonade citrique ordinaire.** — On coupe un citron en tranches transversales; on introduit dans une bouteille, ou mieux dans une carafe; on ajoute un litre d'eau et suffisante quantité de sucre (90 grammes environ), pour obtenir un liquide agréable. On peut couler au travers d'un linge, ou consommer dans cet état. La *limonade cuite* diffère de

celle-ci en ce que le mélange de citron, d'eau et de sucre, est
porté sur le feu dans une cafetière de terre, de faïence ou de
porcelaine, jusqu'à ébullition; laissant en contact, jusqu'à
refroidissement incomplet, etc.

Un moyen fort simple, à la campagne, d'avoir de la limonade
à la minute, sans avoir l'inconvénient de voir se gâter les
citrons, consiste à se procurer du sirop de limons, dont une
cuillerée, dans un verre d'eau, produit à l'instant un verre
d'excellente limonade.

ART. 1060. — **Limonade laxative.** — Cette limonade,
formule de notre regretté père, est indiquée dans les cas de
constipation provenant d'une entérite chronique, et telle qu'elle
se manifeste à la suite d'abus des purgatifs drastiques. Les personnes qui ont fait un grand usage du remède de Leroy, de
l'élixir antiglaireux de Guillé, etc., se trouvent souvent prises
d'une constipation d'autant plus difficile à vaincre, qu'elle
provient justement de l'usage des moyens qu'on voudrait lui
opposer. Ce que nous avons vu le mieux réussir, dans ce cas,
est l'usage, pendant une ou deux huitaines, de la limonade
suivante, à la dose d'un litre tous les matins, avant de déjeuner;
déjeuner qu'on devra ne prendre qu'un peu tard, dans ce cas :

Sirop simple.......................... 100 grammes.
Acide citrique......................... 4 —
Bicarbonate de soude.................. 2 —
Extrait de stramonium................. 5 centigrammes.
Essence de citron...................... 2 gouttes.
Eau, quantité suffisante pour un litre de liquide.

Par verres, dans la matinée, de temps en temps, jusqu'à
achèvement.

ART. 1061. — **Limonade purgative.** — Voir « Purgatif de
citrate de magnésie » (art. 1183).

ART. 1062. — **Limonade sulfurique ou minérale.** —
Cette limonade, dont l'usage est indiqué dans certains cas
d'hémorrhagie, se prépare de la manière suivante :

Sucre............................... 60 grammes.
Eau........................... .... 1 litre.
Acide sulfurique...................... 25 gouttes.

On peut l'aromatiser avec une à deux gouttes d'essence de
citrons.

LIN (GRAINE DE).

ART. 1063. — **Usage.** — La graine de lin sert à produire, en décoction, des liquides émollients très-estimés dans les cas d'inflammation du tube digestif. La poudre ou farine de cette semence est presque exclusivement employée, aujourd'hui, pour la préparation des cataplasmes.

LINIMENT.

ART. 1064. — Définition. — Le mot *liniment* implique un liquide destiné à des onctions ou à des frictions.

ART. 1065 - 1066. — Liniment ammoniacal opiacé. — Prenez :

Huile d'olives..................................	60
Ammoniaque liquide...........................	15
Laudanum de Sydenham.......................	15

Mêlez. Efficace dans le rhumatisme aigu.

ART. 1067. — Liniment opiacé-camphré. — Prenez :

Huile camphrée................................	80
Laudanum de Sydenham.......................	20

Mêlez, par l'agitation.

Employé dans les maladies de la vessie.

ART. 1068. — Liniment volatil. — Voir « *Liniment ammoniacal* » (art. 1065).

LOTION CONTRE LES ÉPIDÉSIDES.

ART. 1069. — Formule ; emploi. — Prenez :

Eau distillée.........................	125 grammes.
Sublimé..............................	50 centigrammes.
Sulfate de zinc...........	2 grammes.
Acétate de plomb.....................	2 —
Alcool, q. s. pour dissoudre le sublimé.	

A employer en lotions le matin et le soir. (HARDY.)

MAGNÉSIE CALCINÉE.

ART. 1070. — Description. — La magnésie calcinée est l'oxyde de magnésium. (Voir art. 944.)

MASTIC POUR LES DENTS.

ART. 1071. — Formule ; emploi. — Nous avons déjà fait connaître, à l'article *Carie* de la partie médicale du livre (art. 517), un amalgame d'argent que nous avons recommandé comme le meilleur de tous les agents de plombage des dents. Nous ajouterons que bien des dentistes substituent le cadmium à l'argent ; mais, comme on se trouve bien de l'argent, et que le seul avantage dans l'emploi du cadmium pourrait tenir uniquement à la différence de prix entre les deux métaux, constituant une petite économie en faveur du cadmium, nous nous bornerons à indiquer les deux moyens, sans en préconiser l'un plus que l'autre.

On connaît, depuis peu de temps, un mastic, non métallique, qui semble être appelé à rendre d'utiles services dans les mêmes cas que le plombage, mais lorsqu'il y a douleur. Il consiste en une dissolution de gomme copal dans le chloroforme. On pulvérise cette résine, on l'introduit dans un flacon avec suffisante quantité de chloroforme. On peut chauffer légèrement, au bain-marie, pour favoriser la dissolution. Cette solution, dont on imprègne un petit sphéroïde de coton, est introduite ainsi dans le creux de la dent. Le chloroforme calme assez rapidement la dent, et la résine, par sa propriété adhésive, maintient le coton dans la cavité dentaire. Nous pensons qu'en ajoutant quantité suffisante de magnésie, de craie ou de talc à cette solution concentrée de copal, on pourrait obtenir un mastic dur, résistant et de couleur d'ivoire, qui pourrait être avantageusement substitué à la plupart des autres moyens de masticage des dents.

MÉLANGE, SYNONYME DE MIXTURE (Voir ce mot).

MIEL ROSAT.

ART. 1072. — **Nature; emploi.** — Le miel rosat est une préparation de miel et de roses rouges, sorte de sirop qui renferme une grande quantité de principes, solubles dans l'eau, de la rose rouge de Provins. Ce produit s'emploie, comme astringent, pour faire des collutoires, dans les maladies de la bouche, chez les enfants surtout.

MIXTURE.

ART. 1073. — **Définition.** — Le mot *mixture* veut dire simplement mélange. La mixture est ordinairement liquide.

ART. 1074-1075. — **Mixture contre les engelures et gerçures aux mains.** — Prenez :

Teinture de Benjoin..........	
Alcoolat de Fioraventi........	de chaque, parties égales.
Extrait de Saturne...........	

Mêlez fortement, et conservez dans un flacon à large goulot.

Cette mixture, extrêmement précieuse pour combattre les gerçures compliquées ou non compliquées d'engelures aux mains, a la consistance d'une pommade. Elle s'applique en onctions. On laisse sécher pendant quelques minutes, et on recouvre, si on le peut, avec des gants.

ART. 1076. — **Mixture résolutive.** — Prenez :

Acétate de plomb liquide.	12
Eau commune.	120
Laudanum de Sydenham.	4
Alcool vulnéraire.	40

Mêlez pour l'usage externe ; en compresses dans les cas de contusions et de plaies contuses. Excellente préparation dont nous
ne saurions dire assez de bien.

MOUCHES DE MILAN.

ART. 1077. — **Leur nature ; leur emploi.** — On entend
par mouches de Milan un fragment de pâte vésicante qui, étendue sur du taffetas et appliquée sur une partie quelconque du
corps, y produit un exutoire.

Il y a cette différence entre le vésicatoire et la mouche de Milan,
que le vésicatoire est d'une composition plus énergique, et qu'il
doit être enlevé 24 heures après son application, pour être pansé
avec des pommades, tandis que la mouche de Milan est d'une
action un peu plus douce et peut être laissée à demeure,
sur la partie dénudée, jusqu'à ce que cette action vésicante soit
épuisée.

La mouche de Milan est une préparation commode, toutes les
fois qu'il s'agit de produire une vésication très-limitée.

NITRAT

ART. 1078. — **Définition.** — Nitrate est synonyme d'azotate.

ART. 1079. — **Nitrate d'argent.** — La thérapeutique emploie
le nitrate d'argent ou azotate d'argent sous deux états différents :
1° à l'état de cristaux ; 2° à l'état amorphe ou fondu, connu dès
lors sous le nom de *pierre infernale.*

Nitrate ou azotate d'argent cristallisé. — Il est, dans cet état,
mis à dissoudre dans l'eau distillée pour obtenir des dissolutions
plus ou moins concentrées, employées comme topiques ; collyres,
injections, etc. ; dissolutions qui varient de 5 centigrammes à
1 gramme par 30 grammes d'eau distillée.

Nitrate d'argent fondu. — Se présente en cylindres de la grosseur
d'un crayon de carnet ; très-employé pour cautériser les ulcères
de mauvaise nature ou atoniques.

ART. 1080. — **Nitrate acide de mercure.** — Liquide
incolore, corrosif, employé pour cautériser les ulcères de mauvaise nature ou dans un état atonique, ainsi que les excroissances. On l'applique soit avec une paille, soit avec un fragment
de bois effilé, soit, et mieux, avec une tige de verre effilée.

ART. 1081. — **Nitrate de bismuth (Sous-).** — Poudre blanche insoluble, d'un usage assez fréquent dans les maladies intestinales.

ODONTALGIQUE CALMANT.

ART. 1082. — **Formule ; emploi.** — Prenez :

Extrait de stramonium. . . . .   15 grammes.
Alcoolat de mélisse.   3   —
Laudanum de Rousseau.   82   —

Faites dissoudre l'extrait dans le laudanum ; ajoutez l'alcoolat de mélisse ; laissez macérer ensemble pendant une heure au moins, et filtrez, pour l'usage.

Préparation extrêmement efficace pour combattre les névralgies.

ONGUENT.

ART. 1083. — **Définition.** — Le mot *onguent*, qui dérive du verbe oindre, implique un topique à cette destination.

ART. 1084. — **Onguent basilicum.** — Employé comme suppuratif à un degré au-dessus de l'onguent d'althéa.

ART. 1085. — **Onguent digestif simple.** — Nom donné à une sorte d'onguent, de consistance de miel, composé de térébenthine, de jaunes d'œuf, et d'une petite quantité d'huile.

Il est suppuratif ; mais il a surtout la propriété de faire pousser les chairs, dans les cas d'ulcères indolents.

ART. 1086. — **Onguent mercuriel double.** — Mélange à parties égales, en poids, de graisse de porc et de mercure liquide. Ne s'obtient que par une longue trituration.

Employé en frictions, comme agent abortif des inflammations, etc. C'est un insecticide des plus actifs, par le mercure qu'il renferme ; aussi est-il employé avec succès pour faire disparaître de la peau tous les parasites de l'homme et des animaux, tels que poux divers, acarus, ixodes, etc.

ART. 1087. — **Onguent mercuriel simple ou onguent gris.** — S'obtient comme le précédent, si ce n'est que la proportion de mercure est beaucoup moindre.

Très-employé pour détruire les poux de la tête ou du corps.

OPIUM.

ART. 1088. — **Origine ; propriétés.** — L'opium est une substance dure ou demi-molle, brune, d'une odeur vireuse prononcée, qu'on obtient par des incisions pratiquées sur les capsules vertes et sur pied du *papaver somniferum ;* voir « *Pavot* » (art. 1094). L'opium est, de tous les produits de la matière médicale , celui qui reçoit le plus d'emploi dans les diverses préparations pharmaceutiques. C'est le calmant par excellence, sauf quelques idiosynchrasies. C'est de l'opium qu'on extrait la morphine, la narcéïne et la codéïne, alcaloïdes qui jouissent, à un haut degré, de propriétés calmantes. Nous ne l'employons guère que sous les états de *laudanum de Sydenham*, de *pilules de cynoylosse*. (Voir art. 943, 1052, 1115.)

ORANGER.

ART. 1089. — **Description.** — Arbrisseau du genre *citrus*, de la famille des aurantiacées, dont il est le type. L'oranger fournit à la matière médicale : 1º la pulpe du fruit, dont on fait un sirop acidulé très-agréable ; 2º l'écorce de ce fruit, dont le principe amer est employé comme tonique ; 3º la fleur, dont l'eau distillée et l'infusion constituent deux précieux anti-spasmodiques ; 4º et enfin la feuille, dont les propriétés participent à la fois de l'écorce et de la fleur.

PASTILLES.

ART. 1090. — **Définition.** — Les pastilles ou tablettes constituent une forme de médicaments dont le sucre est essentiellement l'excipient.

ART. 1091. — **Pastilles d'Ipéca.** — Elles sont employées pour combattre les rhumes chroniques chez les vieillards, et la coqueluche chez les enfants.

ART. 1092. — **Pastilles de santonine.** — Tablettes renfermant le principe actif du semen-contra, débarrassé des matières inertes et du mauvais goût de la plante.

Employées, avec grand succès, pour combattre les vers chez les enfants, à la dose d'un nombre de pastilles double du nombre d'années de l'enfant, pendant deux ou trois jours consécutifs.

Elles renferment chacune un centigramme de santonine. (Voir art. 766.)

ART. 1093. — **Pastilles de Vichy.** — Les pastilles de Vichy ou pastilles Darcet renferment du bicarbonate de soude. Elles sont ordinairement employées comme absorbantes, c'est-à-dire pour neutraliser, dans les voies digestives, les acides qui s'y produisent ; or, comme ces acides sont en grand excès dans une forme très-fréquente de dyspepsie, ce qui est une cause de trouble pour la digestion, on conçoit qu'une préparation qui a pour effet de les neutraliser, puisse être employée comme agent digestif.

PAVOT.

ART. 1094. — **Origine ; propriétés.** — Le pavot, tête de pavot ou capsule de pavot, est le fruit desséché du *papaver somniferum*. Débarrassées des semences oléagineuses qu'elles renferment, ces capsules, jouissent, en décoction, des propriétés calmantes de l'opium (art. 1088).

PEPSINE.

ART. 1095. — **Propriétés.** — Nouvellement introduite dans la thérapeutique pour combattre les vomissements. Nous l'avons vue très-bien réussir dans des cas de grossesse où on ne pouvait garder aucun aliment, et où on semblait devoir mourir d'inanition.

PERCHLORURE DE FER LIQUIDE, LIQUEUR DE PRAVAZ.

ART. 1096. — **Emploi.** — Liquide d'un rouge brun, récemment préconisé comme hémostatique. Pour s'en servir, on en imprègne des compresses qu'on applique sur le point hémorrhagique. (Voir art. 945.)

PILULES EN GÉNÉRAL.

ART. 1097 à 1098. — **Définition.** — On entend par *pilule* une forme de médicaments représentée par un solide de forme sphérique, assez petit pour pouvoir être avalé sans mâcher, en vue d'éviter au malade le mauvais goût des substances qu'il renferme.

PILULES ALOÉTIQUES.

ART. 1099. — **Formule.** — Elles sont connues aussi sous le nom de *grains de santé*.

Aloès des Barbades...................... 10 grammes.
Extrait de genièvre .... 1 —
Eau q. s. pour quatre-vingt-seize pilules.

Nous recommandons cette formule comme donnant un produit extrêmement précieux. L'aloès des Barbades jouit d'une action purgative bien plus énergique que l'aloès dit *succotrin*, qui n'est que l'aloès de Gap, comme on le sait, et cela, sans occasionner des coliques comme ce dernier. L'extrait de genièvre que nous ajoutons à l'aloès est destiné à l'empêcher de durcir et à le rendre facilement soluble dans l'estomac.

L'aloès portant directement son action sur les gros intestins, sans affecter l'estomac, nous conseillons l'usage de ces pilules aux personnes qui, atteintes d'une gastralgie, voudront se tenir le ventre libre.

34

PILULES ANTI-ASTHMATIQUES DE DIGITALE ET STRAMONIUM.

ART. 1100. — **Composition :**

Extrait alcoolique de digitale (et non hydro-alcoolique
et point aqueux surtout)...................... 2 gr. 70 centigr.

Extrait aqueux de feuilles de stramonium (*Datura*)
avec la feuille sèche, évaporé dans le vide........ 80 centigrammes.

Rob d'Hyèble (de baies)........................ 5 grammes.

Poudre de valériane, q. s. pour une masse pilulaire qu'on divisera en
96 pilules égales.

Parmi les principes immédiats que renferme la digitale, les uns
sont solubles dans l'eau, les autres dans l'alcool, les autres dans
l'éther. Nous ne pouvons ni ne voulons faire ici l'histoire de ces
nombreux principes, tels que la digitaline, la digitalose, la
digitalide, le digitalin, etc., mais nous devons dire, pour expliquer les propriétés si remarquables et si précieuses de nos pilules
sur l'organe du cœur, sur les bronches, sur l'appareil de l'héma-
those et sur la sécrétion urinaire, que le traitement que nous
faisons subir à la feuille de la digitale a pour effet d'en extraire
spécialement les principes *sédatifs*, ou *calmants, solubles dans
l'alcool rectifié*, à l'exclusion *du principe excitant, soluble dans l'eau.*

La digitale pourprée (*Digitalis purpurea* de Linné), croissant
dans nos montagnes et à *l'exposition du nord*, cueillie à *un moment
précis* de son développement, conditions essentielles de son maximum de propriétés, est la base de notre préparation. Mondée,
desséchée rapidement à l'étuve, à une température de 100 degrés,
elle est ensuite pulvérisée à une pilerie mécanique, opération
dans laquelle on rejette le dernier tiers. Elle est alors traitée
par l'alcool à 90 degrés, à l'abri du contact de l'air, dans un
appareil de notre invention, nous ayant valu une médaille d'argent à l'exposition de Toulouse, section des arts chimiques, etc.
Trois centigrammes de l'extrait, ainsi obtenu, sont unis à quantité suffisante de sucre et de gomme, pour une pilule, très-soluble
dès lors dans les sucs gastriques.

ART. 1101. — **Propriétés.** — Dans cet état, cette préparation
de digitale présente les propriétés sédatives et calmantes de la
plante, débarrassée du principe excitant qui rend son administration si souvent difficile et impossible, en déterminant soit de
la douleur, soit des malaises, soit des symptômes nerveux alarmants ; aussi réussit-elle dans un grand nombre de cas où les
autres préparations de digitale ont échoué, et où même elles ont
paru être nuisibles.

Asthme et dyspnée, essoufflement. — Toutes les fois qu'une personne, d'ailleurs sujette à s'enrhumer, éprouvera une difficulté de respirer, particulièrement après avoir monté un escalier ou gravi une côte, ou après un effort musculaire, et que cet essoufflement se produira assez souvent pour constituer un état morbide, elle sera soulagée manifestement par l'usage de nos pilules. Leur emploi a même obtenu les plus heureux résultats dans l'angine de poitrine, maladie si douloureuse, comme on sait, par la difficulté de respirer, et pouvant être mortelle par ses effets de suffocation.

L'asthme proprement dit, qu'il tienne à un emphysème pulmonaire, à une affection du cœur, à un état nerveux, ou même à une compression exercée sur un des organes de la respiration par un amas de sérosité, est plus ou moins calmé par l'usage de ces pilules. Leur effet est ordinairement prompt et assez durable pour que le malade se croie guéri ; et, comme ces affections sont sujettes à récidive, il devra prudemment être toujours approvisionné de ces pilules.

Palpitations de cœur, troubles dans la circulation. — Que les palpitations de cœur soient nerveuses ; qu'elles soient le symptôme d'une difficulté dans la circulation, par les effets d'un rétrécissement dans les orifices du cœur, d'une hypertrophie, d'un anévrisme, d'une péricardite, d'une hydropisie, etc., l'usage de nos pilules produira presque toujours une amélioration et un calme saisissants.

Rhume chez les vieillards. — Le rhume chez les personnes âgées, lorsqu'il est accompagné d'une difficulté de respirer, surtout lorsque le sujet éprouve le besoin d'avoir les épaules et la tête élevées, pour reposer, se trouve singulièrement amélioré par l'usage de ces pilules.

Les *hydropisies*, l'*enflure des pieds ou des jambes*, l'*anasarque*, l'*hydrothorax* et tout *amas de liquide séreux dans l'économie*, sont avantageusement combattus par l'usage des mêmes pilules.

ART. 1102. — **Usage.** — Dans toutes ces affections, on les prend à la dose de trois, les deux premiers jours de leur usage ; on passe ensuite à l'usage de quatre, par jour, buvant constamment par-dessus, et pour en faciliter la déglutition, une infusion, non froide, d'hyssope ou de sauge, ou même de lierre terrestre. A défaut d'une de ces plantes, vertes ou sèches, on ferait usage simplement d'eau sucrée aromatisée à l'eau de fleurs d'oranger.

Les heures auxquelles on les prend, pendant les deux premiers jours, sont, la première pilule, le matin, à jeun ; la deuxième, vers midi ; et la troisième ou dernière, le soir, en se couchant.

On met toujours un intervalle d'une heure, au moins, entre l'administration de la pilule et les repas. Le troisième jour, auquel le nombre des pilules à administrer est de quatre, on prend la première, le matin, vers les 7 ou 8 heures ou plus tôt ; la deuxième, vers les 10 à 11 heures ; la troisième, vers les 3 heures de l'après-dînée ; et la quatrième ou dernière, en se couchant.

Lorsqu'il s'agira de combattre une hydropisie ou l'enflûre des membres, ou même une affection compliquée de cet état, on substituera aux infusions précitées, comme boisson des malades, une décoction de feuilles vertes de céleri ou de cerfeuil. Si même, après l'usage, pendant huit jours, de ces moyens, l'enflûre n'avait cédé, on ajouterait un gramme de nitre ou nitrate de potasse à chaque litre de cette décoction, qui doit constituer la boisson ordinaire de ces malades. Ce sel, qu'il suffit de projeter dans ce liquide pour qu'il s'y dissolve dans quelques minutes, est destiné à rendre cette boisson plus diurétique, c'est-à-dire poussant aux urines, voie par laquelle doit être expulsée des séreuses ou du tissu cellulaire l'humeur qui y stagne.

Les doses précitées de nos pilules s'appliquent aux personnes adultes, c'est-à-dire de quinze ans et au-dessus. Au-dessous de cet âge on en proportionnerait l'emploi suivant l'âge. De 10 à 14 ans le nombre ne dépasserait pas trois par jour ; de 7 à 9 ans il sera seulement de deux par jour.

L'usage de nos pilules, dans le traitement des affections dans lesquelles se manifeste le dyspnée ou difficulté de respirer, n'est point un obstacle à ce qu'on emploie, concurremment, les moyens qui, dans un moment critique, peuvent aider à soulager le malade. Nous mettons au premier rang de ces moyens, soit l'aspiration de l'éther dit sulfurique, dont on place le flacon ouvert, ou un linge imprégné de ce liquide, sous le nez du malade ; soit l'aspiration de la fumée des feuilles de stramonium, qu'on fait brûler sur des charbons allumés ; soit enfin et surtout notre *fumigatoire pectoral.*

ART. 1103. — **Fumigatoire pectoral.** — Cette préparation est destinée à porter directement sur les bronches et dans les cellules pulmonaires, par l'effet de la respiration, soit les principes béchiques, toniques et hémostatiques du tolu, soit les éléments sédatifs et calmants du stramonium. Chaque boîte renferme dix rondelles de *fumigatoire.* Ces rondelles, placées, une à une, sur une petite soucoupe quelconque ou même sur le couvercle de la boîte renversé sur lui-même, préalablement allumées par

l'approche d'un corps en ignition, continuent de brûler jusqu'à
consomption ou incinération complète, en répandant une fumée
que le malade cherchera à respirer. A cet effet, la rondelle en
ignition, ou la soucoupe sur laquelle elle brûlera, sera tenue, par
exemple, dans la main gauche; et, de la main droite, on cherchera à appeler ou à entraîner, vers le nez et la bouche, les
émanations qui en proviennent. On pourrait, tout aussi bien,
disposer cette soucoupe sur une chaise, sur une table, sur le
plancher même, à côté du malade; enfin sur les couvertures du
lit, s'il était couché. Il est bon de fermer les portes et les fenêtres de la pièce qu'occupe le malade, afin que les vapeurs qui proviennent du *fumigatoire*, se mêlant à l'atmosphère qu'il doit
respirer ultérieurement, arrivent pendant plus longtemps ainsi
dans les voies aériennes, et de ne cesser l'occlusion de ces ouvertures que selon le besoin exprimé par le malade.

On renouvelle, de temps en temps, l'emploi du *fumigatoire*:
particulièrement, lors des crises du rhume ou de gêne dans la
respiration; mais encore, le soir, en se couchant, pour préparer
le malade à passer une bonne nuit. Cette médication, d'une
grande simplicité, est essentiellement applicable, non-seulement
à l'asthme, au catarrhe pulmonaire, à la coqueluche, à l'hémoptysie (crachement de sang), mais encore à un rhume quelconque,
dans toutes les affections de la poitrine, et à toute gêne dans
l'acte de la respiration. Elle peut être employée concurremment
avec toute autre, sans risque qu'elles se contrarient l'une l'autre.

ART. 1104. — **Régime.** — Le régime de malades auxquels
s'applique le traitement par nos pilules de digitale, doit être le
suivant:

Alimentation peu copieuse, mais substantielle, composée
surtout de potages gras. Le matin, plus copieuse; le soir, réduite
à une simple soupe ou même à un bouillon gras. A la fin de
chaque repas, prendre quelques fruits, mais surtout des fruits
cuits ou des confitures, attendu que ce genre d'aliments favorise
la digestion des aliments azotés, nutritifs, comme les viandes ou
les œufs. Nous recommandons particulièrement les poires, les
prunes et même les pommes cuites ou en marmelade, convenablement sucrées. Le fromage *fait* convient peu. Pain blanc
rassis.

Peu ou point de vin. Point de liqueurs alcooliques. Le café au
lait et à l'eau n'est pas contre-indiqué, pourvu qu'il n'occasionne
pas d'insomnie.

D'une manière générale, point de jeûne, point de maigre,
comme l'entend l'Église. Au contraire, manger peu et plus

34*

souvent ; faire choix, parmi les aliments, de viandes fraîches, salées convenablement, peu épicées et peu relevées par l'ognon, l'ail, le poivre, etc. Eviter aussi les acides, tels que le vinaigre. Point de porc frais, et peu de salaisons.

Eviter, à tout prix, les courants d'air. Se bien couvrir la tête, les pieds et les mains. Porter constamment chemise ou gilet de laine sur la peau, caleçons de laine et bas de laine.

Exercice doux après le repas : éviter les émotions vives de toute sorte, pénibles comme agréables.

Point de tabac, sous aucune forme, ou le moins possible, si on a eu le malheur de contracter l'habitude de son usage.

Art. 1105. — **Approvisionnement.** — La boite de 96 de nos pilules, accompagnée de la présente notice indiquant le mode de les employer, le régime à suivre, etc., s'envoie *franco*, à toute résidence de France ou d'Algérie, en échange d'une valeur de 6 francs transmise, *franco*, à M. Aug. Gaffard, à Aurillac.

Le *fumigatoire pectoral* est, dans les mêmes conditions, du prix de 1 fr. 50 c.

PILULES ANTICATARRHALES.

Art. 1106. — **Formule.** — Prenez :

Gomme ammoniaque..................	3 gr.	00	centigr.
Fl. de benjoin ou acide benzoïque......	1	20	—
Baume de tolu......................	1	00	—
Essence d'anis.	»	50	—
Solution de gomme, quantité suffisante.			

Faites selon l'art quarante-huit pilules égales.

Employées, de deux à six par jour, dans les affections chroniques de la poitrine et dans le catarrhe de la vessie.

PILULES ANTICHLOROTIQUES.

Voyez « Pilules de lactate de fer » (art. 1121).

PILULES ANTIGOUTTEUSES ET ANTI-RHUMATISMALES.

Voyez « Pilules panchymagogues » (art. 1127).

PILULES ANTISPASMODIQUES.

Art. 1107 à 1109. — **Formule.** — Prenez :

Castoreum..........................	3 gr.	50	centigr.
Extrait alcoolique de valériane.........	3	00	—
Assa-fœtida.......................	2	00	—
Galbanum..........................	1	50	—
Camphre...........................	1	20	—
Extrait de stramonium...............	1	00	—
Extrait d'opium.....................	»	50	—

F. s. a. soixante pilules; à prendre, de deux à six, par jour, en commençant par deux, et en augmentant graduellement jusqu'à six.

Art. 1110. — **Pilules arsenicales**. — Prenez :

Acides arsénieux	30 centigrammes.
Charbon végétal	1 gramme.
Sucre de lait	5 grammes.

Broyez exactement dans un mortier de marbre ou de porcelaine, à fond dépoli.

Ajoutez :

Poudre de guimauve	8 grammes.
— de gomme	5 grammes.

Eau q. s. pour 192 pilules.

A la dose d'abord de deux, matin et soir; augmenter tous les deux jours d'une, jusqu'à ce qu'on ait atteint le nombre de dix-huit pilules par jour, auquel on continuera longtemps. En cas d'intolérance de la part de l'estomac, on s'arrêterait au nombre quotidien supporté. On boit par-dessus une tasse d'eau, sucrée à volonté, et même aromatisée à la fleur d'oranger, ce qui la rend plus digestive. Ces pilules ne renferment chacune que 15 dix-milligrammes d'acide arsénieux; en sorte que lorsque, par inadvertance, un adulte en avalerait à la fois vingt, il ne prendrait ainsi que 3 centigrammes d'acide arsénieux, quantité insuffisante à produire un empoisonnement. Le charbon végétal que renferme cette formule a pour but de changer la couleur de la masse qui, blanche, sans cette addition, pourrait avoir un aspect attrayant pour les enfants ; c'est donc en vue d'éviter tout accident.

PILULES DE CHLORHYDRATE D'AMMONIAQUE.

Art. 1111. — **Formule**. — Prenez :

Chlorhydrate d'ammoniaque chimiquement pur	28 gr. 8 décigr.
Gomme pulvérisée	15 grammes.

Eau, q. s. pour 144 pilules.

Art. 1112. — **Propriétés**. — Le *chlorhydrate d'ammoniaque* est pour nous, dans l'état actuel de la science, le plus puissant spécifique du lymphatisme comme de la scrofule en général ; de la syphilis constitutionnelle, du rhumatisme chronique, des dartres invétérées, du scorbut, et, par extension, comme se rattachant à l'une de ces diathèses, du diabète, de l'amaurose ou goutte sereine au début, de la cataracte commençante ; des fistules lacrymales, de l'ozène ou punais, des tumeurs blanches, des ulcères aux jambes, des pertes blanches qui ont résisté aux ferrugineux, ainsi que des affections chroniques de la poitrine, soit le catarrhe pulmonaire, soit la phthisie commençante; enfin, dans une certaine mesure, à ce qu'il paraît du moins, de l'affection cancéreuse prise lors de ses premières manifestations. On dirait que le chlorhydrate d'ammoniaque a le pouvoir de combattre toutes les *acretés* du sang, dont il serait le correctif; et que, partout où on soupçonne cette acreté comme cause d'une affection, il y a indication de son emploi. Du reste, le chlorhydrate d'ammoniaque préexiste normalement dans nos humeurs, et, outre que, pour cela, son usage, même à haute dose, ne saurait nuire, l'acreté des humeurs ne se manifeste-t-elle, peut-être, que lorsque la proportion ne s'y maintient pas dans un certain rapport !

Les anciens se doutaient des propriétés de cet agent thérapeutique, qu'ils faisaient entrer, comme on sait, dans la composition de leur vin antiscorbutique, une des très-anciennes préparations que le Codex ait conservées avec raison au nombre des plus estimées.

Le chlorhydrate d'ammoniaque avait fait l'objet de remarquables travaux de Huféland, de Kuntzmann, de Hirschel, de Schmid, de Hoffmann, de Jacob, de Barchusen, de Lœsecke, de Tissot, de Felz, de Werlhot, de Médicus, de Monro, de Cavsland, de Gmélin, de Fischer, etc., lorsque la découverte de l'iode, et surtout des iodures, vint détourner les expérimentateurs de cette voie d'études, par la relation exagérée des propriétés de ces nouveaux agents, auxquels on prêta les mêmes vertus, mais à un plus haut degré qu'au chlorhydrate d'ammoniaque. D'ailleurs, les anciens expérimentateurs, tous plus ou moins polypharmaques, alliant constamment, dans leurs essais, le chlorhydrate d'ammoniaque à d'autres agents médicamenteux, se débattaient ainsi dans une voie pleine de mécomptes pour l'obtention de résultats précis, et ce sont là les principales causes qui ont été, jusqu'à présent, un obstacle à la démonstration des propriétés réelles du chlorhydrate d'ammoniaque, qu'on n'a d'ailleurs obtenu à l'état de pureté que depuis les progrès de la chimie moderne.

Nos données exactes sur ce précieux agent proviennent des travaux du docteur Brassat-Murat, membre, de son temps, de l'Académie royale de médecine, et de J. Gaffard, notre père, son élève intime et collaborateur; ils remontent à 1815. Depuis cette époque, les expérimentations ont été continuées soit par ce dernier, soit par un certain nombre de médecins de nos amis et par nous-même.

Nous avons aujourd'hui la conviction que le *chlorhydrate d'am-*

moniaque pur, dans son emploi pour le traitement des affections de la lymphe ou pour celles qui se lient aux diathèses ou vices du sang, laisse fort en arrière l'iode et les iodures, les bromures et les chlorures, si vantés, de baryum et de strontium ; les mercuriaux, etc. Ajoutons que le chlorhydrate d'ammoniaque, préexistant, comme nous l'avons dit, dans les humeurs de l'homme, s'assimile pour cela très-facilement, et que son usage, même à très-haute dose, ne saurait nuire, par opposition aux agents minéraux qui s'assimilent généralement mal au corps de l'homme, et dont la présence dans le tube digestif en trouble si souvent les fonctions.

Nous considérerons le chlorhydrate d'ammoniaque comme plus efficace que l'huile de foie de morue dans les affections scrofuleuses et dans les symptômes tertiaires de la syphilis, et nous le croyons le meilleur succédané de cette huile dans les autres affections précitées, surtout lorsque, si ce n'est dans les affections de la poitrine, on en combine l'usage avec celui de nos pilules panchymagogues, et comme nous l'indiquons au chapitre qui suit.

ART. 1113. — **Mode d'administration.** — Pour que l'action du chlorhydrate d'ammoniaque, sur une personne adulte ou grande personne, soit manifeste, il faut, autant que possible, que la dose journalière en soit de 2 grammes 40 centigrammes ou de 12 pilules, nombre auquel on arrive graduellement, en trois ou quatre jours. A cet effet, on prend ces pilules en deux ou trois prises, suivant la commodité du malade, et à intervalle d'une heure des repas, soit avant, soit après. On commence par le nombre de deux à chaque prise, et on augmente, tous les jours, de manière à en consommer 6 le premier jour, 9 le deuxième jour et 12 le troisième jour, pour continuer à ce nombre. Au cas rare où ce nombre, ainsi porté, en trois jours, aurait pour effet de peser sur l'estomac, on s'arrêterait au nombre bien supporté, pendant deux, trois jours et plus, pour augmenter, mais dans une progression plus lente. Enfin, au cas, plus rare encore, où ces pilules, malgré ces précautions, produiraient néanmoins de la pesanteur à l'épigastre ou creux de l'estomac, on prendrait le parti de les ingérer dans l'estomac à l'heure des repas et même avec les aliments, graduellement, mais toujours de manière à administrer journellement 12 de ces pilules. On s'aiderait dans tous les cas, pour les faire descendre, d'un verre d'eau sucrée ou non sucrée : on met les pilules, une par une, dans la bouche, et on sollicite leur descente au moyen d'une gorgée de ce liquide ou d'une tisane appropriée.

Nous l'avons dit, si ce n'est dans les cas où, comme dans les affections de la poitrine, le malade est faible, les pilules de chlorhydrate d'ammoniaque ne réussissent très-bien que par l'usage combiné, alternatif, de nos pilules panchymagogues et ainsi qu'il suit : après avoir fait usage, pendant six jours, des pilules de chlorhydrate, comme nous venons de l'exposer, le malade en suspendra, tout à coup, l'emploi, pour passer à celui des pilules panchymagogues, au nombre de quatre, dont deux dans la matinée, une heure avant tout aliment, le matin ; et deux autres entre trois et quatre heures de l'après-dîner. On prend aussi, par-dessus et pour en favoriser la déglutition, un verre d'eau sucrée ou non sucrée. Si, à cette dose, l'effet purgatif de ces pilules n'était bien marqué, comme par cinq ou six selles, au moins, de matière très-fluide, le malade, la semaine suivante, porterait le nombre journalier à administrer à cinq et à six pilules.

Le lendemain de l'administration des pilules panchymagogues, le malade se remettra à l'usage des pilules de chlorhydrate, soit pour recommencer à un nombre un peu inférieur à 12, soit au nombre 12.

Doses des diverses pilules aux enfants. — Les enfants de 14 à 15 ans se tiendraient à la dose normale pour adulte ou grande personne. — Les enfants de 11 à 13 ans se borneraient aux trois quarts du nombre journalier. — De 8 à 10 ans on adopterait les deux tiers de cette dose journalière. — De 6 à 7 ans, la moitié serait indiquée. — Enfin de 4 à 5 ans, on n'administrerait que le tiers de la dose journalière pour adulte.

Engorgements glanduleux au cou, à l'aine, à l'aisselle. — Pour ces diverses affections, usage, comme nous venons de l'exposer, pendant six jours, de nos pilules de chlorhydrate, et, pendant le septième jour, de nos pilules panchymagogues. Continuer ainsi, jusqu'à effet suffisant. — Onctions, matin et soir, avec la pommade d'iodure de potassium, et recouvrir avec une toile gommée ou cirée qu'on maintient à demeure au moyen d'un bandage.

Le *goître* et *diverses tumeurs indolentes,* qu'on les attribue au vice scrofuleux, ou à la syphilis constitutionnelle, comme les engorgements de la prostate, se traitent comme les engorgements glanduleux, article qui précède, par l'usage des pilules de chlorhydrate et panchymagogues à l'intérieur ; et, à l'extérieur, par des onctions ou frictions deux fois par jour, avec la pommade d'iodure de potassium, recouvrant d'une toile cirée qu'on maintient à demeure.

Les *dartres invétérées,* qui cèdent ordinairement à l'usage continué des pilules panchymagogues, cèdent plus facilement encore à l'emploi alterné des pilules de chlorhydrate et des pilules panchymagogues. On joint à cette médication interne des onctions ou frictions avec la pommade de bioxyde d'hydrargyre.

Les *ulcères aux jambes* cèdent plus facilement qu'on ne saurait croire à ce traitement, et en faisant, matin et soir, des pansements avec notre pommade siccative rouge (art. 1161), sur du linge vieux. On recouvre avec une bande de grosse toile, de cinq centimètres de large sur cinq ou six mètres de long. Cette bande, dont on commencera par entourer le pied d'abord, s'élèvera successivement du pied à la malléole ou cheville ; et de là, au gras de la jambe, par tours s'imbriquant les uns sur les autres , et jusques au jarret, pour redescendre ensuite. Ces divers tours seront maintenus avec quelques épingles. On fera faire un demi-tour à cette bande sur elle-même , lorsque ce sera nécessaire, pour en obtenir une exacte application sur la jambe, et de manière à ce qu'une bonne compression , uniforme, s'exerce sur tout le membre.

Au cas où l'ulcère présenterait, au début, une surface creuse , taillée à pic sur les bords, il y aurait lieu de faire précéder l'emploi de la pommade siccative rouge par celui d'un onguent dit, dans les pharmacies, *digestif simple* (art. 1088), et ce ne serait que lorsque les chairs auraient poussé jusqu'à fleur de l'épiderme qu'on passerait à l'emploi de notre pommade siccative.

Diverses diathèses. — Le *rhumatisme chronique*, lorsque n'en triomphe point l'emploi seul des pilules panchymagogues ; le *scorbut*, et, par extension, comme se rattachant aux *diathèses rhumatismale, dartreuse, scrofuleuse ou syphilitique*, le *diabète*, l'*amaurose ou goutte sereine* au début, la *cataracte en voie de formation*, les *fistules*, l'*ozène ou punais*, les *pertes blanches* qui ont résisté aux préparations ferrugineuses sont autant d'affections qui guérissent ou sont sensiblement améliorées par l'administration, longtemps continuée , des pilules de chlorhydrate et panchymagogues (art. 1113).

Affections diverses de la poitrine. — Le *catarrhe de poitrine, comme la phthisie pulmonaire*, au début, trouvent dans l'usage combiné des pilules de chlorhydrate d'ammoniaque avec celui des pilules de cynoglosse et d'autres agents, ainsi que l'indique notre notice sur les *pilules de cynoglosse*, une médication qui obtient fréquemment les plus heureux résultats.

Pour les *affections cancéreuses*, nous n'oserions prendre sur nous de les considérer comme vraiment curables par l'effet des pilules de chlorhydrate d'ammoniaque, bien que Brassat-Murat, déjà cité, et notre père, fussent convaincus d'avoir obtenu ainsi plusieurs guérisons. Dans l'état actuel de la science, qui est à chercher le spécifique du cancer, ce serait assurément à essayer encore, pour savoir enfin si une affection si fréquente et si cruelle est bien encore au-dessus des ressources de l'art, et si les divers prétendus succès que croient avoir obtenus nos expérimentateurs se rapportent à des tumeurs ou à des ulcères sur la véritable nature desquels on se serait mépris.

ART. 1114. — **Approvisionnement.** — Deux boîtes de 100 pilules, chacune, de chlorhydrate d'ammoniaque, sont expédiées *franco*, jusqu'à domicile du destinataire, en échange d'un mandat de poste de 6 fr., envoyé *franco*, d'avance, à M. Aug. Gaffard, à Aurillac. Le prix de deux boîtes de pilules de chlorhydrate d'ammoniaque et d'une boîte de pilules panchymagogues, constituant les agents de notre traitement dépuratif, avec instruction à l'appui, est de 12 fr. envoyés d'avance et *franco* à M. Aug. Gaffard, à Aurillac.

Les agents qui forment le traitement contre le catarrhe ou la phthisie pulmonaire commençante sont du prix de 20 fr. envoyés également *franco*, à M. Aug. Gaffard, à Aurillac.

PILULES DE CYNOGLOSSE OPIACÉES.

ART. 1115. — **Généralités.** — *Les pilules de cynoglosse*, renfermant à la fois les alcaloïdes calmants de l'*opium* (1) et de la jusquiame, les principes anti-spasmodiques du castoreum et de la myrrhe, constituent une des plus précieuses ressources de notre matière médicale. Aussi cette préparation est-elle l'objet, dans notre maison, de soins tout exceptionnels. Disposés en boîtes de soixante pilules, qu'accompagne une instruction sur leur mode d'emploi, nous les expédions *franco*, en échange d'une valeur de 6 fr., transmise *franco* à M. Aug. Gaffard, à Aurillac.

Les *pilules de cynoglosse* sont le spécifique des bronchites ou rhumes de poitrine, même de celles qui précèdent la production de la phthisie pulmonaire, de telle sorte qu'en en faisant usage, concurremment avec une médication générale, on puisse prévenir le développement de cette insidieuse et redoutable maladie. Les *pilules de cynoglosse* sont encore indiquées dans la gastralgie et dans l'entéralgie lorsque celles-ci sont accompagnées

---

(1) De cet *opium* auquel les anciens avaient élevé des temples, et dont les plus grands médecins, parmi lesquels Sydenham, ont dit qu'il était d'une si grande importance en thérapeutique qu'il faudrait abandonner la médecine du jour où, par impossible, cet agent viendrait à disparaître.

de dévoiement ou diarrhée. Spécifique aussi de la diarrhée, on peut enfin considérer les *pilules de cynoglosse*, prises à l'époque des épidémies soit de dyssenterie, soit de choléra, et lors de la manifestation de la diarrhée prémonitoire de ces deux graves affections, comme leur préventif le plus efficace : nous pourrions dire, même, comme le moyen curatif par excellence de la dyssenterie et de la *cholérine*, constituant, comme on sait, la première phase du *choléra*.

ART. 1116. — **Rhume simple de poitrine, ou bronchite des médecins.** — Comme une toux, ou rhume simple, peut dégénérer en affection grave des poumons, tout rhume qui aura duré plus de quinze jours, malgré l'emploi de la chaleur, des boissons émollientes ou de notre pâte pectorale (art. 1219 A), devra, par cela seul, être considéré comme une affection qui nécessite l'intervention du médecin, ou tout au moins d'une médication efficace et de nature à prévenir une aggravation dont le catarrhe pulmonaire et surtout la phthisie sont les plus redoutables. Le danger est surtout menaçant lorsque, à l'existence de la toux, se joint un amaigrissement sensible du sujet. Combien de personnes, fatalement condamnées à mourir de la *tuberculose* (maladie des poitrinaires), auraient pu être facilement guéries dans le début de la maladie, si elles s'étaient soumises, à temps, à l'usage de nos *pilules de cynoglosse* et de la médication dont elles font partie !

Dans la *bronchite simple*, ou simple rhume de poitrine, dont le symptôme saillant est la toux, sans fièvre, nos *pilules de cynoglosse* seront administrées d'abord à la dose de une matin et soir, à intervalle d'une à deux heures des repas, soit avant, soit après, et pendant deux jours, à cette dose. Deux jours après, c'est-à-dire le troisième jour, on portera à trois par jour l'administration de ces pilules, en prenant la deuxième vers une ou deux heures de l'après-dînée, et la troisième à l'heure du coucher. On continuera ainsi consécutivement, à ce même nombre de trois par jour, jusqu'à ce que le rhume ait cédé. La boisson du malade sera simplement de l'eau plus ou moins sucrée, aromatisée par quelques gouttes d'eau de fleurs d'oranger, dont on fait usage, lors des prises des pilules, pour en faciliter la déglutition et leur dissolution dans l'estomac. Il est recommandé, dans la bronchite, comme dans toute affection des poumons, de ne prendre jamais aucune boisson froide ou fraîche.

Il faudra joindre à l'usage des pilules une alimentation douce composée de potages gras et nutritifs, de laitages frais, de viandes bouillies ou rôties, d'œufs. Il faudra éviter les mets relevés par les épices ; mais on pourra les saler suivant le goût du malade; éviter aussi les fritures, la salade et tout aliment vinaigré , les fruits acides et le pain bis. On pourra tolérer quelques fruits bien mûrs , mais avec addition de pain blanc. Eviter les courants d'air et tout refroidissement. A cet effet, porter à demeure un gilet de laine sur la peau ; se couvrir plus ou moins la tête, se chausser de bas de laine et, par dessus, s'il se peut, *de sabots*, ce qui représente la chaussure la plus salubre, conservant le mieux la chaleur des jambes et des pieds et les garantissant le mieux de l'humidité. En cas de constipation , il faudrait maintenir la liberté du ventre au moyen de quelques lavements d'eau tiède.

ART. 1117. — **Bronchite se compliquant de divers désordres dans les poumons.** — Si une boîte de nos *pilules de cynoglosse*, employées comme nous venons de l'exposer, n'avait pour résultat de produire la guérison d'un rhume, même en apparence bénin, et qu'en outre il se fût produit de l'amaigrissement, on devrait considérer ces symptômes comme ceux d'une affection grave des poumons (1). Dès lors, sans cesser l'usage des pilules de cynoglosse, au nombre de trois par jour, et en suivant le régime précité, on joindrait à ces moyens l'emploi des agents dont suit l'exposition : 1º matin et soir, *et à chaque repas*, prendre d'abord une de nos *pilules de chlorhydrate d'ammoniaque* (2); puis, le deuxième jour, une le matin et deux le soir; puis, le troisième jour, deux le matin et deux le soir; puis, le quatrième jour, deux le matin et trois le soir, etc., en augmentant d'une pilule tous les jours jusqu'à ce que le malade parvienne graduellement au nombre de six pilules matin et soir ou douze par jour (3), dose à laquelle on continuerait. Pour avaler ces pilules, le malade s'aidera, soit d'un peu de bouillon, soit d'un peu d'eau alcoolisée, obtenue en versant une cuillerée d'eau-de-vie, de rhum ou de kirsch, dans un ou deux verres

_____

(1) A moins toutefois que ce rhume fût de la nature de l'asthme, dont nous donnons plus loin le caractère, ce qui demanderait l'emploi de nos pilules de digitale et de stramonium , que nous envoyons en échange de 6 francs, avec une notice à l'appui.

(2) Nous sommes toujours partisan de l'huile de foie de morue pour combattre cette aggravation dans l'état des poumons, lorsque son usage, qui doit être de deux cuillerées matin et soir, ne répugne pas au malade : l'emploi des autres moyens restant les mêmes, si ce n'est celui des pilules de chlorhydrate d'ammoniaque , qui est ici le succédané de cette huile.

(3) Sauf qu'à cette dose il en fût fatigué , cas auquel on s'arrêterait ou on redescendrait au nombre qui serait bien supporté , pour continuer jusqu'à guérison.

d'eau simple qu'on peut sucrer ; liquide qui constituera la boisson ordinaire du malade ; 2° aux mêmes repas du matin et du
soir, le malade prendra encore une cuillerée à café comble de
phosphate de chaux en poudre, qu'on délayera à cet effet, soit dans
du bouillon, soit dans l'eau alcoolisée précitée.

Nous avons déjà parlé du régime et de l'alimentation, qui doit
être essentiellement animale. Lorsque le café au lait ne produira
ni l'insomnie, ni l'augmentation de la toux, il pourra faire
partie de l'alimentation. L'usage des boulettes de hâchis de
viande crue, qu'on roule dans du sucre pulvérisé, est une excellente pratique ; et ceux des malades qui répugneraient à les
prendre ainsi pourraient, au lieu de les rouler dans du sucre,
les projeter dans la graisse ou le beurre bouillants, en les retirant aussitôt. Les viandes devront, en général, ainsi que les
œufs, être toujours peu cuits. En outre du régime déjà indiqué
pour le traitement de la bronchite, nous conseillerons un peu
d'exercice au grand air et au soleil, quand le temps le permettra. Ajoutons que tous les aliments de difficile digestion excitent le rhume et devront être proscrits : tels sont les choux,
les salaisons, le fromage non frais, les châtaignes grillées. Les
acides et les fritures dans lesquelles se développe l'acide acétique
sont également nuisibles; tels sont encore les condiments tels
que la moutarde, les cornichons, l'ail, l'oignon, la ciboule, le
persil, les tomates, le poivre, le girofle, etc. Disons enfin que,
si chez quelques sujets l'eau alcoolisée était un agent excitant
de la toux, il faudrait remplacer cette boisson par de la simple
eau sucrée aromatisée à la fleur d'oranger.

Tous ces divers agents, pour un mois approximativement de
traitement, seront envoyés *franco* à tout destinataire en échange
d'une valeur de 20 francs, qu'on fera tenir *franco* à M. Gaffard.

ART. 1118. — **Diarrhée simple; coliques avec ou
sans diarrhée; diarrhée prémonitoire de la dyssenterie et du choléra.** — L'état normal du ventre consiste à aller une ou deux fois par jour à la selle, en produisant,
sans effort et sans douleur, des matières ni trop dures ni trop
fluides. Dès le moment que ces matières prennent une certaine
fluidité et que leur expulsion se produit avec une certaine
fréquence, *il y a diarrhée*. S'il se manifeste en même temps,
de la douleur dans le tube digestif, au ventre, *la diarrhée se
complique de coliques*. Enfin si les matières sont expulsées avec
accompagnement d'efforts et de douleurs vives, de malaise, surtout si elles présentent des glaires et du sang, on a affaire à une
diarrhée dyssentérique, presque toujours grave.

Tant que la diarrhée, en *temps de non épidémie*, n'est accompagnée d'aucune douleur, on peut se dispenser de remèdes : un régime doux, la diète, l'usage d'une alimentation composée essentiellement de potages et d'œufs, l'abstention de vin et de toute boisson alcoolique, peuvent suffire à ramener le ventre dans son état normal. Mais, *s'il y a épidémie* de dyssenterie ou de choléra, il devient important, dès lors, d'arrêter cette diarrhée, particulièrement pour si peu qu'elle se complique de coliques, de malaise ou de déjections sanguinolentes. Or voici dans ce cas ce qu'il y a à faire :

Si le malade peut disposer d'une seringue ou d'un clysopompe ou mieux d'un hydroclyse, sorte de clysopompe qui ne nécessite que l'emploi d'une main, il faudra administrer un petit lavement composé de la quantité d'un verre moyen d'eau simple, dans laquelle on aura fait dissoudre deux de nos *pilules de cynoglosse;* lavement qu'on devra chercher à garder, en se couchant dès l'avoir pris, sur son lit, sur un canapé, sur deux chaises ou même sur un tapis disposé sur le parquet. Pour faire dissoudre les pilules, on les divise, au couteau, en deux, trois ou quatre tranches, qu'on abandonne dans de l'eau très-chaude ou dans de l'eau froide qu'on porte sur le feu; et bientôt il y a dissolution ou délitement. Le demi-litre représentant trois verres moyens ou de quoi faire trois de nos petits lavements, nous conseillons à tout malade de préparer au moins à la fois cette quantité de lavement, en mettant à dissoudre dans un demi-litre d'eau, ou trois verres moyens d'eau, six de nos pilules de cynoglosse, attendu que, si le premier tiers de lavement n'était point gardé, on devrait recourir immédiatement à l'administration d'un deuxième ; comme, si le deuxième ne l'était point, on recourrait à l'emploi d'un troisième, etc.; de telle sorte que le malade conservât un de ces lavements sur l'effet duquel doit être basé le succès de notre traitement. Dès qu'un de ces lavements serait conservé, on n'en administrerait plus que dès la production d'une selle, en cherchant également à le garder et en procédant toujours comme nous l'avons recommandé, c'est-à-dire en remplaçant immédiatement celui qui serait rendu par un semblable, et jusqu'à conservation et cessation des selles et des douleurs. On cesserait l'emploi des lavements, dès que ne se produiraient plus ni selles fluides ni douleur, mais tout en surveillant attentivement la production de ces symptômes, à la première apparition ou renouvellement desquels on recommencerait l'emploi des lavements. Le malade, pendant cette médication, ferait usage pour boisson, et à sa soif, d'une dissolution de 20 grammes de gomme dans un litre d'eau, ou d'une décoction de graine de lin ; liquides auxquels on ajouterait un filet d'eau de fleurs d'oranger et qu'on sucrerait suivant son goût. On peut, pour plus de facilité, faire dissoudre les pilules dans une cafetière de très-minime dimension, sur le feu, et allonger ensuite avec quantité suffisante d'eau froide. Ces lavements pourront être pris indistinctement chauds, tièdes ou froids.

Au cas où le malade diarrhéique ne pourrait disposer d'aucun des instruments avec lesquels on prend les lavements, il faudrait, dès lors, recourir, quoique avec un peu moins de chance de succès, à l'emploi de nos pilules de cynoglosse *par la bouche*. A cet effet, une pilule serait administrée toutes les douze à huit heures, suivant l'intensité des symptômes à combattre, et jusqu'à ce que s'arrêtassent ou se calmassent soit la diarrhée, soit les douleurs intestinales. Une fois ce résultat obtenu, on en continuerait encore l'usage, mais en éloignant graduellement les prises ; en les rapprochant, au contraire, si les symptômes reparaissaient. On ferait usage pour boisson d'abord de simple eau sucrée, et ensuite de la dissolution de gomme ou de la décoction de graine de lin précitées. Pour avaler chaque pilule, on l'introduit dans la bouche, et on prend aussitôt de la boisson ordinaire, dont les premières gorgées ou les subséquentes ont pour effet de l'entraîner dans l'estomac, où ce même liquide la dissoudra, pour en faciliter l'absorption.

Dans le traitement des affections intestinales, le régime importe beaucoup : il doit être doux comme nous l'avons déjà exposé, page 615. Point de vin ni d'aucune boisson vineuse ou alcoolique ; point de bière, point de limonade, ni d'aucune boisson acidulée ; point de fritures, point d'épices, point de salaisons, ni fromages ni fruits ; potages aux pâtes d'Italie, ou simple soupe ; viandes blanches, bouillies ou rôties ; œufs à la coque, le tout pouvant être convenablement salé ; pain blanc rassis. La sobriété et la règle en tout.

Lors des grandes épidémies de dyssenterie et de choléra, le moyen à peu près certain de prévenir leur atteinte, et partant d'en être la victime, consistera à agir préventivement en combattant les symptômes prémonitoires ou précurseurs, qui sont, pour la dyssenterie, la diarrhée et des coliques, ou même un simple dérangement intestinal ; et pour le choléra, les premiers symptômes de la cholérine, dont les plus saillants sont aussi un dérangement intestinal.

ART. 1119. — **Réflexions.** — C'est ainsi que les pilules de cynoglosse, dont l'usage, commencé à temps, peut prévenir la production des plus redoutables affections de la poitrine, peuver conjurer aussi les dangers que font courir à toute une contrée les désastreuses épidémies de dyssenterie et de choléra.

Nous ne terminerons pas cette notice sur une des préparations des plus précieuses que possède la thérapeutique, sans dire à nos lecteurs qu'il existe des idiosynchrasies ou constitutions qui les supportent mal, et chez lesquelles ces pilules ne sauraient trouver leur emploi. Ces cas sont rares, très-rares même; mais n'y aurait-il de ces cas qu'un sur dix mille que notre devoir veut que nous le signalions. Nous sommes heureusement en possession de pilules, dites *sédatives* (avec l'extrait de stramonium) qui, employées dans ces cas exceptionnels où le malade, au lieu d'éprouver un bien-être manifeste sous l'influence des pilules de cynoglosse, en ressent du malaise et des rêvasseries, produisent chez ces constitutions exceptionnelles *les mêmes bons effets que les pilules de cynoglosse*, et aux mêmes doses. Leur prix est aussi le même. (Voir art. 1445.)

ART. 1120. — **Observation.** — Les doses précitées de *pilules de cynoglosse* sont applicables aux personnes adultes, c'est-à-dire à celles qui ont atteint à peu près tout leur dévelopement: les enfants devant en user à des quantités moindres et proportionnelles à leur âge. (Voir art. 969.)

PILULES DE LACTATE DE FER.

ART. 1121. — **Formule.** — Prenez:

Lactate de fer cristallisé, pur.............. 5 grammes.
Poudre de guimauve...................... 5 —
Miel, q. s. pour 100 pilules.

Ces pilules renferment chacune, ainsi que l'indique leur formule, cinq centigrammes de *lactate de fer.*

ART. 1122. — **Propriétés.** — D'après les remarquables travaux de Lecanu, la matière colorante des globules sanguins renferme une notable proportion de fer; et, comme leur décoloration amène une foule de désordres dans l'économie, tels que la chlorose, l'anémie; des palpitations: la dysménorrhée, l'aménorrhée, les pertes blanches, etc., on s'explique, dès lors, les effets merveilleux de l'administration, dans ces cas, des préparations ferrugineuses. Tiedeman, Gmélin, Vœlher, etc., avaient remarqué que les protosels de fer s'assimilaient mieux que les persels du même radical; mais tous les observateurs modernes ont unanimement reconnu que les protosels à acide organique, seuls, jouissaient de la propriété d'une facile et prompte absorption; enfin MM. Gélis et Conté ont démontré que

le fer passait dans les vaisseaux chylifères, et de là, dans le
torrent de la circulation, à l'état de lactate ferreux, ce qui
explique la prééminence de l'administration de ce sel dans
tous les cas où il s'agit d'introduire rapidement, dans l'économie, cet élément normal de l'état de santé, qui, par son assimilation de la part des globules d'un sang pâle et appauvri, lui
redonne dès lors cette coloration rouge, vive, qu'on est convenu
d'appeler la fraîcheur, en même temps qu'il communique à tout
le système de la circulation une énergie et un stimulant qui font
la force, la résistance et la santé du sujet.

Ces pilules, présentant le fer dans l'état le plus favorable à
son assimilation, seront donc, tout naturellement, le spécifique rationnel de toutes les affections qui auront pour cause la
diminution de la proportion normale de fer dans le sang ou la
pâleur de ses globules, se traduisant sensiblement, pour le
médecin comme pour les malades, par un défaut général de
forces, par une décoloration des tissus, par des palpitations,
chez les deux sexes (chlorose, anémie); chez les filles et les
femmes, par un défaut de régularité (trop ou trop peu de fréquence); par la pâleur, la suppression même du flux menstruel;
comme par la perversion de ces fonctions, et telles qu'un
écoulement muqueux, etc. A ces symptômes se mêlent l'amaigrissement ou la bouffissure des tissus; des douleurs à la tête,
à l'épigastre; du malaise, un état de fainéantise et d'indiffé-
rence, etc., enfin, et très-souvent, ces affections se compliquent
d'une dyspepsie, ou difficulté de digérer, sorte de gastralgie
qui nécessite, pour que les préparations ferrugineuses soient
bien reçues par l'estomac, l'emploi d'un traitement antigastral-
gique. (Voir art. 1146.)

ART. 1123. — **Mode d'administration.** — Deux fois par
jour, au repas du matin et au repas du soir, prendre, les deux
premiers jours, une pilule de lactate de fer; les deux jours qui
suivent, le nombre sera porté à deux, matin et soir; les deux
jours suivants, le nombre sera élevé à trois, matin et soir; et
tous les deux jours on augmentera les prises d'une pilule,
jusqu'à ce qu'on ait atteint le nombre de huit matin et soir,
auquel le malade continuera jusqu'à guérison, pour rediminuer
ensuite successivement, et, dans le même rapport, jusqu'à ce
qu'on arrive graduellement à n'en pas prendre.

Si, pendant l'administration de nos pilules de lactate de fer,
le ventre n'avait point une liberté telle que la malade ne fût au
moins une fois, tous les jours, à la selle, il conviendrait de
prendre le soir, en se couchant, de une à deux pilules aloéti-

ques, jointes aux premières ; buvant par-dessus un verre d'eau sucrée, aromatisé à la fleur d'oranger.

Si, enfin, demi-heure après l'ingestion du repas dans lequel on aura administré ces pilules, une douleur ou pesanteur d'estomac se faisait sentir, il faudrait prendre une de nos pilules sédatives ; buvant par-dessus un verre d'infusion de tilleul ou d'eau aromatisée avec un filet d'eau de fleur d'oranger, qu'on pourrait sucrer suivant le goût de la malade. (Voir la fin de l'art. 1124.)

Nous l'avons dit, le traitement est indiqué dans l'aménorrhée essentielle ou suppression des règles ; dans la dysménorrhée essentielle ou dérangement dans l'apparition des règles ; dans la chlorose ou pâles couleurs, toujours accompagnée de plus ou moins de dysménorrhée ; et dans la leucorrhée essentielle ou pertes blanches.

Au cas où la leuchorrhée ne cèderait point tout à fait à ce traitement, les fonctions du sang étant cependant ramenées à leur état normal, on devrait recourir à l'usage de l'huile de foie de morue, à la dose de deux cuillerées matin et soir ; moyen, dans ce cas, extrêmement efficace ; ou mieux encore à l'usage de nos pilules de chlorhydrate d'ammoniaque. (Voir la fin de la page.)

Au cas, enfin, où les pilules de lactate de fer seraient tout à fait mal supportées, malgré l'usage simultané de quelques-unes de nos pilules sédatives de stramonium, ce serait le cas d'en cesser l'usage, et, devant considérer, dès lors, la perversion des règles comme un des sympômes de la gastralgie, de recourir à notre traitement spécial de cette affection (la gastralgie), dont nos pilules sédatives de stramonium font la base. (Voir art. 1145.)

ART. 1124. — **Approvisionnement.** — Les pilules de lactate de fer, accompagnées d'une petite boîte de pilules aloétiques pour maintenir la liberté du ventre, avec une notice à l'appui, sont envoyées, *franco* à toute résidence, en France, en Corse ou en Algérie, en échange d'un mandat de poste de 6 fr., transmis *franco* à M. Gaffard, à Aurillac.

Les pilules sédatives de stramonium, destinées, soit à combattre les gastralgies, soit à disposer l'estomac à supporter le fer quand il y a intolérance, sont, dans les mêmes conditions, du prix aussi de 6 francs.

Quant aux pilules de chlorhydrate, spécifique du lymphatisme, et appropriées à la consolidation de la guérison de la chlorose, comme à la curation des pertes blanches, lorsque l'usage des ferrugineux a été insuffisant, deux boîtes, avec une notice à l'appui, sont adressées, *franco*, aux résidences précitées, en échange de 6 francs.

PILULES D'OPIUM.

ART. 1125. — **Résumé.** — Les pilules d'opium à 1, à 2, à 3 et jusqu'à 5 centigrammes, sont fréquemment employées en médecine, dans les rhumes, dans les douleurs, dans la diarrhée, etc.; mais nous leur préférons les pilules de cynoglosse opiacées (Voir art. 1115.)

PILULES D'OPIUM ET CACHOU.

ART. 1126. — **Formule.** — Prenez :

Extrait aqueux d'opium............ »   80 centigrammes.
Extrait de cachou pégu......... ..... 4 gr. 40   —

Sirop simple, q. s. pour trente-deux pilules.

S'administrant au nombre de deux à quatre par jour, mais en procédant graduellement et à intervalle d'une heure au moins de prises d'aliments.

C'est un remède souverain pour combattre les diarrhées anciennes et rebelles, que nous pouvons expédier *franco*, par boîtes de cent, en échange d'une valeur de 6 fr.

PILULES PANCHYMAGOGUES.

ART. 1127. — **Description.** — Cet adjectif *Panchymagogue* tire son étymologie du grec, comme beaucoup de mots employés dans les sciences, et veut dire en langage médical *qui expulse toute humeur.* Pour nous, il s'applique à des pilules officinales qui ont essentiellement la propriété de combattre les diathèses rhumatismale et goutteuse et le vice dartreux : les diathèses rhumatismale et goutteuse, cause, comme on sait, d'un très-grand nombre d'affections, telles que rhumatismes, névralgies, odontalgies (douleurs de dents), la pierre ou gravelle, les douleurs néphrétiques, etc.; — le vice dartreux, auquel on rapporte la plupart des maladies de la peau ou dermatoses, et auquel il faudrait attribuer, plus qu'on ne le fait peut-être, le catarrhe pulmonaire, diverses formes d'asthme, des ophthalmies à forme chronique, certaines constipations opiniâtres, la cataracte, l'amaurose ou goutte sereine, la plupart des migraines, etc.; car nous n'en finirions pas dans notre citation si nous voulions énumérer les maladies qui peuvent avoir pour cause médiate une de ces trois diathèses ou vices innés.

Dépuratives au suprême degré, ces pilules peuvent, dans la plupart des cas, être l'équivalent ou succédané de l'huile de foie de morue chez les personnes qui ne peuvent supporter le goût nauséabond de ce corps gras.

35

D'une administration commode et facile ; ne fatiguant point l'estomac comme la plupart des purgatifs ou des dépuratifs ; de nature végétale, et ne pouvant ainsi laisser de traces dans l'économie après leur administration, comme les sels mercuriels ou les compositions arsénicales et antimoniales , ces pilules, qui se conservent d'ailleurs indéfiniment, sans altération, sont indiquées dans tous les cas où il s'agira, nous le répétons, de purifier nos humeurs, en détruisant ou en expulsant les causes morbifiques qui les souillent.

Ayant la propriété de purger et même de porter, dans certains moments, à la sueur et aux urines, elles agissent en outre comme spécifique de la douleur , puisque le calme se produit parfois avant que les effets sudorifique, diurétique ou purgatif, se soient sensiblement manifestés. Elles agissent donc sur nos humeurs, soit en les modifiant d'une manière spéciale, soit, et surtout, en en expulsant ce qu'elles renferment d'âcre et de morbide.

Sans être précisément humoriste, nous répéterons avec les auteurs du Nouveau Dictionnaire de Thérapeutique , MM. Bouchut et Desprès , médecins des hôpitaux de Paris et attachés à la faculté de la capitale :

« S'il n'est pas possible de faire de l'humorisme la base
» exclusive de la pathogénie et de la thérapeutique , il est incon-
» testable que les humeurs , c'est-à-dire le sang et les liquides
» émanés du sang, jouent, d'une façon primitive ou secondaire,
» un rôle si considérable dans le développement des maladies ,
» qu'il faut, de toute nécessité, tenir compte de leurs altéra-
» tions. »

« L'humorisme est la source d'un grand nombre d'indications
» thérapeutiques, et c'est à son indication qu'on veut appauvrir,
» épurer ou fortifier le sang ; qu'on veut évacuer la bile ; qu'on
» cherche à neutraliser les effets de la lymphe ; enfin que l'on
» s'applique à combattre l'action des principes dartreux,
» syphilitique, scrofuleux, arthritique ; qu'on pousse à la
» sueur , aux urines , etc. Sous ce rapport les médications anti-
» phlogistique, stimulante, vomitive , purgative , dépurative,
» altérante, diurétique, sudorifique, etc., sont les conséquences
» de l'humorisme, et rien ne saurait en détruire l'importance. »

La science médicale a présenté dans les quarante ans qui viennent de s'écouler une école nombreuse, à la tête de laquelle était Broussais, un illustre maître, qui , sous le nom de « médecine physiologique », professait une doctrine opposée à celle des humeurs d'Hippocrate. Cette école ayant eu le tort de prétendre tout expliquer, soit dans les effets des maladies, soit

dans ceux des agents thérapeutiques, la théorie, séduisante du
reste, des diathèses et des humeurs, mais un peu modifiée, a
insensiblement repris son ancien crédit, et l'humorisme compte
implicitement au nombre de ses partisans le plus grand nombre
de nos illustrations modernes.

Quoi qu'il en soit, du reste, de ces théories, qui ont toutes
du bon, mais qui ont eu généralement le tort de trop généraliser, et tout en croyant essentiellement et plus que jamais aux
diathèses et à l'altération des humeurs, nous nous attacherons
seulement, abstraction faite de tout système, aux médications
dont l'expérience, de père en fils ou de parent à parent, depuis
près d'un siècle, nous a démontré la supériorité dans leurs
effets, nous pourrions dire *les merveilleux effets*. Tels sont ceux
qu'on obtient avec nos préparations de quinquina, dans les
maladies paludéennes ou fièvres intermittentes; tels sont aussi
ceux que nous obtenons par l'emploi des *pilules panchymagogues ;*
les unes et les autres de ces préparations étant employées suivant
notre méthode. Ajoutons que les matières premières qui entrent
dans la composition de ces pilules ont fait de notre part l'objet
d'une étude spéciale et telle que le comportait leur valeur en
matière médicale ; de telle sorte qu'on peut arriver, *à priori*, à un
résultat toujours identique et certain. Aussi avons-nous pris le
parti de ne les délivrer que dans des boîtes de forme et de couleur spéciales, toujours revêtues de notre griffe, afin de nous
porter implicitement garant, vis-à-vis des malades, du contenu
ainsi disposé et présenté.

Art. 1128. — **Administration.** — Qu'il s'agisse de la goutte,
des divers rhumatismes, quel qu'en soit le siége (et il n'est pas
une partie du corps qui en soit à l'abri) ; qu'il s'agisse d'une
névralgie à type non intermittent, à la face, à la tempe, aux
dents, à une oreille, à un membre, comme de la sciatique, de la
migraine, et même de douleurs au cœur, alternant avec des douleurs aux membres, toutes affections pouvant se rattacher à une
même cause (la diathèse, soit rhumatismale, soit urique), la
manière de prendre ces pilules est la même. Nous n'affirmerons
point que les diathèses rhumatismale, goutteuse ou urique et
dartreuse, sont un même vice, mais nous dirons qu'elles sont de
la même famille, par cela même que nous avons vu et avons pu
opérer des cures prodigieuses par la même médication, dans les
cas de goutte, de rhumatisme, de calculs des reins et de la vessie
et d'affections de la peau, telles que le prurigo, le lichen,
l'ichtyose, la couperose, la mentagre, l'eczéma chronique et
même le lupus, etc. ; on peut ajouter des paralysies provenant

d'une compression de la moelle par des rhumatismes, des fistules lacrymales, etc., etc.

Les boîtes renferment quarante pilules : ce nombre est suffisant pour produire, suivant l'affection qu'il s'agit de combattre, soit la guérison, soit une amélioration notable, car on en recommence l'usage, en raison de la persistance de la maladie, en mettant de six à huit jours d'intervalle entre l'administration de chaque boîte.

Elles s'administrent à la dose de deux, matin et soir, en buvant par-dessus une tasse ou demi-tasse d'une infusion aromatique chaude ou froide, comme sureau, hyssope ou tilleul, ou simplement de l'eau sucrée aromatisée à la fleur d'oranger. L'effet de ces pilules varie suivant les personnes et suivant l'affection à combattre : elles poussent ordinairement d'abord à la transpiration et aux urines, mais elles déterminent finalement une purgation manifeste par l'expulsion de matières sales, glaireuses ou bilieuses, variant aussi suivant l'affection, la constitution ou l'âge du malade. Elles produisent encore, et peu après leur déglutition, un sentiment particulier de chaleur dans l'estomac; enfin, chez quelques personnes, et plus tard, de légères coliques dans la région abdominale.

Les malades devront consécutivement prendre les quarante pilules renfermées dans la boîte, et, ainsi que nous l'avons déjà indiqué, à la dose de deux, matin et soir, ce qui durerait ainsi dix jours ; mais, les constitutions des malades variant entre elles comme les affections, il y aura souvent à modifier le nombre de pilules à prendre, comme leur mode d'administration. C'est ainsi que, si la purgation devenait fatigante au nombre de deux, matin et soir, le malade se bornerait à l'administration d'une pilule, matin et soir, et même, à la rigueur, à celle d'une seule par jour; tout comme, chez certains tempéraments, on porterait le nombre à trois, matin et soir, au lieu de deux, etc.; de telle manière enfin que le malade, pendant l'administration de ces pilules, se trouve constamment en état de purgation constituée par des selles fréquentes et surtout liquides ou presque liquides. Il va sans dire que, si le malade venait à éprouver exceptionnellement des douleurs intestinales trop fortes, ou seulement à constater la présence du sang dans les déjections, il suspendrait momentanément l'usage des pilules pour les reprendre après la cessation de ces symptômes. Ajoutons encore, quoique à peu près superflu, mais pour parer à toute éventualité, que les coliques intenses et une diarrhée sanguinolente se traitent au moyen de quelques lavements avec une décoction d'une capsule de pavot dans un litre d'eau ; lavements peu copieux, qu'on cherche à garder ou qu'on renouvelle au cas où le premier serait rejeté.

Les heures auxquelles on prend le plus habituellement les *pilules panchymagogues*, quoique toute heure soit bonne, sont celles de cinq à sept heures du matin, et celles de huit à dix heures le soir, en observant un intervalle d'une heure, soit avant, soit après les repas. Elles ont, du reste, la propriété exceptionnelle, parmi les purgatifs, de pouvoir être prises, même au repas, sans déranger sensiblement la digestion. En dehors de leur propriété dépurative, ces pilules constituent le plus commode, le moins désagréable à prendre, le moins fatigant des purgatifs. Aussi aucune préparation pharmaceutique, nous ne craignons point de l'affirmer, ne pourra, comme agent purgatif, leur être préférée, et elles auront même la préférence sur tous lorsqu'on les connaîtra bien.

En purifiant la scammonée d'Alep vraie par un procédé à nous, et en évaporant toujours, au moyen d'un appareil qui nous a valu une médaille d'argent à l'Exposition de Toulouse, section des arts chimiques, d'une part ; en employant, d'autre part, l'aloès en calebasse pur, au lieu de l'aloès du Cap, le seul que connaissaient les anciens, nous sommes parvenu à une douceur et à une constance d'action qui a dépassé toute espérance : aussi croyons-nous présenter à la thérapeutique un produit précieux à plus d'un titre, nous ne saurions trop le dire. Nous savons la prévention qui s'attache aux préparations qualifiées de *spécialités* en médecine, parce qu'on n'a pas encore assez goûté, comme en Angleterre, comme aux États-Unis, la supériorité des produits émanant d'une maison où on ne fait, pour ainsi dire, que cela ; mais il en sera, nous en avons la certitude, des pilules panchymagogues comme de nos pilules de quinium, d'abord dédaignées par la pluralité des hommes de l'art, et qui vont aujourd'hui au bout du monde, dans les deux continents, poussées par le seul effet de leurs propriétés fébrifuges et préservatrices ou préventives des fièvres.

ART. 1129. — **Régime.** — Et d'abord, les affections pour le traitement desquelles sont indiquées nos *pilules panchymagogues* s'appliquent à des sujets chez lesquels le sang est ordinairement riche, la vie organique puissante, etc., disposés aux inflammations, comme les goutteux, les rhumatisants, les graveleux, les dartreux. La première indication à suivre est donc naturellement d'éviter, parmi les aliments solides et les boissons, tout ce qui augmente la masse du sang, tout ce qui active la circulation. Nous plaçons en tête des aliments solides *peu appropriés,* les viandes, et, parmi les viandes, plus spécialement les viandes d'animaux adultes et les viandes dites viandes noires. Quant aux boissons, elles sont d'autant plus nuisibles qu'elles renferment plus d'alcool. Le type de l'alimentation appropriée aux affections que sont appelées à combattre nos pilules se composerait : 1o de potages de viande, légers, ou mieux de lait ou de café au lait; 2o de viandes jeunes ou blanches, telles que celles de veau, de poulet, de poisson, mais surtout d'œufs sous toutes les formes et de légumes doux, peu acides ; 3o de fromages frais et de fruits non acides ou peu acides, crus ou cuits : les acides sont plus ou moins nuisibles, le sucre ne l'est nullement; 4o et enfin, pour boisson, de l'eau simple ou sucrée. Nous voyons sans doute guérir, tous les jours, sous nos yeux ou sous notre direction, des goutteux, des rhumatisants, des graveleux, des dartreux qui n'ont pu se soumettre à la suppression complète du vin et des spiritueux, et par le seul effet des *pilules panchymagogues* administrées exactement suivant notre méthode ; mais nous rencontrons aussi des cas réfractaires, et cela surtout parmi les malades qui n'ont pas trouvé en eux l'énergie nécessaire pour résister à la privation des boissons plus ou moins alcooliques.

Le vin, le cidre, la bière, les liqueurs de table, les diverses eaux-de-vie, le rhum, le kirsch, le punch, etc., renferment de l'alcool, et sont pour cela nuisibles, car cet alcool a le pouvoir de s'assimiler immédiatement par la digestion, et de passer dans le sang, qu'il acrifie, et qu'il prédispose aux inflammations. Le café, sans addition d'alcool, ou sous forme de café au lait, ne paraît pas sensiblement nuisible, à moins qu'il n'occasionne de l'insomnie.

ART. 1130. — **Approvisionnement.** — Le prix de la boîte de 40 pilules est de 6 fr. dans les pharmacies. Elles sont expédiées *franco*, par le retour du courrier, à tout demandeur, quelle que soit sa résidence, en France, et en Algérie, en échange d'un mandat de poste de 6 fr., envoyé *franco* à M. Aug. Gaffard, à Aurillac.

PILULES DE QUINIUM SOLUBLE (ACÉTATE QUINO-CINCHONIQUE.)

ART. 1131. — **Description.** — Ainsi que nous l'avons démontré au chapitre *Fièvres intermittentes* (art. 295), la préparation la plus rationnelle pour combattre l'élément paludéen est le *quinium* rendu soluble par l'acide acétique. (Voir art. 630.)

ART. 1132. — **Nature et valeur de cette préparation.** — Ce fébrifuge est représenté par des pilules de deux dimensions. (Voir art. 595, 630.)

ART. 1133. — **Propriétés.** — Notre traitement n'assujettit à aucun soin ni à aucun régime particulier ; il n'empêche point le malade de se livrer à ses occupations ordinaires dès qu'il en sent les forces, ce qui arrive au bout de peu de jours. (Voir art. 195, 631 et suivants.)

ART. 1134. — **Divers états morbides au traitement desquels s'applique notre médication.** — Nous l'avons déjà dit : il est des états dans lesquels , bien qu'il n'y ait point d'accès réglés, on est cependant sous l'influence d'une affection paludéenne dont triomphent aisément nos préparations. (Voir art. 643.)

ART. 1135. — **Propriétés prophylactiques de notre fébrifuge.** — (Voir art. 647.)

ART. 1136. — **Vin de quinquina.** — Le vin de quinquina, se prend ordinairement à la dose de une à trois cuillerées, matin et soir, demi-heure après les repas. (Voir art. 635.)

ART. 1137. — **Moyen de se procurer le fébrifuge.** — Le prix de ce fébrifuge est de six francs, qu'on le prenne dans les pharmacies ou qu'on le demande à M. Aug. Gaffard à Aurillac, en lui envoyant *franco* un mandat de poste de cette valeur. Un service est organisé chez lui pour que le remède soit remis immédiatement à la poste, et qu'il parvienne *franco*, sous bref délai, à toute adresse en France, en Corse ou en Algérie, serait-ce dans le plus humble hameau. Il faut donner, à cet effet, une adresse complète et lisible.

Tenues en un lieu sec, ces pilules se conserveront indéfiniment, sans altération. Du reste, lors même que l'humidité aurait eu pour résultat de les ramollir et même de produire un peu de moisissure à la surface, elles ne cesseraient point d'être efficaces.

FÉBRIFUGES POUR LES ENFANTS.

ART. 1138. — **Enfants de quatre à cinq ans.** — Les enfants, dans cette limite d'âge, auront à prendre les deux sixièmes du remède pour adulte. Le prix *sera de 2 fr. 50 c.*

ART. 1139. — **Enfants de six à sept ans.** — Dans cette limite d'âge, les enfants auront à prendre la moitié du remède pour adulte. Le prix *sera de 3 fr. 50 c.* (Voir art. 548.)

ART. 1140. — **Enfants de huit à dix ans.** — Les enfants, dans cette limite d'âge, auront à en prendre les quatre sixièmes. Le prix *sera de 5 fr. 50 c.* (Voir art. 649.)

Art. 1141. — **Enfants d'onze à treize ans.** — Les enfants dans cette limite d'âge auront à prendre les cinq sixièmes du remède pour adulte. Le prix *sera de 5 fr. 50 c.* (Voir art. 650.)

ART. 1142. — **Enfants de plus de treize ans.** — Au-dessus de treize ans, les enfants devront prendre le fébrifuge pour adulte (art. 1387).

ART. 1143. — **Observation générale pour les enfants.** — Tout ce qui précède relatif au fébrifuge pour adulte, s'applique au remède fractionné pour enfant. (Voir art. 642.)

ART. 1144. — **Enfants de moins de quatre ans.** — *Pour les enfants de trois ans*, on administrera approximativement le quart du remède. (Voir art. 653).

Pour les enfants de deux ans, (voir art. 653), *le prix sera de 2 fr. 25 cent.*

Enfin, *pour les enfants d'un an et au-dessous* (voir art. 653), *le prix est de 1 fr. 75 cent.*

PILULES SÉDATIVES DE STRAMONIUM.

ART. 1145 — **Formule.** — Prenez :

Extrait de stramonium, par décoction de
la feuille, évaporée dans le vide..... 2 gr. 50 centigr.
Sucre pulvérisé..................... 5 — » —
Guimauve pulvérisée................. 1 — » —
Gomme pulvérisée................. 1 — » —
Valériane pulvérisée................. » — 50 —
Eau : q. s. ou six gouttes, pour soixante douze pilules.

ART. 1146. — **Propriétés et indications.** — Parmi les plantes que renferme l'intéressante famille botanique des *solanées*, fournissant, comme on sait, à l'économie domestique tant d'aliments précieux, et à la thérapeutique des maladies tant d'agent shéroïques, le genre *datura*, et, dans ce genre, l'espèce *stramonium*, sont incontestablement des plus remarquables. Aucune substance de la matière médicale ne saurait être comparée, comme sédatif du système nerveux, à certaines préparations rationnellement obtenues du *datura stramonium*. Lorsque, dans les mêmes circonstances, l'opium congestionne si souvent le cerveau, excite les systèmes rachidien et ganglionnaire, et détermine de la constipation ; lorsque la jusquiame occasionne un narcotisme intense, tout en calmant peu ; lorsque la belladone, agissant de la même manière, produit, avec ces mêmes effets de narcotisme, une grande dilatation de la pupile, le *datura stramonium* possède une action calmante double au moins des autres solanées, détermine relativement moins de narcotisme, comme moins d'effet de dilatation sur la pilule, et, loin de constiper comme l'opium, maintient les fonctions intestinales dans un constant état de relâchement agréable. Son action

sédative, sur le système nerveux en général, est des plus manifestes : aussi est-il indiqué dans les phlegmasies chroniques et
les affections nerveuses ou névroses de l'estomac et de tout l'appareil digestif.

Nos pilules sédatives d'extrait de stramonium favorisent les
digestions, détruisent la constipation, et ramènent dans leur état
normal les fonctions digestives troublées par défaut d'innervation ou par un état inflammatoire.

Les gastralgies ; les gastrites chroniques ; les digestions
laborieuses ou difficiles, accompagnées de vents ; les crampes
d'estomac ; les entérites chroniques ; les entéralgies ; les constipations opiniâtres, affections qui tiennent toutes à un état
pathologique de ce tube, et dont un grand nombre de personnes
sont atteintes, principalement celles qui font métier de travail
intellectuel, comme les ministre du culte, les professeurs, les
juges, les hommes d'affaire, etc., ne se livrant pas à un exercice
suffisant, ou celles qui, faisant un certain exercice, sont douées
d'un tempérament nerveux ou lymphatique, les femmes surtout,
trouvent la guérison ou un grand soulagement dans l'administration rationnelle des principes extractifs, judicieusement
obtenus, de cette plante.

Le tube digestif ou intestinal, à partir de l'estomac jusqu'au
rectum, est sujet, comme toutes les viscères, à l'inflammation,
qui, suivant son siége et suivant qu'elle affecte plus spécialement les tissus ou les nerfs qui le tapissent, produit des symptômes différents. Les premiers symptômes qui se manifestent se
traduisent par un dérangement dans une ou plusieurs fonctions
de l'organe malade et par une douleur. Ces symptômes sont
souvent peu nombreux ; quelquefois ils abondent, suivant
l'étendue ou l'intensité du mal ; mais, quel que soit le siége de
l'inflammation dans ce viscère, quelle qu'en soit l'intensité, le
traitement sera le même, à peu de chose près.

Nous n'entendons parler, dans ce chapitre, ni de la gastrite
aiguë, qui se produit à la suite de l'ingestion, dans l'estomac,
d'une mauvaise qualité ou d'une trop grande quantité d'aliments ;
ni de l'entérite aiguë, dont la forme la plus connue est la dyssenterie, ni des fièvres continues, telles que la muqueuse, la
typhoïde, que quelques auteurs ont considérées comme une
variété d'entérite, mais uniquement des phlegmasies chroniques
du tube digestif, dont les symptômes qui suivent sont les signes
diagnostiques les plus saillants : inappétence ou peu d'appétit ;
digestions difficiles ou longues à se produire ; pesanteur ou douleur de tête, sur le front, au-dessus des yeux, plus particuliè-

rement après avoir mangé ; quelquefois étourdissements ou vertiges. Ces symptômes sont accompagnés, chez les enfants et chez les femmes, de douleurs à l'épigastre ou creux de l'estomac, et, chez tout le monde, mais plus ou moins, de renvois ou éructations et de vents, parfois du *pyrosis* ou fer chaud, parfois aussi de nausées ou envies de vomir. Quelquefois 'épigastre (creux de l'estomac) est enflé ; plus rarement le ventre 't ballonné. La langue est rouge sur les bords, plus ou moins ite dans l'axe de sa surface supérieure. Les jambes sont faibles .u douloureuses. La figure est ordinairement plus ou moins pâle ; les traits sont accentués. Il y a le plus souvent constipation, plus rarement la diarrhée, et, assez souvent, un état du ventre passant subitement de la constipation à la diarrhée. Quand la maladie est à l'état aigu, le malade a la bouche sèche, il est altéré ; mais ce symptôme diminue à mesure que l'affection passe à l'état chronique. La prédominance des symptômes nerveux dans cette phlegmasie amène dans le caractère du malade une sensibilité, une susceptibilité, qui le rendent triste, craintif, peureux, soucieux, méfiant, misanthrope, et qui peuvent aller jusqu'à produire l'hypocondrie et le *spleen* des Anglais. Les gastralgiques qu'on trouve plus spécialement dans la classe aisée, parmi les hommes naturellement sensibles et voués aux travaux de cabinet ou à une profession sédentaire, craignent le froid aux extrémités, à la tête, aux mains, mais surtout aux pieds.

L'inflammation du tube digestif à l'état chronique, a souvent pour effet, chez les personnes du sexe, de produire un dérangement dans certaines fonctions naturelles, qui deviennent irrégulières dans leur apparition comme dans leur durée, et peuvent même cesser entièrement, au point de faire croire à une grossesse. Assez souvent il se déclare des douleurs dans le bas-ventre ou dans les lombes ; enfin, il se manifeste un écoulement muqueux, connu sous le nom de *pertes blanches*, ayant toujours pour conséquence d'affaiblir notablement la malade, de porter sur sa fraîcheur, de l'amaigrir, de produire des rides avant le temps, et de donner à des personnes encore assez jeunes toute l'apparence du vieillard.

Tels sont, en peu de mots, les principaux symptômes qui caractérisent l'inflammation chronique du tube digestif. Nous pourrions en ajouter une foule d'autres secondaires, ce qui nous entraînerait trop loin, lorsque, à la lecture de ce qui précède, chaque gastralgique pourra se reconnaître suffisamment.

ART. 1147. — **Mode d'administration.** — Le matin, en

se levant ou dans la matinée, vers midi ou une heure, et le soir, vers l'heure du coucher, prendre chaque fois une de nos pilules sédatives (à intervalles d'une heure au moins des repas), ce qui porte à trois le nombre à en prendre dans le jour.

Pour boisson ordinaire, infusion de fleurs de tilleul, dont un demi-verre au moins sera pris avec chaque pilule, par-dessus et pour en faciliter la déglutition. Cette boisson pourra, sans inconvénient, être remplacée par de l'eau sucrée aromatisée avec un filet d'eau de fleurs d'oranger, ou par autant d'eau distillée de menthe. Lorsque la maladie sera caractérisée par la production de vents dans l'estomac ou dans les intestins, il conviendra de substituer à l'infusion de tilleul une infusion de menthe ou d'anis; enfin, lorsqu'elle sera accompagnée de constipation ou d'un peu de diarrhée, l'infusion de tilleul ou d'anis devra se faire dans une décoction de graine de lin récente : c'est-à-dire qu'après avoir fait bouillir une cuillerée environ de graine de lin dans un litre d'eau, on y fera infuser une pincée de fleurs de tilleul; on y ajoutera simplement, quand elle sera froide, deux cuillerées environ par litre d'eau de fleurs d'oranger. On sucrera suivant le goût du malade.

Lorsqu'il existera soit des éructations, soit des rapports assez fréquents, soit le *pyrosis* ou *fer chaud,* on se trouvera bien de joindre aux moyens précités l'usage de deux ou trois pastilles de Vichy, après chacun des repas.

Lorsqu'après l'administration de ces pilules, pendant 12 jours, la constipation qui existerait n'aurait pas cédé, il serait nécessaire de prendre le soir, en se couchant, concurremment avec la pilule sédative du soir, une ou deux pilules aloétiques suivant notre formule; pilules dont l'effet se fait sentir seulement le lendemain. On renouvellerait ainsi, tous les deux, tous les trois, tous les quatre jours, etc., l'administration de ces pilules aloétiques, de manière à maintenir la liberté du ventre, au point d'aller au moins une fois par jour à la selle (art. 1099).

Il est rare qu'après l'usage, pendant un mois, de ces moyens, tous les symptômes ordinaires de la gastralgie ou de l'entéralgie n'aient disparu. Cependant, si l'amélioration qui se produit dans la première huitaine ne progressait point, mais s'arrêtait, il faudrait en chercher la raison dans une cause, et alors voici, en continuant l'usage de ces mêmes pilules, ce qu'il y aurait à faire en même temps. Et d'abord, si l'état de liberté du ventre n'était revenu, ajouter aux moyens ordinaires l'usage de quelques lavements : un à deux par jour, presque froids, avec de la décoction de graine de lin. Ces mêmes lavements sont encore indiqués quand la diarrhée persiste; mais il conviendrait, dans ce cas, de suspendre, après un mois, l'usage des pilules sédatives, pour passer à celui de nos pilules de cynoglosse, aux doses indiquées dans la notice qui les accompagne.

Bien que les préparations de stramonium aient une moindre action dilatante sur la pupille que le belladone, il est rare cependant que les malades ne ressentent, surtout après quelques jours de son usage, un certain trouble de la vision, qui se traduit par une difficulté, soit de lire un texte fin, soit de faire un travail délicat comme coudre, etc. Que ces personne ne se préoccupent point de ces effets passagers, qui ne préjudicient nullement à l'organe de la vision, et qui disparaissent dès qu'on cesse la médication !

Art. 1148. — **Régime.** — Le régime a, dans ces affections, une importance capitale qui découle naturellement des fonctions de l'organe malade, et sur lequel passent tous les aliments qu'on prend : aussi recommandons-nous la plus grande attention dans le choix de la nourriture. On peut dire, règle générale, que les malades gastralgiques ou entéralgiques doivent toujours se lever de table avec appétit; en un mot, ne jamais satisfaire entièrement le besoin de prendre. Le lait, quand il est bien supporté par l'estomac, et le pain blanc, devront faire la base de leur alimentation pendant le traitement. On pourra remplacer le lait par des potages de veau ou de poule. Les œufs et les rôtis de veau ou de volaille seront ensuite permis; mais, lorsqu'on aura affaire à une gastralgie accompagnée de vomissement, symptôme de commencement de squirrhe, il faudra se borner longtemps à l'usage seul du pain et du lait ou du potage. Le vin et le café seront sévèrement bannis de l'usage des gastralgiques; cependant il est une variété de gastralgie qui s'accommode du vin. Ces cas sont rares, et n'ont point de caractère qui puisse *à priori* les faire reconnaitre; mais, lorsqu'il s'en présente un, ce qui se reconnait soit à ce que le vin est bien supporté et que les pilules sédatives produisent peu d'effet, il convient alors de substituer à ces pilules des pilules renfermant chacune 25 cent. d'extrait de quinquina, et de faire usage d'une alimentation dont la viande adulte, grillée ou rôtie et peu cuite, fera la base. On permettra en même temps l'usage d'un peu de vin, du vin de Bordeaux, de préférence; et, à défaut, d'un vin peu capiteux et riche en matière colorante : Limousin, Bourgogne, etc., ayant au moins deux années de pressoir.

Lorsque, par notre médication, des personnes du sexe, débarrassées d'une gastralgie ou d'une entéralgie, auraient conservé soit une irrégularité dans la production de certaines fonctions naturelles, soit des pertes blanches, il conviendrait de passer à l'usage de nos *pilules de lactate de fer.* Enfin, pour consolider la guérison et amener l'embonpoint, nous conseillons l'usage de l'huile de foie de morue à la dose de deux cuillerées, matin et soir, à distance d'une heure des repas, ou, si on la supportait mal, avec et en commençant les repas du matin et du soir.

ART. 1149. — Appendice. — Nos pilules de stramonium, prises à plus haute dose, sont encore le meilleur des moyens pour combattre *les convulsions* et *attaques* dites *de nerfs, d'hystérie* et *d'épilepsie,* lorsque ces convulsions n'ont pas pour cause la présence d'entozoaires dans les intestins. Nous les avons vues, notre père et nous, réussir dans maintes affections de ce genre, qui avaient résisté à tous les traitements : aussi ne saurions-nous trop les conseiller dans les cas fréquents où elles font le désespoir du médecin et des malades.

Comme l'emploi rationnel de ces pilules suppose, nous le répétons, que la cause des convulsions n'est point la présence dans le tube digestif, soit des ascarides, soit des oxyures, soit de l'œstre, soit du ver solitaire (ténia ou bothriocéphale), il doit être précédé d'une série de moyens assez simples, dont l'emploi doit avoir pour effet d'expulser ces parasites; à savoir : 1º un gramme de *santonine* pour l'expulsion des ascarides; 2º *pilules aloétiques* pour la destruction des larves d'œstre et des oxyures; 3º *cousso* pour anéantir les vers plats dits solitaires. Après l'emploi de ces moyens, on passe à l'usage de nos *pilules de stramonium;* d'abord à la dose de trois par jour, pendant une semaine, dont la première, le matin au lever; la deuxième, vers midi, et la troisième, le soir en se couchant. La deuxième semaine, le nombre serait porté à quatre, dont deux administrées le matin, au lever ou avant, une vers midi, une le soir en se couchant. La semaine suivante, le nombre en serait porté à cinq par jour, dont deux le matin, une vers le milieu du jour, et deux le soir en se couchant; pourvu toutefois que les effets de narcotisme qu'elles peuvent produire à cette dose ne fatiguassent pas trop le malade; enfin on pourrait porter la dose, une semaine après, à six par jour, dont deux le matin, deux vers le milieu du jour et deux en se couchant, nombre qu'il n'est jamais nécessaire de dépasser, et auquel on continuerait longtemps l'usage de ces pilules.

Pour boisson ordinaire, dans ces affections, une infusion de 10 à 15 grammes de valériane dans un litre d'eau. On en prend rigoureusement un verre ou demi-tasse pour favoriser la déglutition des pilules, lesquelles devront constamment être prises à intervalle au moins d'une heure des repas.

Ces doses s'appliquent aux adultes, c'est-à-dire à des malades de 15 ans et au-dessus; les sujets de 10 à 14 ans n'en prendraient que les trois quarts ; les enfants de 9 à 10 ans, les deux tiers ; ceux de 7 à 8 ans, la moitié.

ART. 1150. — **Approvisionnement.** — Tout pharmacien instruit et bien monté pourra, s'il le veut, livrer à ses clients les préparations que nous formulons dans le présent livre, sans doute ; mais, en nous retirant de la pharmacie, nous n'avons pu abandonner au premier venu certaines de ces préparations héroïques, et les *pilules sédatives* sont du nombre, qui ont contribué à notre réputation ; en sorte que nous en faisons l'objet d'une de nos productions spéciales.

Une boîte de 90 pilules sédatives de stramonium sera adressée, *franco,* à tout destinataire de France, de Corse et d'Algérie, en échange d'un mandat de poste de 6 francs.

Une boîte de ces pilules, accompagnée de 30 pilules aloétiques et d'un paquet de pastilles de Vichy, constituant le traitement contre les gastralgies et les dyspepsies, s'envoie *franco,* à tout domicile, en échange de 9 francs.

Les agents pour le traitement des convulsions ou attaques, se composant de paquets de santonine, de pilules aloétiques, d'une forte dose de cousso et de deux boîtes de pilules sédatives de stramonium, le tout accompagné d'une notice explicative sur leur administration, est du prix de 24 francs, en échange de laquelle valeur ils sont envoyés, *franco,* à tout destinataire du territoire français.

Nos pilules de cynoglosse, auxquelles on a recours dans les cas de diarrhées, comme nos pilules de lactate de fer indiquées dans les cas de pertes blanches ou d'irrégularité dans les fonctions de la menstruation, sont, les unes comme les autres, rendues, *franco,* à domicile, et accompagnées d'une instruction respective, au prix de 6 fr. la boîte. Comme tous les produits de M. Gaffard, on les expédie le jour même de la réception de la demande, devant renfermer rigoureusement, en un mandat de poste, la valeur des objets demandés.

POMMADES.

ART. 1151. — **Définition.** — On entend par *pommade* une préparation pour l'usage externe, dont l'excipient est l'axonge, le cérat, ou tout autre corps gras non résineux.

ART. 1152.— **Pommade alumineé contre les gerçures du sein des nourrices.** — Prenez :

Sulfate d'alumine et de potasse..................... 4
Cérat sans eau.................................... 20

Opérez selon l'art.

On en pratique des onctions et on recouvre d'un linge enduit, après l'allaitement. Bien essuyer ensuite le bout, avant de le livrer au nourrisson.

ART. 1153. — **Pommade antihémorrhoïdale, à la chaux.** — Prenez :

Onguent populeum........................ 25 grammes.
Chaux éteinte........................... 2 —
Laudanum de Sydenham................... 2 —

Faites selon l'art.

Cette pommade est une des plus efficaces que l'on puisse employer. (GUIBOURT.)

ART. 1154. — **Pommade anti-pédiculaire ou contre les poux.** — Prenez :

Bioxyde de mercure...................... 2 parties.
Axonge................................. 16 —
Essence de bergamotte.................. 1 —

F. selon l'art. Ne salit pas le linge comme l'onguent gris.

ART. 1155. — **Pommade au bichromate de potasse.** — Prenez :

Bichromate de potasse.................. 10 centigrammes.
Axonge................................. 15 grammes.

Faites selon l'art.

En onctions une ou plusieurs fois par jour, contre les verrues.

ART. 1156. — **Pommade au biiodure de mercure.** — Prenez :

Deutoiodure de mercure.................. 1 gramme.
Axonge................................. 20 —
Essence de cèdre de Virginie........... 6 gouttes.

Faites selon l'art.

Employée contre la couperose, conjointement avec le traitement à l'huile de foie de morue.

ART. 1157. — **Pommade au bioxyde de mercure.** — Prenez :

Bioxyde de mercure...................... 2 grammes.
Cérat sans eau.......................... 32 grammes.
Essence de cèdre de Virginie........... 6 gouttes.

F. selon l'art. Employée dans les affections dartreuses.

Faites selon l'art une pommade homogène.

ART. 1158 et 1159. — **Pommade camphrée.** — La pommade camphrée est indiquée dans tous les cas où il convient d'administrer le camphre à l'extérieur : et, comme elle renferme plus de camphre que l'huile du même nom, elle lui sera substituée avec quelque avantage, dans les cas de maladies de la vessie par exemple, en frictions sur l'abdomen, ou au périnée. On la trouve dans toutes les pharmacies.

ART. 1160. — **Pommade ophthalmique.** — Prenez :

Bioxyde de mercure	2 gr.	» centig.
Sel de saturne	» — 50	—
Minium	» — 30	—
Cérat sans eau	30 —	» —
Essence de cèdre de Virginie	6 gouttes.	

En onctions une fois par jour, sur le bord libre de la paupière.

ART. 1161. — **Pommade siccative rouge.** — Prenez :

Cérat jaune	100 grammes.
Extrait de saturne	6 —
Minium	1 —

F. s. a.

Pommade qui fait merveille comme agent de dessiccation ou cicatrisation, dans les plaies et ulcères.

ART. 1162. — **Pommade soufrée-benzinée.** — Prenez :

Soufre sublimé	50 grammes.
Carbonate de potasse	25 —
Eau	25 —

Broyez dans un mortier de marbre, et, après mélange très-homogène, ajoutez :

Benzine	45 grammes.

Broyez et ajoutez ensuite, préalablement un peu ramollie par la chaleur,

Axonge	200 grammes.

ART. 1163. — **Pommade soufrée-lavandulée.** — C'est la même formule que celle de la pommade soufrée-benzinée, mais dans la préparation de laquelle on substituera 45 grammes d'huile essentielle de lavande à même quantité de benzine.

ART. 1164. — **Pommade stibiée ou émétisée.** — Prenez

Emétique	4
Axonge	12

Employée, en frictions, pour produire de gros boutons et des pustules.

ART. 1165. — **Pommade de stramonium.** — Prenez :

Axonge............................	50 gr.	» centigr.
Cire jaune.........................	6 —	»
Extrait de stramonium..............	7 — 50	—

Faites fondre la cire ; ajoutez l'axonge ; passez au travers d'un linge. Faites dissoudre, d'autre part, l'extrait avec q. s. d'eau, et ajoutez le corps gras, encore chaud, en agitant jusqu'à refroidissement, et jusqu'à ce que le mélange soit parfaitement homogène.

En frictions dans les rhumatismes, dans les névralgies, etc.

ART. 1166. — **Pommade de tannin, contre la calvitie.** — Prenez :

Tannin.............................	2 grammes.	
Extrait d'opium	2	—
Axonge.	45	—

Dissolvez le tannin et l'extrait avec q. s. d'eau-de-vie, et incorporez dans l'axonge. Ajoutez 30 gouttes d'essence de Portugal pour aromatiser.

ART. 1167. — **Pommade vésicante.** — Prenez :

Cantharides pulvérisées.	10 grammes.	
Euphorbe (résine d') pulvérisée..........	3	—
Onguent basilicum.....................	17	—

Mêlez exactement. Cette pommade, employée en onctions derrière les oreilles (partie postérieure du pavillon de l'oreille, s'étendant sur l'apophyse mastoïde), y détermine, dans quelques heures, une vésication très-salutaire dans un grand nombre de cas, tels que maladies des yeux, des oreilles, névralgies diverses. Pour maintenir cette suppuration, on renouvelle l'application selon le besoin, et dès qu'il y a une diminution notable dans la production de l'humeur. L'emploi de cette pommade est plus commode, dans ces cas, que celui des mouches de Milan.

POTION.

ART. 1168 à 1169. — **Définition.** — Le nom de *potion* est consacré, en pharmacologie, à un liquide ordinairement sucré qu'on administre généralement par cuillerées.

ART. 1170. — **Potion calmante.** — Prenez :

Extrait aqueux de stramonium............	5 centigrammes.	
Sirop d'opium........................	30 grammes.	
Sirop simple........................	30	—
Eau de fleurs d'oranger.	15	—
Eau de laitue........................	200	—

36

Par cuillerées à bouche, deux ou trois à la fois, pour commencer; et ensuite une toutes les heures.

ART. 1171. — **Potion diaphorétique ammoniacale.** — Prenez :

Teinture de quinquina..................	40	grammes.
Acétate d'ammoniaque.................	20	—
Sirop simple...........................	50	—
Eau distillée de cannelle...............	100	—
Eau distillée de laitue.................	80	—

POUDRE DENTIFRICE.

ART. 1172. — **Définition.** — Les poudres dentifrices sont des matières pulvérulentes ayant pour objet d'exercer une action mécanique et thérapeutique sur les dents ou leur gencive. On les applique avec une brosse ou simplement avec le doigt.

ART. 1173. — **Poudre dentifrice ordinaire, au charbon et quinquina.** — Prenez :

Charbon de chêne pulvérisé...............	15	grammes.
Quinquina pulvérisé.....................	10	—
Cachou.................................	5	—

Mêlez.

On l'aromatise à volonté avec cinq à six gouttes d'essence de menthe anglaise.

ART. 1174. — **Poudre dentifrice contre le tartre.** — Prenez :

Tripoli en poudre impalpable....	30	grammes.	
Sulfate double d'alumine........	1	—	50 centigrammes.
Essence de menthe anglaise.....	6	gouttes.	
— de Portugal...........	1	—	
— de girofle.............	2	—	
— de cannelle...........	1	—	

Mêlez.

On en passe tous les deux ou trois jours avec une brosse un peu forte.

POUDRES DIVERSES.

ART. 1175. — **Poudre pour les cors aux pieds.** — Prenez :

Chlorhydrate d'ammoniaque pulvérisé.......	5	grammes.
Cyanure feroso-ferrique (bleu de Prusse)....	25	centigrammes.
Chlorhydrate de morphine.................	15	—

Broyez ensemble jusqu'à réduction de poudre impalpable.
Réussit souvent pour la guérison des *œils-de-perdrix*. On place,

une fois par jour, de cette poudre sur le cor, et on l'y maintient par l'application, au-dessus, d'un petit parallélogramme de sparadrap.

ART. 1176. — **Poudre de Knaup.** — Prenez :

Sulfate double d'alumine............................	50
Sulfate de fer.....................................	50
Chlorhydrate d'ammoniaque.........................	3
Acétate de cuivre.................................	3
Sulfate de zinc...................................	3

Réduisez en poudre grossière : faites fondre à une douce chaleur ; coulez sur un marbre ; laissez refroidir, et pulvérisez.

Employée chez l'homme, et surtout chez les animaux, comme résolutif dans les contusions, à la dose de 15 grammes par litre d'eau (art. 1915).

PROTOXYDE D'AZOTE.

ART. 1177. — **Résumé.** — Découvert en 1772 par Priestley, étudié trente ans après par H. Davy, qui l'appela gaz hilarant, le protoxyde d'azote, après être resté une soixantaine d'années dans l'oubli des thérapeutistes, vient tout à coup d'être lancé dans le domaine de la matière médicale, de manière à en concevoir un grand espoir.

L'éther et le chloroforme jouissent, comme on sait, de la propriété anesthésique que d'autres liquides, tels que l'aldéhyde, l'huile de naphte, l'amylène, etc., possèdent aussi ; mais leur usage, en chirurgie, n'a pas été maintes fois sans danger. A la recherche d'un anesthésique d'une complète innocuité, les Américains, qui ont été les premiers à découvrir les propriétés de l'éther et du chloroforme, nous signalent les premiers encore celles du protoxyde d'azote.

PURGATIFS.

ART. 1178 à 1184. — **Résumé.** — Nos *pilules panchymagogues* étant l'expression la plus heureuse du plus parfait *purgatif*, en dehors de leur *propriété dépurative* qui n'est jamais à dédaigner, nous prenons le parti de supprimer notre long chapitre « *Purgatif* » des éditions précédentes. (Voir art. 947 et 1127.)

QUININE ET QUINQUINA.

ART. 1185. — **Origine.** — Le quinquina ou quina est l'écorce d'un genre d'arbres appartenant à la famille des rubiacées, dont un grand nombre d'espèces, disséminées dans les contrées équatoriales de l'Amérique du Sud, sont toutes plus ou moins employées en médecine (art. 1131).

RÉGLISSE.

ART. 1186. — **Origine; propriétés.** — La réglisse, connue sous le nom de *bois de réglisse*, est la racine traçante de la *glycyrrhiza glabra*, plante de la famille des légumineuses. Employée souvent en décoction, elle communique à l'eau un goût sucré qui a un grand charme pour les enfants. Elle est réputée dépurative et pectorale. Sa décoction, concentrée sur le feu à l'état d'extrait sec, produit le *suc de réglisse* doué d'une propriété sédative sur les bronches, comme sur le tube digestif.

SANGSUES.

ART. 1187. — **Origine; emploi.** — La sangsue est un genre d'annélides, qu'on trouve dans presque toutes les contrées du globe, présentant un grand nombre d'espèces ou variétés, employées à produire des saignées locales. Leur application constitue un des grands moyens dont dispose la thérapeutique. Rien ne saurait les remplacer, par exemple, pour prévenir les effets inflammatoires de certaines contusions, pour combattre les phlegmasies des poumons ou de la plèvre, et un très-grand nombre d'inflammations.

SANTONINE.

ART. 1188. — **Origine; propriétés.** — Principe actif, essentiellement vermifuge du semen-contra; cristallin, blanc, mais jaunissant à la lumière; presque insipide, ce qui le rend extrêmement précieux pour la médecine des enfants surtout. Voir art. 1092, 1188.

SIROPS.

ART. 1189. — **Définition.** — On entend par sirop simple une préparation liquide constituée par une solution saturée de sucre. Lorsque, au lieu d'eau, le véhicule est un suc de plante ou une solution aqueuse de diverses substances solubles, le sirop est dit composé.

ART. 1190. — **Sirop de gomme.** — C'est un mélange de solution de gomme avec du sirop simple. Employé comme tous les sirops mucilagineux, dans les maladies du tube digestif et des bronches.

ART. 1191. — **Sirop d'ipécacuanha.** — Ce sirop, à haute dose, a une action vomitive. Employé dans la coqueluche, etc.

ART. 1192. — **Sirop de quinquina.** — Préparation extrêmement précieuse, qu'on prescrit comme tonique, à la dose de une à six cuillerées par jour. On l'associe souvent à du lait de chèvre, de vache, à du gland doux, etc.

SOLUTION.

ART. 1193. — **Définition.** — Solution est synonyme de dissolution. Liquides renfermant des matières solubles, et dont le véhicule est le plus souvent l'eau, l'alcool, etc.

ART. 1194. — **Solution alcaline.** — Prenez :

Carbonate de potasse..................... 10 grammes
Eau simple.............................. 150 —

ART. 1195 à 1196. — **Solution mercurielle contre le pityriasis.** — Prenez :

Alcool à 50 degrés. .... 100 grammes.
Bichlorure de mercure................... 10 centigrammes.
Teinture de benjoin..................... 5 grammes.
Huile essentielle de cèdre de Virginie....... 2 gouttes.

On en instille quelques gouttes sur les diverses parties du cuir chevelu, en écartant les cheveux par mèches, et on passe le peigne. On renouvelle matin et soir. (Voir *Pityriasis.*)

ART. 1197. — **Solution opiacée contre le coryza.** — Prenez :

Extrait d'opium....................... 10 centigrammes.
Eau distillée........................... 200 grammes.

Faites selon l'art.

Employée en aspiration ou reniflement, à l'état chaud.

ART. 1198. — **Solution saturnée contre l'intertrigo des orteils.** — Prenez :

Sous-acétate de plomb liquide..................... 20
Minium (oxyde rouge de plomb)..................... 1

Triturez le minium dans un mortier, ajoutez peu à peu le sous-acétate de plomb. On agite avant de s'en servir. (Voir l'article *Intertrigo*, 818.)

ART. 1199. — **Solution de sulfate de fer.** — Prenez :

Sulfate de fer............................. 8 grammes.
Eau distillée de roses ou eau simple.......... 150 —

Faites dissoudre.

Cette solution, employée en lotion, détruit le plus souvent les démangeaisons violentes qui se manifestent aux organes sexuels.

SPARADRAP.

ART. 1200. — **Définition.** — On entend par sparadrap un tissu recouvert d'une couche emplastique, et destiné soit au pansement des plaies, soit à rapprocher les lèvres d'une coupure ou d'une blessure, soit à recouvrir un ulcère ou un exutoire, soit enfin pour déterminer une vésication ou éruption. Les sparadraps diffèrent par leurs propriétés, suivant la

38*

nature de l'emplâtre qui en constitue la couche. Le plus employé, le seul presque connu, est le sparadrap diachylon. (Voir art. 951.)

STRAMONIUM, POMME ÉPINEUSE, DATURA STRAMONIUM.

ART. 1201. — Son histoire. — Plante de la famille des solanées. Elle est la plus active des solanées vireuses. Elle est surtout moins narcotique et plus calmante que la jusquiame et la belladone. Le stramonium est loin d'être aussi employé qu'il mérite de l'être. On doit le placer, en thérapeutique, au premier rang des plantes utiles. Il peut remplacer l'opium avec beaucoup d'avantage, lorsqu'il convient de calmer sans produire la constipation. Contrairement à l'opium, il relâche la fibre. (Voir art. 1041.) Les feuilles de stramonium, desséchées, employées en fumigation, exercent sur les bronches un effet calmant des plus salutaires dans l'asthme, dans certaines bronchites chroniques chez les vieillards, dans la coqueluche, sur les toux nerveuses et dans le spasme de la glotte.

SULFATE DE CUIVRE.

ART. 1202. — Son emploi. — Tout le monde connait le vitriol bleu, usité dans nos campagnes pour le chaulage des grains. Il est employé, à l'état de cristal, pour la cautérisation des aphtes. A la dose de 30 centigrammes, dissous dans deux cuillerées d'eau, il est le vomitif par excellence pour provoquer des nausées, dans les cas d'empoisonnement.

SUREAU.

ART. 1203. — Emploi; propriétés. — La fleur de sureau est employée en infusion comme diaphorétique, c'est-à-dire pour exciter la transpiration. Son écorce est considérée comme dépurative, en décoction.

SINAPISMES.

ART. 1204. — Préparation. — S'obtiennent en délayant de la farine de moutarde avec quantité suffisante d'eau pour former une pâte qu'on place sur diverses parties du corps, surtout aux jambes, en vue d'y produire une rubéfaction. On est dans l'usage de changer les sinapismes de place, dès que la douleur qu'ils produisent devient peu supportable.

TAFFETAS VULNÉRAIRE CALMANT.

ART. 1205. — Formule; propriétés. — Prenez.

Colle de Givet......................	16 grammes.
Eau..............................	32 —
Extrait de belladone.................	2 —

Laissez en contact pendant vingt-quatre heures; faites dissoudre alors au bain-marie. Étendez, au pinceau, sur un taffetas bien tendu; passez ainsi deux ou trois couches successives. (Voir art. 956.)

TILLEUL.

ART. 1206. — **Origine; propriétés.** — Fleur du *Tilia europœa*, grand arbre de la famille des tillacées. L'infusion de tilleul est fréquemment employée comme léger anti-spasmodique, à la manière de la fleur d'oranger.

TISANE.

ART. 1207. — **Définition.** — La tisane est un liquide plus ou moins médicamenteux qui s'administre ordinairement par verres. Les tisanes sont habituellement peu chargées en matières solubles. Lorsqu'il en est autrement, elles prennent le nom d'*apozème*.

ART. 1208. — **Tisane anti-diarrhétique.** — On obtient cette tisane en faisant dissoudre dans un litre d'eau, à la température de l'eau bouillante ou à froid, selon qu'on est plus ou moins pressé, le mélange suivant :

Gomme pulvérisée grossièrement.......... 40 grammes.
Sucre................................... 40 —
Laudanum de Rousseau................. 8 gouttes.
(ou laudanum de Sydenham 16 gouttes.)
Ess. de citron ou d'écorce d'orange fraîche. 2 —

À prendre par verres, dans la journée. On fera bien, lorsque l'on habitera la campagne, et qu'on sera éloigné d'une pharmacie, de se faire livrer quatre paquets semblables ; car, si, après un jour de cette tisane, la diarrhée ne diminuait pas sensiblement, on devrait, le lendemain, porter la dose à un litre et demi ; comme on la porterait à deux litres, le troisième jour, si on n'obtenait de résultat. Si même ce résultat n'était obtenu dès le deuxième jour, il conviendrait d'user de lavements avec la décoction de pavot ou le laudanum, ainsi que nous l'indiquons à l'article *Diarrhée*.

ART. 1209. — **Tisane antilaiteuse.** — Prenez :

Séné (feuilles)...................... 20 grammes.
Tilleul.. }
            (fleurs), de chaque une pincée.
Sureau.. }

Pour deux verres d'infusion. A prendre en deux fois, dans la matinée.

Il est ordinairement nécessaire de continuer trois jours cette tisane.

Elle est moins mauvaise que la préparation connue sous le nom de *Petit-Lait de Weiss*, et réussit mieux ; mais nos pilules panchymagogues sont d'un usage préférable encore.

Art. 1210. — **Tisane dépurative.** — Prenez :

Écorce de sureau............ ⎫
— de lierre............ ⎪
Racine de saponaire......... ⎬ de chaque, 10 grammes.
— d'asperge............ ⎪
— de petit-houx........ ⎪
Tige de clématite............ ⎭

Faire bouillir, pendant une demi-heure, dans quantité suffisante d'eau, pour obtenir un litre de tisane. A boire par verres, dans la journée.

Employée avec succès dans les maladies dartreuses et dans toutes celles qui sont considérées comme tenant à un défaut de pureté de sang ; enfin, dans tous les cas où l'huile de foie de morue est indiquée.

Art. — 1211. — **Tisane diurétique.** — Prenez :

Feuilles fraîches de cerfeuil.............. une poignée.
— vertes de céléri................ —
Racine de persil incisée............... une pincée.
Graine de genévrier. .... —

Divisez les feuilles de cerfeuil et celles de céléri avec le couteau ; mettez bouillir le tout avec un litre d'eau, pendant un quart d'heure ; retirez du feu ; laissez refroidir un peu ; coulez au travers d'un linge avec expression, et ajoutez :

Nitre.............................. 1 gramme.

Agitez pour favoriser la dissolution, et la préparation est propre à l'usage.

On l'emploie à la dose de quatre à six verres par jour.

Art. 1212. — **Tisane de guimauve.** — C'est tout simplement une infusion de fleurs de cette plante. Employée comme émolliente dans les maladies du tube digestif.

Art. 1213. — **Tisane de lin.** — C'est une décoction de graine de lin dans la proportion d'une cuillerée comble de cette semence, par litre d'eau.

Employée comme émolliente, dans les gastralgies anciennes ou les gastrites chroniques.

Art. 1214. — **Tisane de sureau.** — C'est une infusion dans le rapport d'une pincée de cette plante par litre d'eau. Employée pour ramener la transpiration, dans les courbatures, dans les bronchites, les rhumes de cerveau, etc.

Art. 1215. — **Tisane de tilleul.** — C'est une infusion dans le rapport d'une pincée de fleur par litre d'eau. Antispasmodique et sudorifique ; employée dans les gastralgies , les névralgies, etc.

Art. 1216. — **Tisane de valériane.** — La tisane de valériane doit se faire par infusion : une pincée de cette racine, divisée entre les doigts, par litre d'eau.

Employée dans les maladies nerveuses.

TOPIQUE POUR LES ENGELURES EXCORIÉES.

Voyez *Mixture* contre les gerçures (art. 1075).

VÉSICATOIRES.

Art. 1217. — **Nature ; propriétés.** — Les vésicatoires ne doivent leur effet qu'à la cantharide qu'ils renferment. Lorsque, éloigné du pharmacien, on veut obtenir une vésication, et qu'on possède des cantharides , on peut suppléer au vésicatoire des pharmacies en saupoudrant de cantharides un fragment de pâte de froment ou de seigle, et l'appliquant sur la partie où l'on se propose de produire l'exutoire. On laisse vingt à vingt-quatre heures ; on enlève, et on panse d'abord avec du cérat, de la graisse ou de la crême; et puis, soir et matin, avec de l'onguent basilicum. Les feuilles de bette , ou mieux une toile cirée, sont employées dans ces pansements pour recevoir le cérat ou les pommades.

Les cantharides ont souvent pour effet de déterminer une irritation douloureuse sur la vessie; on évite, jusqu'à un certain point, cet inconvénient, en saupoudrant le vésicatoire avec une petite quantité de camphre.

VOMITIFS.

Art. 1218. — **Définition.** — On entend par *vomitif* un liquide dont l'administration a pour effet de produire des vomissements. On trouvera, à l'article consacré aux empoisonnements, la désignation des substances qui, dans des cas graves, sont les plus propres à déterminer l'expulsion des matières que renferme l'estomac. Nous allons donner ici la formule d'une potion vomitive qu'on pourra administrer dans les circonstances où , à défaut du médecin, l'indication en serait prescrite.

Art. 1219. — **Vomitif; potion vomitive.** — Prenez :

Émétique ou tartre stibié (tartrate de potasse et d'antimoine)........................ 1 décigramme.
Eau chaude , approximativement un verre , ou 180 grammes.

Mettez l'émétique en poudre dans le liquide et agitez pour opérer la dissolution.

On donne d'abord au malade le tiers de ce liquide; puis, un

quart d'heure après, la moitié du liquide restant ; puis, un quart d'heure après, et, successivement tout le restant, si des vomissements abondants, plusieurs fois répétés, ne s'étaient produits à la suite de la première ou de la deuxième ingestion. Après chaque administration de cette solution émétique, on en favorisera l'effet au moyen d'un verre d'eau tiède. On n'en achèverait la dose que tout autant que le sujet serait réfractaire à la première et à la deuxième administration ; et, si même la première procurait une évacuation satisfaisante, on s'en tiendrait ainsi au premier tiers.

APPENDICE.

———

PATE DIGESTIVE ET PECTORALE DU LICHEN, RÉGLISSE, TOLU ET SUC LAITUE.

———

ART. 1219 A. — Nature du produit ; — ses propriétés. — Quiconque a une idée exacte de la thérapeutique, dans l'état actuel de la science, reconnaîtra sans peine qu'une pâte de cette nature renferme les agents les plus précieux de la matière médicale pour combattre les phlegmasies simples, nerveuses ou catarrhales.

Qui ignore, par exemple, que le *lichen* fait la base des préparations les plus estimées pour combattre les affections des bronches, de la poitrine. de l'estomac et des intestins?

La *réglisse,* représentée par l'extrait *réglisse glabre,* obtenu par les procédés qu'indiquent les derniers progrès de la science, est « un des plus puissants béchiques que possède la matière médicale ».

Le *Baume de Tolu* est considéré comme un des plus précieux agents, pour fortifier les muqueuses.

Quant au *suc laiteux* qui découle de la laitue montée, par l'effet d'incisions, qu'on l'appelle *thridace, lactucarium,* ou simplement *suc concentré* de laitue, il fait l'objet des plus belles citations d'Hippocrate, de Galien, de Pline et de Celse.

Toutes ces admirables propriétés constatées, il fallait, après avoir dosé les proportions relatives de ces divers agents, pour en constituer une pâte sédative antiphlogistique, pouvant convenir à la généralité des diverses affections peu graves des appareils digestif et respiratoire, si sujets aux phlegmasies, arriver au

meilleur mode de traitement chimique, en vue d'en conserver
ou d'en développer les propriétés bienfaisantes, et c'est vers ce
but qu'ont tendu, pendant quelque temps, tous nos efforts. Il
fallait encore, et surtout, à un aspect et à un goût agréable,
joindre une efficacité réelle, puissante, pour opposer ce produit à
une foule d'indispositions peu graves en apparence, mais qu'il
s'agit d'enrayer à leur début, conjurant ainsi tout danger ;
lorsque, par l'effet d'une négligence trop fréquente, elles dégé-
nèrent en affections d'autant plus dangereuses que, par leurs
symptômes primordiaux bénins, on est porté à croire que rien
ne presse à les combattre.

Que de fois des rhumes faisant croire à une simple bronchite,
dont aurait eu facilement raison l'usage de notre pâte, ont
dégénéré en phthisie pulmonaire, si souvent mortelle ! Que de
fois encore un enrouement qui eut cédé à l'emploi de ce bonbon,
auquel on aurait joint une hygiène appropriée, a été le point de
départ d'une affection tuberculeuse du larynx, presque toujours
incurable ! Que de fois, encore et enfin, de simples difficultés
de digérer, accompagnées de cardialgie ou douleurs d'estomac,
dont aurait facilement triomphé notre agréable médication, ont
été les avant-coureurs du squirrhe de l'estomac, toujours fatal
à celui qui le porte !

Outre que l'emploi de ces pastilles, à goût balsamique très-
agréable, est d'un effet presque immédiat sur la manifestation
des premiers troubles des grandes fonctions précitées, se produisant à la bouche, à la gorge, aux amygdales, à l'estomac, aux
intestins, aux bronches, à la poitrine et même au cœur ; outre
encore qu'elles facilitent au suprême degré les fonctions digestives, prévenant ou détruisant les aigreurs et les vents, elles
sont d'une constante efficacité pour prévenir la fatigue du larynx
chez le prédicateur, chez le professeur, chez l'avocat et chez tous
les hommes obligés à porter longtemps la parole.

Les chanteurs des deux sexes se trouveront très-bien encore
de l'usage de notre remède-bonbon, soit pour fortifier l'organe,
soit pour le débarrasser de ces mucosités filantes qui, en adhérant
aux plis de la glotte, sont un obstacle à leur libre vibration.

Il assainira manifestement, chez tout le monde, l'espace buccal,
exhalant, trop souvent, une respiration aigre ou putride, et
prédisposera le corps à un sommeil de la nuit, calme et réparateur, le seul qui puisse efficacement le délasser des fatigues
morales ou corporelles de la journée.

En régularisant les fonctions digestives, cette pâte prévient
ou fait cesser les flatuosités ou rapports nidoreux, ces pesan-

teurs de l'estomac, et ces engourdissements ou ces étourdissements, symptômes d'une mauvaise ou paresseuse digestion.

Les asthmatiques s'en trouvent bien.

Rien n'est plus propre, en outre, que l'usage de ce bonbon pour le rétablissement rapide des convalescents, à la suite d'une maladie quelconque.

ART. 1219 B. — **Mode d'administration.** — On peut manger des pastilles comme un bonbon, ou mieux les laisser se dissoudre simplement dans les liquides de la bouche.

La dose variera, dans les vingt-quatre heures, suivant l'âge et l'état des malades : depuis vingt jusqu'à quarante pastilles ; mais on pourrait, sans inconvénient, en augmenter le nombre, et jusqu'à l'entière boîte, dans les vingt-quatre heures. On mettra, autant que possible, un intervalle de quinze minutes entre l'administration des pastilles et la prise des aliments, soit avant, soit après.

Le prix de la boîte de Pâte digestive et pectorale de Gaffard, est de 1 fr. 25 cent. la boîte, ou de 3 fr. les trois boîtes, envoyées *franco* à toute adresse en France ou en Algérie. Joindre la valeur à la demande. Il en faut de 3 à 6 boîtes au moins pour un traitement.

FIN DU PREMIER VOLUME

EMBRASSANT LES ÉLÉMENTS DES SCIENCES ET TOUT CE QUI EST RELATIF A LA SANTÉ.

DU MÊME AUTEUR,

CHEZ LES MÊMES LIBRAIRES-ÉDITEURS.

Du Tabac, son histoire, ses propriétés, son usage nuisible à la santé, à la morale et aux grands intérêts sociaux; ouvrage qui vient de remporter le premier prix au concours ouvert par l'Association française contre l'abus du tabac et des boissons alcooliques. — In-18 de 184 pages, avec 4 gravures et frontispice; 3e édition. — Prix : 1 fr.; *franco*, par la poste, 1 fr. 25 c.

Le Petit-Livre de la Santé et du Bien-Être : Notions pratiques et populaires d'hygiène, de médecine, de pharmacie et d'économie générale. — In-18 de 270 pages, avec supplément, formant un petit abrégé de *la Science usuelle*; 2e édition (1872). — Prix : 75 cent.; *franco*, par la poste, 1 fr.

Météorognomie populaire : Notions de météorologie théorique et pratique, appliquées à l'économie agricole; brochure dans laquelle les connaissances de physique générale et de physique du globe, qu'on peut approprier à la prévision du temps, sont exposées d'une manière simple et didactique, à la portée des personnes qui n'ont reçu que l'instruction primaire. (Il n'en reste que peu d'exemplaires.) — Prix : 2 fr.; *franco*, par la poste, 2 fr. 25 c.

Note sur une nouvelle méthode d'essai du lait et sur un ensemble de moyens rigoureux pour constater ses fraudes et les prévenir. — In-8° de quelques pages. (En reste fort peu.) — Prix : 1 fr.; *franco*, par la poste, 1 fr. 25 c.

De l'infection paludéenne, cause des fièvres intermittente; des symptômes les plus fréquents qu'elle présente et du meilleur traitement à lui opposer; mémoire scientifique mis à la portée des gens du monde, etc. — In-8° de 32 pages très-compactes. — Prix : 50 cent.; *franco*, par la poste, 60 cent.

Examen des eaux publiques sous les rapports de leur valeur respective, de leur captage et de leur distribution. — Brochure in-8° de 51 pages, spécialement écrite au point de vue des intérêts de la ville qu'habite l'auteur, et comme membre de sa municipalité. — Prix : 2 fr.; *franco*, par la poste, 2 fr. 25 c. (Presque épuisé.)